westermann

Manfred Deitermann, Dr. Siegfried Schmolke, Wolf-Dieter Rückwart
Dr. Susanne Stobbe, Björn Flader



# Rechnungswesen des Groß- und Außenhandels

Einführung und Praxis

34. Auflage

Bestellnummer 7650

Die in diesem Produkt gemachten Angaben zu Unternehmen (Namen, Internet- und E-Mail-Adressen, Handelsregistereintragungen, Bankverbindungen, Steuer-, Telefon- und Faxnummern und alle weiteren Angaben) sind i. d. R. fiktiv, d. h., sie stehen in keinem Zusammenhang mit einem real existierenden Unternehmen in der dargestellten oder einer ähnlichen Form. Dies gilt auch für alle Kunden, Lieferanten und sonstigen Geschäftspartner der Unternehmen wie z. B. Kreditinstitute, Versicherungsunternehmen und andere Dienstleistungsunternehmen. Ausschließlich zum Zwecke der Authentizität werden die Namen real existierender Unternehmen und z. B. im Fall von Kreditinstituten auch deren IBANs und BICs verwendet.

**Zusatzmaterialien zu Rechnungswesen des Groß- und Außenhandels**

Für Lehrerinnen und Lehrer:

BiBox westermann inkl. E-Book

Lösungen: 973-3-8045-7653-7
Lösungen Download: 978-3-8045-0166-9

Lehrerlizenz BiBox Dauerlizenz: 978-3-8045-7858-6
Kollegiumslizenz BiBox Dauerlizenz: 978-3-8045-7866-1

Für Schülerinnen und Schüler:

BiBox westermann inkl. E-Book

Arbeitsheft: 978-3-8045-7652-0

Schülerlizenz BibBox Schuljahr: 978-3-8045-7874-6

westermann GRUPPE



Druck und Bindung: Westermann Druck GmbH, Georg-Westermann-Allee 66, 38104 Braunschweig

ISBN 978-3-8045-7650-6

# Vorwort

Das Buch „Rechnungswesen des Groß- und Außenhandels“ berücksichtigt alle Lerninhalte, die der Rahmenlehrplan des Ausbildungsberufs „Kauffrau/Kaufmann im Groß- und Außenhandelsmanagement“ im Bereich Rechnungswesen ausweist:

- Lernfeld 4: Werteströme erfassen und dokumentieren (Grundlagen der Finanzbuchhaltung),
- Lernfeld 8: Werteströme auswerten (Jahresabschluss und betriebswirtschaftliche Auswertung des Jahresabschlusses),
- Lernfeld 10: Kosten- und Leistungsrechnung durchführen (Grundlagen der Kosten- und Leistungsrechnung mit Controlling und Statistik).

Das Buch eignet sich für den Einsatz in Fachklassen der Berufsschule, in Weiterbildungsmaßnahmen zum Handelsfachwirt, in Berufsakademien sowie für das Studium an Fachhochschulen und Universitäten.

Die einzelnen Sachgebiete werden praxisnah, belegorientiert und IT-gerecht sowie für Lernende anschaulich nach dem bewährten Konzept der Autoren behandelt:

- Klärung der buchhalterischen, betriebswirtschaftlichen und rechtlichen Fragen,
- Konkretisierung in lernwirksamen Situationen und Beispielen mit Lösungen,
- Zusammenfassung in prägnanten Merksätzen,
- Sicherung des Lernerfolgs durch eine Vielzahl differenzierter Aufgaben und Fragen mit unterschiedlichem Schwierigkeitsgrad.

In der Finanzbuchhaltung simulieren zwei Beleggeschäftsgänge, die sowohl konventionell als auch mit einer Finanzbuchhaltungssoftware bearbeitet werden können, in hervorragender Weise moderne Buchungspraxis.

In der Kosten- und Leistungsrechnung erleichtert ein durchgehendes Beispielunternehmen das Verständnis für unternehmerische Entscheidungen.

Das Arbeitsheft zum Lehrbuch (ISBN 978-3-8045-7652-0) erleichtert die Arbeit der Lernenden. Zusammen mit den „Übungen zur Finanzbuchhaltung“ (ISBN 978-3-8045-6609-5) und den „Übungen zur Kosten- und Leistungsrechnung“ (ISBN 978-3-8045-6611-8) wird der Lernerfolg optimiert.

## Vorwort zur 33. und 34. Auflage

Die aktuelle Auflage berücksichtigt alle wesentlichen Veränderungen im Handels- und Steuerrecht bis zum Frühjahr 2021. Das einführende Kapitel A wurde inhaltlich um den Aspekt des Controllings und um die Beschreibung eines Unternehmensmodells ergänzt. Die Kapitel B bis D wurden durch ausführlichere Darstellungen zum Beispiel bei den Erfolgskonten, den geringwertigen Wirtschaftsgütern und der Bewertung ergänzt. Das Kapitel F „Auswertung des Jahresabschlusses“ enthält nun auch die ertragsorientierten Kennzahlen EBIT und EBITDA. Das neue Kapitel I beschäftigt sich mit dem „Controlling als Führungsinstrument im Großhandelsbetrieb“.

Außerdem erfolgt eine Überprüfung aller Texte auf sprachliche Verständlichkeit und Klarheit sowie auf Aktualität und inhaltliche Vollständigkeit.

*Manfred Deitermann* *Dr. Susanne Stobbe*
*Wolf-Dieter Rückwart* *Björn Flader*

# Inhalt

A

# A Aufgaben und Bereiche des Rechnungswesens im Groß- und Außenhandel

## 1 Aufgaben des Rechnungswesens

Die Aufgaben des Rechnungswesens basieren auf den vielfältigen Verflechtungen eines Unternehmens mit anderen Unternehmen (Lieferanten, Kunden, Kreditinstituten), mit Körperschaften (z. B. Sozialversicherungsträgern, Finanzbehörden, Industrie- und Handelskammern) und mit den eigenen Arbeitnehmerinnen und Arbeitnehmern.

**Geschäftsprozesse**

Aus diesen engen Verflechtungen ergeben sich im Großhandelsunternehmen vielfältige **Geschäftsprozesse**, die im Rechnungswesen – vor allem in der Buchführung – ihren zahlenmäßigen Niederschlag finden.

In einem **Geschäftsprozess** sind Einzeltätigkeiten im Unternehmen zu wertschöpfenden, zielgerichtet arbeitenden Einheiten verbunden. Am Anfang eines Geschäftsprozesses steht ein mengen- und betragsmäßiger Input an Informationen, Gütern und Dienstleistungen von Lieferanten und Institutionen (vorgelagerte Beschaffungsprozesse). Im Unternehmen wird dieser Input in innerbetrieblichen Leistungsprozessen (Lagerlogistik) für die Absatzmärkte bereitgestellt. Den Abschluss der Geschäftsprozesse bildet der mengen- und betragsmäßige Output, d. h., Waren und Dienstleistungen werden auf den Absatzmärkten an Kunden verkauft (nachgelagerte Absatzprozesse).

**Unternehmensmodell**

Geschäftsprozesse lassen sich an folgendem vereinfachten **Unternehmensmodell** verdeutlichen. In diesem Modell stehen die **Prozesse** der **Beschaffung**, der **Lagerlogistik** und des **Absatzes** im Mittelpunkt. Diese Leistungsprozesse werden durch **Finanzierungsprozesse** und **Investitionsprozesse** begleitet. Abgerundet wird das Unternehmensmodell durch die Partner, mit denen das Unternehmen in prozesshaften Beziehungen steht (Lieferanten, Kunden, Kreditinstitute, Finanzverwaltung, öffentlich-rechtliche Körperschaften).

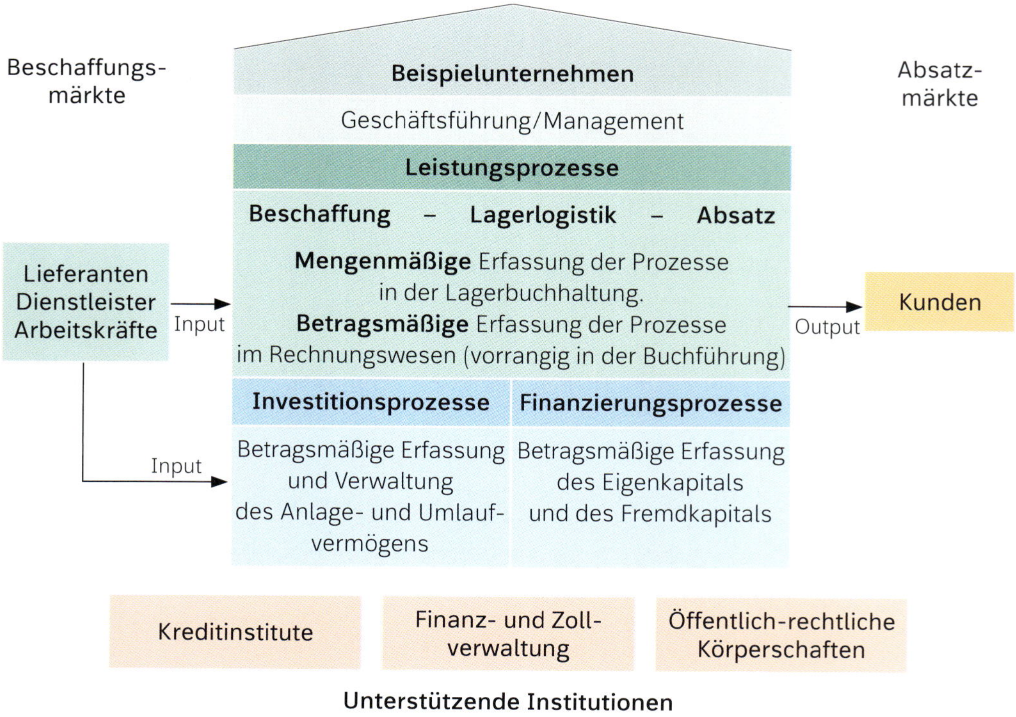

**Leistungsprozesse**

Die **Leistungsprozesse** beinhalten

- die **Beschaffung** des gesamten **Inputs** an Gütern, Dienstleistungen und Arbeitskräften auf den **Beschaffungsmärkten**.
  Die hier ablaufenden Prozesse werden am Beispiel der Waren besonders deutlich: Waren werden auf den Beschaffungsmärkten eingekauft. Sie gehen mengenmäßig in die Lagerhaltung ein und werden betragsmäßig in der Buchführung erfasst.
- die **Lagerlogistik** von Waren und Dienstleistungen.
  Die Prozesse der Lagerlogistik umfassen z. B. in einem Versandgroßhandel unterschiedliche Stufen: vom Empfang der Waren und dessen Kontrolle über den Transport, die Pflege und die Kommissionierung bis zur versandfertigen Bereitstellung. Auf jeder Stufe erfolgt der Einsatz von Arbeitskräften und die Nutzung von Anlagegegenständen, deren Kosten ihren Niederschlag in der Buchführung finden.
- den **Absatz** von Waren.
  Absatzprozesse umfassen die Kalkulation der Verkaufspreise für Waren, die Vorbereitung des Verkaufs durch Marketingmaßnahmen und den Verkauf der Waren an Kunden auf den Absatzmärkten. Dieser Output wird betragsmäßig ebenfalls in der Buchführung erfasst.

**Investitions- und Finanzierungsprozesse**

Die **Investitions- und Finanzierungsprozesse** begleiten und unterstützen die Leistungsprozesse:

- **Investitionsprozesse** beinhalten vor allem diejenigen Vorgänge, die sich – in Abstimmung mit den Leistungsprozessen – mit der Beschaffung von Anlagegegenständen (z. B. Gebäude, Maschinen, Fahrzeuge) und Waren befassen. Sie erstrecken sich auch auf die an Lieferanten geleisteten und die von Kunden empfangenen Zahlungen.
- In **Finanzierungsprozessen** werden – in Abstimmung mit den Beschaffungs- und Logistikzielen – vor allem die bei der Kreditaufnahme entstehenden Schulden sowie das von den Eigentümern aufgebrachte Eigenkapital buchmäßig erfasst.

**Unterstützende Institutionen**

Ohne die **unterstützenden Prozesse durch Institutionen** kann kein Unternehmen in der arbeitsteiligen Wirtschaft existieren. Auch diese Prozesse erfasst das Rechnungswesen, soweit sie mit Geldbewegungen verbunden sind:

- **Kreditinstitute** bewältigen den gesamten Zahlungsverkehr des Unternehmens mit Lieferanten, Kunden, Arbeitnehmern, den öffentlich-rechtlichen Körperschaften (z. B. Sozialversicherungsträgern) und der Finanzverwaltung. Sie sorgen auch dafür, dass ein Unternehmen über fremdes Geld (Kredite) verfügen kann, um notwendige Investitionen durchzuführen.
- Die **Finanzverwaltung** ist für die Festsetzung und Erhebung der unternehmensrelevanten Steuern auf der Grundlage des Umsatzsteuergesetzes, des Einkommensteuer-, Körperschaftsteuer- und Gewerbesteuergesetzes sowie der Abgabenordnung zuständig. Mit der **Zollverwaltung** tritt das Unternehmen dann in Kontakt, wenn z. B. zollpflichtige Waren aus sogenannten Drittländern eingeführt werden.
- Kontakte zu **öffentlich-rechtlichen Körperschaften** sind für jedes Unternehmen verpflichtend, so z. B. zu den Trägern der gesetzlichen Sozialversicherung als Empfänger der Sozialabgaben, die vom Unternehmen und von den Arbeitnehmern gemeinsam getragen werden müssen, oder zur zuständigen Industrie- und Handelskammer, die die wirtschaftlichen Interessen ihrer Mitglieder vertritt, oder zur Bundesagentur für Arbeit, die die Unternehmen bei der Suche und Ausbildung von Arbeitskräften unterstützt.

A

**Aufgaben des Rechnungswesens**

Das obige Unternehmensmodell verdeutlicht die externen Beziehungen, die ein Unternehmen zu seinen Märkten und Institutionen unterhält.[1] Aus ihnen gehen vielfältige Güter-, Dienstleistungs- und Geldströme hervor, die sich in Geschäftsfällen niederschlagen. Die unternehmensinternen Leistungsprozesse führen zu weiteren Geschäftsfällen. Dem Rechnungswesen obliegt es, die den Geschäftsfällen zugrunde liegenden Beträge systematisch zu erfassen, aufzubereiten, auszuwerten und den berechtigten Adressaten zur Verfügung zu stellen. Daraus erwachsen dem Rechnungswesen die folgenden Aufgaben:

- **Dokumentationsaufgabe:** Gesetzliche Vorschriften (§§ 238, 242 HGB) zwingen den Kaufmann, Bücher zu führen und seine Geschäftsfälle aufgrund von Belegen lückenlos sowie zeitlich und sachlich geordnet so aufzuschreiben, dass sie sich in ihrer Entstehung und Abwicklung nachvollziehen lassen.
- **Rechenschaftsaufgabe:** Aus den gesetzlich vorgeschriebenen Aufzeichnungen hat der Kaufmann jährlich eine Bilanz und eine Gewinn- und Verlustrechnung (Jahresabschluss) zu erstellen und dabei ein zutreffendes Bild der Vermögens-, Finanz- und Ertragslage des Unternehmens zu liefern (§ 264 HGB). Er führt damit gegenüber der Finanzbehörde den Nachweis, dass er entsprechend den Vorschriften gewirtschaftet hat.
- **Informationsaufgabe:** Unternehmenseigner, Finanzbehörden, Gläubiger (Kreditgeber), potentielle Investoren und öffentlich-rechtliche Körperschaften haben ein berechtigtes Interesse daran zu erfahren, wie erfolgreich das Unternehmen geführt wird. Dem dient die allgemeine Informationspflicht, die der Kaufmann u. a. dadurch erfüllt, dass er den Jahresabschluss aufstellt und offenlegt. Der Umfang und die Art der Offenlegung sind von der Unternehmensform und -größe abhängig.
- **Kontrollaufgabe:** Die obigen Aufgaben zielen insbesondere auf außenstehende Adressaten (siehe externes Rechnungswesen, S. 11). Intern – bezogen auf die unternehmensintern berechtigten Personen – ist neben der Information vor allem die Kontrolle der Unternehmensprozesse bedeutsam. Dazu wird das Rechnungswesen zu einem aussagefähigen Informations- und Kontrollsystem ausgebaut, das der Unternehmensleitung jederzeit eine Überwachung der **Wirtschaftlichkeit** der betrieblichen Prozesse sowie der **Zahlungsfähigkeit** (Liquidität) des Unternehmens ermöglicht. Beide Kontrollgrößen werden anhand von Kennzahlen interpretierbar gemacht.
- **Dispositionsaufgabe:** Von Disposition wird im Unternehmensbereich dann gesprochen, wenn planvolles Handeln sowie operatives und strategisches Entscheiden in Unternehmensprozessen gemeint ist (Beispiele: Angebotsauswahl, Preisfestsetzung, Sortimentgestaltung, Gewinnverwendung, Investitionen, Finanzierung usw.). Das Rechnungswesen stellt der Unternehmensleitung für diese Zwecke aufbereitete Informationen zur Verfügung.

MERKE

- **Das Unternehmensmodell spiegelt die beiden Funktionsbereiche des Unternehmens, den Leistungsbereich sowie den Investitions- und Finanzierungsbereich, wider. Es gibt Auskunft über die vielfältigen Beziehungen des Unternehmens zu Märkten und Institutionen.**
- **Die Beziehungen schlagen sich in Geschäftsfällen nieder, die in der Buchführung aufgezeichnet werden müssen.**
- **Die Aufzeichnung ist die Voraussetzung dafür, dass die unterschiedlichen Aufgaben des Rechnungswesens erfüllt werden können: die Dokumentation, die Rechenschaftslegung, die Information, die Kontrolle und die Disposition.**

1 Zu den Geschäftsprozessen des Unternehmens siehe den Kurzaufsatz „Transaktionsbeziehungen eines Unternehmens mit seiner wirtschaftlichen Umwelt“ auf www.schmolke-deitermann.de unter Beiträge/Downloads.

# 2 Bereiche des Rechnungswesens

## 2.1 Überblick

Die Unterschiedlichkeit der Aufgaben erfordert eine **Aufteilung des Rechnungswesens** in vier Bereiche, deren Überwachung dem Controlling obliegt. Der Bereich Finanzbuchhaltung/Jahresabschluss wird dem externen Rechnungswesen, die Bereiche Kosten- und Leistungsrechnung, Statistik und Planungsrechnung werden dem internen Rechnungswesen zugerechnet.

| Bereiche des Rechnungswesens | | | |
|---|---|---|---|
| Externes Rechnungswesen | Internes Rechnungswesen | | |
| Finanzbuchhaltung/ Jahresabschluss | Kosten- und Leistungsrechnung | Planungsrechnung | Statistik |
| ↕ | ↕ | ↕ | ↕ |
| Controlling | | | |

**Externes Rechnungswesen**

Das **externe Rechnungswesen** erfüllt neben der Dokumentationsaufgabe, die vor allem von der Finanzbuchhaltung (Buchführung) wahrgenommen wird, insbesondere auch die Informationsaufgabe des Rechnungswesens. Der Jahresabschluss eines Unternehmens, der aus der Buchführung abgeleitet wird, zeigt in übersichtlicher Weise die Vermögens-, Finanz- und Ertragslage. Er dient nicht nur der **Information unternehmensinterner Personenkreise**, sondern auch **unternehmensexterner Adressaten** wie Gläubiger, Finanzamt, Kunden, Lieferanten, Medien, Gewerkschaften und anderer interessierter Gruppen. Das externe Rechnungswesen unterliegt einer Vielzahl rechtlicher Vorschriften aus dem HGB, dem EStG, dem UStG, der AO und Sondergesetzen (AktG, GmbHG, GenG u. a.).

**Internes Rechnungswesen**

Das **interne Rechnungswesen** ist dagegen betriebsbezogen und liefert seine Daten an **unternehmensinterne Personenkreise**. Die Struktur und die Prozesse des internen Rechnungswesens sind nicht gesetzlich geregelt, sondern beruhen auf unternehmensindividuellen Vorgaben.

## 2.2 Buchführung

**Zeitrechnung**

Die Buchführung zeichnet alle **Geschäftsfälle lückenlos sowie zeitlich und sachlich geordnet** aufgrund von **Belegen** auf. Sie erfasst die Bestände und die Veränderungen des Vermögens und des Kapitals sowie alle Aufwendungen (Werteverbrauch) und Erträge (Wertezuwachs) des Unternehmens. Am Ende einer Rechnungsperiode (Monat, Quartal oder Geschäftsjahr) kann auf ihrer Grundlage die Höhe des Vermögens, des Eigen- und Fremdkapitals sowie des Erfolgs (Gewinn oder Verlust) ermittelt werden. Die Buchführung ist also eine unternehmensbezogene Zeitrechnung, die in erster Linie der **Dokumentation** dient und das Zahlenmaterial für die anderen Bereiche des Rechnungswesens liefert.

**Dokumentation**

**Rechenschaftslegung**

Im gesetzlich vorgeschriebenen **Jahresabschluss** (Bilanz und Gewinn- und Verlustrechnung) hat die Buchführung über die Höhe und Zusammensetzung des Vermögens und des Kapitals Rechenschaft abzulegen sowie den Erfolg des Unternehmens im Geschäftsjahr festzustellen.

A

## 2.3 Kosten- und Leistungsrechnung

**Betriebsbezogene Betrachtung**

Im Gegensatz zur unternehmensbezogenen Buchführung, die die Vorgänge des gesamten Unternehmens zahlenmäßig erfasst, ist die Kosten- und Leistungsrechnung (KLR) betriebsbezogen. Sie betrachtet den eigentlichen Betriebszweck des Unternehmens, nämlich

- die **Beschaffung** (Einkauf) der Waren und Dienstleistungen,
- die gesamte **Lagerlogistik** sowie
- den **Absatz** (Verkauf, Vertrieb) der Waren und Dienstleistungen.

**Kosten und Leistungen**

Die Kosten- und Leistungsrechnung betrachtet nur den Teil der gesamten Aufwendungen, der betriebsbedingt ist, also **Kosten** darstellt (z. B. Löhne und Gehälter, Mietkosten, Lager- und Vertriebskosten), und den Teil der gesamten Erträge, der ebenfalls betriebsbedingt ist, also als **Leistungen** gilt (z. B. Umsatzerlöse der verkauften Waren). Kosten und Leistungen werden durch die eigentliche betriebliche Tätigkeit verursacht; aus ihnen wird das **Betriebsergebnis** (Betriebsgewinn oder Betriebsverlust) ermittelt.

Weitere wichtige Aufgaben der Kosten- und Leistungsrechnung sind beispielsweise die **Ermittlung der Selbstkosten** zur Angebotskalkulation oder die Feststellung des Gewinns oder Verlusts einzelner Warengruppen. Um den Angebotspreis für eine bestimmte Warengruppe berechnen zu können, werden alle Kosten benötigt, die diese Warengruppe verursacht hat, zuzüglich eines angemessenen Gewinns. Für die Ermittlung des Ergebnisses einer Warengruppe (z. B. Spezialpapiere in einer Papiergroßhandlung) sind die Kosten von den Umsatzerlösen dieser Warengruppe abzuziehen. So kann festgestellt werden, wie hoch der Gewinn (oder Verlust) bei jeder Warengruppe oder auch insgesamt in einer Rechnungsperiode (z. B. Monat) gewesen ist.

| | |
|---|---|
| Erlöse der im Januar verkauften Warengruppe „Spezialpapiere" ........ | 650.000,00 € |
| – Kosten der im Januar verkauften Warengruppe „Spezialpapiere" ....... | 580.000,00 € |
| = Gewinn der Warengruppe „Spezialpapiere" im Januar ........................ | 70.000,00 € |

## 2.4 Planungsrechnung

**Vorschaurechnung**

Die Planungsrechnung ist eine Vorschaurechnung, die auf den Zahlen der übrigen drei Bereiche des Rechnungswesens beruht und die **künftige Entwicklung** von Investitionen, Personalbedarf, Beschaffung, Umsatz und Finanzen in Form von Sollzahlen berechnet und entsprechende Pläne erstellt.

Von besonderer Bedeutung sind die **Liquiditätsplanung** und die **Beurteilung der Wirtschaftlichkeit von Investitionsvorhaben**. Im Zuge der Liquiditätsplanung erfolgt die Planung und Kontrolle der Zahlungsströme (Einnahmen und Ausgaben) derart, dass zu jedem Zeitpunkt die Zahlungsfähigkeit des Unternehmens sichergestellt ist. Die Wirtschaftlichkeit von Investitionsvorhaben wird durch Investitionsrechnungen überprüft und um eine Kapitalbedarfsplanung ergänzt, um Informationen über notwendige Finanzierungsmaßnahmen zu bekommen.

## 2.5 Statistik

**Aufbereitung und Auswertung**

Die Statistik befasst sich mit der Aufbereitung und Auswertung der Ergebnisse der Buchführung sowie der Kosten- und Leistungsrechnung. Beschaffungs-, Lager-, Warengruppenumsatz und Erfolgsstatistiken sowie Kosten- und Personalstatistiken werden erstellt und in Tabellen und Diagrammen anschaulich dargestellt. Sie dienen der Planung, Steuerung und Überwachung des Unternehmens. Die Statistik wird zu einer sehr aussagefähigen **Vergleichsrechnung**, wenn die statistischen Daten verschiedener Rechnungsperioden verglichen werden (Zeitvergleich). Wertvolle Erkenntnisse lassen sich auch aus einem Vergleich der betriebseigenen Zahlen mit den entsprechenden Zahlen branchengleicher Unternehmen gewinnen (Betriebsvergleich).

A

## 2.6 Controlling

Das Controlling übernimmt Informationen aus den vier Bereichen des Rechnungswesens, insbesondere aus der Kosten- und Leistungsrechnung sowie der Planungsrechnung, und verwendet diese im Rahmen der **Controlling-Instrumente**, wie z. B. dem Berichtswesen, der Budgetierung, den Soll-Ist-Vergleichen oder der Ermittlung und Analyse von Kennzahlen. Das Controlling nutzt also Daten aus dem internen und dem externen Rechnungswesen, um der Unternehmensleitung ein umfassendes, internes **Informationssystem** zur Überwachung des Betriebsgeschehens und zur **Unternehmenssteuerung** bereitzustellen. Durch das Controlling wird das Rechnungswesen zu einem **Führungs- und Kontrollinstrument**.

Ein häufig verwendetes Controlling-Instrument ist der **Soll-Ist-Vergleich**, bei dem bestimmte Ist- und Sollwerte am Ende der betreffenden Rechnungsperiode miteinander verglichen und Abweichungen analysiert werden, um deren Ursachen aufdecken und beheben zu können. Gegenstand des Soll-Ist-Vergleichs sind beispielsweise die Umsatzerlöse der einzelnen Waren oder Warengruppen in verschiedenen Absatzgebieten, die Höhe der Kosten in den Abteilungen (Kostenstellen) des Unternehmens, die Einnahmen und Ausgaben der Finanzplanung, die Lagerumschlagsdauer der Waren oder Warengruppen, die Gewinnerwartungen u. v. m. Aufgrund der Ergebnisse der Soll-Ist-Analyse hat das Controlling auch die entsprechenden Lösungsvorschläge zu erarbeiten.

MERKE

- **Das Rechnungswesen erfasst, kontrolliert und analysiert mengen- und betragsmäßig das gesamte Unternehmensgeschehen.**
- **Die Hauptaufgaben des Rechnungswesens sind:<br>Dokumentation – Information – Planung – Kontrolle.**
- **Das Rechnungswesen gliedert sich in folgende Bereiche:**

| Externes Rechnungswesen | Internes Rechnungswesen |
|---|---|
| ▪ **Finanzbuchhaltung:**<br>– Unternehmensbezogene Zeitrechnung;<br>– lückenlose sowie zeitlich und sachlich geordnete Aufzeichnung aller Geschäftsfälle aufgrund von Belegen. | ▪ **Kosten- und Leistungsrechnung:**<br>– betriebsbezogene Stück- und Zeitrechnung;<br>– Erfassung der Kosten (Werteverzehr) und Leistungen (Wertezuwachs) z. B. zur Betriebsergebnisermittlung;<br>– Angebotskalkulation, Ergebnisermittlung der Waren oder Warengruppen.<br>▪ **Planungsrechnung:**<br>– Vorschaurechnung für die künftige Entwicklung wichtiger betrieblicher Bereiche, z. B. Liquiditätsplanung, Investitionsplanung, Kapitalbedarfsplanung.<br>▪ **Statistik:**<br>– Anschauliche Aufbereitung und Auswertung der Ergebnisse der Buchführung und KLR als Grundlage der Planung, Steuerung und Überwachung des Unternehmens;<br>– Zeit- und Betriebsvergleiche. |

- **Das Controlling dient der Unternehmensleitung zur Überwachung und Steuerung des Unternehmens. Als internes Informationssystem verwendet es die Daten aus den übrigen Bereichen des Rechnungswesens.**

B

# B Einführung in die Buchführung der Groß- und Außenhandelsunternehmen

## 1 Bedeutung der Buchführung

### 1.1 Aufgaben der Buchführung

Die in einem Großhandelsunternehmen stattfindenden Geschäftsprozesse (siehe S. 8 ff.) führen zu einer Vielzahl von **Geschäftsfällen**. Beispielsweise werden Waren eingekauft, gelagert und verkauft, Rechnungen geschrieben und versandt, eingehende Rechnungen geprüft und bezahlt, Löhne und Gehälter überwiesen usw. Diese Vorgänge

- verändern das **Anlage-** und **Umlaufvermögen** sowie das **Eigen- und Fremdkapital**,
- führen zu **Geldeinnahmen** oder **Geldausgaben** und
- stellen **Aufwand** (**Werteverzehr**) oder **Ertrag** (**Wertezuwachs**) dar.

**Beleg**

Jedem Geschäftsfall muss ein **Beleg** zugrunde liegen, der Informationen über den Vorgang, das Datum und den Betrag enthält. Der Beleg, der zum Beispiel in Form einer Rechnung, eines Kontoauszugs oder einer Quittung vorliegen kann, ist der **Nachweis für die Berechtigung und die Richtigkeit der Aufzeichnung** (Buchung). Belege kommen in Papierform und in elektronischer Form vor. In einem Großhandelsunternehmen können zum Beispiel folgende Belege vorliegen:

| Geschäftsfall | Beleg |
|---|---|
| Einkauf von Waren | Eingangsrechnung |
| Verkauf von Waren | Ausgangsrechnung |
| Banküberweisung der Gehälter | Gehaltsliste, Kontoauszug |

**Aufgaben der Buchführung**

Die Buchführung muss alle **Geschäftsfälle lückenlos sowie zeitlich und sachlich geordnet erfassen und aufzeichnen** (buchen). Die **zeitliche Ordnung** ergibt sich aus der chronologischen Reihenfolge, in der die Belege eintreffen. Die **sachliche Ordnung** besagt, dass vergleichbare Vorgänge, wie z. B. Wareneinkäufe, Warenverkäufe oder Forderungen an Kunden zusammengehören. Ohne die ordnungsgemäße Aufzeichnung der Geschäftsfälle würde die Unternehmensleitung in kürzester Zeit den Überblick über die Vermögens-, Finanz- und Ertragslage sowie das gesamte Unternehmensgeschehen verlieren. Außerdem wäre keine Datengrundlage für unternehmerische Planungen, Entscheidungen und Kontrollen vorhanden.

**Die Buchführung erfüllt in einem Großhandelsunternehmen folgende Aufgaben:**

- Sie stellt den **Stand des Vermögens sowie des Eigen- und des Fremdkapitals** fest.
- Sie zeichnet **alle Veränderungen** des Vermögens und des Kapitals lückenlos, chronologisch und sachlich geordnet auf.
- Sie ermittelt den **Erfolg des Unternehmens,** also den **Gewinn** oder den **Verlust,** indem sie alle Aufwendungen und Erträge erfasst.
- Sie liefert das Zahlenmaterial für die **Preisberechnung (Kalkulation) der Waren.**
- Sie stellt die Datengrundlage für **innerbetriebliche Kontrollen** zur Verfügung, die der Überprüfung und Verbesserung der Wirtschaftlichkeit, der Rentabilität und der Liquidität dienen.
- Sie ist die Grundlage zur **Berechnung der Steuern.**
- Sie dient als wichtiges **Beweismittel** bei Rechtsstreitigkeiten mit Kunden, Lieferanten, Banken oder Behörden (Finanzamt, Gerichte).

MERKE

- **Die Buchführung ist die lückenlose sowie zeitlich und sachlich geordnete Aufzeichnung aller Geschäftsfälle eines Unternehmens aufgrund von Belegen.**
- **Zu jedem Geschäftsfall gehört ein Beleg als Nachweis für die Buchung.**
- **Die Buchführung, auch Finanz- oder Geschäftsbuchhaltung genannt, liefert die Datengrundlage für die übrigen Bereiche des Rechnungswesens: Jahresabschluss, Kosten- und Leistungsrechnung, Statistik, Planungsrechnung und Controlling.**

B

## 1.2 Gesetzliche Grundlagen der Buchführung

**Buchführungspflicht § 238 [1] HGB, § 140 AO**

Die Buchführung erfasst aufgrund von Belegen die Geschäftsfälle des Unternehmens und ermittelt den Gewinn oder Verlust des Geschäftsjahres. Sie liefert damit wichtige Datengrundlagen für unternehmerische Entscheidungen und die Besteuerung. Eine **ordnungsmäßige** Buchführung dient zugleich der **Information und** dem **Schutz der Gläubiger** des Unternehmens. Das **Handelsgesetzbuch** (§ 238 [1] HGB) und die **Abgabenordnung** (§ 140 AO) verpflichten daher den Kaufmann zur Buchführung.

**§ 238 [1] HGB BUCHFÜHRUNGSPFLICHT**

*Jeder Kaufmann ist verpflichtet, Bücher zu führen und in diesen seine Handelsgeschäfte und die Lage seines Vermögens nach den Grundsätzen ordnungsmäßiger Buchführung ersichtlich zu machen. Die Buchführung muss so beschaffen sein, daß sie einem sachverständigem Dritten innerhalb angemessener Zeit einen Überblick über die Geschäftsvorfälle und über die Lage des Unternehmens vermitteln kann. Die Geschäftsvorfälle müssen sich in ihrer Entstehung und Abwicklung verfolgen lassen.*

**§ 140 AO BUCHFÜHRUNGS- UND AUFZEICHNUNGSPFLICHTEN NACH ANDEREN GESETZEN**

*Wer nach anderen Gesetzen als den Steuergesetzen Bücher und Aufzeichnungen zu führen hat, die für die Besteuerung von Bedeutung sind, hat die Verpflichtungen, die ihm nach den anderen Gesetzen abliegen, auch für die Besteuerung zu erfüllen.*

**§ 241a HGB**

Die Vorschriften zur **Buchführungspflicht** betreffen den Kaufmann, der im Handelsregister eingetragen ist. **Befreit** von der Buchführungspflicht des § 238 [1] HGB **sind Einzelkaufleute**[1], die in zwei aufeinander folgenden Geschäftsjahren **nicht mehr als jeweils 600.000,00 € Umsatzerlöse** und **jeweils 60.000,00 € Jahresüberschuss** erzielen (§ 241a HGB). Sie dürfen den Gewinn bzw. Verlust des Geschäftsjahres durch eine einfache **Einnahmenüberschussrechnung** (Betriebseinnahmen abzüglich Betriebsausgaben) ermitteln.

**§ 141 AO**

Neben der steuerrechtlichen Buchführungspflicht nach § 140 AO sind nach § 141 AO auch **Nichtkaufleute** (z. B. Kleingewerbetreibende) zur Buchführung verpflichtet, wenn deren **Umsatz 600.000,00 €** oder **Gewinn 60.000,00 €** im Wirtschaftsjahr **übersteigt.**

MERKE

- **Im Handelsregister eingetragene Einzelkaufleute, Personengesellschaften (OHG, KG) und Kapitalgesellschaften (AG, KGaA, GmbH) unterliegen der Buchführungspflicht nach § 238 [1] HGB und § 140 AO.**[2]
- **Einzelkaufleute sind nach § 241a HGB bei der Unterschreitung bestimmter Schwellenwerte (Umsatzerlöse, Jahresüberschuss) von der Buchführungspflicht befreit.**
- **§ 141 AO verpflichtet Gewerbetreibende zur Buchführung für steuerliche Zwecke, wenn diese bestimmte Schwellenwerte (Umsatz, Gewinn) überschreiten.**

1 e. K., e. Kfm.-eingetragener Kaufmann, e. Kffr.-eingetragene Kauffrau.

2 OHG-Offene Handelsgesellschaft, KG-Kommanditgesellschaft, AG-Aktiengesellschaft, KGaA-Kommanditgesellschaft auf Aktien, GmbH-Gesellschaft mit beschränkter Haftung.

B

**Rechnungslegungsvorschriften nach HGB**

**Die handelsrechtlichen Vorschriften** über die **Buchführung** und den **Jahresabschluss** enthält das **„Dritte Buch"** im Handelsgesetzbuch in **sechs Abschnitten:**

- Der **1. Abschnitt (§§ 238–263 HGB)** enthält Vorschriften, die auf **alle Kaufleute** anzuwenden sind. Zu diesen **grundlegenden Vorschriften** zählen die Buchführungspflicht, die Führung von Handelsbüchern, das Inventar, die Pflicht zur Aufstellung des Jahresabschlusses (Bilanz und Gewinn- und Verlustrechnung), die Bewertung der Vermögensgegenstände und Schulden sowie die Aufbewahrung von Buchführungsunterlagen.
- Der **2. Abschnitt (§§ 264–335c HGB)** beinhaltet ergänzende Vorschriften für **Kapitalgesellschaften und bestimmte (haftungsbeschränkte) Personenhandelsgesellschaften**[1], insbesondere über die Gliederung, Prüfung und Veröffentlichung des Jahresabschlusses.
- Der **3. Abschnitt (§§ 336–339 HGB)** enthält ergänzende Vorschriften für **eingetragene Genossenschaften**.
- Der **4. Abschnitt (§§ 340–341y HGB)** umfasst ergänzende Vorschriften für **Unternehmen bestimmter Geschäftszweige** (Banken, Versicherungen, Rohstoffsektor u. a.).
- Der **5. und 6. Abschnitt (§§ 342–342e HGB)** beinhaltet Vorschriften über die Anerkennung und die Aufgaben **privater Institutionen der Rechnungslegung**.

**Rechtsformspezifische Vorschriften**

Rechtsformspezifische Vorschriften der jeweiligen Unternehmensform sind im **Aktiengesetz** (AktG), **GmbH-Gesetz** (GmbHG) und **Genossenschaftsgesetz** (GenG) enthalten.

**Steuerrechtliche Vorschriften**

Steuerrechtliche Vorschriften über die Buchführung enthalten z. B. die **Abgabenordnung** (AO), das **Einkommensteuergesetz** (EStG), **Körperschaftsteuergesetz** (KStG) und **Umsatzsteuergesetz** (UStG) mit den jeweiligen **Durchführungsverordnungen**, die **Richtlinien** (z. B. EStR, KStR) und **Erlasse** (z. B. UStAE – Umsatzsteueranwendungserlass).

## 1.3 Ordnungsmäßigkeit der Buchführung

**GoB**

Nach § 238 [1] HGB muss der Kaufmann bei der Buchführung die **Grundsätze ordnungsmäßiger Buchführung (GoB)**[2] beachten. Dabei handelt es sich um **allgemein anerkannte und sachgerechte Regeln und Handelsbräuche**, die aus den Aufgaben der Rechnungslegung abgeleitet sind. Beispielsweise muss die Buchführung so beschaffen sein, dass sie einem sachverständigen Dritten (Steuerberater, Betriebsprüfer der Finanzbehörde) in angemessener Zeit einen Überblick über die Geschäftsfälle und Lage des Unternehmens vermitteln kann.

**Quellen der GoB**

**Quellen der GoB** sind Wissenschaft, Praxis, Rechtsprechung sowie Empfehlungen der Wirtschaftsverbände. Teilweise haben die GoB Niederschlag im Handels- und Steuerrecht gefunden.

**Wesentliche Grundsätze ordnungsmäßiger Buchführung (GoB)**

**Klarheit und Übersichtlichkeit der Buchführung**

- Sachgerechte und überschaubare Organisation der Buchführung (§ 238 [1] HGB, § 145 [1] AO).
- Verwendung einer lebenden Sprache und eindeutiger Abkürzungen, Ziffern, Buchstaben oder Symbole (§ 239 [1] HGB, § 146 [3] AO).
- Übersichtliche Gliederung des Jahresabschlusses (§§ 243 [2], 266, 275 HGB).
- Verrechnungsverbot von Vermögensgegenständen und Schulden sowie von Aufwendungen und Erträgen (§ 246 [2] HGB).
- Nachvollziehbarkeit der Veränderung von Buchungen, sodass der ursprüngliche Inhalt feststellbar ist (Protokolle von Änderungen und Löschungen; § 239 [3] HGB, § 146 [4] AO).

1 Bei den bestimmten (haftungsbeschränkten) Personenhandelsgesellschaften handelt es sich um Offene Handelsgesellschaften oder Kommanditgesellschaften ohne natürliche Person als Vollhafter, z. B.GmbH & Co. KG.

2 Zu den GoB siehe www.schmolke-deitermann.de Beiträge/Downloads.

B

## Wesentliche Grundsätze ordnungsmäßiger Buchführung (GoB)

**Ordnungsmäßige Erfassung aller Geschäftsfälle**
Geschäftsfälle müssen vollständig, richtig, zeitgerecht und geordnet erfasst werden (§ 239 [2] HGB, § 146 [1] AO). Kasseneinnahmen und -ausgaben sind täglich aufzuzeichnen (§ 146 [1] AO).

**Keine Buchung ohne Beleg (Belegprinzip)**
Sämtliche Buchungen müssen anhand der Belege jederzeit nachprüfbar sein.

**Ordnungsmäßige Aufbewahrung der Buchführungsunterlagen**
Buchungsbelege, Buchungsprogramme, Konten, Bücher, Inventare, Eröffnungsbilanzen, Jahresabschlüsse und Lageberichte sind **10 Jahre**, empfangene und Kopien verschickter Handelsbriefe sind **6 Jahre** geordnet aufzubewahren. Die Aufbewahrungsfrist beginnt mit dem Schluss des Kalenderjahrs (§ 257 HGB, § 147 AO).

Mit Ausnahme der Eröffnungsbilanzen und der Jahresabschlüsse dürfen die Buchführungsunterlagen in elektronischer Form aufbewahrt werden, wenn sie jederzeit lesbar gemacht und maschinell ausgewertet werden können (§§ 239 [4], 257 [3] HGB, § 147 [2] AO).

**GoBD**

Für **elektronische Buchführungssysteme** präzisieren die Grundsätze zur ordnungsmäßigen Führung und Aufbewahrung von Büchern, Aufzeichnungen und Unterlagen in elektronischer Form sowie zum Datenzugriff (GoBD) die GoB. Die GoBD sind eine durch das Bundesfinanzministerium erlassene Verwaltungsvorschrift, die die formalen Anforderungen der Finanzverwaltung an eine IT-gestützte Buchführung sowie an alle steuerlich relevanten Aufzeichnungen enthält. Sie befassen sich mit den allgemeinen Anforderungen an die elektronische Buchführung wie der Nachvollziehbarkeit und Nachprüfbarkeit verarbeiteter Geschäftsfalle, der vollständigen, richtigen, zeitnahen, chronologischen und systematischen Erfassung von Geschäftsfallen sowie der Protokollierung von nachträglichen Veränderungen der elektronischen Buchungen. Des Weiteren sind besondere Anforderungen an das Belegwesen bei elektronischen Belegen (Belegsicherung, -zuordnung, -aufbereitung), das interne Kontrollsystem, die Datensicherheit, die Aufbewahrung, Auswertbarkeit und Lesbarmachung von elektronischen Daten und von in elektronische Form umgewandelten Papierdokumenten, die Verfahrensdokumentation sowie an den elektronischen Datenzugriff der Finanzverwaltung formuliert.

**Verstöße gegen die GoB/GoBD**

Verstöße gegen die GoB oder GoBD sowie die handels- und steuerrechtlichen Vorschriften können eine **Schätzung der Besteuerungsgrundlagen** (Umsatz, Gewinn) durch die Finanzbehörden (§ 162 AO) sowie **Freiheits- oder Geldstrafen** (§ 331 HGB, § 370 AO, § 283 Strafgesetzbuch) zur Folge haben.

**MERKE**

- **Der Kaufmann hat die Grundsätze ordnungsmäßiger Buchführung (GoB) zu beachten.**
- **Die Grundsätze ordnungsmäßiger Buchführung sind allgemein anerkannte, sachgerechte Regeln und Handelsbräuche, die dem Schutz der Eigentümer, Gläubiger und potenziellen Investoren dienen. Sie sind teilweise im Handels- und Steuerrecht verankert.**
- **Die Anforderungen an elektronische Buchführungssysteme regeln die Grundsätze zur ordnungsmäßigen Führung und Aufbewahrung von Büchern, Aufzeichnungen und Unterlagen in elektronischer Form sowie zum Datenzugriff (GoBD).**

**AUFGABE 1**

1. Nennen Sie mindestens drei wichtige Aufgaben der Buchführung.
2. Nennen Sie mindestens vier Geschäftsfälle mit den zugehörigen Belegen.
3. Welche Bedeutung hat die Buchführung für die übrigen Bereiche des Rechnungswesens?
4. Welche Aufgaben haben die GoB und die GoBD?

B

# 2 Inventur, Inventar und Bilanz

## 2.1 Inventur

**Inventar**

Nach § 240 HGB ist der Kaufmann verpflichtet, die Vermögensgegenstände und Schulden seines Unternehmens zu Beginn der Geschäftstätigkeit und am Ende eines Geschäftsjahres in einem **Inventar** zu erfassen. Voraussetzung für die Erstellung eines Inventars ist die Bestandsaufnahme der Vermögensgegenstände und Schulden, die auch als **Inventur** bezeichnet wird.

**§ 240 HGB INVENTAR**

*[1] Jeder Kaufmann hat zu Beginn seines Handelsgewerbes seine Grundstücke, seine Forderungen und Schulden, den Betrag seines baren Geldes sowie seine sonstigen Vermögensgegenstände genau zu verzeichnen und dabei den Wert der einzelnen Vermögensgegenstände und Schulden anzugeben.*

*[2] Er hat demnächst für den Schluß eines jeden Geschäftsjahrs ein solches Inventar aufzustellen. Die Dauer des Geschäftsjahrs darf zwölf Monate nicht überschreiten. Die Aufstellung des Inventars ist innerhalb der einem ordnungsmäßigen Geschäftsgang entsprechenden Zeit zu bewirken.*

**Inventur**

Die Inventur erstreckt sich auf **alle Vermögensgegenstände und alle Schulden** des Unternehmens, die **einzeln** nach **Art** (Bezeichnung), **Menge** (z. B. Stückzahl, Gewicht, Länge) und **Wert** (in Euro) zu einem bestimmten Zeitpunkt (Stichtag) zu erfassen sind. Sie dient auch der **Überprüfung der Buchführung**, weil Differenzen zwischen dem tatsächlichen Istbestand laut Inventur und dem buchmäßigen Sollbestand (Buchbestand) laut Finanzbuchhaltung ersichtlich werden und korrigiert werden können (Inventurdifferenzen[1]).

MERKE

**Inventur ist die mengen- und wertmäßige Bestandsaufnahme aller Vermögensgegenstände und Schulden eines Unternehmens zu einem bestimmten Zeitpunkt.**

**Arten der Inventur**

Nach der Art ihrer Durchführung können unterschieden werden

- **die körperliche Inventur** und
- **die buchmäßige Inventur.**

**Körperliche Inventur**

Die körperliche Inventur ist die **mengenmäßige Aufnahme** aller körperlich vorhandenen Vermögensgegenstände (z. B. Technische Anlagen und Maschinen, Fahrzeuge, Betriebs- und Geschäftsausstattung, Bestände an Waren, Bargeld) durch **Zählen, Messen, Wiegen** oder **Schätzen mit nachfolgender Bewertung** der Mengen in Euro.

**Buchmäßige Inventur**

Durch eine buchmäßige Bestandsaufnahme aufgrund von buchhalterischen Aufzeichnungen und Belegen (Buchinventur) sind alle nicht körperlich vorhandenen Vermögensgegenstände (z. B. immaterielle Vermögensgegenstände wie Software oder Forderungen, Bankguthaben) sowie die Schulden wertmäßig festzustellen und nachzuweisen. Hierzu können beispielsweise Kontoauszüge, Kontrollmitteilungen von Banken, Verträge, Eingangs- und Ausgangsrechnungen, Saldenbestätigungen oder Grundbuchauszüge herangezogen werden.

Als Ersatz oder zur Unterstützung der körperlichen Inventur kann auf buchhalterische Aufzeichnungen aus Nebenbuchhaltungen, wie der Anlagenbuchhaltung und der Lagerbuchhaltung, zurückgegriffen werden, wenn diese bestimmte Anforderungen erfüllen.

**Anlagenverzeichnis**

Die jährliche körperliche Bestandsaufnahme des **beweglichen** Anlagevermögens (Maschinen, Fahrzeuge u. a.) kann entfallen, wenn ein **Anlagenverzeichnis** fortlaufend geführt wird. In der elektronischen Anlagenbuchhaltung ist für jeden Anlagegegenstand ein Stammdatensatz mit

1 Siehe S. 223 f. und Kurzaufsatz unter www.schmolke-deitermann.de Beiträge/Downloads.

folgenden Angaben anzulegen: Inventarnummer, Bezeichnung, Tag der Anschaffung, Anschaffungskosten, Nutzungsdauer, Abschreibungsmethode, Abschreibungsbetrag, Restbuchwerte, Tag des Abgangs u. a. (siehe auch S. 196 und R 5.4 [4] EStR).

**IT-gestützte Systeme**

Eine IT-gestützte Lagerbuchhaltung kann die körperliche Inventur von Waren zum Abschlussstichtag ganz oder teilweise ersetzen, wenn vollautomatisch gesteuerte Lagersysteme eingesetzt werden (siehe S. 20).

**Vorbereitung und Durchführung der Inventur**

Die körperliche (mengenmäßige) Inventur des Vorratsvermögens (Waren) bedarf einer sorgfältigen Vorbereitung und Durchführung. Zunächst wird ein **Inventurleiter** ernannt. Der Inventurleiter erstellt einen genauen **Aufnahmeplan.** Dieser Aufnahmeplan legt die einzelnen **Inventurbereiche** sowie die **personelle Besetzung** der Aufnahmegruppen, die **Aufnahmevordrucke und -richtlinien,** die Hilfsmittel (z. B. mobile Datenerfassungsgeräte/Barcodescanner) und den **Zeitpunkt der Inventur** fest. Bestimmte Aufsichtspersonen müssen durch **Stichproben** die Bestandsaufnahme überprüfen.

- **Körperliche Inventur:** **mengen- und wertmäßige Bestandsaufnahme**
- **Buchmäßige Inventur:** **nur wertmäßige Bestandsaufnahme aufgrund von Aufzeichnungen und Belegen**

## 2.2 Inventurverfahren für das Vorratsvermögen

**Zeitliche Gestaltung der Inventur**

Die **körperliche Bestandsaufnahme** der Vorräte an Waren zum Abschlussstichtag ist **mit einem erheblichen Arbeitsaufwand** verbunden. Der Gesetzgeber räumt den Unternehmen deshalb für die Bestandsaufnahme des Vorratsvermögens die Möglichkeit einer abweichenden zeitlichen Gestaltung ein, indem er eine erweiterte Stichtagsinventur, eine vor- bzw. nachverlegte Inventur (zeitverschobene Inventur) sowie eine permanente Inventur zulässt (§ 241 [2, 3] HGB, R 5.3 EStR). Die zeitverschobene und die permanente Inventur sind allerdings nicht zulässig für Vorratsvermögen, das besonders wertvoll ist oder bei dem unkontrollierbare Abgänge eintreten können (Verderb, Verdunsten o. a.), deren Höhe nicht aufgrund von Erfahrungswerten schätzbar ist.

**§ 241 HGB INVENTURVEREINFACHUNGSVERFAHREN**

*[2] Bei der Aufstellung des Inventars für den Schluß eines Geschäftsjahrs bedarf es einer körperlichen Bestandsaufnahme der Vermögensgegenstände für diesen Zeitpunkt nicht, soweit durch Anwendung eines den Grundsätzen ordnungsmäßiger Buchführung entsprechenden anderen Verfahrens gesichert ist, daß der Bestand der Vermögensgegenstände nach Art, Menge und Wert auch ohne die körperliche Bestandsaufnahme für diesen Zeitpunkt festgestellt werden kann.*

*(3) In dem Inventar für den Schluß eines Geschäftsjahrs brauchen Vermögensgegenstände nicht verzeichnet zu werden, wenn*

1. *der Kaufmann ihren Bestand auf Grund einer körperlichen Bestandsaufnahme oder auf Grund eines nach Absatz 2 zulässigen anderen Verfahrens nach Art, Menge und Wert in einem besonderen Inventar verzeichnet hat, das für einen Tag innerhalb der letzten drei Monate vor oder der ersten beiden Monate nach dem Schluß des Geschäftsjahrs aufgestellt ist, und*
2. *auf Grund des besonderen Inventars durch Anwendung eines den Grundsätzen ordnungsmäßiger Buchführung entsprechenden Fortschreibungs- oder Rückrechnungsverfahrens gesichert ist, daß der am Schluß des Geschäftsjahrs vorhandene Bestand der Vermögensgegenstände für diesen Zeitpunkt ordnungsgemäß bewertet werden kann.*

**(Erweiterte) Stichtagsinventur**

Bei der Stichtagsinventur muss die **mengenmäßige** Bestandsaufnahme der Vorräte nicht am Abschlussstichtag (z. B. 31. Dezember) erfolgen, sondern kann **zeitnah** innerhalb einer **Frist**

**von zehn Tagen vor oder nach dem Abschlussstichtag** als erweiterte Stichtagsinventur durchgeführt werden. Zugänge und Abgänge zwischen dem Aufnahmetag und dem Abschlussstichtag werden anhand von Belegen **mengen- und wertmäßig** auf den Abschlussstichtag **fortgeschrieben bzw. zurückgerechnet.** Der Nachteil der Stichtagsinventur besteht darin, dass sie einen großen Arbeitsanfall innerhalb weniger Tage hervorruft, der Betriebsunterbrechungen zur Folge haben kann.

B

**Vor- bzw. nachverlegte Inventur**

Bei der vor- bzw. nachverlegten Inventur erfolgt die körperliche Bestandsaufnahme innerhalb der letzten **drei Monate vor oder der ersten beiden Monate nach dem Abschlussstichtag.** Die einzelnen Artikel dürfen zu unterschiedlichen Zeitpunkten aufgenommen werden. Die verlegte Inventur stellt gegenüber der Stichtagsinventur bereits eine wesentliche Erleichterung dar. Der am Tag der Inventur ermittelte Bestand wird **nur wertmäßig** (nicht mengenmäßig) auf den Abschlussstichtag fortgeschrieben oder zurückgerechnet:

| Wertfortschreibung | Wertrückrechnung |
|---|---|
| Wert am Tag der Inventur (z. B. 15. Okt.) | Wert am Tag der Inventur (z. B. 28. Feb.) |
| + Wert der Zugänge vom 15. Okt. – 31. Dez. | – Wert der Zugänge vom 1. Jan. – 28. Feb. |
| – Wert der Abgänge vom 15. Okt. – 31. Dez. | + Wert der Abgänge vom 1. Jan. – 28. Feb. |
| = **Wert am Abschlussstichtag (31. Dez.)** | = **Wert am Abschlussstichtag (31. Dez.)** |

**Permanente Inventur**

Insbesondere die IT-gestützte Lagerbuchhaltung ermöglicht Unternehmen das Verfahren der **permanenten Inventur** einzusetzen. Aus der Lagerbuchhaltung kann am Abschlussstichtag der vorhandene Sollbestand des Vorratsvermögens nach Art und Menge abgerufen werden, weil alle Mengenbewegungen (Zu- und Abgänge) laufend buchmäßig erfasst werden. Zur Überprüfung und Korrektur der in der Lagerbuchhaltung ausgewiesenen Sollbestände muss mindestens **einmal jährlich** zu beliebigen Zeitpunkten **eine körperliche Bestandsaufnahme** erfolgen. Die permanente Inventur ist ein rationelles Inventurverfahren. Ihr besonderer Vorteil liegt darin, dass die körperliche Bestandsaufnahme nicht zum Abschlussstichtag und nicht gleichzeitig für alle Gruppen des Vorratsvermögens vorgenommen werden muss. Stattdessen kann sie zu frei wählbaren Zeitpunkten, z. B. in arbeits- oder auftragsschwachen Phasen oder bei niedrigem Lagerbestand, durchgeführt werden.

**Erhebungsumfang der Inventur**

Neben den Inventurzeitpunkten kann das Unternehmen den **Erhebungsumfang** der Inventur von der Vollerhebung auf die Stichprobeninventur einschränken (§ 241 HGB, R 5.3 EStR). IT-gestützte Lagersysteme erlauben unter strengen Voraussetzungen ebenfalls Einschränkungen des Inventurumfangs.

**Stichprobeninventur mithilfe mathematisch-statistischer Methoden**

Der Lagerbestand nach Art, Menge und Wert kann mithilfe **anerkannter** mathematisch-statistischer Verfahren (z. B. Mittelwertschätzung) aufgrund von zufällig ausgewählten Stichproben ermittelt werden (§ 241 [1] HGB). Dabei werden die als **Stichprobe** ausgewählten Lagerposten zunächst körperlich aufgenommen und bewertet. Das **Stichprobenergebnis** wird sodann auf den Gesamtinventurwert der Lagervorräte **hochgerechnet.** Die Stichprobeninventur gilt als zuverlässiges, zeit- und kostensparendes Inventurverfahren.

**Einlagerungsinventur**

Bei vollautomatisch gesteuerten Lagersystemen (z. B. Hochregallager) reicht eine körperliche Bestandsaufnahme der Einlagerungen aus, wenn das Lager normalerweise nicht begehbar ist und eine zuverlässige Fortschreibung der Lagerbestände durch die automatische Lagersteuerung gewährleistet ist. Das Lagersystem legt bei der Einlagerung einen Beleg an, der als Inventurbeleg aufbewahrt wird. Während eines Geschäftsjahres nicht bewegte Warenbestände müssen zum Abschlussstichtag körperlich aufgenommen werden, indem eine Aus- und Wiedereinlagerung erfolgt. Bei halbautomatischen Lagersystemen ist eine Einlagerungsinventur nicht möglich, da hier üblicherweise keine mit den Lagerbewegungen synchronisierte Fortschreibung der Lagerbestände vorgenommen wird.

## 2.3 Inventar

Die mithilfe der Inventur ermittelten **Bestände der Vermögensgegenstände und Schulden** werden in einem besonderen **Bestandsverzeichnis, dem Inventar,** zusammengefasst.

Das Inventar besteht in der Regel aus **drei Teilen:**

| A. Vermögen | B. Schulden | C. Eigenkapital (Reinvermögen) |
|---|---|---|

Das **Vermögen** gliedert sich in das **Anlagevermögen** und das **Umlaufvermögen.**

**Anlagevermögen**

Das Anlagevermögen bildet eine wesentliche **Grundlage der unternehmerischen Tätigkeit.** Es umfasst nach § 247 [2] HGB alle Vermögensgegenstände, die dem Unternehmen dauernd, also **langfristig**, dienen. Dazu gehören unter anderem

- **Immaterielle Vermögensgegenstände,** z. B. gewerbliche Schutzrechte, Lizenzen
- **Grundstücke und Gebäude**
- **Technische Anlagen und Maschinen**
- **Fahrzeuge** (Fuhrpark)
- **Betriebs- und Geschäftsausstattung** (BGA)**,** z. B. Lager- und Büroeinrichtung

**Umlaufvermögen**

Zum Umlaufvermögen zählen dagegen alle Vermögensgegenstände, die nur **kurzfristig** im Unternehmen verbleiben. Sie befinden sich ständig im **Umlauf**, weil sie zur Veräußerung, zum Verbrauch oder für Zahlungszwecke bestimmt sind: **Waren** werden eingekauft und wieder verkauft. Werden Waren mit einem Zahlungsziel verkauft, entstehen im Unternehmen **Forderungen aus Lieferungen und Leistungen (a. LL).** Begleichen die Kunden ihre Rechnungen durch Banküberweisung, vermindert sich der Forderungsbestand, wobei sich zugleich das **Bankguthaben** erhöht, das wiederum zum Kauf von Waren verwendet werden kann. **Zum Umlaufvermögen rechnen vor allem folgende Posten:**

- **Waren**
- **Forderungen aus Lieferungen und Leistungen** (a. LL)
- **Bankguthaben**
- **Kassenbestand** (Bargeld)

**Vermögensposten**

Die Vermögensposten werden im Inventar **nach steigender Flüssigkeit** (Liquidität) geordnet, also nach dem Grad, wie schnell sie in Geld umgesetzt werden können. So sind die weniger „flüssigen" (liquiden) Posten, wie z. B. Grundstücke, im Inventar zuerst und die bereits liquiden Mittel, wie Bankguthaben und Bargeld, zuletzt aufzuführen.

**Schulden**

Die Schulden (Verbindlichkeiten) werden im Inventar nach ihrer **Fälligkeit** geordnet:

- **Langfristige Verbindlichkeiten,** wie z. B. Hypotheken- und Darlehensschulden
- **Kurzfristige Verbindlichkeiten,** wie z. B. Verbindlichkeiten a. LL, Steuerschulden

**Fremdkapital**

Die Verbindlichkeiten stellen das im Unternehmen arbeitende Fremdkapital dar.

**Eigenkapital**

Das Eigenkapital oder **Reinvermögen** des Unternehmens ergibt sich durch Abzug der Schulden vom Vermögen. Das Eigenkapital ist nach § 240 HGB kein Pflichtbestandteil des Inventars.

| | |
|---|---|
| | **Summe des Vermögens** |
| – | **Summe der Schulden** |
| = | **Eigenkapital (Reinvermögen)** |

**MERKE**

- **Das Inventar weist zu einem bestimmten Tag (Abschlussstichtag) alle Vermögensgegenstände und Schulden eines Unternehmens nach Art, Menge und Wert aus.**
- **Das Vermögen untergliedert sich in Anlage- und Umlaufvermögen, wobei die Vermögensposten nach steigender Flüssigkeit geordnet werden.**
- **Die Schulden bzw. Verbindlichkeiten werden nach ihrer Fälligkeit geordnet.**

B

| Inventar<br>der Möbelgroßhandlung Kurt Jansen e. K., Nürnberg, für den 31. Dezember 20.. | | |
|---|---|---|
| **A. Vermögen** | € | € |
| **I. Anlagevermögen** | | |
| 1. Grundstücke | | 260.000,00 |
| 2. Gebäude: | | |
| Ausstellungshalle | 240.000,00 | |
| Verwaltungsgebäude | 270.000,00 | |
| Lagergebäude | 110.000,00 | 620.000,00 |
| 3. Fuhrpark lt. Anlagenverzeichnis 1 | | 170.000,00 |
| 4. Betriebs- und Geschäftsausstattung lt. Anlagenverzeichnis 2 | | 150.000,00 |
| **II. Umlaufvermögen** | | |
| 1. Warenvorräte: | | |
| Möbel lt. Inventurliste 3 | 1.645.700,00 | |
| Kleinmöbel lt. Inventurliste 4 | 412.300,00 | |
| 568 Sessel T 8 je 250,00 € | 142.000,00 | 2.200.000,00 |
| 2. Forderungen aus Lieferungen und Leistungen (a. LL): | | |
| Schnickmann GmbH, Fürth | 145.800,00 | |
| Hamm KG, Würzburg | 177.900,00 | |
| Bodo Herms e. K., Erlangen | 76.300,00 | 400.000,00 |
| 3. Bankguthaben: | | |
| Nürnberger Kreditbank KGaA | 159.000,00 | |
| Deutsche Bank, Nürnberg | 35.000,00 | 194.000,00 |
| 4. Kassenbestand | | 6.000,00 |
| **Summe des Vermögens** | | **4.000.000,00** |
| **B. Schulden** | | |
| **I. Langfristige Schulden** | | |
| 1. Hypothekendarlehen der Nürnberger Kreditbank KGaA | | 700.000,00 |
| 2. Darlehen der Deutschen Bank, Nürnberg | | 600.000,00 |
| **II. Kurzfristige Schulden** | | |
| Verbindlichkeiten aus Lieferungen und Leistungen: | | |
| Heyn GmbH, München | 120.000,00 | |
| Hermanns OHG, Augsburg | 80.000,00 | |
| Gellert KG, Frankfurt | 100.000,00 | 300.000,00 |
| **Summe der Schulden** | | **1.600.000,00** |
| **C. Eigenkapital** | | |
| Summe des Vermögens | | 4.000.000,00 |
| – Summe der Schulden | | 1.600.000,00 |
| = **Eigenkapital** (Reinvermögen) | | **2.400.000,00** |

**Aufbewahrung des Inventars**

In der unternehmerischen Praxis besteht das Inventar häufig aus einer Sammlung von Inventurlisten oder Dateien. Inventare sind **zehn Jahre** geordnet aufzubewahren (§ 257 [4] HGB, § 147 [3] AO). Die Aufbewahrung kann auch in elektronischer Form erfolgen, wenn sichergestellt ist, dass die Daten jederzeit verfügbar sind und unverzüglich lesbar gemacht sowie maschinell ausgewertet werden können (§§ 239 [4}, 257 [3] HGB, § 147 [2] AO).

MERKE

- **Inventur = Bestandsaufnahme, Inventar = Bestandsverzeichnis.**
- **Das Inventar bildet die Grundlage eines ordnungsgemäßen Jahresabschlusses.**

**AUFGABE 2**

Welche Vermögensgegenstände gehören zum Anlagevermögen (I) und zum Umlaufvermögen (II)?
Ordnen Sie die folgenden Vermögensgegenstände nach steigender Flüssigkeit.

1. Bankguthaben
2. Maschinen
3. Bargeld
4. Gebäude
5. Warenvorräte
6. Lastkraftwagen
7. Forderungen aus Lieferungen und Leistungen (a. LL)
8. Betriebs- und Geschäftsausstattung
9. Grundstücke
10. Förderband
11. Gabelstapler

**AUFGABE 3**

Ordnen Sie die folgenden Schulden nach ihrer Laufzeit (Fälligkeit) im Bereich der langfristigen (I) und kurzfristigen (II) Schulden:

1. Verbindlichkeiten aus Lieferungen und Leistungen (a. LL)
2. Hypothekenschulden
3. Verbindlichkeiten aus Steuern
4. Darlehensschulden

**AUFGABE 4**

Die Sanitärgroßhandlung Karl Schnickmann e. K., Erlangen, hat folgende Inventurbestände:

Grundstück 120.000,00 €; Gebäude 440.000,00 €; Technische Anlagen und Maschinen 61.500,00 €; Fuhrpark 27.500,00 €; Betriebs- und Geschäftsausstattung 160.400,00 €;

Warenvorräte 464.100,00 €; Kundenforderungen an Hans Floßmann e. K., Tübingen, 61.500,00 €, an Fritz Herberts e. K., Offenbach, 12.600,00 €; Bankguthaben bei der Deutschen Bank, Erlangen, 62.300,00 €, bei der Stadtsparkasse, Erlangen, 40.000,00 €; Kassenbestand 13.400,00 €;

Verbindlichkeiten gegenüber Lieferanten 153.400,00 €; Hypothekenschulden 586.000,00 €; Darlehensschulden: bei der Stadtsparkasse, Erlangen, 124.000,00 €, bei der Deutschen Bank, Erlangen, 90.000,00 €.

Stellen Sie das Inventar auf. Wie hoch ist der Prozentanteil des Anlagevermögens und des Umlaufvermögens am Gesamtvermögen?

**AUFGABE 5, 6**

Die Werkzeuggroßhandlung Juliane Hamm e. Kffr., Würzburg, stellte zum 31. Dez. 01[1] (Aufgabe 5) und zum 31. Dez. 02[1] (Aufgabe 6) folgende Inventurwerte fest:

| | 5 | 6 |
|---|---|---|
| Grundstücke | 100.000,00 | 100.000,00 |
| Gebäude: Verwaltungsgebäude | 420.000,00 | 411.600,00 |
| Lagergebäude | 135.000,00 | 132.300,00 |
| Technische Anlagen und Maschinen | 170.000,00 | 236.400,00 |
| Fuhrpark: 1 Lkw | 32.300,00 | 27.840,00 |
| 1 Pkw | 12.700,00 | 10.160,00 |
| Betriebs- u. Geschäftsausstattung | 91.600,00 | 76.900,00 |
| Warenvorräte | 483.300,00 | 541.400,00 |
| Forderungen a. LL: Schnell KG, Tübingen | 52.800,00 | 72.800,00 |
| Rolf Peters e. K., Frankfurt | 33.500,00 | 61.500,00 |
| Postbankguthaben | 18.900,00 | 29.400,00 |
| Bankguthaben bei der Commerzbank, Würzburg | 126.700,00 | 131.000,00 |
| Kassenbestand | 2.800,00 | 2.600,00 |
| Hypothekenschulden: Stadtsparkasse, Würzburg | 290.000,00 | 260.000,00 |
| Darlehensschulden: Stadtsparkasse, Würzburg | 160.300,00 | 120.225,00 |
| Handelsbank, Frankfurt | 120.700,00 | 90.525,00 |
| Verbindlichkeiten a. LL | 89.500,00 | 146.800,00 |

1. Erstellen Sie die Inventare der beiden aufeinander folgenden Geschäftsjahre.
2. Vergleichen Sie die beiden Inventare und erklären Sie die Veränderungen im Anlage- und Umlaufvermögen, in den Schulden und im Eigenkapital.

1 In diesem Lehrbuch bedeuten die Ziffern „00“ = Vorjahr, „01“ = 1. Jahr, „02“ = 2. Jahr usw.

B

**AUFGABE 7, 8**

Baumarkt Gärtner OHG, Augsburg, stellte zum 31. Dez. 01 (Aufgabe 7) und zum 31. Dez. 02 (Aufgabe 8) folgende Inventurwerte fest, die in beiden Inventaren entsprechend zu gliedern sind:

| | 7 | 8 |
|---|---|---|
| Grundstücke | 200.000,00 | 200.000,00 |
| Gebäude: Verwaltungsgebäude | 550.000,00 | 528.000,00 |
| Lagergebäude | 280.000,00 | 268.400,00 |
| Warenvorräte lt. Inventurliste 4 | 396.900,00 | 420.700,00 |
| Technische Anlagen und Maschinen lt. Verzeichnis 1 | 161.500,00 | 256.200,00 |
| Forderungen a. LL lt. Verzeichnis 5 | 35.000,00 | 56.700,00 |
| Kassenbestand | 4.800,00 | 3.900,00 |
| Fuhrpark lt. Anlagenverzeichnis 2 | 37.500,00 | 31.400,00 |
| Betriebs- und Geschäftsausstattung lt. Anlagenverzeichnis 3 | 90.300,00 | 93.900,00 |
| Bankguthaben bei der Deutschen Bank, Augsburg | 73.100,00 | 84.200,00 |
| bei der Stadtsparkasse, Augsburg | 51.400,00 | 55.300,00 |
| Verbindlichkeiten a. LL lt. Verzeichnis 6 | 48.600,00 | 67.100,00 |
| Hypothekenschulden | 414.000,00 | 390.000,00 |
| Darlehensschulden: Deutsche Bank, Augsburg | 192.000,00 | 186.400,00 |
| Stadtsparkasse, Augsburg | 120.400,00 | 118.400,00 |

Vergleichen Sie die beiden Inventare und erklären Sie bedeutende Veränderungen.

**AUFGABE 9**

In den Aufgaben 7 und 8 wird darauf hingewiesen, dass der Gesamtwert der Warenvorräte der Inventurliste 4 entnommen wurde. In diesem Verzeichnis sind die einzelnen Artikel mit ihren jeweiligen Einzelwerten erfasst. In der folgenden Aufgabe ist der Inventurwert für den Posten „Fliesenkleber" auf der Grundlage des gewogenen Durchschnittspreises aus den Einzelpreisen der zurückliegenden Lieferungen zu berechnen. Der Inventurbestand an Fliesenkleber beträgt 24 Gebinde zu je 10 kg.

| Datum | Menge | Einzelpreis |
|---|---|---|
| 1. Jan. | 14 Gebinde | 22,50 € |
| 5. März | 40 Gebinde | 22,60 € |
| 12. Juni | 50 Gebinde | 22,80 € |

| Datum | Menge | Einzelpreis |
|---|---|---|
| 21. Aug. | 30 Gebinde | 22,90 € |
| 9. Okt. | 40 Gebinde | 23,00 € |
| 10. Dez. | 20 Gebinde | 23,10 € |

Berechnen Sie den Inventurwert des Fliesenklebers im Verzeichnis 4.

**AUFGABE 10**

Ermitteln Sie im Rahmen der zeitlich verlegten Inventur durch Wertfortschreibung bzw. Wertrückrechnung jeweils den Vorratsbestand an Profileisen U642 zum Abschlussstichtag (31. Dezember):

a) Bestand am Tag der Inventur (1. Okt.): 32.800,00 €; Wert der Zugänge vom 1. Okt. bis 31. Dez.: 58.300,00 €. Wert der Abgänge vom 1. Okt. bis 31. Dez.: 76.300,00 €.

b) Bestand am Aufnahmetag (20. Febr.): 43.600,00 €; Wert der Abgänge vom 1. Jan. bis 20. Febr.: 22.800,00 €; Wert der Zugänge vom 1. Jan. bis 20. Febr.: 15.200,00 €.

**AUFGABE 11**

1. Nach welchen Gesetzen ist der Unternehmer zur Buchführung verpflichtet?
2. Unterscheiden Sie zwischen Inventur und Inventar.
3. Worin unterscheiden sich das Anlagevermögen und das Umlaufvermögen?
4. Was ist unter körperlicher Bestandsaufnahme zu verstehen?
5. Welche Bestände können nur aufgrund einer buchmäßigen Inventur festgestellt werden?
6. Wie lange sind Inventare aufzubewahren?
7. Nennen Sie die Nachteile der Stichtagsinventur und die Vorteile der permanenten Inventur.
8. Unterscheiden Sie zwischen vorverlegter und nachverlegter Inventur.

## 2.4 Erfolgsermittlung durch Eigenkapitalvergleich

**Erfolg des Unternehmens**

Der **Erfolg eines Unternehmens**, also der **Gewinn oder Verlust** des Geschäftsjahres, lässt sich auf einfache Weise durch einen **Eigenkapitalvergleich** ermitteln, der dem Betriebsvermögensvergleich nach § 4 [1] EStG entspricht.

**Eigenkapitalvergleich**

Das Eigenkapital am Ende eines Geschäftsjahres wird mit dem Eigenkapital am Schluss des vorangegangenen Geschäftsjahres verglichen. Hat es sich **erhöht**, lässt diese Entwicklung grundsätzlich auf einen im Geschäftsjahr erzielten **Gewinn** schließen. Eine **Verminderung des Eigenkapitals** deutet dagegen auf einen **Verlust** hin.

B

Die Veränderung des Eigenkapitals entspricht jedoch nur dann dem tatsächlichen Gewinn oder Verlust des Geschäftsjahres, wenn der Unternehmer während des abgelaufenen Geschäftsjahres weder **Privatentnahmen** noch **Privateinlagen** getätigt hat.

**Privatentnahmen**

Privatentnahmen liegen vor, wenn der Unternehmer dem Betriebsvermögen liquide Mittel oder andere Vermögensgegenstände (z. B. Anlagevermögen, Waren) für private Zwecke entzogen hat. Entnahmen führen zu einer Verminderung des Vermögens. Da sich das Eigenkapital aus der Differenz zwischen Vermögen und Schulden ergibt (siehe S. 21), vermindert sich durch Entnahmen auch das Eigenkapital des Unternehmens. Zur genauen Ermittlung des Jahresgewinns müssen deshalb alle Privatentnahmen zu der Eigenkapitalveränderung wieder **hinzugerechnet** werden.

**BEISPIEL**

Die Möbelgroßhandlung Kurt Jansen e. K. weist in ihrem Inventar auf Seite 22 zum Schluss des Geschäftsjahres 02 ein Eigenkapital von 2.400.000,00 € aus. Zum Schluss des vorangegangenen Geschäftsjahres 01 betrug das Eigenkapital 2.120.000,00 €.

| | |
|---|---|
| Eigenkapital zum 31. Dezember 02 | 2.400.000,00 € |
| – Eigenkapital zum 31. Dezember 01 | 2.120.000,00 € |
| **= Erhöhung des Eigenkapitals** | **280.000,00 €** |

Der Unternehmer Kurt Jansen hat, im Vorgriff auf den erwarteten Jahresgewinn, dem betrieblichen Bankkonto 60.000,00 € für die Anschaffung eines Sportwagens gegen Quittung (Beleg) entnommen. Da sich das Vermögen und damit auch das Eigenkapital seines Unternehmens um diesen Betrag vermindert haben, wird die Privatentnahme zu der Eigenkapitalerhöhung hinzugerechnet, um den Gewinn des Geschäftsjahres zu ermitteln:

> **Entnahmebeleg**
> Dem Geschäftskonto 119 233 815 bei der Nürnberger Kreditbank KGaA wurden heute durch Überweisung an die Sportcar GmbH 60.000,00 € privat entnommen.
>
> Leverkusen, 10. Nov. 02 *K. Jansen*

| | |
|---|---|
| Eigenkapital zum 31. Dezember 02 | 2.400.000,00 € |
| – Eigenkapital zum 31. Dezember 01 | 2.120.000,00 € |
| = Erhöhung des Eigenkapitals | 280.000,00 € |
| **+ Privatentnahme** | **60.000,00 €** |
| **= Gewinn zum 31. Dezember 02** | **340.000,00 €** |

**Privateinlagen**

Bei Privateinlagen handelt es sich um liquide Mittel oder andere Vermögensgegenstände, die der Unternehmer während des Geschäftsjahres aus seinem Privatvermögen in das Betriebsvermögen eingebracht hat. Einlagen erhöhen das Vermögen und das Eigenkapital des Unternehmens. Sie sind jedoch nicht vom Unternehmen erwirtschaftet worden und stellen somit auch keinen Gewinn dar. Einlagen sind daher von der Eigenkapitalveränderung abzuziehen.

B

**BEISPIEL Fortsetzung**

Der Möbelgroßhändler Kurt Jansen hat im abgelaufenen Geschäftsjahr ein geerbtes Grundstück im Wert von 160.000,00 € auf sein Unternehmen übertragen. Da sich das Vermögen und damit auch das Eigenkapital seines Unternehmens um den Wert des Grundstücks erhöht haben, wird die Privateinlage von der Eigenkapitalerhöhung abgezogen, um den Gewinn des Geschäftsjahres zu ermitteln:

> **Kapitaleinlagebeleg**
> Das unbebaute Grundstück in Nürnberg, Hansastraße 50 – 52, wurde lt. Grundbuchauszug vom 15. Dezember 02 von mir zum Zeitwert von 160.000,00 € in das Betriebsvermögen meiner Möbelgroßhandlung eingebracht.
> Nürnberg, 19. Dez. 02 *K. Jansen*

| | |
|---|---|
| Eigenkapital zum 31. Dezember 02 | 2.400.000,00 € |
| – Eigenkapital zum 31. Dezember 01 | 2.120.000,00 € |
| = Erhöhung des Eigenkapitals | 280.000,00 € |
| + Privatentnahme | 60.000,00 € |
| **– Privateinlage** | **160.000,00 €** |
| **= Gewinn zum 31. Dezember 02** | **180.000,00 €** |

**MERKE**

**Erfolg ist der Unterschiedsbetrag zwischen dem Eigenkapital am Schluss des Geschäftsjahres und dem Eigenkapital am Schluss des vorangegangenen Geschäftsjahres, vermehrt um den Wert der Privatentnahmen und vermindert um den Wert der Privateinlagen (§ 4 [1] EStG).**

**Verzinsung des Eigenkapitals**

Das Verhältnis zwischen dem Jahresgewinn und dem durchschnittlichen Eigenkapital (durchschn. EK) ergibt die Verzinsung (Rentabilität) des im Unternehmen arbeitenden Eigenkapitals. Ein Vergleich des Ergebnisses mit einer anderen langfristigen Kapitalanlage, z. B. in Form von festverzinslichen Wertpapieren (2 % bis 5 %), zeigt, ob sich der Einsatz des Eigenkapitals gelohnt (rentiert) hat.

$$\textbf{Durchschnittliches Eigenkapital} = \frac{\textbf{EK Jahr 01 + EK Jahr 02}}{\textbf{2}} \qquad \textbf{Rentabilität des Eigenkapitals} = \frac{\textbf{Jahresgewinn}}{\textbf{Durchschn. EK}}$$

**BEISPIEL Fortsetzung**

Das durchschnittliche Eigenkapital der Möbelgroßhandlung Kurt Jansen e. K. im Geschäftsjahr 02 betrug:

$$\text{Durchschnittliches Eigenkapital} = \frac{2.120.000{,}00\ € + 2.400.000{,}00\ €}{2} = 2.260.000{,}00\ €$$

Die Verzinsung des Eigenkapitals berechnet sich wie folgt:

| | | | |
|---|---|---|---|
| 2.260.000,00 € | Durchschn. EK | ≙ | 100 |
| 180.000,00 € | Gewinn | ≙ | x |

$$x\ \% = \frac{180.000{,}00\ € \cdot 100\ \%}{2.260.000{,}00\ €} = 0{,}0796 = 7{,}96\ \%$$

Die Rentabilität des Eigenkapitals liegt über der Verzinsung anderer langfristiger Kapitalanlagen, so dass sich der Kapitaleinsatz aus Sicht des Unternehmers Kurt Jansen gelohnt hat.

**AUFGABE 12**

Die Textilgroßhandlung Janine Kolberg e. Kffr., Leverkusen, weist im Inventar zum 31. Dezember 02 ein Eigenkapital in Höhe von 480.000,00 € aus. Am 31. Dezember 01 betrug das Eigenkapital 450.000,00 €. Im Geschäftsjahr 02 hatte Frau Kolberg insgesamt 72.000,00 € vom Bankkonto des Unternehmens für private Zwecke abgehoben.

Wie hoch ist der Gewinn des Unternehmens zum 31. Dezember 02?

**AUFGABE 13**

Das Inventar der Möbelgroßhandlung Kurt Jansen e. K. (siehe S. 22) weist ein Eigenkapital von 2.400.000,00 € aus. Am Ende des darauf folgenden Geschäftsjahres ergibt sich aus dem Inventar ein Eigenkapital von 2.540.000,00 €.
Für Privatzwecke hatte Kurt Jansen dem Geschäftsbankkonto 48.000,00 € entnommen.

a) Wie hoch ist der Gewinn des Geschäftsjahres? Ermitteln Sie die Rentabilität des durchschnittlichen Eigenkapitals.
b) Wie hoch ist der Verlust, wenn das Eigenkapital am Ende des darauffolgenden Geschäftsjahres lediglich 2.300.000,00 € beträgt? Ermitteln Sie ebenfalls die Rentabilität des durchschnittlichen Eigenkapitals.

**AUFGABEN 14, 15**

Die Elektrogroßhandlung Ronald Weber e. K. hat am Anfang des Geschäftsjahres ein Reinvermögen (Eigenkapital) von 590.000,00 € (680.000,00 €). Am Ende des Geschäftsjahres betragen laut Inventur die Summe des Vermögens 870.000,00 € (985.000,00 €) und die Summe der Schulden 210.000,00 € (150.000,00 €).

Während des Geschäftsjahres sind als Privatentnahmen 48.000,00 € (36.000,00 €) und als Privateinlagen 25.000,00 € (20.000,00 €) gebucht worden.

a) Ermitteln Sie den Erfolg des Unternehmens durch Eigenkapitalvergleich.
b) Ermitteln Sie die Rentabilität des durchschnittlichen Eigenkapitals.

## 2.5 Bilanz

**Inventar**

**Das Inventar ist eine ausführliche Aufstellung** der einzelnen Vermögensgegenstände und Schulden nach Art, Menge und Wert, das ganze Bände oder eine Vielzahl von Listen oder Dateien umfassen kann. Dadurch verliert es erheblich an Übersichtlichkeit.

**Bilanz**

**§ 242 HGB verlangt** daher zusätzlich zu der regelmäßigen Aufstellung des Inventars eine **kurz gefasste Übersicht,** die es ermöglicht, mit einem Blick das **Verhältnis zwischen Vermögen und Schulden** des Unternehmens zu überschauen. Eine solche Übersicht ist die **Bilanz.**

**§ 242 HGB PFLICHT ZUR AUFSTELLUNG**
*[1] Der Kaufmann hat zu Beginn seines Handelsgewerbes und für den Schluß eines jeden Geschäftsjahrs einen das Verhältnis seines Vermögens und seiner Schulden darstellenden Abschluß (Eröffnungsbilanz, Bilanz) aufzustellen. [...]*
*[2] Er hat für den Schluß eines jeden Geschäftsjahrs eine Gegenüberstellung der Aufwendungen und Erträge des Geschäftsjahrs (Gewinn- und Verlustrechnung) aufzustellen.*
*[3] Die Bilanz und die Gewinn- und Verlustrechnung bilden den Jahresabschluß.*

**Aktiva und Passiva**

**Die Bilanz ist eine Kurzfassung des Inventars in Kontoform.** Sie enthält auf der linken Seite das Vermögen (Anlagevermögen und Umlaufvermögen) und auf der rechten Seite die Schulden (Verbindlichkeiten/Fremdkapital) sowie das **Eigenkapital als Differenz zwischen Vermögen und Schulden (Saldo).** Beide Seiten der Bilanz (ital. bilancia = Waage) weisen daher die **gleiche Summe** aus. **Aktiva** heißen die Vermögenswerte, **Passiva** die Kapitalbestandteile. Aktiva werden nach der Liquidität (Flüssigkeit) und Passiva nach der Fälligkeit geordnet.

B

**BEISPIEL** **Aus dem Inventar** auf Seite 22 ergibt sich folgende **Bilanz:**

| Aktiva | Bilanz zum 31. Dezember .. | | Passiva |
|---|---|---|---|
| **I. Anlagevermögen** | | **I. Eigenkapital** ........................ | 2.400.000,00 |
| 1. Grundstücke .................. | 260.000,00 | | |
| 2. Gebäude......................... | 620.000,00 | **II. Schulden** (Fremdkapital) | |
| 3. Fuhrpark ........................ | 170.000,00 | 1. Hypothekenschulden ....... | 700.000,00 |
| 4. Betriebs- und Geschäftsausstattung .. | 150.000,00 | 2. Darlehen .......................... | 600.000,00 |
| | | 3. Verbindlichk. a. LL ........... | 300.000,00 |
| **II. Umlaufvermögen** | | | |
| 1. Warenvorräte ................ | 2.200.000,00 | | |
| 2. Forderungen a. LL ........ | 400.000,00 | | |
| 3. Bankguthaben .............. | 194.000,00 | | |
| 4. Kassenbestand ............. | 6.000,00 | | |
| | **4.000.000,00** | | **4.000.000,00** |

Nürnberg, 10. März ..

*Kurt Jansen*

Die Bilanz ist vom Unternehmer unter Angabe des Datums persönlich zu unterschreiben (siehe auch Seite 30).

**MERKE**

- **Die Bilanz ist eine kurz gefasste Gegenüberstellung von Vermögen (Aktiva) und Kapital (Passiva) in Kontoform.**
- **Grundlage für die Aufstellung der Bilanz ist das Inventar.**
- **Die Bilanz muss klar und übersichtlich gegliedert sein (§ 243 [2] HGB). Anlage- und Umlaufvermögen, Eigenkapital und Verbindlichkeiten sind gesondert auszuweisen und aufzugliedern (§§ 247, 266 HGB und Anhang des Lehrbuchs).**
  **Vermögensposten (Aktiva): Ordnung nach der Liquidität**
  **Kapitalposten (Passiva): Ordnung nach der Fälligkeit**
- **Der Jahresabschluss (Bilanz und Gewinn- und Verlustrechnung) ist vom Unternehmer unter Angabe des Datums persönlich zu unterzeichnen (§ 245 HGB).**

## 2.6 Aussagewert der Bilanz

**Inhalt der Bilanz**

Die Bilanz lässt auf einen Blick erkennen, woher das Kapital stammt und wo es im Einzelnen angelegt (investiert) worden ist:

| Aktiva | Bilanz | | Passiva |
|---|---|---|---|
| **Vermögensformen** | | **Vermögensquellen** | |
| Die **Vermögens- oder Aktivseite** zeigt die **Formen** des Vermögens: | | Die **Kapital- oder Passivseite** zeigt die **Herkunft** des Vermögens: | |
| I. Anlagevermögen ...................... | 1.200.000,00 | I. Eigenkapital .............................. | 2.400.000,00 |
| II. Umlaufvermögen...................... | 2.800.000,00 | II. Fremdkapital............................. | 1.600.000,00 |
| **Vermögen** .................................... | **4.000.000,00** = | **Kapital** ........................................ | **4.000.000,00** |
| **Wo ist das Kapital angelegt?** | | **Woher stammt das Kapital?** | |
| **Investition** | | **Finanzierung** | |

MERKE

- **Die Passivseite der Bilanz gibt Auskunft über die Herkunft (Quellen) der finanziellen Mittel. Sie zeigt also die Mittelherkunft oder Finanzierung.**
- **Die Aktivseite weist dagegen die Anlage bzw. Verwendung des Kapitals aus. Sie gibt also Auskunft über die Mittelverwendung oder Investition.**

**Aussagewert der Bilanz**

Die oben dargestellte Kurzfassung der Bilanz zeigt bereits deutlich die **Zusammensetzung (Struktur) des Kapitals und des Vermögens** in absoluten Zahlen. Es ist erkennbar, dass das Unternehmen überwiegend mit eigenen Mitteln arbeitet (2.400.000,00 € Eigenkapital zu 1.600.000,00 € Fremdkapital). Der Unternehmer bewahrt damit seine Unabhängigkeit gegenüber Gläubigern. Außerdem ist die Zinsbelastung durch fremde Mittel nicht zu hoch. Die solide Ausstattung des Unternehmens (Finanzierung) kommt auch dadurch zum Ausdruck, dass nicht nur das gesamte Anlagevermögen, sondern auch ein Teil des Umlaufvermögens mit Eigenkapital beschafft (finanziert) worden ist (2.400.000,00 € Eigenkapital zu 1.200.000,00 € Anlagevermögen).

**Bilanzstruktur**

Die Darstellung der Bilanzstruktur in Gliederungszahlen (%) erhöht die Aussagekraft und Überschaubarkeit der Verhältnisse:[1]

AV : UV ↓ EK : AV ↓ EK : FK ↓

| Aktiva | | Bilanzstruktur | | Passiva | |
|---|---|---|---|---|---|
| **Vermögensstruktur** | **€** | **%** | **Kapitalstruktur** | **€** | **%** |
| Anlagevermögen (AV) | 1.200.000,00 | 30 % | Eigenkapital (EK) | 2.400.000,00 | 60 % |
| Umlaufvermögen (UV) | 2.800.000,00 | 70 % | Fremdkapital (FK) | 1.600.000,00 | 40 % |
| Gesamtvermögen | 4.000.000,00 | 100 % | Gesamtkapital | 4.000.000,00 | 100 % |

MERKE

- **Die Bilanz ist eine kurz gefasste Gegenüberstellung von:**
  - **Vermögensformen und Vermögensquellen,**
  - **Mittelverwendung und Mittelherkunft,**
  - **Investition und Finanzierung.**
- **Die Bilanzstruktur zeigt deutlich den Vermögens- und Kapitalaufbau.**

**Rechnerische Gleichheit**

Das Eigenkapital ist die Differenz aus Vermögen und Fremdkapital. Daher ist die rechnerische Gleichheit beider Bilanzseiten, also von Aktiva und Passiva bzw. von Vermögen und Kapital, immer gegeben, und es gelten die folgenden Bilanzgleichungen:

**Bilanzgleichungen**

| | | | | |
|---|---|---|---|---|
| Aktiva | = | Passiva | | |
| Vermögen | = | Kapital | | |
| Vermögen | = | Eigenkapital | + | Fremdkapital |
| Eigenkapital | = | Vermögen | – | Fremdkapital |
| Fremdkapital | = | Vermögen | – | Eigenkapital |

1 Siehe auch Kapitel F Auswertung des Jahresabschlusses, S. 319 ff.

B

## 2.7 Vergleich zwischen Inventar und Bilanz

**Die Inventur** ist die Voraussetzung für die Aufstellung des Inventars. Das Inventar bildet die Grundlage für die Erstellung der Bilanz:

Inventur

↓

Inventar

↓

Bilanz

**Aufstellung von Inventar und Bilanz**

**Inventar und Bilanz sind aufzustellen**

- bei der **Gründung** oder der **Übernahme** eines Unternehmens,
- regelmäßig zum **Schluss des Geschäftsjahres,**
- bei der **Veräußerung** oder der **Auflösung** des Unternehmens.

**Inventar und Bilanz** zeigen beide den Stand des Vermögens und des Kapitals eines Unternehmens.[1] **Sie unterscheiden sich im Wesentlichen in der Art der Darstellung:**

| Inventar | Bilanz |
|---|---|
| ▪ **Ausführliche** Darstellung der einzelnen Vermögensgegenstände und Schulden.<br>▪ Angabe der Mengen, Einzelwerte **und** Gesamtwerte.<br>▪ Darstellung des Vermögens und des Kapitals **untereinander in Staffelform.** | ▪ **Kurz gefasste** überschaubare Darstellung des Vermögens und des Kapitals.<br>▪ **Nur** Angabe der **Gesamtwerte** der einzelnen Bilanzposten.<br>▪ Darstellung des Vermögens und des Kapitals **nebeneinander in Kontoform.** |

**MERKE**

- **Eine Bilanz ist die Gegenüberstellung von Vermögen und Kapital eines Unternehmens an einem bestimmten Stichtag.**
- **Die Bilanz wird aus dem Inventar abgeleitet, durch**
  - **Weglassen der Mengenangaben,**
  - **Zusammenfassung gleichartiger Einzelposten zu Gruppen,**
  - **Umgliederung in Kontoform,**
  - **(Pflicht-)Ausweis des Postens Eigenkapital.**
- **Inventar und Bilanz sind nach § 257 [4] HGB bzw. § 147 [3] AO zehn Jahre aufzubewahren.**
- **Den Jahresabschluss (Bilanz und Gewinn- und Verlustrechnung) unterzeichnen (§ 245 HGB):**
  - **bei der Einzelunternehmung: Inhaber persönlich,**
  - **bei der Offenen Handelsgesellschaft (OHG): alle Gesellschafter,**
  - **bei der Kommanditgesellschaft (KG): alle persönlich haftenden Gesellschafter,**
  - **bei der Aktiengesellschaft (AG): alle Mitglieder des Vorstandes,**
  - **bei der Gesellschaft mit beschränkter Haftung (GmbH): alle Geschäftsführer.**

1 Inhaltlich können Unterschiede dann auftreten, wenn in der Bilanz Jahresabgrenzungen vorgenommen werden, die im Inventar nicht berücksichtigt wurden (z. B. Rechnungsabgrenzungsposten, Rückstellungen).

B

**AUFGABEN 16, 17**

Beachten Sie die Gliederung der Bilanz auf Seite 28.

Stellen Sie nach folgenden Angaben die Bilanz für die Textilgroßhandlung Heinz Jommersbach e. K., München, zum 31. Dezember .. auf.

| | 16 | 17 |
|---|---|---|
| Gebäude | 350.000,00 | 340.000,00 |
| Betriebs- und Geschäftsausstattung (BGA) | 48.000,00 | 45.000,00 |
| Warenvorräte | 575.000,00 | 485.000,00 |
| Forderungen aus Lieferungen und Leistungen | 22.000,00 | 35.000,00 |
| Bankguthaben | 80.000,00 | 32.000,00 |
| Kassenbestand | 5.000,00 | 3.000,00 |
| Darlehensschulden | 385.000,00 | 290.000,00 |
| Verbindlichkeiten aus Lieferungen und Leistungen | 30.000,00 | 50.000,00 |

1. Mit welchem Gesamtkapital, Eigenkapital und Fremdkapital arbeitet das Unternehmen?
2. Wie beurteilen Sie das Verhältnis der eigenen zu den fremden Mitteln?
3. Reichten die eigenen Mittel zur Beschaffung (Finanzierung) des Anlagevermögens aus?

**AUFGABEN 18, 19**

Stellen Sie nach folgenden Angaben die Bilanz für die Werkzeuggroßhandlung Marc Gruppe e. K., Leverkusen, zum 31. Dezember .. auf. Ordnen Sie die Vermögens- und Kapitalposten.

| | 18 | 19 |
|---|---|---|
| Warenvorräte | 300.000,00 | 320.000,00 |
| Verbindlichkeiten aus Lieferungen und Leistungen | 85.000,00 | 90.000,00 |
| Kassenbestand | 5.000,00 | 4.000,00 |
| Forderungen aus Lieferungen und Leistungen | 40.000,00 | 70.000,00 |
| Gebäude | 420.000,00 | 400.000,00 |
| Darlehensschulden | 70.000,00 | 150.000,00 |
| Hypothekenschulden | 260.000,00 | 210.000,00 |
| Fuhrpark | 42.000,00 | 35.000,00 |
| Betriebs- und Geschäftsausstattung (BGA) | 128.000,00 | 135.000,00 |
| Bankguthaben | 80.000,00 | 96.000,00 |

1. Mit welchem Gesamtkapital, Eigenkapital und Fremdkapital arbeitet das Unternehmen?
2. Wie beurteilen Sie das Verhältnis der eigenen zu den fremden Mitteln?
3. Reichten die eigenen Mittel zur Beschaffung (Finanzierung) des Anlagevermögens aus?

**AUFGABE 20**

Stellen Sie die Bilanz der Großhandlung Karl Schnickmann e. K., Erlangen, aufgrund des Inventars (Aufgabe 4) zum 31. Dezember .. auf.

Mit welchem Gesamtkapital, Eigenkapital und Fremdkapital arbeitet das Unternehmen?

**AUFGABE 21**

Aufgrund der Inventare sind die Schlussbilanzen folgender Unternehmen aufzustellen:

a) Juliane Hamm e. Kffr., Würzburg (Aufgaben 5/6),
b) Gärtner OHG, Augsburg (Aufgaben 7/8).

**AUFGABE 22**

1. Stellen Sie für die Bilanzen der Aufgaben 16 bis 21 jeweils die Bilanzstruktur dar, indem Sie den Prozentanteil des Eigen- und Fremdkapitals sowie des Anlage- und Umlaufvermögens an der Bilanzsumme (= 100 %) ermitteln (vgl. auch Muster auf S. 29).
2. Beurteilen Sie vor allem das Verhältnis der eigenen zu den fremden Mitteln.
3. Wie viel Eigenkapital verbleibt nach Deckung des Anlagevermögens noch für die Deckung des Umlaufvermögens?

B

# 3 Buchen auf Bestandskonten

## 3.1 Wertveränderungen in der Bilanz

**Bilanz**

Jeder Geschäftsfall verändert mindestens zwei Posten in der Bilanz, sodass **vier Möglichkeiten der Bilanzveränderung** unterschieden werden können.

**Aktivtausch**

❶ **Aktivtausch:** Der Geschäftsfall betrifft **nur die Aktivseite** der Bilanz. Die Bilanzsumme ändert sich somit nicht:

| | | |
|---|---|---|
| Kauf einer EDV-Anlage gegen Banküberweisung für 2.000,00 €. | **BGA** + | **Bankguthaben** – |

**Passivtausch**

❷ **Passivtausch:** Der Geschäftsfall wirkt sich **nur auf der Passivseite** aus. Daher ändert sich die Bilanzsumme nicht:

| | | |
|---|---|---|
| Eine kurzfristige Lieferantenschuld wird durch ein langfristiges Darlehen abgelöst: 3.000,00 € (Umschuldung). | **Verbindlichk.** – | **Darlehen** + |

**Aktiv-Passivmehrung**

❸ **Aktiv-Passivmehrung:** Der Geschäftsfall betrifft **beide Seiten** der Bilanz. Der Erhöhung eines Aktivpostens steht auch die Erhöhung eines Passivpostens gegenüber. Die Bilanzsummen nehmen auf beiden Seiten um den gleichen Betrag zu. Die Bilanzgleichung bleibt somit gewahrt.

| | | |
|---|---|---|
| Kauf von Waren auf Ziel[1] (Verbindlichkeit) für 4.000,00 €. | **Waren** + | **Verbindlichk.** + |

**Aktiv-Passivminderung**

❹ **Aktiv-Passivminderung:** Der Geschäftsfall betrifft auch hier **beide Seiten** der Bilanz. Der Verminderung eines Aktivpostens entspricht die Verminderung eines Passivpostens. Die Bilanzgleichung bleibt durch Abnahme der Bilanzsumme auf beiden Seiten gewahrt.

| | | |
|---|---|---|
| Eine bereits gebuchte Lieferantenrechnung über 1.500,00 € wird durch Banküberweisung beglichen. | **Bankguthaben** – | **Verbindlichk.** – |

**Aktiva — Bilanz — Passiva**

| | BGA | Waren | Bankguthaben | | | Eigenkapital | Darlehensschulden | Verbindlichkeiten |
|---|---|---|---|---|---|---|---|---|
| I | 50.000,00 | 20.000,00 | 5.000,00 | = 75.000,00 | 75.000,00 = | 51.000,00 | 15.000,00 | 9.000,00 |
| ❶ | + 2.000,00 | | – 2.000,00 | | | | | |
| II | 52.000,00 | 20.000,00 | 3.000,00 | = 75.000,00 | 75.000,00 = | 51.000,00 | 15.000,00 | 9.000,00 |
| ❷ | | | | | | | + 3.000,00 | – 3.000,00 |
| III | 52.000,00 | 20.000,00 | 3.000,00 | = 75.000,00 | 75.000,00 = | 51.000,00 | 18.000,00 | 6.000,00 |
| ❸ | | + 4.000,00 | | | | | | + 4.000,00 |
| IV | 52.000,00 | 24.000,00 | 3.000,00 | = 79.000,00 | 79.000,00 = | 51.000,00 | 18.000,00 | 10.000,00 |
| ❹ | | | – 1.500,00 | | | | | – 1.500,00 |
| V | 52.000,00 | 24.000,00 | 1.500,00 | = 77.500,00 | 77.500,00 = | 51.000,00 | 18.000,00 | 8.500,00 |
| | | | | **Summe** | **Summe** | | | |

1 Zielkäufe und Zielverkäufe sind Geschäftsfälle, bei denen ein Zahlungsziel gewährt wird, z. B. „zahlbar innerhalb von 30 Tagen". Bei dem Lieferanten entsteht dadurch eine Forderung, bei dem Kunden eine Verbindlichkeit.

MERKE

**Jeder Geschäftsfall wirkt sich auf mindestens zwei Posten der Bilanz aus.**

**Möglich sind:**

- **Aktivtausch:** **Tauschvorgang auf der Aktivseite**
- **Passivtausch:** **Tauschvorgang auf der Passivseite**
- **Aktiv-Passivmehrung:** **Erhöhung auf beiden Bilanzseiten**
- **Aktiv-Passivminderung:** **Verminderung auf beiden Bilanzseiten**

**Bei allen vier Möglichkeiten der Wertveränderung bleibt das Gleichgewicht der Bilanzseiten (Bilanzgleichung) erhalten. Es verändert sich lediglich der zahlenmäßige Inhalt bestimmter Bilanzposten.**

B

**Bei jedem Geschäftsfall sind folgende Fragen zu beantworten:**

1. Welche Posten der Bilanz werden berührt?
2. Handelt es sich um Aktiv- oder/und Passivposten der Bilanz?
3. Wie wirkt sich der Geschäftsfall auf die Bilanzposten aus?
4. Um welche der vier Arten der Bilanzveränderung handelt es sich?

AUFGABE 23

**Aktiva:** Betriebs- und Geschäftsausstattung (BGA) 120.000,00, Fuhrpark 40.000,00, Waren 65.000,00, Forderungen a. LL 25.000,00, Bankguthaben 48.000,00, Kassenbestand 6.000,00.

**Passiva:** Eigenkapital ?, Darlehensschulden 60.000,00, Verbindlichkeiten a. LL 30.000,00 €.

Stellen Sie sich für die folgenden Geschäftsfälle zuerst die oben genannten Fragen und nennen Sie jeweils die Art der Wertveränderung. Buchen Sie danach in der Bilanz.

1. Einkauf von Waren auf Ziel (Verbindlichkeit a. LL ggü. dem Lieferanten) .......... 4.500,00
2. Kauf eines Pkw gegen Banküberweisung .......... 18.000,00
3. Verkauf einer gebrauchten EDV-Anlage bar für .......... 2.500,00
4. Einkauf von Waren gegen Barzahlung für .......... 6.500,00
5. Ausgleich der gebuchten Eingangsrechnung (Fall 1) durch Banküberweisung 4.500,00
6. Ein Kunde begleicht eine gebuchte Ausgangsrechnung (Forderung a. LL) durch Banküberweisung .......... 7.200,00
7. Tilgung einer Darlehensschuld durch Banküberweisung .......... 6.000,00

AUFGABE 24

**Aktiva:** Gebäude 250.000,00, Betriebs- und Geschäftsausstattung (BGA) 160.000,00, Waren 100.000,00, Forderungen a. LL 35.000,00, Bankguthaben 50.000,00, Kassenbestand 5.000,00.

**Passiva:** Eigenkapital 400.000,00, Darlehensschulden 140.000,00, Verbindlichkeiten a. LL 60.000,00.

Buchen Sie die folgenden Geschäftsfälle und erläutern Sie die Wertveränderungen.

1. Ausgleich einer gebuchten Eingangsrechnung durch Banküberweisung .......... 3.800,00
2. Kauf einer EDV-Anlage gegen Banküberweisung .......... 15.000,00
3. Ein Kunde begleicht eine gebuchte Ausgangsrechnung bar .......... 650,00
4. Eine kurzfristige Lieferantenschuld wird in eine Darlehensschuld umgewandelt .......... 8.000,00
5. Einkauf von Waren auf Ziel .......... 9.000,00
6. Ein Kunde begleicht eine Ausgangsrechnung durch Banküberweisung .......... 4.500,00
7. Bareinzahlung aus der Kasse auf das Bankkonto .......... 3.000,00
8. Teilrückzahlung des aufgenommenen Darlehens durch Banküberweisung ..... 12.000,00

## 3.2 Auflösung der Bilanz in Bestandskonten

**Jeder Geschäftsfall wirkt sich auf mindestens zwei Posten der Bilanz aus.** In der täglichen Praxis ist es aber nicht handhabbar, die Veränderungen der Aktiv- und Passivposten ständig in einer Bilanz vorzunehmen. **Deshalb wird die Eröffnungsbilanz** eines Geschäftsjahres **in Konten aufgelöst.** Für jeden Bilanzposten werden **Bestandskonten eingerichtet.** Nach den Seiten der Bilanz erfolgt eine Unterscheidung in

B

- **Aktivkonten** = **Vermögenskonten** und
- **Passivkonten** = **Kapitalkonten.**

**Bestandskonten**

Aktiv- und Passivkonten weisen die **Bestände an Vermögen und Kapital** des Unternehmens aus und erfassen in übersichtlicher Weise die **Veränderungen** dieser Bestände aufgrund der Geschäftsfälle. Sie stellen daher Bestandskonten dar, die entsprechend der Zuordnung des Bilanzpostens zur Aktiv- oder Passivseite der Bilanz **aktive und passive Bestandskonten** heißen. Die linke Seite des Kontos wird mit „**Soll**“ (**S**), die rechte Seite mit „**Haben**“ (**H**) bezeichnet.

| Aktiva | Eröffnungsbilanz | | Passiva |
|---|---|---|---|
| BGA. | 120.000,00 | Eigenkapital | 600.000,00 |
| Waren | 500.000,00 | Darlehensschulden | 150.000,00 |
| Bankguth. | 180.000,00 | Verbindlichkeiten a. LL | 50.000,00 |
| | 800.000,00 | | 800.000,00 |

Aktivkonten

| S | BGA | H |
|---|---|---|
| AB 120.000,00 | | |

| S | Waren | H |
|---|---|---|
| AB 500.000,00 | | |

| S | Bankguthaben | H |
|---|---|---|
| AB 180.000,00 | | |

Passivkonten

| S | Eigenkapital | H |
|---|---|---|
| | | AB 600.000,00 |

| S | Darlehensschulden | H |
|---|---|---|
| | | AB 150.000,00 |

| S | Verbindlichkeiten | H |
|---|---|---|
| | | AB 50.000,00 |

Bei **Aktivkonten** stehen Anfangsbestand und Zugänge auf der Soll-Seite, Abgänge und Schlussbestand auf der Haben-Seite.

Bei **Passivkonten** stehen Anfangsbestand und Zugänge auf der Haben-Seite, Abgänge und Schlussbestand auf der Soll-Seite.

| Soll | Aktivkonto Haben |
|---|---|
| Anfangsbestand | Abgänge |
| Zugänge | Schlussbestand |
| Summe | = Summe |

| Soll | Passivkonto Haben |
|---|---|
| Abgänge | Anfangsbestand |
| Schlussbestand | Zugänge |
| Summe | = Summe |

**MERKE**

- **Die Zugänge stehen im Konto auf der Seite der Anfangsbestände, weil sie die Bestände erhöhen, die Abgänge stehen jeweils auf der entgegengesetzten Seite.**
- **Die Saldierung der Abgänge mit den Beträgen der Gegenseite ergibt als Saldo den Schlussbestand. Die Summe der Soll- und Haben-Seite eines Kontos ist am Ende gleich hoch.**
- **Aktiv- und Passivkonten sind Bestandskonten.**

**Kontoabschluss**

Nach der Eintragung des Anfangsbestands und der Buchung der Geschäftsfälle wird das Konto folgendermaßen abgeschlossen:

❶ **Addition** der wertmäßig größeren Seite (hier: Soll 2.520,00 €).
❷ **Übertragung** dieser Summe auf die wertmäßig **kleinere** Seite (hier: Haben).
❸ **Ermittlung des Saldos** als Unterschiedsbetrag zwischen Soll und Haben, also des Schlussbestands durch Nebenrechnung (hier: 1.213,00 €), und **Eintragung des Saldos** auf der **kleineren** Seite, damit das Konto im Soll und Haben summenmäßig gleich ist.[1]

**Soll** (Einnahmen) **Kassenkonto** **Haben** (Ausgaben)

| Datum | Text | € | Datum | Text | € |
|---|---|---|---|---|---|
| 1. Jan. | Anfangsbestand | 1.550,00 | 5. Jan. | Zahlung an H. Steinbring | 850,00 |
| 5. Jan. | Bankabhebung | 300,00 | 21. Jan. | Postwertzeichen | 120,00 |
| 16. Jan. | Zahlung von H. Krüger | 260,00 | 26. Jan. | Bürobedarf | 165,00 |
| 20. Jan. | Zahlung von Harlinghausen | 220,00 | 28. Jan. | Zeitungsinserat | 172,00 |
| 29. Jan. | Barverkauf | 190,00 | 31. Jan. | Schlussbestand (Saldo) ❸ | 1.213,00 |
| | ❶ | 2.520,00 | | ❷ | 2.520,00 |
| 1. Febr. | Saldovortrag | 1.213,00 | | | |

**AUFGABE 25**

Führen Sie ein Kassenkonto vom 25. bis 31. Januar.

| | | |
|---|---|---|
| 25. Jan. | Anfangsbestand | 2.855,00 |
| 25. Jan. | Barzahlung eines Kunden | 824,00 |
| 26. Jan. | Barzahlung an einen Lieferanten | 380,00 |
| 26. Jan. | Zahlung für eine Zeitungsanzeige | 120,00 |
| 27. Jan. | Privatentnahme des Inhabers | 400,00 |
| 28. Jan. | Abhebung von der Bank | 2.800,00 |
| 28. Jan. | Gehaltsabschlagszahlung | 1.620,00 |
| 29. Jan. | Zahlung für Bahnfracht | 65,00 |
| 31. Jan. | Mieteinnahme | 1.500,00 |
| 31. Jan. | Zahlung für Löhne an Aushilfskräfte | 2.900,00 |

Das Kassenkonto ist abzuschließen. Wie hoch ist der Schlussbestand (Saldo)?

**AUFGABE 26**

Führen Sie das Konto „Verbindlichkeiten aus Lieferungen und Leistungen" vom 1. bis 6. Februar.

| | | |
|---|---|---|
| 1. Febr. | Anfangsbestand (Saldovortrag) | 16.200,00 |
| 2. Febr. | Zielkauf von Waren lt. Eingangsrechnung (ER 450) | 11.100,00 |
| 3. Febr. | Ausgleich der Lieferantenrechnung (ER 425) durch Banküberweisung | 2.250,00 |
| 4. Febr. | Zielkauf von Waren lt. ER 451 | 3.450,00 |
| 5. Febr. | Ausgleich einer Eingangsrechnung (ER 426) durch Banküberweisung | 980,00 |
| 6. Febr. | Ausgleich der Lieferantenrechnung ER 428 durch Banküberweisung | 2.300,00 |

Das Konto ist abzuschließen. Wie hoch ist der Schlussbestand (Saldo) am 6. Februar?

**AUFGABE 27**

1. Nennen Sie jeweils einen Geschäftsfall für eine der vier möglichen Wertveränderungen in der Bilanz und erläutern Sie die Auswirkung auf die Bilanzsumme.
2. Auf welcher Seite des Kontos „Forderungen aus Lieferungen und Leistungen" werden Zugänge und auf welcher Seite Abgänge und der Schlussbestand als Saldo gebucht?
3. Auf welcher Seite des Kontos Darlehensschulden werden jeweils Zugänge und Abgänge gebucht?

1 Der Schlussbestand (Saldo) ist mit dem Bestand laut Inventur abzugleichen (siehe S. 223).

B

## 3.3 Buchung von Geschäftsfällen und Abschluss der Bestandskonten

**Eröffnung der Aktiv- und Passivkonten**

Die zum Abschluss eines Geschäftsjahres erstellte Bilanz heißt **Schlussbilanz.** Sie ist zugleich die **Eröffnungsbilanz** des folgenden Geschäftsjahres und somit die Grundlage für die Eröffnung der Aktiv- und Passivkonten. Für jeden Bilanzposten werden mehrere Bestandskonten eingerichtet, deren Anfangsbestände zusammen dem Wert des Bilanzpostens entsprechen.

**Die folgenden fünf Geschäftsfälle** werden auf den entsprechenden Bestandskonten gebucht, wobei jeder Soll-Buchung eine betragsmäßig **gleich hohe** Haben-Buchung auf einem anderen Konto gegenübersteht. Dabei ist jeweils das Gegenkonto anzugeben. Diesen **laufenden** Buchungen müssen entsprechende **Belege** (z. B. Rechnungen) zugrunde liegen.

**Vor jeder Buchung sind folgende Überlegungen anzustellen:**

1. Welche Konten werden durch den Geschäftsfall berührt?
2. Sind es Aktiv- oder Passivkonten?
3. Liegt ein Zugang (+) oder Abgang (–) auf dem jeweiligen Konto vor?
4. Sind auf beiden Konten Zugänge oder Abgänge zu buchen?
5. Auf welcher Kontoseite ist demnach jeweils zu buchen?

| | | | Buchung |
|---|---|---|---|
| ❶ | Kauf einer EDV-Anlage gegen Banküberweisung: 20.000,00 € Rechnungsbetrag. | | |
| | Die Geschäftsausstattung erhöht sich: | **Aktivkonto:** | **Soll** |
| | Das Bankguthaben vermindert sich: | **Aktivkonto:** | **Haben** |
| ❷ | Zieleinkauf von Waren für 15.000,00 € lt. Eingangsrechnung. | | |
| | Der Warenbestand nimmt zu: | **Aktivkonto:** | **Soll** |
| | Die Verbindlichkeiten a. LL nehmen auch zu: | **Passivkonto:** | **Haben** |
| ❸ | Ein Kunde begleicht eine bereits gebuchte Rechnung durch Banküberweisung über 14.000,00 €. | | |
| | Das Bankguthaben erhöht sich: | **Aktivkonto:** | **Soll** |
| | Die Forderungen a. LL vermindern sich: | **Aktivkonto:** | **Haben** |
| ❹ | Eine bereits gebuchte Lieferantenrechnung wird durch Banküberweisung beglichen: 3.000,00 €. | | |
| | Die Verbindlichkeiten a. LL nehmen ab: | **Passivkonto:** | **Soll** |
| | Das Bankguthaben nimmt ab: | **Aktivkonto:** | **Haben** |
| ❺ | Eine Lieferantenverbindlichkeit über 18.000,00 € wird in eine Darlehensschuld umgewandelt. | | |
| | Die Verbindlichkeiten a. LL vermindern sich: | **Passivkonto:** | **Soll** |
| | Die Darlehensschulden erhöhen sich: | **Passivkonto:** | **Haben** |

Erklären Sie anhand der oben genannten fünf Geschäftsfälle, welche Art der Wertveränderung in der Bilanz vorliegt. Nennen Sie auch jeweils die Auswirkung auf die Bilanzsumme.

MERKE

- **Jeder Geschäftsfall wird doppelt gebucht, und zwar zuerst im Soll und danach im Haben.**
- **Bei der Buchung in den Konten wird jeweils das Gegenkonto angegeben.**

**Abschluss der Bestandskonten**

Sind alle Geschäftsfälle bis zum Jahresende gebucht, wird für jedes Aktiv- und Passivkonto der Schlussbestand ermittelt. Dieser ist mit dem Ergebnis der Inventur abzustimmen. Eine Abweichung zwischen dem tatsächlich im Unternehmen vorhandenen **Istbestand** (Inventurwert) und dem **Sollbestand** der Finanzbuchhaltung (Schlussbestand des Kontos) führt zu einer Berichtigung des Bestandskontos durch Buchung der **Inventurdifferenz**[1]. Die gegebenenfalls berichtigten Schlussbestände der Bestandskonten werden in die Schlussbilanz übernommen, und zwar stehen die Schlussbestände der Aktivkonten auf der Aktivseite und die Schlussbestände der Passivkonten auf der Passivseite. Die **Schlussbilanz stimmt** in Bezug auf die ausgewiesenen Vermögensgegenstände und Schulden in der Regel **wertmäßig mit** dem aufgrund der Inventur aufgestellten **Inventar überein** und zeigt ebenfalls die im Unternehmen vorhandenen Vermögenswerte und Schulden.

B

**Eröffnungsbilanz**

| Aktiva | | Passiva | |
|---|---|---|---|
| Betriebs- u. Geschäftsausstattg ..... | 270.000,00 | Eigenkapital ..... | 320.000,00 |
| Waren ..... | 60.000,00 | Darlehensschulden ..... | 102.000,00 |
| Forderungen a. LL ..... | 85.000,00 | Verbindlichkeiten a. LL ..... | 68.000,00 |
| Bankguthaben ..... | 75.000,00 | | |
| | 490.000,00 | | 490.000,00 |

**S Betriebs- und Geschäftsausstattung H**

| S | | | H |
|---|---|---|---|
| AB | 270.000,00 | SB | 290.000,00 |
| ❶ Bank | 20.000,00 | | |
| | 290.000,00 | | 290.000,00 |

**S Waren H**

| S | | | H |
|---|---|---|---|
| AB | 60.000,00 | SB | 75.000,00 |
| ❷ Verb. | 15.000,00 | | |
| | 75.000,00 | | 75.000,00 |

**S Forderungen a. LL H**

| S | | | H |
|---|---|---|---|
| AB | 85.000,00 | ❸ Bank | 14.000,00 |
| | | SB | 71.000,00 |
| | 85.000,00 | | 85.000,00 |

**S Bank H**

| S | | | H |
|---|---|---|---|
| AB | 75.000,00 | ❶ BGA | 20.000,00 |
| ❸ Ford. | 14.000,00 | ❹ Verb. | 3.000,00 |
| | | SB | 66.000,00 |
| | 89.000,00 | | 89.000,00 |

**S Eigenkapital H**

| S | | | H |
|---|---|---|---|
| SB | 320.000,00 | AB | 320.000,00 |
| | 320.000,00 | | 320.000,00 |

**S Darlehensschulden H**

| S | | | H |
|---|---|---|---|
| SB | 120.000,00 | AB | 102.000,00 |
| | | ❺ Verb. | 18.000,00 |
| | 120.000,00 | | 120.000,00 |

**S Verbindlichkeiten a. LL H**

| S | | | H |
|---|---|---|---|
| ❹ Bank | 3.000,00 | AB | 68.000,00 |
| ❺ Darl. | 18.000,00 | ❷ R-St. | 15.000,00 |
| SB | 62.000,00 | | |
| | 83.000,00 | | 83.000,00 |

**Schlussbilanz**

| Aktiva | | Passiva | |
|---|---|---|---|
| Betriebs- u. Geschäftsausstattg. | 290.000,00 | Eigenkapital ..... | 320.000,00 |
| Waren ..... | 75.000,00 | Darlehensschulden ..... | 120.000,00 |
| Forderungen a. LL ..... | 71.000,00 | Verbindlichkeiten a. LL ... | 62.000,00 |
| Bankguthaben ..... | 66.000,00 | | |
| | 502.000,00 | | 502.000,00 |

1 Siehe S. 223 f. und Kurzaufsatz auf www.schmolke-deitermann.de Beiträge/Downloads.

**Von der Eröffnungsbilanz über die Bestandskonten zur Schlussbilanz**

B

**Reihenfolge der Buchungsarbeiten:**

1. Eröffnungsbilanz aufstellen.
2. Anfangsbestände auf Aktiv- und Passivkonten vortragen.
3. Geschäftsfälle auf den entsprechenden Bestandskonten buchen.
4. Schlussbestände (Salden) auf den Aktiv- und Passivkonten ermitteln, mit den Inventurwerten abstimmen und bei Abweichungen um Inventurdifferenzen korrigieren.
5. Konten abschließen.
6. Schlussbilanz aufstellen.

**Belegabkürzungen**

**ER = Eingangsrechnung** | **ME = Materialentnahmeschein** | **KB = Kassenbeleg (z. B. Quittung)**
**AR = Ausgangsrechnung** | **KA = Kontoauszug**

**AUFGABE 28**

Buchen Sie die Geschäftsfälle und erstellen Sie die Schlussbilanz.

**Anfangsbestände**

| | | | |
|---|---|---|---|
| Geschäftsgebäude | 210.000,00 | Kassenbestand | 5.000,00 |
| BGA | 170.000,00 | Darlehensschulden | 20.000,00 |
| Waren | 130.000,00 | Verbindlichkeiten a. LL | 46.000,00 |
| Forderungen a. LL | 35.000,00 | Eigenkapital | ? |
| Bankguthaben | 55.000,00 | | |

**Geschäftsfälle**

| | | |
|---|---|---|
| 1. | Ausgleich der bereits gebuchten Eingangsrechnung 402 durch Banküberweisung | 11.300,00 |
| 2. | Einkauf von Waren auf Ziel lt. Eingangsrechnung 414 | 7.200,00 |
| 3. | Tilgung einer Darlehensschuld durch Überweisung lt. Kontoauszug | 5.000,00 |
| 4. | Überweisung des bereits gebuchten Rechnungsbetrags (Forderung) durch einen Kunden | 5.200,00 |
| 5. | Bareinzahlung zulasten der Kasse auf das Bankkonto lt. Kontoauszug | 2.200,00 |

**Abschlussangabe:** Die Schlussbestände auf den Konten entsprechen den Inventurwerten.

**AUFGABE 29**

Buchen Sie die Geschäftsfälle und erstellen Sie die Schlussbilanz.

**Anfangsbestände**

| | | | |
|---|---|---|---|
| TA und Maschinen | 135.000,00 | Kassenbestand | 4.500,00 |
| BGA | 75.000,00 | Darlehensschulden | 24.000,00 |
| Waren | 122.000,00 | Verbindlichkeiten a. LL | 20.000,00 |
| Forderungen a. LL | 19.000,00 | Eigenkapital | ? |
| Bankguthaben | 36.000,00 | | |

**Geschäftsfälle**

| | | |
|---|---|---|
| 1. | ER 422: Eingangsrechnung für Kauf von Waren auf Ziel | 2.300,00 |
| 2. | KA 120: Kauf einer EDV-Anlage laut Eingangsrechnung | 8.500,00 |
| 3. | KA 121: Tilgung einer Darlehensschuld durch Banküberweisung | 5.000,00 |
| 4. | KA 122: Überweisung eines Kunden zum Rechnungsausgleich | 3.400,00 |
| 5. | ER 423: Kauf eines Gabelstaplers auf Ziel | 12.000,00 |
| 6. | KA 123: Ausgleich einer Lieferantenrechnung durch Banküberweisung | 4.300,00 |
| 7. | KA 124: Verkauf eines gebrauchten Gabelstaplers gegen Banküberweisung | 2.400,00 |

**Abschlussangabe:** Die Schlussbestände auf den Konten entsprechen den Inventurwerten.

**AUFGABE 30**

1. Warum müssen die Schlussbestände auf den Aktiv- und Passivkonten mit den Inventurwerten abgestimmt werden?
2. Begründen Sie, dass Aktiv- und Passivkonten als Bestandskonten gelten.
3. Was ist unter einem Saldo zu verstehen? Wie wird er bei Bestandskonten ermittelt?
4. Vervollständigen Sie jeweils das aktive bzw. passive Bestandskonto:

| Soll | ? Haben |
|---|---|
| ? | Abgänge |
| ? | ? |

| Soll | ? Haben |
|---|---|
| ? | ? |
| ? | Zugänge |

B

**AUFGABE 31**

Nennen Sie jeweils den Geschäftsfall zu den Buchungen im folgenden Konto:

| Soll | Bank | | Haben |
|---|---|---|---|
| Anfangsbestand | 150.000,00 | 2. Darlehensschulden | 12.600,00 |
| 1. Forderungen a. LL | 23.000,00 | 3. Kasse | 5.400,00 |
| 4. BGA | 4.600,00 | 5. Verbindlichkeiten a. LL | 6.700,00 |
| 6. Darlehensschulden | 120.000,00 | Schlussbestand | 272.900,00 |
| | **297.600,00** | | **297.600,00** |

**AUFGABE 32**

Nennen Sie jeweils den Geschäftsfall zu den Buchungen im folgenden Konto:

| Soll | Verbindlichkeiten a. LL | | Haben |
|---|---|---|---|
| 3. Darlehensschulden | 60.000,00 | Anfangsbestand | 207.000,00 |
| 4. Postbank | 10.350,00 | 1. Waren | 5.700,00 |
| Schlussbestand | 156.150,00 | 2. BGA | 13.800,00 |
| | **226.500,00** | | **226.500,00** |

**AUFGABE 33**

Erläutern Sie den Zusammenhang zwischen den Buchungen 1. und 2. im folgenden Konto:

| Soll | Verbindlichkeiten a. LL | | Haben |
|---|---|---|---|
| 2. BGA | 23.000,00 | Anfangsbestand | 138.000,00 |
| | | 1. BGA | 23.000,00 |

**AUFGABE 34**

Buchen Sie die Geschäftsfälle und stellen Sie die Schlussbilanz auf.

**Anfangsbestände**

| | | | |
|---|---|---|---|
| Geschäftsgebäude | 262.000,00 | Postbankguthaben | 400,00 |
| BGA | 81.000,00 | Kassenbestand | 4.500,00 |
| Waren | 22.000,00 | Darlehensschulden | 27.000,00 |
| Forderungen a. LL | 26.000,00 | Verbindlichkeiten a. LL | 40.000,00 |
| Bankguthaben | 39.000,00 | Eigenkapital | ? |

**Geschäftsfälle**

| | | |
|---|---|---|
| 1. | KA 141: Ausgleich der Lieferantenrechnung ER 418 durch Banküberweisung | 3.200,00 |
| 2. | ER 432: Eingangsrechnung für Kauf von Waren auf Ziel | 9.500,00 |
| 3. | KA 142: Kunde überweist Rechnungsbetrag auf das Postbankkonto | 1.750,00 |
| 4. | KA 143: Überweisung vom Postbankkonto auf das Bankkonto | 1.900,00 |
| 5. | KA 144: Rechnungsausgleich des Kunden durch Banküberweisung | 2.150,00 |
| 6. | KA 145: Tilgung einer Darlehensschuld durch Banküberweisung | 4.000,00 |
| 7. | KB 82: Verkauf eines nicht mehr benötigten Kopiergeräts bar | 250,00 |
| 8. | KA 146: Bareinzahlung zulasten der Kasse auf das Bankkonto | 2.400,00 |

**Abschlussangabe**

Die Buchbestände der Aktiv- und Passivkonten stimmen mit den Inventurwerten überein.

B

## 3.4 Buchungssatz

### 3.4.1 Einfacher Buchungssatz

**Ordnungsgemäße Buchführung**

Eine Buchführung gilt als **ordnungsgemäß,** wenn sich **„die Geschäftsfälle [...] in ihrer Entstehung und Abwicklung verfolgen lassen"** (§ 238 [1] HGB). Deshalb muss jeder Buchung ein **Beleg** als Nachweis für die Berechtigung und Richtigkeit zugrunde liegen. Darüber hinaus sind alle Buchungen nicht nur sachlich, sondern auch zeitlich (chronologisch) zu ordnen.

**Sachliche Ordnung/ Hauptbuch**

Die **sachliche** Ordnung der Buchungen erfolgt durch Erfassung der Geschäftsfälle auf **Sachkonten** wie beispielsweise den aktiven und passiven Bestandskonten. So werden beispielsweise alle Bargeschäfte auf dem Sachkonto „Kasse" und alle Wareneinkäufe auf dem Sachkonto „Waren" erfasst. Die Sachkonten bilden das wichtigste „Buch" der Buchführung, das **Hauptbuch.**

**Zeitliche Ordnung**

Die **zeitliche** Ordnung der Buchungen erfolgt im **Grundbuch,** das auch **Journal** (frz. jour = Tag) genannt wird. Hier werden die Geschäftsfälle in chronologischer Reihenfolge in Form von

**Buchungsanweisungen** bzw. **Buchungssätzen**

**Grundbuch**

erfasst, die das jeweilige Konto mit der Soll- und Haben-Buchung nennen. Das **Grundbuch** bildet damit die **Grundlage** für die Buchungen auf den entsprechenden **Sachkonten des Hauptbuchs.**

**BEISPIEL**

Fritz Walter e. K., Eisenhandel, erhält folgende Rechnung:

STAHLWERKE GÜNZBERG GMBH

Stahlwerke Günzberg GmbH · Landstraße 144 · 83022 Rosenheim

Eisenhandel
Fritz Walter e. K.
Martinstraße 13
83024 Rosenheim

ER 65

| Konto | Soll | Haben |
|---|---|---|
| Waren | 2.000,00 | |
| Verbindl. | | 2.000,00 |
| Gebucht: ..-06-13/J58 Dt | | |

Landstraße 144
83022 Rosenheim
Steuer-Nr. 065 332 85679
USt-IdNr. DE 234 167 958

E-Mail: service@guenzberg-stahl-wvd.com
Internet: www.guenzberg-stahl-wvd.com

Datum: ..-06-08

Rechnungs-Nr. 2 485
Bei Zahlung bitte angeben!

Aufgrund Ihrer Bestellung vom 2. Juni .. lieferten wir Ihnen am 7. Juni .. frei Haus:

550 kg Messingstangen, 12 mm Ø, MS 58 in Längen zu je 350 cm — 2.000,00 €[1]

Sparkasse Rosenheim
Konto 117 346 950
BLZ 711 500 00
IBAN: DE74 7115 0000 0117 3469 50
BIC: BYLADEM1ROS

**Buchungssatz**

Der Buchungssatz gibt die Sachkonten an, auf denen im Soll und Haben zu buchen ist. Er nennt **zuerst** das Konto, in dem im **Soll** gebucht wird, und **danach** das Konto mit der **Haben**buchung. Beide Konten werden durch das Wort **„an"** verbunden. Außer dem **Buchungssatz** werden noch das **Buchungsdatum, die Kurzbezeichnung und die Nummer des jeweiligen Belegs** in das Grundbuch eingetragen.

1 Die Umsatzsteuer wird in den Belegen aus methodischen Gründen erst ab Abschnitt B 5.4 ausgewiesen. Siehe S. 71 ff.

BEISPIEL

Buchung im **Grundbuch**:

| Grundbuch | | | | |
|---|---|---|---|---|
| Datum | Beleg | Buchungssatz | Soll | Haben |
| ..-06-13 | ER 65 | **Waren**<br>an **Verbindlichkeiten a. LL** | 2.000,00 | <br>2.000,00 |

**Im Hauptbuch** erfolgt nun die Eintragung der Buchung auf den **Sachkonten:**

| Soll | **Waren** | | Haben |
|---|---|---|---|
| Verb. a. LL | 2.000,00 | | |

| Soll | **Verbindlichkeiten a. LL** | | Haben |
|---|---|---|---|
| | | Waren | 2.000,00 |

**Vorkontierung der Belege**

Bevor die Buchungen im Grund- und Hauptbuch erfolgen, werden die Belege mithilfe eines **Buchungsstempels** oder eines gesonderten **Kontierungsformulars** vorkontiert, sodass jeweils die Konten und der Betrag im Soll und im Haben ersichtlich sind. Datum, Journalseite und Namenszeichen des Buchhalters bestätigen die Durchführung der Buchung im Grund- und Hauptbuch.

MERKE

- **Keine Buchung ohne Beleg!**
- **Der Buchungssatz nennt die Buchung auf den Konten in der Reihenfolge Soll-Buchung an Haben-Buchung.**
- **Zur Bildung des Buchungssatzes sind fünf Fragen zu beantworten (siehe S. 36).**
- **Das Grundbuch erfasst die Buchungen in zeitlicher Reihenfolge. Das Hauptbuch übernimmt die sachliche Ordnung der Buchungen auf den Sachkonten.**

AUFGABE 35

In der Finanzbuchhaltung der Büromöbelgroßhandlung Fritz Krüger e. K., Köln, sind am 12. Dezember .. folgende Geschäftsfälle im Grundbuch zu erfassen. Tragen Sie Buchungsdatum, Beleg und Buchungssatz ein:

1. Barverkauf eines gebrauchten Personalcomputers lt. KB 412 ........ 450,00
2. Barabhebung vom Bankkonto lt. KA 210 ........ 5.800,00
3. Zielkauf von Waren lt. ER 469 ........ 14.600,00
4. Umwandlung einer Lieferantenschuld in eine Darlehensschuld lt. Brief 46 .... 13.500,00
5. Kunde überweist lt. KA 211 fälligen Rechnungsbetrag auf das Bankkonto ....... 400,00
6. Barkauf von Waren lt. KB 413 ........ 800,00
7. Eingangsrechnung (ER 470) für Kauf von Büromöbeln auf Ziel ........ 3.600,00
8. Kauf einer Verpackungsmaschine für den Versand auf Ziel lt. ER 471 ........ 34.700,00
9. Überweisung vom Postbankkonto auf das Bankkonto lt. KA 212 ........ 1.900,00
10. Ausgleich einer Eingangsrechnung lt. KA 213 durch Banküberweisung ........ 1.800,00
11. Bareinzahlung auf Bankkonto lt. KA 214 ........ 2.800,00
12. Kunde begleicht lt. KA 215 eine fällige Rechnung (AR 447) durch Überweisung ........ 2.400,00
13. Kauf eines Kopiergeräts lt. ER 472 auf Ziel ........ 2.850,00
14. Lt. KA 216 Überweisung an Lieferanten zum Ausgleich von ER 468 ........ 600,00
15. Aufnahme eines Hypothekendarlehens bei der Sparkasse lt. KA 217 ........ 14.000,00
16. Kauf eines Baugrundstücks gegen Banküberweisung lt. KA 218 ........ 166.000,00
17. Lt. KB 414 Barverkauf eines gebrauchten Geschäfts-Pkw ........ 4.100,00
18. Lt. KA 219 Tilgung einer Darlehensschuld durch Banküberweisung ........ 12.000,00
19. Kunde begleicht lt. KA 220 die AR 451 durch Banküberweisung ........ 12.600,00

B

**AUFGABE 36**

Welche Geschäftsfälle liegen folgenden Buchungssätzen zugrunde?

1. Fuhrpark an Bank ........ 30.000,00
2. Verbindlichkeiten a. LL an Bank ........ 5.000,00
3. Bank an Kasse ........ 8.500,00
4. Waren an Verbindlichkeiten a. LL ........ 11.400,00
5. Kasse an Bank ........ 2.500,00
6. Postbank an Forderungen a. LL ........ 3.800,00
7. Kasse an Betriebs- und Geschäftsausstattung ........ 1.200,00
8. Bank an Darlehensschulden ........ 40.000,00
9. Betriebs- und Geschäftsausstattung an Bank ........ 2.300,00
10. Bank an Postbank ........ 5.400,00
11. Bank an Forderungen a. LL ........ 6.700,00
12. Darlehensschulden an Bank ........ 3.800,00

**AUFGABE 37**

Nennen Sie jeweils den Geschäftsfall und den Buchungssatz zu den Buchungen im folgenden Bankkonto:

| Soll | | Bank | Haben |
|---|---|---|---|
| Anfangsbestand | 24.000,00 | 2. Kasse | 6.000,00 |
| 1. Forderungen a. LL | 4.500,00 | 3. Verbindlichkeiten a. LL | 5.300,00 |
| 4. Darlehensschulden | 50.000,00 | 5. Hypothekenschulden | 6.700,00 |
| 6. BGA | 1.500,00 | Schlussbestand | 62.000,00 |
| | **80.000,00** | | **80.000,00** |

**AUFGABE 38**

Kontieren Sie für den Elektrogroßhandel Karl Wirtz e. K. den folgenden Beleg:

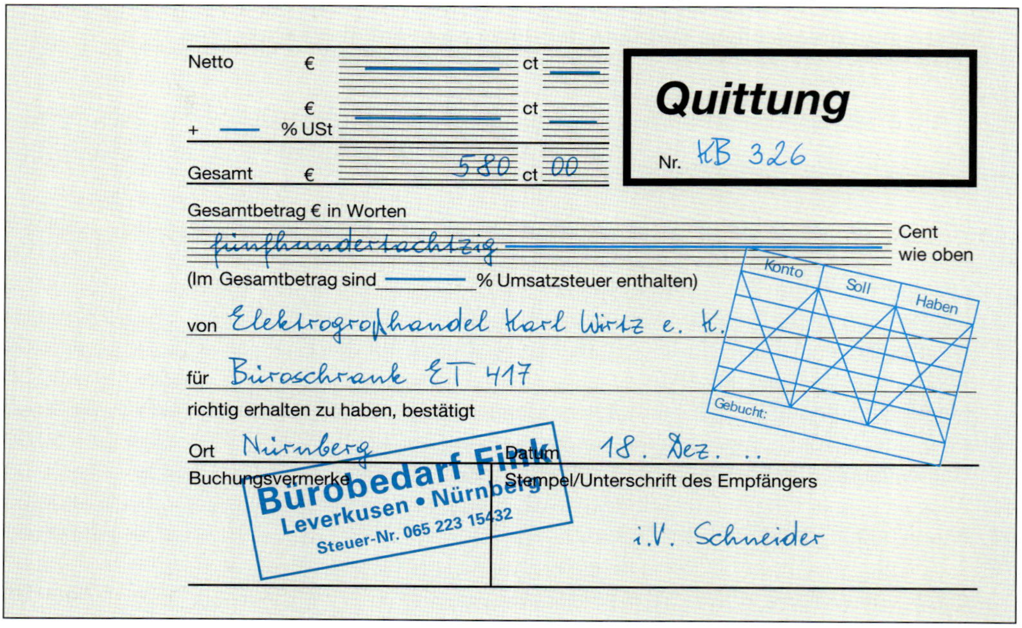
Netto € ct
€ ct
+ % USt
Gesamt € 580 ct 00
Quittung
Nr. KB 326
Gesamtbetrag € in Worten
fünfhundertachtzig
Cent wie oben
(Im Gesamtbetrag sind % Umsatzsteuer enthalten)
von Elektrogroßhandel Karl Wirtz e. K.
für Büroschrank ET 417
richtig erhalten zu haben, bestätigt
Ort Nürnberg Datum 18. Dez. ..
Buchungsvermerke Stempel/Unterschrift des Empfängers
Konto Soll Haben
Gebucht:
Bürobedarf Fink
Leverkusen • Nürnberg
Steuer-Nr. 065 223 15432
i.V. Schneider

**AUFGABE 39**

Kontieren Sie die folgenden Belege für den Elektrogroßhandel Karl Wirtz e. K.:

Herstellung von Elektrogeräten

**Franz Schneider KG**

Franz Schneider KG, Postfach 12 60, 39104 Magdeburg

| Konto | Soll | Haben |
|---|---|---|
| | | |

Gebucht:

Elektrogroßhandel
Karl Wirtz e. K.
Rheinstraße 44
90451 Nürnberg

Steuer-Nr. 543 812 22467

**Eingang: ..-12-15**

| Ihre Bestellung vom | Unser Auftrag Nr. | Zeit der Leistung | Datum |
|---|---|---|---|
| ..-12-02 | K 4 089 IV | ..-12-12 | ..-12-13 |

**Rechnung Nr.** 2 312 K

Wir sandten für Ihre Rechnung auf Ihre Gefahr:

USt-IdNr.: DE 231 457 879

| Artikel Nr. | Gegenstand | Menge/Stück | Stückpreis € | Gesamtpreis € |
|---|---|---|---|---|
| TS 12 | Tischventilator | 5 | 16,00 | 80,00 |
| W 24 | Elektro-Warmluftofen | 30 | 41,00 | 1.230,00 |
| | | | | 1.310,00[1] |

Geschäftsräume:
Saalestraße 16
39126 Magdeburg

Telefon: 0391 4869-0
Telefax: 0391 35275
Internet: www.schneider-elektro-wvd.de
E-Mail: info@schneider-elektro-wvd.de

Bankkonto 486 222
Deutsche Bank, Magdeburg
BLZ 810 700 00
IBAN DE08 8107 0000 0000 4862 22
BIC DEUTDE8M

Postbank
Berlin 124 45-101
BLZ 100 100 10
IBAN DE36 1001 0010 0012 4451 01
BIC PBNKDEFF

**Kontoauszug** — Nürnberger Kreditbank KGaA

| Konto-Nr. | Datum | Ausz.-Nr. | Blatt | Buchungstag | PN-Nr. | Wert | Umsatz |
|---|---|---|---|---|---|---|---|
| 218 435 717 | ..-12-27 | 158 | 1 | | | | |
| ÜBERWEISUNG<br>FRANZ SCHNEIDER KG<br>39126 MAGDEBURG<br>RE NR. 2 312 K VOM 13. DEZ. .. | | | | 12-22 | 8744 | 12-22 | 1.310,00 S |

| Konto | Soll | Haben |
|---|---|---|
| | | |

Gebucht:

ELEKTROGROSSHANDEL
KARL WIRTZ E. K.
RHEINSTR. 44
90451 NÜRNBERG

Alter Saldo: H 117.560,00 EUR

Neuer Saldo: H 116.250,00 EUR

1 Aus methodischen Gründen bleibt die Umsatzsteuer noch unberücksichtigt.

B

### 3.4.2 Zusammengesetzter Buchungssatz

**Zusammengesetzte Buchungssätze**

Bisher wurden durch die Geschäftsfälle jeweils **nur zwei Konten angesprochen.** Es handelte sich um **einfache** Buchungssätze. Wenn durch einen Geschäftsfall jedoch **mehr als zwei Konten** berührt werden, entstehen zusammengesetzte Buchungssätze. Dabei muss die Summe der Soll-Buchungen stets mit der Summe der Haben-Buchungen übereinstimmen.

**BEISPIEL 1** Die Rechnung eines Lieferanten (ER 66) über 3.000,00 € wird durch Banküberweisung 2.600,00 € (KA 44) und Postbanküberweisung 400,00 € (KA 45) beglichen.

**Buchung im Grundbuch:**

| Grundbuch | | | | |
|---|---|---|---|---|
| Datum | Beleg | Buchungssatz | Soll | Haben |
| ..-06-20 | ER 66 | **Verbindlichkeiten a. LL** | 3.000,00 | |
| | KA 44 | an **Bank** | | 2.600,00 |
| | KA 45 | an **Postbank** | | 400,00 |

**Buchung auf den Konten des Hauptbuchs:**

| S | Verbindlichkeiten a. LL | | H |
|---|---|---|---|
| Bank/ Postbank | 3.000,00 | AB | 12.000,00 |

| S | Bank | | H |
|---|---|---|---|
| AB | 14.000,00 | Verbindlk. | 2.600,00 |

| S | Postbank | | H |
|---|---|---|---|
| AB | 800,00 | Verbindlk. | 400,00 |

**BEISPIEL 2** Ein Kunde begleicht eine Rechnung (AR 1401) über 1.000,00 €, und zwar durch Banküberweisung (KA 46) 700,00 € und bar 300,00 € (KB 86).

**Buchung im Grundbuch:**

| Grundbuch | | | | |
|---|---|---|---|---|
| Datum | Beleg | Buchungssatz | Soll | Haben |
| ..-06-20 | KA 46 | **Bank** | 700,00 | |
| | KB 86 | **Kasse** | 300,00 | |
| | AR 1401 | an **Forderungen a. LL** | | 1.000,00 |

**Buchung auf den Konten des Hauptbuchs:**

| S | Bank | | H |
|---|---|---|---|
| AB | 14.000,00 | | |
| Ford. | 700,00 | | |

| S | Forderungen a. LL | | H |
|---|---|---|---|
| AB | 13.000,00 | Bank/ Kasse | 1.000,00 |

| S | Kasse | | H |
|---|---|---|---|
| AB | 3.000,00 | | |
| Ford. | 700,00 | | |

**MERKE**

**Bei einfachen und zusammengesetzten Buchungssätzen gilt stets:**
**Summe der Soll-Buchung(en) = Summe der Haben-Buchung(en)**

**AUFGABE 40**

Wie lauten die Buchungssätze für folgende Geschäftsfälle? Tragen Sie die Buchungssätze in das Grundbuch ein.

| | | | |
|---|---|---|---|
| 1. | Kauf von Rohstoffen gegen bar | 500,00 | |
| | auf Ziel | 11.500,00 | 12.000,00 |
| 2. | Kauf eines Baugrundstücks gegen Banküberweisung | 168.000,00 | |
| | gegen bar | 2.000,00 | 170.000,00 |
| 3. | Verkauf eines gebrauchten Lkw gegen bar | 2.000,00 | |
| | gegen Banküberweisung | 14.000,00 | 16.000,00 |
| 4. | Kunde begleicht Rechnung durch Banküberweisung | 12.000,00 | |
| | bar | 500,00 | 12.500,00 |
| 5. | Kauf von Büromöbeln gegen bar | 1.500,00 | |
| | auf Ziel | 4.000,00 | 5.500,00 |
| 6. | Tilgung eines Hypothekendarlehens durch Banküberweisung | 17.000,00 | |
| | durch Postbanküberweisung | 2.000,00 | |
| | bar | 1.000,00 | 20.000,00 |
| 7. | Ausgleich einer Lieferantenrechnung | | |
| | durch Banküberweisung | 8.000,00 | |
| | durch Postbanküberweisung | 1.000,00 | |
| | bar | 500,00 | 9.500,00 |
| 8. | Tilgung einer Darlehensschuld durch Banküberweisung | 15.000,00 | |
| | durch Postbanküberweisung | 1.000,00 | 16.000,00 |
| 9. | Kauf einer EDV-Anlage auf Ziel | 20.000,00 | |
| | gegen bar | 1.000,00 | 21.000,00 |

**AUFGABE 41**

Welche Geschäftsfälle liegen folgenden Buchungssätzen zugrunde?

| | | Soll | Haben |
|---|---|---|---|
| 1. | Kasse | 1.000,00 | |
| | Bank | 12.000,00 | |
| | an Fuhrpark | | 13.000,00 |
| 2. | Waren | 8.000,00 | |
| | an Kasse | | 1.000,00 |
| | an Bank | | 7.000,00 |
| 3. | Betriebs- und Geschäftsausstattung | 4.000,00 | |
| | an Bank | | 3.000,00 |
| | an Postbank | | 1.000,00 |
| 4. | Darlehensschulden | 7.000,00 | |
| | an Kasse | | 1.000,00 |
| | an Bank | | 6.000,00 |
| 5. | Bank | 7.000,00 | |
| | Postbank | 1.000,00 | |
| | Kasse | 1.000,00 | |
| | an Forderungen a. LL | | 9.000,00 |
| 6. | Technische Anlagen und Maschinen | 14.000,00 | |
| | an Kasse | | 2.000,00 |
| | an Bank | | 12.000,00 |
| 7. | Verbindlichkeiten a. LL | 22.000,00 | |
| | an Bank | | 19.000,00 |
| | an Postbank | | 2.000,00 |
| | an Kasse | | 1.000,00 |

B

B

## 3.5 Eröffnungsbilanzkonto (EBK) und Schlussbilanzkonto (SBK)

**Doppelte Buchführung**

In der **doppelten** Buchführung steht einer Soll-Buchung stets eine Haben-Buchung in gleicher Höhe gegenüber. Dieses **Prinzip der Doppik** muss auch **für die Buchung der Anfangsbestände** der Aktiv- und Passivkonten gelten. Dazu bedarf es eines **Hilfskontos** im Hauptbuch, das die **Gegenbuchungen** für die Eröffnung der aktiven und passiven Bestandskonten aufnimmt: das

Eröffnungsbilanzkonto (EBK).

**Die Eröffnungsbuchungssätze** für die aktiven und passiven Bestandskonten lauten:

- **Aktivkonten** an **Eröffnungsbilanzkonto (EBK)**
- **Eröffnungsbilanzkonto (EBK)** an **Passivkonten**

Das **Eröffnungsbilanzkonto** weist somit die Aktivkonten im Haben und die Passivkonten im Soll aus und ist deshalb das genaue **Spiegelbild der Eröffnungsbilanz:**

| Aktiva | Eröffnungsbilanz Passiva |
|---|---|
| AB der Aktivposten | AB der Passivposten |

| Soll | Eröffnungsbilanzkonto (EBK) Haben |
|---|---|
| AB der Passivkonten | AB der Aktivkonten |

| Soll | Aktivkonto Haben |
|---|---|
| Anfangsbestand | |

| Soll | Passivkonto Haben |
|---|---|
| | Anfangsbestand |

**Jahresabschluss**

Zum Abschlussstichtag werden die Aktiv- und Passivkonten nach Abstimmung der Buchbestände mit den Inventurbeständen abgeschlossen über das **Schlussbilanzkonto (SBK).**

**Die Abschlussbuchungssätze** lauten:

- **Schlussbilanzkonto (SBK)** an **Aktivkonten**
- **Passivkonten** an **Schlussbilanzkonto (SBK)**

| Soll | Aktivkonto Haben |
|---|---|
| Anfangsbestand | Abgänge |
| Zugänge | Schlussbestand (SB) |
| Summe | = Summe |

| Soll | Passivkonto Haben |
|---|---|
| Abgänge | Anfangsbestand |
| Schlussbestand (SB) | Zugänge |
| Summe | = Summe |

| Soll | Schlussbilanzkonto (SBK) Haben |
|---|---|
| SB der Aktivkonten | SB der Passivkonten |

MERKE

- **In der Schluss- und Eröffnungsbilanz heißen die Seiten „Aktiva“ und „Passiva“, im Eröffnungsbilanzkonto und Schlussbilanzkonto dagegen „Soll“ und „Haben“.**
- **Das Eröffnungsbilanzkonto ist das Hilfskonto zur Eröffnung der Aktiv- und Passivkonten.**
- **Das Schlussbilanzkonto dient dem buchhalterischen Abschluss der Bestandskonten.**
- **Vor dem buchhalterischen Abschluss der Bestandskonten über das Schlussbilanzkonto bedarf es der Inventur und der Abstimmung der Schlussbestände der Konten mit den Inventurwerten.**

B

**Inventur zum 31. Dezember 01**
↓
**Inventar zum 31. Dezember 01**
↓
**Schlussbilanz zum 31. Dezember 01 ist zugleich die**
↓

| Aktiva | Eröffnungsbilanz zum 1. Januar 02 | | Passiva |
|---|---|---|---|
| Waren | 28.000,00 | Eigenkapital | 50.000,00 |
| Bank | 47.000,00 | Verbindlichkeiten a. LL | 25.000,00 |
| | **75.000,00** | | **75.000,00** |

*Ort, Datum* *Unterschrift*

**Hauptbuch**

| Soll | Eröffnungsbilanzkonto (EBK) | | Haben |
|---|---|---|---|
| Eigenkapital | 50.000,00 | Waren | 28.000,00 |
| Verbindlichkeiten a. LL | 25.000,00 | Bank | 47.000,00 |
| | **75.000,00** | | **75.000,00** |

| S | Waren | | H |
|---|---|---|---|
| EBK | 28.000,00 | SBK | 48.000,00 |
| ❶ | 20.000,00 | | |
| | **48.000,00** | | **48.000,00** |

| S | Eigenkapital | | H |
|---|---|---|---|
| SBK | **50.000,00** | EBK | **50.000,00** |

| S | Bank | | H |
|---|---|---|---|
| EBK | 47.000,00 | ❷ | 10.000,00 |
| | | SBK | 37.000,00 |
| | **47.000,00** | | **47.000,00** |

| S | Verbindlichkeiten a. LL | | H |
|---|---|---|---|
| ❷ | 10.000,00 | EBK | 25.000,00 |
| SBK | 35.000,00 | ❶ | 20.000,00 |
| | **45.000,00** | | **45.000,00** |

| Soll | Schlussbilanzkonto (SBK) | | Haben |
|---|---|---|---|
| Waren | 48.000,00 | Eigenkapital | 50.000,00 |
| Bank | 37.000,00 | Verbindlichkeiten a. LL | 35.000,00 |
| | **85.000,00** | | **85.000,00** |

**Inventur zum 31. Dezember 02**
↓
**Inventar zum 31. Dezember 02**
↓

| Aktiva | Schlussbilanz zum 31. Dezember 02 | | Passiva |
|---|---|---|---|
| Waren | 48.000,00 | Eigenkapital | 50.000,00 |
| Bank | 37.000,00 | Verbindlichkeiten a. LL | 35.000,00 |
| | **85.000,00** | | **85.000,00** |

*Ort, Datum* *Unterschrift*

1. Nennen Sie die Buchungssätze zur Eröffnung der obigen Aktiv- und Passivkonten.
2. Nennen Sie die Geschäftsfälle und Buchungssätze zu den Buchungen ❶ und ❷.
3. Wie lauten die Abschlussbuchungen der obigen Aktiv- und Passivkonten?

MERKE

**Die Schlussbilanz eines Geschäftsjahres ist zugleich die Eröffnungsbilanz des Folgejahres. Beide müssen inhaltlich gleich sein: Grundsatz der Bilanzidentität.**

**Beachten Sie die Reihenfolge der Buchungs- und Abschlussarbeiten:**

1. Erstellen Sie zunächst die Eröffnungsbilanz (Schlussbilanz des Vorjahres).
2. Eröffnen Sie danach die Bestandskonten mithilfe des Eröffnungsbilanzkontos (EBK).
3. Buchen Sie die Geschäftsfälle auf den jeweiligen Bestandskonten.
4. Schließen Sie die Bestandskonten über das Schlussbilanzkonto (SBK) ab.
5. Erstellen Sie eine ordnungsgemäß gegliederte Schlussbilanz.

B

## AUFGABE 42

**Anfangsbestände**

| | | | |
|---|---|---|---|
| Gebäude | 270.000,00 | Bankguthaben | 32.000,00 |
| BGA | 140.000,00 | Kassenbestand | 6.000,00 |
| Waren | 160.000,00 | Verbindlichkeiten a. LL | 88.000,00 |
| Forderungen a. LL | 35.000,00 | Eigenkapital | 555.000,00 |

**Geschäftsfälle**

| | | |
|---|---|---|
| 1. | ER 408: Kauf von Waren auf Ziel | 12.200,00 |
| 2. | KA 81: Kauf einer Büroschrankwand durch Barzahlung | 1.600,00 |
| 3. | Kunde begleicht lt. KA 82 eine fällige Rechnung durch Banküberweisung | 1.800,00 |
| 4. | ER 409: Zielkauf von Schreibtischen | 2.100,00 |
| 5. | Lt. KA 83 Bareinzahlung auf Bankkonto | 1.300,00 |
| 6. | KA 84: Ausgleich einer fälligen Lieferantenrechnung durch Banküberweisung | 1.700,00 |
| 7. | Kauf von Waren lt. ER 410 auf Ziel | 4.000,00 |
| 8. | Lt. KA 85 Ausgleich einer fälligen Kundenrechnung durch Überweisung | 2.400,00 |

**Abschlussangabe**: Die Schlussbestände auf den Konten entsprechen den Inventurwerten.

## AUFGABE 43

**Anfangsbestände**

| | | | |
|---|---|---|---|
| Geschäftsgebäude | 670.000,00 | Postbankguthaben | 13.400,00 |
| BGA | 130.000,00 | Kassenbestand | 6.000,00 |
| Waren | 184.000,00 | Darlehensschulden | 240.000,00 |
| Forderungen a. LL | 34.000,00 | Verbindlichkeiten a. LL | 55.000,00 |
| Bankguthaben | 39.000,00 | Eigenkapital | 781.400,00 |

**Geschäftsfälle**

| | | |
|---|---|---|
| 1. | Lt. KA 112 Aufnahme eines Darlehens bei der Bank | 42.600,00 |
| 2. | Zielkauf von Waren lt. ER 510 | 4.000,00 |
| 3. | Lt. AR 156 Zielverkauf einer gebrauchten Verpackungsanlage zum Buchwert | 12.100,00 |
| 4. | Zielkauf von Waren lt. ER 511 | 2.950,00 |
| 5. | Lt. KA 113 Überweisung an Lieferanten zum Ausgleich von ER 499 | 8.150,00 |
| 6. | Lt. KB 93 Barkauf eines Aktenvernichters | 300,00 |
| 7. | Lt. KA 114 Bareinzahlung auf Bankkonto | 1.200,00 |
| 8. | Zieleinkauf von Waren lt. ER 512 | 1.200,00 |
| 9. | Lt. KA 115 Überweisung vom Postbankkonto auf Bankkonto | 1.400,00 |
| 10. | Lt. KA 116 Darlehenstilgung durch Banküberweisung | 14.000,00 |
| 11. | Kunde begleicht lt. KA 117 fällige Rechnung durch Überweisung | 4.400,00 |

**Abschlussangabe**: Die Schlussbestände auf den Konten entsprechen den Inventurwerten.

## AUFGABE 44

1. Begründen Sie, weshalb Aktiv- und Passivkonten Bestandskonten darstellen.
2. Unterscheiden Sie zwischen
   a) Grundbuch und
   b) Hauptbuch.
3. Erklären Sie den Grundsatz der Bilanzidentität.
4. Worin unterscheiden sich Schlussbilanz und Schlussbilanzkonto?
   Welcher Zusammenhang besteht zwischen beiden?

# 4 Buchen auf Erfolgskonten

## 4.1 Aufwendungen und Erträge

**Erfolg**

Die bisher gebuchten Geschäftsfälle haben lediglich die Bestände der Vermögens- und Fremdkapitalposten der Bilanz verändert, nicht aber das Eigenkapital. Es handelte sich um sogenannte erfolgsunwirksame Geschäftsfälle, die keinen Einfluss auf den Erfolg (Gewinn oder Verlust) des Unternehmens hatten. Nun bringen aber vor allem **Einkauf**, **Lagerung** und **Verkauf von Waren** sogenannte erfolgswirksame Geschäftsfälle mit sich, die den Erfolg des Unternehmens beeinflussen. Sie vermindern oder erhöhen das Vermögen oder die Verbindlichkeiten einseitig und verändern dadurch auch die Höhe des Eigenkapitals. Sofern eine Verminderung des Vermögens oder eine Erhöhung der Verbindlichkeiten vorliegt, handelt es sich um **Aufwendungen**. Im umgekehrten Fall entstehen bei einer Erhöhung des Vermögens oder einer Verminderung der Verbindlichkeiten **Erträge**.

Werden beispielsweise in einem Industrieunternehmen Löhne in Höhe von 35.000,00 € überwiesen, vermindert sich durch diesen Personalaufwand das Bankguthaben. Der Buchungssatz lautet dann „**Löhne an Bank**“. Geht laut Kontoauszug eine Zinsgutschrift von 700,00 € ein, erhöht sich durch diesen Zinsertrag das Bankguthaben im Soll. Die Buchung lautet somit „**Bank an Zinserträge**“.

Aus Gründen der Übersichtlichkeit werden in der Buchführungspraxis die verschiedenen Arten von Aufwendungen und Erträgen gesondert auf

**Aufwandskonten und Ertragskonten**

gebucht. Sie werden als **Erfolgskonten** bezeichnet. Nur so lässt sich feststellen, für welchen Aufwand im obigen Beispiel 35.000,00 € entstanden sind oder für welchen Ertrag eine Bankgutschrift über 700,00 € erteilt wurde.

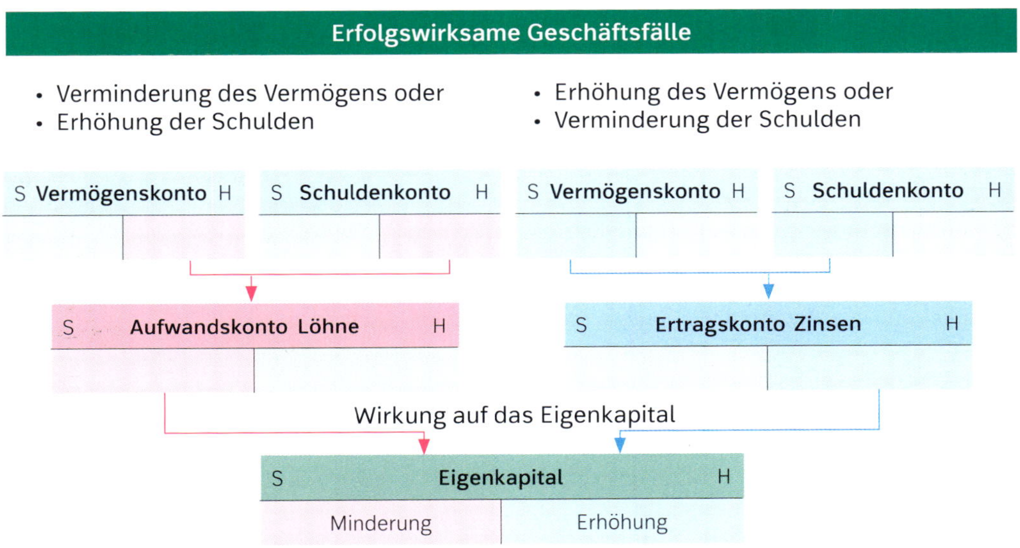


**MERKE**

- **Aufwendungen und Erträge entstehen aus erfolgswirksamen Geschäftsfällen.**
- **Aufwendungen werden auf Aufwandskonten im Soll gebucht. Sie wirken mindernd auf das Eigenkapital.**
- **Erträge werden auf Ertragskonten im Haben gebucht. Sie wirken erhöhend auf das Eigenkapital.**

B

**Aufwendungen** Aufwendungen stellen den gesamten Werteverzehr an Gütern, Dienstleistungen und Abgaben dar, der zu einer Verminderung von Vermögensposten (z. B. Waren, Bankguthaben) und damit auch zu einer Verminderung des Eigenkapitals führt. In einem Handelsunternehmen rechnen vor allem die nachfolgend aufgeführten Aufwendungen dazu.

- **Der Warenaufwand** bzw. **Wareneinsatz,** d. h. der Wert der eingekauften und an die Kunden verkauften Waren (siehe S. 59)
- **Aufwendungen für den Einsatz von Arbeitskräften:**
  - **Löhne und Gehälter** für alle Arbeitnehmer des Unternehmens
  - **Gesetzliche und freiwillige Sozialabgaben**
- **Abschreibungen:** Wertminderungen des abnutzbaren bzw. nur zeitlich begrenzt nutzbaren Anlagevermögens werden durch planmäßige jährliche Abschreibungen auf den entsprechenden Aufwandskonten für Abschreibungen auf Anlagevermögen (z. B. Abschreibungen auf Sachanlagen) erfasst.
- **Aufwendungen für Miete, Betriebsteuern, Versicherungen**
- **Aufwendungen für Büromaterial, Porto, Telekommunikation, Werbung**
- **Aufwendungen für Instandhaltungen, Vertriebsprovisionen**
- **Zinsaufwendungen für aufgenommene Kredite und Darlehen**

**Erträge** Erträge sind alle Wertzuflüsse eines Unternehmens, die zu einer Erhöhung eines Vermögenspostens (z. B. Bankguthaben, Forderungen a. LL) oder der Verminderung eines Schuldpostens (z. B. Verminderung einer Verbindlichkeit) führen und damit eine Erhöhung des Eigenkapitals bewirken. Hauptertrag des Handelsbetriebs sind die Erlöse aus dem Verkauf der Waren. Diese Umsatzerlöse sollen nicht nur die Anschaffungskosten der Waren decken, sondern darüber hinaus auch einen Gewinn erbringen. Daneben fallen in einem Handelsunternehmen auch Zinserträge, Mieterträge, Provisionserträge u. a. an.

**MERKE**

- **Aufwendungen stellen den gesamten Werteverzehr eines Unternehmens an Gütern, Dienstleistungen und Abgaben während einer Abrechnungsperiode dar.**
- **Erträge sind alle Wertzuflüsse, die den Gewinn des Unternehmens erhöhen. Die Umsatzerlöse (Verkaufserlöse) bilden den wichtigsten Ertragsposten in einem Großhandelsunternehmen.**
- **Aufwendungen vermindern und Erträge erhöhen das Eigenkapital.**

### Beispiele für die Buchung von Aufwendungen und Erträgen

**BEISPIEL 1** Eine Werbeanzeige wird in bar bezahlt: 450,00 €.

| | | Soll | Haben |
|---|---|---|---|
| **Buchung:** | **Werbeaufwendungen** | 450,00 | |
| | an **Kasse** | | 450,00 |

| S | **Werbeaufwendungen** | | H |
|---|---|---|---|
| Kasse | 450,00 | | |

| S | **Kasse** | | H |
|---|---|---|---|
| AB | 8.600,00 | Werbung | 450,00 |

**BEISPIEL 2** Löhne 5.000,00 € und Gehälter 10.000,00 € werden durch Banküberweisung bezahlt:

| | | Soll | Haben |
|---|---|---|---|
| **Buchung:** | **Löhne** | 5.000,00 | |
| | **Gehälter** | 10.000,00 | |
| | an **Bank** | | 15.000,00 |

| S | Löhne | | H |
|---|---|---|---|
| Bank | 5.000,00 | | |

| S | Bank | | H |
|---|---|---|---|
| AB | 60.000,00 | L/G | 15.000,00 |

| S | Gehälter | | H |
|---|---|---|---|
| Bank | 10.000,00 | | |

B

**BEISPIEL 3**

Im Unternehmen entstehen weitere Aufwendungen. Banküberweisung für: Büromaterial 800,00 €, Reparaturen 300,00 €, Betriebsteuern 400,00 €.

| | | Soll | Haben |
|---|---|---|---|
| **Buchung:** | **Bürobedarf** | 800,00 | |
| | **Instandhaltung** | 300,00 | |
| | **Sonstige Betriebsteuern** | 400,00 | |
| | an **Bank** | | 1.500,00 |

| S | Bürobedarf | | H |
|---|---|---|---|
| Bank | 800,00 | | |

| S | Bank | | H |
|---|---|---|---|
| AB | 60.000,00 | L/G | 15.000,00 |
| | | Diverse | 1.500,00 |

| S | Instandhaltung | | H |
|---|---|---|---|
| Bank | 300,00 | | |

| S | Sonstige Betriebsteuern | | H |
|---|---|---|---|
| Bank | 400,00 | | |

**BEISPIEL 4**

Für verkaufte Waren[1] erhält der Kunde eine Rechnung über 14.000,00 €.[2]

| | | Soll | Haben |
|---|---|---|---|
| **Buchung:** | **Forderungen a. LL** | 14.000,00 | |
| | an **Warenverkauf** | | 14.000,00 |

| S | Forderungen a. LL | | H |
|---|---|---|---|
| Warenverk. | 14.000,00 | | |

| S | Warenverkauf | | H |
|---|---|---|---|
| | | Ford. a. LL | 14.000,00 |

**BEISPIEL 5**

Im Unternehmen entstehen weitere Erträge: Dem Bankkonto werden Provisionen von 5.000,00 € und Zinsen in Höhe von 1.500,00 € gutgeschrieben.

| | | Soll | Haben |
|---|---|---|---|
| **Buchung:** | **Bank** | 6.500,00 | |
| | an **Provisionserträge** | | 5.000,00 |
| | an **Zinserträge** | | 1.500,00 |

| S | Bank | | H |
|---|---|---|---|
| AB | 60.000,00 | Löhne/ Gehälter | 15.000,00 |
| Prov.-/ Zinserträge | 6.500,00 | Diverser Aufwand | 1.500,00 |

| S | Provisionserträge | | H |
|---|---|---|---|
| | | Bank | 5.000,00 |

| S | Zinserträge | | H |
|---|---|---|---|
| | | Bank | 1.500,00 |

**MERKE**

- **Aufwendungen und Erträge entstehen aus erfolgswirksamen Geschäftsfällen.**
- **Aufwendungen werden auf Aufwandskonten im Soll gebucht. Sie wirken mindernd auf das Eigenkapital.**

1 Der Einkauf und Verkauf von Waren wird auf S. 58 ff. vertieft.
2 Aus methodischen Gründen bleibt die Umsatzsteuer noch unberücksichtigt.

MERKE

- **Erträge werden auf Ertragskonten im Haben gebucht. Sie wirken erhöhend auf das Eigenkapital.**
- **Aufwands- und Ertragskonten sind Erfolgskonten.**
- **Aktiv- und Passivkonten sind Bestandskonten.**

B

## 4.3 Gewinn- und Verlustkonto als Abschlusskonto der Erfolgskonten

**Ermittlung des Unternehmenserfolgs**

**Am Ende des Geschäftsjahres** müssen die

**Aufwendungen** und **Erträge**

einander **gegenübergestellt** werden, um den **Erfolg** des Unternehmens zu ermitteln. Nachdem die Salden auf den Aufwands- und Ertragskonten festgestellt wurden, erfolgt der Abschluss der Erfolgskonten nicht direkt über das Eigenkapitalkonto, sondern zunächst über ein Sammelkonto, das

**Konto „Gewinn und Verlust"** (GuV-Konto).

Die **Aufwands- und Ertragskonten werden** daher **über das Gewinn- und Verlustkonto abgeschlossen.** Die Buchungssätze lauten:

- **GuV-Konto** an **Aufwandskonten**
- **Ertragskonten** an **GuV-Konto**

**Das Gewinn- und Verlustkonto** weist somit auf der Soll-Seite die gesamten **Aufwendungen** des Geschäftsjahres und auf der Haben-Seite die gesamten **Erträge** des Geschäftsjahres aus. Diese Gegenüberstellung ergibt als **Saldo** den Erfolg des Unternehmens, einen **Gewinn oder Verlust,** je nachdem, ob die Erträge oder die Aufwendungen überwiegen:

| S Gewinn- und Verlustkonto | H |
|---|---|
| Aufwendungen | Erträge |
| **Gewinn** | |

| S Gewinn- und Verlustkonto | H |
|---|---|
| Aufwendungen | Erträge |
| | **Verlust** |

- **Erträge > Aufwendungen = Gewinn**
- **Erträge < Aufwendungen = Verlust**

**Abschluss des Gewinn- und Verlustkontos über Eigenkapitalkonto**

Der ermittelte Gewinn oder Verlust wird anschließend auf das Eigenkapitalkonto übertragen. Die **Abschlussbuchungen** lauten:

- bei **Gewinn:** **GuV-Konto** an **Eigenkapitalkonto**
- bei **Verlust:** **Eigenkapitalkonto** an **GuV-Konto**

| S Eigenkapital | H |
|---|---|
| **Schlusskapital** | Anfangskapital |
| | **Gewinn** |

| S Eigenkapital | H |
|---|---|
| **Verlust** | Anfangskapital |
| **Schlusskapital** | |

MERKE

- **Ein Gewinn erhöht das Eigenkapital.**
- **Ein Verlust vermindert das Eigenkapital.**

**Das GuV-Konto** ist somit ein unmittelbares **Unterkonto des Eigenkapitalkontos.** Aus der Zusammenfassung der Beispiele ist ersichtlich, dass sich das Eigenkapital durch den Gewinn um 3.550,00 € erhöht hat.

Aufwandskonten ↔ Erfolgskonten ↔ Ertragskonten

| S | Werbeaufwendungen | | H |
|---|---|---|---|
| Bank | 450,00 | GuV | 450,00 |

| S | Löhne | | H |
|---|---|---|---|
| Bank | 5.000,00 | GuV | 5.000,00 |

| S | Gehälter | | H |
|---|---|---|---|
| Bank | 10.000,00 | GuV | 10.000,00 |

| S | Bürobedarf | | H |
|---|---|---|---|
| Bank | 800,00 | GuV | 800,00 |

| S | Instandhaltung | | H |
|---|---|---|---|
| Bank | 300,00 | GuV | 300,00 |

| S | Sonstige Betriebsteuern | | H |
|---|---|---|---|
| Bank | 400,00 | GuV | 400,00 |

| S | Warenverkauf | | H |
|---|---|---|---|
| GuV | 14.000,00 | Ford. a. LL | 14.000,00 |

| S | Provisionserträge | | H |
|---|---|---|---|
| GuV | 5.000,00 | Bank | 5.000,00 |

| S | Zinserträge | | H |
|---|---|---|---|
| GuV | 1.500,00 | Bank | 1.500,00 |

| S | Gewinn- und Verlustkonto | | H |
|---|---|---|---|
| Werbeaufwendungen | 450,00 | Warenverkauf | 14.000,00 |
| Löhne | 5.000,00 | Provisionserträge | 5.000,00 |
| Gehälter | 10.000,00 | Zinserträge | 1.500,00 |
| Bürobedarf | 800,00 | | |
| Instandhaltung | 300,00 | | |
| Betriebsteuern | 400,00 | | |
| Gewinn (EK) | 3.550,00 | | |
| | 20.500,00 | | 20.500,00 |

| S | Eigenkapital | | H |
|---|---|---|---|
| SBK/SB | 153.550,00 | EBK/AB | 150.000,00 |
| | | Gewinn (GuV) | 3.550,00 |
| | 153.550,00 | | 153.550,00 |

MERKE

- **Das Gewinn- und Verlustkonto (GuV-Konto) ist ein unmittelbares Unterkonto des Eigenkapitalkontos.**
- **Das Gewinn- und Verlustkonto ist das Abschlusskonto aller Erfolgskonten.**
- **Das GuV-Konto sammelt auf der Soll-Seite alle Aufwendungen und auf der Haben-Seite alle Erträge.**
- **Der Saldo des GuV-Kontos ergibt den Gewinn oder Verlust der Rechnungsperiode, der dem Eigenkapitalkonto zugeführt wird.**
- **Das Gewinn- und Verlustkonto zeigt die Quellen des Erfolgs.**

B

## 4.4 Geschäftsgang mit Bestands- und Erfolgskonten

**Bestandskonten** Aus der Bilanz des vorhergehenden Geschäftsjahres stehen folgende Anfangsbestände für das neue Geschäftsjahr zur Verfügung:

| Aktiva | Schlussbilanz zum 31. Dezember des Vorjahres | | Passiva |
|---|---|---|---|
| **I. Anlagevermögen** | | **I. Eigenkapital** | 102.000,00 |
| 1. BGA | 100.000,00 | **II. Fremdkapital** | |
| **II. Umlaufvermögen** | | 1. Darlehensschulden | 30.000,00 |
| 1. Bankguthaben | 50.000,00 | 2. Verbindlichkeiten a. LL | 20.000,00 |
| 2. Kassenbestand | 2.000,00 | | |
| | **152.000,00** | | **152.000,00** |
| *Ort, Datum* | | | *Unterschrift* |

**Erfolgskonten** Die nachstehenden Erfolgskonten sind zu führen: Gehälter, Zinsaufwendungen, Provisionserträge, Mieterträge.

**Geschäftsfälle**

1. Barkauf eines Klimageräts ........ 600,00
2. Eingang von Miete in bar ........ 800,00
3. Provision geht durch Banküberweisung ein ........ 16.300,00
4. Abbuchung von Darlehenszinsen durch die Bank ........ 2.000,00
5. Gehaltsabschlagszahlung bar ........ 1.800,00
6. Ausgleich einer Rechnung des Lieferanten durch Banküberweisung ........ 9.000,00

### Reihenfolge der buchungstechnischen Arbeiten

**I. Eröffnungsbuchungen für die Anfangsbestände über das Eröffnungsbilanzkonto**

a) Aktivkonten an Eröffnungsbilanzkonto
b) Eröffnungsbilanzkonto an Passivkonten

**II. Buchung der Geschäftsfälle**

1. Betriebs- und Geschäftsausstattung an Kasse ........ 600,00
2. Kasse an Mieterträge ........ 800,00
3. Bank an Provisionserträge ........ 16.300,00
4. Zinsaufwendungen an Bank ........ 2.000,00
5. Gehälter an Kasse ........ 1.800,00
6. Verbindlichkeiten a. LL an Bank ........ 9.000,00

**III. Abschlussbuchungen**

1. Abschluss der Erfolgskonten über das Gewinn- und Verlustkonto
   a) Gewinn- und Verlustkonto an Aufwandskonten
   b) Ertragskonten an Gewinn- und Verlustkonto
2. Abschluss des Gewinn- und Verlustkontos über das Eigenkapitalkonto
   a) bei Gewinn: Gewinn- und Verlustkonto an Eigenkapitalkonto
   b) bei Verlust: Eigenkapitalkonto an Gewinn- und Verlustkonto
3. Abschluss der Bestandskonten über das Schlussbilanzkonto nach Abstimmung mit den Inventurwerten
   a) Schlussbilanzkonto an Aktivkonten
   b) Passivkonten an Schlussbilanzkonto

**IV. Aufstellung der Schlussbilanz mit Ort, Datum und Unterschrift.**

B

| Soll | | Eröffnungsbilanzkonto | Haben |
|---|---|---|---|
| Eigenkapital | 102.000,00 | BGA | 100.000,00 |
| Darlehensschulden | 30.000,00 | Bank | 50.000,00 |
| Verbindlichkeiten a. LL | 20.000,00 | Kasse | 2.000,00 |
| | 152.000,00 | | 152.000,00 |

| S | BGA | | H |
|---|---|---|---|
| EBK | 100.000,00 | SBK | 100.600,00 |
| Kasse | 600,00 | | |
| | 100.600,00 | | 100.600,00 |

| S | Eigenkapital | | H |
|---|---|---|---|
| SBK | 115.300,00 | EBK | 102.000,00 |
| | | Gewinn | 13.300,00 |
| | 115.300,00 | | 115.300,00 |

| S | Bank | | H |
|---|---|---|---|
| EBK | 50.000,00 | Zinsaufw. | 2.000,00 |
| Prov. Erträge | 16.300,00 | Verb. a. LL | 9.000,00 |
| | | SBK | 55.300,00 |
| | 66.300,00 | | 66.300,00 |

| S | Darlehensschulden | | H |
|---|---|---|---|
| SBK | 30.000,00 | EBK | 30.000,00 |

| S | Kasse | | H |
|---|---|---|---|
| EBK | 2.000,00 | BGA | 600,00 |
| Mieterträge | 800,00 | Gehälter | 1.800,00 |
| | | SBK | 400,00 |
| | 2.800,00 | | 2.800,00 |

| S | Verbindlichkeiten a. LL | | H |
|---|---|---|---|
| Bank | 9.000,00 | EBK | 20.000,00 |
| SBK | 11.000,00 | | |
| | 20.000,00 | | 20.000,00 |

| S | Gehälter | | H |
|---|---|---|---|
| Kasse | 1.800,00 | GuV | 1.800,00 |

| S | Provisionserträge | | H |
|---|---|---|---|
| GuV | 16.300,00 | Bank | 16.300,00 |

| S | Zinsaufwendungen | | H |
|---|---|---|---|
| Bank | 2.000,00 | GuV | 2.000,00 |

| S | Mieterträge | | H |
|---|---|---|---|
| GuV | 800,00 | Kasse | 800,00 |

| Soll | | Gewinn- und Verlustkonto | Haben |
|---|---|---|---|
| Gehälter | 1.800,00 | Provisionserträge | 16.300,00 |
| Zinsaufwendungen | 2.000,00 | Mieterträge | 800,00 |
| Gewinn (EK) | 13.300,00 | | |
| | 17.100,00 | | 17.100,00 |

| Soll | | Schlussbilanzkonto | Haben |
|---|---|---|---|
| BGA | 100.600,00 | Eigenkapital | 115.300,00 |
| Bank | 55.300,00 | Darlehensschulden | 30.000,00 |
| Kasse | 400,00 | Verbindlichkeiten a. LL | 11.000,00 |
| | 156.300,00 | | 156.300,00 |

| Aktiva | | Schlussbilanz zum 31. Dezember des Berichtsjahres | Passiva |
|---|---|---|---|
| **I. Anlagevermögen** | | **I. Eigenkapital** | 115.300,00 |
| 1. BGA | 100.600,00 | **II. Fremdkapital** | |
| **II. Umlaufvermögen** | | 1. Darlehensschulden | 30.000,00 |
| 1. Bankguthaben | 55.300,00 | 2. Verbindlichkeiten a. LL | 11.000,00 |
| 2. Kassenbestand | 400,00 | | |
| | 156.300,00 | | 156.300,00 |

*Ort, Datum* *Unterschrift*

B

**Beachten Sie die Reihenfolge der Buchungsarbeiten:**

1. Richten Sie die Bestands- und Erfolgskonten ein.
2. Eröffnen Sie die Bestandskonten über das Eröffnungsbilanzkonto (EBK).
3. Bilden Sie zu den Geschäftsfällen die Buchungssätze (Grundbuch).
4. Übertragen Sie die Buchungen auf die Bestands- und Erfolgskonten (Hauptbuch).
5. Schließen Sie die Erfolgskonten über das GuV-Konto ab und übertragen Sie den Gewinn oder Verlust auf das Eigenkapitalkonto. Nennen Sie jeweils den Buchungssatz.
6. Zum Schluss werden alle Bestandskonten zum Schlussbilanzkonto (SBK) abgeschlossen, sofern die Inventur keine Abweichungen zwischen Buch- und Istbeständen ergibt.

**AUFGABE 45**

**Anfangsbestände**

| | | | |
|---|---|---|---|
| Betriebs- u. Geschäftsausstattung | 80.000,00 | Kassenbestand | 10.000,00 |
| Forderungen a. LL | 40.000,00 | Verbindlichkeiten a. LL | 50.000,00 |
| Bankguthaben | 60.000,00 | Eigenkapital | 140.000,00 |

**Kontenplan:** Außer den oben genannten Bestandskonten einschließlich Schlussbilanzkonto sind folgende **Erfolgskonten** einzurichten: Bürobedarf, Mietaufwendungen, Werbekosten, Zinserträge, Provisionserträge, GuV-Konto.

**Geschäftsfälle**

| | | |
|---|---|---|
| 1. | Zinsgutschrift auf dem Bankkonto | 600,00 |
| 2. | Rechnung über Büromaterial wird durch Banküberweisung bezahlt | 240,00 |
| 3. | Geschäftsmiete wird an den Vermieter überwiesen | 3.500,00 |
| 4. | Werbeanzeige wird bar bezahlt | 140,00 |
| 5. | Eingang von Provision durch Banküberweisung | 4.000,00 |

**Abschlussangabe:** Die Buchbestände stimmen mit den Inventurwerten überein.

**AUFGABE 46**

**Anfangsbestände**

| | | | |
|---|---|---|---|
| BGA | 60.000,00 | Kassenbestand | 12.000,00 |
| Forderungen a. LL | 30.000,00 | Darlehensschulden | 25.000,00 |
| Bankguthaben | 40.000,00 | Verbindlichkeiten a. LL | 20.000,00 |
| Postbankguthaben | 9.000,00 | Eigenkapital | 106.000,00 |

**Kontenplan**: Außer den oben genannten Bestandskonten einschließlich Schlussbilanzkonto sind folgende **Erfolgskonten** einzurichten: Bürobedarf, Portokosten, Kosten der Telekommunikation, Gewerbesteuer, Beiträge, Zinsaufwendungen, Mietaufwendungen, Löhne, Provisionserträge, Zinserträge, GuV-Konto.

**Geschäftsfälle**

| | | |
|---|---|---|
| 1. | Ein Kunde begleicht eine Rechnung durch Banküberweisung | 1.000,00 |
| 2. | Zahlung der Gewerbesteuer[1] durch Banküberweisung | 2.000,00 |
| 3. | Postbanküberweisung für Telekommunikationsrechnung | 190,00 |
| 4. | Die Bank belastet Darlehenszinsen | 1.500,00 |
| 5. | Begleichung einer Lieferantenrechnung durch Banküberweisung | 1.900,00 |
| 6. | Gutschrift von Provision auf dem Bankkonto | 7.000,00 |
| 7. | Die Bank schreibt Zinsen gut | 1.200,00 |
| 8. | Barzahlung für Porto | 400,00 |
| 9. | Geschäftsmiete wird an den Vermieter überwiesen | 1.800,00 |
| 10. | Überweisung von Löhnen an diverse Aushilfsfahrer | 4.500,00 |
| 11. | Büromaterial wird durch Banküberweisung bezahlt | 260,00 |
| 12. | Zahlung des Handelskammerbeitrags durch Banküberweisung | 1.200,00 |

**Abschlussangabe:** Die Buchbestände entsprechen den Inventurwerten.

1 Die Gewerbesteuer muss handelsrechtlich als Aufwand gebucht werden (§ 242 [2] HGB) und mindert den Gewinn der Handelsbilanz. Zur Ermittlung des steuerpflichtigen Gewinns muss die Gewerbesteuer, die keine Betriebsausgabe ist (§ 4 [5b] EStG), außerhalb der Buchführung dem handelsrechtlichen Gewinn wieder hinzugerechnet werden (siehe S. 191).

AUFGABE 47

**Anfangsbestände**

| | | | |
|---|---|---|---|
| Gebäude | 300.000,00 | Kassenbestand | 13.000,00 |
| BGA | 110.000,00 | Darlehensschulden | 180.000,00 |
| Forderungen a. LL | 65.000,00 | Verbindlichkeiten a. LL | 59.000,00 |
| Bankguthaben | 42.000,00 | Eigenkapital | 291.000,00 |

**Kontenplan**: Die oben angeführten Bestandskonten sind einschließlich des Schlussbilanzkontos einzurichten; außerdem folgende **Erfolgskonten**: Bürobedarf, Portokosten, Kosten der Telekommunikation, Gewerbesteuer, Instandhaltung, Löhne, Zinsaufwendungen, Beiträge, Zinserträge, Mieterträge, Provisionserträge, Gewinn- und Verlustkonto.

**Geschäftsfälle**

| | | |
|---|---|---|
| 1. | Begleichung einer Lieferantenrechnung durch Banküberweisung | 9.500,00 |
| 2. | Büromaterial wird bar gekauft | 480,00 |
| 3. | Zinsgutschrift der Bank | 3.650,00 |
| 4. | Bankgutschrift für Mieteinnahmen | 6.500,00 |
| 5. | Banküberweisung an das Finanzamt für Gewerbesteuer[1] | 1.100,00 |
| 6. | Bankgutschrift für erhaltene Provisionen | 7.200,00 |
| 7. | Kunde bezahlt Rechnung durch Banküberweisung | 7.500,00 |
| 8. | Barzahlung für Paketgebühren | 180,00 |
| 9. | Bankeinzug der Darlehenszinsen | 800,00 |
| 10. | Banküberweisung für Löhne | 7.500,00 |
| 11. | Banküberweisung für Beitrag an die Industrie- und Handelskammer | 1.100,00 |
| 12. | Reparaturkosten für Kopiergerät, bar | 450,00 |
| 13. | Telekommunikationsgebühren werden vom Bankkonto abgebucht | 850,00 |
| 14. | Ein Kunde wird mit Verzugszinsen belastet | 35,00 |

**Abschlussangabe:** Die Buchwerte entsprechen den Inventurwerten.

Ermitteln Sie auch den Erfolg durch Eigenkapitalvergleich, indem Sie das Eigenkapital der Eröffnungsbilanz mit dem der Schlussbilanz vergleichen.

## Die Kontenkreise der doppelten Buchführung

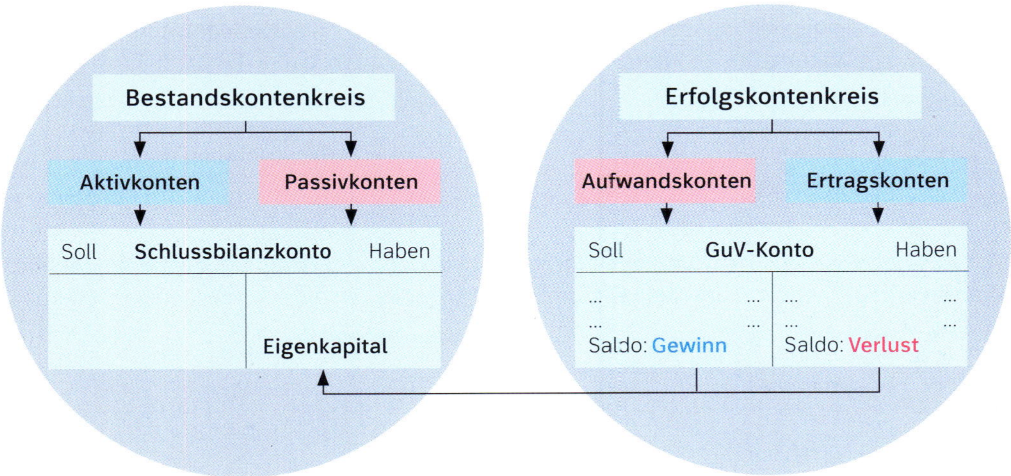


1 Siehe Fußnote auf S. 56.

B

MERKE

- **Bestands- und Erfolgskonten bilden in der Buchführung je einen eigenen Kontenkreis. Das Eigenkapitalkonto ist das Bindeglied beider Kreise.**
- **Die Buchführung weist den Jahreserfolg auf zweifache Weise nach:**
  **1. durch Gegenüberstellung der Aufwendungen und Erträge im GuV-Konto,**
  **2. durch Eigenkapitalvergleich (siehe S. 25 f.).**
  **Daher: Doppelte Buchführung beinhaltet doppelte Erfolgsermittlung.**

## 4.5 Buchungen beim Einkauf und Verkauf von Waren

### 4.5.1 Wareneinkauf und Warenverkauf ohne Bestandsveränderungen an Waren

**Übergeordnetes Unternehmensziel** eines Handelsunternehmens ist die **Gewinnerzielung aus dem Warengeschäft:**

**Einkauf, Lagerung** und **Verkauf von Waren.**

**Getrennte Warenkonten**

Aus Gründen der Klarheit werden **Einkauf und Verkauf** von Waren sowie der **Bestand** an Waren jeweils auf gesonderten Konten gebucht:

| S | Wareneingang | H |
|---|---|---|
| Einkauf von Waren | | |
| Aufwandskonto | | |

| S | Warenverkauf | H |
|---|---|---|
| | Verkauf von Waren | |
| Ertragskonto | | |

| S | Warenbestände | H |
|---|---|---|
| AB an Waren | SB an Waren | |
| Bestandskonto | | |

**BEISPIEL**

Ein Fahrradgroßhandel hat in seinem ersten Geschäftsjahr **1 000 Fahrräder** zum Stückpreis von 450,00 € = 450.000,00 € **eingekauft**. Bis zum Schluss des Geschäftsjahres wurden **alle Fahrräder** zum Preis von je 600,00 € = 600.000,00 € verkauft. Wie hoch ist buchhalterisch der Warengewinn?

Der **Einkauf von Waren** wird **direkt als Aufwand** auf dem **Aufwandskonto „Wareneingang"** erfasst. Die Eingangsrechnungen (ER) weisen die erforderlichen Buchungsdaten aus: Rechnungsnummer, Datum, Betrag, Name des Lieferanten, Skonto[1] u. a.

**Buchung: Wareneingang** .................................... an **Verbindlichkeiten a. LL** ................ **450.000,00**

| S | Wareneingang | H |
|---|---|---|
| Verb. a. LL 450.000,00 | | |

| S | Verbindlichkeiten a. LL | H |
|---|---|---|
| | WE 450.000,00 | |

Die **Umsatzerlöse** aus dem **Verkauf von Waren** werden als **Ertrag** auf dem **Ertragskonto „Warenverkauf"** gebucht. Die **Ausgangsrechnungen** enthalten die entsprechenden Daten.

**Buchung: Forderungen a. LL** ............................... an **Warenverkauf** ................................ **600.000,00**

| S | Forderungen a. LL | H |
|---|---|---|
| Umsatzerlöse 600.000,00 | | |

| S | Warenverkauf | H |
|---|---|---|
| | Ford. a. LL 600.000,00 | |

Der Warengewinn (Rohgewinn) wird ermittelt, indem den Umsatzerlösen aus dem Warenverkauf (Ertrag) der darauf entfallende Einkaufswert (Aufwand) gegenübergestellt wird:

1 Siehe S. 149 ff.

| | | |
|---|---|---|
| **Umsatzerlöse** der verkauften | **1 000** Fahrräder zu je 600,00 € = ........... | 600.000,00 € |
| – **Einkaufswert** der verkauften | **1 000** Fahrräder zu je 450,00 € = ........... | 450.000,00 € |
| = **Warengewinn** bzw. **Rohgewinn** | ............................................ | **150.000,00 €** |

**Wareneinsatz/ Aufwendungen für Waren**

Da alle im Geschäftsjahr eingekauften Fahrräder im gleichen Jahr auch verkauft wurden, entspricht der Einkauf von Waren dem Einsatz bzw. Aufwand an Waren. Das Unternehmen musste 450.000,00 € (= 1 000 Fahrräder zu je 450,00 €) aufwenden, um Erträge von 600.000,00 € (= Erlöse für 1 000 Fahrräder zu je 600,00 €) und damit einen Warengewinn von 150.000,00 € zu erzielen.

B

MERKE

- **Umsatzerlöse der verkauften Waren**
  **= Ertrag → Konto „Warenverkauf"**
- **Einkaufswert der verkauften Waren/Wareneinsatz**
  **= Aufwand → Konto „Wareneingang"**

**Abschluss der Warenkonten**

Die Erfolgskonten „Wareneingang" und „Warenverkauf" werden über das Gewinn- und Verlustkonto abgeschlossen.

BEISPIEL Fortsetzung

Der Abschluss der Warenkonten erfolgt im Fahrradgroßhandel wie folgt:

| | | | | |
|---|---|---|---|---|
| **Abschlussbuchungen:** | **Warenverkauf**.............. | an | **GuV-Konto** ................................ | **600.000,00** |
| | **GuV-Konto** .................. | an | **Wareneingang** ........................... | **450.000,00** |

| S | Wareneingang | | H |
|---|---|---|---|
| Verb. a. LL | 450.000,00 | GuV | 450.000,00 |

| S | Warenverkauf | | H |
|---|---|---|---|
| GuV | 600.000,00 | Ford. a. LL | 600.000,00 |

| S | Gewinn- und Verlustkonto | | H |
|---|---|---|---|
| Wareneinsatz/Aufwend. f. Waren | 450.000,00 | Umsatzerlöse der Waren | 600.000,00 |

Aus der Gegenüberstellung der Aufwendungen (Wareneinsatz) und Erträge (Umsatzerlöse) im Gewinn- und Verlustkonto ergibt sich ein Waren-/Rohgewinn von 150.000,00 €.

MERKE

- **Das GuV-Konto weist die Quellen des Warenerfolgs (Roherfolg) aus: Wareneinsatz/Aufwendungen für Waren und Umsatzerlöse der Waren.**
- **Die Konten „Wareneingang" und „Warenverkauf" sind die wichtigsten Erfolgskonten eines Handelsunternehmens.**

**Der Gewinn oder Verlust des Unternehmens** (Reingewinn/Reinverlust) ergibt sich erst nach Berücksichtigung der übrigen Aufwendungen (z. B. Gehälter u. a.) und Erträge (z. B. Zinserträge u. a.) als **Saldo des Gewinn- und Verlustkontos.**

BEISPIEL Fortsetzung

Im Fahrradgroßhandel waren im Geschäftsjahr Gehälter von 60.000,00 €, Mietaufwendungen von 24.000,00 € und sonstige betriebliche Erträge von 2.400,00 € angefallen.

| | |
|---|---|
| **Rohgewinn** aus dem Warenhandelsgeschäft ........................................ | 150.000,00 € |
| + übrige Erträge des Unternehmens ........................................ | 2.400,00 € |
| – übrige Aufwendungen | 84.000,00 € |
| = **Gewinn des Unternehmens** ........................................ | **68.400,00 €** |

B

**AUFGABE 48**

1. Buchen Sie auf den Konten Wareneingang, Warenverkauf, Verbindlichkeiten a. LL, Forderungen a. LL, Gewinn und Verlust und schließen Sie die Warenkonten ab:
   - Zieleinkäufe von Waren lt. ER: 3000 Stück zu je 200,00 € Einkaufspreis
   - Zielverkäufe von Waren lt. AR: 3000 Stück zu je 250,00 € Verkaufspreis
2. Nennen Sie die Buchungssätze für die Einkäufe und Verkäufe der Waren sowie den Abschluss der Warenkonten.
3. Ermitteln Sie das Rohergebnis. Unterscheiden Sie zwischen Roh- und Reingewinn.
4. Warum ergibt sich zum Schluss des Geschäftsjahres kein Warenbestand?

**AUFGABE 49**

| | |
|---|---|
| Einkäufe von Waren zum Einkaufspreis lt. ER auf Ziel | 600.000,00 |
| Verkäufe von Waren zum Verkaufspreis lt. AR auf Ziel | 750.000,00 |

Zum 1. Januar und 31. Dezember gibt es keinen Warenlagerbestand.

1. Buchen Sie auf den in Aufgabe 48 genannten Konten und ermitteln Sie den Rohgewinn.
2. Beziehen Sie den Rohgewinn auf den Wareneinsatz und ermitteln Sie den Kalkulationszuschlag in Prozent:

$$\textbf{Kalkulationszuschlag} = \frac{\textbf{Rohgewinn}}{\textbf{Wareneinsatz}}$$

3. Ermitteln Sie den Gewinn der Unternehmung (Reingewinn), wenn die übrigen Aufwendungen gemäß GuV-Konto 120.000,00 € und die übrigen Erträge 10.000,00 € betragen.

**AUFGABE 50**

| | |
|---|---|
| Zieleinkäufe von Waren zum Einkaufspreis lt. ER | 850.000,00 |
| Zielverkäufe von Waren zum Verkaufspreis lt. AR | 800.000,00 |

Lagerbestände an Waren sind laut Inventur weder zum 1. Jan. noch zum 31. Dez. vorhanden.

Ermitteln und beurteilen Sie den Erfolg des Unternehmens, wenn die übrigen Aufwendungen 100.000,00 € und die übrigen Erträge 120.000,00 € betragen.

### 4.5.2 Wareneinkauf und Warenverkauf mit Bestandsveränderungen

**Bestandsveränderungen**

In der Regel stimmen in einem Handelsunternehmen die Einkaufs- und Verkaufsmengen von Waren in einem Geschäftsjahr nicht überein. Es werden in einem Jahr entweder mehr Waren eingekauft als verkauft oder mehr Waren verkauft als eingekauft. Der ersten Fall führt am Abschlussstichtag zu einer **Bestandserhöhung** im Lager (Mehrbestand), im zweiten Fall zu einer **Bestandsminderung** (Minderbestand) an Waren. Diese Bestandsveränderungen müssen bei der Erfolgsermittlung berücksichtigt werden, da sie bei Mehrbeständen zwar in den Aufwendungen für Waren, jedoch nicht in den Umsatzerlösen bzw. bei Minderbeständen zwar in den Umsatzerlösen, aber nicht im Warenaufwand enthalten sind.

**BEISPIEL 1**

Der Fahrradgroßhandel (siehe S. 58) **kauft** in seinem **zweiten** Geschäftsjahr **3000 Fahrräder** zu je 450,00 € = 1.350.000,00 € ein. Im gleichen Zeitraum werden aber nur **2000 Fahrräder** zu je 600,00 € = 1.200.000,00 € **verkauft**. Der **Schlussbestand** zum 31. Dez. 02 beträgt somit: **1000 Fahrräder** zu je 450,00 € = 450.000,00 € (Bestandserhöhung). Zum 1. Jan. 02 gab es keinen Lagerbestand.

Wie hoch ist der Rohgewinn zum Abschlussstichtag 31. Dezember 02?

**Die Warenein- und -verkäufe** wurden aufgrund der Ein-/Ausgangsrechnungen erfasst:

| | | | | | |
|---|---|---|---|---|---|
| ❶ | Buchung der ER: | **Wareneingang** | an | **Verbindlichkeiten a. LL** | **1.350.000,00** |
| ❷ | Buchung der AR: | **Forderungen a. LL** | an | **Warenverkauf** | **1.200.000,00** |

**Die Bestände** an Waren werden auf dem Aktivkonto **„Warenbestände"** erfasst. Dieses Konto nimmt zu Beginn des Geschäftsjahres den Anfangsbestand an Waren im Soll auf und am Ende des Geschäftsjahres **im Haben den Schlussbestand** laut Inventur:

❸ **Buchung: Schlussbilanzkonto** .................... an **Warenbestände** ........................ **450.000,00**

Im zweiten Geschäftsjahr wurden mehr Fahrräder eingekauft als verkauft. Dadurch **erhöht** sich der **Lagerbestand** um 1 000 Fahrräder zu je 450,00 € = 450.000,00 €:

**SB > AB ⇒ Warenbestandserhöhung ↔ Einkaufsmenge > Verkaufsmenge**

**Der Wareneinsatz** kann nur unter Beachtung der **Bestandsveränderung** ermittelt werden:

| | | |
|---|---|---|
| Wareneinkäufe: | 3 000 Fahrräder zu je 450,00 € = ...................... | 1.350.000,00 € |
| – **Bestandserhöhung:** | 1 000 Fahrräder zu je 450,00 € = ...................... | 450.000,00 € |
| = **Wareneinsatz:** | 2 000 Fahrräder zu je 450,00 € = ...................... | **900.000,00 €** |
| Umsatzerlöse: | 2 000 Fahrräder zu je 600,00 € = ...................... | 1.200.000,00 € |
| = **Rohgewinn** | ........................................................................ | **300.000,00 €** |

**Zur buchhalterischen Ermittlung des Wareneinsatzes** ist die Bestandserhöhung (**Saldo** im Soll des Kontos „Warenbestände") auf das Wareneingangskonto **umzubuchen**:

❹ **Buchung: Warenbestände** .......................... an **Wareneingang** .......................... **450.000,00**

**Im Wareneingangskonto** stehen nun den Einkäufen des Geschäftsjahres (3 000 Fahrräder = 1.350.000,00 €) **als Korrektur im Haben** die auf Lager genommenen 1 000 Fahrräder = 450.000,00 €, also die **Bestandserhöhung**, gegenüber. Der **Saldo ist der Wareneinsatz** (Warenaufwand der verkauften Räder) von 2 000 Fahrrädern zu je 450,00 € = 900.000,00 €.

| S | **Warenbestände** | | H |
|---|---|---|---|
| EBK | – | SBK | 450.000,00 |
| WE | 450.000,00 | | |
| | 450.000,00 | | 450.000,00 |

❸

| S | **Schlussbilanzkonto** | | H |
|---|---|---|---|
| WB | 450.000,00 | | |

❹ Bestandserhöhung

| S | **Wareneingang** | | H |
|---|---|---|---|
| Verb. ❶ | 1.350.000,00 | WB | 450.000,00 |
| | | GuV | 900.000,00 |
| | 1.350.000,00 | | 1.350.000,00 |

| S | **Warenverkauf** | | H |
|---|---|---|---|
| GuV | 1.200.000,00 | Ford. ❶ | 1.200.000,00 |

| S | **Gewinn- und Verlustkonto** | | H |
|---|---|---|---|
| Wareneinsatz ................................ | 900.000,00 | Umsatzerlöse ................................ | 1.200.000,00 |

Aus der Gegenüberstellung der Aufwendungen (Wareneinsatz) und Erträge (Umsatzerlöse) im Gewinn- und Verlustkonto ergibt sich ein Waren-/Rohgewinn von 300.000,00 €.

**BEISPIEL 2**

Der Warenschlussbestand des 2. Geschäftsjahres ist zugleich der **Anfangsbestand** des 3. Geschäftsjahres: 1 000 Fahrräder zu je 450,00 € = **450.000,00 €**. Im **dritten** Geschäftsjahr werden **2 000 Fahrräder** zu je 450,00 € = 900.000,00 € **eingekauft**. Im gleichen Zeitraum werden jedoch **2 800 Fahrräder** zu je 600,00 € = 1.680.000,00 € **verkauft**. Der **Schlussbestand** zum 31. Dez. 03 beträgt somit nur noch 200 Fahrräder zu je 450,00 € = **90.000,00 €** (Bestandsminderung).

B

Wie hoch ist der Rohgewinn?

| | | | | |
|---|---|---|---|---|
| ❶ **Buchung der ER:** | **Wareneingang** | an | **Verbindlichkeiten a. LL** | 900.000,00 |
| ❷ **Buchung der AR:** | **Forderungen a. LL** | an | **Warenverkauf** | 1.680.000,00 |

**Buchung der Warenbestände zum 1. Januar und 31. Dezember 03:**

| | | | | |
|---|---|---|---|---|
| ❸ **Anfangsbestand:** | **Warenbestände** | an | **Eröffnungsbilanzkonto** | 450.000,00 |
| ❹ **Schlussbestand:** | **Schlussbilanzkonto** | an | **Warenbestände** | 90.000,00 |

Nach Buchung des Schlussbestands weist das **Konto „Warenbestände"** als **Saldo** auf der Haben-Seite eine **Minderung des Warenlagerbestands** von **360.000,00 €** (= 800 Fahrräder zu je 450,00 €) aus. Im dritten Geschäftsjahr wurden also mehr Fahrräder verkauft (2 800) als eingekauft (2 000):

**SB < AB ⇒ Warenbestandsminderung ↔ Verkaufsmenge > Einkaufsmenge**

| | | |
|---|---|---|
| Wareneinkäufe: | 2 000 Fahrräder zu je 450,00 € = | 900.000,00 € |
| + **Bestandsminderung:** | 800 Fahrräder zu je 450,00 € = | 360.000,00 € |
| = **Wareneinsatz:** | 2 800 Fahrräder zu je 450,00 € = | **1.260.000,00 €** |
| Umsatzerlöse: | 2 800 Fahrräder zu je 600,00 € = | 1.680.000,00 € |
| = **Rohgewinn** | | **420.000,00 €** |

**Zur buchhalterischen Ermittlung des Wareneinsatzes** (Warenaufwands) muss die **Bestandsminderung** im Konto „Warenbestände" auf das Wareneingangskonto **umgebucht** werden:

| | | | | |
|---|---|---|---|---|
| ❺ Buchung: | Wareneingang | an | Warenbestände | 360.000,00 |

**Das Wareneingangskonto** weist nun auf der Soll-Seite außer den Wareneinkäufen im Geschäftsjahr (2 000 Fahrräder zu je 450,00 € = 900.000,00 €) auch die 800 Fahrräder zu je 450,00 € = 360.000,00 € aus, die aus dem Lagerbestand des Vorjahres verkauft wurden. Der **Wareneinsatz** beträgt somit 1.260.000,00 €.

**S Warenbestände H**

| S | | H | |
|---|---|---|---|
| EBK ❸ | 450.000,00 | SBK ❹ | 90.000,00 |
| | | WE | 360.000,00 |
| | 450.000,00 | | 450.000,00 |

❺ Bestandsminderung

**S Wareneingang H**

| S | | H | |
|---|---|---|---|
| Verb. ❶ | 900.000,00 | GuV | 1.260.000,00 |
| WB | 360.000,00 | | |
| | 1.260.000,00 | | 1.260.000,00 |

**S Eröffnungsbilanzkonto H**

| S | | H | |
|---|---|---|---|
| | | WB ❸ | 450.000,00 |

**S Schlussbilanzkonto H**

| S | | H | |
|---|---|---|---|
| WB ❹ | 90.000,00 | | |

**S Warenverkauf H**

| S | | H | |
|---|---|---|---|
| GuV | 1.680.000,00 | Ford. ❷ | 1.680.000,00 |

**S Gewinn- und Verlustkonto H**

| S | | H | |
|---|---|---|---|
| Wareneinsatz | 1.260.000,00 | Umsatzerlöse | 1.680.000,00 |

Aus der Gegenüberstellung der Aufwendungen (Wareneinsatz) und Erträge (Umsatzerlöse) im Gewinn- und Verlustkonto ergibt sich ein Waren-/Rohgewinn von 420.000,00 €.

MERKE

- **Bestandsveränderungen müssen bei der Ermittlung des Warenaufwands berücksichtigt werden, um den Gewinn oder Verlust des Handelsunternehmens zutreffend zu ermitteln:**
  - **Wareneinkäufe – Bestandserhöhung = Wareneinsatz/Warenaufwand**
  - **Wareneinkäufe + Bestandsminderung = Wareneinsatz/Warenaufwand**
- **Wenn Einkaufs- und Verkaufsmenge der Waren in einem Geschäftsjahr nicht übereinstimmen, kann der Wareneinsatz (Warenaufwand) erst unter Berücksichtigung der Bestandsveränderungen ermittelt werden. Die Umbuchungen lauten bei**

**Bestandserhöhung:**

**Warenbestände** an **Wareneingang**

| S **Warenbestände** | H |
|---|---|
| Anfangsbestand | Schlussbestand |
| Bestands**erhöhung** | |

| S **Wareneingang** | H |
|---|---|
| Wareneinkäufe im Geschäftsjahr | Bestands**erhöhung** |
| | **Wareneinsatz** |

**Bestandsminderung:**

**Wareneingang** an **Warenbestände**

| S **Warenbestände** | H |
|---|---|
| Anfangsbestand | Schlussbestand |
| | Bestands**minderung** |

| S **Wareneingang** | H |
|---|---|
| Wareneinkäufe im Geschäftsjahr | **Wareneinsatz** |
| Bestands**minderung** | |

AUFGABE 51

Ein Handelsunternehmen weist für das Geschäftsjahr 01 folgende Zahlen aus:

| | |
|---|---|
| Anfangsbestand an Waren zum 1. Jan. 01 | 200.000,00 |
| Wareneinkäufe vom 1. Jan. bis 31. Dez. 01 lt. ER auf Ziel | 900.000,00 |
| Warenverkäufe vom 1. Jan. bis 31. Dez. 01 lt. AR auf Ziel | 1.200.000,00 |
| Schlussbestand an Waren lt. Inventur zum 31. Dez. 01 | 300.000,00 |

1. Buchen Sie auf den entsprechenden Konten den Anfangs- und Schlussbestand an Waren sowie die Ein- und Verkäufe von Waren. Richten Sie folgende Konten ein: Warenbestände, Wareneingang, Warenverkauf, Forderungen a. LL, Verbindlichkeiten a. LL, Eröffnungsbilanzkonto, Schlussbilanzkonto, Gewinn- und Verlustkonto.
2. Führen Sie den Abschluss der Konten Warenbestände, Wareneingang und Warenverkauf durch. Nennen Sie auch jeweils den Buchungssatz.
3. Ermitteln Sie die vorliegende Bestandsveränderung zum 31. Dez. 01 in Prozent und erläutern Sie diese.
4. Ermitteln Sie rechnerisch den Rohgewinn und den Kalkulationszuschlag.

AUFGABE 52

Das in Aufgabe 51 genannte Handelsunternehmen weist für das Geschäftsjahr 02 folgende Daten aus:

| | a) | b) |
|---|---|---|
| Anfangsbestand an Waren zum 1. Jan. 02 | ? | ? |
| Wareneingang vom 1. Jan. 02 bis 31. Dez. 02 lt. ER | 820.000,00 | 880.000,00 |
| Umsatzerlöse vom 1. Jan. 02 bis 31. Dez. 02 lt. AR | 1.350.000,00 | 1.050.000,00 |
| Schlussbestand an Waren lt. Inventur zum 31. Dez. 02 | 120.000,00 | 320.000,00 |

Bearbeiten Sie die Aufgabe entsprechend der obigen Aufgabenstellung (Aufgabe 51).

AUFGABE 53

In einem Geschäftsjahr beträgt der Wareneinsatz zum 31. Dezember 600.000,00 €. Ermitteln Sie den Wareneingang, wenn zum 31. Dezember

1. ein Mehrbestand an Waren in Höhe von 150.000,00 € und
2. ein Minderbestand an Waren von 100.000,00 € vorliegt.

B

**AUFGABE 54**

**Buchen Sie auf den Warenkonten und schließen Sie diese entsprechend ab:**

| | a) | b) |
|---|---|---|
| Anfangsbestand an Waren | 95.000,00 | 250.000,00 |
| Zieleinkäufe von Waren | 34.000,00 | 163.000,00 |
| Barverkäufe von Waren | 7.000,00 | 12.000,00 |
| Zielverkäufe von Waren | 84.000,00 | 85.000,00 |
| Warenverkauf gegen Banküberweisung | 19.000,00 | 18.000,00 |
| Warenschlussbestand lt. Inventur | 59.000,00 | 280.000,00 |

**AUFGABE 55**

**Anfangsbestände**

| | |
|---|---|
| Betriebs- und Geschäftsausstattung | 85.000,00 |
| Warenbestände | 145.000,00 |
| Forderungen a. LL | 72.000,00 |
| Bankguthaben | 113.500,00 |
| Postbankguthaben | 9.900,00 |
| Kassenbestand | 14.200,00 |
| Darlehensschulden | 35.000,00 |
| Verbindlichkeiten a. LL | 65.000,00 |
| Eigenkapital | 339.600,00 |

**Kontenplan**

**Bestandskonten:** Betriebs- und Geschäftsausstattung, Warenbestände, Forderungen a. LL, Bank, Postbank, Kasse, Darlehensschulden, Verbindlichkeiten a. LL, Eigenkapital, Schlussbilanzkonto.

**Erfolgskonten:** Wareneingang, Löhne, Gehälter, Bürobedarf, Kosten der Telekommunikation, Zinsaufwendungen, Zinserträge, Warenverkauf, Gewinn- und Verlustkonto.

**Geschäftsfälle**

| | | |
|---|---|---|
| 1. | Verkauf von Waren auf Ziel lt. AR | 4.500,00 |
| 2. | Kunde begleicht Rechnung durch Banküberweisung | 9.500,00 |
| 3. | Zielkauf von Waren lt. ER | 8.200,00 |
| 4. | Verkauf von Waren gegen Banküberweisung | 15.300,00 |
| 5. | Barkauf von Büromaterial | 350,00 |
| 6. | Abbuchung von Darlehenszinsen vom Geschäftskonto | 1.200,00 |
| 7. | Zielverkauf von Waren lt. AR | 18.800,00 |
| 8. | Banküberweisung für Gehälter | 4.800,00 |
| 9. | Zinsgutschrift der Bank | 3.100,00 |
| 10. | Postbanküberweisung für Löhne | 3.200,00 |
| 11. | Lieferantenrechnung wird durch Banküberweisung beglichen | 11.500,00 |
| 12. | Kauf einer EDV-Anlage auf Ziel | 5.500,00 |
| 13. | Telekommunikationsgebühren werden durch Postbanküberweisung beglichen | 850,00 |
| 14. | Tilgung eines Darlehens durch Banküberweisung | 10.000,00 |

**Abschlussangaben**

1. Warenbestand laut Inventur ........ 130.000,00
2. Alle übrigen Bestände stimmen mit den Inventurwerten überein.

**Auswertung**

1. Ermitteln Sie die Lagerbestandsveränderung in Prozent des Warenanfangsbestands. Worauf lässt die Veränderung schließen?
2. Wie hoch ist der Warenrohgewinn?
3. Ermitteln Sie den Kalkulationszuschlag in Prozent.

**AUFGABE 56**

**Anfangsbestände**

| | |
|---|---|
| Betriebs- und Geschäftsausstattung | 65.000,00 |
| Warenbestände | 98.000,00 |
| Forderungen a. LL | 34.000,00 |
| Postbankguthaben | 8.300,00 |
| Bankguthaben | 53.000,00 |
| Kassenbestand | 19.500,00 |
| Darlehensschulden | 24.500,00 |
| Verbindlichkeiten a. LL | 32.000,00 |
| Eigenkapital | 221.300,00 |

**Kontenplan**

**Bestandskonten:** Betriebs- und Geschäftsausstattung, Forderungen a. LL, Bank, Postbank, Kasse, Warenbestände, Darlehensschulden, Verbindlichkeiten a. LL, Eigenkapital, SBK.

**Erfolgskonten:** Wareneingang, Löhne, Mietaufwendungen, Gewerbesteuer, Provisionserträge, Zinserträge, Warenverkauf, Gewinn- und Verlustkonto.

**Geschäftsfälle**

| | | |
|---|---|---|
| 1. | Kauf von Büroschränken auf Ziel | 2.650,00 |
| 2. | Zielverkauf von Waren lt. AR | 12.500,00 |
| 3. | Zielkauf von Waren lt. ER | 9.300,00 |
| 4. | Lohnzahlung bar an Aushilfskräfte im Lager | 3.800,00 |
| 5. | Eingang von Provision auf Postbankkonto | 2.500,00 |
| 6. | Gewerbesteuer[1] wird durch Banküberweisung bezahlt | 12.800,00 |
| 7. | Zahlung von Miete für Büroräume durch Überweisung an Vermieter | 1.900,00 |
| 8. | Bank schreibt Zinsen gut | 1.100,00 |
| 9. | Verkauf von Waren lt. AR auf Ziel | 11.200,00 |
| 10. | Verkauf von Waren gegen Banküberweisung | 16.300,00 |
| 11. | Kauf von Waren lt. ER auf Ziel | 4.400,00 |
| 12. | Kunde überweist Rechnungsbetrag | 6.500,00 |
| 13. | Banküberweisung an Lieferanten | 6.600,00 |
| 14. | Aufnahme eines Darlehens bei der Bank | 28.500,00 |
| 15. | Darlehenstilgung durch Banküberweisung | 17.000,00 |

**Abschlussangaben**

1. Warenbestand laut Inventur ........ 80.000,00
2. Alle übrigen Bestände stimmen mit den Inventurwerten überein.

**AUFGABE 57**

1. Warum werden der Warengewinn als Rohgewinn und der Warenverlust als Rohverlust bezeichnet? Unterscheiden Sie Rohgewinn und Reingewinn bzw. Rohverlust und Reinverlust.
2. Das Gewinn- und Verlustkonto weist einen Warenrohgewinn von 20.000,00 €, jedoch einen Reinverlust von 5.000,00 € aus. Erklären Sie den Tatbestand.
3. Nennen Sie jeweils die Auswirkung auf den Warenlagerschlussbestand:
   a) Wareneinkaufsmenge = Warenverkaufsmenge
   b) Wareneinkaufsmenge > Warenverkaufsmenge
   c) Wareneinkaufsmenge < Warenverkaufsmenge

**AUFGABE 58**

In einem Großhandelsunternehmen beträgt der Anfangsbestand an Waren 200.000,00 €. Die Wareneinkäufe während des Geschäftsjahres beliefen sich auf 560.000,00 €. Der Wareneinsatz (Einkaufswert der verkauften Waren) betrug 620.000,00 €. Die Umsatzerlöse aus dem Warenverkauf betrugen im gleichen Abrechnungszeitraum 590.000,00 €.

Ermitteln Sie den Warenschlussbestand und das Rohergebnis aus dem Warengeschäft.

B

## 4.6 Lagerkennzahlen

**Überwachung der Wirtschaftlichkeit**

Je länger eine Ware gelagert wird, desto höher sind die Lagerkosten (Zinsen, Verwaltungskosten, Schwund u. a.). Jeder Großhandelsbetrieb muss daher die Lagerdauer so kurz wie möglich halten. Für die Überwachung der **Wirtschaftlichkeit der Lagerhaltung** werden wichtige **Kennzahlen aus Wareneinsatz und Warenbestand** ermittelt. Die Buchführung liefert dazu die notwendigen Zahlen.

**Durchschnittlicher Lagerbestand**

Der durchschnittliche Lagerbestand[1] einer Waren**gruppe** oder des gesamten Warenlagers wird berechnet, indem der Anfangs- und der Endbestand einer Rechnungsperiode addiert und die Summe durch 2 dividiert wird:

$$\textbf{Durchschnittlicher Lagerbestand} = \frac{\textbf{Anfangsbestand + Endbestand}}{2}$$

Bezieht sich die Rechnung auf ein Geschäftsjahr, so ergibt sich ein genaueres Ergebnis, wenn die Summe aus Anfangsbestand und 12 Monatsendbeständen durch 13 dividiert wird:

$$\textbf{Durchschnittlicher Lagerbestand} = \frac{\textbf{Anfangsbestand + 12 Monatsendbestände}}{13}$$

**Lagerumschlagshäufigkeit**

Die Lagerumschlagshäufigkeit[1] der Warenbestände errechnet sich aus dem Verhältnis von **Wareneinsatz** (siehe S. 58 ff.) zum **durchschnittlichen Lagerbestand** an Waren. Sie gibt an, **wie oft** in einer Rechnungsperiode (z. B. Jahr) der durchschnittliche Lagerbestand umgesetzt, d. h. verkauft und ersetzt wurde.

$$\textbf{Lagerumschlagshäufigkeit} = \frac{\textbf{Wareneinsatz}}{\textbf{ø Lagerbestand an Waren}}$$

**Durchschnittliche Lagerdauer**

Die durchschnittliche Lagerdauer[1] ergibt sich durch Division von 360 Tagen (als Ansatz für ein Jahr) durch die Umschlagshäufigkeit:

$$\textbf{Durchschnittliche Lagerdauer} = \frac{\textbf{360 Tag}}{\textbf{Lagerumschlagshäufigkeit}}$$

**BEISPIEL**

Der Fahrradgroßhandel möchte für das Geschäftsjahr 03 (siehe Beispiel auf S. 61 f.) die Wirtschaftlichkeit seiner Lagerhaltung überwachen. Zu diesem Zweck werden Lagerkennzahlen ermittelt.

| | |
|---|---|
| Warenbestand zum 1. Januar 03: ........ | 450.000,00 € |
| Warenbestand zum 31. Dezember 03: ........ | 90.000,00 € |
| Wareneinsatz lt. Gewinn- und Verlustkonto: ........ | 1.260.000,00 € |

$$\textbf{Durchschnittlicher Lagerbestand} = \frac{\textbf{450.000,00 € + 90.000,00 €}}{2} = \textbf{270.000,00 €}$$

$$\textbf{Lagerumschlagshäufigkeit} = \frac{\textbf{1.260.000,00 €}}{\textbf{270.000,00 €}} = \textbf{4,7}$$

$$\textbf{Durchschnittliche Lagerdauer} = \frac{\textbf{360 Tage}}{\textbf{4,7}} = \textbf{77 Tage}$$

Aus Sicht des Fahrradgroßhandels sind eine hohe Lagerumschlagshäufigkeit und eine niedrige durchschnittliche Lagerdauer erstrebenswert. Eine abschließende Beurteilung der ermittelten Kennzahlen erfordert einen Zeit- oder Betriebsvergleich.

1 Siehe auch S. 333.

**Lagerumschlagshäufigkeit und -dauer**

Lagerumschlagshäufigkeit und -dauer sind im Vergleich mehrerer Geschäftsjahre wichtige Kennzahlen zur Kontrolle der betrieblichen Umsatzprozesse. Eine **Erhöhung der Umschlagshäufigkeit** trägt dazu bei, dass das durch den Lagerbestand **gebundene Kapital geringer** wird, da über die Umsatzerlöse das **Kapital in kürzeren Zeitabständen zurückfließt.** Dadurch werden die **Zinsbelastung und die Lagerkosten geringer,** was sich positiv auf die Wirtschaftlichkeit und die Rentabilität auswirkt.

B

**BEISPIEL Fortsetzung**

Durch die verstärkte Nachfrage nach Fahrrädern gelingt es dem Fahrradgroßhändler, die durchschnittliche Lagerdauer **auf 60 Tage** zu senken.

1. **Auswirkung auf die Umschlagshäufigkeit:**

   $$\textbf{Umschlagshäufigkeit} = \frac{360 \text{ Tage}}{60 \text{ Tage}} = \mathbf{6}$$

   Die Verkürzung der Lagerdauer bewirkt zugleich eine Erhöhung der Umschlagshäufigkeit.

2. **Auswirkung auf den durchschnittlichen Lagerbestand bei unverändertem Wareneinsatz (1.260.000,00 €):**

   $$\textbf{Durchschnittlicher Lagerbestand} = \frac{1.260.000{,}00 \text{ €}}{6} = \mathbf{210.000{,}00 \text{ €}}$$

   Durch die Erhöhung der Umschlagshäufigkeit lässt sich also der gleiche Wareneinsatz mit erheblich geringerem Kapital erreichen.

3. **Auswirkung auf den Wareneinsatz bei unverändertem Lagerbestand (270.000,00 €):**
   **Wareneinsatz** = 270.000,00 € · 6 = **1.620.000,00 €**

   Durch Erhöhung der Umschlagshäufigkeit wird trotz gleichem Kapital (Lagerbestand) der Wareneinsatz erheblich vergrößert.

**MERKE**

**Je höher die Umschlagshäufigkeit des Lagerbestands ist, desto**
- **kürzer ist die Lagerdauer,**
- **geringer sind der Kapitaleinsatz und das Lagerrisiko,**
- **geringer sind die Kosten für die Lagerhaltung (Zinsen, Schwund, Verwaltungskosten),**
- **höher ist die Wirtschaftlichkeit und**
- **höher sind der Gewinn und die Rentabilität.**

**AUFGABE 59**

Die Jahresabschlüsse eines Großhandelsunternehmens weisen folgende Zahlen aus:

| Warenbestände | 1. Jahr | 2. Jahr | 3. Jahr |
|---|---|---|---|
| Anfangsbestand in €<br>Schlussbestand in € | 80.000,00<br>120.000,00 | 120.000,00<br>140.000,00 | 140.000,00<br>100.000,00 |
| Wareneinsatz in € | 800.000,00 | 1.170.000,00 | 1.440.000,00 |

1. Berechnen Sie jeweils
   a) den Durchschnittsbestand und
   b) die Lagerumschlagshäufigkeit und Lagerdauer.
2. Beurteilen Sie die Entwicklung in den Vergleichsjahren.
3. Begründen Sie, inwiefern die Lagerumschlagshäufigkeit Kapitalbedarf, Kosten, Risiko, Wirtschaftlichkeit und damit die Rentabilität des Unternehmens beeinflusst.

B

# 5 Umsatzsteuer beim Einkauf und Verkauf

## 5.1 Wesen der Umsatzsteuer (Mehrwertsteuer)

**Mehrwert**

Viele der zum Verkauf angebotenen Waren durchlaufen vom Betrieb der Urerzeugung über Betriebe der Weiterverarbeitung, des Groß- und Einzelhandels bis zum Endverbraucher einen langen Produktionsprozess. Menschen und Kapital schaffen **auf jeder Stufe** dieses Warenwegs „mehr Wert". Diesen **Mehrwert**, der sich jeweils aus der **Differenz zwischen Verkaufs- und Einkaufspreis** der Ware ergibt, besteuert der Staat mit der **Mehrwertsteuer**, deren Grundlage das **Umsatzsteuergesetz** ist. Die Mehrwertsteuer heißt deshalb offiziell **Umsatzsteuer**. Wie die Grunderwerbsteuer und die Versicherungsteuer zählt sie in der verwaltungsrechtlichen Einteilung der Steuern zu den Verkehrsteuern, die rechtliche oder wirtschaftliche Vorgänge besteuern. Der **allgemeine** Umsatzsteuersatz (Regelsteuersatz) beträgt **19 %,** der **ermäßigte 7 %**, z. B. für Lebensmittel und Bücher.

**BEISPIEL**

Eine Wohnzimmerschrankwand, die in einem Möbeleinzelhandelsgeschäft an einen Privatkunden für **11.900,00 €** (10.000,00 € **Warenwert** + 1.900,00 € **Umsatzsteuer**) verkauft wurde, legt in der Regel vier Umsatzstufen zurück. Der Forstbetrieb mit angeschlossenem Sägewerk liefert das Holz an die Möbelwerke, die daraus die Schrankwand herstellen und an den Möbelgroßhändler verkaufen, der wiederum das Möbeleinzelhandelsgeschäft beliefert. Von dem **auf jeder Umsatzstufe** entstandenen **Mehrwert** werden **19 % Umsatzsteuer** berechnet und als **Zahllast** an das Finanzamt abgeführt. Das sind für alle vier Umsatzstufen **insgesamt 1.900,00 € Umsatzsteuer,** also genau der Betrag, den der **Privatkunde als Endverbraucher** an Umsatzsteuer **zu tragen und zu zahlen** hat:

| Umsatzstufen | Einkaufspreis lt. ER | Verkaufspreis lt. AR | Mehrwert | Zahllast: 19 % USt vom Mehrwert |
|---|---|---|---|---|
| Forstbetrieb ↓ | 0,00 € | 2.000,00 € | **2.000,00 €** | **380,00 € USt** |
| Möbelwerke ↓ | 2.000,00 € | 6.500,00 € | **4.500,00 €** | **855,00 € USt** |
| Möbelgroßhandel ↓ | 6.500,00 € | 8.000,00 € | **1.500,00 €** | **285,00 € USt** |
| Möbeleinzelhandel | 8.000,00 € | 10.000,00 € | **2.000,00 €** | **380,00 € USt** |
| **Privatkunde zahlt an Einzelhandel:** | | **11.900,00 €** | **= 10.000,00 €** | **+ 1.900,00 € USt** |

**Die Umsatzsteuer,** die auf jeder Stufe des Warenwegs an das Finanzamt abgeführt wird, **belastet nicht die Unternehmen,** sondern, wie das Beispiel zeigt, **allein den Privatkunden,** der die Rechnung des Möbeleinzelhändlers einschließlich der Umsatzsteuer im **Preis von 11.900,00 €** bezahlt. Der Einzelhändler vereinnahmt die Umsatzsteuer im Namen des Finanzamts und führt sie entsprechend ab.

Die Umsatzsteuer ist eine indirekte Steuer, weil der Steuerschuldner (Unternehmer) und der Steuerträger (mit der Umsatzsteuer belasteter privater Endverbraucher) verschiedene Personen sind.

**MERKE**

- **Auf jeder Stufe des Warenwegs entsteht ein Mehrwert.**
- **Nettoverkaufspreis > Nettoeinkaufspreis = Mehrwert**
- **Jeder Unternehmer hat zwar die Umsatzsteuer von seiner Mehrwertschöpfung als Zahllast an das Finanzamt abzuführen, sie belastet ihn jedoch nicht.**
- **Die Umsatzsteuer wird ausschließlich vom privaten Endverbraucher getragen.**

## 5.2 Ermittlung der Zahllast aus Umsatzsteuer und Vorsteuer

**Umsatzsteuer-Zahllast**

**Wenn die Umsatzsteuer auf allen Rechnungen offen ausgewiesen wird,** kann die an das Finanzamt abzuführende **Umsatzsteuer-Zahllast auf jeder Stufe des Warenwegs** sehr **schnell ermittelt** werden, wie das folgende Beispiel zeigt:

**BEISPIEL**

**B**

Die Möbelwerke A. Klein e. K. verkaufen eine in ihrem Betrieb hergestellte Wohnzimmerschrankwand an den Möbelgroßhandel Schnell KG aufgrund der nebenstehenden Ausgangsrechnung:

| **Ausgangsrechnung der Möbelwerke Klein:** | |
|---|---|
| Wohnzimmerschrankwand S 404, | |
| netto | 6.500,00 € |
| + 19 % Umsatzsteuer | 1.235,00 € |
| **Rechnungsbetrag** | **7.735,00 €** |

Der Möbelgroßhandel Schnell KG verkauft die Wohnzimmerschrankwand an den Möbeleinzelhandel Probst GmbH aufgrund der nebenstehenden Ausgangsrechnung:

| **Ausgangsrechnung der Möbelgroßhhandlung Schnell:** | |
|---|---|
| Schrankwand, netto | 8.000,00 € |
| + 19 % Umsatzsteuer | 1.520,00 € |
| **Rechnungsbetrag** | **9.520,00 €** |

Die **Warenlieferung** der Möbelwerke an den Möbelgroßhandel **unterliegt nach § 1 Umsatzsteuergesetz der Umsatzsteuer.** Die Möbelwerke **schulden** dem Finanzamt somit **1.235,00 € Umsatzsteuer,** die sie aber vom Möbelgroßhandel zurückhaben möchten. Deshalb ist der Lieferant der Ware gesetzlich verpflichtet, die **Umsatzsteuer** in der **Ausgangsrechnung** neben dem Warenwert (Nettowert) **gesondert auszuweisen.**

Die Ausgangsrechnung der Möbelwerke ist zugleich die **Eingangsrechnung** des Möbelgroßhandels. Die in der Eingangsrechnung genannte Umsatzsteuer (1.235,00 €) darf der Möbelgroßhandel als **Vorsteuer** von der aufgrund seiner Ausgangsrechnung geschuldeten Umsatzsteuer (1.520,00 €) abziehen. **Die Vorsteuer,** also die Umsatzsteuer auf Eingangsrechnungen, **stellt** damit eine **Forderung gegenüber dem Finanzamt dar.**

**Aus der Differenz zwischen den Umsatzsteuerverbindlichkeiten** aufgrund der Ausgangsrechnungen **und den Vorsteuerforderungen** aufgrund der Eingangsrechnungen ergibt sich die an das Finanzamt abzuführende **Umsatzsteuer-Zahllast,** sofern die Schulden das Vorsteuerguthaben übersteigen. Die Umsatzsteuer-Zahllast ist dem Finanzamt in Form einer **Umsatzsteuervoranmeldung** grundsätzlich **vierteljährlich** und bei einer Vorjahres-Umsatzsteuer von mehr als 7.500,00 € **monatlich jeweils bis zum 10. des Folgemonats online** mitzuteilen (§ 18 [2] UStG). Vereinfacht ergibt sich für das Beispiel des Möbelgroßhandels Folgendes:

| | |
|---|---|
| Umsatzsteuerverbindlichkeiten aufgrund der Ausgangsrechnung | 1.520,00 € |
| – Vorsteuerguthaben aufgrund der Eingangsrechnung | 1.235,00 € |
| = **Umsatzsteuer-Zahllast** | **285,00 €** |

**Die Möglichkeit des Abzugs der Vorsteuer bewirkt, dass** jeweils **nur der Mehrwert besteuert wird,** wie ein Vergleich mit der Tabelle auf Seite 68 zeigt. Der **Möbelgroßhandel** wird durch die Umsatzsteuer **nicht belastet.** Er vereinnahmt vom Einzelhandel 1.520,00 € Umsatzsteuer, von der er 1.235,00 € Vorsteuer an die Möbelwerke und 285,00 € Zahllast an das Finanzamt abführt.

**MERKE**

- **Die Umsatzsteuerbeträge auf Ausgangsrechnungen sind Verbindlichkeiten gegenüber dem Finanzamt.**
- **Die Umsatzsteuerbeträge auf Eingangsrechnungen sind Vorsteuern, die Forderungen gegenüber dem Finanzamt darstellen.**

MERKE

- **Die Umsatzsteuer-Zahllast wird meist monatlich ermittelt und bis zum 10. des Folgemonats abgeführt: Umsatzsteuer aus AR > Vorsteuer aus ER = Zahllast.**
- **Nur Unternehmen und Selbstständige sind zum Vorsteuerabzug berechtigt.**

B

## 5.3 Umsatzsteuer – ein durchlaufender Posten der Unternehmen

**Umsatzsteuer**

**Der Umsatzsteuer** unterliegen nach § 1 UStG alle **Lieferungen und Leistungen,** die im **Inland** gegen **Entgelt** von einem **Unternehmen** erbracht werden. Auch **unentgeltliche Entnahmen** von Sachgütern und sonstigen Leistungen des Unternehmens durch den Unternehmer (z. B. für Privatzwecke)[1] sind umsatzsteuerpflichtig. **Der gewerbliche Erwerb von Gütern aus EU-Mitgliedstaaten** gegen Entgelt, der sog. **„Innergemeinschaftliche Erwerb",** unterliegt ebenfalls der **deutschen Umsatzsteuer.** Während der **Export in Nicht-EU-Staaten,** in sog. Drittländer (z. B. Schweiz), **von der Umsatzsteuer befreit** ist, ist für den **Import** aus diesen Staaten **Einfuhrumsatzsteuer** zu zahlen.[2]

**Durchlaufender Posten**

Für alle vorsteuerabzugsberechtigten Unternehmen und Selbstständige (Industrie- und Handelsunternehmen, Handwerker, Notare, Anwälte, Handelsvertreter u. a.) ist die Umsatzsteuer ein durchlaufender Posten, da die den Kunden in Rechnung gestellte Umsatzsteuer im Namen des Finanzamts vereinnahmt und an dieses abgeführt wird. Die an Vorlieferanten gezahlten Umsatzsteuerbeträge mindern als Vorsteuer die an das Finanzamt abzuführende Zahllast. Diese Zusammenhänge verdeutlicht noch einmal das untenstehende Umsatzstufenbeispiel. Die Zahllast belastet allerdings die Liquidität der Unternehmen, da im Regelfall eine Soll-Besteuerung nach vereinbarten Entgelten stattfindet.[3] Das bedeutet, dass die Umsatzsteuerschuld gegenüber dem Finanzamt in dem Umsatzsteuervoranmeldungszeitraum entsteht, in dem die Leistung des Unternehmers erbracht wurde. Bei Verkäufen auf Ziel erfolgt der Rechnungsausgleich durch den Kunden und damit die Vereinnahmung der Umsatzsteuer jedoch häufig erst nachdem die Umsatzsteuer-Zahllast abgeführt wurde.

BEISPIEL

| Umsatzstufen | Ausgangsrechnung/ Eingangsrechnung | | Umsatzsteuer | Vorsteuer | Zahllast |
|---|---|---|---|---|---|
| **Forstbetrieb** | Nettopreis<br>+ 19 % USt<br>Bruttopreis | 2.000,00 €<br>380,00 €<br>2.380,00 € | 380,00 € | 0,00 € | **380,00 €** |
| **Möbelwerke** | Nettopreis<br>+ 19 % USt<br>Bruttopreis | 6.500,00 €<br>1.235,00 €<br>7.735,00 € | 1.235,00 € | 380,00 € | **855,00 €** |
| **Großhandel** | Nettopreis<br>+ 19 % USt<br>Bruttopreis | 8.000,00 €<br>1.520,00 €<br>9.520,00 € | 1.520,00 € | 1.235,00 € | **285,00 €** |
| **Einzelhandel** | Nettopreis<br>+ 19 % USt<br>Bruttopreis | 10.000,00 €<br>1.900,00 €<br>11.900,00 € | 1.900,00 € | 1.520,00 € | **380,00 €** |
| **Privatkunde** | **bezahlt brutto** | **11.900,00 €**<br>**Probe:** | **5.035,00 €**<br>**Schuld –** | **3.135,00 €**<br>**Forderung =** | **1.900,00 €**<br>**Zahllast** |

1 Siehe auch S. 85 f.
2 Siehe auch S. 164 f.
3 Selbstständige und kleinere Unternehmen (Umsatz nicht mehr als 600 T€ im vorangegangenen Kalenderjahr) können eine Ist-Besteuerung nach vereinnahmten Entgelten beantragen (§ 20 UStG).

**Umsatzsteuer-Jahreserklärung**

Die aufgrund der **Umsatzsteuervoranmeldungen** abgeführten Zahllasten stellen lediglich **Vorauszahlungen** an das Finanzamt dar. Deshalb ist für das abgelaufene Geschäftsjahr noch eine **Umsatzsteuer-Jahreserklärung** zu erstellen, die ebenso wie die Einkommen-, Körperschaft- oder Gewerbesteuererklärung **bis zum 31. Juli des Folgejahres** beim Finanzamt einzureichen ist.

**Vorsteuerüberhang**

Sind die Vorsteuern eines Monats, Quartals oder Jahres **höher** als die Umsatzsteuer, erstattet das Finanzamt diesen **Vorsteuerüberhang** durch Überweisung.

B

**BEISPIEL**

Die Umsatzsteuervoranmeldung des Möbelgroßhandels Schnell KG weist zum 31. März folgende Zahlen aus:

| | |
|---|---|
| Umsatzsteuer | 112.000,00 € |
| – Vorsteuer | 136.000,00 € |
| = **Vorsteuerguthaben** zum 31. März | **24.000,00 €** |

Das Finanzamt erstattet der Schnell KG das Vorsteuerguthaben von 24.000,00 €.

**MERKE**

- **Bemessungsgrundlage der Umsatzsteuer ist das Entgelt[1], also der Nettopreis der bezogenen Lieferung oder Leistung zuzüglich aller Nebenkosten.**
- **Die Umsatzsteuer ist auf allen Ausgangsrechnungen gesondert auszuweisen, sofern diese auf Unternehmen oder Selbstständige ausgestellt sind.**
- **Bei Kleinbetragsrechnungen bis zu 250,00 € einschl. USt (z. B. Tankstellenbeleg) genügt die Angabe des Steuersatzes für die im Bruttobetrag enthaltene Umsatzsteuer.**
- **Die Umsatzsteuervoranmeldung ist grundsätzlich vierteljährlich und bei einer Vorjahres-Umsatzsteuer von mehr als 7.500,00 € monatlich online beim Finanzamt einzureichen.**
- **Für jedes Geschäftsjahr ist eine Umsatzsteuer-Jahreserklärung abzugeben.**
- **Ein Vorsteuerüberhang (Vorsteuer > Umsatzsteuer) wird vom Finanzamt erstattet.**
- **Bei Unternehmen und Selbstständigen ist die Umsatzsteuer ein durchlaufender Posten.**

## 5.4 Buchung der Umsatzsteuer im Einkaufs- und Verkaufsbereich

### 5.4.1 Buchung beim Einkauf von Waren

**Umsatzsteuer im Einkauf**

Der Einkauf von Waren sowie Roh-, Hilfs- und Betriebsstoffen[2] wird aufgrund einer Eingangsrechnung (ER) gebucht. Sie weist den **Nettowert** der bezogenen Waren und die darauf entfallende **Umsatzsteuer** gesondert aus. In dem Beispiel auf Seite 69 erhält der Möbelgroßhandel für die Lieferung der Schrankwand von den Möbelwerken Klein folgende Rechnung:

| **Eingangsrechnung des Möbelgroßhandels Schnell KG** | |
|---|---|
| Wohnzimmerschrankwand S 404, netto | 6.500,00 € |
| + 19 % Umsatzsteuer | 1.235,00 € |
| **Rechnungsbetrag** | **7.735,00 €** |

1 Nach § 10 UStG ist Entgelt alles, was der Leistungsempfänger aufwendet, um die Leistung zu erhalten, jedoch abzüglich der Umsatzsteuer.

2 Rohstoffe bilden den Hauptbestandteil eines Erzeugnisses (z. B. Holz), Hilfsstoffe sind Nebenbestandteile (z. B. Leim), Betriebsstoffe sind Treibstoffe (z. B. Heizöl, Benzin).

B

**Aktivkonto Vorsteuer**

Die in der **Eingangsrechnung** ausgewiesene Umsatzsteuer – die sog. **Vorsteuer** – begründet für den Möbelgroßhandel eine **Forderung gegenüber dem Finanzamt;** daher wird die beim **Einkauf** der Ware in Rechnung gestellte Vorsteuer zunächst im

**Aktivkonto „Vorsteuer"**

auf der Soll-Seite gebucht. Im „Wareneingangskonto" wird im Soll nur der Nettobetrag erfasst. Der Rechnungsbetrag wird auf dem Konto „Verbindlichkeiten a. LL" im Haben gebucht.

**Der Buchungssatz** aufgrund der **Eingangsrechnung** lautet:

| | | |
|---|---|---|
| **Wareneingang** | 6.500,00 | |
| **Vorsteuer** | 1.235,00 | |
| an **Verbindlichkeiten a. LL** | | 7.735,00 |

| S | **Wareneingang** | | H |
|---|---|---|---|
| Verb. a. LL | 6.500,00 | | |

| S | **Vorsteuer** | | H |
|---|---|---|---|
| Verb. a. LL | 1.235,00 | | |

| S | **Verbindlichkeiten a. LL** | | H |
|---|---|---|---|
| | | Wareneingang/ Vorsteuer | 7.735,00 |

MERKE

**Die Umsatzsteuer in der Eingangsrechnung ist die Vorsteuer. Das Konto „Vorsteuer" ist ein Aktivkonto. Es weist eine Forderung gegenüber dem Finanzamt aus.**

### 5.4.2 Buchung beim Verkauf von Waren

**Umsatzsteuer im Verkauf**

Der Verkauf von Waren wird aufgrund einer Ausgangsrechnung (AR) gebucht. Sie weist den **Nettopreis** der Waren und die darauf entfallende **Umsatzsteuer** gesondert aus. In dem Beispiel von Seite 69 kauft der Möbelgroßhandel Schnell eine von den Möbelwerken Klein hergestellte Wohnzimmerschrankwand und verkauft diese an den Möbeleinzelhändler Probst auf Ziel (Nettopreis 8.000,00 €). Der Möbelgroßhandel Schnell schickt dem Möbeleinzelhändler Probst folgende Rechnung:

| **Ausgangsrechnung des Möbelgroßhandels Schnell KG** | |
|---|---|
| Wohnzimmerschrankwand S 404, netto | 8.000,00 € |
| + 19 % Umsatzsteuer | 1.520,00 € |
| **Rechnungsbetrag** | **9.520,00 €** |

**Passivkonto Umsatzsteuer**

Der Möbelgroßhandel Schnell belastet den Einzelhändler Probst auf dem Konto „Forderungen a. LL" mit dem Rechnungsbetrag von 9.520,00 €, denn der Möbeleinzelhändler ist verpflichtet, dem Möbelgroßhandel den Nettowert der Ware und dessen Umsatzsteuerverbindlichkeiten aus dieser Lieferung zu bezahlen. Das Konto „Warenverkauf" übernimmt im Haben den Nettopreis von 8.000,00 €. Die darauf entfallende Umsatzsteuer, also die Umsatzsteuer aus dem **Verkauf** der Ware, wird auf dem

**Passivkonto „Umsatzsteuer"**

im Haben gebucht und stellt eine Verbindlichkeit gegenüber dem Finanzamt dar.

**Der Buchungssatz** aufgrund der **Ausgangsrechnung** lautet:

| | | |
|---|---|---|
| **Forderungen a. LL** | 9.520,00 | |
| an **Warenverkauf** | | 8.000,00 |
| an **Umsatzsteuer** | | 1.520,00 |

| S | Forderungen a. LL | H |
|---|---|---|
| Warenverkauf/ USt | 9.520,00 | |

| S | Warenverkauf | | H |
|---|---|---|---|
| | | Ford. a. LL | 8.000,00 |

| S | Umsatzsteuer | | H |
|---|---|---|---|
| | | Ford. a. LL | 1.520,00 |

**Das Konto „Umsatzsteuer" ist ein Passivkonto. Es weist Umsatzsteuerverbindlichkeiten gegenüber dem Finanzamt aus.**

MERKE

B

### 5.4.3 Vorsteuerabzug und Ermittlung der Umsatzsteuer-Zahllast

**Ermittlung der USt-Zahllast**

Mit dem Verkauf der Wohnzimmerschrankwand an den Möbeleinzelhändler Probst entsteht für den Möbelgroßhandel Schnell zunächst eine **Umsatzsteuerschuld** in Höhe von 1.520,00 € gegenüber dem Finanzamt. Der Möbelgroßhandel hat jedoch durch die beim Einkauf der Ware geleistete Vorsteuer eine Forderung an das Finanzamt in Höhe von 1.235,00 €. Er braucht also nur noch den **Unterschiedsbetrag** zwischen der Umsatzsteuer beim Verkauf und der Umsatzsteuer beim Einkauf (Vorsteuer) an das Finanzamt zu zahlen **(Umsatzsteuer-Zahllast):**

| | |
|---|---|
| Umsatzsteuerverbindlichkeit aus dem Verkauf | 1.520,00 € |
| – Vorsteuerforderung aus dem Einkauf | 1.235,00 € |
| = Umsatzsteuer-Zahllast | 285,00 € |

Die Umsatzsteuer-Zahllast in Höhe von 285,00 € entspricht somit 19 % der eigenen Mehrwertschöpfung (19 % von 1.500,00 € = 285,00 €).

**Zum Schluss des Umsatzsteuervoranmeldungszeitraums**[1] ist der Saldo des Kontos „Vorsteuer" (sonstige Forderung) auf das Konto „Umsatzsteuer" (sonstige Verbindlichkeit) zu übertragen, um die Zahllast buchhalterisch zu ermitteln:

**Buchung: Umsatzsteuer** ............ an **Vorsteuer** ............ **380,00**

| S | Vorsteuer | | H |
|---|---|---|---|
| Verb. a. LL | 1.255,00 | Saldo | 1.255,00 |

| S | Umsatzsteuer | | H |
|---|---|---|---|
| VSt | 1.255,00 | Ford. a. LL | 1.520,00 |
| USt-Zahll. | 285,00 | | |

**Überweisung der USt-Zahllast**

Nach dieser Umbuchung weist nun der Saldo des Kontos „Umsatzsteuer" die Zahllast aus, die **spätestens bis zum 10. des folgenden Monats** an das Finanzamt abzuführen ist:

**Buchung: Umsatzsteuer** ............ an **Bank** ............ **285,00**

| S | Bank | | H |
|---|---|---|---|
| ... | 25.000,00 | **USt** | **285,00** |

| S | Umsatzsteuer | | H |
|---|---|---|---|
| VSt | 1.235,00 | Ford. a. LL | 1.520,00 |
| **Bank** | **285,00** | | |
| | 1.520,00 | | 1.520,00 |

MERKE

- **Zur buchhalterischen Ermittlung der Zahllast wird das Konto „Vorsteuer" über das Konto „Umsatzsteuer" abgeschlossen.**
- **Nach der Verrechnung zeigt der Saldo auf dem Konto „Umsatzsteuer" den an das Finanzamt abzuführenden Betrag: die Umsatzsteuer-Zahllast.**

1 Siehe S. 69 und S. 71.

**MERKE**

- **Bei einem Steuersatz von 19 % entspricht der Rechnungs- oder Bruttobetrag stets 119 %: Warennettobetrag (= 100 %) + 19 % Umsatzsteuer. Aus dem Bruttobetrag lässt sich der Anteil der Umsatzsteuer wie folgt herausrechnen:**

$$\begin{array}{ll} 119\,\% \mathrel{\hat{=}} & \text{Bruttobetrag} \\ 19\,\% \mathrel{\hat{=}} & x \end{array} \qquad x = \text{Steueranteil in €} = \frac{\text{Bruttobetrag in €} \cdot 19\,\%}{119\,\%}$$

## 5.5 Bilanzierung der Zahllast und des Vorsteuerüberhangs

**Passivierung der Zahllast**

Zum Abschlussstichtag 31. Dezember ist die Umsatzsteuer-Zahllast des Monats Dezember als **„Sonstige Verbindlichkeit" in der Schlussbilanz** auszuweisen, also zu **passivieren.**

| S | Vorsteuer | | H |
|---|---|---|---|
| ... | 120.000,00 | USt | 120.000,00 |

| S | Umsatzsteuer | | H |
|---|---|---|---|
| VSt | 120.000,00 | ... | 140.000,00 |
| SBK | 20.000,00 | | |
| | 140.000,00 | | 140.000,00 |

| S | Schlussbilanzkonto | | H |
|---|---|---|---|
| | | USt-Zahll. | 20.000,00 |

**Buchungen zum 31. Dezember:**

| | | | |
|---|---|---|---|
| ❶ Umsatzsteuer | an | Vorsteuer | 120.000,00 |
| ❷ Umsatzsteuer | an | Schlussbilanzkonto | 20.000,00 |

**Aktivierung des Vorsteuerüberhangs**

Entsprechend ist ein Vorsteuerüberhang zum 31. Dezember als **„Sonstige Forderung" in der Schlussbilanz** auszuweisen, also zu **aktivieren.** In diesem Fall ist das Konto „Umsatzsteuer" über das Konto „Vorsteuer" abzuschließen.

| S | Vorsteuer | | H |
|---|---|---|---|
| ... | 80.000,00 | USt | 50.000,00 |
| | | SBK | 30.000,00 |
| | 80.000,00 | | 80.000,00 |

| S | Umsatzsteuer | | H |
|---|---|---|---|
| VSt | 50.000,00 | ... | 50.000,00 |

| S | Schlussbilanzkonto | | H |
|---|---|---|---|
| VSt | 30.000,00 | | |

**Buchungen zum 31. Dezember:**

| | | | |
|---|---|---|---|
| ❶ Umsatzsteuer | an | Vorsteuer | 50.000,00 |
| ❷ Schlussbilanzkonto | an | Vorsteuer | 30.000,00 |

**MERKE**

**Zum Abschlussstichtag ist in der Schlussbilanz**
- **die Umsatzsteuer-Zahllast als „Sonstige Verbindlichkeit" zu passivieren,**
- **ein Vorsteuerüberhang als „Sonstige Forderung" zu aktivieren.**

**AUFGABE 60**

Ein Unternehmen der Grundstoffindustrie verkauft an ein Industrieunternehmen Rohstoffe im Wert von 2.000,00 € netto. Das Industrieunternehmen erstellt aus den Rohstoffen fertige Erzeugnisse und verkauft diese für 6.000,00 € an einen Großhändler. Dieser veräußert die Waren an einen Einzelhändler für 7.600,00 €. Der Einzelhändler setzt die Waren an verschiedene Konsumenten für 11.000,00 € ab. Die Preise sind Nettopreise. Es gilt der Steuersatz 19 %.

Erstellen Sie ein Stufenschema (siehe S. 70), das den Rechnungsbetrag, die Umsatzsteuer beim Verkauf, die Vorsteuer und die Zahllast enthält. Buchen Sie auf jeder Stufe.

**AUFGABE 61**

Ein Großhandelsunternehmen hat im Monat Oktober insgesamt Warenverkäufe von netto 500.000,00 € und Einkäufe von Waren von netto 300.000,00 € getätigt. Steuersatz 19 %.

**Konten:** Wareneingang, Vorsteuer, Verbindlichkeiten a. LL, Warenverkauf, Umsatzsteuer, Forderungen a. LL, Bank (Anfangsbestand 10.000,00 €).

1. Buchen Sie **a)** die Warenverkäufe, **b)** die Wareneinkäufe, **c)** die Ermittlung der Zahllast (31. Oktober).
2. Bis wann ist die Zahllast an das Finanzamt zu überweisen? Buchen Sie die Überweisung.

**B**

**AUFGABE 62**

Buchen Sie den folgenden Beleg

1. als Ausgangsrechnung in der Deutschen Papier AG und
2. als Eingangsrechnung in der Papiergroßhandlung Kern KG:

**Deutsche Papier AG**

**Leipzig**

Deutsche Papier AG · Buchenstraße 22–32 · 04129 Leipzig

Papiergroßhandlung
Kern KG
Bonner Wall 45 – 55
50677 Köln

EINGEGANGEN
..-05-15

Telefon 0341 53514
Telefax 0341 44 244
E-Mail service@deutschepapier-wvd.de
Internet www.deutschepapier-wvd.de
USt-IdNr. DE 268 375 513

**Rechnung** 39 456 ..-05-10

Ihre Bestellung vom 30. April ..

Wir lieferten Ihnen am 8. Mai .. auf Ihre Rechnung und Gefahr

| | |
|---|---|
| 30 Paletten Druckpapier je 1.400,00 € netto | 42.000,00 € |
| + 19 % Umsatzsteuer | 7.980,00 € |
| | 49.980,00 € |

Zahlungsbedingungen: 30 Tage netto Kasse
Commerzbank AG, Leipzig, Konto 345 678 90, BLZ 860 400 00
IBAN: DE19 8604 0000 0034 5678 90, BIC: COBADEFF

**AUFGABE 63**

In der Papiergroßhandlung Kern KG liegen folgende Belege zur Buchung vor:

**Beleg 1**

| | € | ct |
|---|---|---|
| Netto | 370 | 00 |
| + 19 % USt | 70 | 30 |
| Gesamt | 440 | 30 |

**Quittung** Nr. KB 153

Gesamtbetrag € in Worten: vierhundertvierzig — Cent wie oben

(Im Gesamtbetrag sind 19 % Umsatzsteuer enthalten)

von Papiergroßhandlung Kern KG

für Reparaturarbeiten an der Heizungsanlage

richtig erhalten zu haben, bestätigt

Ort Köln Datum ..-12-30

Buchungsvermerke

Stempel/Unterschrift des Empfängers: Germann GmbH Sanitär und Heizung Sonnenweg 15 51061 Köln St.-Nr. 065 343 22860 Götz

**Beleg 2**

TANK – RAST
S. Gunkel GmbH
Slabystrasse 54
50735 Koeln
Steuer-Nr.
065 163 23546

* SÄULEN-NR. 10
* Diesel
* Liter 85,05 x 1,129 EUR

TOTAL 96,02 EUR

Im Gesamtbetrag sind
19 % Umsatzsteuer
enthalten.

VIELEN DANK
GUTE FAHRT!

Nennen Sie zu den Belegen 1 und 2 jeweils den Buchungssatz.

**AUFGABE 64**

Im Dezember hatte die Handels-GmbH, Düsseldorf, folgende Umsätze:
Verkäufe netto 600.000,00 €, Einkäufe netto 800.000,00 €, Regelsteuersatz 19 %.

1. Buchen Sie die Vorgänge summarisch.
2. Warum ergibt sich zum 31. Dezember keine Umsatzsteuer-Zahllast?
3. Wohin gelangt der Vorsteuerüberhang beim Jahresabschluss? Buchen Sie.
4. Inwiefern stellt die Vorsteuer eine Forderung an das Finanzamt dar? Begründen Sie.

B

**AUFGABE 65**

**Anfangsbestände**

| | | | |
|---|---|---|---|
| BGA | 30.000,00 | Bankguthaben | 35.000,00 |
| Fuhrpark | 90.000,00 | Kassenbestand | 6.000,00 |
| Waren | 128.000,00 | Verbindlichkeiten a. LL | 43.000,00 |
| Forderungen a. LL | 34.000,00 | Eigenkapital | 280.000,00 |

**Kontenplan**

**Bestandskonten:** BGA, Fuhrpark, Warenbestände, Forderungen a. LL, Vorsteuer, Bank, Kasse, Verbindlichkeiten a. LL, Umsatzsteuer, Eigenkapital, Schlussbilanzkonto.

**Erfolgskonten:** Wareneingang, Warenverkauf, Löhne, Gewinn- und Verlustkonto.

**Geschäftsfälle**

| | | |
|---|---|---|
| 1. | Zielkauf von Waren lt. ER 11–14 | |
| | Nettopreis | 11.000,00 |
| | + Umsatzsteuer | 2.090,00 |
| | Rechnungsbeträge | 13.090,00 |
| 2. | Zielkauf eines Lieferfahrzeugs lt. ER 15 | |
| | Nettopreis | 40.000,00 |
| | + Umsatzsteuer | 7.600,00 |
| | Rechnungsbetrag | 47.600,00 |
| 3. | Banküberweisung an Lieferanten, Rechnungsbeträge | 8.925,00 |
| 4. | Barzahlung von Löhnen an Aushilfskräfte bei der Inventur | 4.400,00 |
| 5. | Zielkauf von Waren lt. ER 16 | |
| | Nettopreis | 2.500,00 |
| | + Umsatzsteuer | 475,00 |
| | Rechnungsbetrag | 2.975,00 |
| 6. | Zielverkauf von Waren lt. AR 10–12 | |
| | Nettopreis | 23.000,00 |
| | + Umsatzsteuer | 4.370,00 |
| | Rechnungsbeträge | 27.370,00 |
| 7. | Banküberweisung von Kunden, Rechnungsbeträge | 5.950,00 |
| 8. | Zielverkauf von Waren lt. AR 13–18 | |
| | Nettopreis | 60.400,00 |
| | + Umsatzsteuer | 11.476,00 |
| | Rechnungsbeträge | 71.876,00 |
| 9. | Banküberweisung für ER 15, vgl. Geschäftsfall 2 | 47.600,00 |

**Abschlussangaben**

1. Die Zahllast für die Umsatzsteuer ist zu ermitteln und auf der Haben-Seite des Schlussbilanzkontos zu buchen.
2. Inventurbestand an Waren ................ 82.000,00
3. Die übrigen Buchwerte stimmen mit den Inventurwerten überein.

**AUFGABE 66**

Der Elektrogroßhandel Dirk Bach e. K. hat lt. ER 123 Büromaterial für brutto 178,50 €, also einschließlich 19 % Umsatzsteuer, gegen Barzahlung erworben.

Ermitteln Sie aus dem Bruttobetrag (= 119 %)

1. die darin enthaltene Umsatzsteuer (= 19 %) und
2. den Nettobetrag (= 100 %).

**AUFGABE 67**

Im Monat Juli wurden Waren für brutto 297.500,00 € eingekauft. Im gleichen Zeitraum betrugen die Umsatzerlöse für Waren 380.800,00 €.

Ermitteln Sie jeweils

a) den Nettobetrag,
b) die Vor- bzw. Umsatzsteuer und
c) die Umsatzsteuer-Zahllast zum 31. Juli.

**AUFGABE 68**

**Anfangsbestände**

| | | | |
|---|---|---|---|
| BGA | 115.000,00 | Kassenbestand | 13.500,00 |
| Waren | 180.000,00 | Darlehensschulden | 42.000,00 |
| Forderungen a. LL | 95.000,00 | Verbindlichk. a. LL | 75.000,00 |
| Bankguthaben | 135.000,00 | Umsatzsteuer | 8.500,00 |
| Postbankguthaben | 9.800,00 | Eigenkapital | 422.800,00 |

**Kontenplan**

**Bestandskonten:** BGA, Warenbestände, Forderungen a. LL, Vorsteuer, Postbank, Bank, Kasse, Darlehensschulden, Verbindlichkeiten a. LL, Umsatzsteuer, Eigenkapital, Schlussbilanzkonto.

**Erfolgskonten:** Wareneingang, Personalaufwendungen, Mietaufwendungen, Bürobedarf, Beiträge, Zinsaufwendungen, Zinserträge, Warenverkauf, Gewinn- und Verlustkonto.

**Geschäftsfälle**

| | | |
|---|---|---|
| 1. | Umsatzsteuerzahlung an das Finanzamt durch Banküberweisung (Ausgleich der Zahllast des letzten Monats) | 8.500,00 |
| 2. | Barzahlung für Büromaterial, brutto | 952,00 |
| 3. | Warenverkäufe auf Ziel, AR 1–45, brutto | 149.940,00 |
| 4. | Beitrag für die Industrie- und Handelskammer wird durch Postbanküberweisung beglichen | 2.250,00 |
| 5. | Banküberweisung von Kunden | 22.015,00 |
| 6. | Wareneinkäufe auf Ziel, ER 1–36, Rechnungsbeträge | 80.920,00 |
| 7. | Banküberweisung an Lieferanten | 19.873,00 |
| 8. | Darlehenstilgung durch Überweisung an die Bank | 15.000,00 |
| 9. | Zinsgutschrift der Bank für Bankguthaben | 2.900,00 |
| 10. | Darlehenszinsen werden vom Postbankkonto abgebucht | 2.200,00 |
| 11. | Miete für angemietete Geschäftsräume wird durch Banküberweisung an den Vermieter beglichen | 2.100,00 |
| 12. | Lohnzahlung durch Banküberweisung | 4.800,00 |

**Abschlussangaben**

| | | |
|---|---|---|
| 1. | Warenbestand laut Inventur | 139.900,00 |
| 2. | Die übrigen Buchbestände stimmen mit den Inventurwerten überein. | |

**AUFGABE 69**

Das Möbelgroßhandelsunternehmen Werner Theuer e. Kfm. hat in der Buchhandlung Badicke das Fachbuch „Die Umsatzbesteuerung im innergemeinschaftlichen Warenverkehr" für brutto 64,20 € gegen Barzahlung erworben. Der Beleg enthält den Hinweis: „Im Betrag sind 7 % Umsatzsteuer enthalten."

Ermitteln Sie aus dem Bruttobetrag **1.** den Nettobetrag und **2.** die Umsatzsteuer.

B

**AUFGABE 70**

1. Wie wird die USt-Zahllast berechnet? Für welchen Zeitraum wird sie in der Regel ermittelt? Bis zu welchem Termin ist die USt-Zahllast spätestens an das Finanzamt abzuführen?
2. Im Monat Dezember beträgt die Vorsteuer 156.000,00 €, die Umsatzsteuer aufgrund der Ausgangsrechnungen nur 104.000,00 €. Buchen Sie den Abschluss zum 31. Dezember.
3. Inwiefern ist die Umsatzsteuer für Unternehmen ein „durchlaufender" Posten?

**AUFGABE 71**

Zum 31. Dezember weisen die Konten „Vorsteuer" und „Umsatzsteuer" folgende Beträge aus:

| S | Vorsteuer | | H |
|---|---|---|---|
| ... | 230.000,00 | ... | 200.000,00 |

| S | Umsatzsteuer | | H |
|---|---|---|---|
| ... | 520.000,00 | ... | 600.000,00 |

1. Schließen Sie die obigen Konten ab. Richten Sie dazu das Schlussbilanzkonto ein.
2. Nennen Sie die Buchungssätze.
3. Was sagt der Saldo zum 31. Dezember aus?

**AUFGABE 72**

Die nachstehenden Konten weisen zum 31. Dezember folgende Summen aus:

| S | Vorsteuer | | H |
|---|---|---|---|
| ... | 450.000,00 | ... | 360.000,00 |

| S | Umsatzsteuer | | H |
|---|---|---|---|
| ... | 730.000,00 | ... | 770.000,00 |

1. Schließen Sie die obigen Konten ab. Richten Sie dazu das Schlussbilanzkonto ein.
2. Nennen Sie die Buchungssätze.
3. Was sagt der Saldo zum 31. Dezember aus?

**AUFGABE 73**

Ergänzen Sie folgende Aussagen:

1. Die Umsatzsteuer ist nur vom ... zu tragen. Sie belastet das ... nicht.
2. Nur Unternehmen und Personen, die umsatzsteuerpflichtige Lieferungen und Leistungen im ... gegen ... im Rahmen des Unternehmens erbringen, sind zum Abzug der ... berechtigt.
3. Die Vorsteuer stellt eine ... gegenüber dem Finanzamt dar. Die Umsatzsteuer ist dagegen eine ... gegenüber dem Finanzamt.
4. Die Zahllast wird bei einer Vorjahres-Umsatzsteuer von mehr als 7.500,00 € ... ermittelt.
5. Die Zahllast muss bis zum ... des ... an das Finanzamt überwiesen werden.
6. Die Zahllast des Monats Dezember ist in der Schlussbilanz zu ... . Ein Vorsteuerüberhang ist zum 31. Dezember zu ... .
7. Mehrwert ist der ... zwischen dem Nettoverkaufs- und Nettoeinkaufspreis. Durch den Vorsteuerabzug wird erreicht, dass auf jeder Stufe des Warenwegs nur der ... dieser Stufe besteuert wird.
8. In Rechnungen an ... ist die Umsatzsteuer ... auszuweisen. Die Rechnungen enthalten den ..., die ... und den ... .
9. In Kleinbetragsrechnungen bis ... Euro (einschließlich Umsatzsteuer) genügt die Angabe des im Rechnungsbetrag enthaltenen ... .

**AUFGABE 74**

Ordnen Sie die Begriffe Zahllast, Vorsteuerüberhang, Aktivierung und Passivierung zu:

1. Umsatzsteuer des Monats Dezember > Vorsteuer des Monats Dezember
2. Umsatzsteuer des Monats Dezember < Vorsteuer des Monats Dezember

**AUFGABE 75**

1. Nennen Sie Beispiele für Lieferungen und Leistungen gemäß § 1 UStG.
2. Ergänzen Sie:
   a) Die Umsatzsteuer in der Eingangsrechnung ist die ...steuer. Das Konto ...steuer ist ein ...konto.
   b) Die Umsatzsteuer in der Ausgangsrechnung ist die ...steuer. Das Konto ...steuer ist ein ...konto.
3. Erläutern Sie die Bemessungsgrundlage für die Umsatzsteuer.

# 6 Einführung in die planmäßige Abschreibung des Anlagevermögens

## 6.1 Ursachen, Buchung und Wirkung der Abschreibung

Sachanlagen

**Das Anlagevermögen** ist dazu bestimmt, dem Unternehmen **langfristig** zu dienen. Bei **abnutzbaren Anlagegegenständen** des Sachanlagevermögens (z. B. Gebäude, Maschinen, Computer) ist die Nutzungsdauer jedoch begrenzt. Der Wert dieser **Sachanlagen** mindert sich unter anderem durch

- **Nutzung** (Gebrauch),
- **natürlichen Verschleiß**,
- **technischen Fortschritt** und
- **außergewöhnliche Ereignisse**.

Diese Wertminderungen werden in der Regel zum Abschlussstichtag direkt als **Aufwand** auf dem Konto

**Abschreibungen auf Sachanlagen (SA)**

erfasst.[1] Statt Abschreibung heißt es im Steuerrecht „**A**bsetzung **f**ür **A**bnutzung" (**AfA**).

**BEISPIEL**

Die Anschaffungskosten einer Maschine, die eine Nutzungsdauer von zehn Jahren hat, betragen 120.000,00 €. Die Maschine kann somit **jährlich gleich bleibend (linear)** mit 12.000,00 € (120.000,00 € : 10 Jahre = 12.000,00 €/Jahr) abgeschrieben werden. Dadurch vermindert sich der Jahreserfolg des Unternehmens um 12.000,00 €.

| S | **Techn. Anlagen und Maschinen** | | H |
|---|---|---|---|
| AB | 120.000,00 | Abschr. | 12.000,00 |
| | | SBK | 108.000,00 |

| S | **Abschreibungen auf Sachanlagen** | | H |
|---|---|---|---|
| TA und Maschinen | 12.000,00 | GuV-Konto | 12.000,00 |

| S | **Schlussbilanzkonto** | | H |
|---|---|---|---|
| TA und Maschinen | 108.000,00 | | |

| S | **GuV-Konto** | | H |
|---|---|---|---|
| ... | 200.000,00 | ... | 250.000,00 |
| Abschr. | 12.000,00 | | |
| Gewinn | ? | | |

**Buchungen:**

| | | | |
|---|---|---|---|
| ❶ Abschreibungen auf SA | an | TA und Maschinen | 12.000,00 |
| ❷ GuV-Konto | an | Abschreibungen auf SA | 12.000,00 |
| ❸ Schlussbilanzkonto | an | TA und Maschinen | 108.000,00 |

**MERKE**

- **Die Wertminderung der Anlagegegenstände wird durch Abschreibungen erfasst.**
- **Planmäßige Abschreibungen erfassen die üblichen Wertminderungen des Anlagevermögens durch Nutzung/Gebrauch, natürlichen Verschleiß und technischen Fortschritt.**
- **Durch die planmäßige Abschreibung werden die Anschaffungskosten eines Anlagegegenstands auf seine Nutzungsdauer (Jahre) verteilt.**
- **Abschreibungen mindern als Aufwand den Gewinn und somit auch die gewinnabhängigen Steuern, wie z. B. die Einkommensteuer.**

1 Siehe S. 199 ff.

B

**Abschreibungen** **Bei der Kalkulation der Verkaufspreise** der Waren werden die **Abschreibungen als Kosten** eingesetzt. **Über die Umsatzerlöse fließen** die einkalkulierten **Abschreibungsbeträge** in Form von liquiden Mitteln (Geld) in das Unternehmen **zurück**. Diese Mittel stehen nun wiederum für **Anschaffungen (Investitionen)** im Sachanlagevermögen zur Verfügung. Das Unternehmen finanziert somit die Anschaffung von Sachanlagen in erster Linie aus **Abschreibungsrückflüssen**. Die Abschreibung stellt deshalb ein bedeutendes **Mittel der Finanzierung** dar.

**Abschreibungskreislauf** Abschreibungen bewegen sich nahezu in einem Kreislauf. Aus dem Anlagevermögen fließen sie über die Umsatzerlöse in das Umlaufvermögen (Bank) und von dort durch Neuanschaffungen in das Anlagevermögen zurück.

MERKE **Über Abschreibungen werden Investitionen in das Anlagevermögen finanziert.**

## 6.2 Berechnung der planmäßigen Abschreibung

**Jährlicher Abschreibungsbetrag** Der jährliche Abschreibungsbetrag wird aufgrund **handelsrechtlicher und steuerrechtlicher Vorschriften** berechnet. Häufig verwendete Abschreibungsmethoden sind die lineare Abschreibung und, sofern steuerlich zulässig, die degressive Abschreibung. Im Ausgangsbeispiel soll die Maschine jeweils zum Abschlussstichtag **linear mit 10 %** der Anschaffungskosten oder **degressiv mit 25 %** vom jeweiligen Buchwert (Restwert) abgeschrieben werden. Im ersten Fall ergeben sich jährlich **gleich bleibende** und im zweiten Fall **fallende** Abschreibungsbeträge. Durch die Abschreibung verringert sich jährlich der Buch- bzw. Restwert des Anlagegegenstands:

BEISPIEL

| Lineare Abschreibung | Ermittlung des Buchwerts | Degressive Abschreibung |
|---|---|---|
| 120.000,00 € | Anschaffungswert | 120.000,00 € |
| – 12.000,00 € | – Abschreibung am Ende des 1. Jahres | – 30.000,00 € |
| = 108.000,00 € | = Buchwert am Ende des 1. Jahres | = 90.000,00 € |
| – 12.000,00 € | – Abschreibung am Ende des 2. Jahres | – 22.500,00 € |
| = 96.000,00 € | = Buchwert am Ende des 2. Jahres | = 67.500,00 € |
| **10 % Abschreibung** von den **Anschaffungskosten** | Führen Sie das Beispiel zu Ende. | **25 % Abschreibung** vom **Buchwert** |

**Lineare Abschreibung** Bei der linearen Abschreibungsmethode erfolgt die Abschreibung in jedem Jahr der Nutzung von den **Anschaffungskosten** des Anlagegegenstands. Die **Abschreibungsbeträge** sind daher **gleich hoch**. Nach Ablauf der Nutzungsdauer ist der Buchwert gleich null. Sollte sich der Gegenstand danach weiterhin im Betrieb befinden, kann er mit einem **Erinnerungswert von 1,00 €** im Anlagekonto ausgewiesen werden. Im Beispiel wären dann am Ende des 10. Jahres nur 11.999,00 € abzuschreiben.

$$\textbf{Abschreibungsbetrag} = \frac{\textbf{Anschaffungskosten}}{\textbf{Nutzungsjahre}} = \frac{120.000{,}00\ €}{10\ \text{Jahre}} = 12.000{,}00\ €/\text{Jahr}$$

$$\textbf{Abschreibungssatz} = \frac{1}{\textbf{Nutzungsjahre}} = \frac{1}{10\ \text{Jahre}} = \mathbf{0{,}1/Jahr = 10\ \%/Jahr}$$

**Degressive Abschreibung**

Bei der degressiven Abschreibungsmethode wird die Abschreibung nur im ersten Nutzungsjahr von den Anschaffungskosten vorgenommen, in den folgenden Jahren dagegen vom jeweiligen **Buch- oder Restwert**. Dadurch ergeben sich **jährlich fallende Abschreibungsbeträge**. Bei der degressiven Abschreibung wird der Wert null nach Ablauf der Nutzungsdauer nie erreicht. Der verbleibende Restwert wird im letzten Nutzungsjahr mit der laufenden Jahresabschreibung abgeschrieben. Der **Abschreibungssatz** sollte daher bei degressiver Abschreibung **höher** sein als bei linearer Abschreibung, wodurch insbesondere auch einer **Wertminderung durch technischen Fortschritt** (z. B. Modellwechsel) Rechnung getragen wird.

**Steuerrechtliche Regelung**

**B**

**Handelsrechtlich** sind beide Abschreibungsmethoden zugelassen. Im **Steuerrecht** ist die degressive Abschreibung zum 01.01.2020 vorübergehend bis zum 31.12.2021 wieder eingeführt worden. Abnutzbare Anlagegegenstände, die im Jahr 2008 oder in den Jahren 2011 bis 2019 angeschafft wurden, müssen für die Steuerbilanz linear abgeschrieben werden. Auf Anschaffungen aus den Jahren vor 2008 sowie 2009 und 2010 dürfen auch für steuerliche Zwecke weiter degressive Abschreibungen verrechnet werden, wobei je nach Zugangsjahr unterschiedliche Prozentsätze und Höchstbeträge zulässig sind (siehe S. 204).

**MERKE**

- **Handelsrechtlich dürfen abnutzbare Anlagegüter über ihre Nutzungsdauer linear oder degressiv abgeschrieben werden.**
- **Steuerrechtlich ist für Zugänge von beweglichen Wirtschaftsgütern in 2008 und in den Jahren 2011 bis 2019 die degressive Abschreibungsmethode abgeschafft worden, sodass linear abgeschrieben werden muss.**
- **Für Anschaffungen der Jahre 2020 und 2021 ist die degressive Abschreibungsmethode vorübergehend wieder eingeführt worden.**
- **Bei der linearen Abschreibung sind der Abschreibungsbetrag und der Abschreibungssatz in jedem Jahr der Nutzungsdauer gleich hoch.**
- **Bei der degressiven Abschreibung ergeben sich fallende Abschreibungsbeträge, weil der gleichbleibende Abschreibungssatz auf den jeweiligen, sich während der Nutzungsdauer vermindernden, Restbuchwert bezogen wird.**
- **Abschreibungsgrundlage sind die Anschaffungs- oder Herstellungskosten.**

**BEISPIEL**

**Nutzungsdauer[1] (Jahre) von Anlagegütern lt. AfA-Tabelle:**

| | | | |
|---|---|---|---|
| 1. Betriebliche Gebäude | 25–33 | 6. Personalcomputer | 1 |
| 2. Lagereinrichtungen | 14 | 7. Drucker, Scanner u. a. | 1 |
| 3. Hochregallager | 15 | 8. Registrierkassen | 6 |
| 4. Büromöbel | 13 | 9. Lastkraftwagen | 9 |
| 5. Großrechner | 7 | 10. Personenwagen | 6 |

Ermitteln Sie die entsprechenden Abschreibungssätze (in Prozent).

$$\textbf{Abschreibungsbetrag} = \frac{\textbf{Anschaffungskosten}}{\textbf{Nutzungsjahre}} \qquad \textbf{Abschreibungssatz} = \frac{\textbf{1}}{\textbf{Nutzungsjahre}}$$

1 Bei besonders starker Belastung ist eine Verkürzung der Nutzungsdauer möglich.

B

**AUFGABE 76**

Die Anschaffungskosten einer Maschine belaufen sich auf 400.000,00 €. Die Nutzungsdauer beträgt zehn Jahre.

1. Ermitteln Sie bei linearer Abschreibung jeweils den Abschreibungsbetrag und -satz.
2. Stellen Sie die Abschreibungsbeträge bei linearer Abschreibung und bei degressiver Abschreibung (25 %) wenigstens für die ersten vier Jahre in einer Tabelle gegenüber und ermitteln Sie für jedes Jahr den Buch- bzw. Restwert.
3. Buchen Sie für das erste Jahr die Abschreibung auf Maschinen (lineare Abschreibung) und schließen Sie die Konten ab. Richten Sie dazu folgende Konten ein: TA und Maschinen, Abschreibungen auf Sachanlagen, Schlussbilanzkonto, GuV-Konto.
4. Wie wirkt sich die Abschreibung der Maschine steuerlich aus?

**AUFGABE 77**

Es sind folgende Konten einzurichten:
TA und Maschinen 290.000,00 €, Betriebs- und Geschäftsausstattung 120.000,00 €, Abschreibungen auf Sachanlagen, GuV-Konto, Schlussbilanzkonto.

1. Buchen Sie die Abschreibungen auf TA und Maschinen 58.000,00 €, auf Betriebs- und Geschäftsausstattung 12.000,00 €.
2. Schließen Sie die Bestandskonten und das Konto Abschreibungen auf Sachanlagen ab.
3. Stellen Sie das Schlussbilanzkonto auf.

**AUFGABE 78**

Folgende Konten sind einzurichten:
TA und Maschinen 220.000,00 €, Betriebs- und Geschäftsausstattung 90.000,00 €, Fuhrpark 140.000,00 €, Abschreibungen auf Sachanlagen, GuV-Konto, Schlussbilanzkonto.

Laut Inventur sind folgende Schlussbestände vorhanden:

TA und Maschinen 196.000,00 €, Betriebs- und Geschäftsausstattung 81.000,00 €, Fuhrpark 113.000,00 €.

Buchen Sie die Abschreibungen und schließen Sie diese Konten ab.

**AUFGABE 79**

**Anfangsbestände**
TA und Maschinen 120.000,00 €, Betriebs- und Geschäftsausstattung 35.000,00 €, Fuhrpark 30.000,00 €, Waren 44.000,00 €, Forderungen a. LL 9.000,00 €, Bankguthaben 48.000,00 €, Kassenbestand 8.000,00 €, Darlehensschulden 30.000,00 €, Verbindlichkeiten a. LL 24.000,00 €, Eigenkapital 240.000,00 €.

**Bestandskonten:** TA und Maschinen, Betriebs- und Geschäftsausstattung, Fuhrpark, Warenbestände, Forderungen a. LL, Bank, Kasse, Darlehensschulden, Verbindlichkeiten a. LL, Eigenkapital, Umsatzsteuer, Vorsteuer, Schlussbilanzkonto.

**Erfolgskonten:** Wareneingang, Löhne, Gewerbesteuer, Abschreibungen auf Sachanlagen, Warenverkauf, Gewinn- und Verlustkonto.

**Geschäftsfälle**

| | | |
|---|---|---|
| 1. | Kauf von Waren auf Ziel, netto | 3.800,00 |
| | + Umsatzsteuer | 722,00 |
| 2. | Banküberweisung eines Kunden | 3.332,00 |
| 3. | Banküberweisung an einen Lieferanten | 2.380,00 |
| 4. | Banküberweisung für Gewerbesteuer[1] | 950,00 |
| 5. | Lohnzahlung durch Banküberweisung | 4.100,00 |
| 6. | Teilrückzahlung eines Darlehens durch Banküberweisung | 3.500,00 |
| 7. | Verkauf von Waren auf Ziel, netto | 68.200,00 |
| | + Umsatzsteuer | 12.958,00 |

1 Siehe Fußnote auf S. 56.

**Abschlussangaben**

1. Abschreibungen:

| | |
|---|---|
| TA und Maschinen | 12.000,00 |
| BGA | 2.500,00 |
| Fuhrpark | 3.000,00 |

2. Endbestand an Waren laut Inventur ........ 11.650,00
3. Die übrigen Inventurwerte stimmen mit den Buchwerten überein.

**Auswertung**

1. Wie hoch sind die gesamten Aufwendungen der Abrechnungsperiode?
2. Welche Erträge stehen diesen Aufwendungen gegenüber?
3. Wie hoch ist demnach der Erfolg (Gewinn oder Verlust)?
4. Wie wirkt sich ein Gewinn bzw. Verlust auf das Eigenkapital aus?
5. Weisen Sie den Erfolg auch durch Eigenkapitalvergleich nach, indem Sie das Eigenkapital am Ende des Geschäftsjahres mit dem zu Beginn des Jahres vergleichen.

**AUFGABE 80**

**Anfangsbestände**

TA und Maschinen 150.000,00 €, Betriebs- und Geschäftsausstattung 40.000,00 €, Fuhrpark 50.000,00 €, Waren 38.000,00 €, Forderungen a. LL 20.000,00 €, Bankguthaben 38.000,00 €, Kassenbestand 9.500,00 €, Darlehensschulden 40.000,00 €, Verbindlichkeiten a. LL 28.000,00 €, Eigenkapital 277.500,00 €.

**Kontenplan:** wie in Aufgabe 79, zusätzlich Konto „Gehälter" und Konto „Betriebsteuern".

**Geschäftsfälle**

| | | |
|---|---|---|
| 1. | Verkauf von Waren auf Ziel, brutto | 32.011,00 |
| 2. | Kauf einer Maschine auf Ziel, netto | 5.000,00 |
| | + Umsatzsteuer | 950,00 |
| 3. | Aufnahme eines Darlehens bei der Bank | 25.000,00 |
| 4. | Lohnabschlagszahlung bar | 5.100,00 |
| 5. | Banküberweisung eines Kunden | 2.975,00 |
| 6. | Banküberweisung für Gewerbesteuer[1] | 900,00 |
| 7. | Zieleinkauf von Waren, Rechnungsbetrag | 17.850,00 |
| 8. | Gehaltsabschlagszahlung bar | 3.500,00 |
| 9. | Verkauf von Waren, gegen bar, brutto | 7.735,00 |
| | auf Ziel, brutto | 45.458,00 |

**Abschlussangaben**

1. Abschreibungen:

| | |
|---|---|
| TA und Maschinen | 6.000,00 |
| BGA | 3.000,00 |
| Fuhrpark | 7.000,00 |

2. Inventurbestand an Waren ........ 12.800,00

**AUFGABE 81**

1. Unterscheiden Sie zwischen linearer und degressiver Abschreibung.
2. Erläutern Sie die Gewinnauswirkung bei beiden Abschreibungsmethoden im Jahr der Anschaffung des Anlagegegenstands.
3. Welchen besonderen Vorteil hat die degressive Abschreibung?
4. Erläutern Sie den Kreislauf der Abschreibung.
5. Inwiefern ist die Abschreibung ein Mittel der Selbstfinanzierung?

1 Siehe Fußnote auf S. 56.

# 7 Privatentnahmen und Privateinlagen

## 7.1 Privatkonten

Zum Lebensunterhalt entnimmt der persönlich haftende Unternehmer seinem Unternehmen Geld- und Sachwerte. Überweisungen für Privatzwecke erfolgen oft über die betrieblichen Bankkonten, wie z. B. Zahlungen für Lebens- und Krankenversicherung, Einkommen- und Kirchensteuer u. a. Diese **Privatentnahmen**, die meist im Vorgriff auf den zu erwartenden Jahresgewinn erfolgen, **mindern** jedoch zunächst das im Unternehmen arbeitende Vermögen und damit das **Eigenkapital**. Zuweilen bringt der Unternehmer aber auch Geld- oder Sachwerte aus seinem Privatvermögen in das Unternehmen ein, wie z. B. ein Grundstück aus einer Erbschaft. Diese **Privateinlagen erhöhen das Vermögen und damit das Eigenkapital** seines Unternehmens.

**Privatkonten**

**Privatentnahmen und Privateinlagen beeinflussen** über die Vermögensänderung **das Eigenkapital**. Aus Gründen der Übersichtlichkeit werden sie jedoch nicht direkt über das Eigenkapitalkonto, sondern zunächst auf **Unterkonten des Eigenkapitalkontos** gebucht, den Konten

**Privatentnahmen** und **Privateinlagen**.[1]

Das Konto „Privatentnahmen“ erfasst im Soll die Entnahmen und das Konto „Privateinlagen“ im Haben die Einlagen. Zum Abschlussstichtag werden die Privatkonten über das Eigenkapitalkonto abgeschlossen.

**Abschlussbuchungen:**

- **Eigenkapital** an **Privatentnahmen: Entnahmen > Einlagen**
- **Privateinlagen** an **Eigenkapital: Entnahmen < Einlagen**

**BEISPIEL**

❶ Großhändler Kurz entnimmt dem betrieblichen Bankkonto 22.000,00 € für Privatzwecke.

**Buchung:**

**Privatentnahmen** ........................ an **Bank** ........................ **22.000,00**

❷ Kurz bringt seinen Privat-Pkw in das Betriebsvermögen ein: 10.000,00 € Zeitwert.

**Buchung:**

**Fuhrpark** ........................ an **Privateinlagen** ........................ **10.000,00**

| S | Privatentnahmen | | H |
|---|---|---|---|
| Bank | 22.000,00 | EK | 22.000,00 |

| S | Privateinlagen | | H |
|---|---|---|---|
| EK | 10.000,00 | Fuhrpark | 10.000,00 |

| S | Eigenkapital | | H |
|---|---|---|---|
| Privatentnahmen | 22.000,00 | Anfangsbestand | 200.000,00 |
| Schlussbestand | 238.000,00 | Privateinlagen | 10.000,00 |
| | | Gewinn (GuV) | 50.000,00 |
| | 260.000,00 | | 260.000,00 |

**MERKE**

- **Die Privatkonten sind Unterkonten des Eigenkapitalkontos.**
- **Das Eigenkapital verändert sich durch**
  - **private Entnahmen und Einlagen sowie durch den**
  - **Gewinn oder Verlust des Geschäftsjahres.**

1 Die Privatkonten können nur für den Einzelunternehmer oder den unbeschränkt haftenden Gesellschafter einer Offenen Handelsgesellschaft (OHG) oder Kommanditgesellschaft (KG) eingerichtet werden.

## 7.2 Unentgeltliche Entnahme von Waren, sonstigen Gegenständen und Leistungen

**Entnahme § 3 [1b] und [9a] UStG**

Der **Umsatzsteuer unterliegen** nicht nur Lieferungen und Leistungen eines Unternehmens gegen Entgelt, sondern auch **unentgeltliche Entnahmen von betrieblichen Gegenständen und sonstigen Leistungen** des Unternehmens durch den Unternehmer **zu unternehmensfremden (z. B. privaten) Zwecken.** Dabei handelt es sich im Wesentlichen um

- Privatentnahmen von Gegenständen wie Waren und Anlagegegenständen,
- die private Nutzung betrieblicher Gegenstände wie Fahrzeuge, Werkzeuge, Maschinen,
- die private Inanspruchnahme betrieblicher Leistungen wie Reparaturarbeiten,

sofern die entnommenen oder genutzten Gegenstände zum Vorsteuerabzug berechtigt haben. Der **Unternehmer** wird dadurch umsatzsteuerlich **dem Endverbraucher gleichgestellt.** Die genannten Vorgänge werden im Haben der Ertragskonten

**„Entnahme von Waren"** sowie
**„Entnahme von sonstigen Gegenständen und Leistungen"** (kurz: Entnahme v. s. G. u. L.)

gebucht. Für jede Entnahme ist ein **Eigenbeleg** zu erstellen, der den Nettoentnahmewert sowie die Umsatzsteuer ausweist.

---

**BEISPIEL 1**

Möbelgroßhändler Kurz entnimmt dem Warenlager den Esstisch TE 56 zum Einkaufswert von 700,00 € + 19 % Umsatzsteuer für Privatzwecke.

**Buchungen:**

| | | | | | |
|---|---|---|---|---|---|
| ❶ | **Privatentnahmen** | 833,00 | an | **Entnahme von Waren** | 700,00 |
| | | | an | **Umsatzsteuer** | 133,00 |
| ❷ | **Entnahme von Waren** | | an | **GuV-Konto** | 700,00 |

Möbelgroßhandel Werner KURZ e. K.

**Privatentnahme Esstisch TE 56**

| | |
|---|---|
| Einstandswert | 700,00 € |
| + 19 % Umsatzsteuer | 133,00 € |
| Entnahme, brutto | 833,00 € |

Stuttgat, ..-08-10 Werner Kurz

| S | Privatentnahmen | | H |
|---|---|---|---|
| ❶ Entn./USt | 833,00 | | |

| S | Entnahme von Waren | | H |
|---|---|---|---|
| ❷ GuV | 700,00 | ❶ Privatentn. | 700,00 |

| S | Umsatzsteuer | | H |
|---|---|---|---|
| | | ❶ Privatentn. | 133,00 |

| S | GuV-Konto | | H |
|---|---|---|---|
| | | ❷ Entn. v. Waren | 700,00 |

---

**BEISPIEL 2**

Möbelgroßhändler Kurz lässt die Heizung seines Wohnhauses durch einen Mitarbeiter des eigenen Betriebs warten. **Die Buchungsanweisung für diese private Inanspruchnahme einer betrieblichen Leistung lautet:**

| | |
|---|---|
| 7,5 Arbeitsstunden zu je 40,00 € | 300,00 € |
| + 19 % Umsatzsteuer | 57,00 € |
| **Entnahme, brutto** | **357,00 €** |

| | | | | |
|---|---|---|---|---|
| Buchung: **Privatentnahmen** | 357,00 | an | **Entnahme v. s. G. u. L.** | 300,00 |
| | | an | **Umsatzsteuer** | 57,00 |

B

**Private Nutzung des Geschäftswagens**

Bei der **Anschaffung eines betrieblich genutzten Fahrzeugs** wird der **volle Vorsteuerbetrag geltend gemacht** durch die Buchung: Fuhrpark und Vorsteuer an Verbindlichkeiten a. LL.

**Bei der Ermittlung des umsatzsteuerpflichtigen privaten Nutzungsanteils an den Fahrzeugkosten** bleiben die **vorsteuerfreien** Kosten (z. B. Kfz-Steuer/-Versicherung) **außer Ansatz**.

**Der private Nutzungsanteil** an den Geschäftswagenkosten kann **ermittelt werden**

1. **durch Einzelnachweis,** indem die zurückgelegten Kilometer jeweils für Dienst- und Privatfahrten getrennt in einem Fahrtenbuch ordnungsgemäß nachgewiesen werden, oder
2. mit der **Bruttolistenpreisregelung**, bei der bei Elektro- und Hybridfahrzeugen monatlich je nach Höhe der Anschaffungskosten **0,25 % oder 0,5 %**[1], bei übrigen Fahrzeugen **1 % des inländischen Listenpreises** zum Zeitpunkt der Erstzulassung zuzüglich Sonderausstattung und einschließlich Umsatzsteuer angesetzt werden. Diese Pauschalmethode kann nur angewendet werden, wenn die betriebliche Nutzung des Firmenwagens mehr als 50 % beträgt.

**BEISPIEL** Ein Geschäftswagen der Möbelfabrik Kurz verursacht im Geschäftsjahr 500,00 € umsatzsteuerfreie Kosten (z. B. Kfz-Versicherung) und 10.000,00 € umsatzsteuerpflichtige Kosten (z. B. AfA, Wartung, Treibstoff). Herr Kurz nutzt das Fahrzeug laut Fahrtenbuch zu 25 % privat.

| | |
|---|---|
| Nutzungsentnahme, netto ([500,00 € + 10.000,00 €] · 25 %) | 2.625,00 € |
| + 19 % Umsatzsteuer (10.000,00 € · 25 % · 19 %) | 475,00 € |
| **Nutzungsentnahme, brutto** | **3.100,00 €** |

Buchung:

| | | | | |
|---|---|---|---|---|
| Privatentnahmen | 3.100,00 | an | Entnahme v. s. G. u. L. | 2.625,00 |
| | | an | Umsatzsteuer | 475,00 |

**Der private Anteil an den laufenden Telekommunikationskosten** (Telefonmiete[2], Grund-/Gesprächsgebühren) ist **keine umsatzsteuerpflichtige Leistungsentnahme** (A 3.4 [4] UStAE). Deshalb sind die **Telekommunikationskosten** und die **Vorsteuer** um den **privaten Anteil zu korrigieren.**

**BEISPIEL** Der Möbelgroßhändler Kurz nutzt das Geschäftstelefon zu 10 % privat. Die Telefonrechnung für den Monat Januar lautet:

| | |
|---|---|
| Miete, Grund-/Gesprächsgebühren | 1.000,00 € |
| + 19 % Umsatzsteuer | 190,00 € |
| **Rechnungsbetrag** | **1.190,00 €** |

Buchungen:

| | | | | | |
|---|---|---|---|---|---|
| ❶ | Kosten d. Telekommunikation | 1.000,00 | | | |
| | Vorsteuer | 190,00 | an | Bank | 1.190,00 |
| ❷ | Privatentnahmen | 119,00 | an | Kosten d. Telekommunikation | 100,00 |
| | | | an | Vorsteuer | 19,00 |

**MERKE** **Unentgeltliche Entnahmen von vorsteuerabzugsberechtigten Gegenständen und sonstigen Leistungen eines Unternehmens durch den Unternehmer zu unternehmensfremden Zwecken sind grundsätzlich umsatzsteuerpflichtig (§ 3 [1b] und [9a] UStG).**

1 Für nach dem 01.01.2019 angeschaffte Fahrzeuge. Bei Anschaffungskosten bis 60.000,00 € sind 0,25 %, bei höheren Anschaffungskosten 0,5 % des Bruttolistenpreises anzusetzen.

2 Bei gekauften Telefonanlagen sind die Abschreibungen in Höhe der Privatnutzung anteilig als umsatzsteuerpflichtige Entnahme zu buchen: Privatentnahmen an Entnahme v. s. G. u. L. und Umsatzsteuer.

**AUFGABE 82**

Richten Sie das Bankkonto (AB 200.000,00 €), das Konto „Unbebaute Grundstücke" (AB 0,00 €), das Eigenkapitalkonto (AB 300.000,00 € + 80.000,00 € Gewinn lt. GuV-Konto) und die Privatkonten ein. Buchen Sie für den Möbelgroßhandel W. Kurz e. K. unter Nennung des jeweiligen Buchungssatzes die folgenden Geschäftsfälle auf den genannten Konten:

1. W. Kurz zahlt aus seinem Privatvermögen 20.000,00 € auf das betriebliche Bankkonto ein.
2. W. Kurz überweist 2.800,00 € Miete für ein Ferienhaus vom Geschäftsbankkonto.
3. Für private Ausgaben entnimmt W. Kurz 2.500,00 € dem Geschäftsbankkonto.
4. W. Kurz begleicht seine Zahnarztrechnung über das Geschäftsbankkonto: 640,00 €.
5. W. Kurz hat sein Erbgrundstück ins Betriebsvermögen eingebracht: 160.000,00 € Zeitwert.
6. W. Kurz überweist seine Einkommen- und Kirchensteuervorauszahlung in Höhe von 36.500,00 € über das Geschäftsbankkonto an das Finanzamt.

Schließen Sie die Privatkonten unter Nennung der Buchungssätze ab, ermitteln Sie danach den Schlussbestand im Eigenkapitalkonto und erläutern Sie die Veränderungen in diesem Konto.

**AUFGABE 83**

Richten Sie die Konten Eigenkapital, Gewinn und Verlust, Privatentnahmen und Privateinlagen ein und übertragen Sie die folgenden Buchungsbeträge:

| | a) | b) |
|---|---:|---:|
| Anfangsbestand des Eigenkapitalkontos | 500.000,00 | 400.000,00 |
| Gesamtaufwendungen | 650.000,00 | 580.000,00 |
| Gesamterträge | 790.000,00 | 540.000,00 |
| Privatentnahmen | 120.000,00 | 60.000,00 |
| Privateinlagen | 40.000,00 | 50.000,00 |

**1.** Schließen Sie das Gewinn- und Verlustkonto und die Privatkonten ab.
**2.** Ermitteln Sie im Eigenkapitalkonto den Schlussbestand.
**3.** Erläutern Sie die Auswirkungen der privaten Vorgänge und des Gewinn- und Verlustkontos auf den Anfangsbestand des Eigenkapitals.

**AUFGABE 84**

Erläutern Sie jeweils die Auswirkung auf das Eigenkapital:

1. Gewinn > Entnahmen
2. Gewinn < Entnahmen
3. Verlust < Einlagen
4. Verlust > Einlagen

**AUFGABE 85**

Richten Sie für den Möbelgroßhandel W. Kurz e. K. folgende Konten ein: Fuhrpark, Privatentnahmen, Privateinlagen, Bank (AB 95.000,00 €), Vorsteuer, Umsatzsteuer, Entnahme von Waren, Entnahme v. s. G. u. L., Kosten der Telekommunikation, GuV-Konto.

Buchen Sie jeweils unter Nennung des Buchungssatzes die folgenden Geschäftsfälle auf Konten und schließen Sie die Konten „Entnahme von Waren", „Entnahme v. s. G. u. L.", „Privatentnahmen" und „Privateinlagen" ab.

**1.** Die Telefonrechnung für Februar (gemietete Anlage) wird mit 1.785,00 € (1.500,00 € netto + 285,00 € USt) durch Bankabbuchung beglichen. Der private Nutzungsanteil beträgt 250,00 € netto + USt.
**2.** W. Kurz entnimmt dem Warenlager seines Unternehmens einen Schrank S 345 zum Einstandswert von 600,00 € für Privatzwecke.
**3.** Das neu angeschaffte Geschäftsfahrzeug (50.000,00 € Anschaffungskosten + 19 % USt) wird von Herrn Kurz auch privat genutzt (umsatzsteuerpflichtige Gesamtkosten 12.000,00 €, privater Nutzungsanteil lt. Fahrtenbuch 25 %). Buchen Sie die Anschaffung und die private Nutzung des Fahrzeugs.
**4.** W. Kurz überweist die Rechnung für den Kauf des Kleinwagens seiner Tochter in Höhe von 10.500,00 € über das Geschäftsbankkonto.

5. Das Geschäftsbankkonto weist für Herrn Kurz eine Gutschrift für erstattete Einkommen- und Kirchensteuer aus: 12.800,00 €.
6. Herr Kurz lässt das Unkraut im Garten seines Privathauses von einem Angehörigen seines Betriebs beseitigen. Kosten: 150,00 € netto + USt.

B

**AUFGABE 86**

Nennen Sie als Buchhalter/-in des Möbelgroßhandels W. Kurz e. K. die Buchungssätze zu folgenden fünf Belegen:

**Beleg 1**

**Quittung**

Möbel WERKE Werner KURZ e. K.

Barentnahme für den Haushalt
2.000,00 €.

Stuttgart, ..-12-12

Werner Kurz

**Beleg 2**

**Entnahme für Privatzwecke**

Möbel WERKE Werner KURZ e. K.

Schreibtisch ST 306
Herstellungswert ............... 400,00 €
+ 19 % Umsatzsteuer ............ 76,00 €
476,00 €

Stuttgart, ..-12-13 Werner Kurz

**Beleg 3**

**Beleg für Kontoinhaber**/Zahler-Quittung

BIC des Kreditinstituts des Kontoinhabers
SOLADEST600

Zahlungsempfänger
**Hermann-Gmeiner-Fonds Deutschland e. V.**
**Menzinger Straße 23, 80638 München**

IBAN des Zahlungsempfängers
DE69 7007 0010 0001 1111 11

BIC des Kreditinstituts des Zahlungsempfängers
DEUTDEMM

Betrag: Euro, Cent
650,00

Kunden-Referenznummer
- noch Verwendungszweck (nur für Zahlungsempfänger)
**Spende zur Förderung**
**der SOS-Kinderdörfer**
**in aller Welt**

Kontoinhaber/Zahler: Name, Vorname
W. Kurz e. K., Stuttgart

IBAN des Kontoinhabers
DE14 6005 0101 0072 3814 79

**Beleg 4**

€uro-Überweisung
**Baden-Württembergische Landesbank**

Nur für Überweisungen in Deutschland, in andere EU-/EWR-Staaten und in die Schweiz in Euro.
Bitte Meldepflicht gemäß Außenwirtschaftsverordnung beachten!

Angaben zum Begünstigten: Name, Vorname/Firma (max. 27 Stellen, bei maschineller Beschriftung max. 35 Stellen)
Dr. med. Heinz Klein

IBAN
DE24600501010065034244

BIC des Kreditinstituts (8 oder 11 Stellen)
SOLADEST600

Betrag: Euro, Cent
450,00

Kunden-Referenznummer - Verwendungszweck, ggf. Name und Anschrift des Überweisenden - (nur für Begünstigten)
Arztrechn. vom 28. Nov. ..

noch Verwendungszweck (insgesamt max. 2 Zeilen à 27 Stellen, bei maschineller Beschriftung max. 2 Zeilen à 35 Stellen)

Angaben zum Kontoinhaber: Name, Vorname/Firma, Ort (max. 27 Stellen, keine Straßen- oder Postfachangaben)
Möbelgroßhandel W. Kurz e. K.

IBAN
DE14600501010072381479 16

Datum ..-12-12

Unterschrift(en) Werner Kurz

€URO-ÜBERWEISUNG (SEPA)

**Beleg 5**

**Beleg Nr.** 604

Möbel WERKE Werner KURZ e. K.

**Buchungsanweisung**

Privater Anteil an den Nov.-Telefonkosten: netto 150,00 € + 28,50 € USt. Die bereits gebuchte Telekom-Rechnung (gemietete Anlage) lautete über netto 3.000,00 € + 570,00 € USt.

Stuttgart, ..-12-13 W. Kurz

**AUFGABE 87**

1. Kauf eines Geschäfts-Pkw, der vom Unternehmer auch privat genutzt wird. Nettokaufpreis 52.000,00 € + 19 % USt. Private Nutzungsentnahme: 4.000,00 € netto.

   Buchen Sie die Anschaffung und die private Nutzung des Pkw.

2. Das Eigenkapital des Metallgroßhandels Horn KG betrug zum 1. Januar 500.000,00 € und zum 31. Dezember 580.000,00 €. Die Privatentnahmen betrugen 60.000,00 € und die Privateinlagen 40.000,00 €. Ermitteln Sie die Höhe des Jahreserfolgs.
3. Beschreiben Sie den Zusammenhang zwischen Privatentnahmen und Gewinn.

AUFGABE 88

**Anfangsbestände**

| | | | |
|---|---|---|---|
| Geschäftsausstattung | 180.000,00 | Bankguthaben | 33.000,00 |
| Fuhrpark | 45.000,00 | Kassenbestand | 8.000,00 |
| Waren | 87.000,00 | Verbindlichkeiten a. LL | 48.000,00 |
| Forderungen a. LL | 44.000,00 | Umsatzsteuer | 6.000,00 |
| | | Eigenkapital | 343.000,00 |

**Kontenplan**

Weitere einzurichtende Konten: Vorsteuer, Wareneingang, Löhne, Instandhaltung, Bürobedarf, Mietaufwendungen, Abschreibungen auf Sachanlagen, Warenverkauf, Entnahme von Waren, Entnahme v. s. G. u. L., Gewinn- und Verlustkonto, Privatentnahmen, Privateinlagen, Schlussbilanzkonto.

**Geschäftsfälle**

| | | |
|---|---|---|
| 1. | KA 1: Überweisung vom Bankkonto für Miete: Betrieb | 1.200,00 |
| | privat | 300,00 |
| 2. | KA 2: Banküberweisung an Lieferanten: Rechnungsbetrag | 14.756,00 |
| 3. | KB 1: Privatentnahme in bar | 350,00 |
| 4. | Zielverkauf von Waren lt. AR 966–978, netto | 54.800,00 |
| | + Umsatzsteuer | 10.412,00 |
| 5. | KB 2: Barzahlung der Prämie für die private Lebensversicherung | 700,00 |
| 6. | KA 3: Banküberweisung der Umsatzsteuer-Zahllast | 6.000,00 |
| 7. | Zielkauf von Waren lt. ER 806–809, netto | 9.500,00 |
| | + Umsatzsteuer | 1.805,00 |
| 8. | KB 3: Barentnahme des Inhabers für Urlaubsreise | 1.200,00 |
| 9. | KB 4: Barzahlung von Löhnen an Putzhilfen | 4.200,00 |
| 10. | KB 5: Barkauf von Schreibmaterial, brutto | 297,50 |
| 11. | KB 6: Barzahlung der Fahrzeugreparatur, brutto | 476,00 |
| 12. | PE 1: Privatentnahme von Waren, Nettowert | 1.200,00 |
| 13. | Die Heizungsanlage im Einfamilienhaus des Geschäftsinhabers wurde durch den eigenen Betrieb instand gesetzt. Kosten | 500,00 |
| | + Umsatzsteuer | 95,00 |
| 14. | KA 4: Kapitaleinlage des Geschäftsinhabers durch Bankeinzahlung | 20.000,00 |

**Abschlussangaben**

| | | |
|---|---|---|
| 1. | Abschreibungen: | |
| | Geschäftsausstattung | 8.000,00 |
| | Fuhrpark | 2.000,00 |
| 2. | Inventurbestand an Waren | 70.000,00 |

1. Buchen Sie die Geschäftsfälle und schließen Sie die Konten ab.
2. Ermitteln Sie den Erfolg durch Eigenkapitalvergleich.

AUFGABE 89

1. Welcher Zusammenhang besteht zwischen Gewinn und Privatentnahmen?
2. Was ist im Sinne des Umsatzsteuergesetzes unter „Entnahmen“ zu verstehen?
3. Begründen Sie, weshalb die unentgeltlichen Entnahmen umsatzsteuerpflichtig sind.
4. Begründen Sie, weshalb privat entnommene Waren zum Einstandspreis (Bezugspreis) und nicht zum Verkaufspreis gebucht werden müssen.
5. Wie bucht der Einzelunternehmer seine Barspende an das Rote Kreuz?
6. Nennen Sie drei Beispiele für unentgeltliche Entnahmen des Unternehmers für private Zwecke.

B

# 8 Organisation der Buchführung

## 8.1 Finanzbuchhaltung in der betrieblichen Praxis

### 8.1.1 IT-gestützte Buchhaltung

Die Anzahl der täglich anfallenden Buchungsvorgänge ist selbst in kleinen Handelsunternehmen so groß, dass nur eine **IT-gestützte Buchführung**

- die zeitnahe Erfassung und die automatische Verarbeitung und Speicherung der Buchungsdaten sowie
- die jederzeitige Abrufbarkeit und Auswertung der Buchführungsergebnisse

sicherstellt.

Zur **Steuerung und Verwaltung der betrieblichen Prozesse** wird in der Praxis betriebswirtschaftliche **Standard- oder Individualsoftware** eingesetzt. Diese Programme beinhalten neben den prozesssteuernden Modulen, wie zum Beispiel dem Lagersystem, auch kaufmännische Module wie die Finanzbuchhaltung, die Kosten- und Leistungsrechnung oder die Lohn- und Gehaltsbuchhaltung.

**Merkmale der Buchhaltungssoftware**

Im Folgenden werden die Merkmale der betrieblichen Finanzbuchhaltungssoftware kurz dargestellt:

- Die Programme haben eine **komfortable Benutzerführung**. Die Menüstruktur ist schnell erkennbar und die Eingabemasken sind übersichtlich gestaltet. Eingabefehler werden, wo möglich, durch automatische Plausibilitätskontrollen sichtbar gemacht.
- Die für das Unternehmen einzurichtenden **Stammdaten** können flexibel gestaltet werden. Konten, Bilanzstruktur, Aufbau der Gewinn- und Verlustrechnung u. a. lassen sich den betrieblichen Erfordernissen oder neuen gesetzlichen Bestimmungen schnell anpassen.
- **Bestimmte Buchungen** werden **automatisch** durchgeführt. Die planmäßigen Abschreibungen, die Umsatzsteuer- und Vorsteuerbuchungen, aber auch die Steuerberichtigungen bei Skontozahlungen oder Gutschriften werden in der Regel aufgrund der Einstellungen in den Stammdaten automatisch gebucht.
- Buchungen lassen sich als **Dialog- oder** als **Stapelbuchungen** erfassen. Bei einer Dialogbuchung wird jede Buchung sofort nach ihrer Eingabe auf die entsprechenden Konten übertragen. Sollen mehrere Geschäftsfälle der gleichen Art erfasst werden (z. B. die Überweisung der Löhne und Gehälter oder die Buchung der Eingangsrechnungen für den Einkauf von Waren), werden Stapelbuchungen durchgeführt. Die Erfassung als Stapelbuchung hat den Vorteil, dass die erfassten Daten zunächst nur als Text gespeichert werden und daher ohne Stornierung korrigiert werden können.
- Die Programme bieten umfangreiche **Auswertungsmöglichkeiten**. Neben der Bilanz und der Gewinn- und Verlustrechnung werden Saldenlisten, Offene-Posten-Listen, Mahnlisten, Fälligkeitslisten usw. ausgegeben. Die Umsatzsteuer-Voranmeldung und betriebswirtschaftliche Auswertungen wie Bilanzkennziffern können jederzeit erstellt werden.
- Die **Benutzeroberfläche** des Moduls Finanzbuchhaltung entspricht den Oberflächen der anderen betriebswirtschaftlichen Anwendungen (Kosten- und Leistungsrechnung, Bestellwesen, Fakturierung, Gehaltsabrechnung usw.). Welcher Benutzer (Mitarbeiter, User) welches Modul mit welchen Rechten nutzen darf, wird über ein entsprechendes **Berechtigungskonzept** geregelt.

- Die Daten sämtlicher betriebswirtschaftlicher Anwendungen werden in einer **zentralen Datenbank** gehalten, sodass von vielen Arbeitsplätzen und unterschiedlichen Anwendungen auf aktuelle Daten zugegriffen werden kann. Zum Beispiel werden die Daten der mithilfe des Programmmoduls Fakturierung in der Verkaufsabteilung erstellten Ausgangsrechnungen an das Programmmodul Finanzbuchhaltung übergeben und dort automatisch gebucht.
- Zu beachten sind bei der Arbeit mit Finanzbuchhaltungsprogrammen neben den **Grundsätzen ordnungsmäßiger Buchführung** (GoB)[1] auch die **Grundsätze zur ordnungsmäßigen Führung und Aufbewahrung von Büchern, Aufzeichnungen und Unterlagen in elektronischer Form sowie zum Datenzugriff** (GoBD).

B

### 8.1.2 Buchen der laufenden Geschäftsfälle

**Arbeitsablauf**

Der typische Arbeitsablauf für die Buchung der laufenden Geschäftsfälle beinhaltet folgende Schritte:

1. **Sortieren der Belege:** Belege gleicher Art bilden „Stapel". Ein Beispiel für einen sinnvollen Stapel sind die Eingangsrechnungen der beiden letzten Tage, die den Einkauf von Waren betreffen.
2. **Vorkontierung der Belege:** Auf dem Beleg oder auf einem Kontierungsformular werden die Konten und i. d. R. auch die Kostenstellen vermerkt.
3. **Ermitteln einer Buchungskontrollsumme:** Die Endbeträge der zu buchenden Belege des Stapels werden summenmäßig erfasst.
4. **Erfassen der Kontierungsdaten am Bildschirmarbeitsplatz über „Stapelbuchen":** Das Modul Finanzbuchhaltung der betriebswirtschaftlichen Software wird aufgerufen und das Menü „Buchungserfassung" gewählt. Die Kontierungsdaten jedes einzelnen Belegs werden mithilfe einer Erfassungsmaske eingegeben.
5. **Abstimmen der Kontrollsumme:** Bei einer Abweichung der Kontrollsumme von der Summe der Endbeträge der zu buchenden Belege (Buchungskontrollsumme) ist eine Fehlersuche notwendig.
6. **Übernahme der Buchungen und Drucken des Journals:** Sofern keine offensichtlichen Fehler vorliegen, wird der Stapel „ausgebucht", das heißt, die Buchungen werden in das Finanzbuchhaltungssystem übernommen und dort gespeichert.

Die jeweils zuständigen und berechtigten Mitarbeiter können **Auswertungen**, wie z. B. Offene-Posten-Listen, Zahlungsvorschlagslisten, Umsatzsteuervoranmeldung, vorläufige Bilanz oder vorläufige Gewinn- und Verlustrechnung anfordern. Die Auswertungen werden mithilfe der Finanzbuchhaltungssoftware jederzeit zur Verfügung gestellt.

**MERKE**

- **In der betrieblichen Praxis wird die Finanzbuchhaltung mithilfe kommerzieller Finanzbuchhaltungssoftware IT-gestützt durchgeführt.**
- **Das Modul Finanzbuchhaltung ist Bestandteil integrierter kaufmännischer Software.**
- **Konten, Bilanzstruktur und Aufbau der Gewinn- und Verlustrechnung können in der Stammdatenpflege jederzeit den betrieblichen Bedürfnissen angepasst werden.**
- **Buchungen werden in eine Buchungserfassungsmaske eingetragen.**
- **Die Auswertungen der Buchungsergebnisse werden von der Finanzbuchhaltungssoftware jederzeit bereitgestellt.**

1 Siehe S. 16 f. und www.schmolke-deitermann.de Beiträge/Downloads.

B

## 8.2 Kontenrahmen des Groß- und Außenhandels

### 8.2.1 Aufgaben und Aufbau des Kontenrahmens

**Anforderungen an ein Kontenordnungssystem**

Die Konten der Finanzbuchhaltung dienen zum einen der **Erfassung der gebuchten Geschäftsfälle**. Zum anderen liefern sie die **Datengrundlage für die Planungen und Entscheidungen** der Unternehmensleitung. Wichtige Vermögens-, Kapital-, Aufwands- und Ertragsposten werden zum Beispiel durch den Vergleich mit den Werten früherer Geschäftsjahre (Zeitvergleich), mit den Daten branchengleicher Unternehmen (Betriebsvergleich, Benchmarking) oder mit selbstgesteckten Zielgrößen ausgewertet. Die Buchführung mit ihren zahlreichen Konten bedarf daher einer bestimmten Ordnung, die die Konten des Unternehmens und der branchengleichen Betriebe nicht nur **systematisch, detailliert und IT-gerecht gliedert**, sondern auch **einheitlich benennt**.

Der **Kontenrahmen für den Groß- und Außenhandel**, der vom Bundesverband des Deutschen Groß- und Außenhandels e. V. herausgegeben wurde, ist ein übersichtliches **Kontenordnungssystem**, das Handelsunternehmen zur Anwendung empfohlen wird. Die Kontenbezeichnungen in diesem Kontenrahmen, der im Anhang dieses Lehrbuchs abgedruckt ist, entsprechen den Postenbezeichnungen der Bilanz und der Gewinn- und Verlustrechnung nach dem Handelsgesetzbuch (§§ 266 und 275 HGB). Aus den Salden der Konten in den Kontenklassen 0, 1 und 3 (Warenbestände) lassen sich nach Abstimmung mit den Inventurwerten die **Posten der Bilanz** ableiten. Die Salden der Konten in den Kontenklassen 2, 3 (Wareneinkaufskonten), 4 und 8 ergeben die **Posten der Gewinn- und Verlustrechnung**. Für Industrieunternehmen, das Handwerk sowie Banken und Versicherungen existieren eigene Kontenrahmen.

**Aufbau des Großhandelskontenrahmens**

Der Kontenrahmen für den Groß- und Außenhandel[1] ist wie alle Kontenrahmen nach dem **Zehnersystem** (Dezimal-Klassifikation) aufgebaut. Die **Konten** werden zunächst **nach Sachgruppen** in

**10 Klassen von 0 bis 9**

geordnet. Die **Reihenfolge der Kontenklassen** entspricht dabei weitgehend dem **Betriebsablauf in einem Großhandelsbetrieb** (Prozessgliederungsprinzip):

| Kontenklasse | Inhalt der Kontenklassen |
|---|---|
| 0 | Anlage- und Kapitalkonten |
| 1 | Finanzkonten |
| 2 | Abgrenzungskonten |
| 3 | Wareneinkaufs- und Warenbestandskonten |
| 4 | Konten der Kostenarten |
| 5 | Konten der Kostenstellen |
| 6 | Konten für Umsatzkostenverfahren |
| 7 | frei |
| 8 | Warenverkaufskonten (Umsatzerlöse) |
| 9 | Abschlusskonten |

1 Siehe Anlage im Anhang des Lehrbuchs.

B

## 8.2.2 Kontenrahmen und Kontenplan

**Im Kontenrahmen** lässt sich jede der zehn Konten**klassen** (**ein**stellige Ziffer) in zehn Konten**gruppen** (**zwei**stellige Ziffer), jede Kontengruppe in zehn Konten**arten** (**drei**stellige Ziffer) und jede Kontenart in zehn Konten**unterarten** (**vier**stellige Ziffer) untergliedern.

**BEISPIEL**

Die Kontennummern 1311 und 1312 bezeichnen z. B. die

| | | | |
|---|---|---|---|
| **Kontenklasse:** | **1** | Finanzkonten | Kontenrahmen |
| **Kontengruppe:** | **13** | Banken | |
| **Kontenart:** | **131** | Kreditinstitute | |
| **Kontenunterart:** | **1311** | Kreissparkasse | Kontenplan |
| (Konten des Unternehmens) | **1312** | Deutsche Bank | |

**Kontenplan**

Der Kontenrahmen für den Groß- und Außenhandel bildet die **einheitliche Grundordnung** für die Aufstellung **betriebsindividueller Kontenpläne** der Unternehmen dieses Wirtschaftszweigs. **Aus dem Kontenrahmen** entwickelt jedes Unternehmen seinen **eigenen Kontenplan**, der auf seine **besonderen Anforderungen** (Branche, Struktur, Größe, Rechtsform) ausgerichtet ist. So lassen sich im Kontenplan entsprechend den Bedürfnissen des Unternehmens weitere Untergliederungen der Kontenarten in Kontenunterarten oder eine Streichung nicht benötigter Kontenarten vornehmen. Der Kontenplan enthält somit nur die im Unternehmen tatsächlich geführten Konten.

Der Kontenrahmen gibt für jede der zehn Kontenklassen die ersten drei Ziffern bis zu den Kontenarten vor. Mithilfe der vierten Ziffer (Kontenunterart) gestalten die Unternehmen ihre internen Kontenpläne.

**Vereinfachung der Buchungsarbeit**

Der Kontenplan vereinfacht die Buchungen im Grund- und Hauptbuch, da die Kontenbezeichnungen durch Kontennummern ersetzt werden.

**BEISPIEL**

Geschäftsfall: Herr Kurz entnimmt der Geschäftskasse für Privatzwecke 1.800,00 €.

**Buchungssatz**

statt: **Privatentnahmen** an **Kasse** ........ 1.800,00
kurz: **1610** an **1510** ........ 1.800,00

| S | **1610 Privatentnahmen** | H |
|---|---|---|
| 1510 | 1.800,00 | |

| S | **1510 Kasse** | | H |
|---|---|---|---|
| ... | 7.500,00 | 1610 | 1.800,00 |

**IT-gestützter Kontenrahmen**

Soll der Kontenrahmen des Groß- und Außenhandels zugleich auch in der IT-gestützten Buchhaltung verwendet werden, ist jedes **Sachkonto des Hauptbuchs** in der Regel mit einer **vierstelligen** Kontenziffer zu versehen. **Personenkonten** (Kunden- und Lieferantenkonten) haben stets **fünfstellige** Kontenziffern (siehe Seite 102 f.).

**MERKE**

- **Der Kontenrahmen bildet für alle Unternehmen eines Wirtschaftszweigs die einheitliche Grundordnung für die Gliederung und Bezeichnung der Konten. Der Kontenrahmen ermöglicht damit**
  - **eine Vereinfachung und Vereinheitlichung der Buchungs- und Abschlussarbeiten sowie**
  - **Zeit- und Betriebsvergleiche zur Überwachung der Wirtschaftlichkeit.**
- **Der Kontenplan enthält nur die im Unternehmen geführten Konten.**

B

### 8.2.3 Kontenrahmen des Groß- und Außenhandels im Überblick

Klasse 0

**Anlage- und Kapitalkonten**

Die Kontenklasse 0 enthält die Anlage- und Kapitalkonten. Sie bildet also das Anlagevermögen, das Eigenkapital und das Fremdkapital **des Handelsunternehmens** ab. Die Konten sind im Wesentlichen nach dem **Bilanzgliederungsschema** des § 266 HGB gegliedert. Die Kontengruppe **„06 Eigenkapital" berücksichtigt die Rechtsform** des Unternehmens und enthält Eigenkapitalkonten für Einzelkaufleute, Personenhandelsgesellschaften und Kapitalgesellschaften.

Klasse 1

**Finanzkonten**

Die Kontenklasse 1 enthält die Finanzkonten des Unternehmens. Sie geben Auskunft über die Liquidität und erfassen den Geldverkehr über **die Kontengruppen „13 Banken" und „15 Zahlungsmittel",** den kurzfristigen Kreditverkehr mit den Kunden **(„10 Forderungen")** und Lieferanten **(„17 Verbindlichkeiten")** sowie dem Finanzamt im Hinblick auf „14 **Vorsteuer" und „18 Umsatzsteuer"**. Zu den Finanzkonten rechnen auch die Kontengruppe „19 Sonstige Verbindlichkeiten" sowie die Konten **„1610 Privatentnahmen"** und **„1620 Privateinlagen".**

Klasse 2

**Abgrenzungskonten**

Die Kontenklasse 2 enthält die Abgrenzungskonten, die buchungstechnisch die neutralen Aufwendungen und Erträge von den Kosten (Kontenklasse 4) und Umsatzerlösen (Kontenklasse 8) aus dem Warenhandelsgeschäft trennen (sachliche Abgrenzung). Die Kontenklasse 2 bildet eine wichtige Vorstufe der Kosten- und Leistungsrechnung, in der die Abgrenzungsrechnung das „Betriebsergebnis" und das „Neutrale Ergebnis" tabellarisch ermittelt (siehe S. 354 f.).
Zu den neutralen Aufwendungen gehören u. a. die Konten der Kontengruppen „20 Sonstige Aufwendungen", „21 Zinsen und ähnliche Aufwendungen" und „22 Steuern vom Einkommen". Zu den neutralen Erträgen rechnen u. a. die Konten der Kontengruppen „24 Sonstige Erträge", „25 Erträge aus Beteiligungen", „26 Sonstige Zinsen", „27 Sonstige betriebliche Erträge".

Klasse 3

**Wareneinkaufs- und Warenbestandskonten**

In der Kontenklasse 3 werden die Waren**eingänge in den Kontengruppen 30 bis 38** und die Waren**bestände** (Anfangs- und Schlussbestand in der Kontengruppe 39) auf **getrennten** Konten erfasst. Erst unter Berücksichtigung der **Warenbestandsveränderung** lässt sich auf dem Wareneingangskonto der **Wareneinsatz** ermitteln. Wareneingänge und Warenbestände können **nach Warengruppen** gegliedert werden. Da die Wareneingänge nach § 255 [1] HGB zu ihren Anschaffungskosten zu erfassen sind, werden in dieser Kontenklasse auch die **Warenbezugskosten** als Anschaffungsnebenkosten, die **Warenrücksendungen** und **alle Anschaffungspreisminderungen** gebucht.

Klasse 4

**Konten der Kostenarten**

Die Konten der Klasse 4 (Konten der Kostenarten) erfassen nur bedingt die im Rahmen des Warenhandelsgeschäfts anfallenden **betriebsnotwendigen** Aufwendungen (**Kosten**). Zur **genauen Ermittlung des Betriebsergebnisses** und für Zwecke der Kostenrechnung wird die **tabellarische Form** der Abgrenzung und Erfassung aller Kosten einschließlich der kalkulatorischen Kostenarten im Rahmen der Kosten- und Leistungsrechnung bevorzugt (siehe S. 354 ff.).
Die Kostenartenkonten der Klasse 4 werden direkt zum Gewinn- und Verlustkonto abgeschlossen.

**Konten der Kostenstellen** — Klasse 5

In der Kontenklasse 5 können für die Kostenstellen des Betriebs Konten eingerichtet werden (Konten der Kostenstellen): z. B. Einkauf, Lager, Vertrieb, Verwaltung, Fuhrpark u. a. **Branchen- und betriebsbedingt** sind **unterschiedliche Aufteilungen** erforderlich. In der Praxis wird die **Kostenstellenrechnung** nicht kontenmäßig, sondern **tabellarisch** durchgeführt (siehe S. 413 ff.).

**Konten für Umsatzkostenverfahren** — Klasse 6

**Kapitalgesellschaften**, die ihre **Gewinn- und Verlustrechnung** in Form des Umsatzkostenverfahrens **veröffentlichen** (siehe Anhang des Lehrbuchs: § 275 [3] HGB), können in der Kontenklasse 6 die dazu erforderlichen Konten einrichten.

**Frei** — Klasse 7

**Warenverkaufskonten/Umsatzerlöse** — Klasse 8

In der Kontenklasse 8 werden die eigentlichen **betrieblichen Erträge** des Groß- und Außenhandelsunternehmens erfasst: die **Umsatzerlöse aus Warenverkäufen**. Die Gliederung nach den **Warengruppen 80 bis 86** muss mit den Wareneingangs- und Warenbestandskonten der Klasse 3 korrespondieren. **Warenrücksendungen** der Kunden und **Erlösberichtigungen** durch Nachlässe, Boni und Skonti an Kunden sind entsprechenden **Unterkonten** zuzuordnen.
In der Kontenklasse 8 werden auch sonstige Erlöse wie die unentgeltliche **Entnahme von Waren** erfasst (Warengruppe 87). Die Konten der Klasse 8 werden in der Regel direkt über das **GuV-Konto** abgeschlossen. Aufgrund der Neudefinition der Umsatzerlöse durch das BilRUG sind einige Erfolgsarten der Klasse 2 in der Gewinn- und Verlustrechnung den Umsatzerlösen zuzuordnen, so z. B. die Erträge aus Vermietung und Verpachtung (Miet- und Pachterträge; vgl. § 277 [1] HGB).

**Abschlusskonten** — Klasse 9

Die Kontenklasse 9 enthält das **Eröffnungsbilanzkonto 9100** und die Abschlusskonten **„9300 Gewinn und Verlust"** und **„9400 Schlussbilanzkonto".** Nach Bedarf kann dem GuV-Konto noch das Konto **„9200 Warenabschluss"** (siehe S. 159 f.) vorgeschaltet werden.

MERKE

**Der Kontenrahmen für den Groß- und Außenhandel folgt dem Prozessgliederungsprinzip.**

---

**AUFGABE 90**

Wie lauten die Kontenbezeichnungen und Geschäftsfälle?

1. 0330 und 1410 an 1710
2. 3010 und 1410 an 1710
3. 1010 an 8010 und 1810
4. 4000 an 1310
5. 4710 und 1410 an 1510
6. 4400 und 1410 an 1310
7. 1710 an 1310
8. 1610 an 8710 und 8100
9. 1310 an 1010

**AUFGABE 91**

**Anfangsbestände**

| | | | |
|---|---|---|---|
| BGA | 160.000,00 | Kassenbestand | 3.000,00 |
| Fuhrpark | 120.000,00 | Waren | 120.000,00 |
| Forderungen a. LL | 78.000,00 | Verbindlichkeiten a. LL | 88.000,00 |
| Bankguthaben | 107.000,00 | Eigenkapital | 500.000,00 |

**Kontenplan:** 0330, 0340, 0610, 1010, 1310, 1410, 1510, 1610, 1710, 1810, 3010, 3910, 4020, 4100, 4810, 4910, 8010, 8710, 9300, 9400.

**Geschäftsfälle**

| | | |
|---|---|---|
| 1. | Wareneinkäufe lt. ER 73–78, brutto | 15.232,00 |
| 2. | Kauf eines betrieblichen Pkw auf Ziel, brutto | 22.253,00 |
| 3. | Gehaltszahlung durch Banküberweisung | 4.800,00 |
| 4. | Warenverkäufe lt. AR 92–96 auf Ziel, brutto | 80.920,00 |
| 5. | Banküberweisung an Lieferanten zum Ausgleich von ER 71 | 16.898,00 |
| 6. | Privatentnahme von Waren lt. Entnahmebeleg, Warenwert | 450,00 |
| 7. | Barabhebung bei der Bank | 2.100,00 |
| 8. | Überweisung der Geschäftsmiete vom Bankkonto | 7.800,00 |
| 9. | Barkauf von Büromaterial einschließlich USt | 416,50 |
| 10. | Banküberweisung eines Kunden zum Ausgleich von AR 89 | 19.278,00 |

**Abschlussangaben**

1. Warenendbestand lt. Inventur ............ 98.420,00
2. Abschreibungen lt. Anlagenbuchhaltung: BGA 3.200,00 €, Fuhrpark 2.400,00 €.

**AUFGABE 92**

**1.** Nennen Sie jeweils den Geschäftsfall der folgenden Buchungen auf dem Bankkonto:

| Soll | **1310 Bank** | | Haben |
|---|---|---|---|
| 1. 9100 | 96.000,00 | 5. 1710 | 18.400,00 |
| 2. 1510 | 5.000,00 | 6. 1810 | 12.300,00 |
| 4. 1010 | 12.000,00 | 8. 9400 | 72.300,00 |
| | **103.000,00** | | **103.000,00** |

**2.** Worin unterscheiden sich Kontenrahmen und Kontenplan?

**3.** Unterscheiden Sie Kontenklasse, Kontengruppe, Kontenart, Kontenunterart.

**4.** Ordnen Sie die Kontenklassen des Großhandelskontenrahmens nach
**a)** Bestandskonten und **b)** Erfolgskonten.

**5.** Begründen Sie die Notwendigkeit eines Kontenrahmens.

**6.** Welches Prinzip liegt dem Aufbau des Großhandelskontenrahmens zugrunde?

**7.** Weshalb ist es sinnvoll, die Warenkonten der Klasse 3 und die Warenverkaufskonten der Klasse 8 nach Warengruppen (z. B. Kühlschränke, Elektroherde u. a.) zu gliedern?

## 8.3 Belegorganisation

### 8.3.1 Bedeutung und Arten der Belege

**Die Berechtigung und die Richtigkeit der Buchungen** können nur anhand der Belege überprüft werden. Deshalb muss jeder Buchung ein entsprechender Beleg zugrunde liegen. Der wichtigste **Grundsatz ordnungsmäßiger Buchführung** (§ 238 [1] HGB) lautet deshalb:

**MERKE** **Keine Buchung ohne Beleg!**

**Nach der Herkunft der Belege** unterscheidet man zwischen **externen** Belegen (Fremdbelege) und **internen** Belegen (Eigenbelege).

| **Externe Belege (Fremdbelege)** werden von Außenstehenden ausgestellt. | **Interne Belege (Eigenbelege)** werden im Unternehmen ausgestellt. |
|---|---|
| **Beispiele:**<br>▪ Eingangsrechnungen<br>▪ Quittungen | **Beispiele:**<br>▪ Kopien von Ausgangsrechnungen<br>▪ Quittungsdurchschriften |

| **Externe Belege (Fremdbelege)** werden von Außenstehenden ausgestellt. | **Interne Belege (Eigenbelege)** werden im Unternehmen ausgestellt. |
|---|---|
| ▪ Gutschriftsanzeige des Lieferanten für Warenrücksendung und nachträglichen Preisnachlass<br>▪ Erhaltene sonstige Geschäftsbriefe über z. B. nachträgliche Belastungen<br>▪ Bankbelege (z. B. Kontoauszüge, Kontrollmitteilungen u. a.)<br>▪ Postbelege (z. B. Quittungen über Einzahlungen, Versand u. a.) | ▪ Durchschrift der Gutschriftsanzeige an Kunden für Warenrücksendung und nachträglichen Preisnachlass<br>▪ Durchschriften von abgesandten sonstigen Geschäftsbriefe<br>▪ Lohn- und Gehaltslisten<br>▪ Belege über Privatentnahmen (Entnahme von Waren, Entnahme v. s. G. u. L.)<br>▪ Belege über Storno- und Umbuchungen sowie Abschlussbuchungen |

**Einzelbelege Sammelbelege**

Nach der Anzahl der in den Belegen erfassten Geschäftsfälle können Einzelbelege und Sammelbelege unterschieden werden. Während der Einzelbeleg für einen Geschäftsfall erstellt wird (z. B. Gutschriftsanzeige, Quittung), beinhaltet ein Sammelbeleg mehrere gleichartige Geschäftsfälle (z. B. Lohn- und Gehaltsliste).

**Ersatzbelege**

**Ersatzbelege** sind auszustellen, wenn ein **Originalbeleg abhanden gekommen** ist oder ein Fremdbeleg nicht zu erhalten war. Bei verloren gegangenen Fremdbelegen wird in der Regel eine Abschrift erbeten. Fehlen z. B. über Taxifahrten, Telefongespräche, Parkgebühren oder Trinkgelder die erforderlichen Belege, so ist ein Ersatzbeleg zu erstellen, der **Zeitpunkt, Grund und Höhe der Ausgabe** enthält.

## 8.3.2 Bearbeitung der Belege

**Folgende Arbeitsstufen** umfasst die Bearbeitung der Belege in der Buchhaltung:

- **Vorbereitung** der Belege zur Buchung
- **Buchung** der Belege im Grund- und Hauptbuch
- **Ablage** und Aufbewahrung der Belege

**Vorbereitung der Belege**

**Die sorgfältige Vorbereitung der Belege** ist unerlässliche Voraussetzung ordnungsmäßiger Buchführung. Dazu gehören:

- **Überprüfung der Belege** auf ihre **sachliche und rechnerische Richtigkeit.**
- **Bestimmung des Buchungsbelegs.** Gehören zu einem Geschäftsfall mehrere Belege (z. B. bei Banküberweisungen: Überweisungsvordruck und Kontoauszug/Kontrollmitteilung), muss vorab bestimmt werden, welcher Beleg als Buchungsunterlage verwendet werden soll, um mehrfache Buchungen zu vermeiden.
- **Ordnen der Belege nach Belegarten (Belegsortierung)** als **Voraussetzung für Sammelbuchungen** und eine ordnungsmäßige Ablage und **Aufbewahrung** der Belege z. B.:
  - Ausgangsrechnungen
  - Gutschriften an Kunden
  - Eingangsrechnungen
  - Gutschriften von Lieferanten
  - Lohn- und Gehaltslisten
  - Bankbelege
  - Kassenbelege
  - Privatentnahmen/-einlagen
- **Fortlaufende Nummerierung** der Belege innerhalb jeder Belegart.
- **Vorkontierung der Belege,** indem die Buchungssätze mithilfe eines Kontierungsstempels auf den Belegen oder gesondert auf einem Kontierungsformular angegeben werden.

**Buchung der Belege**

**Jede Buchung** im Grund- und Hauptbuch enthält den Hinweis auf die **Belegart und die Belegnummer.** Dieser **Belegvermerk** (z. B. AR 15) stellt sicher, dass zu jeder Buchung der zugehörige Beleg sofort auffindbar ist. Umgekehrt muss nach jeder Buchung der **Buchungsvermerk auf dem Beleg** eingetragen werden, der die Journalseite, das Buchungsdatum sowie das Zeichen des Buchhalters angibt. Durch diese **wechselseitigen Hinweise** wird der **Beleg zum Bindeglied** zwischen Geschäftsfall und Buchung.

B

**BEISPIEL**

Der Möbelfabrikant Werner Kurz hat seinem Unternehmen für private Zwecke einen Dielenschrank im Wert von 300,00 € netto entnommen. Damit die Entnahme ordnungsgemäß verbucht werden kann, hat er einen Eigenbeleg ausgestellt:

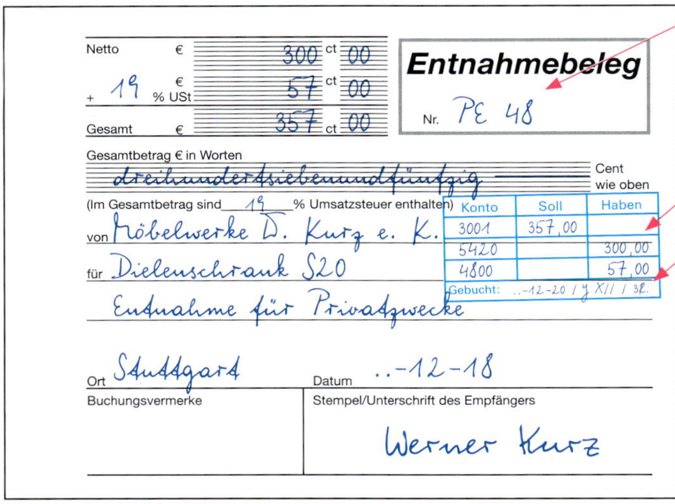
Netto € 300 ct 00
+ 19 % USt € 57 ct 00
Gesamt € 357 ct 00

**Entnahmebeleg**
Nr. PE 48

Gesamtbetrag € in Worten: dreihundertsiebenundfünfzig — Cent wie oben

(Im Gesamtbetrag sind 19 % Umsatzsteuer enthalten)

| Konto | Soll | Haben |
|---|---|---|
| 3001 | 357,00 | |
| 5420 | | 300,00 |
| 4800 | | 57,00 |
| Gebucht: ..-12-20 / J XII / 3 R. | | |

von Möbelwerke D. Kurz e. K.
für Dielenschrank S20
Entnahme für Privatzwecke

Ort Stuttgart Datum ..-12-18

Buchungsvermerke

Stempel/Unterschrift des Empfängers: Werner Kurz

**Belegvermerk:**
PE = Privatentnahmen
48 = Belegnummer

**Vorkontierung**

**Buchungsvermerk:**
J XII/3 = Eintragung im Grundbuch für Dezember auf Seite 3
R = Kurzzeichen des Buchhalters

**Beleg-aufbewahrung**

Nach der Buchung müssen die Belege sorgfältig abgelegt und **zehn Jahre** aufbewahrt werden, **gerechnet vom Schluss des Kalenderjahres,** in dem der Beleg entstanden ist (§ 257 [4] HGB, § 147 [3] AO). **Für jede Belegart** werden in der Regel **Ordner** angelegt, in denen die Belege nach fortlaufender Nummer abgeheftet sind. Bei einer **elektronischen Speicherung** muss die jederzeitige Wiedergabe und maschinelle Auswertbarkeit der gespeicherten Daten sichergestellt sein (siehe S. 17). In elektronischer Form empfangene Belege müssen ebenso wie die im Buchhaltungssystem erzeugten Daten und Dokumente grundsätzlich im Ursprungsformat aufbewahrt werden.

**MERKE**

- **Die Belegorganisation ist die Grundlage ordnungsmäßiger Buchführung.**
- **Der wichtigste Grundsatz ordnungsmäßiger Buchführung lautet: Keine Buchung ohne Beleg. Der Beleg ist als Grundlage und Nachweis der Buchung erforderlich.**
- **Folgende Belegarten werden in der Finanzbuchhaltung verarbeitet:**

| Belegarten | | | |
|---|---|---|---|
| **Herkunft der Belege** | | **Anzahl der Geschäftsfälle** | |
| **Externe Belege** Fremdbelege werden von Außenstehenden ausgestellt | **Interne Belege** Eigenbelege werden im Unternehmen selbst erstellt | **Einzelbelege** Einzelbelege enthalten nur einen Geschäftsfall | **Sammelbelege** Sammelbelege enthalten mehrere gleichartige Geschäftsfälle |

B

## 8.4 Bücher der Finanzbuchhaltung

**Die Buchungen** müssen **jederzeit nachprüfbar** sein. Sie sind deshalb jeweils

- in **zeitlicher Reihenfolge** zu erfassen,
- nach **sachlichen Gesichtspunkten** zu ordnen und
- gegebenenfalls **durch Nebenaufzeichnungen zu erläutern.**

**Diese Ordnung der Buchungen** erfolgt in bestimmten **Büchern** der Buchhaltung.

### 8.4.1 Grundbuch

**Grundbuch**

Im Grundbuch werden die Buchungen in **zeitlicher (chronologischer) Reihenfolge** erfasst. Im Einzelnen nimmt das Grundbuch folgende Buchungen auf:

1. **Eröffnungsbuchungen über EBK**
2. **Laufende Buchungen** aufgrund der vorkontierten Belege
3. **Vorbereitende Abschlussbuchungen,** die auch **Umbuchungen** genannt werden:
   - Buchung der Abschreibungen
   - Abschluss der Unterkonten (z. B. Privatentnahmen, Privateinlagen)
   - Verrechnung der Vor- und Umsatzsteuer
4. **Abschlussbuchungen**
   - Abschluss der Erfolgskonten über das GuV-Konto
   - Abschluss des GuV-Kontos über das Eigenkapitalkonto
   - Abschluss der Bestandskonten nach Abstimmung mit den Inventurbeständen über das Schlussbilanzkonto

**Wichtige Daten** sind im Grundbuch auszuweisen: Belegdatum, Belegvermerk, Buchungstext, Kontierung und Buchungsbetrag:

| **Grundbuch** | | **Monat November ..** | | | | |
|---|---|---|---|---|---|---|
| **Datum** | **Beleg** | **Buchungstext** | **Kontierung** | | **Betrag in €** | |
| | | | Soll | Haben | Soll | Haben |
| 12. Nov. .. | | Übertrag | | | ... | ... |
| 12. Nov. .. | KA 158 | Überweisung an Vits KG | 1710 | 1310 | 4.760,00 | 4.760,00 |
| 13. Nov. .. | AR 896 | Verkauf an Holzen OHG | 1010 | 8010 | 7.140,00 | 6.000,00 |
| | | | | 1810 | | 1.140,00 |
| 14. Nov. .. | KA 159 | Überweisung von Decker | 1310 | 1010 | 2.856,00 | 2.856,00 |
| ... | ... | ... | | | | |
| ... | ... | ... | | | | |

**Bedeutung des Grundbuchs**

Die chronologischen Aufzeichnungen im Grundbuch ermöglichen es, jeden einzelnen Geschäftsfall während der Aufbewahrungsfristen schnell bis zum Beleg zurückzuverfolgen und damit nachzuweisen.

**Buchungsverfahren**

Jede Grundbuchung muss auf dem entsprechenden Sachkonto des Hauptbuchs und gegebenenfalls auf dem Konto eines Nebenbuchs (z. B. Lagerbuchhaltung, Kunden- und Lieferantenkonten, Anlagenbuchhaltung, Lohn- und Gehaltsbuchhaltung) erfasst werden. Im Rahmen der IT-gestützten Buchhaltung erfolgen die Buchungen auf den Sachkonten des Hauptbuchs gleichzeitig automatisch mit der Eingabe im Grundbuch. Die Erfassung der Geschäftsfälle in zeitlicher und sachlicher Ordnung wird durch diese Organisation der Buchhaltung sichergestellt.

### 8.4.2 Hauptbuch

**Sachliche Ordnung**

Aus dem Grundbuch lässt sich der Stand der einzelnen Vermögens- und Schuldposten nicht erkennen. Deshalb müssen die Geschäftsfälle noch in **sachlicher** Ordnung auf entsprechenden **Sachkonten** gebucht werden, z. B. alle Gehaltszahlungen auf einem Konto „Gehälter", alle Bargeschäfte auf einem Kassenkonto usw. Die Sachkonten stellen wegen ihrer Bedeutung für die Buchführung das **Hauptbuch** dar.

**Sachkonten**

Die Sachkonten sind die **im Kontenplan** des Unternehmens **verzeichneten Bestands- und Erfolgskonten.** Ihr Abschluss führt über das Gewinn- und Verlustkonto zur Gewinn- und Verlustrechnung sowie über das Schlussbilanzkonto zur Bilanz. Bei jeder Buchung auf einem Sachkonto müssen ähnlich wie im Grundbuch vermerkt werden: Datum, Belegvermerk, Buchungstext, Gegenkonto, Betrag im Soll und im Haben:

| **Konto: 1310 Bank** | | | | | |
|---|---|---|---|---|---|
| **Beleg-datum** | **Beleg-vermerk** | **Buchungstext** | **Gegen-konto** | **Betrag in €** | |
| | | | | Soll | Haben |
| 12. Nov. .. | KA 158 | Überweisung an Vits KG | 1710 | – | 4.760,00 |
| 14. Nov. .. | KA 159 | Überweisung von Decker | 1010 | 2.856,00 | – |
| ... | ... | ... | | | |
| ... | ... | ... | | | |

#### Zusammenhang zwischen Belegen, Grundbuch und Hauptbuch

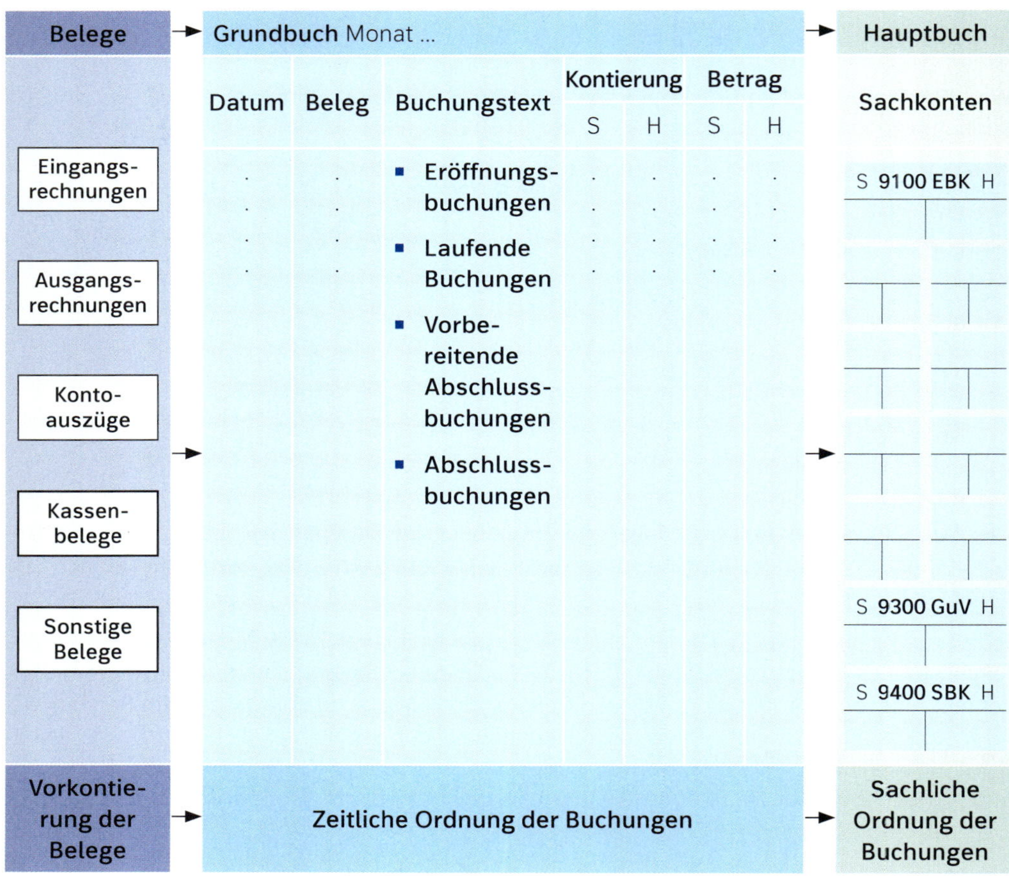

- **Das Grundbuch erfasst die Geschäftsfälle in zeitlicher Reihenfolge.**
- **Das Hauptbuch erfasst die Geschäftsfälle in sachlicher Ordnung auf Sachkonten.**
- **Grund- und Hauptbücher müssen gemäß § 257 [4] HGB zehn Jahre aufbewahrt werden. Die Aufbewahrungsfrist beginnt mit dem Schluss des Kalenderjahres, in dem die letzte Eintragung in die Bücher gemacht wurde.**

MERKE

B

### 8.4.3 Nebenbücher im Überblick

**Bestimmte Sachkonten** des Hauptbuchs müssen **näher erläutert** werden, um **wichtige Einzelheiten** darzustellen. Das geschieht in entsprechenden **Nebenbüchern.**

| Sachkonten | Nebenbücher |
|---|---|
| **Sammelkonten für Kunden und Lieferanten:** Forderungen a. LL, Verbindlichkeiten a. LL | **Kontokorrentbuchhaltung** erfasst den unbaren Geschäftsverkehr mit jedem einzelnen Kunden und Lieferanten; siehe unten. |
| **Bestandskonten für Warenbestände** | **Lagerbuchhaltung** erfasst für jede Warenart Zugänge und Abgänge und ermittelt jederzeit (permanent) den Buchbestand; siehe S. 109. |
| **Sammelkonten für Löhne, Gehälter und soziale Abgaben** | **Lohn-/Gehaltsbuchhaltung** Für jeden Arbeitnehmer wird ein Lohn- bzw. Gehaltskonto geführt; siehe S. 175. |
| **Sammelkonten für Anlagen:** Grundstücke und Gebäude, Technische Anlagen und Maschinen, andere Anlagen, Betriebs- und Geschäftsausstattung | **Anlagenbuchhaltung** Für jeden Anlagegegenstand gibt es einen Stammdatensatz mit Bezeichnung, Tag der Anschaffung, Anschaffungskosten, Nutzungsdauer, Abschreibung und Buchwert zum Abschlussstichtag; siehe S. 196. |

- **Die Nebenbücher dienen der Erläuterung bestimmter Sachkonten im Hauptbuch.**
- **In Handelsunternehmen werden üblicherweise das Kontokorrentbuch, das Kassenbuch, die Lagerbuchhaltung, die Lohn- und Gehaltsbuchhaltung sowie die Anlagenbuchhaltung als Nebenbücher geführt.**

MERKE

#### 8.4.3.1 Kontokorrentbuchhaltung

**Kunden- und Lieferantenkonten**

Die Kontokorrentbuchhaltung erfasst den Geschäftsverkehr mit Kunden und Lieferanten. Die Einrichtung von **Personenkonten für Kunden und Lieferanten** ist erforderlich, weil aus den Sachkonten „1010 Forderungen a. LL" und „1710 Verbindlichkeiten a. LL" nicht zu ersehen ist, wie hoch die Forderungen gegenüber den einzelnen **Kunden (Debitoren)** und die Verbindlichkeiten gegenüber den einzelnen **Lieferanten (Kreditoren)** sind. Die Kunden- und Lieferantenkonten dienen vorrangig der Überwachung von Zahlungsterminen und unterstützen das Mahnwesen. Sie bilden das Kontokorrentbuch[1].

1 ital.: conto corrente = laufende Rechnung

**Kundenkonto:** Petra Klein e. Kffr., Südallee 2, 50858 Köln **Kontonummer:** 10001

| Datum | Beleg | Buchungstext | Journal-seite | Soll | Haben | Saldo |
|---|---|---|---|---|---|---|
| 2. Jan. .. | – | Saldovortrag | J 1 | 4.760,00 | – | 4.760,00 |
| 4. Jan. .. | KA 1 | Banküberweisung | J 1 | – | 3.570,00 | 1.190,00 |
| 12. Jan. .. | AR 38 | Verkauf Artikel-Nr. 567 | J 3 | 2.856,00 | – | 4.046,00 |
| ... | ... | ... | | | | |

B

**IT-gestützte Buchhaltung**

In der IT-gestützten Buchhaltung wird auf den jeweiligen **Personenkonten der Lieferanten und der Kunden gebucht**. Die Sachkonten „1010 Forderungen a. LL" und „1710 Verbindlichkeiten a. LL" können nicht direkt manuell angebucht werden, sondern sind Sammelkonten, die die Salden der Personenkonten automatisch aufnehmen. Die Saldensumme der Lieferantenkonten ergibt also den Bestand des Sachkontos „1710 Verbindlichkeiten a. LL" und die Saldensumme der Kundenkonten ergibt den Bestand des Sachkontos „1010 Forderungen a. LL".

Die Sachkonten „Forderungen a. LL" und „Verbindlichkeiten a. LL" sind in der Regel vierstellig, die **Personenkonten fünfstellig.**

| | | | |
|---|---|---|---|
| **Debitoren:** | **10000–59999** | **z. B. 10000 Kunde A,** | **10001 Kunde B usw.** |
| **Kreditoren:** | **60000–99999** | **z. B. 60000 Lieferant A,** | **60001 Lieferant B usw.** |

**Kundenkonten** erhalten z. B. an der **fünften** Stelle (das EDV-System liest die Kennziffern von rechts nach links) die **Kennziffern 1 bis 5, Lieferantenkonten** die Ziffern **6 bis 9.**

**BEISPIEL**

Im Möbelgroßhandel Kurz weisen die Saldenlisten der Kunden- und Lieferantenkonten sowie die Sachkonten „1010 Forderungen a. LL" und „1710 Verbindlichkeiten a. LL" zum 31. Dezember folgende Zahlen aus:

| Konto-Nr. | Kunden | Salden |
|---|---|---|
| 10001 | Möbelladen Hein e. K. | 115.000,00 |
| 10002 | Möbelcenter MC | 86.250,00 |
| 10003 | SB-Möbelmarkt GmbH | 165.000,00 |
| | **Saldensumme** | **366.250,00** |

| Konto-Nr. | Lieferanten | Salden |
|---|---|---|
| 60001 | Küchentechnikwerke KG | 135.000,00 |
| 60002 | Polstermöbelwerke AG | 247.250,00 |
| 60003 | Büromöbelwerke OHG | 143.750,00 |
| | **Saldensumme** | **526.000,00** |

**1010 Forderungen a. LL**

| Datum | Beleg | Text | Soll | Haben |
|---|---|---|---|---|
| 31.Dez. | – | ... | 2.875.000,00 | 2.508.750,00 |
| | | **Saldo** | – | **366.250,00** |
| | | | 2.875.000,00 | 2.875.000,00 |

**1710 Verbindlichkeiten a. LL**

| Datum | Beleg | Text | Soll | Haben |
|---|---|---|---|---|
| 31.Dez. | – | ... | 1.889.000,00 | 2.415.000,00 |
| | | **Saldo** | **526.000,00** | – |
| | | | 2.415.000,00 | 2.415.000,00 |

**Offene-Posten-Buchhaltung**

Bei der Buchung einer Eingangsrechnung auf dem Personenkonto eines Lieferanten bzw. einer Ausgangsrechnung auf dem Personenkonto eines Kunden wird jeweils ein **offener Posten** angelegt. Der offene Posten wird ausgeglichen, wenn der entsprechende Zahlungsausgang bzw. der Zahlungseingang erfolgt. Bei der Buchung der Zahlungsvorgänge werden die Belegnummern der entsprechenden offenen Posten angegeben.

BEISPIEL

Die Baustoffgroßhandlung Hans Roggenbach e. K. (siehe Aufgabe 101) erhält am 15. Januar .. von dem Lieferanten Westfälische Zementwerke GmbH die folgende **Rechnung,** die die **Belegnummer 101** erhält:

| Menge | Bezeichnung | Einzelpreis in € | Gesamtpreis in € |
|---|---|---|---|
| 500 Sack | Zement 433 | 7,00 | 3.500,00 |
| | | Rechnungspreis netto | 3.500,00 |
| | | + 19 % Umsatzsteuer | 665,00 |
| | | Rechnungspreis brutto | 4.165,00 |

Die Baustoffgroßhandlung Hans Roggenbach bezahlt die Rechnung am 20. Januar per **Banküberweisung.** Die **Belegnummer des Kontoauszuges ist 102.**

**Die Buchungen lauten:**

| | | | | | |
|---|---|---|---|---|---|
| 101 | **3010 Wareneingang** ........ | **3.500,00** | | | |
| | **1410 Vorsteuer** ........ | **665,00** | an | **60001 Westfälische Zementwerke GmbH (Kreditorenkonto)** ........ | **4.165,00** |
| 102 | **60001 Westfälische Zementwerke GmbH (Kreditorenkonto)** ........ | **4.165,00** | an | **1310 Bank** ........ | **4.165,00** |

Grundsätzlich können offene Posten nur ausgeglichen werden, wenn der Zahlungsbetrag mit der Höhe des offenen Postens übereinstimmt. Sollte das nicht der Fall sein, besteht die Möglichkeit den Posten mit einem Restbetrag weiterzuführen, wenn es sich um eine Teilzahlung handelt, oder ihn auszubuchen, wenn er zum Beispiel bei einem Skontoabzug als ausgeglichen anzusehen ist.

**Offene-Posten-Listen**

Die Kontokorrentbuchhaltung ermöglicht den Abruf von tagesaktuellen Offene-Posten-Listen (OP-Listen). Diese enthalten die Posten auf den Kunden- und Lieferantenkonten, für die noch kein Zahlungseingang oder -ausgang erfasst wurde. Im Falle der Verbindlichkeiten a. LL ermöglicht die OP-Liste die Überwachung der Zahlungstermine, die Vermeidung von Mahngebühren und Verzugszinsen sowie die Inanspruchnahme von Skonti durch Zahlung innerhalb der Skontofristen. Bei den Forderungen a. LL dient die OP-Liste dem Abgleich der Zahlungseingänge mit den Ausgangsrechnungen, dem Mahnwesen zum zeitnahen Eintreiben von Forderungen und der Liquiditätssicherung des Unternehmens.

MERKE

- **In der Buchhaltung wird auf den Personenkonten der Lieferanten und der Kunden gebucht. Die Sachkonten „1010 Forderungen a. LL“ und „1710 Verbindlichkeiten a. LL“ sind Sammelkonten, die die Salden der Personenkonten automatisch aufnehmen.**
- **Die Salden der Sachkonten „1010 Forderungen a. LL“ und „1710 Verbindlichkeiten a. LL“ im Hauptbuch stimmen daher mit den Saldensummen der Kundenkonten (Debitoren) und der Lieferantenkonten (Kreditoren) im Kontokorrentbuch überein.**
- **Bei der Buchung von Eingangs- und Ausgangsrechnungen auf den Kunden- und Lieferantenkonten werden offene Posten angelegt.**
- **Zahlungen an Lieferanten und Zahlungen von Kunden werden jeweils einem vorher gebuchten offenen Posten zugeordnet.**
- **Die Offene-Posten-Buchhaltung der Kreditoren (Lieferanten) unterstützt die Entscheidungen bei eigenen Zahlungen (Zeitpunkt, Nutzen von Skonto, Vermeidung von Mahngebühren oder Verzugszinsen).**
- **Die Offene-Posten-Buchhaltung der Debitoren (Kunden) unterstützt das Mahnwesen.**

B

**AUFGABE 93**

In der Finanzbuchhaltung des Möbelgroßhandels Kurz weisen die **Kundenkonten** Möbelladen Hein und Möbelcenter MC folgende **offene Posten**, also noch nicht bezahlte Rechnungen, aus:

| S | **10001 Möbelladen Hein e. K.** | | H |
|---|---|---|---|
| AR 407 | 23.800,00 | | |
| AR 409 | 11.900,00 | | |

| S | **10002 Möbelcenter MC** | | H |
|---|---|---|---|
| AR 408 | 35.700,00 | | |
| AR 410 | 5.950,00 | | |

Richten Sie außer den Kundenkonten noch folgende Sachkonten ein: 1010 Forderungen a. LL (AB 77.350,00 €), 1310 Bank (AB 109.500,00 €), 1810 Umsatzsteuer, 8010 Warenverkauf.

Buchen Sie die folgenden Geschäftsfälle auf den Sachkonten und nehmen Sie zugleich die entsprechenden Eintragungen auf den Kundenkonten vor:

| | | | |
|---|---|---|---|
| 1. | Kunde Möbelladen Hein begleicht AR 407 lt. KA 12 | | 23.800,00 € |
| 2. | Zielverkauf von 20 Eicheschränken ES 44 lt. AR 411 an das Möbelcenter MC, netto | 50.000,00 € | |
| | + Umsatzsteuer | 9.500,00 € | 59.500,00 € |
| 3. | Möbelcenter MC begleicht lt. KA 13 die fällige AR 408 | | 35.700,00 € |
| 4. | Zielverkauf von Schreibtischen ST 45 an den Möbelladen Hein lt. AR 412, netto | 15.000,00 € | |
| | + Umsatzsteuer | 2.850,00 € | 17.850,00 € |

**1.** Ermitteln Sie die Salden der Kundenkonten und stellen Sie diese in einer Saldenliste „Debitoren" zusammen.

**2.** Ermitteln Sie den Saldo im Sachkonto „1010 Forderungen a. LL" und stimmen Sie diesen mit der Summe der Salden der Debitoren-Saldenliste ab.

**AUFGABE 94**

Die **Lieferantenkonten** Küchentechnikwerke KG und Polstermöbelwerke AG des Möbelgroßhandels Kurz weisen folgende **offene Posten** aus:

| S | **60001 Küchentechnikwerke KG** | | H |
|---|---|---|---|
| | | ER 580 | 29.750,00 |
| | | ER 582 | 14.280,00 |

| S | **60002 Polstermöbelwerke AG** | | H |
|---|---|---|---|
| | | ER 581 | 47.600,00 |
| | | ER 583 | 20.230,00 |

Richten Sie noch folgende Sachkonten ein:
1310 Bank (AB 167.000,00 €), 1410 Vorsteuer, 1710 Verbindlichkeiten a. LL (AB 111.860,00 €), 3010 Wareneingang.

Buchen Sie die folgenden Geschäftsfälle auf den erforderlichen Sachkonten und ergänzen Sie entsprechend die beiden Lieferantenkonten:

| | | | |
|---|---|---|---|
| 1. | ER 580 wird bei Fälligkeit beglichen. KA 45 | | 29.750,00 € |
| 2. | Zieleinkauf von Fernsehsesseln FS 200 lt. ER 584 bei Polstermöbelwerke AG, netto | 44.000,00 € | |
| | + Umsatzsteuer | 8.360,00 € | 52.360,00 € |
| 3. | Ausgleich von ER 581 lt. KA 46 | | 47.600,00 € |
| 4. | Zieleinkauf von Einbauküchen LS 405 bei Küchentechnikwerke KG lt. ER 585, netto | 68.500,00 € | |
| | + Umsatzsteuer | 13.015,00 € | 81.515,00 € |

**1.** Ermitteln Sie die Salden der Lieferantenkonten und des Kontos „1710 Verbindlichkeiten a. LL".

**2.** Erstellen Sie die Kreditoren-Saldenliste und nehmen Sie die Abstimmung mit dem Sachkonto 1710 vor.

B

**AUFGABE 95**

1. Erläutern Sie Aufgaben und Bedeutung der Bücher der Buchführung:
   a) Grundbuch,
   b) Hauptbuch,
   c) Nebenbücher.
2. a) Nennen Sie die in der Finanzbuchhaltung von Industrieunternehmen üblicherweise geführten Nebenbücher.
   b) Erläutern Sie kurz die jeweilige Aufgabe der Nebenbücher.
3. Inwiefern ist der Beleg Bindeglied zwischen Geschäftsfall und Buchung?
4. Belege lassen sich nach ihrer Entstehung in
   a) Fremd- bzw. externe Belege und
   b) Eigen- bzw. interne Belege
   unterscheiden. Nennen Sie Beispiele.
5. Nennen Sie die Aufbewahrungsfrist für
   a) Geschäftsbelege,
   b) die Bücher der Buchführung,
   c) das Inventar und
   d) die Bilanz.
6. Von welchem Zeitpunkt an beginnt die Aufbewahrungsfrist?
7. Welche Möglichkeiten der Belegaufbewahrung bestehen?

**AUFGABE 96**

**Geschäftsgänge mit Grund-, Haupt-, Kontokorrent- und Bilanzbuch**

1. Richten Sie die Sachkonten ein und tragen Sie die Beträge der Summenbilanz vor.
2. Richten Sie die Personenkonten ein und tragen Sie die Soll- und Habenbeträge vor.
3. Buchen Sie die Geschäftsfälle für Dezember auf den entsprechenden Konten.
4. Erstellen Sie zum 31. Dezember die Saldenlisten der Personenkonten und stimmen Sie diese mit den Sachkonten „1010 Forderungen a. LL“ und „1710 Verbindlichkeiten a. LL“ ab.
5. Führen Sie den kontenmäßigen Jahresabschluss im Hauptbuch durch.
6. Erstellen Sie eine ordnungsmäßig gegliederte Bilanz.

**Belegabkürzungen:** AR (Ausgangsrechnung), ER (Eingangsrechnung), KA (Kontoauszug), KB (Kassenbeleg), PE (Privatentnahmebeleg), SB (Sonstige Belege).

| **Kundenkonten** der Textilgroßhandlung Edgar Tuch e. K. | | **Soll** | **Haben** |
|---|---|---|---|
| 10000 | F. Walter e. Kffr., Leverkusen | 344.500,00 | 322.400,00 |
| 10001 | Kühn KG, Köln | 241.250,00 | 221.400,00 |
| 10002 | R. Schulze e. Kfm., Bergheim | 225.000,00 | 175.580,00 |
| Summe | | 810.750,00 | 719.380,00 |

| **Lieferantenkonten** der Textilgroßhandlung Edgar Tuch e. K. | | **Soll** | **Haben** |
|---|---|---|---|
| 60000 | M. Blau e. K., Rheine | 189.400,00 | 224.600,00 |
| 60001 | S. Schneider e. K., Emsdetten | 180.200,00 | 215.800,00 |
| 60002 | Weber GmbH, Soest | 155.400,00 | 184.480,00 |
| Summe | | 525.000,00 | 624.880,00 |

B

| **Sachkonten** der Textilgroßhandlung Edgar Tuch e. K. | | **Soll** | **Haben** |
|---|---|---|---|
| 0330 | Betriebs- und Geschäftsausstattung | 218.000,00 | 13.000,00 |
| 0610 | Eigenkapital | – | 429.000,00 |
| 2400 | Forderungen a. LL | 810.750,00 | 719.380,00 |
| 1310 | Bank | 790.158,00 | 646.570,00 |
| 1320 | Postbankguthaben | 69.343,00 | 14.000,00 |
| 1410 | Vorsteuer | 99.586,50 | 83.140,00 |
| 1510 | Kasse | 28.940,00 | 21.180,00 |
| 1610 | Privatentnahmen | 40.000,00 | – |
| 4400 | Verbindlichkeiten a. LL | 525.000,00 | 624.880,00 |
| 1810 | Umsatzsteuer | 83.140,00 | 150.907,50 |
| 3010 | Wareneingang | 460.000,00 | – |
| 3910 | Warenbestände | 189.000,00 | – |
| 4000 | Personalkosten | 102.000,00 | – |
| 4100 | Mietaufwendungen | 45.070,00 | – |
| 4800 | Allgemeine Verwaltung | 35.320,00 | – |
| 8010 | Warenverkauf | – | 780.150,00 |
| 8710 | Entnahme von Waren | – | 14.100,00 |
| | | 3.496.307,50 | 3.496.307,50 |

**Weitere Konten:** 4910, 9300, 9400

**Geschäftsfälle** ab 18. Dezember bis 31. Dezember ..

| **Datum** | **Beleg** | **Buchungstext** | **€** |
|---|---|---|---|
| 18. Dez. | AR 949 | Zielverkauf an F. Walter e. Kffr., netto | 8.800,00 |
| | | + Umsatzsteuer | 1.672,00 |
| 19. Dez. | ER 468 | Zieleinkauf bei M. Blau e. K., netto | 12.300,00 |
| | | + Umsatzsteuer | 2.337,00 |
| 20. Dez. | KA 91 | Überweisung von Kühn KG | 13.685,00 |
| | | Überweisung an S. Schneider e. K. | 23.205,00 |
| 21. Dez. | KB 248 | Barkauf von Postwertzeichen | 650,00 |
| | PE 35 | Private Warenentnahme, netto | 750,00 |
| 23. Dez. | ER 469 | Zieleinkauf bei Weber GmbH, netto | 11.800,00 |
| | | + Umsatzsteuer | 2.242,00 |
| 27. Dez. | KB 249 | Privatentnahme, bar | 800,00 |
| 28. Dez. | AR 950 | Zielverkauf an R. Schulze e. Kfm., netto | 15.600,00 |
| | | + Umsatzsteuer | 2.964,00 |
| 29. Dez. | KA 92 | Überweisung von R. Schulze e. Kfm. | 28.560,00 |
| | | Überweisung der Gehälter | 6.400,00 |
| | | Überweisung der Telekommunikationsgebühren, netto | 1.200,00 |
| | | + Umsatzsteuer | 228,00 |
| 30. Dez. | KB 250 | Barkauf von Büromaterial, brutto | 535,50 |
| 31. Dez. | KB 251 | Barverkäufe von Waren (Tageslosung), brutto | 6.664,00 |

**Abschlussangaben**

| | | | |
|---|---|---|---|
| 31. Dez. | SB 189 | Warenbestand lt. Inventur | 168.000,00 |
| 31. Dez. | Anlagenbuchhaltung: Abschreibungen auf BGA | | 25.000,00 |
| 31. Dez. | Inventar: Die Buchbestände entsprechen den Inventurwerten. | | |

B

**AUFGABE 97**

Die Personen- und Sachkonten der Textilgroßhandlung Edgar Tuch e. K. sind zum 18. Dez. .. einzurichten (vgl. Aufgabe 96). Folgende Geschäftsfälle sind noch bis zum 31. Dezember .. zu buchen:

| Datum | Beleg | Buchungstext | € |
|---|---|---|---|
| 18. Dez. | KA 92 | Überweisung der Miete für angemietete Büroräume | 4.500,00 |
| | KA 93 | Barabhebung für Geschäftskasse | 1.800,00 |
| 19. Dez. | AR 951 | Verkauf an Kühn KG auf Ziel, netto | 15.600,00 |
| | | + Umsatzsteuer | 2.964,00 |
| 20. Dez. | ER 470 | Zielkauf eines Laptops gegen Rechnung, netto | 1.200,00 |
| | | + Umsatzsteuer | 228,00 |
| 20. Dez. | KA 94 | Abbuchung der Telekommunikationsrechnung, netto | 750,00 |
| | | + Umsatzsteuer | 142,50 |
| 21. Dez. | ER 471 | Einkauf bei S. Schneider e. K. auf Ziel, netto | 5.800,00 |
| | | + Umsatzsteuer | 1.102,00 |
| 22. Dez. | KA 95 | Überweisung von F. Walter e. Kffr. | 11.900,00 |
| | | von Kühn KG | 8.330,00 |
| | | von R. Schulze e. Kfm. | 28.560,00 |
| 23. Dez. | KB 252 | Warenverkäufe, bar, brutto | 6.545,00 |
| 24. Dez. | KB 253 | Privatentnahme, bar | 700,00 |
| 27. Dez. | KA 96 | Überweisung an Dr. med. Baier zum Ausgleich der Arztrechnung | 440,00 |
| 28. Dez. | AR 952 | Zielverkauf an F. Walter e. Kffr., netto | 15.600,00 |
| | | + Umsatzsteuer | 2.964,00 |
| 28. Dez. | ER 472 | Zieleinkauf bei M. Blau e. K., netto | 14.400,00 |
| | | + Umsatzsteuer | 2.736,00 |
| 29. Dez. | KA 97 | Unsere Bareinzahlung aus der Geschäftskasse | 2.500,00 |
| 29. Dez. | PE 36 | Privatentnahme von Waren, netto | 450,00 |
| | | + Umsatzsteuer | 85,50 |
| 30. Dez. | KA 98 | Unsere Überweisung für Lagerraummiete | 6.400,00 |
| 31. Dez. | KA 99 | Überweisung an M. Blau e. K. | 34.510,00 |
| | | an Weber GmbH | 17.255,00 |

**Abschlussangaben**

| | | | |
|---|---|---|---|
| 31. Dez. | SB 190 | Warenschlussbestand lt. Inventur | 176.000,00 |
| 31. Dez. | SB 191 | Abschreibung auf BGA | 38.000,00 |

31. Dez. Im Übrigen entsprechen die Buchwerte den Inventurwerten.

**AUFGABE 98**

Die folgende Aufgabe sollte mithilfe eines Finanzbuchhaltungsprogramms bearbeitet werden. Wenn Ihnen kein Programm zur Verfügung steht, können Sie die Buchungen auch manuell durchführen. Die Teilaufgaben 3.–5. können in diesem Fall nicht gelöst werden.

Sie sind Mitarbeiter/-in in der Finanzbuchhaltung der Baustoffgroßhandlung Hans Roggenbach e. K. Der folgende Geschäftsgang ist im November des aktuellen Geschäftsjahres zu buchen. Den Kontenplan der Baustoffgroßhandlung Roggenbach können Sie der Aufgabe 101 entnehmen.

**Geschäftsfälle** (Hinweis: Der Umsatzsteuersatz beträgt in allen Fällen 19 %.)

| Nr. | Datum | Text | |
|---|---|---|---|
| 101 | 10. Nov. | Ausgangsrechnung an den Kunden Werner Peters e. K. für die Lieferung diverser Baumaterialien, brutto | 13.090,00 |
| 102 | 10. Nov. | Eingangsrechnung f. Zement von den Westf. Zementwerken, brutto | 4.760,00 |
| 103 | 15. Nov. | Privateinlage des Inhabers bar | 2.000,00 |
| 104 | 15. Nov. | Werner Peters e. K. bezahlt AR 101 durch Banküberweisung | 13.090,00 |
| 105 | 15. Nov. | Zahlung einer Reparatur bar, brutto | 59,50 |

| | | | |
|---|---|---|---|
| 106 | 15. Nov. | Banküberweisung für Werbeanzeige, brutto | 357,00 |
| 107 | 15. Nov. | Banküberweisung an die Westfälischen Zementwerke GmbH. Ausgleich der ER 102 | 4.760,00 |
| 108 | 15. Nov. | Eingangsrechnung f. Maurermörtel v. d. Westf. Zementw., brutto | 1.785,00 |
| 109 | 17. Nov. | Eingangsrechnung f. Fassadenfarbe v. d. Farbwerken Wirtz, brutto | 3.927,00 |
| 110 | 20. Nov. | Banküberweisung der Gehälter | 4.320,00 |
| 111 | 20. Nov. | Privatentnahme des Inhabers bar | 500,00 |
| 112 | 20. Nov. | Abbuchung der Bank für Kfz-Versicherung | 750,00 |

B

**Arbeitsanweisungen**

1. Buchen Sie die Geschäftsfälle im Grundbuch.
2. Führen Sie die Konten „1810 Umsatzsteuer" und „1410 Vorsteuer" und ermitteln Sie die Umsatzsteuer-Zahllast.
3. Tragen Sie die Buchungen in einen Kontierungsbogen ein. Die Struktur des Kontierungsbogens ist abhängig von der Software, die Ihnen zur Verfügung steht.
4. Erfassen Sie die Buchungen mithilfe eines kommerziellen Finanzbuchhaltungsprogramms.
5. Erstellen Sie folgende Auswertungen:
   a) Journal des Monats November,
   b) Saldenliste Sachkonten zum 30. November,
   c) Saldenliste Kreditoren zum 30. November,
   d) Offene-Posten-Liste Kreditoren zum 30. November,
   e) Umsatzsteuer-Voranmeldung für November.

**AUFGABE 99**

1. Warum ist es erforderlich, in der Kontokorrentbuchhaltung Personenkonten für Lieferanten und Kunden einzurichten?
2. Welche Informationen enthält eine Offene-Posten-Liste?
3. Für welche Zwecke kann eine Offene-Posten-Liste
   a) der Kundenkonten und
   b) der Lieferantenkonten

   im Unternehmen genutzt werden?
4. Die Sachkonten „1010 Forderungen a. LL" und „1710 Verbindlichkeiten a. LL" sind eingerichtet. Sie haben auf diesen Konten jedoch nicht gebucht. Trotzdem weisen diese Konten Buchungen auf. Welche sind das?

### 8.4.3.2 Lagerbuchhaltung

**Ermittlung des Sollbestands**

In der Lagerbuchhaltung wird für **jeden** Artikel eine Warendatei geführt, die die **Zugänge und Abgänge in Mengeneinheiten** (Stück, kg, m u. a.) erfasst. Dadurch kann der **Bestand** an einem Artikel **jederzeit buchmäßig,** also ohne zeitaufwändige körperliche Inventur, festgestellt werden (siehe permanente Inventur auf S. 20).

**Istbestand**

Der Soll- bzw. Buchbestand der Lagerdatei muss jedoch mindestens **einmal** im Geschäftsjahr durch eine körperliche Bestandsaufnahme überprüft werden. **Unterschiede zwischen Soll- und Istbeständen** können auf Diebstahl, Verderb, Schwund oder nicht erfasste Eingangs- und Ausgangsrechnungen zurückzuführen sein. Die Lagerdatei und das Sachkonto „Warenbestände" sind dann entsprechend zu berichtigen[1].

**Überwachung des Lagerbestands**

Die Lagerbuchhaltung dient nicht nur der täglichen Erfassung, sondern vor allem auch der Überwachung des Lagerbestands der **einzelnen** Artikel und Warengruppen. Die Lagerdatei enthält deshalb auch wichtige Angaben für das **Bestellwesen.** Sie weist sowohl den **Mindest-** als auch den **Höchstbestand** für den einzelnen Artikel aus.

1 Siehe Inventurdifferenzen, S. 223.

Lagerbuchhaltung

Artikel Nr.: 0458 Mindestbestand: 18
Artikel: Kühlschrank L 200 Höchstbestand: 45
Lieferant: 60005 Lagerort: C I 4

| Datum | Beleg | EP je Einheit | Zugang | Abgang | Bestand | Bemerkungen |
|---|---|---|---|---|---|---|
| ..-01-01 | Vortrag | 200,00 | – | – | 20 | |
| ..-01-05 | ER 12 | 220,00 | 10 | – | 30 | |
| ..-01-10 | AR 24 | – | – | 8 | 22 | |
| ..-01-14 | AR 36 | – | – | 3 | 19 | |
| ..-01-18 | ER 56 | 230,00 | 15 | – | 34 | |

MERKE

- **Die Lagerbuchhaltung dient der buchmäßigen Ermittlung und Überwachung der einzelnen Warenbestände.**
- **Zwischen den Büchern der Finanzbuchhaltung besteht folgender Zusammenhang:**

**Grundbuch**

| Datum | Beleg | Buchungstext | Kontierung | | Betrag in € | |
|---|---|---|---|---|---|---|
| | | | Soll | Haben | Soll | Haben |
| ... | ... | ... | ... | ... | ... | ... |

**Zeitliche (chronologische) Reihenfolge der Buchungen**

**Hauptbuch** ↔ **Nebenbücher**

**Hauptbuch**

**Eröffnungsbilanzkonto**

**Sachkonten**
- Bestandskonten
- Erfolgskonten

**Schlussbilanzkonto**

**Sachliche (systematische) Ordnung der Buchungen**

**Nebenbücher**

**Kontokorrentbuch**
- Personenkonten für Kunden
- Personenkonten für Lieferanten

**Lagerbuchhaltung**

**Anlagenbuchhaltung**

**Lohn- und Gehaltsbuchhaltung**

**Kassenbuch**

**Informationen über Sachkonten**

**AUFGABE 100**

1. Führen Sie die Lagerdatei für DVD-Rekorder M 48, Artikel Nr.: 0456.
   Lieferant: Interton GmbH, Frankfurt a. M., 60041
   Mindestbestand: 12 Stück; Höchstbestand: 40 Stück.
   Einstands- bzw. Bezugspreis 190,00 €.
   1. Jan. Anfangsbestand lt. Inventurliste vom 31. Dezember des Vorjahres 14 Stück;
   ER 112 vom 12. Jan. 20 Geräte; Lieferung am 13. Jan. lt. AR 98 10 Geräte;
   ER 114 vom 25. Jan. 15 Geräte; 31. Jan. Lieferung lt. AR 168 14 Geräte.
2. Worin liegen die betriebswirtschaftlichen Vorteile der permanenten Inventur?
3. Nennen Sie andere Verfahren der Inventur der Warenvorräte.

B

# 9 Beleggeschäftsgang 1

**AUFGABE 101**

**Monatsabschluss**

In der Finanzbuchhaltung der **Baustoffgroßhandlung Hans Roggenbach e. K.,** Am Steinsgraben 34–38, 37085 Göttingen, Bankverbindung: Kreditbank KGaA Göttingen, IBAN DE83 6066 3707 0118 3024 05, BIC GENODE5173, werden regelmäßig Monatsabschlüsse gemacht. Das Geschäftsjahr entspricht dem Kalenderjahr. In dem folgenden Beleggeschäftsgang soll zum 31. Januar der Abschluss erfolgen. Die Sach- und Personenkonten weisen die Salden zum 27. Januar aus. Für die Zeit vom 28. bis 31. Januar sind die Geschäftsfälle anhand der Belege 1–17 zu buchen.

**Konventionelle und EDV-gestützte Bearbeitung**

Der Beleggeschäftsgang 1 kann sowohl konventionell im Arbeitsheft als auch mit einem Finanzbuchhaltungsprogramm gebucht werden. Die Stamm- und Bewegungsdaten sind in dem jeweiligen Finanzbuchhaltungsprogramm entsprechend einzugeben.

**Eröffnung der Konten**

- Die Salden der Sach- und Personenkonten stellen den Stand zum 27. Januar dar. Bei konventioneller Buchführung werden sie einfach auf die entsprechenden Konten ohne Gegenbuchung übertragen. In der EDV-Fibu ist jedoch für die Eröffnungsbuchungen das **Hilfs- bzw. Gegenkonto „9150 Saldenvorträge“** erforderlich.

**Personenkonten**

- Geschäftsfälle, die Kunden und Lieferanten betreffen, werden bei **computergestütztem** Buchen **nur** auf den entsprechenden **Personenkonten** gebucht. Die dort erfassten Buchungen werden **automatisch** auf die entsprechenden Hauptbuchkonten „Forderungen a. LL“ bzw. „Verbindlichkeiten a. LL“ übertragen, die somit reine **Sammelkonten** sind. Bei Eröffnung der Konten sind deshalb nur die Salden der Personenkonten zu buchen und nicht die der genannten Sammelkonten.

| Kontenplan und Salden der Sachkonten zum 27. Januar .. | | Soll | Haben |
|---|---|---|---|
| 0200 | Grundstücke und Gebäude | 754.200,00 | – |
| 0310 | Technische Anlagen und Maschinen | 250.000,00 | – |
| 0330 | Betriebs- und Geschäftsausstattung | 140.000,00 | – |
| 0610 | Eigenkapital | – | 800.000,00 |
| 0820 | Darlehensschulden | – | 355.750,00 |
| 1010 | Forderungen aus Lieferungen und Leistungen | 47.600,00 | – |
| 1310 | Bankguthaben | 117.560,00 | – |
| 1410 | Vorsteuer | 164.698,00 | – |
| 1510 | Kasse | 24.400,00 | – |
| 1610 | Privatentnahmen | 13.000,00 | – |
| 1710 | Verbindlichkeiten aus Lieferungen und Leistungen | – | 89.250,00 |
| 1810 | Umsatzsteuer | – | 220.704,00 |
| 2110 | Zinsaufwendungen | 22.100,00 | – |
| 3010 | Wareneingang | 717.000,00 | – |
| 3910 | Warenbestände | 118.880,00 | – |
| 4020 | Gehälter | 153.700,00 | – |
| 4710 | Instandhaltung | 15.600,00 | – |
| 4730 | Sonstige Betriebskosten | 10.366,00 | – |
| 4810 | Bürobedarf | 55.800,00 | – |
| 4822 | Kosten der Telekommunikation | 22.400,00 | – |
| 4910 | Abschreibungen auf Sachanlagen | – | – |
| 8010 | Warenverkauf | – | 1.157.100,00 |
| 8710 | Entnahme von Waren | – | 4.500,00 |
| Abschlusskonten: 9300, 9400 | | 2.627.304,00 | 2.627.304,00 |

Offene-Posten-Listen

Die Personenkonten weisen zum 27. Januar .. im Einzelnen die unten stehenden **offenen Posten** (unbezahlte Rechnungen) und **Salden** aus:

| Offene-Posten-Liste Kunden | | | | | |
|---|---|---|---|---|---|
| **Konto** | **Kunde** | **Datum** | **Rechnungs-Nr.** | **Betrag** | **Salden** |
| **10 001** | Heinz Schneider e. K.<br>Stettiner Straße 21<br>69124 Heidelberg | ..-01-06<br>..-01-19 | 4 201<br>4 206 | 16.660,00<br>7.140,00 | **23.800,00** |
| **10 002** | Jürgen Alberts e. Kfm.<br>Rhönplatz 18<br>34134 Kassel | ..-01-18<br>..-01-21 | 4 203<br>4 207 | 4.760,00<br>3.570,00 | **8.330,00** |
| **10 003** | Werner Peters e. K.<br>Holzstraße 26–28<br>46147 Oberhausen | ..-01-07<br>..-01-23 | 4 202<br>4 208 | 5.950,00<br>9.520,00 | **15.470,00** |
| Saldensumme der Kundenkonten (Abstimmung mit Konto 1010) | | | | | **47.600,00** |

| Offene-Posten-Liste Lieferanten | | | | | |
|---|---|---|---|---|---|
| **Konto** | **Lieferanten** | **Datum** | **Rechnungs-Nr.** | **Betrag** | **Salden** |
| **60 001** | Westfälische Zementwerke GmbH<br>Postfach 14 12<br>53111 Bonn | ..-01-04<br>..-01-10 | 45 190<br>45 340 | 16.660,00<br>24.990,00 | **41.650,00** |
| **60 002** | Furnier- und Holzwerke GmbH<br>Postfach 12<br>03050 Cottbus | ..-01-19<br>..-01-22 | 25 115<br>25 317 | 20.825,00<br>8.925,00 | **29.750,00** |
| **60 003** | Farbwerke Wirtz GmbH<br>Lagerhausstraße 36–44<br>06749 Bitterfeld | ..-01-21 | 4 403 | 17.850,00 | **17.850,00** |
| Saldensumme der Lieferantenkonten (Abstimmung mit Konto 1710) | | | | | **89.250,00** |

## Aufgaben

1. Eröffnung der Sach- und Personenkonten mit den Salden zum 27. Januar ..
2. Vorkontierung der Belege nach folgendem Erfassungsschema:

| Soll-konto | Beleg-nummer | Beleg-datum | Haben-konto | Betrag | SA | SC | OP-Nr. | B-Text |
|---|---|---|---|---|---|---|---|---|

3. Angaben für den Monatsabschluss zum 31. Januar ..:
   Beleg 16: Monatliche Abschreibung auf Sachanlagen:
   Gebäude ........ 1.400,00
   Technische Anlagen und Maschinen ........ 2.200,00
   Betriebs- und Geschäftsausstattung ........ 1.500,00
   Beleg 17: Minderbestand an Waren lt. Inventur ........ 105.000,00
   Im Übrigen entsprechen die Buchwerte den Inventurwerten.
4. Erstellung des Monatsabschlusses in Form der Bilanz und Gewinn- und Verlustrechnung zum 31. Januar .. .

B

**Beleg 1**

# Hans Roggenbach e. K.

**Baustoffe · Farben**
**Bodenbeläge · Glas**

Baustoffgroßhandel H. Roggenbach e. K. · Postfach 30 06 47 · 37081 Göttingen

Bauunternehmung
Heinz Schneider e. K.
Stettiner Str. 21
69124 Heidelberg

GROSSHANDEL

Am Steinsgraben 34–38 · 37085 Göttingen
Telefon 0551 4909-0
Telefax 0551 490949
E-Mail: roggenbach@baustoffe-wvd.de
Internet: www.roggenbach-wvd.de
USt-IdNr.: DE 768 549 877

**Bitte bei Zahlung angeben:**

| Rechnung-Nr.: | Kunden-Nr.: | **Datum** |
|---|---|---|
| 4 213 | 10 001 | ..-01-28 |

## Rechnung

| Auftrags-Nr.: | Liefertag | Lieferschein |
|---|---|---|
| 192/.. | ..-01-26 | 146 826 |

Wir danken für Ihren Auftrag und berechnen Ihnen wie folgt:

| Menge | Bezeichnung | Einzelpreis | Betrag in € |
|---|---|---|---|
| 600 Meter | Klebefolie 45 cm breit | 2,00 | 1.200,00 |
| 100 Rollen | Teerpappe | 15,00 | 1.500,00 |
| 800 Stück | Schalbretter | 11,00 | 8.800,00 |

| | |
|---|---|
| Warenwert | 11.500,00 |
| Umsatzsteuer 19 % | 2.185,00 |
| Endsumme | 13.685,00 |

Zahlungsbedingung:
30 Tage netto

| Konto | Soll | Haben |
|---|---|---|
| Gebucht: | | |

Kreditbank KGaA Göttingen, Konto-Nr. 118 302 405, BLZ 660 637 07
IBAN: DE83 6066 3707 0118 3024 05
BIC: GENODE5173

Gerichtsstand: Göttingen
Eigentumsvorbehalt gem. § 455 BGB

B

**Beleg 2**

# Furnier- und Holzwerke GmbH
## Cottbus

Holzwerke GmbH · Postfach 12 · 03050 Cottbus

Baustoffgroßhandel
Hans Roggenbach e. K.
Am Steinsgraben 34 - 38
37085 Göttingen

Eingang: ..-01-28

| Ihre Bestellung Nr./Tag/Zeich. | Unsere Auftrags-Nr./Zeich. | Zeit der Leistung/ Liefertag | **Datum** |
|---|---|---|---|
| ..-01-23 | RS 4 500 y | ..-01-26 | ..-01-27 |

**Rechnung Nr.**
25 612

Wir sandten für Ihre Rechnung und auf Ihre Gefahr:

USt-IdNr.: DE 273 241 348

| Zeichen und Nr. | Gegenstand | Menge und Einheit | Preis je Einheit € | Betrag € | Für Empfänger-vermerke |
|---|---|---|---|---|---|
| SP, 52 | Spanplatten | 100 | 40,00 | 4.000,00 | |
| FT, 86 | Furnierplatten | 240 | 30,00 | 7.200,00 | |
| LS, 43 | Latten 2 m | 1 000 | 3,00 | 3.000,00 | |
| | Warenwert | | | 14.200,00 | |
| | + 19 % Umsatzsteuer | | | 2.698,00 | |
| | | | | 16.898,00 | |

| Konto | Soll | Haben |
|---|---|---|
| | | |

Gebucht:

**Zahlungsbedingung:** 30 Tage rein netto

Telefon: 0355 286929
Telefax: 0355 286931

E-Mail: Holzwerke@gmbh-wvd.de
Internet: www.holzwerke-gmbh-wvd.de

Geschäftszeit
08:30–17:00 Uhr

Bankkonto
VR Bank Lausitz eG
6 03 45, BLZ 180 927 94
IBAN: DE58 1809 2794 0000 0603 45
BIC: GENODEF1FWA

B

**Beleg 3**

**Kreditbank KGaA Göttingen**

Empfangsbescheinigung
über Bar-Einzahlung auf eigenes Konto

| Kontonummer | Kontoinhaber |
|---|---|
| 118 302 405 | Baustoffgroßh. H. Roggenbach e. K. |

Betrag: Euro, Cent
1.500,00------

..-01-27 1.500,00

**Kreditbank KGaA Göttingen** *Kurz*

Für den Einzahlungstag und den Betrag ist der Maschinendruck maßgebend.

**Kontoauszug zu Beleg 3**

**Kontoauszug** **Kreditbank KGaA Göttingen**

| Konto-Nr. | Datum | Ausz.-Nr. | Blatt | Buchungstag | PN-Nr. | Wert | Umsatz |
|---|---|---|---|---|---|---|---|
| 118 302 405 | ..-01-27 | 8 | 1 | | | | |
| EINZAHLUNG | | | | 01-27 | 8744 | 01-27 | 1.500,00 H |

BAUSTOFFGROSSHANDEL
HANS ROGGENBACH E. K.
AM STEINSGRABEN 34-38
37085 GÖTTINGEN

Konto | Soll | Haben
Gebucht:

AlterSaldo
H 117.560,00 EUR

Neuer Saldo
H 119.060,00 EUR

B

**Beleg 4**

| | | | |
|---|---|---|---|
| Netto | € —— | ct —— | **Quittung** |
| | € —— | ct —— | Nr. KB 37 |
| + —— % USt | | | |
| Gesamt | € 600 | ct 00 | |

Gesamtbetrag € in Worten
sechshundert ———— Cent wie oben

(Im Gesamtbetrag sind ——— % Umsatzsteuer enthalten)

von Geschäftskasse

für private Zwecke

richtig erhalten zu haben, bestätigt

Ort Göttingen Datum 29. Jan. ..

| Buchungsvermerke | Stempel/Unterschrift des Empfängers |
|---|---|
| | H. Roggenbach |

Konto / Gebucht:

**Beleg 5**

FWW Farbwerke Wirtz GmbH · Bitterfeld

Wirtz GmbH · Lagerhausstr. 36–44 · 06749 Bitterfeld

Eingang: ..-01-31

Baustoffgroßhandel
H. Roggenbach e. K.
Am Steinsgraben 34-38
37085 Göttingen

USt-IdNr.: DE 874 362 443

| Ihr Auftrag vom | Kunden-Nr. | Liefertag | Datum |
|---|---|---|---|
| ..-01-16 | 70 016 | ..-01-27 | ..-01-28 |

Rechnung Nr. 4 573

| Menge | Artikel | Einzelpreis | Betrag in € |
|---|---|---|---|
| 800 l | Fassadenfarbe X 404 | 15,00 €/10 l | 1.200,00 |
| 400 l | Fassadenfarbe X 408 | 16,00 €/10 l | 640,00 |
| | | | 1.840,00 |
| | + 19 % Umsatzsteuer | | 349,60 |
| | | | 2.189,60 |

Konto | Soll | Haben
Gebucht:

Telefon: 03493 53514
Telefax: 03493 441244

E-Mail: farbwerke@wirtz-wvd.de
Internet: www.farbwerke-wirtz-wvd.de

Kreissparkasse Anhalt-Bitterfeld
Konto-Nr. 11 241 302
BLZ 800 537 22
IBAN: DE58 8005 3722 0011 2413 02
BIC: NOLADE21BTF

Geschäftsführer:
H. Wirtz

B

**Beleg 6**

| | | | |
|---|---|---|---|
| Netto | € 440 | ct 00 | |
| + 19 % USt | € 83 | ct 60 | |
| Gesamt | € 523 | ct 60 | |

**Quittung**

Nr. KB 38

Gesamtbetrag € in Worten

fünfhundertdreiundzwanzig ——— Cent wie oben

(Im Gesamtbetrag sind 19 % Umsatzsteuer enthalten)

von Baustoffgroßhandel

Hans Roggenbach e. K.

für Reparaturarbeiten an der Abfüllanlage Turbo

richtig erhalten zu haben, bestätigt

Ort Göttingen Datum 30. Jan. ..

Buchungsvermerke

Stempel/Unterschrift des Empfängers

Kundendienst
Turbo GmbH
47249 Duisburg
Steuer-Nr. 065 322 65431

Zeiler

| Konto | Soll | Haben |
|---|---|---|
| | | |

Gebucht:

**Beleg 7**

WINKELMANN

SCHREIBWAREN · BÜROBEDARF

Burgstraße 9
37073 GÖTTINGEN
Tel. 0551 131211
Steuer-Nr. 065 860 33482

KB 39

| | | | |
|---|---|---|---|
| Mausmatte | 4,61 | | |
| x 10 | | | 46,10 |
| Ordner A4 | 2,45 | | |
| x 20 | | | 49,00 |
| Klarsichthülle | 0,12 | | |
| x 100 | | | 12,00 |
| | | | ------ |
| Betrag | | EUR | 107,10 |
| Netto | | EUR | 90,00 |
| 19 % USt | | EUR | 17,10 |

| Konto | Soll | Haben |
|---|---|---|
| | | |

Gebucht:

VIELEN DANK FÜR IHREN EINKAUF.

..-01-29 083524 15:28

**Beleg 8**

**Kontoauszug** **Kreditbank KGaA Göttingen**

| Konto-Nr. | Datum | Ausz.-Nr. | Blatt | Buchungstag | PN-Nr. | Wert | Umsatz |
|---|---|---|---|---|---|---|---|
| 118 302 405 | ..-01-28 | 9 | 1 | | | | |
| ÜBERWEISUNG<br>WESTFÄLISCHE ZEMENTWERKE,<br>BONN, RE 45 190 VOM 4. JAN. ..<br>(KONTO 60 001) | | | | 01-28 | 8744 | 01-29 | 16.660,00 S |

BAUSTOFFGROSSHANDEL
HANS ROGGENBACH E. K.
AM STEINSGRABEN 34-38
37085 GÖTTINGEN

| Konto | Soll | Haben |
|---|---|---|
| | | |

Gebucht:

Alter Saldo
H 119.060,00 EUR

Neuer Saldo
H 102.400,00 EUR

**Beleg 9**

**Kontoauszug** **Kreditbank KGaA Göttingen**

| Konto-Nr. | Datum | Ausz.-Nr. | Blatt | Buchungstag | PN-Nr. | Wert | Umsatz |
|---|---|---|---|---|---|---|---|
| 118 302 405 | ..-01-29 | 10 | 1 | | | | |
| GUTSCHRIFT<br>WERNER PETERS, OBERHAUSEN<br>RE 4 202 VOM 7. JAN. ..<br>(KONTO 10 003) | | | | 01-29 | 8744 | 01-29 | 5.950,00 H |

BAUSTOFFGROSSHANDEL
HANS ROGGENBACH E. K.
AM STEINSGRABEN 34-38
37085 GÖTTINGEN

| Konto | Soll | Haben |
|---|---|---|
| | | |

Gebucht:

Alter Saldo
H 102.400,00 EUR

Neuer Saldo
H 108.350,00 EUR

B

**Beleg 10**

## Deutsche Telefongesellschaft AG

Deutsche Telefongesellschaft AG
90426 Nürnberg

DV 12 0,70

Hans Roggenbach e. K.
Baustoffgroßhandel
Am Steinsgraben 34–38
37085 Göttingen

Datum : ..-12-21
Seite : **1 von 4**

Kundennummer : **298 100 9725**
Rechnungsnummer : **913 685 3071**
Ihr Buchungskonto : **476 020 3885**

Infos zur Rechnung : **www.telefonag.de/hilfe-rechnung**

Info-Telefon : **0800 4440004**

### Rechnung für Januar 20..

| **Leistungen** | **Beträge in EUR** |
|---|---|
| monatliche Beträge | 33,36 |
| nutzungsabhängige Beträge | 717,40 |
| Beträge von Drittanbietern | 4,24 |
| Summe | 755,00 |
| 19 % Umsatzsteuer | 143,45 |
| **Rechnungsbetrag** | **898,45** |

Der Rechnungsbetrag wird ab dem 7. Tag nach Zugang dieser Rechnung von Ihrem Konto **DE83 6606 3707 0118 3024 05, GENODE5173** abgebucht.

Weitere Informationen finden Sie auf der Rückseite.

**Kontoauszug zu Beleg 10 und Beleg 11**

**Kontoauszug** **Kreditbank KGaA Göttingen**

| Konto-Nr. | Datum | Ausz.-Nr. | Blatt | Buchungstag | PN-Nr. | Wert | Umsatz |
|---|---|---|---|---|---|---|---|
| 118 302 405 | ..-01-30 | 11 | 1 | | | | |
| ABBUCHUNG TELEFON AG JAN. .. | | | | 01-29 | 8744 | 01-29 | 898,45 S |
| GUTSCHRIFT[1] JÜRGEN ALBERTS, KASSEL, RE 4 203 VOM 18.JAN... (KONTO 10 002) | | | | 01-29 | 8744 | 01-29 | 4.760,00 H |

BAUSTOFFGROSSHANDEL
HANS ROGGENBACH E. K.
AM STEINSGRABEN 34-38
37085 GÖTTINGEN

Alter Saldo: H 108.350,00 EUR
Neuer Saldo: H 112.211,55 EUR

B

Beleg 11

**€uro-Überweisung**

**Kreditbank KGaA Göttingen**

Nur für Überweisungen in Deutschland, in andere EU-/EWR-Staaten und in die Schweiz in Euro
Bitte Meldepflicht gemäß Außenwirtschaftsverordnung beachten!

Angaben zum Begünstigten: Name, Vorname/Firma (max. 27 Stellen, bei maschineller Beschriftung max. 35 Stellen)
Dr. med. Heiler, Göttingen

IBAN
DE63610400140121245416

BIC des Kreditinstituts (8 oder 11 Stellen)
COBADEFF

Betrag: Euro, Cent
450,00

Kunden-Referenznummer - Verwendungszweck, ggf. Name und Anschrift des Überweisenden - (nur für Begünstigten)
Rechnung vom 18. Jan. ..

noch Verwendungszweck (insgesamt max. 2 Zeilen à 27 Stellen, bei maschineller Beschriftung max. 2 Zeilen à 35 Stellen)
Behandlung Tochter Ulrike

Angaben zum Kontoinhaber: Name, Vorname/Firma, Ort (max. 27 Stellen, keine Straßen- oder Postfachangaben)
Hans Roggenbach e.K., Gött.

IBAN
DE83660637070118302405 16

€URO-ÜBERWEISUNG (SEPA)

Datum
..-01-30

Unterschrift(en)
*Hans Roggenbach*

Kontoauszug zu Beleg 13

**Kontoauszug** **Kreditbank KGaA Göttingen**

| Konto-Nr. | Datum | Ausz.-Nr. | Blatt | Buchungstag | PN-Nr. | Wert | Umsatz |
|---|---|---|---|---|---|---|---|
| 118 302 405 | ..-01-31 | 12 | 1 | | | | |
| DR. MED. HEILER, GÖTTINGEN<br>RE VOM 18. JAN. .. | | | | 01-31 | 8744 | 01-31 | 450,00 S |

Konto | Soll | Haben
Gebucht:

BAUSTOFFGROSSHANDEL
HANS ROGGENBACH E. K.
AM STEINSGRABEN 34-38
37085 GÖTTINGEN

Alter Saldo
H 112.211,55 EUR

Neuer Saldo
H 111.761,55 EUR

B

**Beleg 13**

# Westfälische Zementwerke GmbH

Zementwerke GmbH · Postfach 14 12 · 53111 Bonn

**Eingang: ..-01-31**

Baustoffgroßhandel
Hans Roggenbach e. K.
Am Steinsgraben 34-38
37085 Göttingen

| Ihre Bestellung vom/Zeich. | Unsere Auftrags-Nr./Zeich. | Zeit der Leistung/ Liefertag | Datum |
|---|---|---|---|
| ..-01-21 | Z 812 | ..-01-27 | ..-01-30 |

## Rechnung Nr. 45 867

Wir sandten für Ihre Rechnung und auf Ihre Gefahr:

USt-IdNr.: DE 428 367 849

| Artikel Nr. | Gegenstand | Menge Stück | Stückpreis € | Gesamtpreis € |
|---|---|---|---|---|
| Z 1 244 | Zement | 2 000 | 7,25 | 14.500,00 |
| K 2 627 | Kalk | 2 500 | 7,00 | 17.500,00 |
| | | | | 32.000,00 |
| | | - 5 % | Mengenrabatt | 1.600,00 |
| | | | netto | 30.400,00 |
| | | + 19 % | Umsatzsteuer | 5.776,00 |
| | | | | 36.176,00 |
| | | | | ========= |

| Konto | Soll | Haben |
|---|---|---|
| | | |
| | | |
| | | |
| | | |

Gebucht:

Telefon 0228 36445
Telefax 0228 52735

E-Mail: zementwerke@gmbh-wvd.de
Internet: westf.zementwerke-wvd.de

Bankkonto 482 222
Deutsche Bank, Bonn
BLZ 380 700 59
IBAN: DE83 3807 0059 0000 4822 22
BIC: DEUTDEDK380

Postbank
Köln 124 45-503
BLZ 370 100 50
IBAN: DE92 3701 0050 0012 4455 03
BIC: PBNKDEFF370

**Beleg 14**

# Hans Roggenbach e. K.

**Baustoffe · Farben**
**Bodenbeläge · Glas**

Baustoffgroßhandel H. Roggenbach e. K. · Postfach 30 06 47 · 37081 Göttingen

Baudienste
Werner Peters e. K.
Holzstr. 26-28
46147 Oberhausen

GROSSHANDEL

Am Steinsgraben 34–38 · 37085 Göttingen
Telefon 0551 4909-0
Telefax 0551 490949
E-Mail: roggenbach@baustoffe-wvd.de
Internet: www.roggenbach-wvd.de
USt-IdNr.: DE 768 549 877

## Rechnung

**Bitte bei Zahlung angeben:**

| Rechnung-Nr.: | Kunden-Nr.: | **Datum** |
|---|---|---|
| 4 214 | 10 003 | ..-01-31 |

| Auftrags-Nr.: | Liefertag | Lieferschein |
|---|---|---|
| 193/.. | ..-01-30 | 146 827 |

Wir danken für Ihren Auftrag und berechnen Ihnen wie folgt:

| Menge | Bezeichnung | Einzelpreis | Betrag in € |
|---|---|---|---|
| 400 Sack | Zement 433 | 7,90 | 3.160,00 |
| 40 m | Band X 366 | 21,00 | 840,00 |
| | | Warenwert | 4.000,00 |
| | | Umsatzsteuer 19 % | 760,00 |
| | | Endsumme | 4.760,00 |

Zahlungsbedingung:
30 Tage netto

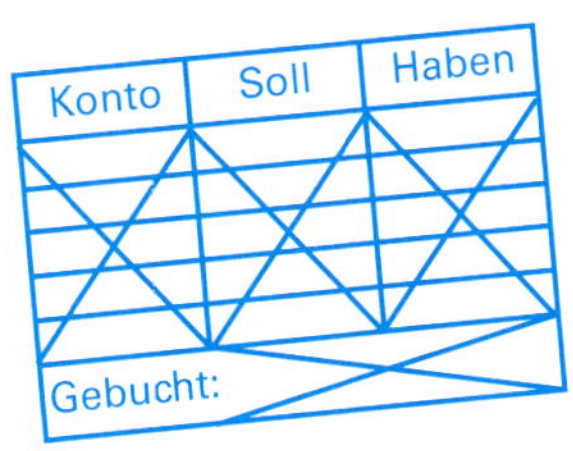


Kreditbank KGaA Göttingen, Konto-Nr. 118 302 405, BLZ 660 637 07
IBAN: DE83 6066 3707 0118 3024 05
BIC: GENODE5173

Gerichtsstand: Göttingen
Eigentumsvorbehalt gem. § 455 BGB

B

B

**Beleg 15**

**Entnahmebeleg 8**

Zur privaten Verwendung wurden heute dem Lager entnommen:

| | |
|---|---|
| 200 l Fassadenfarbe X 404, Warenwert ......... | 300,00 € |
| + 19 % Umsatzsteuer .......................... | 57,00 € |
| | 357,00 € |

Göttingen, 30. Jan. ..

*H. Roggenbach*

**Beleg 16**

| **Buchungsanweisung** | Datum: ..-01-31 | | Beleg-Nr.: | |
|---|---|---|---|---|
| Betreff: Abschreibungen auf Sachanlagen | | | Gebucht:<br>Datum: | |
| **Buchungstext** | Soll | | Haben | |
| | Konto | Betrag | Konto | Betrag |
| Gebäude ........................<br>Technische Anlagen ............<br>BGA ............................ | | | | |

**Beleg 17**

| **Buchungsanweisung** | Datum: ..-01-31 | | Beleg-Nr.: | |
|---|---|---|---|---|
| Betreff: Umbuchungen/Vorbereitende Abschlussbuchungen | | | Gebucht:<br>Datum: | |
| **Buchungstext** | Soll | | Haben | |
| | Konto | Betrag | Konto | Betrag |
| Vorsteuerverrechnung .........<br>Privatentnahmen ..............<br>Warenminderbestand ........... | | | | |

# 10 Aufgaben zur Wiederholung

**AUFGABE 102**

1. Nennen Sie die wichtigsten Aufgaben der Finanzbuchhaltung.
2. Welcher Zusammenhang besteht zwischen Inventur, Inventar, Schlussbilanz und Eröffnungsbilanz?
3. Nennen Sie Beispiele für eine körperliche und buchmäßige Inventur.
4. Was bedeutet der Grundsatz der Bilanzidentität?
5. Erklären Sie jeweils anhand eines Beispiels die vier typischen Wertveränderungen der Bilanzposten und ihre Auswirkung auf die Bilanzsumme.
6. Um welche Art der Wertveränderung handelt es sich bei folgenden Buchungen:
   a) Abschreibungen an Betriebs- und Geschäftsausstattung,
   b) Forderungen a. LL an Warenverkauf und Umsatzsteuer,
   c) Gehälter an Bank,
   d) Bank an Zinserträge,
   e) Verbindlichkeiten a. LL an Darlehensschulden?
7. Erläutern Sie Aufgaben und Zusammenhang der Bücher der Buchführung.
8. Erklären Sie den Zusammenhang zwischen Sach- und Personenkonten.

**AUFGABE 103**

Die Konten „1410 Vorsteuer" und „1810 Umsatzsteuer" weisen zum 31. Dezember folgende Zahlen aus:

| S | 1410 Vorsteuer H | S | 1810 Umsatzsteuer H |
|---|---|---|---|
| ... 182.800,00 | ... 172.600,00 | ... 168.000,00 | ... 176.200,00 |

Wie lauten die Buchungssätze zum Abschluss der beiden Konten?

**AUFGABE 104**

Erläutern Sie in folgenden Fällen jeweils den Buchungsvorgang:

1. 0610 an 9300
2. 3910 an 3010
3. 1310 an 1620
4. 8710 an 9300
5. 9400 an 3910
6. 9300 an 3010
7. 1620 an 0610
8. 0610 an 1610
9. 1610 an 2780 und 1810
10. 1810 an 1410
11. 1610 an 8710 und 1810
12. 4910 an 0330
13. 9400 an 1410
14. 9300 an 0610
15. 1810 an 9400
16. 1310 an 1710

**AUFGABE 105**

Erklären Sie, ob nachstehende Geschäftsfälle den Jahresgewinn eines Unternehmens
**a)** vermindern, **b)** erhöhen oder **c)** nicht verändern:

1. Ausgleich einer Eingangsrechnung durch Banküberweisung.
2. Privatentnahme bar.
3. Zahlung der Gehälter und Löhne.
4. Unentgeltliche Entnahme von Waren.
5. Warenbestandserhöhung zum 31. Dezember.
6. Verkauf von Waren auf Ziel.
7. Inhaber leistet Kapitaleinlage durch Bankeinzahlung.
8. Kassenfehlbetrag lt. Inventur.
9. Überweisung der Umsatzsteuer an das Finanzamt.
10. Bankgutschrift für Provisionserlöse.
11. Abschreibung auf Gebäude.
12. Verkauf eines nicht mehr benötigten Lkw zum Buchwert.

**AUFGABE 106**

1. Erläutern Sie die Notwendigkeit des Eröffnungsbilanzkontos.
2. Worin unterscheiden sich Eröffnungsbilanzkonto und Eröffnungsbilanz?
3. Unterscheiden Sie grundlegend zwischen Anlage- und Umlaufvermögen.
4. Beurteilen Sie kritisch: Privatentnahmen > Jahresgewinn.

**AUFGABE 107**



1. Worin unterscheiden sich lineare und degressive Abschreibung?
2. Erläutern Sie die Auswirkung der Abschreibung **a)** auf den Gewinn und **b)** auf den Verlust des Unternehmens.
3. Ist es möglich durch Abschreibungen Steuern (z. B. Einkommensteuer) zu sparen?
4. Welche Gründe könnten für die Anwendung der degressiven Abschreibung in der Handelsbilanz sprechen?

**AUFGABE 108**

Nach § 1 [1] Nr. 1 UStG unterliegen u. a. „die Lieferungen und sonstigen Leistungen, die ein Unternehmer im Inland gegen Entgelt im Rahmen seines Unternehmens" ausführt, der Umsatzsteuer. Nennen Sie Beispiele **1.** für Lieferungen und **2.** für sonstige Leistungen.

**AUFGABE 109**

Der Unternehmer Marc Schneider in Frankfurt verkauft an den Unternehmer Harald Richter in Darmstadt seinen Privatwagen für 21.000,00 €.

Prüfen und begründen Sie, ob diese Lieferung gemäß § 1 [1] Nr. 1 UStG der Umsatzsteuer unterliegt.

**AUFGABE 110**

Nach § 1 [1] Nr. 2 UStG unterliegen auch die „unentgeltlichen Entnahmen im Inland" der Umsatzsteuer.

1. Nennen Sie die drei Möglichkeiten einer steuerpflichtigen Entnahme.
2. Bilden Sie jeweils ein Beispiel zu 1.

**AUFGABE 111**

Wie wirken sich folgende Geschäftsfälle auf die Bilanzsumme aus? Begründen Sie die Veränderungen.

1. Wareneinkauf auf Ziel: 25.000,00 € netto + 4.750,00 € USt = 29.750,00 €
2. Ein Kunde begleicht AR 4567 durch Banküberweisung.
3. Barkauf von Büromaterial: 500,00 € + 95,00 € USt = 595,00 €
4. Banküberweisung der Gehälter: 27.000,00 €
5. Verkauf von Waren auf Ziel: 45.000,00 € + 8.550,00 € USt = 53.550,00 €
6. Der Jahresgewinn beträgt lt. GuV-Rechnung 120.000,00 €.
7. Der Jahresverlust beträgt lt. GuV-Rechnung 40.000,00 €.
8. Privatentnahme bar
9. Privateinlage durch Bankeinzahlung
10. Unentgeltliche Entnahme von Waren: 2.000,00 € netto + 380,00 € USt = 2.380,00 €

**AUFGABE 112**

Erläutern Sie:

1. Aufwendungen > Erträge
2. Vorsteuer < Umsatzsteuer
3. Eigenkapital > Anlagevermögen
4. Warenanfangsbestand < Warenschlussbestand
5. Erträge > Aufwendungen
6. Umsatzsteuer < Vorsteuer
7. Warenschlussbestand < Warenanfangsbestand
8. Warenbestände an Wareneingang
9. Eigenkapital an GuV
10. Wareneingang an Warenbestände

# C Buchhalterische Erfassung betrieblicher Prozesse in Funktionsbereichen

## 1 Beschaffungs- und Absatzbereich

### 1.1 Bezugskalkulation

Aufgabe

Die Bezugskalkulation ist eine Preisberechnung, die der Käufer einer Ware – z. B. zur Ermittlung des günstigsten Angebots – durchführt. Sie geht vom Listenpreis aus und schließt nach Berücksichtigung aller Abzüge (Nachlässe) und Zurechnungen (Bezugskosten) mit dem **Einstandspreis** (Bezugspreis, Anschaffungskosten) ab.

MERKE

**Der Einstandspreis ist der vom Käufer aufzuwendende Preis bis zum Eintreffen der Ware in seinem Lager. Er entspricht den Anschaffungskosten nach § 255 [1] HGB.**

C

#### 1.1.1 Nachlässe auf den Listenpreis

Einkaufspreis

Der **Listenpreis** ist der vom Lieferanten **kalkulierte Warenwert je Mengeneinheit;** er wird dem Kunden im Angebot genannt. Je nach der gekauften Menge und der Warenart werden vom Lieferanten Abzüge auf die Warenmenge **(Mengenabzüge)** oder auf den Warenwert **(Wertabzüge)** gewährt. Nach Herausrechnung aller Abzüge (siehe Beispiel S. 127 f.) ergibt sich der **Einkaufspreis** (Anschaffungspreis).

**Listenpreis – Abzüge = Einkaufspreis**

| Übersicht über die wesentlichen Abzüge beim Wareneinkauf | | |
|---|---|---|
| **Lieferantenrabatt** | In einem Prozentsatz angegebener Abzug vom Listenpreis, den der Lieferant als **Mengen-, Treue-, Wiederverkäufer- oder Sonderrabatt bei Rechnungserteilung** gewährt. **Rabatte werden also buchmäßig nicht erfasst.** | Wertabzüge |
| **Lieferantenskonto** | In einem Prozentsatz angegebener Abzug vom Rechnungspreis (Zieleinkaufspreis) für Zahlung innerhalb einer vereinbarten Zahlungsfrist. | |
| **Tara** | Abzug vom Bruttogewicht für Verpackung. Die Tara wird bestimmt als:<br>a) wirkliche Tara (tatsächliches Verpackungsgewicht),<br>b) handelsübliche Tara aufgrund von Erfahrungswerten oder Handelsbrauch,<br>c) durchschnittliche Tara durch Rückschluss von Stichproben auf das Gewicht der gesamten Sendung. | Mengenabzüge |
| **Leckage** | Abzug vom Warengewicht für Verluste, die beim Umfüllen von Flüssigkeiten entstehen. | |
| **Gutgewicht** | Abzug vom Warengewicht für Verluste, die beim Umpacken und Einwiegen von Schüttgütern in Kleinverpackungen entstehen. | |
| **Refaktie** | Abzug vom Warengewicht für fehlerhafte, unreine oder verdorbene Warenbestandteile. | |

MERKE

- **Mengen- und Wertabzüge vermindern den Listenpreis. Nicht bei jedem Wareneinkauf treten alle Abzüge auf.**
- **„Sofortrabatte" werden buchmäßig nicht gesondert erfasst.**
- **Skonti sind Anschaffungspreisminderungen.**

C

### 1.1.2 Bezugskosten beim Wareneinkauf

**Bezugskosten als Anschaffungsnebenkosten**

Nach der gesetzlichen Regelung beim Handelskauf ist der Käufer verpflichtet, die Waren auf seine Kosten beim Lieferanten abzuholen oder abholen zu lassen. Sofern also im Kaufvertrag keine von der gesetzlichen Regelung abweichende Vereinbarung getroffen wurde, **erhöht** sich der **Einkaufspreis** für den Käufer **um** die zusätzlich zum Kaufpreis anfallenden **Nebenkosten** (Bezugskosten). In der nachfolgenden Übersicht sind die wesentlichen Nebenkosten beim Wareneinkauf als **Gewichts- und Wertspesen** zusammengestellt:

**Übersicht über die wichtigsten Nebenkosten beim Wareneinkauf (Bezugskosten)**

| | | |
|---|---|---|
| Gewichtsspesen | **Porto** | Beförderungsentgelt für Sendungen der Postdienste (z. B. Deutsche Post AG) und der Paketdienste. |
| | **Lkw- und Bahnfracht** | Beförderungsgebühr für Warensendungen. Die Höhe richtet sich nach der Art der Sendung, dem Gewicht und der Entfernung. |
| | **Hausfracht** | Beförderungsgebühr für die Zustellung der Ware vom Empfangsbahnhof zum Wohnsitz des Empfängers. |
| | **Verlade-, Umlade- und Lagerkosten** | Gebühr für die genannten Dienste. Die Höhe richtet sich nach Gewicht, Stückzahl und Dauer. |
| Wertspesen | **Versicherungskosten** | Gebühr (Prämie) für die Versicherung der zu transportierenden Ware. Berechnungsgrundlage ist der **Versicherungswert** (Rechnungspreis + Transportkosten + erwarteter Gewinn, aufgerundet auf volle 100,00 €). |
| | **Einfuhrzölle** | Grenzabgabe bei der Einfuhr einer Ware aus einem Nicht-EU-Land. Bemessungsgrundlage ist der **Zollwert** (Rechnungspreis + Transportkosten – Skonto). |
| | **Vermittlungsgebühren** | Hierzu zählen die Provisionen der Handelsvertreter und Gebühren der Handelsmakler. |
| | **Verpackungskosten** | Aufwendungen, die der Kunde für die gesondert auf der Rechnung ausgewiesene Versandverpackung zu tragen hat. |
| | **Kursdifferenzen** | Bei Importgeschäften auf Fremdwährungen beeinflusst die Differenz zwischen dem Devisenkassamittelkurs am Kauftag und dem Devisenkassamittelkurs am Tag des Rechnungsausgleichs die Anschaffungskosten der importierten Waren. |

**Anschaffungskosten**

Bezugskosten stellen **Anschaffungsnebenkosten** dar. Zusammen mit dem Kaufpreis der Ware (Anschaffungspreis nach Abrechnung der Mengen- und Wertabzüge) bilden sie handelsrechtlich die **Anschaffungskosten der Ware** (§ 255 [1] HGB). Beim Einkauf sind die Waren zu ihren Anschaffungskosten zu buchen. Die Vorsteuer gehört nicht zu den Anschaffungskosten. Sie ist als Forderung gegenüber dem Finanzamt auf dem Konto „1410 Vorsteuer" zu buchen.

**MERKE**

- **Wareneinkäufe sind mit ihren Anschaffungskosten zu erfassen (§ 255 [1] HGB):**

  **Anschaffungspreis der Ware (Einkaufspreis, Listenpreis)**
  **+ Anschaffungsnebenkosten (Bezugskosten)**
  **– Anschaffungspreisminderungen (z. B. Skonto)**
  **= Anschaffungskosten (Bezugs- oder Einstandspreis)**

- **Bezugskosten fallen in Form von Gewichts- oder Wertspesen an. Sie erhöhen in der Kalkulation den aufzuwendenden Einkaufspreis.**

## 1.1.3 Angebotsvergleich – Ermittlung des Bezugspreises

**Sortimentserweiterung**

Bei einer beabsichtigten Sortimentserweiterung besteht der erste Schritt der Beschaffungshandlung in der Ermittlung geeigneter Lieferanten aus Lieferantenverzeichnissen, Fachzeitschriften, Lieferantennachweisen der IHK oder durch Internetrecherche. Anschließend werden die Lieferanten angeschrieben (Anfrage), um Angebote zu erhalten und vergleichen zu können.

**BEISPIEL**

Die Papierwarengroßhandlung Kern KG, Köln, beabsichtigt ihre Warengruppe „Hygienepapiere" um den Artikel „Küchenrollen" zu erweitern. Auf ihre Anfragen bei deutschen und ausländischen Herstellern liegen ihr drei Angebote vor, deren wesentliche Inhalte in der folgenden Übersicht zusammengefasst sind:

| **Angebotsinhalt** | **1. Angebot** Zendermühle AG, Düsseldorf | **2. Angebot** Papeteries le Belgique S. A., Brüssel | **3. Angebot** Rättvik Bruks AB, Rättvik, Sverige |
|---|---|---|---|
| **Warenbezeichnung, Qualität** | Saugtuch, weiß, perforiert und auf Rollen gewickelt, 26 cm breit, mit Baumwollzusatz zur besseren Saugfähigkeit, Gewicht/Rolle ca. 200 g. | Saugtuch, bedruckt, perforiert und auf Rollen gewickelt, 26 cm breit, ohne Baumwollzusatz, Gewicht/Rolle ca. 200 g. | Saugtuch, bedruckt, perforiert und auf Rollen gewickelt, 26 cm breit, ohne Baumwollzusatz, Gewicht/Rolle ca. 200 g. |
| **angefragte Menge** | 20000 Rollen | 20000 Rollen | 20000 Rollen |
| **Packungseinheit** | 2 Rollen/Packung | 4 Rollen/Packung | 2 Rollen/Packung |
| **Listenpreis je Packung** | 1,25 EUR | 2,23 EUR | 13,24 SEK (skr) (Kurs 10,225 SEK/EUR)[1] |
| **Rabattstaffel** | 10 % bei mindestens 1000 Packungen<br>15 % bei mindestens 1500 Packungen<br>20 % ab mindestens 5000 Packungen | 5 % bei mindestens 1000 Packungen<br>10 % ab mindestens 2000 Packungen | 15 % bei mindestens 5000 Packungen |
| **Zahlungsbedingungen** | 2,5 % Skonto in 10 Tagen, ohne Abzug in 40 Tagen | ohne Abzug in 30 Tagen | 2 % Skonto in 15 Tagen, ohne Abzug in 40 Tagen |
| **Lieferungsbedingungen** | Anlieferung durch Lkw; unfrei: Lkw-Fracht 300,00 EUR | frei Haus durch Lkw | frachtfrei Hafen Hamburg, Ladegebühren und Lkw-Fracht insgesamt 400,00 EUR |
| **Verpackung** | in Kartons zu je 100 Packg., je Karton werden 4,00 EUR berechnet. | in Kartons zu je 50 Packg., je Karton werden 1,75 EUR berechnet. | in Kartons zu je 100 Packg., ohne gesonderte Berechnung |
| **Lieferzeit** | 3 Wochen | ca. 14 Tage | ca. 3–4 Wochen |

1 Siehe S. 160 f.

C

| Kalkulationsschema | 1. Angebot | | 2. Angebot | | 3. Angebot | |
|---|---|---|---|---|---|---|
| Listenpreis | | 12.500,00 EUR | | 11.150,00 EUR | 13,24 SEK<br>10000 Pckg.<br>= 132.400,00 SEK<br>10,225<br>= | 12.948,66 EUR |
| – Lieferantenrabatt | 20 % | 2.500,00 EUR | 10 % | 1.115,00 EUR | 15 % | 1.942,30 EUR |
| = Zieleinkaufspreis (Rechnungspreis) | | 10.000,00 EUR | | 10.035,00 EUR | | 11.006,36 EUR |
| – Lieferantenskonto | 2,5 % | 250,00 EUR | | – | 2 % | 220,13 EUR |
| = Bareinkaufspreis | | 9.750,00 EUR | | 10.035,00 EUR | | 10.786,23 EUR |
| + Bezugskosten: | | | | | | |
| Verpackung | | 400,00 EUR | | 175,00 EUR | | – |
| Lkw-Fracht | | 300,00 EUR | | – | | 400,00 EUR |
| **= Einstandspreis insg.** | | **10.450,00 EUR** | | **10.210,00 EUR** | | **11.186,23 EUR** |
| **= Einstandspreis/Rolle** | | **0,52 EUR** | | **0,51 EUR** | | **0,56 EUR** |

**Lieferantenauswahl**

Wegen der **besseren Qualität** (Baumwollanteil zur besseren Saugfähigkeit) und der **Nähe des Lieferanten** zum Abnehmer entscheidet sich die Papierwarengroßhandlung Kern KG für das Angebot der Zendermühle AG, obwohl dieses Angebot **nicht das preisgünstigste** ist.

**MERKE**

- **Durch die Bezugskalkulation wird der Einstandspreis einer Ware ermittelt. Der Einstandspreis entspricht den Anschaffungskosten einer Ware gemäß § 255 [1] HGB.**
- **Die Bezugskalkulation dient dem Angebotsvergleich.**

**AUFGABE 113**

Eine Großgärtnerei hat zwei Angebote über Düngetorf vorliegen:

1. 4000 Ballen Düngetorf, Listenpreis 12,60 € je Ballen; 12,5 % Lieferantenrabatt; 1,5 % Lieferantenskonto; 26,00 € Fracht je 100 Ballen Torf.
2. 4000 Ballen Düngetorf, Listenpreis 14,20 € je Ballen; 15 % Lieferantenrabatt; 2 % Lieferantenskonto; 27,00 € Fracht je 100 Ballen Torf.

Berechnen Sie den Einstandspreis für einen Ballen und entscheiden Sie sich für einen Lieferanten.

**AUFGABE 114**

Der Fahrradgroßhändler Theo Schmitz e. K. erhält folgende Angebote über Tourenräder:

1. Ein deutscher Hersteller bietet an: Listenpreis 480,00 €/Stück. Bei Abnahme von 400 Stück 15 % Rabatt. Zahlbar innerhalb von 10 Tagen mit 1 % Skonto, nach spätestens 30 Tagen netto. Die Verpackung wird mit 1,25 € je Fahrrad berechnet; Frachtkosten für die gesamte Sendung 2.432,00 €.
2. Ein Hersteller aus den USA bietet an: Listenpreis 450,00 EUR/Stück. Bei Abnahme von 400 Stück 20 % Rabatt. Zahlbar innerhalb von 60 Tagen ohne Abzug, FOB. Der Seespediteur berechnet 11.560,00 USD (Devisenkassamittelkurs 1,2835 USD/EUR)[1]; Lkw-Fracht 1.360,00 EUR. Die Verpackung wird mit 5,20 USD/Fahrrad berechnet (Devisenkassamittelkurs 1,2835 USD/EUR).

Erstellen Sie einen Angebotsvergleich.

1 Währungskurse unterliegen ständigen und oft erheblichen Schwankungen. Kassakurse werden täglich an der Frankfurter Devisenbörse ermittelt. Aus Briefkurs und Geldkurs wird der Mittelwert bestimmt. Die im Folgenden verwendeten Kurse entsprechen nicht immer dem aktuellen Stand.

## 1.1.4 Buchung der Eingangsrechnung

**BEISPIEL**

Aufgrund ihrer Bestellung erhält die Kern KG, Köln, zugleich mit der Ware folgende Rechnung der Zendermühle AG, Düsseldorf:

**Zendermühle AG**
**Düsseldorf**

Zendermühle AG, Postfach 3 26 45, 40489 Düsseldorf

Telefon 0211 868513-0
Telefax 0211 868513-26
E-Mail vertrieb@zendermuehle-wvd.de
Internet www.zendermuehle-wvd.de
USt-IdNr. DE 116 238 911

Papiergroßhandlung
Kern KG
Industriestraße 42-44
50735 Köln

| Unser Angebot vom | Ihre Bestellung vom | Liefertag | Datum |
|---|---|---|---|
| ..-06-17 | ..-06-27 | ..-07-03 | ..-07-05 |

**Rechnung** Nr. 48 321/..

| Pos. | Menge | Artikel | Einzelpreis | Rabatt | Gesamtpreis |
|---|---|---|---|---|---|
| 1 | 10 000 | Küchenrollen (2er-Packung) | 1,25 €/Pack. | 20 % | 10.000,00 € |
| | | + Verpackung | | | 400,00 € |
| | | + Lkw-Fracht | | | 300,00 € |
| | | | | | 10.700,00 € |
| | | + 19 % Umsatzsteuer | | | 2.033,00 € |
| | | | | | 12.733,00 € |

Zahlungsbedingungen: Der Rechnungsbetrag ist innerhalb von 10 Tagen mit 2,5 % Skonto oder nach spätestens 40 Tagen ohne Abzug zu begleichen.

Bankverbindung:
Deutsche Bank AG, Düsseldorf, Konto-Nr. 3 440 532, BLZ 300 700 10
IBAN DE12 3007 0010 0003 4405 32, BIC DEUTDEDD

**Buchung**

Bezugskosten können **direkt** auf dem Konto „**3010 Wareneingang**" (Aufwendungen für Waren) gebucht werden. Für die Kalkulation der Warenpreise ist es jedoch übersichtlicher, sie zunächst **gesondert** auf einem **Unterkonto des Wareneingangskontos** zu erfassen:

**3020 Warenbezugskosten**

**Warengruppen**

Werden in einem Großhandelsunternehmen mehrere Warengruppen geführt (z. B. Hygienepapiere, Einschlagpapiere, Verpackungsmaterial, Büropapiere), so wird für jede Warengruppe ein eigenes Warenbezugskostenkonto eingerichtet. Damit lässt sich der Bezugs- oder Einstandspreis für jede Warengruppe ermitteln:

| 3010 Wareneingang I | 3110 Wareneingang II | 3210 Wareneingang III |
|---|---|---|
| 3020 Warenbezugskosten | 3120 Warenbezugskosten | 3220 Warenbezugskosten |

**BEISPIEL Fortsetzung**

**Buchung der Eingangsrechnung:**

| | | |
|---|---|---|
| ❶ **3010 Wareneingang** | 10.000,00 | |
| **3020 Warenbezugskosten** | 700,00 | |
| **1410 Vorsteuer** | 2.033,00 | |
| an **1710 Verbindlichkeiten a. LL** | | 12.733,00 |

Die Warenbezugskosten werden monatlich oder vierteljährlich auf das entsprechende Wareneingangskonto umgebucht. Dadurch wird erreicht, dass auf dem Wareneingangskonto – entsprechend der Bestimmung des HGB – die Anschaffungskosten (Einstandspreise) ausgewiesen werden.

**Umbuchung der Bezugskosten:**

| | | |
|---|---|---|
| ❷ **3010 Wareneingang** | 700,00 | |
| an **3020 Warenbezugskosten** | | 700,00 |

| S | **3010 Wareneingang** | H |
|---|---|---|
| ❶ 10.000,00 | | |
| ❷ 700,00 | | |

| S | **1710 Verbindlichkeiten a. LL** | H |
|---|---|---|
| | | ❶ 12.733,00 |

| S | **3020 Warenbezugskosten** | H |
|---|---|---|
| ❶ 700,00 | | ❷ 700,00 |

| S | **1410 Vorsteuer** | H |
|---|---|---|
| ❶ 2.033,00 | | |

**MERKE**

**Bezugskosten sind Anschaffungsnebenkosten. Sie werden auf das Wareneingangskonto umgebucht, damit die Ware zu Anschaffungskosten ausgewiesen wird:**

| | |
|---|---|
| Einkaufspreis, netto | 10.000,00 € |
| + Bezugskosten | 700,00 € |
| **= Einstandspreis (Anschaffungskosten)** | **10.700,00 €** |

**AUFGABE 115**

Eine Sanitärgroßhandlung bezieht von einem Hersteller 12 000 Fliesen der Größe 20 x 20 cm. Der Hersteller gewährt 2 % Abzug für Bruch und berechnet 100 Fliesen zum Preis von 60,00 € + USt. Als Mengenrabatt werden 5 % in Abzug gebracht. Bei Zahlung innerhalb von 10 Tagen erhält der Kunde 1 % Skonto. Die Speditionsrechnung macht 820,00 € + USt aus.

1. Wie hoch ist der Bezugspreis für 1 $m^2$ Fliesen?
2. Buchen Sie die Eingangsrechnung und nennen Sie jeweils den Buchungssatz.
3. Schließen Sie das Warenbezugskostenkonto ab und nennen Sie den Buchungssatz.

**AUFGABE 116**

Die in der Aufgabe 115 genannte Großhandlung erhält folgendes Angebot von einem anderen Fliesenhersteller:
Abzug für Bruch: 1,5 %, Listenpreis je 100 Stück 70,00 €, bei Abnahme von 8 000 Stück 10 % Rabatt, bei Abnahme von 12 000 Stück 15 % Rabatt. Zahlung unter Abzug von 2 % Skonto innerhalb von 10 Tagen. An Frachtkosten sind 35,00 € je 1 000 Fliesen anzusetzen.

1. Wie hoch ist der Bezugspreis für 1 $m^2$ bei Abnahme von 8 000 Stück und 12 000 Stück?
2. Vergleichen Sie das Angebot mit den Bedingungen des Herstellers aus Aufgabe 115.

**AUFGABE 117**

Eine Ladenkette importiert aus Japan 500 Digitalkameras, Listenpreis 3.450.000 JPY (Yen). Mengenrabatt: 10 %. Devisenkassamittelkurs 123,6750 JPY/EUR. Die Lieferung erfolgt CIF Hamburg. Der Lkw-Spediteur berechnet für den Transport aus dem Freihafen bis zum Empfänger 835,00 EUR Fracht. Der Rechnungsausgleich erfolgt nach 10 Tagen mit 2 % Skontoabzug.

1. Wie hoch ist der Bezugspreis für eine Kamera?
2. Buchen Sie die Eingangsrechnungen und schließen Sie das Warenbezugskostenkonto ab.

**Leihverpackungen**

Leihverpackungen (Fässer, Kisten), für die meist ein Pfand berechnet wird, werden in der Regel auf einem Sonderkonto erfasst:

**3030 Leihemballagen**

**Rückgabe von Leihverpackung**

Bei Rückgabe der in Rechnung gestellten Leihverpackung erfolgt seitens des Lieferanten entweder eine vollständige oder teilweise **Gutschrift**. Diese Gutschrift führt zu einer entsprechenden **Verminderung der Vorsteuer**.

**Anschaffungsnebenkosten**

Ein auf dem Konto „3030 Leihemballagen" verbleibender **nicht rückvergüteter Pfandbetrag** wird als Anschaffungsnebenkosten auf das Wareneingangskonto umgebucht.

C

**BEISPIEL**

**Eingangsrechnung ER 185:**

| | |
|---|---|
| 8 Fässer Öl à 300,00 € netto | 2.400,00 € |
| + 8 Leihemballagen | 200,00 € |
| | 2.600,00 € |
| + 19 % Umsatzsteuer | 494,00 € |
| **Rechnungsbetrag** | **3.094,00 €** |

**Buchung aufgrund der Eingangsrechnung ER 185:**

| | | |
|---|---|---|
| ❶ **3010 Wareneingang** | 2.400,00 | |
| **3030 Leihemballagen** | 200,00 | |
| **1410 Vorsteuer** | 494,00 | |
| an **1710 Verbindlichkeiten a. LL** | | 3.094,00 |

Der Lieferant vergütet die Rücksendung der Leihemballagen in Höhe von 150,00 € netto.

**Gutschriftsanzeige des Lieferanten:**

| | |
|---|---|
| Gutschrift für zurückgesandte Leihemballagen, netto | 150,00 € |
| + 19 % Umsatzsteuer (Steuerberichtigung) | 28,50 € |
| **Gutschrift, brutto** | **178,50 €** |

**Buchung aufgrund der Gutschriftsanzeige des Lieferanten:**

| | | |
|---|---|---|
| ❷ **1710 Verbindlichkeiten a. LL** | 178,50 | |
| an **3030 Leihemballagen** | | 150,00 |
| **an 1410 Vorsteuer** | | 28,50 |

Der auf dem Konto „3030 Leihemballagen" verbliebene Pfandbetrag von 50,00 € wird auf das Wareneingangskonto umgebucht.

**Umbuchung der Anschaffungsnebenkosten:**

| | | |
|---|---|---|
| ❸ **3010 Wareneingang** | 50,00 | |
| an **3030 Leihemballagen** | | 50,00 |

**S 3010 Wareneingang H**

| S | | H | |
|---|---|---|---|
| ❶ | 2.400,00 | | |
| ❸ | 50,00 | | |

**S 1710 Verbindlichkeiten a. LL H**

| S | | H | |
|---|---|---|---|
| ❷ | 178,50 | ❶ | 3.094,00 |

**S 3030 Leihemballagen H**

| S | | H | |
|---|---|---|---|
| ❶ | 200,00 | ❷ | 150,00 |
| | | ❸ | 50,00 |

**S 1410 Vorsteuer H**

| S | | H | |
|---|---|---|---|
| ❶ | 494,00 | ❷ | 28,50 |

| | |
|---|---|
| Anschaffungspreis | 2.400,00 € |
| + Anschaffungsnebenkosten | 50,00 € |
| = Anschaffungskosten | 2.450,00 € |



MERKE

- **Bei Rückgabe der Leihverpackung gegen Gutschrift des Lieferanten ist auch die Vorsteuer entsprechend zu berichtigen.**
- **Der vom Lieferanten nicht gutgeschriebene Betrag der Leihverpackung stellt zu aktivierende Anschaffungsnebenkosten dar.**

**AUFGABE 118** Für eine Warenlieferung liegt folgende Rechnung vor:

| | | |
|---|---|---|
| Listenpreis | 4.500,00 € | |
| – 33 1/3 % Wiederverkäuferrabatt | 1.500,00 € | 3.000,00 € |
| – 10 % Sonderrabatt | | 300,00 € |
| | | 2.700,00 € |
| + 19 % Umsatzsteuer | | 513,00 € |
| **Rechnungsbetrag** | | **3.213,00 €** |

Buchen Sie die Rechnung **1.** als Ausgangsrechnung und **2.** als Eingangsrechnung.

**AUFGABE 119** a) Eingangsrechnung 4285:

| | | |
|---|---|---|
| 16 Fernsehgeräte VST 88 zu je 550,00 € ab Werk | 8.800,00 € | |
| – 25 % Rabatt | 2.200,00 € | 6.600,00 € |
| + Verpackung | 150,00 € | |
| + Fracht | 400,00 € | |
| + Transportversicherung | 50,00 € | 600,00 € |
| | | 7.200,00 € |
| + 19 % Umsatzsteuer | | 1.368,00 € |
| **Rechnungsbetrag** | | **8.568,00 €** |

b) Barzahlung der Hausfracht 100,00 € + 19,00 € Umsatzsteuer.

1. Buchen Sie die Fälle **a)** und **b)** auf den entsprechenden Konten.
2. Schließen Sie das Konto „3020 Warenbezugskosten" ab und ermitteln Sie die Anschaffungskosten der Warensendung insgesamt.
3. Wie hoch ist der Einstandspreis (Anschaffungskosten) eines Fernsehgeräts?

**AUFGABE 120**

Die Baustoffgroßhandlung E. Wette OHG, Hannover, liefert einem Kunden 400 Sack Zement je 4,00 € ab Lager. Der Kunde erhält 25 % Händlerrabatt und 5 % Sonderrabatt. Außerdem werden in Rechnung gestellt: Transportkosten 150,00 €, Verlade- und Ausladekosten 100,00 € sowie die Umsatzsteuer.

1. Erstellen Sie die Rechnung und buchen Sie auf den entsprechenden Konten.
2. Ermitteln Sie die Anschaffungskosten bzw. den Einstandspreis je Sack Zement.

**AUFGABE 121**

Die Eingangsrechnung ER 4 284 über 4.400,00 € netto, Verpackungskosten 100,00 € netto und 855,00 € Umsatzsteuer wurde wie folgt gebucht:

| | | |
|---|---|---|
| **3010 Wareneingang** | **4.400,00** | |
| **3030 Leihemballagen** | **100,00** | |
| **1810 Umsatzsteuer** | **855,00** | |
| **an 1710 Verbindlichkeiten a. LL** | | **5.355,00** |

Erstellen Sie einen Beleg für die Berichtigung der Falschbuchung (Stornobuchung).

**AUFGABE 122**

a) Die Baustoffgroßhandlung E. Wette OHG erhält folgende Eingangsrechnung:

| | | |
|---|---|---|
| 8 Fässer Öl 1004/8 zu je 150,00 € | 1.200,00 € | |
| + Leihverpackung | 200,00 € | 1.400,00 € |
| + 19 % Umsatzsteuer | | 266,00 € |
| **Rechnungsbetrag** | | **1.666,00 €** |

b) Die Gutschrift des Lieferanten für die Rückgabe der Fässer beträgt 59,50 € einschließlich Umsatzsteuer.

1. Buchen Sie die Fälle **a)** und **b)** und schließen Sie das Konto 3030 ab.
2. Wie hoch ist die Vergütung in Prozent für die Rückgabe der Leihverpackung?
3. Nennen Sie den Einstandspreis (Anschaffungskosten) je Fass Öl.

**AUFGABE 123**

a) Eingangsrechnung 4984: Warenwert 8.200,00 €, berechnete Leihverpackung 400,00 €, Fracht 500,00 € zuzüglich Umsatzsteuer.
b) Barzahlung der Hausfracht 119,00 € einschließlich Umsatzsteuer.
c) Für die Rückgabe der Verpackung wurden 80 % des berechneten Werts gutgeschrieben.

1. Buchen Sie die Fälle **a)** bis **c)**.
2. Ermitteln Sie die Anschaffungskosten.

**AUFGABE 124**

| **Vorläufige Summenbilanz der Großhandlung E. Wette OHG** | | **Soll** | **Haben** |
|---|---|---|---|
| 0330 | BGA | 83.000,00 | 2.500,00 |
| 0610 | Eigenkapital | – | 371.500,00 |
| 1010 | Forderungen a. LL | 865.216,00 | 782.300,00 |
| 1310 | Bank | 938.400,00 | 712.800,00 |
| 1410 | Vorsteuer | 108.378,00 | 78.600,00 |
| 1510 | Kasse | 65.200,00 | 53.400,00 |
| 1610 | Privatentnahmen | 48.400,00 | – |
| 1710 | Verbindlichkeiten a. LL | 463.400,00 | 542.100,00 |
| 1810 | Umsatzsteuer | 78.600,00 | 171.494,00 |
| 3010 | Wareneingang | 540.400,00 | – |
| 3020 | Warenbezugskosten | 32.600,00 | – |
| 3030 | Leihemballagen | 8.700,00 | 5.600,00 |
| 3910 | Warenbestände | 110.000,00 | – |

| Vorläufige Summenbilanz der Großhandlung E. Wette OHG | Soll | Haben |
|---|---|---|
| 4890 Diverse Aufwendungen | 280.600,00 | – |
| 4910 Abschreibungen auf Sachanlagen | – | – |
| 8010 Warenverkauf | – | 890.600,00 |
| 8710 Entnahme von Waren | – | 12.000,00 |
| | 3.622.894,00 | 3.622.894,00 |

**Abschlusskonten:** 9300 und 9400

**Geschäftsfälle**

| | | | |
|---|---|---|---|
| 1. | Eingangsrechnung 53 456, Warenwert | 8.500,00 | |
| | Verpackungskosten | 200,00 | |
| | Fracht | 450,00 | |
| | Umsatzsteuer | 1.738,50 | 10.888,50 |
| 2. | Barzahlung der Hausfracht hierauf einschließlich Umsatzsteuer | | 238,00 |
| 3. | ER 53 457, Warenwert | 5.700,00 | |
| | Leihverpackung | 800,00 | |
| | Fracht | 450,00 | |
| | Transportversicherung | 100,00 | |
| | Umsatzsteuer | 1.339,50 | 8.389,50 |
| 4. | Für die Rücksendung der Leihverpackung schreibt der Lieferant 75 % des berechneten Werts gut, netto | ? | |
| | + Umsatzsteuer | ? | ? |
| 5. | Privatentnahme von Waren einschließlich Umsatzsteuer | | 595,00 |
| 6. | Gutschriftsanzeige des Lieferanten für die Rückgabe der Leihbehälter aus ER 53 449, brutto | | 833,00 |

**Abschlussangaben**

| | | |
|---|---|---|
| 1. | Warenendbestand lt. Inventur | 160.000,00 |
| 2. | Abschreibungen auf BGA | 15.000,00 |
| 3. | Im Übrigen entsprechen die Buchwerte den Inventurwerten. | |

**Aufgaben**

1. Bilden Sie die Buchungssätze und buchen Sie auf den Konten des Hauptbuchs.
2. Nennen Sie die Umbuchungen.
3. Ermitteln Sie
   a) den Einstandswert (Anschaffungskosten) der Waren,
   b) den Wareneinsatz und
   c) den Warenrohgewinn.

## 1.2 Nebenkosten beim Warenverkauf

**Vertriebskosten**

Beim Warenverkauf fallen Vertriebskosten an, die für den Großhändler **betrieblichen Aufwand** darstellen. So kauft der Großhändler z. B. Verpackungsmaterial ein oder übernimmt die Ausgangsfracht. Wichtige Vertriebskosten sind:

| | |
|---|---|
| **4500 Vertriebsprovisionen** | **4620 Ausgangsfrachten** |
| **4610 Verpackungsmaterial** | **4630 Gewährleistungen** |

Vielfach gehen die Vertriebskosten nicht zulasten des Verkäufers, sondern werden dem Kunden **in der Rechnung weiterbelastet.** In diesem Fall **veranlasst der Verkäufer auf Kosten des Käufers** die Verpackung und den Versand der Ware und bucht die Aufwendungen. Diese Aufwendungen sind danach **als Bestandteil der Umsatzerlöse zu buchen,** da sie nach § 10 UStG zum **umsatzsteuerlichen Entgelt** gehören.

**Belastung des Kunden mit Vertriebskosten**

**BEISPIEL**

Die Kern KG bezahlt die Fracht in Höhe von 264,00 € + 50,16 € Umsatzsteuer für eine Warensendung an die Handelskontor Erfurt GmbH bar.

**Buchung aufgrund der Frachtrechnung des Spediteurs:**

| | | |
|---|---|---|
| ❶ **4620 Ausgangsfrachten** | **264,00** | |
| **1410 Vorsteuer** | **50,16** | |
| an **1510 Kasse** | | **314,16** |

C

### 1.2.1 Berechnung des Verkaufspreises

**Angebotspreis**

Bei Kundenanfragen und -bestellungen wird der Verkäufer zunächst den Angebotspreis (Listenverkaufspreis) berechnen. Dabei wird er berücksichtigen, dass der Kunde den Rechnungsbetrag unter Abzug von Skonto bezahlen kann, mengenabhängige Rabatte gewährt werden und ggf. Vertriebsprovisionen zu zahlen sind.

**BEISPIEL**

Der Kern KG, Köln, liegt eine Bestellung der Handelskontor Erfurt GmbH über 3 000 Packungen (= 6 000 Rollen) Saugpapier mit Baumwollzusatz vor. Die Kern KG ermittelt aufgrund folgender Angaben den Verkaufspreis (Angebotspreis):

Die betriebsinterne Kalkulation hat einen **Barverkaufspreis** für eine Packung (= zwei Rollen) Saugpapier von **2,00 €** ergeben.

Zahlungsbedingung: Bei Zahlung innerhalb von 10 Tagen 2 % Skonto.

Bei Abnahme von mehr als 1 000 Packungen wird ein Rabatt von 10 % gewährt.

**Kalkulation des Verkaufspreises**

| | | | | | |
|---|---|---|---|---|---|
| **Barverkaufspreis/Packung** | **2,00 €** | ≙ | **98 %** | | |
| + 2 % Kundenskonto | 0,04 € | ≙ | 2 % | | |
| = **Zielverkaufspreis** | **2,04 €** | ≙ | **100 %** ↓ | ≙ | **90 %** |
| + 10 % Kundenrabatt | 0,23 € | | | ≙ | 10 % |
| = **Angebotspreis** (Listenpreis) | **2,27 €** | | | ≙ | **100 %** ↓ |

Der Kundenskonto und der Kundenrabatt wurden wie folgt berechnet:

| | | |
|---|---|---|
| **Kundenskonto:** | 98 % ~ 2,00 €<br>2 % ~ x € | $x = \frac{2{,}00\ € \cdot 2\ \%}{98\ \%} = \mathbf{0{,}04\ €}$ |
| **Kundenrabatt:** | 90 % ~ 2,04 €<br>10 % ~ x € | $x = \frac{2{,}04\ € \cdot 10\ \%}{90\ \%} = \mathbf{0{,}23\ €}$ |

**MERKE**

- **Bei der Berechnung des Verkaufspreises (Angebotspreises) kalkuliert der Verkäufer der Ware den Kundenskonto, den Kundenrabatt und ggf. Vertriebsprovisionen ein.**
- **Grundlage für die Berechnung des Kundenskontos und ggf. der Vertriebsprovision ist der Zielverkaufspreis.**
- **Grundlage für die Berechnung des Kundenrabatts ist der Angebotspreis.**

C

## 1.2.2 Buchung der Ausgangsrechnung

**BEISPIEL** Aufgrund der Verkaufskalkulation (siehe S. 135) erstellt die Kern KG folgende Ausgangsrechnung an die Handelskontor Erfurt GmbH:

**Kern KG · Papiergroßhandlung**
**Köln**

Kern KG · Postfach 23 47 11 · 50668 Köln

Handelskontor
Erfurt GmbH
Greifswalder Str. 17
99085 Erfurt

Telefon 0221 235439-0
Telefax 0221 235439-26
E-Mail vertrieb@kern-wvd.com
Internet www.kern-wvd.com
USt-IdNr. DE 326 186 275

| Unser Angebot vom | Ihre Bestellung vom | Liefertag | Datum |
|---|---|---|---|
| | ..-07-01 | ..-07-05 | ..-07-06 |

**Rechnungs-Nr.** 12 675/.. **Kunden-Nr.** 10 008

| Pos. | Menge | Artikel | Einzelpreis | Rabatt | Gesamtpreis |
|---|---|---|---|---|---|
| 1 | 3 000 | Küchenrollen im Zweierpack | 2,27 € | 10 % | 6.129,00 € |
| | | + Lkw-Fracht | | | 264,00 € |
| | | | | | 6.393,00 € |
| | | + 19 % Umsatzsteuer | | | 1.214,67 € |
| | | | | | 7.607,67 € |

Zahlungsbedingungen: Zahlbar in 10 Tagen mit 2 % Skonto, nach 30 Tagen ohne Abzug.

Bankverbindung:
Deutsche Bank Köln, Konto-Nr. 129 376 880, BLZ 370 700 60
IBAN DE95 3707 0060 0129 3768 80, BIC **DEUTDEDK**

**Buchung der Ausgangsrechnung:**

| | | |
|---|---|---|
| ❷ **1010 Forderungen a. LL** | 7.607,67 | |
| an **8010 Warenverkauf** | | 6.393,00 |
| **an 1810 Umsatzsteuer** | | 1.214,67 |

Zusammen mit der zuvor gebuchten ❶ Frachtrechnung (siehe S. 135) ergibt sich folgendes Kontenbild:

| S | 4620 Ausgangsfrachten | H |
|---|---|---|
| ❶ 264,00 | | |

| S | 1010 Forderungen a. LL | H |
|---|---|---|
| ❷ 7.607,67 | | |

| S | 1410 Vorsteuer | H |
|---|---|---|
| ❶ 50,16 | | |

| S | 8010 Warenverkauf | H |
|---|---|---|
| | | ❷ 23.050,00 |

| S | 1510 Kasse | H |
|---|---|---|
| | | ❶ 314,16 |

| S | 1810 Umsatzsteuer | H |
|---|---|---|
| | | ❷ 1.214,67 |

MERKE

- **Vertriebskosten (z. B. Verpackung, Ausgangsfrachten) stellen für den Verkäufer betriebliche Aufwendungen dar.**
- **Die dem Kunden in Rechnung gestellten Vertriebskosten sind buchhalterisch als Verkaufserlöse zu behandeln (§ 10 UStG).**
- **Bei dem Kunden sind die vom Lieferanten in Rechnung gestellten Vertriebskosten Anschaffungsnebenkosten.**

**Warenexport**

Bei Anfragen ausländischer Kunden werden die Angebote in der Regel in ausländischer Währung abgegeben. Hierbei ist die Umrechnung in ausländische Währung vorzunehmen.[1]

BEISPIEL

Die Kern KG erhält die Anfrage eines Schweizer Kunden über 2 000 Packungen Küchenrollen. Der Verkaufspreis beträgt 2,27 EUR. Die Kern AG möchte das Angebot über die Lieferung der Küchenrollen in Schweizer Franken (CHF) abgeben.

Bei einem Devisenkassamittelkurs von 1,1275 CHF/EUR kann die Ware zum Preis von 2,56 CHF pro Packung angeboten werden. Die Berechnung des Angebotspreises in Schweizer Franken erfolgt über einen Dreisatz:

1,00 EUR ~ 1,1275 CHF
2,27 EUR ~ x CHF

$$x = \frac{2{,}27 \text{ EUR} \cdot 1{,}1275 \text{ CHF}}{1{,}00 \text{ €}} = \mathbf{2{,}56 \text{ CHF}}$$

Bei 2 000 Packungen wird der Angebotspreis auf 2,56 CHF · 2 000 = 5.120,00 CHF lauten.

AUFGABE 125

Der Barverkaufspreis für 20 000 m Verpackungsfolie beträgt 30.500,00 €. Das Angebot an einen Kunden wird mit 3 % Kundenskonto und 15 % Mengenrabatt kalkuliert.

1. Wie hoch ist der Angebotspreis insgesamt und für 100 m Folie?

Die Bestellung des Kunden wird „frei Haus" ausgeführt. Die Rechnung des Spediteurs beläuft sich auf netto 420,00 € + Umsatzsteuer.

Der Kunde wird in der Rechnung mit Verpackung in Höhe von 340,00 € netto belastet.

2. Buchen Sie den Eingang der Spediteurrechnung und die Bezahlung durch Banküberweisung.
3. Erstellen Sie die Ausgangsrechnung an den Kunden und buchen Sie diese.

AUFGABE 126

Ein Großhändler kalkuliert den Barverkaufspreis für einen Büroschrank mit 316,00 €.

1. Berechnen Sie den Angebotspreis bei 6 % Vertriebsprovision, 3 % Skonto und 15 % Rabatt.

Ein Kunde bestellt fünf Schränke. Der Auftrag wird „ab Lager" mit eigenen Fahrzeugen ausgeführt; die Frachtkosten von 120,00 € netto sind dem Kunden in der Rechnung zu belasten.

2. Erstellen Sie die Ausgangsrechnung und buchen Sie den Vorgang.
3. Von einem dänischen Kunden liegt ein Auftrag über zehn Schränke vor.
   Zu welchem Preis (Devisenkassamittelkurs 7,4739 DKK/EUR) können die Schränke angeboten werden?

C

1 Siehe S. 160. Devisenkurse sind häufigen Schwankungen unterworfen. In den nachfolgenden Aufgaben entsprechen die Kurse nicht dem aktuellen Stand.

**AUFGABE 127**

Nennen Sie die Buchungssätze zu folgenden Geschäftsfällen:

| | | | |
|---|---|---|---|
| 1. | Ausgangsrechnung 4567: Warenwert | 15.000,00 | |
| | + Umsatzsteuer | 2.850,00 | 17.850,00 |
| 2. | Ausgangsfracht hierauf bar, netto | 500,00 | |
| | + Umsatzsteuer | 95,00 | 595,00 |
| 3. | ER 2345: Verpackungsmaterial für den Versand, netto | 7.500,00 | |
| | + Umsatzsteuer | 1.425,00 | 8.925,00 |
| 4. | ER 2346: Reparaturkosten für verkaufte Waren werden aufgrund der Garantieverpflichtung übernommen, netto | 2.500,00 | |
| | + Umsatzsteuer | 475,00 | 2.975,00 |
| 5. | ER 2347: Ein Handelsvertreter stellt an Verkaufsprovisionen in Rechnung, netto | 4.500,00 | |
| | + Umsatzsteuer | 855,00 | 5.355,00 |
| 6. | ER 2348: Spediteur berechnet für Warenlieferung an Kunden, netto | 650,00 | |
| | + Umsatzsteuer | 123,50 | 773,50 |

C

**AUFGABE 128**

a) Barzahlung der Ausgangsfracht für AR 607: netto 350,00 € + 66,50 € Umsatzsteuer

b) **Ausgangsrechnung 607:**

| | | |
|---|---|---|
| Warenwert | | 7.650,00 € |
| + Verpackungskosten | 200,00 € | |
| + Verladekosten | 150,00 € | |
| + Fracht | 350,00 € | 700,00 € |
| ... | | 8.350,00 € |
| + 19 % Umsatzsteuer | | 1.586,50 € |
| **= Rechnungsbetrag** | | **9.936,50 €** |

1. Buchen Sie aus der Sicht des Lieferanten.
2. Wie hoch sind die Umsatzerlöse?

**AUFGABE 129**

Die Aufgabe 128 b) ist als Eingangsrechnung beim Kunden zu buchen. Der Kunde zahlt die Hausfracht bar: 250,00 € netto + 47,50 € Umsatzsteuer.

1. Wie lauten die Buchungssätze für die Fälle a) und b)?
2. Ermitteln Sie die Anschaffungskosten der Warensendung.

**AUFGABE 130**

**Ausgangsrechnung 608:**

| | | |
|---|---|---|
| 20 Behälter Chlor zu je 125,00 € | 2.500,00 € | |
| abzüglich 20 % Rabatt | 500,00 € | 2.000,00 € |
| + Transportversicherung | 80,00 € | |
| + Fracht | 220,00 € | 300,00 € |
| ... | | 2.300,00 € |
| + 19 % Umsatzsteuer | | 437,00 € |
| **= Rechnungsbetrag** | | **2.737,00 €** |

Buchen Sie den Vorgang und erläutern Sie die Höhe und Zusammensetzung der Umsatzerlöse.

**AUFGABE 131**

Die Aufgabe 130 ist beim Kunden auf den entsprechenden Konten zu buchen. Die Hausfracht von 190,40 € einschließlich Umsatzsteuer wird bar bezahlt.

Nennen Sie die Buchungssätze und ermitteln Sie den Einstandswert.

**AUFGABE 132**

1. Nennen Sie die Buchungssätze zu **a**) und **b**).
   a) **Ausgangsrechnung 609:**

| | |
|---|---|
| Warenwert | 2.000,00 € |
| + Leihverpackung | 300,00 € |
| + Fracht | 200,00 € |
| | 2.500,00 € |
| + 19 % Umsatzsteuer | 475,00 € |
| = **Rechnungsbetrag** | **2.975,00 €** |

   b) **Gutschriftsanzeige:**

| | |
|---|---|
| Rückgabe der Leihverpackung (50 %) | 150,00 € |
| + 19 % Umsatzsteuer | 28,50 € |
| = **Gutschrift** | **178,50 €** |

2. Buchen Sie auf den entsprechenden Konten.
3. Wie hoch sind die tatsächlichen Umsatzerlöse?

**AUFGABE 133**

**Kern KG · Papiergroßhandlung**
**Köln**

Kern KG · Postfach 23 47 11 · 50668 Köln

Magro-Großmarkt
Krefelder Straße 43
41063 Mönchengladbach

Telefon 0221 235439-0
Telefax 0221 235439-26
E-Mail vertrieb@kern-wvd.com
Internet www.kern-wvd.com
USt-IdNr. DE 326 186 275

| Unser Angebot vom | Ihre Bestellung vom | Liefertag | Datum |
|---|---|---|---|
| | ..-08-01 | ..-08-22 | ..-08-23 |

**Rechnungs-Nr.** 12 893/.. **Kunden-Nr.** 10 016

| Pos. | Menge | Artikel | Einzelpreis | Rabatt | Gesamtpreis |
|---|---|---|---|---|---|
| 1 | 10 Rollen | Einschlagpapier | 180,00 € | 10 % | 1.620,00 € |
| 2 | 500 Stück | Faltkarton, G. III | 3,40 € | 15 % | 1.445,00 € |
| 3 | 200 m | Verpackungsfolie | 2,60 € | 0 | 520,00 € |
| | | | | | 3.585,00 € |
| | | + Frachtpauschale | | | 255,00 € |
| | | + Transportversicherung | | | 60,00 € |
| | | | | | 3.900,00 € |
| | | + 19 % Umsatzsteuer | | | 741,00 € |
| | | | | | 4.641,00 € |

Zahlungsbedingungen: Zahlbar in 10 Tagen mit 2 % Skonto, nach 30 Tagen ohne Abzug.

Bankverbindung:
Deutsche Bank Köln, Konto-Nr. 129 376 880, BLZ 370 700 60
IBAN: DE95 3707 0060 0129 3768 80, BIC: DEUTDEDK

1. Buchen Sie die Ausgangsrechnung für die Kern KG.
2. Geben Sie die Buchung der Eingangsrechnung für den Kunden Magro-Großmarkt an.

**AUFGABE 134** Der Elektrogroßhandlung Eisengeb KG liegt die Bestellung eines Warenhauses über 100 Kaffeemaschinen „SANTOS II", 80 Toaster „Thermofix" und 60 Eierkocher „Superegg" vor. Die Eisengeb KG hat folgende Barverkaufspreise der Artikel kalkuliert:

| | | |
|---|---|---|
| Kaffeemaschine „SANTOS II", | Stückpreis 42,50 €, | 15 % Rabatt bei Abnahme von 100 Stück, |
| Toaster „Thermofix", | Stückpreis 32,50 €, | 10 % Rabatt bei Abnahme von 80 Stück, |
| Eierkocher „Superegg", | Stückpreis 21,25 €, | 8 % Rabatt bei Abnahme von 60 Stück. |

Die Eisengeb KG gewährt bei Zahlungen innerhalb von 10 Tagen 3 % Skonto.

Die Lieferung erfolgt unfrei. Für Fracht zahlt die Eisengeb KG bei Auslieferung an den Spediteur 340,00 € bar (zuzüglich Umsatzsteuer). Diesen Betrag belastet sie in der Ausgangsrechnung weiter an den Kunden.

1. Kalkulieren Sie die Angebotspreise für die drei Artikel.
2. Erstellen Sie die Ausgangsrechnung an das Warenhaus.
3. Buchen Sie den Vorgang für die Eisengeb KG einschließlich der Frachtrechnung.

C

## 1.3 Rücksendungen

**Steuerberichtigung**

**Berechnungsgrundlage** für die Umsatzsteuer ist der jeweilige **Nettobetrag** der Rechnung. Eine **nachträgliche Minderung** dieses Betrags **wegen** einer teilweisen oder vollständigen **Rücksendung** der erhaltenen oder gelieferten Waren führt somit zwangsläufig zu einer entsprechenden **Minderung (Berichtigung)** der bereits gebuchten **Vorsteuer oder Umsatzsteuer.**

**Unterkonten**

Aufgrund von Mängelrügen **zurückgesandte Waren** könnten direkt über das Wareneingangs- bzw. Warenverkaufskonto gebucht werden. Aus Gründen der Übersicht werden sie jedoch zunächst auf den **Unterkonten**

**3050 Rücksendungen an Lieferanten** und

**8050 Rücksendungen vom Kunden**

erfasst, die über die Konten „3010 Wareneingang" und „8010 Warenverkauf" abzuschließen sind.

### 1.3.1 Rücksendungen an Lieferanten

**Mangelhafte Lieferung**

Werden Waren an die Lieferanten zurück geschickt, weil sie **falsch oder mit Mängeln behaftet** geliefert wurden, verringert sich deren Bestand mengen- und wertmäßig auf der Haben-Seite des Wareneingangskontos „3010 Wareneingang". Die **Vorsteuer** ist somit **anteilig** im Haben des Kontos „1410 Vorsteuer" zu berichtigen **(zu kürzen).** Die Verbindlichkeiten a. LL vermindern sich im Soll um den Gesamtbetrag der Gutschriftsanzeige des Lieferanten.

**BEISPIEL** Für den Einkauf der von der Zendermühle AG gelieferten Küchenrollen (siehe Beispiel auf S. 129) hatte die Papiergroßhandlung Kern KG folgende Eingangsrechnung erhalten:

| | |
|---|---|
| 10.000 Küchenrollen, netto | 10.000,00 € |
| + Verpackung | 400,00 € |
| + Lkw-Fracht | 300,00 € |
| | 10.700,00 € |
| + 19 % Umsatzsteuer | 2.033,00 € |
| = **Rechnungsbetrag** | **12.733,00 €** |

Nach teilweiser Auslieferung der Küchenrollen stellt die Papiergroßhandlung Kern KG einen versteckten Mangel fest: Ein Teil des Saugpapiers hat sich beim Aufrollen verzogen und ist eingerissen. Eine genaue Überprüfung zeigt, dass insgesamt **240 Packungen** unbrauchbar sind. Mit dem Lieferanten wird die Rücksendung der fehlerhaften Ware vereinbart.

Aufgrund der Rücksendung erteilt die Zendermühle AG folgende **Gutschrift:**

| | |
|---|---|
| Rücknahme von 240 Packungen Küchenrollen zum Nettopreis von 1,25 € (siehe S. 129) ........ | 300,00 € |
| + 19 % Umsatzsteuer ........ | 57,00 € |
| **Gutschrift, brutto** ........ | **357,00 €** |

**Buchung aufgrund der Eingangsrechnung** (siehe S. 129):

| | | | | | |
|---|---|---|---|---|---|
| ❶ | **3010 Wareneingang** ........ | **10.000,00** | | | |
| | **3020 Warenbezugskosten** ........ | **700,00** | | | |
| | **1410 Vorsteuer** ........ | **2.033,00** | an | **1710 Verbindlichkeiten a. LL** ........ | **12.733,00** |

**Buchung der Rücksendung aufgrund der Gutschriftsanzeige des Lieferanten:**

| | | | | | |
|---|---|---|---|---|---|
| ❷ | **1710 Verbindlichkeiten a. LL** ........ | **357,00** | an | **3050 Rücksendungen an Lieferanten** | **300,00** |
| | | | an | **1410 Vorsteuer** ........ | **57,00** |

**Umbuchung:**

| | | | | | |
|---|---|---|---|---|---|
| ❸ | **3050 Rücksendungen an Lieferanten** | | an | **3010 Wareneingang** ........ | **300,00** |

| S | **3010 Wareneingang** | | H |
|---|---|---|---|
| ❶ | 10.000,00 | ❸ | 300,00 |
| 3020 | 700,00 | | |

| S | **3050 Rücksendungen an Lieferanten** | | H |
|---|---|---|---|
| ❸ | 300,00 | ❷ | 300,00 |

| S | **3020 Warenbezugskosten** | | H |
|---|---|---|---|
| ❶ | 700,00 | 3010 | 700,00 |

| S | **1710 Verbindlichkeiten a. LL** | | H |
|---|---|---|---|
| ❷ | 357,00 | ❶ | 12.733,00 |

| S | **1410 Vorsteuer** | | H |
|---|---|---|---|
| ❶ | 2.033,00 | ❷ | 57,00 |

MERKE

**Bei der Rücksendung von Waren erstellen Lieferanten Gutschriften über den Nettobetrag der zurück gesandten Waren zuzüglich Umsatzsteuer. Die Gutschriften vermindern nachträglich die USt-Bemessungsgrundlage und damit anteilig die gebuchte Vorsteuer. Diese ist entsprechend zu berichtigen.**

## 1.3.2 Rücksendungen von Kunden

Senden Kunden beanstandete Waren zurück, **vermindern** sich die **Umsatzerlöse** im Soll des Kontos „8010 Warenverkauf." Zugleich verringert sich die **Umsatzsteuerschuld im Soll** des Kontos „1810 Umsatzsteuer". Die Forderungen a. LL nehmen im Haben entsprechend ab. Die Rückbuchung erfolgt aufgrund der dem Kunden zugesandten Gutschriftsanzeige.

BEISPIEL

Der bei den Küchenrollen entdeckte Mangel (s. o.) veranlasst die Papiergroßhandlung Kern KG ihren Kunden, die „Handelskontor Erfurt GmbH" (siehe S. 136), um genaue Prüfung zu bitten. Die Handelskontor Erfurt GmbH teilt mit, dass **120 der gekauften 3 000 Packungen Mängel aufweisen.** Die Kern KG erteilt nach Rücksendung der Ware folgende **Gutschrift:**

| | |
|---|---|
| Rücknahme von 120 Packungen zum Nettopreis von 2,04 € | 244,80 € |
| + 19 % Umsatzsteuer | 46,51 € |
| **= Gutschrift, brutto** | **291,31 €** |

Aufgrund der Ausgangsrechnung (siehe S. 136) wurde folgende Buchung vorgenommen:

| | Soll | Haben |
|---|---|---|
| ❶ 1010 Forderungen a. LL | 7.607,67 | |
| an 8010 Warenverkauf | | 6.393,00 |
| an 1810 Umsatzsteuer | | 1.214,67 |

Buchung der Rücksendung durch den Kunden aufgrund der Gutschriftsanzeige:

| | Soll | Haben |
|---|---|---|
| ❷ 8050 Rücksendungen von Kunden | 244,80 | |
| 1810 Umsatzsteuer | 46,51 | |
| an 1010 Forderungen a. LL | | 291,31 |

Umbuchung:

| | Soll | Haben |
|---|---|---|
| ❸ 8010 Warenverkauf | 244,80 | |
| an 8050 Rücksendungen von Kunden | | 244,80 |

| S | 8050 Rücksendungen von Kunden | | H |
|---|---|---|---|
| ❷ | 244,80 | ❸ | 244,80 |

| S | 8010 Warenverkauf | | H |
|---|---|---|---|
| ❸ | 244,80 | ❷ | 6.393,00 |

| S | 1810 Umsatzsteuer | | H |
|---|---|---|---|
| ❷ | 46,51 | ❶ | 1.214,67 |

| S | 1010 Forderungen a. LL | | H |
|---|---|---|---|
| ❶ | 7.607,67 | ❷ | 291,31 |

C

MERKE

- **Die Rücksendung beanstandeter Waren durch Kunden führt zu einer Buchung auf den Konten Rücksendungen von Kunden, Umsatzsteuer und Forderungen a. LL.**
- **Die Rücksendung vermindert die Umsatzerlöse aus dem Warenverkauf. Buchhalterisch erfolgt daher eine Umbuchung des Nettowarenwerts vom Konto „ 8050 Rücksendungen von Kunden“ auf das Konto „8010 Warenverkauf“.**
- **Die Kunden erhalten eine Gutschriftsanzeige, aus der der Nettowert der zurückgeschickten Waren, die Umsatzsteuer und der Gutschriftsbetrag hervorgehen.**

## AUFGABE 135

**1.** Ermitteln Sie für die folgenden Geschäftsfälle jeweils den Rechnungs- bzw. Gutschriftsbetrag und nennen Sie den Buchungssatz. Buchen Sie auf den Konten 1010, 1410, 1710, 1810, 3010, 3050, 8010, 8050 und schließen Sie die Unterkonten ab.

| | | |
|---|---|---|
| 1. | ER 2356 für Waren: Listenpreis netto | 20.000,00 |
| | Gewährter Mengenrabatt | 15 % |
| 2. | Rücksendung beschädigter Waren (ER 2356), Nettowert | 5.000,00 |
| 3. | AR 3456: Verkauf von Waren, Listenpreis netto | 40.000,00 |
| | Wiederverkäuferrabatt | 25 % |
| 4. | Kunde (AR 3456) sendet beschädigte Waren zurück, Nettowert | 4.000,00 |
| 5. | AR 3457: Verkauf von Waren, Nettopreis | 2.500,00 |
| 6. | Kunde (AR 3457) erhält Gutschrift wegen Falschlieferung, netto | 1.300,00 |

**2.** Warum muss in Gutschriftsanzeigen die Umsatzsteuer gesondert ausgewiesen werden? Begründen Sie.

**3.** Welche Rechte können im Falle einer rechtzeitigen Mängelrüge geltend gemacht werden?

# 1.4 Nachlässe

## 1.4.1 Nachträgliche Preisnachlässe im Beschaffungsbereich

**Nachlässe**

Nachlässe, die Kunden nachträglich **von Lieferanten** in Form von

- **Preisnachlässen aufgrund von Mängelrügen,**
- **Boni, Treue- oder Umsatzrabatten** oder
- **Skonti**[1]

gewährt werden, **mindern** die **Anschaffungs- bzw. Einstandspreise** der bezogenen Waren **und** damit auch die darauf entfallende **Vorsteuer.** Aus Gründen der besseren Übersicht werden diese Nachlässe zunächst auf einem **Unterkonto des betreffenden Wareneingangskontos** erfasst:

| 3010 Wareneingang | | |
|---|---|---|
| 3060 Nachlässe von Lieferanten | 3070 Lieferantenboni | 3080 Lieferantenskonti |

**Umbuchung**

Zum Monats- bzw. Jahresabschluss werden diese Konten über das entsprechende Wareneingangskonto abgeschlossen, das dann die **berichtigten Anschaffungskosten** ausweist.

**Nettoverfahren**

Die Nachlässe werden aufgrund der Gutschriftsanzeige des Lieferanten netto bei sofortiger Vorsteuerberichtigung gebucht (Nettobuchung).

**BEISPIEL**

Angenommen, die von der Zendermühle AG gelieferten Küchenrollen (siehe S. 129) sind nur mit einem geringen Mangel behaftet: Sie sind z. T. nicht sauber geschnitten, können aber **mit einem Preisnachlass noch verkauft werden.** Aufgrund der Mängelrüge der Kern KG gewährt die Zendermühle AG einen **Preisnachlass von netto 250,00 €** und erteilt folgende **Gutschrift:**

| | |
|---|---|
| Preisnachlass auf mangelhafte Ware, netto | 250,00 € |
| + 19 % Umsatzsteuer | 47,50 € |
| **Gutschrift, brutto** | **297,50 €** |

Der Nachlass wird buchhalterisch **direkt** mit dem **Nettobetrag** erfasst und die anteilige **Steuerberichtigung** sogleich ermittelt und gebucht.

| | |
|---|---|
| Nachlass, netto | 250,00 € |
| + Steuerberichtigung | 47,50 € |
| = **Bruttonachlass** | **297,50 €** |

**Buchung aufgrund der Eingangsrechnung** (siehe S. 129):

| | | |
|---|---|---|
| ❶ **3010 Wareneingang** | **10.000,00** | |
| **3020 Warenbezugskosten** | **700,00** | |
| **1410 Vorsteuer** | **2.033,00** | |
| an **1710 Verbindlichkeiten a. LL** | | **12.733,00** |

**Nettobuchung des Preisnachlasses aufgrund der Gutschriftsanzeige:**

| | | |
|---|---|---|
| ❷ **1710 Verbindlichkeiten a. LL** | **297,50** | |
| an **3060 Nachlässe von Lieferanten** | | **250,00** |
| an **1410 Vorsteuer** | | **47,50** |

1 Siehe ausführliche Behandlung der Skonti auf S. 149 ff.

**Umbuchung am Ende der Rechnungsperiode:**

| | | |
|---|---|---|
| ❸ **3060 Nachlässe von Lieferanten** | 250,00 | |
| an **3010 Wareneingang** | | 250,00 |

| S | 3010 Wareneingang | | H |
|---|---|---|---|
| ❶ | 10.700,00 | ❸ | 250,00 |

| S | 1710 Verbindlichkeiten a. LL | | H |
|---|---|---|---|
| ❷ | 297,50 | ❶ | 12.733,00 |

| S | 3060 Nachlässe von Lieferanten | | H |
|---|---|---|---|
| ❸ | 250,00 | ❷ | 250,00 |

| S | 1410 Vorsteuer | | H |
|---|---|---|---|
| ❶ | 2.033,00 | ❷ | 47,50 |

| | |
|---|---|
| Anschaffungspreis | 10.700,00 € |
| – Preisminderung | 250,00 € |
| **= Anschaffungskosten** | **10.450,00 €** |

**Die Anschaffungskosten** ergeben sich nach Umbuchung im Wareneingangskonto:

| | |
|---|---|
| Anschaffungspreis | 10.000,00 € |
| + Anschaffungsnebenkosten | 700,00 € |
| – Anschaffungspreisminderung | 250,00 € |
| = **Anschaffungskosten** (§ 255 [1] HGB) | **10.450,00 €** |

**Nachträgliche Rabatte (Boni) von Lieferanten**

Der Bonus ist ein **Mengen-, Treue- oder Umsatzrabatt,** der **am Ende einer Periode** (Quartal, Halbjahr oder Jahr) für den insgesamt erreichten **Warenumsatz** zusätzlich gewährt wird. Die von Lieferanten gewährten Boni **mindern** ebenfalls **nachträglich den Anschaffungspreis** der Waren.

**BEISPIEL**

Die Zendermühle AG gewährt der Kern KG für das 1. Quartal eine Umsatzvergütung von 3 % auf 80.000,00 € Warenumsatz. Die Gutschriftsanzeige des Lieferanten lautet: 2.400,00 € Nettobonus + 456,00 € USt = 2.856,00 €.

**Buchung der Gutschriftsanzeige:**

| | | |
|---|---|---|
| **1710 Verbindlichkeiten a. LL** | 2.856,00 | |
| an **3070 Lieferantenboni** | | 2.400,00 |
| an **1410 Vorsteuer** | | 456,00 |

**Umbuchung am Ende der Rechnungsperiode:**

| | | |
|---|---|---|
| **3070 Lieferantenboni** | 2.400,00 | |
| an **3010 Wareneingang** | | 2.400,00 |

**MERKE**

- **Preisnachlässe werden aufgrund von Mängelrügen, Boni oder Skonti nachträglich vom Lieferanten gewährt.**
- **Die Nachlässe der Lieferanten mindern die Anschaffungskosten der Handelswaren.**
- **Bei Nettobuchung der Nachlässe wird die Umsatzsteuer sofort berichtigt und gebucht.**[1]

1 In der EDV erfolgt die Steuerberichtigung mit Eingabe des Bruttobetrags automatisch (Programmfunktion).

## 1.4.2 Nachträgliche Preisnachlässe im Absatzbereich

**Erlösberichtigungen**

Dem Kunden gewährte **Preisnachlässe** wegen Mängelrüge, Boni sowie Skonti **schmälern die Umsatzerlöse.** Sie werden auf **Unterkonten** erfasst:

| 8010 Warenverkauf | | |
|---|---|---|
| 8060 Nachlässe an Kunden | 8070 Kundenboni | 8080 Kundenskonti |

**Umbuchung**

Am Ende der Rechnungsperiode werden die Unterkonten über das Konto **„8010 Warenverkauf"** abgeschlossen, das dann die **berichtigten Erlöse** ausweist.

**Nettoverfahren**

Auch die Erlösberichtigungen werden in der Praxis netto gebucht.

C

**BEISPIEL**

Die Kern KG gewährt ihrem Kunden Handelskontor Erfurt GmbH wegen Mängelrüge einen Preisnachlass von 120,00 € und erteilt folgende **Gutschrift:**

| | |
|---|---|
| Preisnachlass auf 120 Küchenrollen je 1,00 €, netto | 120,00 € |
| + 19 % Umsatzsteuer | 22,80 € |
| **Gutschrift, brutto** | **142,80 €** |

**Buchung aufgrund der Ausgangsrechnung** (siehe S. 136):

| | Soll | Haben |
|---|---|---|
| ❶ 1010 Forderungen a. LL | 7.607,67 | |
| an 8010 Warenverkauf | | 6.393,00 |
| an 1810 Umsatzsteuer | | 1.214,67 |

**Nettobuchung des dem Kunden gewährten Preisnachlasses:**

| | Soll | Haben |
|---|---|---|
| ❷ 8060 Nachlässe an Kunden | 120,00 | |
| 1810 Umsatzsteuer | 22,80 | |
| an 1010 Forderungen a. LL | | 142,80 |

**Umbuchung am Ende der Rechnungsperiode:**

| | Soll | Haben |
|---|---|---|
| ❸ 8010 Warenverkauf | 120,00 | |
| an 8060 Nachlässe an Kunden | | 120,00 |

| S | 1010 Forderungen a. LL | | H |
|---|---|---|---|
| ❶ | 7.607,67 | ❷ | 142,80 |

| S | 8010 Warenverkauf | | H |
|---|---|---|---|
| ❸ | 120,00 | ❶ | 6.393,00 |

| S | 8060 Nachlässe an Kunden | | H |
|---|---|---|---|
| ❷ | 120,00 | ❸ | 120,00 |

| S | 1810 Umsatzsteuer | | H |
|---|---|---|---|
| ❷ | 22,80 | ❶ | 1.214,67 |

| | |
|---|---|
| Umsatzerlöse | 6.393,00 € |
| – Preisminderung | 120,00 € |
| = **Berichtigte Erlöse** | **6.273,00 €** |

**MERKE**

**Nachträgliche Preisnachlässe durch den Lieferanten in Form von Nachlässen wegen Mängeln oder Gewährung von Boni und Skonti mindern die Umsatzerlöse und ziehen eine Berichtigung der Umsatzsteuer nach sich.**

**AUFGABE 136**

a) Ein Warenlieferant gewährt wegen Mängelrüge einen Preisnachlass von 10 % des Rechnungsbetrags. Der Rechnungsbetrag (ER 488) lautete über 11.900,00 €.

b) Einem Kunden wird aufgrund seiner Mängelrüge nachträglich ein Preisnachlass von 20 % des Rechnungsbetrags gewährt. Die Ausgangsrechnung (AR 811) weist einen Rechnungsbetrag von 17.850,00 € aus.

1. Ermitteln Sie jeweils die Gutschrift und die Steuerberichtigung.
2. Erstellen Sie die entsprechende Gutschriftsanzeige.
3. Nennen Sie den Buchungssatz aufgrund der Gutschriftsanzeige der Fälle **a)** und **b)** (netto).

**AUFGABE 137**

Gutschrift über eine Umsatzvergütung von 3 % auf den Nettowarenumsatz des 2. Halbjahres in Höhe von 350.000,00 €.

1. Erstellen Sie die Gutschriftsanzeige.
2. Wie bucht **a)** der Lieferant und **b)** der Kunde?
3. Erläutern Sie die Auswirkung der Boni im Ein- und Verkaufsbereich.

C

**AUFGABE 138**

Buchen Sie nach dem Nettoverfahren in der Finanzbuchhaltung der Möbelgroßhandlung:

**Jörg Breuer e. K. MÖBELGROSSHANDEL**

Möbelgroßhandel Jörg Breuer e. K., Karlstraße 44, 51379 Leverkusen

Möbelfachgeschäft
Werner Theuer e. Kfm
Am Gierlichshof 15
51381 Leverkusen

| Konto | Soll | Haben |
|---|---|---|
| | | |

Gebucht:

| Ihr Zeichen, Ihre Nachricht vom | Unser Zeichen | Telefon, Name 02171 56356- | Datum |
|---|---|---|---|
| WG ..-12-20 | L/by | 42 | ..-12-28 |

Rechnung Nr. 1 315

Sehr geehrte Damen und Herren,

aufgrund Ihrer Beanstandung schreiben wir Ihnen gut:

| | |
|---|---|
| 10 % von 10.000,00 € Warenwert | |
| lt. o. g. Rechnung .................. | 1.000,00 € |
| 19 % Umsatzsteuer .................. | 190,00 € |
| | 1.190,00 € |

Mit freundlichen Grüßen

MÖBELGROSSHANDEL
JÖRG BREUER E. K.

i. A. *Schreiner*

(Schreiner)

Geschäftsräume
Karlstraße 44
51379 Leverkusen
Steuer-Nr. 065 262 44119

Telefon: 02171 56356-0
Telefax: 02171 56739
E-Mail: service@moebelbreuer-wvd.de
Internet: www.moebelbreuer-wvd.de

Sparkasse Leverkusen
Konto-Nr. 218 435 717
BLZ 375 514 40
IBAN: DE59 3755 1440 0218 4357 17
BIC: WELADEDLLEV

Postbank Köln
Konto-Nr. 9987 96-500
BLZ 370 100 50
IBAN: DE49 3701 0050 0998 7965 00
BIC: PBNKDEFF370

**AUFGABE 139**

Buchen Sie im Grund- und Hauptbuch. Erstellen Sie den Jahresabschluss zum 31. Dezember.

| Kontenplan und vorläufige Saldenbilanz zum 27. Dez. | | Soll | Haben |
|---|---|---|---|
| 0330 | Betriebs- und Geschäftsausstattung | 248.000,00 | – |
| 0340 | Fuhrpark | 84.000,00 | – |
| 0610 | Eigenkapital | – | 450.000,00 |
| 1010 | Forderungen a. LL | 217.724,00 | – |
| 1310 | Bank | 140.000,00 | – |
| 1410 | Vorsteuer | 105.542,00 | – |
| 1510 | Kasse | 19.200,00 | – |
| 1610 | Privatentnahmen | 72.000,00 | – |
| 1710 | Verbindlichkeiten a. LL | – | 224.700,00 |
| 1810 | Umsatzsteuer | – | 249.166,00 |
| 3010 | Wareneingang | 808.400,00 | – |
| 3020 | Warenbezugskosten | 20.800,00 | – |
| 3030 | Leihemballagen | 4.600,00 | – |
| 3050 | Rücksendungen an Lieferanten | – | 5.000,00 |
| 3060 | Nachlässe von Lieferanten | – | 3.500,00 |
| 3070 | Lieferantenboni | – | 1.500,00 |
| 3910 | Warenbestände | 150.000,00 | – |
| 4100 | Mietaufwendungen | 62.000,00 | – |
| 4620 | Ausgangsfrachten | 8.500,00 | – |
| 4700 | Betriebskosten, Instandhaltung | 16.800,00 | – |
| 4800 | Allgemeine Verwaltungskosten | 132.700,00 | – |
| 4890 | Diverse Aufwendungen | 155.000,00 | – |
| 4910 | Abschreibungen auf Sachanlagen | – | – |
| 8010 | Warenverkauf | – | 1.357.500,00 |
| 8050 | Rücksendungen von Kunden | 48.400,00 | – |
| 8060 | Nachlässe an Kunden | 7.100,00 | – |
| 8070 | Kundenboni | 2.900,00 | – |
| 8710 | Entnahme von Waren | – | 12.300,00 |
| | | 2.303.666,00 | 2.303.666,00 |

**Abschlusskonten:** 9300 und 9400

**Geschäftsfälle vom 27. Dezember bis 31. Dezember**

| | | |
|---|---|---|
| 1. Zieleinkäufe von Waren, ab Werk, ER 460–466 | | |
| Warenwert | 18.900,00 | |
| + Leihverpackung | 800,00 | |
| + Umsatzsteuer | 3.743,00 | 23.443,00 |
| 2. Eingangsfrachten hierauf bar, Nettofrachtbetrag | 850,00 | |
| + Umsatzsteuer | 161,50 | 1.011,50 |
| 3. Rücksendung mangelhafter Waren an Lieferanten (ER 462) | | |
| Warenwert | 900,00 | |
| + Umsatzsteuer | 171,00 | 1.071,00 |
| 4. Lieferant schreibt für Rückgabe der Leihverpackung einschließlich Umsatzsteuer gut, brutto | | 714,00 |
| 5. Zielverkäufe von Waren, frei dort, AR 962–968 | | |
| Warenwert | 52.400,00 | |
| + Verpackungskosten | 800,00 | |
| + Umsatzsteuer | 10.108,00 | 63.308,00 |

| | | |
|---|---|---|
| 6. | Ausgangsfrachten hierauf bar, brutto | 1.666,00 |
| 7. | Lastschrift der Bank für Mietüberweisung | 6.500,00 |
| | Darin enthalten ist die Miete für die Wohnung des Inhabers | 900,00 |
| 8. | Gutschriftsanzeige (Mängelrüge) an Kunden (AR 963), brutto | 714,00 |
| 9. | Kunde erhält einen Bonus, netto | 1.500,00 |
| 10. | Gutschriftsanzeige (Mängelrüge) eines Lieferanten (ER 465), brutto | 416,50 |
| 11. | Kunde sendet mangelhafte Waren zurück (AR 964), brutto | 952,00 |
| 12. | Lieferant gewährt einen Bonus von netto | 2.000,00 |

**Abschlussangaben**

1. 25 % Abschreibung vom Buchwert auf 0330 und 0340
2. Warenendbestand lt. Inventur ... 200.000,00
3. Im Übrigen entsprechen die Buchwerte den Inventurwerten.

C

**AUFGABE 140** Kontenplan und vorläufige Saldenbilanz der Aufgabe 139

**Geschäftsfälle**

| | | | |
|---|---|---|---|
| 1. | Banküberweisung für Ausgangsfrachten (AR 978–982) einschließlich Umsatzsteuer | | 1.190,00 |
| 2. | Zielverkäufe von Waren, ab hier, AR 978–982 | | |
| | Warenwert | 24.800,00 | |
| | + Frachten | 1.000,00 | |
| | + ~~Leih~~verpackung | 1.200,00 | |
| | + Umsatzsteuer | 5.130,00 | 32.130,00 |
| 3. | Einem Kunden (AR 966) werden aufgrund seiner Mängelrüge gutgeschrieben, brutto | | 1.130,50 |
| ~~4.~~ | ~~Privatentnahme von Waren, Warenwert~~ | | ~~600,00~~ |
| 5. | Gutschrift an Kunden für Rückgabe ~~der Leihverpackungen~~ (AR 978–982), brutto | | 1.071,00 |
| 6. | Rücksendung beschädigter Waren (ER 458), Warenwert | | 700,00 |
| 7. | Zieleinkäufe von Waren, ab Werk, ER 489–490 | | |
| | Warenwert | 15.400,00 | |
| | + ~~Fracht und Transportversicherung~~ | 600,00 | |
| | + Umsatzsteuer | 3.040,00 | 19.040,00 |
| 8. | Barzahlung der Hausfracht hierauf einschließlich USt | | 238,00 |
| 9. | Gutschriftsanzeige des Lieferanten aufgrund unserer Mängelrüge (ER 432) einschließlich Umsatzsteuer | | 892,50 |
| 10. | Banküberweisung für Fahrzeugreparatur, netto | 2.800,00 | |
| | + Umsatzsteuer | 532,00 | 3.332,00 |
| 11. | Kunde sendet wegen Falschlieferung Waren (AR 980) zurück und erhält eine Gutschrift einschließlich USt | | 2.975,00 |
| 12. | Banküberweisung der Lebensversicherungsprämie des Geschäftsinhabers | | 860,00 |
| 13. | Lieferant gewährt einen Bonus, brutto | | 3.570,00 |

**Abschlussangaben**

1. Abschreibungen auf BGA: 32.000,00 €; auf Fuhrpark: 18.000,00 €.
2. Inventurwert des Warenschlussbestands ... 250.000,00

**AUFGABE 141**

**1.** Wie hoch sind in den Aufgaben 139/140 jeweils
**a)** die berichtigten Umsatzerlöse,
**b)** der Wareneinsatz,
**c)** der Rohgewinn und
**d)** der Reingewinn?

2. Halten Sie die Höhe des Reingewinns für angemessen, wenn für die Arbeitsleistung des Geschäftsinhabers ein Unternehmerlohn (Vergütung für eine vergleichbare Tätigkeit) von 90.000,00 € je Geschäftsjahr zugrunde legt wird?
3. Welche Gründe sprechen für die gesonderte buchhalterische Erfassung der Bezugskosten, Rücksendungen, Nachlässe und Boni?
4. Erläutern Sie die Zusammensetzung der Anschaffungskosten nach § 255 [1] HGB.

## 1.5 Skonti

Die Zahlungsbedingungen auf Eingangs- und Ausgangsrechnungen sehen oft **Skontoabzüge** vor. Sie können z. B. lauten: „Der Rechnungsbetrag ist innerhalb von 10 Tagen mit 2 % Skonto oder nach spätestens 30 Tagen ohne Abzug zu zahlen." Der Skonto ist also eine **Zinsvergütung für Zahlung innerhalb einer angegebenen Frist.** Er enthält auch eine **Prämie für die Ersparung von Risiko und Aufwand,** die mit Zielverkäufen verbunden sind.

**Bedeutung des Skontos**

Nach **Umsatzsteuerrecht** sind Skonti nachträglich vorgenommene **Entgeltminderungen** (vgl. Abschnitt 10.3 UStAE), die zu einer **Berichtigung der Vor- und Umsatzsteuer** führen (vgl. § 17 UStG). Nach **HGB** stellen die beim Wareneinkauf gewährten Skonti **Anschaffungspreisminderungen** (§ 255 [1] HGB, siehe S. 197 f. und S. 247) dar.

**Entgeltminderung**

Je nach der Art der Skonti werden unterschieden:

- Der Skonto, der von Lieferanten gewährt wird, **mindert** nachträglich den **Anschaffungspreis** der eingekauften Waren und muss deshalb auch auf einem **Unterkonto des Wareneingangskontos** gebucht werden: **„3080 Lieferantenskonti".**
- Skonti, die Kunden gewährt werden, **schmälern** die **Umsatzerlöse.** Sie sind auf einem **Unterkonto des Erlöskontos** zu erfassen: **„8080 Kundenskonti".**

**Lieferantenskonti**

**Kundenskonti**



### 1.5.1 Lieferantenskonti

**BEISPIEL**

Die Kern KG, Köln, begleicht die Eingangsrechnung der Zendermühle AG (siehe S. 129) unter Abzug von 2,5 % Skonto durch Banküberweisung.

| | |
|---|---|
| Rechnungsbetrag der Eingangsrechnung | 12.733,00 € |
| – 2,5 % Skonto (brutto) | 318,33 € |
| = **Überweisungsbetrag** an Zendermühle AG | **12.414,67 €** |

Der vom Lieferanten gewährte Skonto wird direkt beim Rechnungsausgleich mit dem **Nettobetrag** gebucht, wobei die darauf entfallende **Vorsteuerberichtigung sofort** vorgenommen wird. Die folgende Übersicht erklärt den Zusammenhang:

**Nettoverfahren**

| | | | | |
|---|---|---|---|---|
| **100 % Nettopreis** | 10.700,00 € | – **2,5 % Nettoskonto** | 267,50 € | = 10.432,50 € |
| + **19 % Vorsteuer** | 2.033,00 € | – **2,5 % Vorsteuerberichtigung** | 50,83 € | = 1.982,17 € |
| = **119 % Bruttopreis** | **12.733,00 €** | – **2,5 % Bruttoskonto** | **318,33 €** | = **12.414,67 €** |

**Buchung aufgrund der Eingangsrechnung** (siehe S. 129): ❶

**Buchung des Rechnungsausgleichs:**

| | Soll | Haben |
|---|---|---|
| ❷ **1710 Verbindlichkeiten a. LL** | **12.733,00** | |
| an **3080 Lieferantenskonti** | | **267,50** |
| an **1410 Vorsteuer** | | **50,83** |
| an **1310 Bank** | | **12.414,67** |

**Abschlussbuchung:**

| | | Soll | Haben |
|---|---|---|---|
| ❸ | **3080 Lieferantenskonti** | **267,50** | |
| | an **3010 Wareneingang** | | **267,50** |

| S | **3010 Wareneingang** | | H |
|---|---|---|---|
| ❶ | 10.700,00 | ❸ | 267,50 |

| S | **3080 Lieferantenskonti** | | H |
|---|---|---|---|
| ❸ | 267,50 | ❷ | 267,50 |

| S | **1410 Vorsteuer** | | H |
|---|---|---|---|
| ❶ | 2.033,00 | ❷ | 38,00 |

| S | **1310 Bank** | | H |
|---|---|---|---|
| | | ❷ | 12.414,67 |

| S | **1710 Verbindlichkeiten a. LL** | | H |
|---|---|---|---|
| ❷ | 12.733,00 | ❶ | 12.733,00 |

Nach der Umbuchung des Nettoskontos weist das Wareneingangskonto die Anschaffungskosten aus:

| | | |
|---|---|---|
| | Anschaffungspreis .......... | 10.700,00 € |
| – | Lieferantenskonto ........... | 267,50 € |
| = | **Anschaffungskosten** .... | **10.432,50 €** |

**MERKE**

- **Bei Lieferantenskonto ist die Vorsteuer zu berichtigen.**
- **Lieferantenskonti mindern die Anschaffungspreise der Waren:**

| | |
|---|---|
| | **Anschaffungspreis** |
| – | **Lieferantenskonti, netto** |
| = | **Anschaffungskosten** |

## 1.5.2 Kundenskonti

**BEISPIEL** Die Kern KG bucht den Zahlungseingang für die Rechnung an den Kunden Handelskontor Erfurt GmbH mit Skontoabzug (siehe Rechnung S. 136). Auf dem Zahlungsbeleg ist vermerkt:

| | | |
|---|---|---|
| | Rechnungsbetrag lt. AR 12 675/.. vom 6. Juli .. ........................................ | 7.607,67 € |
| – | 2 % Skonto (brutto) ........................................................ | 152,15 € |
| | **Überweisungsbetrag** ........................................................ | **7.455,52 €** |

**Berechnung der Steuerberichtigung**[1]**:** ❶

$$\textbf{Steuerberichtigungsbetrag} = \frac{152{,}15\ € \cdot 19\ \%}{119\ \%} = 24{,}29\ €$$

**Buchung der Ausgangsrechnung** (siehe S. 136): ❷

**Buchung des Zahlungseingangs (netto):**

| | | Soll | Haben |
|---|---|---|---|
| ❸ | **1310 Bank** | **7.455,52** | |
| | **8080 Kundenskonti** | **127,86** | |
| | **1810 Umsatzsteuer** | **24,29** | |
| | an **1010 Forderungen a. LL** | | **7.607,67** |

**Abschlussbuchung:**

| | | Soll | Haben |
|---|---|---|---|
| ❹ | **8010 Warenverkauf** | **127,86** | |
| | an **8080 Kundenskonti** | | **127,86** |

1 Siehe S. 149.

MERKE

- **Bei Kundenskonto ist die Umsatzsteuer zu berichtigen.**
- **Kundenskonti mindern die Umsatzerlöse:**

| | |
|---|---|
| | **Umsatzerlöse** |
| – | **Kundenskonti, netto** |
| = | **Berichtigte Erlöse** |

- **In der IT-gestützten Buchhaltung wird der Bruttoskontobetrag eingegeben. Das Finanzbuchhaltungsprogramm errechnet und bucht die Steuerberichtigung automatisch.**

MERKE

- **Das Umsatzsteuerkonto und das Vorsteuerkonto enthalten neben den Beträgen aus Eingangs- und Ausgangsrechnungen auch die Berichtigungen aufgrund von Rücksendungen, Preisnachlässen, Boni und Skonti.**

| S | **1410 Vorsteuer** H |
|---|---|
| **Vorsteuerbeträge** aufgrund von Eingangsrechnungen | **Berichtigungen**<br>– Rücksendungen an Lieferanten,<br>– Preisnachlässe von Lieferanten,<br>– Lieferantenboni,<br>– Lieferantenskonti |

| S | **1810 Umsatzsteuer** H |
|---|---|
| **Berichtigungen**<br>– Rücksendungen von Kunden,<br>– Preisnachlässe an Kunden,<br>– Kundenboni,<br>– Kundenskonti | **Umsatzsteuer-beträge** aufgrund von Ausgangsrechnungen |

C

**AUFGABE 142**

Die Eingangsrechnung 8857 über 2.975,00 € (Warenwert 2.500,00 € + 475,00 € USt) wird unter Abzug von 2 % Skonto durch Banküberweisung an den Lieferanten beglichen.
Konten: 1310 (AB 85.000,00 €), 1410, 1710, 3010, 3080.

1. Buchen Sie den Eingang der Waren aufgrund der ER 8857.
2. Ermitteln Sie die Steuerberichtigung und buchen Sie beim Rechnungsausgleich den Skonto netto.
3. Wie lauten die entsprechenden Buchungen beim Lieferanten?

**AUFGABE 143**

Der Kunde begleicht die Ausgangsrechnung 4459 über 17.850,00 € (Warenwert 15.000,00 € + 2.850,00 € USt) abzüglich 2 % Skonto durch Postbanküberweisung.
Konten: 1010, 1320, 1810, 8010, 8080.

1. Buchen Sie den Verkauf der Waren aufgrund der AR 4459.
2. Buchen Sie den Skonto beim Zahlungseingang nach dem Nettoverfahren.
3. Nennen Sie die entsprechenden Buchungen zu 1. und 2. auch beim Kunden.

**AUFGABE 144**

Buchen Sie die Skonti in der folgenden Aufgabe netto.

**Bestände:** Forderungen a. LL 29.750,00 €, Bankguthaben 225.600,00 €, Vorsteuer 2.400,00 €, Verbindlichkeiten a. LL 28.560,00 €, Umsatzsteuer 5.800,00 €.

**Konten:** 1010, 1310, 1410, 1710, 1810, 3080, 8080.

**Geschäftsfälle**

1. Kunde begleicht AR 256 durch Banküberweisung abzüglich 2 % Skonto.
   Rechnungsbetrag ........ 5.950,00
2. Banküberweisung an den Lieferanten zum Ausgleich von ER 456 abzüglich 2 % Skonto. Rechnungsbetrag ........ 26.775,00
3. Banküberweisung der Umsatzsteuer-Zahllast an das Finanzamt ........ ?

### 1.5.3 Effektiver Zinssatz bei Lieferantenskonto

**Anwendung** Bei Zahlungsbedingungen mit Skontoabzug **belastet** der Lieferant den Kunden mit einem **Zinszuschlag** für die Zeit, für die der Kunde den **Lieferantenkredit in Anspruch** nimmt.

**BEISPIEL 1** Die Kern KG bezieht Küchenrollen von der Zendermühle AG (siehe Eingangsrechnung auf S. 129) unter folgenden Zahlungsbedingungen: „Der Rechnungsbetrag ist innerhalb von zehn Tagen mit 2,5 % Skonto oder nach spätestens 40 Tagen ohne Abzug zu begleichen."

Wie hoch ist der effektive Zinssatz, der diesen Bedingungen zugrunde liegt?

1. In diesem Beispiel gelten die ersten zehn Tage als sog. **Barzahlungszeitraum,** in dem der Kunde den vom Lieferanten **in den Warenwert eingerechneten Zinszuschlag (Skonto) nicht bezahlen muss.**
2. Zahlt der Kunde erst nach Ablauf von zehn Tagen und bis spätestens 40 Tage nach Rechnungserhalt, so hat er den **vollen Rechnungsbetrag** (einschließlich des Zinszuschlags) zu begleichen.
3. Der Lieferant räumt also ein **Zahlungsziel von 30 Tagen** ein und berechnet **für diese Zeit einen Skontozuschlag von 2,5 %.**

| 0. Tag | 10. Tag | 40. Tag |
|---|---|---|
| ← Zahlung mit Skontoabzug → | ← Zahlung des vollen Rechnungsbetrags ohne Skontoabzug = Kreditgewährung des Lieferanten → | |

**Näherungsweise Lösung** Bei der näherungsweisen Lösung werden die tatsächliche Zahlung und der Skontoabzug in Euro nicht berücksichtigt, sondern nur der **Skontosatz und die Kreditzeit:**

**Lösung über den Dreisatz:**

30 Tage ≙ 2,5 % Skonto
360 Tage ≙ p % Skonto

$$p\,\% = \frac{2{,}5\,\% \cdot 360\text{ Tage}}{30\text{ Tage}} = \mathbf{30\,\%}$$

Der auf **ein Jahr** umgerechnete Skontosatz beträgt **30 %.**

**Genaue Lösung** Die genaue Lösung berücksichtigt die tatsächliche Zahlung und den Skontoabzug in Euro: Der Skontoabzug beträgt 12.733,00 € · 0,025 = 318,33 €; die Zahlung macht demnach (12.733,00 € – 318,33 €) = 12.414,67 € aus.

$$p\,\% = \frac{Z \cdot 360}{K \cdot t} = \frac{318{,}33\text{ €} \cdot 360\text{ Tage}}{12.414{,}67\text{ €} \cdot 30\text{ Tage}} = \mathbf{0{,}3077 = 30{,}77\,\%}$$

Bei genauer Rechnung liegt der effektive Skontosatz höher als bei verkürzter Rechnung.

**MERKE**

- **Der effektive Zinssatz bei Skonto kann überschlagsmäßig bestimmt werden, indem der für die Laufzeit des Lieferantenkredits geltende Skontosatz (Zeitprozentsatz) auf den Jahreszinssatz umrechnet wird.**
- **Für die genaue Bestimmung des effektiven Skontosatzes sind Skontobetrag und tatsächliche Zahlung zu berücksichtigen.**

**BEISPIEL**

Die Kern KG hat eine Warenrechnung über 28.560,00 € zu begleichen. Die Zahlungsbedingung lautet: „Zahlbar innerhalb von zehn Tagen mit 1,5 % Skonto oder spätestens nach 50 Tagen ohne Abzug."

Da die Kern KG zur Begleichung der Rechnung zurzeit über kein Bankguthaben verfügt, wird überlegt,

- ob sich die Aufnahme eines Kontokorrentkredits zur Begleichung der Rechnung unter Skontoabzug lohnt, oder
- ob es günstiger wäre, auf die Skontierung zu verzichten, die Rechnung also erst nach Ablauf der Zahlungsfrist zu begleichen, um die Zinsen des Kontokorrentkredits einzusparen.

Die Bank berechnet **12,5 % Zinsen/Jahr** für die Inanspruchnahme des Kontokorrentkredits.

**Berechnung des effektiven Zinssatzes bei Skonto**

1. 28.560,00 € – 428,40 € Skonto = 28.131,60 € tatsächliche Zahlung
2. Zeitraum des Lieferantenkredits = 50 Tage – 10 Tage = 40 Tage
3. $p\,\% = \dfrac{428{,}40\text{ €} \cdot 360\text{ Tage}}{28.131{,}60 \cdot 40\text{ Tage}} = \mathbf{0{,}137 = 13{,}7\,\%}$ **effektiver Zinssatz**

Das Ergebnis besagt, dass die Kern KG **bei Nutzung des Lieferantenkredits mit einem Zinssatz von 13,7 %** belastet ist, während die Bank nur einen Zins von 12,5 % verlangt. In diesem Fall ist es günstiger, den Kontokorrentkredit in Anspruch zu nehmen und die Rechnung unter Ausnutzung von Skonto innerhalb von zehn Tagen zu begleichen.

4. **Berechnung des Finanzierungsvorteils:**

| | |
|---|---|
| Skontoabzug (1,5 % von 28.560,00 €) = ........ | 428,40 € |
| – Kreditzinsen $\dfrac{28.131{,}60\text{ €} \cdot 40\text{ Tage} \cdot 12{,}5\,\%}{100\,\% \cdot 360\text{ Tage}}$ = ........ | 390,72 € |
| = **Finanzierungsvorteil durch Skontoausnutzung** ........ | **37,68 €** |

**MERKE**

**Die Ausnutzung von Skonto lohnt sich auch dann, wenn der Rechnungsausgleich durch einen kurzfristigen Kredit finanziert werden muss, sofern der effektive Skontosatz höher als der Kreditzinssatz ist.**

**AUFGABE 145**

Die Zahlungsbedingungen auf einer Rechnung lauten: „Zahlbar innerhalb von 15 Tagen mit 2,5 % Skonto oder nach spätestens 40 Tagen ohne Abzug."

1. Bestimmen Sie – nach vereinfachter Rechnung – den effektiven Skontosatz.
2. Die Rechnung lautet über brutto 18.564,00 €. Wie hoch ist der effektive Skontosatz?
3. Für die Begleichung der Rechnung soll ein Kontokorrentkredit zu 13 %/Jahr aufgenommen werden. Weisen Sie nach, dass sich die Kreditaufnahme zur Skontoausnutzung lohnt, und berechnen Sie den Finanzierungsvorteil.

**AUFGABE 146**

Die Großhandlung Müller GmbH schuldet aus einer Warenlieferung 19.278,00 €. Die Rechnung ist innerhalb zehn Tagen mit 1 % Skonto oder nach 60 Tagen ohne Abzug zu begleichen.

Die Müller GmbH überlegt, ob zur Skontoausnutzung ein Kontokorrentkredit zu 11,5 %/Jahr aufgenommen werden soll oder ob es günstiger ist, auf den Skontoabzug zu verzichten und die Rechnung erst nach 60 Tagen zu begleichen.

Zeigen Sie, welche Zahlungsmöglichkeit günstiger ist.

C

## 1.6 Anzahlungen an Lieferanten und von Kunden

**Bei Großaufträgen** und Aufträgen mit Sonderanfertigungen werden in der Regel **Anzahlungen (Vorauszahlungen)** vereinbart. Dadurch entsteht eine **Forderung auf Warenlieferung** gegenüber dem Lieferanten oder eine **Schuld auf Lieferung der Ware** gegenüber dem Kunden, je nachdem, ob es sich um eine **geleistete (eigene) oder erhaltene** Anzahlung handelt. Anzahlungen sind auf besonderen Konten zu erfassen:

- **0350 Geleistete Anzahlungen auf Sachanlagen** bei **Anzahlungen an Lieferanten**
- **1140 Geleistete Anzahlungen auf Vorräte** bei **Anzahlungen an Lieferanten**
- **1750 Erhaltene Anzahlungen auf Bestellungen** bei **Anzahlungen von Kunden**

**Bestandskonten**

Die Konten 0350 und 1140 sind **Aktivkonten**, das Konto 1750 ist ein **Passivkonto.**

**Anzahlungen sind umsatzsteuerpflichtig.** Deshalb hat der Unternehmer, der die Anzahlung erhält, eine Anzahlungsrechnung mit gesondertem Ausweis der Umsatzsteuer auszustellen (§§ 13, 15 UStG).

### 1.6.1 Geleistete Anzahlungen auf Vorräte

Anzahlungen, die auf eine **Bestellung von Waren** geleistet werden, erfasst das Handelsunternehmen auf dem Konto „1140 Geleistete Anzahlungen auf Vorräte". Die Anzahlungsrechnung weist die Umsatzsteuer auf die Anzahlung aus.

**BEISPIEL**

Vertragsgemäß wurde am 1. Juli auf eine Papierlieferung über 80.000,00 € Warenwert + 15.200,00 € USt = 95.200,00 € eine Anzahlung von 25 % durch Banküberweisung lt. **Anzahlungsrechnung** geleistet: 20.000,00 € Anzahlung + 3.800,00 € USt = 23.800,00 €.

| | |
|---|---|
| Anzahlung, netto | 20.000,00 € |
| + 19 % Umsatzsteuer | 3.800,00 € |
| = **Anzahlungsbetrag** | **23.800,00 €** |

Für die am 31. Juli erfolgte Lieferung geht folgende **Endabrechnung** ein:

| | | |
|---|---|---|
| Warenwert, netto | 80.000,00 € | |
| + 19 % Umsatzsteuer | 15.200,00 € | 95.200,00 € |
| – Anzahlung | 20.000,00 € | |
| + 19 % Umsatzsteuer | 3.800,00 € | 23.800,00 € |
| = **Restzahlung** | | **71.400,00 €** |

**Buchung der geleisteten Anzahlung lt. Anzahlungsrechnung:**

| | | | |
|---|---|---|---|
| ❶ | 1140 Geleistete Anzahlungen auf Vorräte | 20.000,00 | |
| | 1410 Vorsteuer | 3.800,00 | |
| | an 1310 Bank | | 23.800,00 |

**Buchungen aufgrund der Endabrechnung nach Eingang der Warenlieferung:**

| | | | |
|---|---|---|---|
| ❷ | 3010 Wareneingang | 80.000,00 | |
| | 1410 Vorsteuer | 15.200,00 | |
| | an 1710 Verbindlichkeiten a. LL | | 95.200,00 |
| ❸ | 1710 Verbindlichkeiten a. LL | 23.800,00 | |
| | an 1140 Geleistete Anzahlungen auf Vorräte | | 20.000,00 |
| | an 1410 Vorsteuer | | 3.800,00 |
| ❹ | 1710 Verbindlichkeiten a. LL | 71.400,00 | |
| | an 1310 Bank | | 71.400,00 |

| S | 1140 Geleist. Anzahlungen auf V. | | H |
|---|---|---|---|
| ❶ | 20.000,00 | ❸ | 20.000,00 |

| S | 1410 Vorsteuer | | H |
|---|---|---|---|
| ❶ | 3.800,00 | ❸ | 13.800,00 |
| ❷ | 15.200,00 | | |

| S | 3010 Wareneingang | | H |
|---|---|---|---|
| ❷ | 80.000,00 | ❸ 5410 | 15.000,00 |

| S | 1310 Bank | | H |
|---|---|---|---|
| | | ❶ | 23.800,00 |
| | | ❹ | 71.400,00 |

| S | 1710 Verbindlichkeiten a. LL | | H |
|---|---|---|---|
| ❸ | 23.800,00 | ❷ | 95.200,00 |
| ❹ | 71.400,00 | | |

Die Buchungen ❸ und ❹ können auch zusammengefasst werden.

C

**Eine geleistete (eigene) Anzahlung stellt eine Forderung auf Warenlieferung dar.**

MERKE

## 1.6.2 Erhaltene Anzahlungen auf Bestellungen

Das vorstehende Beispiel wird nun aus der Sicht des Lieferanten spiegelbildlich gebucht.

BEISPIEL

**Buchung nach Eingang der Anzahlung auf dem Bankkonto:**

| | | Soll | Haben |
|---|---|---|---|
| ❶ | **1310 Bank** | **23.800,00** | |
| | an **1750 Erhaltene Anzahlungen auf Bestellungen** | | **20.000,00** |
| | an **1810 Umsatzsteuer** | | **3.800,00** |

**Buchungen nach erfolgter Lieferung aufgrund der Endabrechnung:**

| | | Soll | Haben |
|---|---|---|---|
| ❷ | **1010 Forderungen a. LL** | **95.200,00** | |
| | an **8010 Warenverkauf** | | **80.000,00** |
| | an **1810 Umsatzsteuer** | | **15.200,00** |
| ❸ | **1750 Erhaltene Anzahlungen auf Bestellungen** | **20.000,00** | |
| | **1810 Umsatzsteuer** | **3.800,00** | |
| | an **1010 Forderungen a. LL** | | **23.800,00** |
| ❹ | **1310 Bank** | **71.400,00** | |
| | an **1010 Forderungen a. LL** | | **71.400,00** |

| S | 1310 Bank | | H |
|---|---|---|---|
| ❶ | 23.800,00 | | |
| ❹ | 71.400,00 | | |

| S | 1010 Forderungen a. LL | | H |
|---|---|---|---|
| ❷ | 95.200,00 | ❸ | 23.800,00 |
| | | ❹ | 71.400,00 |

| S | 1750 Erhaltene Anzahlungen auf B | | H |
|---|---|---|---|
| | | ❶ | 20.000,00 |

| S | 1810 Umsatzsteuer | | H |
|---|---|---|---|
| ❸ | 3.800,00 | | |

| S | 8010 Warenverkauf | | H |
|---|---|---|---|
| | | ❷ | 80.000,00 |

Die Buchungen ❸ und ❹ können auch zusammengefasst werden.

C

**MERKE**

- **Eine erhaltene Anzahlung stellt eine Schuld auf Warenlieferung dar.**
- **Anzahlungen sind gesondert zu bilanzieren:**
  - **eigene Anzahlungen → aktivieren**
  - **erhaltene Anzahlungen → passivieren**

**AUFGABE 147** Bei einer Stahlbestellung über 24.000,00 € + 4.560,00 € USt leistet der Kunde eine Anzahlung durch Banküberweisung in Höhe von 8.000,00 € + 1.520,00 € USt = 9.520,00 € brutto.

Erstellen Sie die Rechnung nach Lieferung und buchen Sie bei dem Kunden aufgrund der

a) Anzahlungsrechnung und
b) Eingangsrechnung.

**AUFGABE 148** Die Aufgabe 147 ist aus der Sicht des Lieferanten zu buchen. Bilden Sie die Buchungssätze.

**AUFGABE 149** Für die Lieferung von Waren über 90.000,00 € netto + USt zum 31. März 02 leistet der Kunde bei Auftragserteilung am 10. Dez. 01 10 % Anzahlung + USt vom Nettobetrag durch Banküberweisung.

Bilden Sie die Buchungssätze und buchen Sie auf den Konten

a) die Anzahlung am 10. Dez. 01,
b) den Abschluss des Anzahlungskontos,
c) die Eingangsrechnung und
d) den Rechnungsausgleich.

**AUFGABE 150** Die Aufgabe 149 ist aus der Sicht des Lieferanten zu buchen.

Bilden Sie die Buchungssätze und buchen Sie auf den Konten.

**AUFGABE 151** Wie lauten die Buchungen der Aufgabe 150 bei einer Anzahlung von 30 %? Eine entsprechende Anzahlungsrechnung liegt vor.

**AUFGABE 152**

| Kontenplan und vorläufige Saldenbilanz | Soll | Haben |
|---|---|---|
| 0330 Betriebs- und Geschäftsausstattung | 210.000.00 | – |
| 0340 Fuhrpark | 78.000,00 | – |
| 0610 Eigenkapital | – | 400.000,00 |
| 1010 Forderungen aus Lieferungen und Leistungen | 249.016,00 | – |
| 1310 Bank | 270.600,00 | – |
| 1410 Vorsteuer | 59.278,00 | – |
| 1510 Kasse | 8.400,00 | – |
| 1610 Privatentnahmen | 76.000,00 | – |
| 1710 Verbindlichkeiten aus Lieferungen und Leistungen | – | 198.000,00 |
| 1810 Umsatzsteuer | – | 277.894,00 |
| 3010 Wareneingang | 899.200,00 | – |
| 3020 Warenbezugskosten | 18.800,00 | – |
| 3050 Rücksendungen an Lieferanten | – | 8.500,00 |
| 3070 Lieferantenboni | – | 3.400,00 |
| 3080 Lieferantenskonti | – | 19.300,00 |
| 3910 Warenbestände | 120.000,00 | – |
| 4890 Diverse Aufwendungen | 380.400,00 | – |

| Kontenplan und vorläufige Saldenbilanz | Soll | Haben |
|---|---|---|
| 4910 Abschreibungen auf Sachanlagen | – | – |
| 8010 Warenverkauf | – | 1.535.000,00 |
| 8060 Nachlässe an Kunden | 26.900,00 | – |
| 8070 Kundenboni | 17.500,00 | – |
| 8080 Kundenskonti | 28.000,00 | – |
| | 2.442.094,00 | 2.442.094,00 |

**Abschlusskonten:** 9300 und 9400

**Geschäftsfälle**

| | | |
|---|---|---|
| 1. Banküberweisungen von Kunden: Rechnungsbeträge | 33.320,00 | |
| – Bruttoskonti (2 %) | 666,40 | 32.653,60 |
| 2. Gutschriftsanzeige an Kunden für Boni: | | |
| 2,5 % von 480.000,00 € Jahres-Nettoumsatz | 12.000,00 | |
| + Umsatzsteuer | 2.280,00 | 14.280,00 |
| 3. Die Eingangsrechnung ER 1406 | | |
| Warenwert | 22.500,00 | |
| + Umsatzsteuer | 4.275,00 | 26.775,00 |
| wurde versehentlich als Ausgangsrechnung gebucht. Stornieren Sie die Falschbuchung und buchen Sie ER 1406. | | |
| 4. AR 1450–1460, Warenwert | 78.600,00 | |
| + Transportkosten | 3.400,00 | |
| + Umsatzsteuer | 15.580,00 | 97.580,00 |
| 5. Banküberweisungen an Lieferanten: Rechnungsbeträge | 29.750,00 | |
| – Bruttoskonti (2 %) | 595,00 | 29.155,00 |
| 6. Kunde erhält Preisnachlass wegen Mängelrüge, brutto | | 595,00 |
| 7. Lieferant schreiben uns Boni gut: | | |
| 3 % auf den Jahres-Nettoumsatz von 680.000,00 € | 20.400,00 | |
| + Umsatzsteuer | 3.876,00 | 24.276,00 |
| 8. Rücksendung beschädigter Waren an Lieferanten, Warenwert | | 3.500,00 |

**Abschlussangaben**

1. Abschreibungen auf BGA: 52.000,00 €; auf Fuhrpark: 15.600,00 €.
2. Warenschlussbestand lt. Inventur 80.000,00 €.

**Auswertung**

1. Wie hoch ist
   a) der Rohgewinn und
   b) der Reingewinn
   des Unternehmens?
2. Ermitteln und beurteilen Sie die Rentabilität (Verzinsung) des Eigenkapitals in Prozent, indem Sie den Reingewinn nach Abzug eines jährlichen Unternehmerlohns in Höhe von 108.000,00 € zum durchschnittlichen Eigenkapital in Beziehung setzen.
3. Wie beurteilen Sie das Verhältnis zwischen Eigenkapital und Fremdkapital?
4. Welche Vermögensteile werden durch eigene Mittel (Eigenkapital) gedeckt (finanziert)?

C

C

## 1.7 Gliederung der Warenkonten nach Warengruppen

**Warengruppenkonten**

In den Großhandelsbetrieben werden in der Regel verschiedene Warensortimente geführt (z. B. Hygienepapiere, Einschlagpapiere, Büropapiere, Faltkartons). Diese Aufteilung ist aus folgenden Gründen notwendig:

| | |
|---|---|
| ▪ **Betriebswirtschaftliche Gründe** | Ermittlung betriebswirtschaftlicher Kennzahlen (z. B. Lagerkennzahlen, Umsatzrentabilität) zur gewinnoptimalen Ausrichtung des Sortimentes. |
| ▪ **Kalkulatorische Gründe** | Die nach Warengruppen getrennte Ermittlung von Zuschlagssätzen (siehe S. 384 f.) führt zu einer genaueren (verursachungsgerechteren) Kalkulation. |
| ▪ **Steuerliche Gründe** | Die Waren eines Gesamtsortiments können mit unterschiedlichen Umsatzsteuersätzen belastet sein. Dann ist es u. U. sinnvoll, Waren mit gleichen Steuersätzen zu Gruppen zusammenzufassen. |

**Konteneinteilung**

Für jede einzelne Warengruppe wird jeweils ein eigenes **Warenbestands-, Wareneingangs- und Warenverkaufskonto** geführt; zusätzlich erhalten die Wareneingangs- und Warenverkaufskonten entsprechende **Unterkonten** (z. B. für Bezugskosten, Preisnachlässe/Rücksendungen, Boni und Skonti).

**S — 3910 Warenbestand I — H**

| S | | H | |
|---|---|---|---|
| AB | 60.000,00 | SB | 80.000,00 |
| Wareneing. | 20.000,00 | | |
| | **80.000,00** | | **80.000,00** |

**S — 8010 Warenverkauf I — H**

| S | | H | |
|---|---|---|---|
| Minderg. | 6.300,00 | Verkäufe | 425.400,00 |
| GuV | 419.100,00 | | |
| | **425.400,00** | | **425.400,00** |

**S — 3010 Wareneingang I — H**

| S | | H | |
|---|---|---|---|
| Einkäufe | 340.000,00 | Nachlässe | 4.200,00 |
| Bez.-K. | 5.800,00 | Warenbest. | 20.000,00 |
| | | GuV | 321.600,00 |
| | **345.800,00** | | **345.800,00** |

**S — 3920 Warenbestand II — H**

| S | | H | |
|---|---|---|---|
| AB | 68.000,00 | SB | 42.000,00 |
| | | Wareneing. | 26.000,00 |
| | **68.000,00** | | **68.000,00** |

**S — 8110 Warenverkauf II — H**

| S | | H | |
|---|---|---|---|
| Minderg. | 16.600,00 | Verkäufe | 594.500,00 |
| GuV | 577.900,00 | | |
| | **594.500,00** | | **594.500,00** |

**S — 3110 Wareneingang II — H**

| S | | H | |
|---|---|---|---|
| Einkäufe | 420.000,00 | Nachlässe | 8.100,00 |
| Bez.-K. | 12.300,00 | GuV | 450.200,00 |
| Warenbest. | 26.000,00 | | |
| | **458.300,00** | | **458.300,00** |

**S — 9300 Gewinn- und Verlustkonto — H**

| S | | H | |
|---|---|---|---|
| Wareneinsatz I | 321.600,00 | Warenverkauf I | 419.100,00 |
| Wareneinsatz II | 450.200,00 | Warenverkauf II | 577.900,00 |
| Warenrohgewinn | 225.200,00 | | |
| | **997.000,00** | | **997.000,00** |

**Der Umsatzerfolg jeder Warengruppe** ist aus dem GuV-Konto klar zu erkennen:

| | Warengruppe I | | Warengruppe II | |
|---|---|---|---|---|
| **Umsatzerlöse** | 419.100,00 € | 100,0 % | 577.900,00 € | 100,0 % |
| – **Warenaufwand** (= Wareneinsatz) | 321.600,00 € | 76,7 % | 450.200,00 € | 77,9 % |
| = **Warenrohgewinn** je Warengruppe | **97.500,00 €** | **23,3 %** | **127.700,00 €** | **22,1 %** |

Der Abschluss der nach Warengruppen gegliederten Einkaufs- und Verkaufskonten kann auch über ein **Zwischenkonto „9200 Warenabschluss"** erfolgen, das als **Unterkonto des GuV-Kontos** zu führen ist. Der Saldo dieses Kontos stellt den **Gesamtrohgewinn** aller Warengruppen dar und ist auf das GuV-Konto umzubuchen.

**Warenabschlusskonto**

**Kapitalgesellschaften,** die ihren Jahresabschluss veröffentlichen müssen, bevorzugen den Abschluss der Warenkonten über das Warenabschlusskonto. Da die Gewinn- und Verlustrechnung lediglich den **Rohgewinn** ausweist, bleibt der Konkurrenz der Einblick in die **Quellen des Warenrohgewinns,** nämlich die Warenaufwendungen und die Umsatzerlöse, **verborgen.**[1]

C

**MERKE**

- **Die kontenmäßige Gliederung der Warenkonten nach Warengruppen ermöglicht einen klaren Einblick in den Umsatzerfolg jeder Warengruppe.**
- **Der Abschluss der nach Warengruppen gegliederten Einkaufs- und Verkaufskonten erfolgt in der Regel direkt über das Gewinn- und Verlustkonto.**

**AUFGABE 153**

| Summen der Warenkonten zum 31. Dezember | Soll | Haben |
|---|---|---|
| **3010 Wareneingang I** | 497.400,00 | – |
| Warenbestandsmehrung 90.800,00 € | | |
| 3020 Warenbezugskosten | 18.000,00 | – |
| 3060 Nachlässe von Lieferanten | – | 12.800,00 |
| 3070 Lieferantenboni | – | 24.700,00 |
| **3110 Wareneingang II** | 458.000,00 | – |
| Warenbestandsminderung 38.000,00 € | | |
| 3120 Warenbezugskosten | 24.000,00 | – |
| 3160 Nachlässe von Lieferanten | – | 8.400,00 |
| 3170 Lieferantenboni | – | 14.600,00 |
| **8010 Warenverkauf I** | – | 772.600,00 |
| 8060 Nachlässe an Kunden | 22.600,00 | – |
| 8070 Kundenboni | 14.800,00 | – |
| **8110 Warenverkauf II** | | 738.600,00 |
| 8160 Nachlässe an Kunden | 18.400,00 | – |
| 8170 Kundenboni | 19.700,00 | – |

1. Ermitteln Sie für jede Warengruppe die berichtigten Verkaufserlöse, den Wareneinsatz und den Rohgewinn.
2. Schließen Sie die Einkaufs- und Verkaufskonten ab.
3. Ermitteln Sie je Warengruppe den Prozentanteil des Wareneinsatzes und des Rohgewinns an den Umsatzerlösen (= 100 %).
4. Berechnen Sie den Prozentanteil des Rohgewinns jeder Warengruppe am Gesamt-Rohgewinn.
5. Ermitteln Sie den Reingewinn des Unternehmens, wenn die übrigen Aufwendungen 390.000,00 € und die übrigen Erträge 35.000,00 € betragen.

1 Dieses Recht haben nur mittelgroße Kapitalgesellschaften (siehe S. 295).

C

## 2 Buchungen im Außenhandel

**Im Außenhandel** ist **umsatzsteuerrechtlich** zu unterscheiden zwischen

- **Warenverkehr im EU-Binnenmarkt** und
- **Warenverkehr mit Drittländern.** Drittlandsgebiet ist das Gebiet, das **nicht EU-Gebiet** ist, wie z. B. USA, Schweiz u. a.

**Der Warenverkehr zwischen den EU-Mitgliedstaaten** gilt umsatzsteuerrechtlich nicht als Ein- bzw. Ausfuhr von Waren, sondern als ein **innergemeinschaftlicher Vorgang,** der beim **Erwerber** der **Umsatzsteuer** unterliegt (siehe Kapitel 2.1).

**Der Warenverkehr mit Drittländern** ist dagegen umsatzsteuerrechtlich als **Ein- und Ausfuhr** zu verstehen:

- **Die Einfuhr** von Gegenständen aus dem Drittlandsgebiet in das Zollgebiet der Bundesrepublik Deutschland unterliegt der **Einfuhrumsatzsteuer.**
- **Die Ausfuhr** von Gegenständen in ein Drittland ist **umsatzsteuerfrei.**

**Umrechnung in inländische Währung**

Im Außenhandel werden Ein- und Ausgangsrechnungen sowohl in inländischer als auch in ausländischer Währung ausgestellt. Bei **Fakturierung in fremder Währung** müssen die Rechnungen auf der Grundlage der **Devisenkassamittelkurse** in inländische Währung (EUR) umgerechnet werden (vgl. § 256a HGB). Der Devisenkassamittelkurs wird als arithmetisches Mittel aus (niedrigerem) Geld- und (höherem) Briefkurs berechnet. Zum **Geldkurs** kaufen Banken Euro an (Euroankaufskurs), wenn das Unternehmen Euro in fremde Währung tauscht (umrechnet). Zum **Briefkurs** verkaufen Banken Euro (Euroverkaufskurs), wenn das Unternehmen fremde Währung in Euro tauscht (umrechnet).

**BEISPIEL**

Der Wechselkurs drückt bei der **Mengennotierung** aus, wie viele ausländische Währungseinheiten das Unternehmen für 1 Euro bekommt (Geldkurs) oder für 1 Euro geben muss (Briefkurs):[1]

Die Kursangabe 1,08 (Geldkurs) bei Schweizer Franken (CHF) bedeutet:
Das Unternehmen kauft Schweizer Franken bei der Bank und bekommt für 1 EUR 1,08 CHF.

Die Kursangabe 1,09 (Briefkurs) bei Schweizer Franken (CHF) bedeutet:
Das Unternehmen verkauft Schweizer Franken an die Bank und zahlt für 1 EUR 1,09 CHF.

**Für die Ermittlung der Anschaffungskosten** der importierten Waren ist stets der **Devisenkassamittelkurs zum Zeitpunkt der Anschaffung** maßgebend. Gleiches gilt für den Ausweis der Umsatzerlöse aus dem Exportgeschäft.

**Devisenumrechnungskosten** (Maklergebühr, Abwicklungsgebühr) sind **als Aufwand** auf dem Konto

**4860 Kosten des Geldverkehrs**

zu erfassen.

**Kursunterschiede** zwischen dem **Tag des Rechnungseingangs** und dem **Tag des Rechnungsausgleichs** werden **als Aufwand oder Ertrag** auf den folgenden Konten gebucht:

**2150 Aufwendungen aus Kursdifferenzen**
**2650 Erträge aus Kursdifferenzen**

1 Währungskurse unterliegen ständigen und oft erheblichen Schwankungen. Kassakurse werden täglich an der Frankfurter Devisenbörse ermittelt. Aus Geld und Briefkurs wird der Devisenkassamittelkurs berechnet. Die im Folgenden verwendeten Kurse entsprechen nicht unbedingt dem aktuellen Stand.

MERKE

- **Die Anschaffungskosten der Importwaren basieren auf dem Devisenkassamittelkurs zum Anschaffungszeitpunkt.**
- **Umrechnungskosten und Kursdifferenzen sind erfolgswirksam zu buchen.**

## 2.1 Umsatzsteuer im EU-Binnenmarkt

Seit der Verwirklichung des europäischen Binnenmarktes gilt eine Lieferung aus einem Mitgliedstaat in einen anderen weder als Einfuhr (Import) noch als Ausfuhr (Export), sondern als **innergemeinschaftlicher Vorgang.** Das bedeutet, dass im Rahmen des **innergemeinschaftlichen Warenverkehrs** auch **keine Einfuhrumsatzsteuer** mehr erhoben werden darf. An den Grenzübergängen zwischen den Mitgliedstaaten der EU entfallen außerdem die steuerlichen Grenzkontrollen. Damit wurde ein wichtiger Schritt auf dem Weg zur wirtschaftlichen und politischen Einheit Europas getan.

C

MERKE

**Lieferungen zwischen den EU-Mitgliedstaaten gelten weder als Einfuhr noch als Ausfuhr, sondern als innergemeinschaftlicher Warenverkehr.**

**Besteuerung nach dem Bestimmungslandprinzip**

Wegen der unterschiedlich hohen Umsatzsteuersätze in den einzelnen EU-Mitgliedstaaten gilt in der Europäischen Union umsatzsteuerlich das sogenannte Bestimmungslandprinzip. Danach ist nicht die Lieferung von einem EU-Mitgliedstaat in einen anderen umsatzsteuerpflichtig, sondern der Erwerb der Ware, und zwar mit dem Umsatzsteuersatz des jeweiligen Bestimmungslandes. Umsatzsteuer wird also erst dort erhoben, wo die Ware den gewerblichen Erwerber erreicht. Sie ist also praktisch eine „Erwerbsteuer".

**Normalsteuersätze in den 27 EU-Mitgliedstaaten[1]**

| Staaten | Steuersatz | Staaten | Steuersatz |
|---|---|---|---|
| Belgien | 21,0 % | Malta | 18,0 % |
| Bulgarien | 20,0 % | Niederlande | 21,0 % |
| Dänemark | 25,0 % | Österreich | 20,0 % |
| Deutschland | 19,0 % | Polen | 23,0 % |
| Estland | 20,0 % | Portugal | 23,0 % |
| Finnland | 24,0 % | Rumänien | 19,0 % |
| Frankreich | 20,0 % | Schweden | 25,0 % |
| Griechenland | 24,0 % | Slowakische Republik | 20,0 % |
| Irland | 23,0 % | Slowenien | 22,0 % |
| Italien | 22,0 % | Spanien | 21,0 % |
| Kroatien | 25,0 % | Tschechische Republik | 21,0 % |
| Lettland | 21,0 % | Ungarn | 27,0 % |
| Litauen | 21,0 % | Zypern | 19,0 % |
| Luxemburg | 17,0 % | | |

Der Erwerber der Ware schuldet seinem Finanzamt die Umsatzsteuer. Als Unternehmer kann er diese als Vorsteuer abziehen, soweit er die Ware für sein Unternehmen erworben hat. Die Umsatzsteuer belastet also den gewerblichen Erwerber der Ware nicht.

MERKE

**Im innergemeinschaftlichen (gewerblichen) Warenverkehr unterliegt nicht die Lieferung, sondern der Erwerb der Ware der Umsatzsteuer des jeweiligen Bestimmungslandes (§ 1 [1] Nr. 5 UStG). Bemessungsgrundlage ist das Entgelt.**

1 Stand Februar 2021.

**Der innergemeinschaftliche Erwerb** setzt nach § 1a [1] UStG Folgendes voraus:

1. **Der Gegenstand gelangt** bei seiner Lieferung an den Erwerber **aus** dem **Gebiet eines Mitgliedstaates** in das Gebiet eines **anderen Mitgliedstaates.**
2. **Die Lieferung an den Erwerber** wird **durch** einen **Unternehmer** gegen **Entgelt** im Rahmen seines **Unternehmens** ausgeführt.
3. **Der Erwerber muss** den Gegenstand **für sein Unternehmen erwerben.**
4. **Der Erwerber** darf **kein Kleinunternehmer** sein, der von der USt befreit ist (§ 19 UStG).

C

**BEISPIEL 1** Ein Unternehmer in Düsseldorf erwirbt von einem Unternehmer in Brüssel eine Maschine für 300.000,00 €. Die Maschine wird vereinbarungsgemäß von Brüssel nach Düsseldorf versendet.

Der deutsche Unternehmer in Düsseldorf **bewirkt einen innergemeinschaftlichen Erwerb**, da alle Voraussetzungen des § 1a [1] UStG erfüllt sind. Der Erwerb unterliegt in Deutschland der Umsatzsteuer mit 19 % = 57.000,00 €. Für den Unternehmer in Brüssel ist die Lieferung steuerfrei.

Der Erwerber kann die für den innergemeinschaftlichen Erwerb geschuldete Umsatzsteuer als Vorsteuer abziehen, wenn er vorsteuerabzugsberechtigter Unternehmer ist. Diese Vorsteuer sollte aus Gründen der Klarheit auf einem **gesonderten Konto** erfasst werden:

**1411 Vorsteuer für innergemeinschaftliche Erwerbe (i. E.).**

**Buchungen:**

| | | |
|---|---|---|
| ❶ **0310 TA und Maschinen** | **300.000,00** | |
| an **1710 Verbindlichkeiten a. LL** | | **300.000,00** |
| ❷ **1411 Vorsteuer für i. E.** | **57.000,00** | |
| an **1811 Umsatzsteuer für i. E.** | | **57.000,00** |

**In der Umsatzsteuer-Voranmeldung** sind die steuerpflichtigen innergemeinschaftlichen Erwerbe und die darauf entfallende Vorsteuer **gesondert** auszuweisen.

**Für Privatpersonen** gilt die Besteuerung nach dem Bestimmungslandprinzip nicht. Sie werden mit der **Umsatzsteuer des jeweiligen Einkaufslandes** belastet. Eine Ausnahme besteht lediglich beim Kauf eines neuen Fahrzeugs.

**BEISPIEL 2** Ein deutscher Tourist erwirbt auf seiner Reise in Frankreich und Spanien verschiedene Gegenstände.

Die Lieferungen der Gegenstände sind in Frankreich mit 20,0 % und in Spanien mit 21 % umsatzsteuerpflichtig. Die Mitnahme oder Versendung der Waren unterliegt deshalb auch keinen Grenzformalitäten.

**Eine innergemeinschaftliche Güterbeförderung** gilt grundsätzlich **dort** als ausgeführt, wo die Beförderung des Gegenstands **beginnt.** Sie unterliegt deshalb allgemein im **Abgangsland** der Umsatzsteuer und muss dort vom befördernden Unternehmer versteuert werden.

**BEISPIEL 3** Eine Speditionsfirma in Köln befördert im Auftrag eines Kölner Unternehmens Waren nach Paris.

Da die Beförderung in einem Mitgliedstaat (Deutschland) beginnt und in einem anderen Mitgliedstaat (Frankreich) endet, liegt eine innergemeinschaftliche Beförderung vor, die im „Abgangsland“ Deutschland zu versteuern ist.

Kontrollsystem

Um eine wirksame Kontrolle der Umsatzsteuer im innergemeinschaftlichen Handelsverkehr zu gewährleisten, wird allen zum Vorsteuerabzug berechtigten Unternehmern jeweils eine

**Umsatzsteuer-Identifikationsnummer (USt-IdNr.)**

zugeteilt, die mit einem Ländercode (z. B. DE für Deutschland) beginnt.

**In den Ausgangsrechnungen** sind die eigene **Identifikationsnummer** und die des Kunden, also des Erwerbers der Ware, sowie die **Steuerfreiheit der Lieferung** zu vermerken. Außerdem müssen die Unternehmer, die innergemeinschaftliche Lieferungen ausführen, monatlich (bei einer Bemessungsgrundlage von nicht mehr als 50.000,00 € vierteljährlich) **zusammenfassende Meldungen** an das **Bundeszentralamt für Steuern** (Außenstelle Saarlouis) abgeben, was einen schnellen Informationsaustausch mit den Finanzbehörden der übrigen Mitgliedstaaten ermöglicht.

MERKE

- **Rechnungen im innergemeinschaftlichen (gewerblichen) Wirtschaftsverkehr müssen die USt-Identifikationsnummern des Lieferanten und Erwerbers enthalten.**
- **Ausfuhr und Einfuhr sind nach EU-Umsatzsteuerrecht nur mit einem Drittland (z. B. USA, Schweiz u. a.) möglich. Drittlandsgebiet ist also das Gebiet, das nicht Gemeinschaftsgebiet ist.**
- **Eine Ausfuhrlieferung in ein Drittland ist stets umsatzsteuerfrei, während die Einfuhr aus einem Drittland der Einfuhrumsatzsteuer unterliegt.**

C

**AUFGABE 154**

1. Welche Staaten bilden das Gemeinschaftsgebiet der EU, d. h. den EU-Binnenmarkt?
2. Im Umsatzsteuerrecht aller EU-Mitgliedstaaten unterscheidet man die Begriffe **a)** Inland, **b)** Gemeinschaftsgebiet und **c)** Drittlandsgebiet (übriges Ausland).
   Ordnen Sie entsprechend zu:
   1. Niedersachsen, 2. Schweiz, 3. Stuttgart, 4. Italien, 5. Kanada, 6. Paris.

**AUFGABE 155**

1. Ergänzen Sie:
   Nach § 1 [1] Nr. 5 UStG unterliegt der innergemeinschaftliche ... im ... gegen ... der Umsatzsteuer.
2. Welche Voraussetzungen müssen nach § 1 [1] UStG für die Besteuerung des innergemeinschaftlichen Erwerbs im Einzelnen vorliegen?
3. Wo wird der innergemeinschaftliche Erwerb besteuert?
4. Warum unterliegt in der EU nicht die innergemeinschaftliche Lieferung, sondern der innergemeinschaftliche Erwerb der Ware der Umsatzsteuer?
5. Wie werden Privatkäufe umsatzsteuerrechtlich in der EU behandelt?
6. Wo unterliegen innergemeinschaftliche Güterbeförderungen der Umsatzsteuer?

**AUFGABE 156**

1. Ergänzen Sie:
   **a)** Was aus der Sicht des vorsteuerabzugsberechtigten Verkäufers eine innergemeinschaftliche Lieferung ist, wird spiegelbildlich beim vorsteuerabzugsberechtigten Abnehmer zu einem innergemeinschaftlichen ... .
   **b)** Die Lieferung im Ausgangsland ist stets steuer... , der Erwerb im Bestimmungsland ist steuer... .
   **c)** Der Erwerber kann die geschuldete Umsatzsteuer als ... abziehen.
2. Welche Maßnahmen haben die EU-Staaten getroffen, um die Besteuerung des innergemeinschaftlichen Erwerbs wirksam zu überwachen?

**AUFGABE 157**

Ein Textilgroßhändler in Stuttgart hat von einer Textilfabrik in Eindhoven (Niederlande) Waren im Nettowert von 250.000,00 € bezogen. Die Ware wurde per Bahn versendet.

1. Beurteilen Sie den Geschäftsfall umsatzsteuerrechtlich für a) den Lieferanten und b) den Kunden.
2. Wie lauten die Buchungen für den Erwerber der Waren?
3. Wie lautet die Buchung beim Lieferanten aufgrund der Ausgangsrechnung?

**AUFGABE 158** Ein Elektrogroßhändler hat von einer Lampenfabrik in Amsterdam für sein Privathaus eine wertvolle Lampe als Sonderanfertigung gekauft. Die Lampe wurde von ihm mit eigenem Fahrzeug abgeholt.

Beurteilen Sie den Fall umsatzsteuerrechtlich.

C

**AUFGABE 159** Ein Autohändler in Frankfurt hat von einer Autofabrik in Japan Ersatzteile für 200.000,00 € bezogen.

1. Beurteilen Sie den Geschäftsfall umsatzsteuerrechtlich.
2. Wie lauten die Buchungen beim Autohändler in Frankfurt?

**AUFGABE 160** Ein Möbelgroßhändler in Hamburg liefert an ein Unternehmen in Paris Büromöbel im Wert von 150.000,00 €. Das Speditionsunternehmen stellt dem französischen Unternehmen für die Fracht 5.000,00 € netto in Rechnung.

1. Wie lautet die Buchung des Möbelgroßhändlers aufgrund der Ausgangsrechnung?
2. Ermitteln Sie den Rechnungsbetrag des Speditionsunternehmens.
3. Buchen Sie die Rechnung im Speditionsunternehmen.

## 2.2 Warenimport aus Drittländern

**Bei der Einfuhr von Gütern** aus Drittländern (Nicht-EU-Staaten) wird unter bestimmten Voraussetzungen Zoll erhoben. Außerdem ist **Einfuhrumsatzsteuer** zu entrichten.

**Zölle** dienen vor allem dem **Schutz inländischer Erzeugnisse** vor billigeren Importwaren. Mit vielen Drittländern bestehen Abkommen über wechselseitige Zollfreiheit oder Zollermäßigungen bei der Ein- und Ausfuhr von Waren.

**Zollwert** **Bemessungsgrundlage der Zollabgabe ist der Zollwert.** Bei seiner Ermittlung wird von den Zollämtern meist sofort eine **mögliche Rechnungsskontierung berücksichtigt,** unabhängig davon, ob der Skontoabzug erfolgt oder nicht:

**Warenwert**
**+ Verpackungskosten**
**+ Transportkosten (Auslandsfracht)**
**– möglicher Skontoabzug**
**= Zollwert (Bezugspreis)**

Die **Zollsätze** liegen je nach Eintarifierung der Produkte zwischen 2,5 % und 17 %. Die **Zollschuld** wird nach § 37 Zollgesetz (ZG) mit Bekanntgabe des Zollbescheids fällig und kann auf Antrag bei entsprechender Sicherheitsleistung (z. B. Zoll-Aval als selbstschuldnerische Bankbürgschaft) gestundet werden.

**Einfuhrumsatzsteuer (EUSt)** Nach § 1 [1] Nr. 4 UStG unterliegt die Einfuhr von Gegenständen **aus Drittländern** der Umsatzsteuer. Die Einfuhrumsatzsteuer ist gemäß § 21 [1] UStG eine Verbrauchsteuer, die die importierten Waren in der gleichen Weise belasten soll wie die inländischen Erzeugnisse. Sie wird nach § 23 Abgabenordnung (AO) nicht von den Finanzämtern, sondern von den **Zollbehörden** erhoben. Die Einfuhrumsatzsteuer ist nach § 15 [1] UStG **als Vorsteuer abzugsfähig** und wird am Monats- oder Quartalsende bei der Ermittlung der Umsatzsteuer-Zahllast entsprechend berücksichtigt.

**Bemessungsgrundlage der EUSt**

Die Einfuhrumsatzsteuer wird im Wege der Selbstveranlagung vom Importeur ermittelt:

| | |
|---|---|
| | **Zollwert (Bezugspreis)** |
| + | **Zollabgabe** |
| + | **Verbrauchsteuern (z. B. Kaffeesteuer)** |
| + | **Beförderungskosten (bis zum ersten Bestimmungsort innerhalb der EU)** |
| = | **Bemessungsgrundlage der EUSt** |

Der **Steuersatz** der Einfuhrumsatzsteuer entspricht mit 19 % bzw. 7 % dem jeweils geltenden Umsatzsteuersatz.

C

**MERKE**

- **Zölle sind als Anschaffungsnebenkosten entweder direkt auf dem Konto „3810 Wareneinfuhr" oder über das Konto „3820 Warenbezugskosten" oder ein gesondertes Unterkonto des Wareneingangskontos zu buchen.**
- **Die Einfuhrumsatzsteuer (EUSt) ist als abzugsfähige Vorsteuer auf dem Sonderkonto „1430 Einfuhrumsatzsteuer" zu erfassen.**
- **Bei Devisenkursänderungen und Skontoabzügen erfolgt in der Buchungspraxis keine Korrektur der Zollabgaben und der Einfuhrumsatzsteuer.**
- **Bei der Ein- und Ausfuhr von Gegenständen sind Frachten und sonstige Leistungen umsatzsteuerfrei (§ 4 Nr. 3 UStG).**

**BEISPIEL 1**

**Wareneinfuhr bei Wertverlust des Euro gegenüber dem US-Dollar**

Import von Waren aus USA zum Rechnungsbetrag von 15.000,00 USD (US-$) CIF Hamburg. Die Ware wird mit eigenem Lkw vom Freihafen abgeholt.
Der Zollsatz beträgt 15 %, die Einfuhrumsatzsteuer 19 %.

10. Mai ..: Rechnungseingang zum Devisenkassamittelkurs von 1,2865 USD/EUR.
25. Mai ..: Rechnungsausgleich durch Banküberweisung zum Devisenkassamittelkurs von 1,2675 USD/EUR; Abzug von 2 % Skonto (zu den Kursen siehe Fußnote S. 161).

Die Bank berechnet an Abwicklungs- und Umrechnungsgebühren 48,00 EUR.

**Buchung der Eingangsrechnung zum 10. Mai ..:** 15.000,00 USD zu 1,2865 USD/EUR = 11.659,54 EUR

| | | | |
|---|---|---|---|
| ❶ **3810 Wareneinfuhr** | an | **1710 Verbindlichkeiten a. LL** | **11.659,54** |

**Buchung der Zollverbindlichkeit:**

| | |
|---|---|
| Warenwert | 11.659,54 EUR |
| – 2 % möglicher Skontoabzug | 233,19 EUR |
| = **Zollwert** | **11.426,35** EUR |
| hierauf 15 % Zollabgabe | 1.713,95 EUR |

| | | | |
|---|---|---|---|
| ❷ **3810 Wareneinfuhr** | an | **1980 Zollverbindlichkeiten** | **1.713,95** |
| oder **3820 Warenbezugskosten** | an | **1980 Zollverbindlichkeiten** | **1.713,95** |

**Buchung der Einfuhrumsatzsteuer:**

| | |
|---|---|
| Zollwert | 11.426,35 EUR |
| + Zollabgabe | 1.713,95 EUR |
| = **Bemessungsgrundlage** | **13.140,30 EUR** |
| davon 19 % EUSt | 2.496,66 EUR |

❸ 1430 Einfuhrumsatzsteuer ........ an 1980 Zollverbindlichkeiten ........ 2.496,66

**Buchung des Rechnungsausgleichs zum 25. Mai .. :**
Die Änderung des Devisenkassamittelkurses von 1,2865 USD/EUR auf 1,2675 USD/EUR bedeutet eine Erhöhung der zu zahlenden Verbindlichkeiten a. LL. Die Kursdifferenz führt zu einem Aufwand.

Wert bei Rechnungseingang: 15.000,00 USD zu 1,2865 USD/EUR = 11.659,54 EUR
Wert bei Zahlung: 15.000,00 USD zu 1,2675 USD/EUR = 11.834,32 EUR

❹ 2150 Aufw. aus Kursdifferenzen ........ an 1710 Verbindlichkeiten a. LL ........ 174,78

**Buchung des Rechnungsausgleichs mit 2 % Skontoabzug:**

❺ 1710 Verbindlichkeiten a. LL ........ 11.834,32
 an 1310 Bank ........ 11.597,63
 an 3880 Lieferantenskonti ........ 236,69

**Buchung der Umrechnungs- und Abwicklungsgebühren:**

❻ 4860 Kosten des Geldverkehrs ........ an 1310 Bank ........ 48,00

| S | 3810 Wareneinfuhr | | H |
|---|---|---|---|
| ❶ | 11.659,54 | ❼ | 236,69 |
| ❷ | 1.713,95 | | |

| S | 1710 Verbindlichkeiten a. LL | | H |
|---|---|---|---|
| ❺ | 11.834,32 | ❶ | 11.659,54 |
| | | ❹ | 174,78 |

| S | 1430 Einfuhrumsatzsteuer | | H |
|---|---|---|---|
| ❸ | 2.496,66 | | |

| S | 4860 Kosten des Geldverkehrs | | H |
|---|---|---|---|
| ❻ | 48,00 | | |

| S | 1980 Zollverbindlichkeiten | | H |
|---|---|---|---|
| | | ❷ | 1.713,95 |
| | | ❸ | 2.496,66 |

| S | 1310 Bank | | H |
|---|---|---|---|
| | | ❺ | 11.597,63 |
| | | ❻ | 48,00 |

| S | 2150 Aufw. aus Kursdifferenzen | | H |
|---|---|---|---|
| ❹ | 174,78 | | |

| S | 3880 Lieferantenskonti | | H |
|---|---|---|---|
| ❼ | 236,69 | ❺ | 236,69 |

**BEISPIEL 2** **Wareneinfuhr bei Werterhöhung des Euro gegenüber dem US-Dollar**

Das Beispiel 1 ist mit folgender Änderung zugrunde zu legen:

Der Devisenkassamittelkurs beträgt am Tag des Rechnungsausgleichs 1,3150 USD/EUR (Anschaffungskurs 1,2865 USD/EUR). Somit ändern sich lediglich die Buchungen ❹ und ❺:
**Buchung des Rechnungsausgleichs zum 25. Mai ..:**
Die Änderung des Devisenkassamittelkurses von 1,2865 USD/EUR auf 1,3150 USD/EUR bedeutet eine Minderung der zu zahlenden Verbindlichkeiten a. LL. Die Kursdifferenz führt zu einem Ertrag.

Wert bei Rechnungseingang: 15.000,00 USD zu 1,2865 USD/EUR = 11.659,54 EUR
Wert bei Zahlung: 15.000,00 USD zu 1,3150 USD/EUR = 11.406,84 EUR

❹ 1710 Verbindlichkeiten a. LL ........ an 2650 Erträge aus Kursdifferenzen 252,70

**Buchung des Rechnungsausgleichs mit 2 % Skontoabzug:**

❺ 1710 Verbindlichkeiten a. LL ........ 11.406,84
 an 1310 Bank ........ 11.178,70
 an 3880 Lieferantenskonti ........ 228,14

MERKE

- **Wertverluste des Euro (Kurserhöhungen) stellen Aufwendungen aus Kursdifferenzen dar. Sie sind über das Aufwandskonto „2150 Aufwendungen aus Kursdifferenzen" zu erfassen.**
- **Werterhöhungen des Euro (Kursminderungen) sind Erträge aus Kursdifferenzen. Sie werden über das Ertragskonto „2650 Erträge aus Kursdifferenzen" gebucht.**

C

AUFGABE 161

Ein Großhändler bezieht elektronische Schachspiele aus den USA frei deutsche Grenze zum Rechnungsbetrag von 26.000,00 USD (US-$).

Die Zollabgabe beträgt 1.150,00 EUR und die Einfuhrumsatzsteuer 19 %.

Rechnungseingang am 10. April zum Devisenkassamittelkurs von 1,2760 USD/EUR.

Der Rechnungsausgleich erfolgt am 10. Mai zum Devisenkassamittelkurs von 1,2640 USD/EUR durch Banküberweisung. Für Umrechnungs- und Abwicklungskosten berechnet die Bank 49,00 EUR.

1. Buchen Sie auf den Konten 1310, 1430, 1710, 1980, 2150, 3810, 3820, 4860.
2. Nennen Sie den Buchungssatz für den Abschluss des Kontos 3820.
3. Wie hoch sind die Anschaffungskosten der importierten Waren?

AUFGABE 162

Die Aufgabe 161 ist mit folgender Abänderung zugrunde zu legen: Der Rechnungsausgleich erfolgt zum Devisenkassamittelkurs von 1,2845 USD/EUR.

1. Buchen Sie auf den Konten 1310, 1430, 1710, 1980, 2650, 3810, 3820, 4860.
2. Ermitteln Sie die Anschaffungskosten der importierten Waren.

AUFGABE 163

Die Rechnung einer Warenlieferung aus den USA ist in Euro fakturiert und lautet über 28.500,00 EUR FOB New York. Außerdem gehen folgende Spediteur-Rechnungen ein: Hafenspediteur New York 450,00 EUR, See-Fracht New York – Rotterdam 3.000,00 EUR, Rhein-Fracht Rotterdam – Duisburg 850,00 EUR.

Alle Rechnungen werden mit 2 % Skontoabzug überwiesen. Die Bank belastet Abwicklungsgebühren von 68,00 EUR.

1. Ermitteln Sie den Zollwert, die Zollabgabe bei einem Zollsatz von 5 %, die Bemessungsgrundlage für die EUSt und die Einfuhrumsatzsteuer bei 19 %.
2. Buchen Sie auf den Konten 1310, 1430, 1710, 1980, 3810, 3820, 3880, 4860.
3. Schließen Sie die Konten 3820 und 3880 entsprechend ab.
4. Wie hoch sind die Anschaffungskosten der importierten Waren?

AUFGABE 164

Aus Japan werden optische Geräte zu einem Rechnungswert von 8.500.000 JPY (Yen) importiert. Der Devisenkassamittelkurs beträgt am Tag der Buchung der Rechnung 123,7800 JPY/EUR.

Die Lieferung erfolgt CIF Rotterdam. Der Lkw-Spediteur berechnet für den Transport bis zum Lager 1.400,00 EUR.

Es sind 10 % Zoll und 19 % Einfuhrumsatzsteuer zu entrichten.

Der Rechnungsausgleich erfolgt nach 14 Tagen mit 2 % Skontoabzug durch Banküberweisung. Der Devisenkassamittelkurs am Tag der Zahlung wird mit 121,5500 JPY/EUR notiert. Die Bank belastet 55,00 EUR Umrechnungsgebühren.

Buchen Sie auf den Konten 1310, 1430, 1710, 1980, 2150, 3810, 3820, 3880, 4860.

C

**AUFGABE 165**

Aus der Schweiz wird eine Sendung Elektroartikel bezogen. Die Eingangsrechnung lautet über 15.000,00 CHF (sfrs). Devisenkassamittelkurs am Buchungstag: 1,5010 CHF/EUR.

Nach 14 Tagen erfolgt der Rechnungsausgleich durch Bank zu einem Devisenkassamittelkurs von 1,5120 CHF/EUR. Einfuhrumsatzsteuer 19 %. 10 % Zoll.

Buchen Sie auf den entsprechenden Konten.

**AUFGABE 166**

Aus Dänemark wird eine Sendung Butter importiert. Die Eingangsrechnung lautet über 600.000,00 DKK (dkr) frei deutsche Grenze. Die Rechnung des dänischen Spediteurs für den Transport bis zum Lager lautet über 750,00 EUR. Die Umsatzsteuer beträgt 7 %.

Devisenkassamittelkurs bei Rechnungseingang: 8,2500 DKK/EUR. Bei Zahlung (Bank) beträgt der Devisenkassamittelkurs 7,7500 DKK/EUR.

Buchen Sie auf den entsprechenden Konten.

**AUFGABE 167**

Die Eingangsrechnung 487 weist einen Rechnungsbetrag von 140.319,29 SEK aus für eine Warenlieferung aus Schweden. Devisenkassamittelkurs bei Rechnungseingang 10,9378 SEK/EUR. Umsatzsteuer 7 %.

Der schwedische Spediteur berechnet an Transportkosten 1.400,00 EUR und für das Ausladen der Ware 100,00 EUR.

1. Buchen Sie den Eingang der Rechnungen.
2. 10 Tage nach Buchung der Rechnung gewährt der Lieferung aufgrund einer Mängelrüge einen Preisnachlass von 30 % auf den Rechnungsbetrag. Buchen Sie die erforderlichen Korrekturen.
3. Die Zahlung des Restbetrags durch Banküberweisung erfolgt zu einem Devisenkassamittelkurs von 10,7753 SEK/EUR. Wie lautet die Buchung?

**AUFGABE 168**

Import von Fischkonserven aus Kanada. Die Eingangsrechnung lautet über 35.000,00 CAN (kan. $) CIF Hamburg. 8 % Zoll und 7 % Einfuhrumsatzsteuer sind anzusetzen.

1. Buchen Sie die Eingangsrechnung zum Devisenkassamittelkurs von 1,6150 CAN/EUR, die Zollabgabe und die Einfuhrumsatzsteuer.
2. Wenige Tage nach Buchung der Rechnung gewährt der Lieferant nachträglich einen Rabatt von 10 % auf den bereits gebuchten Rechnungsbetrag. Ermitteln und buchen Sie die erforderlichen Korrekturen.
3. Der Restbetrag wird fristgerecht durch die Bank überwiesen (keine Kursänderung). Die Bank belastet 30,00 EUR Umrechnungskosten. Buchen Sie entsprechend.

**AUFGABE 169**

1. Woraus setzt sich der Zollwert als Bemessungsgrundlage der Zollabgabe zusammen?
2. Was umfasst im Einzelnen die Bemessungsgrundlage der Einfuhrumsatzsteuer?
3. Erläutern Sie die Ermittlung der Anschaffungskosten bei Importwaren.
4. Warum erfolgt in der Praxis bei Skontoabzügen buchhalterisch keine Korrektur der Zollabgaben sowie der Einfuhrumsatzsteuer?
5. Die Zollabgabe von 10.000,00 EUR für eine Importsendung wurde bereits an die Zollverwaltung abgeführt. Sie vermindert sich durch einen nachträglich gewährten Rabatt um 1.000,00 EUR. Nennen Sie den Buchungssatz.

## 2.3 Warenexport in Drittländer

**Steuerbefreiung**

Ausfuhrlieferungen, also Lieferungen in Nicht-EU-Staaten (Drittländer), sind aus Gründen der **Exportförderung** von der Umsatzsteuer befreit (§ 4 Nr. 1 UStG in Verbindung mit § 6 UStG).

**Ausfuhrnachweis**

**Voraussetzung für die Steuerbefreiung** ist gemäß § 6 UStG der Nachweis der Ausfuhrlieferung. Innerhalb der EU besteht für alle Beförderungswege ein einheitliches **elektronisches Ausfuhrverfahren,** bei dem der Exporteur seine Waren und die Ausgangszollstelle elektronisch anmeldet. Die Ausgangszollstelle überwacht den Warenausgang in das Drittlandsgebiet und übermittelt dem deutschen Ausfuhrzollamt auf elektronischem Weg einen entsprechenden **Ausgangsvermerk** oder stellt diesen als Druckversion zur Verfügung.

**Exportnebenkosten**

Exportnebenkosten wie Frachten, Versicherungen und sonstige Leistungen, die dem Exportunternehmen in Rechnung gestellt werden, sind wie die Ausfuhrlieferungen **steuerfrei** (§ 4 Nr. 3 UStG) und über das Konto

**4620 Ausgangsfrachten**

zu buchen. Die **dem Kunden in Rechnung gestellten Exportnebenkosten** werden buchhalterisch als **Verkaufserlöse** (Umsatzerlöse) behandelt.

**Vorsteuerüberhang**

Wegen der steuerfreien Ausfuhrlieferungen entsteht in der Regel bei exportintensiven Unternehmen ein Vorsteuerüberhang, der vom Finanzamt nach Abgabe der Umsatzsteuervoranmeldung erstattet wird.

C

---

**BEISPIEL 1**

**Warenausfuhr bei Wertverlust des Euro gegenüber dem Schweizer Franken**

Export von Waren in die Schweiz mit eigenem Lkw. Ausfuhrnachweis liegt vor. Am 30. April werden dem Kunden in Rechnung gestellt: Warenwert 73.000,00 CHF + Transportkosten 2.000,00 CHF (Devisenkassamittelkurs 1,2042 CHF/EUR; zu den Kursen siehe Fußnote auf S. 161).

Am 28. Mai wird die Rechnung fristgerecht durch Banküberweisung beglichen (Devisenkassamittelkurs 1,1831 CHF/EUR). Die Bank belastet uns mit 65,00 EUR Umrechnungsgebühren.

**Buchung der Ausgangsrechnung am 30. April:** 75.000,00 CHF zu 1,2042 CHF/EUR = 62.282,01 EUR

❶ **1010 Forderungen a. LL** ........ an **8820 Erlöse aus Warenausfuhr** ... **62.282,01**

**Buchung des Rechnungsausgleichs zum 28. Mai:**

Das Unternehmen erhält beim Zahlungseingang einen höheren Euro-Betrag, als beim Rechnungsausgang gebucht wurde. Es entsteht ein Ertrag aus Kursdifferenzen.

| | |
|---|---|
| Wert bei Rechnungsausgang: | 75.000,00 CHF zu 1,2042 CHF/EUR = 62.282,01 EUR |
| Wert bei Zahlungseingang: | 75.000,00 CHF zu 1,1831 CHF/EUR = 63.392,78 EUR |

❷ **1310 Bank** ........ **63.392,78**
an **1010 Forderungen a. LL** ........ **62.282,01**
an **2650 Erträge aus Kursdifferenzen** ........ **1.110,77**

| S | 1010 Forderungen a. LL | | H |
|---|---|---|---|
| ❶ | 62.282,01 | ❷ | 62.282,01 |

| S | 8820 Erlöse aus Warenausfuhr | | H |
|---|---|---|---|
| | | ❶ | 62.282,01 |

| S | 1310 Bank | | H |
|---|---|---|---|
| ❷ | 63.392,78 | ❸ | 65,00 |

| S | 2650 Erträge aus Kursdifferenzen | | H |
|---|---|---|---|
| | | ❷ | 1.110,77 |

| S | 4860 Kosten des Geldverkehrs | | H |
|---|---|---|---|
| ❸ | 65,00 | | |

**BEISPIEL 2** **Warenausfuhr bei Werterhöhung des Euro gegenüber dem Schweizer Franken**

Das Beispiel 1 wird wie folgt geändert:

Der Rechnungsbetrag wird zum Devisenkassamittelkurs 1,2237 CHF/EUR von der Bank gutgeschrieben. Die Gutschrift beträgt 75.000,00 CHF : 1,2237 CHF/EUR = 61.289,53 EUR. Das Unternehmen erhält beim Zahlungseingang einen niedrigeren Euro-Betrag, als beim Rechnungsausgang gebucht wurde. Es entsteht ein Aufwand aus Kursdifferenzen. Somit ändert sich lediglich die 2. Buchung:

**Rechnungsausgleich zum Devisenkassamittelkurs von 1,2237 CHF/EUR:**

| | | |
|---|---|---|
| ❷ **1310 Bank** | 61.289,53 | |
| **2150 Aufwendungen aus Kursdifferenzen** | 992,48 | |
| an **1010 Forderungen a. LL** | | 62.282,01 |

C

**MERKE**

- **Ausfuhrlieferungen in sog. Drittländer (Nicht-EU-Staaten) sind umsatzsteuerfrei.**
- **Auch Exportnebenkosten (z. B. Frachten) sind von der Umsatzsteuer befreit.**
- **Der Ausfuhrnachweis ist Voraussetzung für die Steuerbefreiung.**

**AUFGABE 170** Die Werkzeugmaschinenhandelsgesellschaft m. b. H. exportiert eine Maschine zur Herstellung von Spezialwerkzeugen an einen Automobilhersteller in den USA. Die Rechnung lautet über 155.000,00 USD CIF New York. Der Seehafenspediteur stellt für Lager- und Verladekosten, Versicherung, Seefracht und Erledigung aller Zollformalitäten 7.500,00 EUR in Rechnung.

Der Devisenkassamittelkurs beträgt am Tag der Buchung der Ausgangsrechnung 1,2840 USD/EUR. Der Kunde überweist fristgerecht auf das Bankkonto zum Devisenkassamittelkurs von 1,2785 USD/EUR. Die Bank berechnet 250,00 EUR Umrechnungskosten.

1. Buchen Sie auf den Konten 1010, 1310, 1710, 2650, 4620, 4860, 8820.
2. Wie hoch sind die erzielten Exporterlöse?

**AUFGABE 171** Die Aufgabe 170 ist mit folgender Abänderung zugrunde zu legen:

1. Dem Kunden wird nachträglich noch ein Rabatt von 10 % gewährt.
2. Der Devisenkassamittelkurs bei Zahlungseingang beträgt 1,2890 USD/EUR.
3. Der Kunde überweist den von ihm geschuldeten Betrag vereinbarungsgemäß unter Abzug von 2 % Skonto.

1. Wie lauten die Buchungssätze?
2. Buchen Sie auf den entsprechenden Konten.

**AUFGABE 172** Ein Großhandelsunternehmen für Werbeartikel versendet nach Polen Waren zum Rechnungsbetrag von 78.465,00 PLN. Für Fracht und sonstige Kosten werden dem Großhändler 2.400,00 EUR + USt in Rechnung gestellt.

Der Devisenkassamittelkurs am Tag der Rechnungsbuchung beträgt 4,5379 PLN/EUR. Der Kunde zahlt termingerecht unter Abzug von 2 % Skonto. Die Bank schreibt den Überweisungsbetrag zum Devisenkassamittelkurs von 4,6294 PLN/EUR gut und berechnet 60,00 EUR an Gebühren.

1. Bilden Sie die Buchungssätze und buchen Sie auf den erforderlichen Konten.
2. Wie hoch sind die Erlöse aus dem Geschäft?
3. Wo muss die Ware der Umsatzsteuer unterworfen werden?

**AUFGABE 173**

Export von Büromöbeln an einen Schweizer Kunden. Unsere Ausgangsrechnung lautet über 25.000,00 CHF. Der Devisenkassamittelkurs bei Buchung der Rechnung lautet 1,5550 CHF/EUR.

Die Sendung muss aus Mangel an eigener Lagerfläche fünf Tage vor dem Versandtermin im Spediteur-Lager zwischengelagert werden. Der Spediteur stellt uns für die Lagerung 300,00 EUR und für den Transport 1.400,00 EUR in Rechnung.

Der Kunde zahlt nach acht Tagen unter Abzug von 2 % Skonto.

Devisenkassamittelkurs bei Bankgutschrift 1,5050 CHF/EUR. Die Bank berechnet 40,00 EUR Gebühren.

1. Buchen Sie auf den entsprechenden Konten.
2. Ermitteln Sie die Exporterlöse.

**AUFGABE 174**

C

Wir senden einem norwegischen Kunden die Rechnung für die im September abgerufene Teillieferung der vereinbarten Jahresmenge. Der Rechnungsbetrag lautet über 150.000,00 NOR (Devisenkassamittelkurs: 7,7640 NOR/EUR).

Der Kunde zahlt fristgerecht abzüglich 2 % Skonto. Die Bank schreibt den Überweisungsbetrag zum Devisenkassamittelkurs von 7,5550 NOR/EUR gut.

Bilden Sie die Buchungssätze und buchen Sie auf den erforderlichen Konten.

**AUFGABE 175**

Warenexport an einen australischen Kunden. Die Ausgangsrechnung lautet über 120.000,00 AUS FOB Rotterdam. Devisenkassamittelkurs: 1,6560 AUS/EUR.

Die Bankgutschrift erfolgt zum Devisenkassamittelkurs von 1,6750 AUS/EUR. Außerdem stellt die Bank 2,5 ‰ Inkasso- und Umrechnungsgebühren in Rechnung.

Der Lkw-Spediteur berechnet 1.500,00 EUR Frachtkosten für den Transport der Waren zum Freihafen Rotterdam und 750,00 EUR für die Schiffsverladung.

Wie lauten die Buchungen?

**AUFGABE 176**

Lieferung von Waren an einen holländischen Kunden im Gesamtwert von 20.000,00 EUR.
Der Kunde erhält aufgrund einer berechtigten Mängelrüge einen Preisnachlass von 2.000,00 EUR. Der Restbetrag wird vom Kunden rechtzeitig überwiesen (Bankgutschrift).

Bilden Sie die Buchungssätze.

**AUFGABE 177**

Zum 30. April weisen die Konten 1410, 1430 und 1810 eines Groß- und Außenhandelsunternehmens folgende Summen aus:

| | | S | H |
|---|---|---|---|
| 1410 | Vorsteuer | 210.000,00 | 5.000,00 |
| 1430 | Einfuhrumsatzsteuer | 25.000,00 | – |
| 1810 | Umsatzsteuer | 6.000,00 | 136.000,00 |

1. Ermitteln Sie buchhalterisch das Ergebnis der Umsatzsteuervoranmeldung für den Monat April.
2. Das Finanzamt erstattet den Vorsteuerüberhang durch Banküberweisung. Die Bankgutschrift erfolgt zum 15. Mai. Wie lautet der Buchungssatz?

**AUFGABE 178**

1. Warum sind Ausfuhrlieferungen in nahezu allen Staaten umsatzsteuerfrei?
2. Nennen Sie die grundlegende Voraussetzung für eine steuerfreie Ausfuhrlieferung.
3. Wodurch kann die Ausfuhrlieferung nachgewiesen werden?
4. Inwiefern entsteht bei exportintensiven Unternehmen in der Regel ein Vorsteuerüberhang?

C

# 3 Personalbereich

**Personalaufwand**

Die Personalaufwendungen eines Unternehmens setzen sich wie folgt zusammen:

- **Löhne und Gehälter** einschließlich Urlaubs- und Weihnachtsgeld, Überstundenvergütung, Sachbezüge u. a.
- **Gesetzliche soziale Aufwendungen,** wie der Arbeitgeberanteil zur gesetzlichen Kranken- und Pflege-, Renten- und Arbeitslosenversicherung sowie der Beitrag zur gesetzlichen Unfallversicherung (Berufsgenossenschaft).
- **Freiwillige soziale Aufwendungen,** wie z. B. Essens- und Fahrtkostenzuschüsse.

## 3.1 Die Ermittlung der Abzüge vom Bruttoentgelt

**Löhne und Gehälter**

Als Entgelt für ihre Arbeitsleistung beziehen Arbeitnehmer Lohn oder Gehalt. Löhne und Gehälter stellen für die Arbeitnehmer **Einkommen,** für den Arbeitgeber hingegen **Aufwendungen** (Personalkosten) dar.

**Abzüge**

**Der Arbeitgeber ist gesetzlich verpflichtet, vom Bruttolohn oder Bruttogehalt** des Arbeitnehmers

- die **Lohnsteuer,** und ggf. den **Solidaritätszuschlag** und die **Kirchensteuer** sowie
- den **Anteil des Arbeitnehmers** an der gesetzlichen **Kranken-, Pflege-, Renten-** und **Arbeitslosenversicherung**

**einzubehalten.** Nach Abzug der o. g. Posten ergibt sich das **Nettoentgelt** des Arbeitnehmers:

| Bruttolohn/Bruttogehalt | Abzüge |
|---|---|
| – Steuern | ▪ Lohnsteuer (LSt)<br>▪ Solidaritätszuschlag (bis 5,5 % der LSt)[1]<br>▪ Kirchensteuer (8 % oder 9 % der LSt) |
| – Arbeitnehmeranteil zur gesetzlichen Sozialversicherung | ▪ Krankenversicherung<br>▪ Pflegeversicherung<br>▪ Rentenversicherung<br>▪ Arbeitslosenversicherung |
| = Nettolohn/Nettogehalt (Auszahlung) | |

**Die Sozialversicherungsbeiträge** (Arbeitnehmer- **und** Arbeitgeberanteil) sind spätestens **am drittletzten Bankarbeitstag** des laufenden Monats **fällig.** Bis zu diesem Zeitpunkt muss die zuständige Krankenkasse die **Sozialversicherungsbeiträge durch Bankeinzug** (Lastschriftverfahren) vereinnahmt haben. Deshalb sind die Arbeitgeber gesetzlich verpflichtet, den betreffenden Kassen die Höhe der **fälligen Beiträge rechtzeitig elektronisch** zu **melden.** Die abgebuchte Vorauszahlung der Sozialversicherungsbeiträge wird auf dem Konto **„1170 SV-Vorauszahlung"** erfasst und bei der Buchung der Löhne und Gehälter und des Arbeitgeberanteils zur Sozialversicherung **verrechnet.**[2]

**Die einbehaltenen Steuerabzüge** werden auf dem Konto **„1910 Verbindlichkeiten aus Steuern"** gebucht und **bis zum 10. des Folgemonats** an das Finanzamt **überwiesen.**[2]

1 Der Solidaritätszuschlag wurde zum 01.01.2021 teilweise abgeschafft. Siehe S. 173.
2 Siehe S. 179.

### 3.1.1 Lohn- und Kirchensteuerabzug

**Lohn- und Kirchensteuer**

Der Lohnsteuer unterliegen alle Einkünfte aus **nicht selbstständiger Arbeit.** Sie richtet sich nach **der Höhe des Bruttoentgelts, der Steuerklasse** und möglichen **Freibeträgen** (z. B. für Behinderte). Das Existenzminimum **(Grundfreibetrag)** ist **lohnsteuerfrei:** 9.744,00 €[1] für Ledige und 19.488,00 €[1] für Verheiratete und Lebenspartner.

Es gibt **sechs Lohnsteuerklassen:**

| Steuerklasse | Zuordnung der Arbeitnehmer[2] |
|---|---|
| I | Nicht verheiratete, verwitwete oder geschiedene Arbeitnehmer sowie Verheiratete, die ständig getrennt leben. |
| II | (Alleinerziehende) Arbeitnehmer der Steuerklasse I mit mindestens einem Kind. |
| III | Verheiratete, nicht ständig getrennt lebende Arbeitnehmer, deren Ehegatte keinen Arbeitslohn bezieht oder die Steuerklasse V hat. |
| IV | Verheiratete, nicht ständig getrennt lebende Arbeitnehmer, wenn beide Arbeitslohn beziehen. |
| V | Verheiratete, nicht ständig getrennt lebende Ehegatten, die beide Arbeitslohn beziehen, wobei ein Ehegatte auf gemeinsamen Antrag in Steuerklasse III ist. |
| VI | Arbeitnehmer, die Arbeitslohn von mehreren Arbeitgebern beziehen, für den Steuerabzug aus dem zweiten und weiteren Dienstverhältnissen. |

**Steuerpflichtiges Arbeitsentgelt**

Grundsätzlich sind alle Einnahmen, die ein Arbeitnehmer aus einem Arbeitsverhältnis erzielt, lohnsteuerpflichtig.

| Lohnsteuerpflichtiger Arbeitslohn | |
|---|---|
| ▪ Löhne und Gehälter | ▪ Urlaubsgeld |
| ▪ Zulagen (z. B. Gefahren-, Schmutzzulage) | ▪ Weihnachtsgratifikationen |
| ▪ Zuschläge (z. B. für Überstunden)[3] | ▪ Beihilfen jeder Art |

**Solidaritätszuschlag**

Ab 01.01.2021 wird kein Solidaritätszuschlag mehr auf die Lohnsteuer erhoben, wenn der monatliche Lohnsteuerbetrag 1.413,00 Euro bei ledigen Arbeitnehmern (2.826,00 Euro bei Verheirateten der LSt-Klasse III) nicht übersteigt. Das entspricht einem Jahreseinkommen von etwa 73.000,00 Euro bei Ledigen. Bis zu einem Jahreseinkommen von etwa 109.000,00 Euro (Milderungszone) wird ein ermäßigter Solidaritätszuschlagssatz erhoben, darüber beträgt er 5,5 % der Lohnsteuer.

**Kirchensteuer**

Die Kirchensteuer ist **nicht** in allen Bundesländern **einheitlich** hoch. Sie beträgt in Baden-Württemberg und Bayern **8 %**, in den übrigen Bundesländern **9 % der Lohnsteuer.**

**Kinderfreibetrag**

Im Gegensatz zur Lohnsteuer wird **bei der Bemessung der Kirchensteuer und des Solidaritätszuschlags** die **Anzahl der Kinder** einbezogen. Jedes Kind wird mit dem Zähler 0,5 (349,50 € monatlicher Kinderfreibetrag einschließlich Freibetrag für Betreuungs- und Erziehungs- oder Ausbildungsbedarf) berücksichtigt. Der Zähler erhöht sich auf 1,0 (699,00 €) bei verheirateten und nicht dauernd getrennt lebenden Arbeitnehmern (§ 32 [6] EStG).[4]

1 Stand Januar 2021.
2 Die Klassifizierung von Verheirateten bzw. Ehegatten ist auch auf Lebenspartner und Lebenspartnerschaften anzuwenden.
3 Außer Zuschlägen für Sonn-, Feiertags- und Nachtarbeit bei einem Stundenlohn bis 50,00 €, soweit sie den Grundlohn nicht um die in § 3b EStG genannten Grenzen überschreiten.
4 Stand Januar 2021.

C

**Kindergeld** Das Kindergeld wird **von der Familienkasse** der Agentur für Arbeit **ausgezahlt.** Es beträgt für das erste und das zweite Kind je 219,00 €, für das dritte Kind 225,00 € und für jedes weitere Kind je 250,00 €.[1]

**Elektronische Lohnsteuerkarte** Der Arbeitgeber benötigt die **Lohnsteuerabzugsmerkmale** seines Arbeitnehmers, um die Lohnsteuer und ggf. die Kirchensteuer berechnen und an das Finanzamt abführen zu können. Dabei handelt es sich um Informationen wie Steuerklasse, Anzahl der Kinder, Höhe der Freibeträge und Religionszugehörigkeit des Arbeitnehmers.

**Elektronische LohnSteuerAbzugs-Merkmale (ELStAM)** Für die **Arbeitgeber** werden diese **E**lektronischen **L**ohn**St**euer**A**bzugs**M**erkmale **(ELStAM)** in einer **Datenbank der Finanzverwaltung** beim Bundeszentralamt für Steuern zur Verfügung gestellt. Der Zugriff auf die gespeicherten Daten setzt eine einmalige Registrierung des Arbeitgebers im ElsterOnline-Portal voraus. Danach können die Lohnsteuerabzugsmerkmale mit Angabe der Steuernummer des Unternehmens sowie des Geburtsdatums und der steuerlichen Identifikationsnummer des Arbeitnehmers abgerufen werden.

Für **Arbeitnehmer** sind Änderungen der Elektronischen Lohnsteuerabzugsmerkmale aus der Lohn- oder Gehaltsabrechnung ersichtlich. Außerdem können die gespeicherten Lohnsteuerabzugsmerkmale bei den Finanzämtern erfragt oder im ElsterOnline-Portal nach Authentifizierung mit der persönlichen steuerlichen Identifikationsnummer abgerufen werden. Dort ist für den Arbeitnehmer auch ersichtlich, welche Arbeitgeber seine Lohnsteuerabzugsmerkmale innerhalb der letzten zwei Jahre abgerufen haben.

Die **Änderung der Lohnsteuerabzugsmerkmale** (z. B. Steuerklassenänderung, Eintragung von Freibeträgen) muss der Arbeitnehmer seinem Finanzamt mitteilen. Anschriftenänderungen und standesamtliche Veränderungen wie Eheschließung, Geburt eines Kindes, Kircheneintritt oder Kirchenaustritt werden von den Bürgerbüros der Städte und Gemeinden an die Finanzverwaltung übermittelt, damit dort die entsprechende Änderung der persönlichen Lohnsteuerabzugsmerkmale des Arbeitnehmers erfolgen kann. Der Arbeitgeber wird durch Änderungslisten von der Finanzverwaltung darüber informiert.

**Zu Beginn des Arbeitsverhältnisses** hat der Arbeitnehmer dem Arbeitgeber sein Geburtsdatum und seine steuerliche Identifikationsnummer mitzuteilen sowie anzugeben, ob es sich um ein Hauptarbeitsverhältnis (Steuerklasse I bis V) oder ein Nebenarbeitsverhältnis (Steuerklasse VI) handelt. Der Arbeitgeber muss den Arbeitnehmer im ELStAM-Verfahren anmelden, dessen Lohnsteuerabzugsmerkmale abrufen und diese in das Lohnkonto übernehmen. **Nach Beendigung des Arbeitsverhältnisses** meldet der Arbeitgeber den Arbeitnehmer ab.

**Steuer- und Sozialversicherungsabzüge** Der Arbeitgeber ermittelt die Lohnsteuer-, Solidaritätszuschlags- und Kirchensteuerabzüge sowie die Höhe der Beiträge zur gesetzlichen Sozialversicherung mithilfe von Lohn- und Gehaltsbuchhaltungsprogrammen.

**BEISPIEL** Der kaufmännische Angestellte Herbert Till, geb. 1976, wohnhaft In den Mummelswiesen 30 in 64380 Roßdorf im Bundesland Hessen, ist verheiratet und hat ein Kind. Seine Ehefrau bezieht keinen Arbeitslohn. Beide Ehepartner gehören der katholischen Kirche an. Die gesetzliche Krankenkasse erhebt einen Zusatzbeitragssatz von 1,3 % (siehe S. 176). Lohn- und Kirchensteuer ergeben sich wie folgt:

| | |
|---|---|
| Tarifgehalt nach der Gehaltstafel | 2.985,00 € |
| Steuerklasse | III |
| Kinderfreibetragszahl | 1,0 |
| Lohnsteuer | 142,50 € |
| Kirchensteuer | 0,88 € |
| **Steuerabzüge insgesamt** | **143,38 €** |

1 Stand Januar 2021.

**In der Lohn- und Gehaltsbuchhaltung** wird **für jeden Arbeitnehmer** ein besonderes **Lohnkonto** geführt, das monatlich **folgende Daten** erfasst:

**Lohnkonto**

**Lohn bzw. Gehalt, Zulagen, Zuschläge, Bruttoverdienst; Abzüge: Lohnsteuer, Solidaritätszuschlag, Kirchensteuer, Krankenversicherung, Pflegeversicherung, Rentenversicherung, Arbeitslosenversicherung; Vorschuss, Nettoauszahlung.**

**Lohnabrechnungen** werden in **Lohnlisten, Gehaltsabrechnungen** in **Gehaltslisten** zusammengestellt. Lohn- und Gehaltslisten bilden **Sammelbelege für die Buchung der Löhne und Gehälter** (siehe Beispiel auf S. 182).

**Lohn- und Gehaltsliste**

Für die **schnelle Ermittlung der Steuerlast** steht unter **www.bmf-steuerrechner.de** ein Werkzeug des Bundesministeriums der Finanzen zur Verfügung. Hier lassen sich unter Berücksichtigung der Steuerklasse, der Freibeträge und der Sozialversicherungsbeiträge **die persönliche Lohnsteuer** sowie ggf. der Solidaritätszuschlag und die Kirchensteuer errechnen.

C

**AUFGABE 179**

In der Elektrogroßhandlung Haas OHG, Stuttgart, sind sieben Angestellte beschäftigt. Die folgende Tabelle weist für den Monat Januar das jeweilige Bruttogehalt und die persönlichen Daten der Angestellten aus:

| Nr. | Name | Geb.-jahr | Tarifgehalt | Familienstand | Sonstige Hinweise |
|---|---|---|---|---|---|
| 1 | W. Beyer | 1980 | 2.990,00 € | verheiratet, 1,0 Kinder-Freibetrag | St.-Kl. V für Ehefrau |
| 2 | A. Fellner | 1995 | 2.970,00 € | ledig, keine Kinder | – |
| 3 | B. Hübner | 1974 | 2.985,00 € | geschieden, 0,5 Kinder-Freibetrag | – |
| 4 | G. Lamper | 1968 | 3.000,00 € | verheiratet, keine Kinder | St.-Kl. IV für Ehefrau |
| 5 | R. Schmidt | 1964 | 2.975,00 € | ledig, keine Kinder | – |
| 6 | J. Steiner | 1958 | 2.995,00 € | verheiratet, keine Kinder | St.-Kl. V für Ehefrau |
| 7 | H. Winter | 1956 | 2.980,00 € | verwitwet, keine Kinder | – |

1. Bestimmen Sie für jeden Angestellten die Lohnsteuerklasse.
2. Ermitteln Sie anhand www.bmf-steuerrechner.de für jeden Angestellten
   a) die Lohnsteuer und
   b) die Kirchensteuer.
   Der Zusatzbeitrag zur Krankenversicherung beträgt 1,3 %.

## 3.1.2 Sozialversicherungsabzüge

Die gesetzliche Sozialversicherung besteht aus der Krankenversicherung, der Pflegeversicherung, der Rentenversicherung und der Arbeitslosenversicherung. Der **Sozialversicherungsbeitrag** für den einzelnen Mitarbeiter wird im Allgemeinen **je zur Hälfte** vom Arbeitnehmer und vom Arbeitgeber getragen. Der **Arbeitnehmeranteil** wird vom Bruttoentgelt **einbehalten.** Der **Arbeitgeberanteil** zum Sozialversicherungsbeitrag **ist zusätzlicher Personalaufwand,** ebenso wie die Beiträge zur **gesetzlichen Unfallversicherung** der Arbeitnehmer bei der Berufsgenossenschaft.

**Gesetzliche Sozialversicherung**

Für die Berechnung der Beiträge werden in der Regel von Jahr zu Jahr bestimmte **Beitragsprozentsätze** und **Beitragsbemessungsgrenzen** (Höchstgrenzen) festgelegt:

| Versicherungszweig | Beitragssatz in %[1] | Beitragsbemessungsgrenze[1] |
|---|---|---|
| ▪ **Krankenversicherung (KV)** | 14,6 % | 4.837,50 € monatlich |
| ▪ **Pflegeversicherung (PV)** | 3,05 % | 4.837,50 € monatlich |
| ▪ **Rentenversicherung (RV)** | 18,6 % | 7.100,00 € monatlich |
| ▪ **Arbeitslosenversicherung (AV)** | 2,4 % | 7.100,00 € monatlich |

Die Beiträge zu den einzelnen Zweigen der Sozialversicherung werden vom Bruttoentgelt des Arbeitnehmers berechnet. Die Beitragsbemessungsgrenze legt fest, bis zu welcher Höhe das Bruttoentgelt für die Berechnung der Sozialversicherungsbeiträge herangezogen wird. Übersteigt das Bruttoentgelt die Beitragsbemessungsgrenze, bleibt der übersteigende Betrag beitragsfrei. Die Sozialversicherungsbeiträge werden jeweils zur Hälfte vom Arbeitnehmer und vom Arbeitgeber übernommen. Eine Ausnahme bildet der Zuschlag zur Pflegeversicherung (siehe unten), den der Arbeitnehmer allein zu tragen hat.[2]

C

**Zusatzbeitrag zur Krankenversicherung**

Zusätzlich zu dem allgemeinen Beitragssatz von 14,6 % können die Krankenkassen Zusatzbeiträge erheben, die ebenfalls zu gleichen Teilen vom Arbeitnehmer und vom Arbeitgeber zu tragen sind. Die Höhe des Zusatzbeitrags wird von der jeweiligen Krankenkasse individuell festgelegt. Als Richtgröße dient dabei der durchschnittliche Zusatzbeitragssatz für 2021 von 1,3 % des sozialversicherungspflichtigen Einkommens.

**Zuschlag zur Pflegeversicherung**

**Kinderlose Arbeitnehmer** zwischen 23 und 64 Jahren müssen außerdem einen um **0,25 %** erhöhten Beitrag zur **Pflegeversicherung** leisten. Der **Arbeitnehmeranteil** steigt dadurch von 1,525 % auf **1,775 %**.

**BEISPIEL Fortsetzung**

Herbert Till (siehe S. 174) ist im Außendienst eines in Hessen angesiedelten Unternehmens, der Elektrogroßhandlung Winter GmbH, angestellt. Er bezieht ein steuerpflichtiges Bruttogehalt von 2.985,00 € je Monat. Zusätzlich zu seinem Bruttogehalt hat er im Abrechnungsmonat August ein Urlaubsgeld von 250,00 € erhalten. Seine Krankenkasse erhebt einen Zusatzbeitrag von 1,3 %.

Für den Monat August 01 erstellt sein Arbeitgeber die folgende Gehaltsabrechnung:

| **Gehaltsabrechnung August 01** | |
|---|---|
| Herbert Till, III/1,0, römisch-katholisch | |
| Bruttogehalt | 2.985,00 € |
| Urlaubsgeld | 250,00 € |
| **Steuer- und sozialversicherungspflichtiges Gehalt** | **3.235,00 €** |
| – Lohnsteuer | 192,33 € |
| – Kirchensteuer (9 %) | 3,88 € |
| **= Steuern insgesamt** | **196,21 €** |
| – Krankenversicherung | 236,16 € |
| – Zusatzbeitrag zur Krankenversicherung | 21,03 € |
| – Pflegeversicherung | 49,33 € |
| – Rentenversicherung | 300,85 € |
| – Arbeitslosenversicherung | 38,82 € |
| **= Sozialabgaben insgesamt** | **646,19 €** |
| **Nettogehalt = Auszahlungsbetrag/Überweisung** | **2.392,60 €** |

1 Stand 2021. In den neuen Bundesländern beträgt die Bemessungsgrenze für die Renten- und Arbeitslosenversicherung zz. 6.700,00 €.

2 In Sachsen wird die Pflegeversicherung von 3,05 % zu 2,025 % vom Arbeitnehmer und zu 1,025 % vom Arbeitgeber getragen.

Übersicht über die vom Arbeitnehmer Herbert Till und von seinem Arbeitgeber zu zahlenden Sozialversicherungsbeiträge:

| **Steuer- und sozialversicherungspflichtiges Gehalt 3.235,00 €** | **Arbeitnehmer** | | **Arbeitgeber** | | **insgesamt** |
|---|---|---|---|---|---|
| Krankenversicherung | 7,3 % | 236,16 € | 7,3 % | 236,16 € | 472,32 € |
| Zusatzbeitrag | 0,125 % | 21,03 € | 0,125 % | 21,03 € | 42,06 € |
| Pflegeversicherung | 1,525 % | 49,33 € | 1,525 % | 49,33 € | 98,66 € |
| Rentenversicherung | 9,3 % | 300,85 € | 9,3 % | 300,85 € | 601,70 € |
| Arbeitslosenversicherung | 1,2 % | 38,82 € | 1,2 % | 38,82 € | 77,64 € |
| **Summe** | | **646,19 €** | | **646,19 €** | 1.292,38 € |

C

MERKE

- **Arbeitnehmer sind grundsätzlich mit allen Einkünften aus nicht selbstständiger Arbeit steuer- und sozialversicherungspflichtig.**
- **Die Höhe der Lohnsteuer ist abhängig von der Höhe des Arbeitslohns, der Steuerklasse und möglichen Freibeträgen. Kirchensteuer und Solidaritätszuschlag berücksichtigen zusätzlich die Zahl der Kinder.**
- **Zur Sozialversicherung zählen die**
  - **Krankenversicherung,**
  - **Pflegeversicherung,**
  - **Rentenversicherung und**
  - **Arbeitslosenversicherung.**
- **Für die Sozialversicherungen bestehen Beitragsbemessungsgrenzen. Diese legen die Obergrenze fest, bis zu der das Bruttoentgelt für die Berechnung der Sozialversicherungsbeiträge herangezogen wird.**
- **Arbeitnehmer und Arbeitgeber tragen die Sozialversicherungsbeiträge jeweils zur Hälfte. Nur bei der Pflegeversicherung bestehen Ausnahmen. Der Zuschlag zur Pflegeversicherung für Kinderlose in Höhe von 0,25 % ist vom Arbeitnehmer allein zu tragen. Bei der Aufteilung der Beiträge zur Pflegeversicherung in Sachsen übernimmt der Arbeitnehmer 2,025 % und der Arbeitgeber 1,025 %.**
- **Der Arbeitgeberanteil zur Sozialversicherung stellt für das Unternehmen zusätzlichen Personalaufwand dar.**
- **Die einzubehaltenden Sozialabgaben sowie der Arbeitgeberanteil zur Sozialversicherung müssen in voraussichtlicher Höhe spätestens bis zum drittletzten Bankarbeitstag des Monats, in dem die Beschäftigung ausgeübt wird, von der jeweiligen Krankenkasse im Lastschriftverfahren vereinnahmt werden. Vorab sind die Daten vom Arbeitgeber auf elektronischem Weg zu melden.**
- **Die einbehaltenen Steuern sind bis zum 10. des Folgemonats an das Finanzamt abzuführen.**
- **Lohn- und Gehaltslisten, die die Einzelabrechnungen aller Arbeitnehmer monatlich zusammenfassen, bilden den Buchungssammelbeleg.**

**Die nachfolgenden Aufgaben 180–182 sind mit einem Online-Lohnrechner-Programm, z. B. www.bmf-steuerrechner.de, zu lösen.**

**AUFGABE 180**

Berechnen Sie für die in Aufgabe 179, Seite 175, genannten Angestellten W. Beyer und A. Fellner die Sozialversicherungsbeiträge. Der Zusatzbeitrag zur Krankenversicherung beträgt 1,3 %.

1. Wie viel Euro Nettogehalt werden beiden Angestellten überwiesen?
2. Wie viel Prozent betragen jeweils die Gesamtabzüge vom Bruttogehalt?

**AUFGABE 181**

Der kaufmännische Angestellte R. Hemmerle (geb. 1983) ist in der Textilgroßhandlung Brückner KG tätig. Sein Tarifgehalt beträgt 2.975,00 €. Er ist verheiratet und hat ein Kind. Seine Ehefrau ist nicht erwerbstätig. Für seine mehr als zehnjährige Betriebszugehörigkeit erhält Herr Hemmerle eine monatliche Treueprämie von 30,00 €.

1. Ermitteln Sie die von Herrn Hemmerle zu zahlende Lohn- und Kirchensteuer. Der Kirchensteuersatz beträgt 9 %.
2. Bestimmen Sie den Sozialversicherungsbeitrag für Herrn Hemmerle (Zusatzbeitrag 1,1 %).
3. Berechnen Sie den Prozentsatz der Gesamtabzüge vom Bruttogehalt.
4. Stellen Sie in einer Gehaltsabrechnung das Nettogehalt fest.

**AUFGABE 182**

1. Das Unternehmen Schätzke GmbH beschäftigt den Angestellten A. Wagner im Außendienst (geb. 1984; St.-Kl. I/0). Sein Tarifgehalt beträgt 4.655,00 €. Zusätzlich erhält er einen steuerpflichtigen Zuschuss für Kleidung von monatlich 150,00 €. Als Sachbezug sind monatlich 405,00 € für die kostenlose Unterkunft in einer Werkswohnung anzusetzen.

   Für die Berechnung der Sozialversicherungsbeiträge wird das steuerpflichtige Bruttogehalt zugrunde gelegt. Der Kirchensteuersatz beträgt 9 %, der Zusatzbeitrag zur Krankenversicherung 1,3 %.

   a) Berechnen Sie das steuerpflichtige Bruttogehalt.
   b) Ermitteln Sie das Nettogehalt und den Auszahlungsbetrag.

2. Der Angestellte Stefan Stein der Textilgroßhandels-GmbH, geb. 1970, bezieht ein Bruttogehalt von 2.780,00 €. Seine Abzüge für Steuern (St.-Kl. III/0) betragen 112,62 € und für Sozialabgaben 562,25 € (Arbeitgeberanteil: 555,31 €). Bei der Gehaltsabrechnung ist ein Anzug mit 150,00 € netto zuzüglich 28,50 € Umsatzsteuer zu verrechnen, den Stefan Stein von seinem Arbeitgeber erworben hat. Die Gehaltszahlung erfolgt als Banküberweisung.

   a) Erstellen Sie die Gehaltsabrechnung. Wie hoch ist der SV-Bankeinzug?
   b) Buchen Sie auf den entsprechenden Konten.
   c) Wie lautet die Buchung für den Arbeitgeberanteil zur Sozialversicherung?
   d) Wie hoch sind die Personalkosten für den Angestellten Stefan Stein?

**AUFGABE 183**

1. Was zählt zum steuerpflichtigen Arbeitseinkommen? Nennen Sie Beispiele.
2. Nennen Sie Beispiele für „Zulagen" und „Zuschläge".
3. Nennen Sie Beispiele für Freibeträge.
4. Welche Merkmale liegen vor, wenn ein Arbeitnehmer nach Steuerklasse III besteuert wird?
5. Erläutern Sie den Begriff „Beitragsbemessungsgrenze".
6. Welches sind die wesentlichen Merkmale des Beitrags zu einer gesetzlichen Krankenkasse (Sozialversicherung) und des Zusatzbeitrags zu einer gesetzlichen Krankenkasse?

C

## 3.2 Buchung der Löhne und Gehälter

**Bruttolöhne** und **Bruttogehälter** werden monatlich erfasst im Soll der Aufwandskonten

**4010 Löhne** und **4020 Gehälter.**

**Die einbehaltenen Steuerabzüge** (Lohnsteuer und ggf. Kirchensteuer sowie Solidaritätszuschlag) werden als „Sonstige Verbindlichkeit gegenüber Finanzbehörden“ auf dem Konto **„1910 Verbindlichkeiten aus Steuern“** erfasst und bis zum **10. des Folgemonats** überwiesen.

**Der einzubehaltende Arbeitnehmeranteil zur Sozialversicherung** wird **mit** dem **Arbeitgeberanteil** der Krankenkasse **rechtzeitig gemeldet** und von dieser spätestens bis zum **drittletzten** Bankarbeitstag des laufenden Monats durch **Bankeinzug** vereinnahmt (siehe auch S. 172). Diese Vorauszahlung wird auf dem Konto **„1170 SV-Vorauszahlung“** erfasst und bei der Buchung der Gehälter bzw. Löhne und des Arbeitgeberanteils jeweils **verrechnet.**

**Der Arbeitgeberanteil zur Sozialversicherung** wird als zusätzlicher Aufwand gesondert auf dem Konto **„4040 Gesetzliche soziale Aufwendungen“** gebucht und auf dem Verrechnungskonto **„1170 SV-Vorauszahlung“** gegengebucht.

C

**BEISPIEL**

Auszug aus der Gehaltsliste Monat August: Gehaltsabrechnung Herbert Till (siehe S. 176)

| Name | Steuerklasse | Bruttogehalt | Abzüge | | | | Gesamtabzüge | Nettogehalt (Ausz.) |
|---|---|---|---|---|---|---|---|---|
| | | | LSt | KiSt | Steuerabzüge | SV | | |
| Till, H. | III/1,0 | 3.235,00 | 192,33 | 3,88 | 196,21 | 646,19 | 842,40 | 2.392,60 |

**SV-Meldung an die Krankenkasse:** 646,19 € AN-Anteil + 646,19 € AG-Anteil[1]
**SV-Bankeinzug der Krankenkasse:** 1.292,38 €

Buchung des Bankeinzugs der SV-Beiträge:

❶ 1170 SV-Vorauszahlung ........ an 1310 Bank ........ 1.292,38

Buchung bei Gehaltszahlung:

❷ 4020 Gehälter ........ 3.235,00
an 1910 Verbindlichkeiten aus Steuern ........ 196,21
an 1170 SV-Vorauszahlung ........ 646,19
an 1310 Bank ........ 2.392,60

Buchung des Arbeitgeberanteils zur Sozialversicherung:

❸ 4040 Gesetzliche soziale Aufw. ........ an 1170 SV-Vorauszahlung ........ 646,19

Überweisung der einbehaltenen und noch abzuführenden Steuerabzüge:

❹ 1910 Verbindlichkeiten aus Steuern ........ an 1310 Bank ........ 196,21

| | |
|---|---|
| Bruttogehalt | 3.235,00 € |
| + Arbeitgeberanteil SV | 646,19 € |
| = **Personalkosten** | **3.881,19 €** |

| S | 4020 Gehälter | H |
|---|---|---|
| ❷ | 3.235,00 | |

| S | 1910 Verbindlichkeiten aus Steuern | | H |
|---|---|---|---|
| ❹ | 196,21 | ❷ | 196,21 |

1 Siehe S. 172.

| S | 4040 Gesetzliche soziale Aufw. | | H |
|---|---|---|---|
| ❸ | 646,19 | | |

| S | 1170 SV-Vorauszahlung | | H |
|---|---|---|---|
| ❶ | 1.292,38 | ❷ | 646,19 |
| | | ❸ | 646,19 |

| S | 1310 Bank | | H |
|---|---|---|---|
| | | ❶ | 1.292,38 |
| | | ❷ | 2.392,60 |
| | | ❹ | 196,21 |

**Aufgrund von Lohn- und Gehaltspfändungen** einbehaltene Beträge werden auf der Haben-Seite des Kontos **„1940 Sonstige Verbindlichkeiten“** gebucht.

C

## 3.3 Vorschüsse

**Vorschüsse**

Vorschüsse sind Darlehen, die Arbeitnehmern kurzfristig gewährt und bei späteren Lohn- und Gehaltszahlungen verrechnet werden. Sie werden gebucht auf dem Konto

**1160 Forderungen an Mitarbeiter.**

**BEISPIEL**

Der Angestellte Herbert Till (siehe S. 174) erhält im Februar 01 einen Vorschuss von 1.500,00 € bar, der bei den folgenden Gehaltszahlungen monatlich mit 300,00 € einbehalten wird.

**Buchung im Februar 01:**

**1160 Forderungen an Mitarbeiter** ........ an **1510 Kasse** ........ 1.500,00

**Verrechnung des Vorschusses**

| | | |
|---|---|---|
| | Bruttogehalt März 01 | 2.985,00 € |
| – | Lohn- und Kirchensteuer | 143,38 € |
| – | Sozialversicherung | 596,25 € |
| = | Nettogehalt | 2.245,37 € |
| – | Vorschuss | 300,00 € |
| = | **Auszahlung** (Bank) | **1.945,37 €** |
| | Arbeitgeberanteil zur SV | 596,25 € |

**SV-Meldung an die Krankenkasse:** 596,25 € AN-Anteil + 596,25 € AG-Anteil

**SV-Bankeinzug der Krankenkasse:** 1.192,50 €

**Buchung des Bankeinzugs der SV-Beiträge:**

| | | | |
|---|---|---|---|
| ❶ **1170 SV-Vorauszahlung** | an **1310 Bank** | | 1.192,50 |

**Buchung bei Gehaltszahlung:**

| | | | |
|---|---|---|---|
| ❷ **4020 Gehälter** | | 2.985,00 | |
| | an **1160 Forderungen an Mitarbeiter** | | 300,00 |
| | an **1910 Verbindlichkeiten aus Steuern** | | 143,38 |
| | an **1170 SV-Vorauszahlung** | | 596,25 |
| | an **1310 Bank** | | 1.945,37 |
| ❸ **4040 Gesetzl. soziale Aufw.** | an **1170 SV-Vorauszahlung** | | 596,25 |
| ❹ **1910 Verbindlichkeiten a. Steuern** | an **1310 Bank** | | 143,38 |

## 3.5 Sonstige geldliche und Sachwertbezüge

**Sonstige geldliche Bezüge**

Sonstige geldliche Bezüge umfassen **einmalige** Zahlungen, die **zusätzlich** zum laufenden Arbeitsentgelt gezahlt werden. Sie werden auf den Lohn- oder Gehaltskonten der Arbeitnehmer gebucht und sind bei der Berechnung der Steuer- und Sozialversicherungsabzüge zu berücksichtigen. Zu ihnen zählen u. a.:

**Weihnachtsgeld, Urlaubsgeld, 13. Monatsgehalt, Gratifikationen, Jubiläumszuwendungen, Heiratsbeihilfe, Geburtsbeihilfe, sonstige Beihilfen.**

**Zuwendungen des Arbeitgebers** zu Firmenjubiläen, Betriebsveranstaltungen sowie zu betrieblichen Fort- und Weiterbildungsmaßnahmen liegen im eigenbetrieblichen Interesse und **gehören** deshalb in der Regel **nicht zu den sonstigen Bezügen.**

C

**BEISPIEL**

❶ Der ledige Arbeiter Krause (geb. 1999; St.-Kl. I/0) erhält im Juli zu seinem laufenden Lohn in Höhe von 2.060,00 € eine Erholungsbeihilfe von 200,00 €. Diese Zuwendung ist ein „sonstiger Bezug" und wird gemäß § 39b EStG als „laufender Arbeitslohn" besteuert. Abzüge: 239,61 € LSt/KiSt, 457,08 € SV (Zusatzbeitrag zur Krankenversicherung 1,3 %). Der Arbeitgeberanteil zur Sozialversicherung beträgt 451,44 €.

❷ Zuschuss des Betriebs für eine Betriebsfeier: 1.500,00 € bar.

**Buchungen:**

| | | | | |
|---|---|---|---|---|
| ❶ | **1170 SV-Vorauszahlung** | an **1310 Bank** | | **908,52** |
| | **4010 Löhne** | | **2.260,00** | |
| | an **1910 Verbindlichkeiten aus Steuern** | | | **239,61** |
| | an **1710 SV-Vorauszahlung** | | | **457,08** |
| | an **1310 Bank** | | | **1.563,31** |
| | **4040 Gesetzl. soziale Aufwendungen** | an **1170 SV-Vorauszahlung** | | **451,44** |
| ❷ | **4050 Freiw. soziale Aufwendungen** | an **1510 Kasse** | | **1.500,00** |

**Gewährung von geldwerten Vorteilen**

Wenn Arbeitnehmer zusätzlich zu ihrem Lohn oder Gehalt **Sachbezüge** erhalten, wie z. B. ständige private Nutzung von Dienstfahrzeugen, freie oder verbilligte Mahlzeiten und Wohnungen sowie kostenlose Überlassung von Waren (Deputate), **erhöhen** diese geldwerten Vorteile deren steuer- und sozialversicherungspflichtiges **Bruttoentgelt.** Für den Arbeitgeber ist die Gewährung solcher geldwerten Vorteile grundsätzlich **umsatzsteuerpflichtig.**

**BEISPIEL**

Der Angestellte Kreiber (geb. 1991) erhält ein Bruttogehalt von 2.500,00 € und wird nach St.-Kl. III/0 besteuert. Herrn Kreiber steht kostenlos ein firmeneigener Pkw zur privaten Nutzung zur Verfügung, dessen Listeneinkaufspreis inkl. USt 23.857,00 € beträgt. Nach Steuerrecht ist diese **Nutzung als Sachbezug** mit 1 % des auf volle 100,00 € abgerundeten Bruttolistenpreises **dem Gehalt hinzuzurechnen,** also 238,00 €. Die darin enthaltene Umsatzsteuer von 38,00 € hat der Arbeitgeber an das Finanzamt abzuführen. Der Nettobetrag von 200,00 € wird auf dem Konto „2460 Sonstige Erträge" ausgewiesen.

**Gehaltsabrechnung**

| | |
|---|---|
| **Bruttogehalt** | 2.500,00 € |
| + Sachbezug (private Pkw-Nutzung) | 238,00 € |
| = **steuer- und sozialversicherungspflichtiges Gehalt** | 2.738,00 € |
| – Lohn- und Kirchensteuer | 104,81 € |
| – Arbeitnehmeranteil zur Sozialversicherung (Zusatzbeitrag 1,3 %) | 553,76 € |
| – Sachbezug | 238,00 € |
| = **Auszahlung** (Bank) | **1.841,43 €**[1] |

1 SV-Bankeinzug und Verrechnung eines Arbeitgeberanteils werden vorausgesetzt.

**Buchung:**

| | | |
|---|---|---|
| **4020 Gehälter** | 2.738,00 | |
| an **1910 Verbindlichkeiten aus Steuern** | | 104,81 |
| an **1170 SV-Vorauszahlung** | | 553,76 |
| an **2460 Sonstige Erträge** | | 200,00 |
| an **1810 Umsatzsteuer** | | 38,00 |
| an **1310 Bank** | | 1.841,43 |

MERKE

**Ein geldwerter Vorteil erhöht als Sachbezug das steuer- und sozialversicherungspflichtige Bruttoentgelt des Arbeitnehmers und ist grundsätzlich umsatzsteuerpflichtig.**

C

**Verrechnung erworbener Sachgüter**

Erwerben Mitarbeiter Waren des eigenen Arbeitgebers zum Vorzugspreis, die **mit ihrem Nettolohn oder -gehalt verrechnet** werden, sind der Nettowert der Waren als Umsatzerlöse und die Umsatzsteuer gesondert zu buchen.

BEISPIEL

Herbert Till (siehe S. 174) erhält von seinem Arbeitgeber einen Kühlschrank zum Vorzugspreis von 250,00 € netto zuzüglich 47,50 € Umsatzsteuer, der mit seinem Gehalt verrechnet wird:

| | |
|---|---|
| Bruttogehalt | 2.985,00 € |
| – Lohn- und Kirchensteuer | 143,38 € |
| – Arbeitnehmeranteil zur Sozialversicherung | 596,25 € |
| = Nettogehalt | 2.245,37 € |
| – Warenwert | 250,00 € |
| – Umsatzsteuer | 47,50 € |
| = **Auszahlung** (Bank) | **1.947,87 €**[1] |

**Buchung:**

| | | |
|---|---|---|
| **4020 Gehälter** | 2.985,00 | |
| an **1910 Verbindlichkeiten aus Steuern** | | 143,38 |
| an **1170 SV-Vorauszahlung** | | 596,25 |
| an **8010 Warenverkauf** | | 250,00 |
| an **1810 Umsatzsteuer** | | 47,50 |
| an **1310 Bank** | | 1.947,87 |

## AUFGABE 184 Gehaltsliste Monat Januar

| Name | Geburts-jahr | Steuer-klasse | Brutto-gehalt | Abzüge | | | | Netto-gehalt |
|---|---|---|---|---|---|---|---|---|
| | | | | Lohn-steuer | Kirchen-steuer (9 %) | Steuer-abzüge | Sozialver-sicherung | |
| 1. Tierjung, V. | 1988 | III/2,0 | 3.540,00 | 254,66 | 0,00 | 254,66 | 707,11 | 2.578,23 |
| 2. Steinbring, W. | 2000 | I/0 | 2.770,00 | 337,25 | 30,35 | 367,60 | 560,23 | 1.842,17 |
| 3. Walter, F. | 1985 | II/0,5 | 3.296,00 | 421,41 | 28,67 | 450,08 | 658,38 | 2.187,54 |
| | | | **9.606,00** | **1.013,32** | **59,02** | **1.072,34** | **1.925,72** | **6.607,94** |

Der Arbeitgeberanteil zur SV beträgt 1.918,80 €. SV-Bankeinzug der Krankenkasse 3.844,52 €.

Buchen Sie auf den Konten 1170, 1310 (AB 35.000,00 €), 1910, 4020 und 4040

1. den SV-Bankeinzug,
2. die Gehaltsabrechnung lt. Gehaltsliste zum 31. Januar (Banküberweisung),

---

1 SV-Bankeinzug und Verrechnung eines Arbeitgeberanteils werden vorausgesetzt.

3. den Arbeitgeberanteil zur Sozialversicherung,
4. die Überweisung der einbehaltenen Steuerabzüge im Februar.

Wie hoch sind die Personalkosten des Unternehmens?

**AUFGABE 185**

Buchen Sie auf den Konten 1160, 1170, 1310 (AB 32.000,00 €), 1910, 4010 und 4040

1. Zahlung eines Lohnvorschusses durch Banküberweisung: 4.000,00 €,
2. SV-Bankeinzug 3.110,00 €,
3. Lohnabrechnung mit Verrechnung des Vorschusses in Höhe von 250,00 € monatlich:

| Brutto-löhne | LSt/KiSt | Sozial-versicherung | Verrechneter Vorschuss | Auszahlung (Bank) | Arbeitgeber-anteil |
|---|---|---|---|---|---|
| 7.800,00 | 860,00 | 1.560,00 | 250,00 | 5.130,00 | 1.550,00 |

4. Banküberweisung der einbehaltenen Steuerabzüge im Folgemonat.

C

**AUFGABE 186**

Zahlung der Gehälter durch Banküberweisung zum 31. Dezember.

Buchen Sie auf den Konten 1160 (AB 8.000,00 €), 1170, 1310 (AB 160.000,00 €), 1910, 4020, 4040, 9100, 9300 und 9400:

1. SV-Bankeinzug ............ ?
2. Gehälter lt. Gehaltsliste für den Monat Dezember:
   Bruttobeträge ............ 55.800,00
   Lohn- und Kirchensteuer ............ 10.050,00
   Sozialversicherungsbeiträge der Arbeitnehmer ............ 11.150,00
3. Verrechnung von Vorschüssen ............ 2.500,00
4. Arbeitgeberanteil ............ 11.090,00
5. Die einbehaltenen Steuerabzüge werden erst Anfang Januar nächsten Jahres an das Finanzamt überwiesen.

1. Nennen Sie die Buchungen bis zum Jahresabschluss.
2. Wie lauten
   a) die Eröffnungsbuchung zum 1. Januar nächsten Jahres und
   b) die Überweisungsbuchung?
3. Wie hoch sind die gesamten Personalkosten des Unternehmens für Dezember?

**AUFGABE 187**

Zum 31. Dezember weisen die nachstehenden Konten folgende Salden aus:

1160 Forderungen an Mitarbeiter ............ 16.000,00
1910 Verbindlichkeiten aus Steuern ............ 12.600,00

Bilden Sie die Abschlussbuchungssätze.

**AUFGABE 188**

Die Miete der Arbeitnehmer für Werkswohnungen wird mit den Gehältern verrechnet. Die Nettogehälter werden durch Banküberweisung ausgezahlt:

Bruttogehälter lt. Gehaltsliste ............ 66.300,00
Lohn- und Kirchensteuer ............ 11.300,00
Sozialversicherungsbeiträge der Arbeitnehmer ............ 13.250,00
des Arbeitgebers ............ 13.170,00
Einbehaltene Mieten für Werkswohnungen ............ 3.600,00

Ermitteln Sie den SV-Bankeinzug sowie die Nettoauszahlung und buchen Sie auf den entsprechenden Konten die Gehaltsabrechnung, den Arbeitgeberanteil zur Sozialversicherung und die Überweisung der Steuerabzüge. Konten: 1170, 1310 (50.000,00 € Bestand), 1910, 2401, 4020 und 4040.

C

**AUFGABE 189**

| | | |
|---|---|---|
| Bruttogehälter lt. Gehaltsliste | | 28.730,00 |
| Abzüge: | Lohn- und Kirchensteuer | 4.310,00 |
| | Arbeitnehmeranteil zur Sozialversicherung | 5.740,00 |
| | Verrechnung von Vorschüssen | 1.800,00 |
| | Einbehaltene Mieten für Werkswohnungen | 1.750,00 |
| | Einbehaltene Beträge aufgrund von Gehaltspfändungen | 1.450,00 |
| Banküberweisung der Nettogehälter für Dezember am 30. Dezember .. | | ? |
| Arbeitgeberanteil zur Sozialversicherung | | 5.710,00 |

1. Erstellen Sie die Gehaltsabrechnung einschließlich Arbeitgeberanteil.
2. Wie hoch sind die gesamten Personalkosten? Wie hoch ist der SV-Bankeinzug?
3. Bilden Sie die Buchungssätze.
4. Buchen Sie auf den Konten 1160 (12.000,00 € Bestand), 1170, 1310 (80.000,00 € Bestand), 1910, 1940, 2401, 4020 und 4040.
5. Wie lautet der Abschlussbuchungssatz für die einbehaltenen Steuern?

**AUFGABE 190**

Bilden Sie die Buchungssätze:

1. Banküberweisung der Beiträge zur Berufsgenossenschaft: 1.200,00 €.
2. Ein Angestellter erhält einen Vorschuss durch Banküberweisung: 2.000,00 €.
3. Eine Angestellte erhält als Geburtsbeihilfe 300,00 € (Banküberweisung).
4. Einem Arbeiter wird eine Heiratsbeihilfe überwiesen: 200,00 €.

**AUFGABE 191**

Ein Angestellter eines Großhandelsunternehmens (geb. 1962, 2.850,00 € Bruttogehalt, 175,49 € Steuerabzüge [St.-Kl. III/0], SV-Abzüge Arbeitnehmer: 624,55 €, Arbeitgeber: 616,83 €) nutzt das Dienstfahrzeug auch privat. Der Listenpreis des Pkw betrug einschließlich Umsatzsteuer 23.880,00 €.

1. Berechnen Sie den monatlichen Sachbezug bzw. geldwerten Vorteil des Angestellten.
2. Erstellen Sie die Gehaltsabrechnung und nennen Sie die Buchungssätze (Banküberweisung).

**AUFGABE 192**

Nach einer Gehaltserhöhung beträgt das Bruttogehalt des Angestellten (Aufgabe 191) 2.980,00 €. 203,64 € Steuerabzüge, SV-Abzüge Arbeitnehmer: 650,84 €, Arbeitgeber: 642,80 €. Der geldwerte monatliche Vorteil aus der privaten Nutzung des Geschäftsfahrzeuges ist zu berücksichtigen. Darüber hinaus sind noch vom Arbeitgeber erworbene Waren im Wert von 300,00 € netto zuzüglich 57,00 € Umsatzsteuer mit dem Gehalt zu verrechnen.

1. Erstellen Sie die Gehaltsabrechnung. Wie hoch ist der SV-Bankeinzug?
2. Nennen Sie die Buchungssätze (Banküberweisung).
3. Buchen Sie auf den Konten 1170, 1310 (AB 9.000,00 €), 1810, 1910, 2460, 4020, 4040 und 8010.

**AUFGABE 193**

Beim Vergleich von Großhandelsbetrieben ist die

$$\textbf{Lohnquote} = \frac{\textbf{Personalkosten}}{\textbf{Umsatzerlöse}}$$

besonders aussagefähig. Diese Kennzahl zeigt den Anteil der gesamten Personalkosten an den Umsatzerlösen und gibt Aufschluss über die Wirtschaftlichkeit des Leistungsprozesses.

| Großhandelsbetriebe | A | B | C | D | E | F |
|---|---|---|---|---|---|---|
| Personalkosten in T€ | 630 | 1.056 | 684 | 1.196 | 703 | 943 |
| Umsatzerlöse in T€ | 3.500 | 4.800 | 3.600 | 5.200 | 3.800 | 4.600 |

Ermitteln und beurteilen Sie die Lohnquoten im Betriebsvergleich.

**AUFGABE 194**

| Kontenplan und vorläufige Saldenbilanz | | Soll | Haben |
|---|---|---|---|
| 0330 | Betriebs- und Geschäftsausstattung | 208.000,00 | – |
| 0340 | Fuhrpark | 72.000,00 | – |
| 0610 | Eigenkapital | – | 640.000,00 |
| 1010 | Forderungen a. LL | 271.436,00 | – |
| 1160 | Forderungen an Mitarbeiter | 2.800,00 | – |
| 1170 | SV-Vorauszahlung | – | – |
| 1310 | Bank | 237.300,00 | – |
| 1410 | Vorsteuer | 84.413,00 | – |
| 1510 | Kasse | 18.900,00 | – |
| 1610 | Privatentnahmen | 82.400,00 | – |
| 1710 | Verbindlichkeiten a. LL | – | 200.900,00 |
| 1810 | Umsatzsteuer | – | 271.149,00 |
| 1910 | Verbindlichkeiten aus Steuern | – | – |
| 1940 | Sonstige Verbindlichkeiten | – | 6.800,00 |
| 3010 | Wareneingang I | 467.600,00 | – |
| 3020 | Warenbezugskosten I | 15.000,00 | – |
| 3070 | Lieferantenboni I | – | 4.800,00 |
| 3110 | Wareneingang II | 509.000,00 | – |
| 3120 | Warenbezugskosten II | 18.400,00 | – |
| 3180 | Lieferantenskonti II | – | 20.000,00 |
| 3910 | Warenbestände I | 102.000,00 | – |
| 3920 | Warenbestände II | 95.000,00 | – |
| 4010 | Löhne | 59.400,00 | – |
| 4020 | Gehälter | 85.800,00 | – |
| 4040 | Gesetzliche soziale Aufwendungen | 16.600,00 | – |
| 4050 | Freiwillige soziale Aufwendungen | 26.300,00 | – |
| 4100 | Mietaufwendungen | 107.800,00 | – |
| 4620 | Ausgangsfrachten | 8.300,00 | – |
| 4800 | Allgemeine Verwaltungskosten | 82.300,00 | – |
| 4910 | Abschreibungen auf Sachanlagen | – | – |
| 8010 | Warenverkauf I | – | 781.500,00 |
| 8050 | Rücksendungen von Kunden I | 51.000,00 | – |
| 8070 | Kundenboni I | 7.900,00 | – |
| 8080 | Kundenskonti I | 16.500,00 | – |
| 8110 | Warenverkauf II | – | 750.000,00 |
| 8150 | Rücksendungen von Kunden II | 29.000,00 | – |
| Richten Sie noch folgende Konten ein: 9300, 9400 | | 2.675.149,00 | 2.675.149,00 |

**Geschäftsfälle**

1. Gehaltsvorschuss an einen Angestellten, bar ........ 1.500,00
2. Banküberweisung des Beitrags an die Berufsgenossenschaft ........ 960,00
3. Zuschuss des Betriebs für einen Betriebsausflug, bar ........ 2.100,00
4. SV-Bankeinzug durch gesetzliche Krankenkasse ........ 5.265,00
5. Lohnzahlung durch Banküberweisung lt. Lohnliste:

| Bruttolöhne | LSt/KiSt | Sozialvers. | Nettolöhne | Arbeitgeberanteil |
|---|---|---|---|---|
| 5.400,00 | 680,00 | 1.080,00 | 3.640,00 | 1.030,00 |

6. Gutschriftsanzeige an einen Kunden für Bonus (Waren I), netto ........ 1.600,00
7. Banküberweisung von Kunden, Rechnungsbeträge (Waren I) ........ 9.520,00
   – 2 % Skonto, brutto ........ 190,40

8. Kunden senden wegen Mängelrüge Waren zurück:
   Warengruppe I (AR 1623), Warenwert ........ 2.800,00
   Warengruppe II (AR 1588), Warenwert ........ 1.500,00
9. Banküberweisung der Gehälter lt. Gehaltsliste:

| Brutto-gehälter | LSt/KiSt | Sozial-versicherung | Verrechneter Vorschuss | Netto-auszahlung | Arbeitgeber-anteil |
|---|---|---|---|---|---|
| 7.800,00 | 1.050,00 | 1.600,00 | 500,00 | 4.650,00 | 1.520,00 |

10. Gutschriftsanzeige eines Lieferanten für Bonus (Waren I), netto ........ 700,00
11. Zielverkauf von Waren der Warengruppe II lt. AR 1698:
    Warenwert ........ 4.820,00
    \+ Verpackungskosten ........ 80,00
    \+ Umsatzsteuer ........ ?
12. Barzahlung der Ausgangsfracht auf diese Sendung (AR 1698) ........ 350,00
    \+ Umsatzsteuer ........ ?
13. Banküberweisung an Lieferanten, Rechnungsbeträge (Waren II) ........ 3.570,00
    − 2 % Skonto, brutto ........ 71,40

**Abschlussangaben**

1. Abschreibung auf BGA: 31.000,00 €, auf Fuhrpark: 18.000,00 €.
2. Inventurbestände: Warengruppe I: 189.000,00 €, Warengruppe II: 177.000,00 €.
3. Im Übrigen entsprechen die Buchbestände den Inventurwerten.

**Auswertung**

1. Ermitteln Sie jeweils den Rohgewinn der Warengruppen I und II.
2. Errechnen Sie den Prozentanteil des Rohgewinns jeder Warengruppe am Gesamtgewinn.
3. Ermitteln Sie die gesamten Personalkosten und die Lohnquote.

**AUFGABE 195**

1. Welche Bedeutung haben die Steuerklassen für den Arbeitnehmer?
2. Nennen Sie die Zweige der gesetzlichen Sozialversicherung.
3. Nennen Sie Beispiele für gesetzliche soziale Aufwendungen des Arbeitgebers, die auf dem Konto 4040 zu buchen sind.
4. Freiwillige soziale Aufwendungen des Betriebs erhalten Arbeitnehmer in Form von a) direkten und b) indirekten Sondervergütungen. Nennen Sie Beispiele.
5. Warum werden direkte Sondervergütungen in der Praxis auf dem Lohn- bzw. Gehaltskonto des betreffenden Arbeitnehmers gebucht?
6. Nennen Sie die Zahlungsfrist für die einbehaltenen Steuerabzüge.
7. Woraus setzen sich die gesamten Personalkosten eines Unternehmens zusammen?

**AUFGABE 196** Buchen Sie für die Metallwarengroßhandlung Thomas Berg e. K. folgende Belege:

**Beleg 1**

**Kontoauszug** BLZ: 698 222 99 **Baden-Württembergische Landesbank**

Konto-Nr. 72 354 432 Datum ..-07-09 Ausz.-Nr. 356 Blatt 1

| Text | Buch.-Tag | Wert | Umsatz/€ |
|---|---|---|---|
| Überweisung<br>Finanzamt Stuttgart<br>Steuernummer 06515843218<br>Lohnsteuer Juni .. | 07-09 | 07-09 | 28.829,00 S |

| Konto | Soll | Haben |
|---|---|---|
| | | |

Gebucht:

Metallwarengroßhandlung
Thomas Berg e. K.
Industriestraße 22-28
70565 Stuttgart

Alter Saldo/€ 276.079,00 H
Neuer Saldo/€ 247.250,00 H

BIC: BWULDE33
IBAN: DE01 6982 2299 0072 3544 32

C

**Beleg 2**

**Kontoauszug** BLZ: 698 222 99 — **Baden-Württembergische Landesbank**

| Konto-Nr. 72 354 432 | Datum ..-07-09 | Ausz.-Nr. 357 | Blatt 1 |
|---|---|---|---|

| Text | Buch.-Tag | Wert | Umsatz/€ |
|---|---|---|---|
| Überweisung<br>Allgemeine Versicherung AG<br>Haftpflichtversicherung Nr. HPV 1234 | 07-09 | 07-09 | 9.600,00 S |

Konto | Soll | Haben — Gebucht:

Alter Saldo/€ 247.250,00 H
Neuer Saldo/€ 237.550,00 H

Metallwarengroßhandlung
Thomas Berg e. K.
Industriestraße 22-28
70565 Stuttgart

BIC: BWULDE33
IBAN: DE01 6982 2299 0072 3544 32

**Lohnsteueranmeldung zu Beleg 1** (Auszug)

Arbeitgeber - Anschrift der Betriebsstätte - Telefonnummer - E-Mail
Thomas Berg e. K.
Industriestraße 22-28
70565 Stuttgart
Telefon 0711/245671-0
service@berg-metall-wvd.de

| | | | | | |
|---|---|---|---|---|---|
| 21 04 | April | 21 10 | Okt. | 21 44 | IV. Kalendervierteljahr |
| 21 05 | Mai | 21 11 | Nov. | | bei jährlicher Abgabe bitte ankreuzen |
| 21 06 | Juni X | 21 12 | Dez. | 21 19 | Kalenderjahr |

| | Kz. | Wert |
|---|---|---|
| **Berichtigte Anmeldung** (falls ja, bitte eine „1" eintragen) | 10 | |
| **Zahl der Arbeitnehmer** (einschl. Aushilfs- und Teilzeitkräfte) | 86 | 29 |
| **zu Zeile 22: Zahl der Arbeitnehmer mit BAV-Förderbetrag** | 90 | |

| Zeile | | Kz. | EUR | Ct |
|---|---|---|---|---|
| 18 | Summe der einzubehaltenden Lohnsteuer 1) 2) | 42 | 26.797 | 00 |
| 19 | Summe der pauschalen Lohnsteuer - ohne § 37b EStG - 1) | 41 | — | — |
| 20 | Summe der pauschalen Lohnsteuer nach § 37b EStG 1) | 44 | — | — |
| 21 | abzüglich Kürzungsbetrag für Besatzungsmitglieder von Handelsschiffen | 33 | — | — |
| 22 | abzüglich Förderbetrag zur betrieblichen Altersversorgung nach § 100 EStG (BAV-Förderbetrag) 1) | 45 | — | — |
| 23 | Verbleiben 1) | 48 | 26.797 | 00 |
| 24 | Solidaritätszuschlag 1) 2) | 49 | — | — |
| 25 | pauschale Kirchensteuer im vereinfachten Verfahren | 47 | — | — |
| 26 | Evangelische Kirchensteuer - ev 1) 2) | 61 | 576 | 00 |
| 27 | Römisch-Katholische Kirchensteuer - rk 1) 2) | 62 | 1.456 | 00 |
| 28 | | | | |
| 29 | | | | |
| 30 | | | | |
| 31 | | | | |
| 32 | | | | |
| 33 | **Gesamtbetrag** 1) | 83 | 28.829 | 00 |

1) Negativen Beträgen ist ein **Minuszeichen** voranzustellen
2) Nach Abzug der im Lohnsteuer-Jahresausgleich erstatteten Beträge

## 3.6 Vermögenswirksame Leistungen

Bei vermögenswirksamen Leistungen handelt es sich um eine **staatlich geförderte Sparform**, die die Vermögensbildung von Arbeitnehmern unterstützen soll. Die staatliche Förderung in Form von Sparzulagen begünstigt Arbeitnehmer und Auszubildende, deren Einkommen bestimmte Grenzen nicht übersteigt.

Das **Fünfte Vermögensbildungsgesetz** regelt die Gewährung einer **staatliche Sparzulage,** wenn Arbeitnehmer eigene Sparbeiträge und/oder Leistungen des Arbeitgebers **für in der Regel sieben Jahre vermögenswirksam anlegen.** Als Anlageformen kommen beispielsweise **Bausparverträge** oder **Beteiligungen am Produktivkapital** infrage, wie Investmentfonds mit einem Aktienanteil von mindestens 60 % am Fondsvermögen oder Kapitalbeteiligungen am Unternehmen des Arbeitgebers (Belegschaftsaktien oder stille Beteiligung).

**Sparzulage**

Die Sparzulage beträgt

- für **Bausparbeiträge bis zu 470,00 € im Jahr 9 %,** also 43,00 € pro Jahr, und
- für **Beteiligungen am Produktivkapital bis zu 400,00 €** im Jahr **20 %,** also höchstens 80,00 €.

**Einkommensgrenzen**

Die Einkommensgrenze für die Sparzulage bildet das **zu versteuernde Einkommen, das bei Beteiligungen am Produktivkapital 20.000,00 €** bei **Ledigen** und **40.000,00 €** bei **Ehepaaren und Lebenspartnerschaften nicht übersteigen darf. Bei den übrigen Anlageformen** beträgt die Einkommensgrenze **17.900,00 € bzw. 35.800,00 €.** Bei der Ermittlung des zu versteuernden Einkommens werden gegebenenfalls Kinderfreibeträge abgezogen (siehe S. 173).

**Beantragung**

Die Beantragung der Sparzulage muss der Arbeitnehmer **jedes Jahr** zusammen mit der Steuererklärung und einer Bescheinigung des Anlageinstituts **beim Finanzamt** vornehmen. **Nach Ablauf der Sperrfrist** überweist das Finanzamt die **Sparzulage in einer Summe** auf das betreffende Anlagekonto.

**Die vermögenswirksamen Geldleistungen** können **allein vom Arbeitnehmer oder nur vom Arbeitgeber** aufgrund eines Tarifvertrags oder einer Betriebsvereinbarung **oder von beiden gemeinsam** erbracht werden. Der **Arbeitgeber überweist** die vermögenswirksamen Leistungen an das Anlageinstitut einschließlich der Beträge, die der Arbeitnehmer zulasten seines Nettoentgelts zahlt. Der vermögenswirksame **Anteil des Arbeitgebers erhöht die Personalkosten und zugleich das steuer- und sozialversicherungspflichtige Entgelt** des Arbeitnehmers.

**Der Anteil des Arbeitgebers zur Vermögensbildung** wird in der Regel auf dem Konto

**4070 Vermögenswirksame Leistungen**

erfasst. Er kann **auch direkt auf den Lohn- und Gehaltskonten** gebucht werden.

**Die an das Anlageinstitut abzuführenden vermögenswirksamen Beträge** werden im Haben des folgenden Kontos gebucht:

**1950 Verbindlichkeiten aus Vermögensbildung.**

**MERKE**

**Die Vermögensbildung der Arbeitnehmer wird durch staatliche Sparzulagen gefördert, wenn sie Geldleistungen sieben Jahre vermögenswirksam anlegen in Bausparverträgen, Unternehmensbeteiligungen oder in Wertpapier-Sparverträgen (Aktien).**

**BEISPIEL**

Der Angestellte Heinz Klein, geb. 1981, verheiratet, keine Kinder (St.-Kl. III/0), bezieht ein Monatsgehalt von 2.841,00 €. Laut Tarifvertrag erhält er vom Arbeitgeber zusätzlich zu seinem Gehalt eine vermögenswirksame Leistung von 19,00 €, die einschließlich seiner eigenen Sparleistung von 20,00 € auf seinen Bausparvertrag überwiesen wird.

**Gehaltsabrechnung**

| | |
|---|---|
| Tarifgehalt | 2.841,00 € |
| + vermögenswirksame Leistung des Arbeitgebers | 19,00 € |
| **= steuer- und sozialversicherungspflichtige Bruttobezüge** | **2.860,00 €** |
| – Lohn- und Kirchensteuer | 127,53 € |
| – Arbeitnehmeranteil zur Sozialversicherung (Zusatzbeitrag 1,5 %) | 581,29 € |
| | 2.151,18 € |
| – vermögenswirksame Sparleistung insgesamt | 39,00 € |
| = **Nettogehalt** (= Auszahlung) | **2.112,18 €** |
| Arbeitgeberanteil zur Sozialversicherung | 574,15 € |

Buchungen:

| | | | |
|---|---|---|---|
| ❶ 1170 SV-Vorauszahlung | an 1310 Bank | | 1.155,44 |
| ❷ 4020 Gehälter | | 2.841,00 | |
| 4070 Vermögenswirksame Leistungen | | 19,00 | |
| an 1910 Verbindlichkeiten aus Steuern | | | 127,53 |
| an 1170 SV-Vorauszahlung | | | 581,29 |
| an 1950 Verbindlichkeiten aus Vermögensbildung | | | 39,00 |
| an 1310 Bank | | | 2.112,18 |
| ❸ 4040 Gesetzliche soziale Aufwendungen | an 1170 SV-Vorauszahlung | | 574,15 |
| ❹ Überweisung der Steuern und der Sparleistung: | | | |
| 1910 Verbindlichkeiten aus Steuern | | 127,53 | |
| 1950 Verbindlichkeiten aus Vermögensbildung | | 39,00 | |
| an 1310 Bank | | | 166,53 |

C

MERKE

- **Die vermögenswirksame Leistung des Arbeitgebers erhöht das Bruttoentgelt des Arbeitnehmers und ist somit steuer- und sozialversicherungspflichtig.**
- **Die gesamte Sparleistung wird vom Nettoentgelt einbehalten und der Vermögensanlage des Arbeitnehmers zugeführt.**

**AUFGABE 197**

Das Gehalt eines Angestellten, verheiratet, ein Kind (St.-Kl. III/1), beträgt 2.650,00 €. Für einen Bausparvertrag spart er selbst monatlich 39,00 €, während sein Arbeitgeber ihm 30,00 € zum Aktiensparen gewährt. Somit werden 69,00 € an die Anlageinstitute überwiesen. Seine Abzüge für Steuern betragen 86,83 € und für Sozialversicherung 535,33 €. Der Arbeitgeberanteil beträgt 535,33 €.

Erstellen Sie die Gehaltsabrechnung und buchen Sie.

**AUFGABE 198**

1. Ein Angestellter (geb. 1985; St.-Kl. I/0) mit einem Tarifgehalt von 2.580,00 € hat mit einer Bausparkasse einen vermögenswirksamen Sparvertrag mit einer monatlichen Sparleistung von 40,00 € abgeschlossen. Aufgrund einer Betriebsvereinbarung beteiligt sich der Arbeitgeber mit 50 % (20,00 €) an der vermögenswirksamen Leistung. Lohn- und Kirchensteuer 323,90 €; Sozialversicherungsanteil Arbeitnehmer: 525,85 €, Arbeitgeber: 519,35 €.

   Erstellen Sie die Gehaltsabrechnung und buchen Sie.

2. Das Gehalt einer Angestellten, geb. 1997, ledig (St.-Kl. I/0), beträgt 2.466,00 €. Laut Arbeitsvertrag erhält sie von ihrem Arbeitgeber zusätzlich zu ihrem Gehalt 33,00 € vermögenswirksame Leistung, die zum Erwerb von Anteilen an einem Aktienfonds überwiesen werden. Lohn- und Kirchensteuer 298,38 €, Arbeitnehmeranteil zur Sozialversicherung 505,42 €, Arbeitgeberanteil 499,18 €.

   Erstellen Sie die Gehaltsabrechnung und buchen Sie.

**AUFGABE 199**

1. Erläutern Sie die Zielsetzung vermögenswirksamer Leistungen.
2. In welcher Form und unter welchen Voraussetzungen erfolgt eine staatliche Förderung nach dem Fünften Vermögensbildungsgesetz?
3. Wer kann vermögenswirksame Leistungen erbringen?
4. Erläutern Sie, wie vermögenswirksame Leistungen bei der Lohn- und Gehaltsabrechnung berücksichtigt werden müssen.

# 4 Buchhalterische Behandlung der Steuern

Hinsichtlich ihrer buchhalterischen Behandlung werden bei den Steuern **aktivierungspflichtige, abzugsfähige, nicht abzugsfähige** und **durchlaufende Steuern unterschieden.**

## 4.1 Aktivierungspflichtige Steuern

Bestimmte Steuern und Abgaben sind als **Anschaffungsnebenkosten** auf den entsprechenden Bestandskonten zu **aktivieren:**

- **Grunderwerbsteuer** beim Kauf von inländischen Grundstücken und Gebäuden.[1]
- **Zölle** bei der **Einfuhr** von Erzeugnissen, Maschinen u. a. aus Nicht-EU-Staaten.

C

**BEISPIEL** Kauf eines Grundstücks gegen Banküberweisung für 100.000,00 €. Die Grunderwerbsteuer über 5,0 % des Kaufpreises = 5.000,00 €, die Notariatskosten über 1.500,00 € netto + 19 % USt, die Vermessungskosten über 1.200,00 € netto + 19 % USt sowie die Grundbuchkosten in Höhe von 300,00 € werden durch Banküberweisung bezahlt. Die Nebenkosten sind Teil der Anschaffungskosten (§ 255 [1] HGB):

| | | |
|---|---|---|
| **Anschaffungspreis** des Grundstücks | | **100.000,00 €** |
| + **Anschaffungsnebenkosten** | | |
| 5,0 % Grunderwerbsteuer | 5.000,00 € | |
| Notariats-, Grundbuch- und Vermessungskosten | 3.000,00 € | **8.000,00 €** |
| = **Anschaffungskosten** des Grundstücks | | **108.000,00 €** |

**Buchung:**

| | | | | |
|---|---|---|---|---|
| **0210 Grundstücke** | **108.000,00** | | | |
| **1410 Vorsteuer** | **513,00** | an | **1310 Bank** | **108.513,00** |

**MERKE** **Grunderwerbsteuern und Einfuhrzölle sind Anschaffungsnebenkosten (§ 255 [1] HGB).**

## 4.2 Abzugsfähige Steuern

**Abzugsfähige Steuern** (Betriebsteuern) stellen handels- und steuerrechtlich gewinnmindernden **Aufwand** dar und sind auf folgenden Aufwandskonten zu erfassen:

| | |
|---|---|
| ▪ **Kfz-Steuer** | **4220** |
| ▪ **Grundsteuer** | **4230** |
| ▪ **Sonstige Betriebsteuern** | **4240** |

**Kraftfahrzeugsteuer** fällt jährlich für **Fahrzeuge des Fuhrparks** an. Sie fließt dem Bund zu. **Grundsteuer** zahlt das Unternehmen vierteljährlich für **betrieblich genutzte Grundstücke** an die Gemeinde. **Sonstige Betriebsteuern** sind beispielsweise **Verbrauchsteuern** (Energiesteuer, Stromsteuer, Tabaksteuer, Kaffeesteuer, Branntweinsteuer u. a.), die der Bund vereinnahmt (Ausnahme: Biersteuer/Bundesländer). Verbrauchsteuern entstehen bei der Herstellung, Lagerung oder dem Handel verbrauchsteuerpflichtiger Güter wie z. B. Mineralöl, Strom, Tabakwaren oder Kaffee. Sie werden erhoben, wenn die Waren im Anschluss an ihre Herstellung und Lagerung dem Wirtschaftskreislauf und damit dem Verbraucher zugeführt werden. Verbrauchsteuern sind Bestandteile der Verkaufspreise und werden auf den Verbraucher abgewälzt.

1 Bei bebauten Grundstücken ist die Grunderwerbsteuer anteilig auf Grundstück und Gebäude aufzuteilen. Der Steuersatz beträgt nach § 11 Grunderwerbsteuergesetz 3,5 %. Er kann von den Bundesländern in abweichender Höhe festgesetzt werden und beträgt zur Zeit je nach Bundesland zwischen 3,5 % und 6,5 % (Stand Januar 2021).

MERKE

- **Abzugsfähige Steuern sind betrieblich veranlasst (Betriebsteuern) und mindern als Aufwand den Gewinn des Unternehmens.**
- **Betriebsteuern gehen als Kosten in die Kalkulation der Waren ein.**

## 4.3 Nichtabzugsfähige Steuern

**Nichtabzugsfähige Steuern** dürfen den zu versteuernden Gewinn des Unternehmens nicht mindern und sind deshalb **aus dem Gewinn vor Steuern zu zahlen**. Dazu gehören zum einen die buchhalterisch als **Steuern vom Einkommen und Ertrag** zu erfassenden Beträge und zum anderen die als Privatentnahme zu buchenden **Privatsteuern** der Einzelunternehmer und Gesellschafter von Personengesellschaften (OHG, KG):

| Steuern vom Einkommen und Ertrag | | Privatsteuern | |
|---|---|---|---|
| ▪ Gewerbesteuer | 4210 | ▪ Einkommensteuer sowie ggf. SolZ und Kirchensteuer | 1610 |
| ▪ Körperschaftsteuer sowie Solidaritätszuschlag | 2210 | ▪ Abgeltungsteuer[1] | 1610 |
| ▪ Kapitalertragsteuer[1] | 2230 | ▪ Erbschaft-/Schenkungsteuer[1] | 1610 |

**Steuern vom Einkommen und vom Ertrag** sind zur Ermittlung des **steuerpflichtigen Gewinns** außerhalb der Buchführung zu dem Gewinn der Handelsbilanz hinzuzurechnen, weil die unterjährig gezahlten Steuervorauszahlungen als Aufwand gebucht wurden.

Gewerbesteuer

Gewerbesteuerpflichtig sind nach § 2 Gewerbesteuergesetz (GewStG) alle inländischen **Gewerbebetriebe.** Dazu zählen gewerbliche Einzelunternehmen und Personengesellschaften sowie Kapitalgesellschaften und Genossenschaften. Besteuert wird der **Gewerbeertrag,** der durch Hinzurechnungen (z. B. Zinsen) und Kürzungen (z. B. 1,2 % des Einheitswerts von Betriebsgrundstücken) aus dem steuerpflichtigen Gewinn des Unternehmens abgeleitet wird. Die Steuermesszahl für den Gewerbeertrag beträgt gem. § 11 GewStG 3,5 %. Da die Gewerbesteuer den Gemeinden zufließt, können diese den Gewerbesteuer-Hebesatz festlegen. Nach § 16 [4] GewStG beträgt der Hebesatz mindestens 200 %.

Bei **Einzelunternehmen und Personengesellschaften** wird nach § 11 [1] Nr. 1 GewStG ein **Freibetrag** von 24.500,00 € abgezogen. Außerdem vermindert sich die **Einkommensteuer** der Einzelunternehmer und Gesellschafter von Personengesellschaften um das **Vierfache des Gewerbesteuer-Messbetrags** (§ 35 [1] EStG).

BEISPIEL

Ermittlung der Gewerbe- und Einkommensteuer eines Einzelunternehmers:

| Gewerbesteuer | | Einkommensteuer | |
|---|---|---|---|
| **Gewinn** aus Gewerbebetrieb | 100.000,00 | **Einkünfte aus Gewerbebetrieb** | 100.000,00 |
| – Freibetrag | 24.500,00 | – Sonderausgaben | 12.400,00 |
| = **Gewerbeertrag** | **75.500,00** | = **zu versteuerndes Einkommen** | 87.600,00 |
| · Steuermesszahl (3,5 %) | · 0,035 | Einkommensteuer lt. Grundtabelle, ohne Kirchensteuer | 27.655,00 |
| = **Gewerbesteuer-Messbetrag[2]** | **2.642,00** | – vierfacher Gewerbesteuer-Messbetrag (2.642,00 · 4) | 10.568,00 |
| · Gewerbesteuer-Hebesatz (400 %) | · 4 | = **Einkommensteuerzahlung[2]** | **17.087,00** |
| = **Gewerbesteuer** | **10.568,00** | + **Solidaritätszuschlag** | |

1 Siehe Steuerbuchungen im Anhang des Lehrbuchs.
2 Abgerundet auf volle Euro (§ 32a [1] S. 5 EStG).

C

**Körperschaftsteuer**

**Juristische Personen** mit Geschäftsleitung oder Sitz im Inland wie z. B. Kapitalgesellschaften, Genossenschaften oder Vereine (§ 1 KStG) zahlen auf ihren zu versteuernden Gewinn **15 % Körperschaftsteuer** zzgl. 5,5 % Solidaritätszuschlag. Aus dem handelsrechtlichen Jahresüberschuss wird der **körperschaftsteuerliche Gewinn** ermittelt, indem außerhalb der Finanzbuchhaltung **Korrekturen aufgrund spezieller steuerrechtlicher Regelungen** durchgeführt werden. Beispielsweise müssen die steuerlich nicht abzugsfähigen Ausgaben wieder hinzugerechnet werden. Dazu zählen die als Aufwand gebuchten Körperschaft- und Gewerbesteuervorauszahlungen und steuerlich nicht zulässige Abschreibungen oder Rückstellungen.

**Privatsteuern** sind die vom betrieblichen Bankkonto an das Finanzamt überwiesenen **privaten Steuerschulden** (Einkommen-, Kirchen-, Erbschaft- und Schenkungsteuer sowie Solidaritätszuschlag) des **Einzelunternehmers** bzw. der **Gesellschafter von Personengesellschaften**. Diese Beträge sind als **Privatentnahme** über das **Privatkonto** zu buchen.

**Einkommensteuer**

Das **Einkommen von natürlichen Personen** mit Wohnsitz oder gewöhnlichem Aufenthalt im Inland unterliegt der **Einkommensteuer** zuzüglich bis zu 5,5 % Solidaritätszuschlag. Bei Einzelunternehmern und Gesellschaftern von Personengesellschaften besteht das Einkommen aus dem (anteiligen) Unternehmensgewinn (Einkünfte aus Gewerbebetrieb) sowie gegebenenfalls weiteren Einkünften z. B. aus Vermietung und Verpachtung; Sonderausgaben wie Beiträge zur Lebens- und Krankenversicherung dürfen abgezogen werden. Die **Höhe der Einkommensteuer** ist abhängig von der Höhe des zu versteuernden Einkommens sowie von persönlichen Merkmalen. Die Einkommensteuersätze bewegen sich zurzeit zwischen 14 % und 45 %.

**Kirchensteuer**

Die Kirchensteuer (KiSt) beträgt je nach Bundesland 8 % oder 9 % der Einkommensteuer.

MERKE

**Nichtabzugsfähige Steuern dürfen den steuerpflichtigen Gewinn nicht mindern.**

## 4.4 Durchlaufende Steuern

**Durchlaufende Posten**

Die **Unternehmen** sind gesetzlich **verpflichtet, bestimmte Steuern** von anderen Steuerpflichtigen **im Auftrag des Finanzamts einzuziehen** und abzuführen. Diese Steuern stellen für die Unternehmen **durchlaufende Posten** dar und sind als **„Sonstige Verbindlichkeiten gegenüber dem Finanzamt“** auszuweisen:

| | |
|---|---|
| ▪ **Umsatzsteuer** | **1410 und 1810** |
| ▪ **Vom Arbeitnehmer einbehaltene Lohn- und Kirchensteuer sowie Solidaritätszuschlag** | **1910** |

MERKE

**Durchlaufende Steuern werden durch die Unternehmen im Auftrag des Finanzamts eingezogen und an das Finanzamt abgeführt.**

## 4.5 Steuernachzahlung, -erstattung und Steuerberatung

Nicht durch Rückstellungen (S. 235 ff.) gedeckte **Steuernachzahlungen**[1] werden wie folgt erfasst:

- bei **abzugsfähigen Steuern** (Betriebsteuern) auf einem Unterkonto der Kontenart 425 **„4250 Betriebsteuernachzahlungen – Vorjahre“** z. B. bei Grundsteuernachzahlungen,
- bei **Steuern vom Einkommen und vom Ertrag** auf dem Konto **„2250 Steuernachzahlungen – Vorjahre“** z. B. bei Körperschaftsteuernachzahlungen oder **„4211 Gewerbesteuernachzahlungen – Vorjahre“** bei Gewerbesteuernachzahlungen.

1 Siehe Seite 236, Fußnote 1.

**Steuererstattungen**[1] werden folgendermaßen gebucht:

- bei **abzugsfähigen Steuern** (Betriebsteuern) auf einem Unterkonto der Kontenart 425 **„4251 Betriebsteuererstattungen – Vorjahre"** z. B. bei Kfz-Steuererstattungen,
- bei **Steuern vom Einkommen und vom Ertrag** auf dem Konto **„2251 Steuererstattungen – Vorjahre"** z. B. bei Körperschaftsteuererstattungen oder **„4212 Gewerbesteuererstattungen – Vorjahre"** bei Gewerbesteuererstattungen.

**BEISPIEL**

Aufgrund einer Betriebsprüfung ist für die vergangenen vier Jahre Gewerbesteuer in Höhe von 10.000,00 € durch Banküberweisung nachzuzahlen.

**Buchung:**

**4211 Gewerbesteuernachzahlungen – Vorjahre** an **1310 Bank** ...... **10.000,00**

Für in Vorjahren zu viel gezahlte Gewerbesteuer werden 2.000,00 € durch Banküberweisung erstattet.

**Buchung:**

**1310 Bank** ...... an **4212 Gewerbesteuererstattungen – Vorjahre** ... **2.000,00**

**Steuerberatungskosten**

**Betriebliche Steuerberatungskosten** werden auf dem Konto **„4840 Rechts- und Beratungskosten"** erfasst. **Steuerberatungskosten** im Zusammenhang mit **Privatsteuern** sind über das **Privatkonto** zu buchen.

**Säumnis- und Verspätungszuschläge**

Steuerstrafen wie **Säumnis- und Verspätungszuschläge** werden wie die betroffene Steuerart behandelt. Steuerstrafen auf abzugsfähige Steuern sind daher gewinnmindernder Aufwand, der auf dem Konto **„2140 Zinsähnliche Aufwendungen"** erfasst wird. Vom Unternehmen gezahlte Steuerstrafen bei Privatsteuern sind als Privatentnahme zu buchen.

**AUFGABE 200**

Bilden Sie die Buchungssätze für folgende Zahlungen (Bank):

| | | |
|---|---|---|
| 1. | Einbehaltene Lohn- und Kirchensteuer sowie SolZ | 20.000,00 |
| 2. | Einkommensteuer, KiSt, SolZ | 22.000,00 |
| 3. | Grunderwerbsteuer (Betrieb) | 14.000,00 |
| 4. | Grundsteuer (Betrieb) | 8.000,00 |
| 5. | Nachzahlung von Privatsteuern | 12.000,00 |
| 6. | Rechnung des Steuerberaters: | |
| | Erstellen der Steuerbilanz[2] | 20.700,00 |
| | Einkommensteuererklärung[2] | 2.300,00 |
| 7. | Säumniszuschlag für nicht fristgerechte Zahlung d. Grundsteuer | 100,00 |
| 8. | Betriebsprüfung: Nachzahlung von Gewerbesteuer | 12.000,00 |
| 9. | Umsatzsteuervorauszahlung | 29.800,00 |
| 10. | Energiesteuer | 6.000,00 |
| 11. | Gewerbesteuer | 4.000,00 |
| 12. | Erbschaftsteuer des Inhabers | 5.000,00 |
| 13. | Kfz-Steuer (Betrieb) | 3.600,00 |
| | (privat) | 500,00 |
| 14. | Schenkungsteuer (Inhaber) | 2.500,00 |
| 15. | Erstattung von Gewerbesteuer | 6.000,00 |
| | Vorsteuerguthaben | 8.000,00 |
| | Einkommensteuer | 9.000,00 |

1 Siehe Seite 236, Fußnote 1.
2 Nettobetrag

C

**AUFGABE 201**

| Auszug aus der Summenbilanz zum 31. Dezember .. | Soll | Haben |
|---|---|---|
| 1410 Vorsteuer | 186.400,00 | 2.200,00 |
| 1810 Umsatzsteuer | 3.100,00 | 223.800,00 |

1. Schließen Sie die Konten zum 31. Dezember ab und nennen Sie die Buchungssätze.
2. Buchen Sie die Banküberweisung der Umsatzsteuerzahllast zum 8. Januar nächsten Jahres.

**AUFGABE 202**

| Auszug aus der Summenbilanz zum 31. Dezember .. | Soll | Haben |
|---|---|---|
| 1410 Vorsteuer | 243.500,00 | 1.600,00 |
| 1810 Umsatzsteuer | 1.300,00 | 202.800,00 |

1. Nennen Sie die Buchungen zum Abschluss der Konten.
2. Das Finanzamt überweist das Vorsteuerguthaben auf unser Bankkonto. Buchen Sie.

**AUFGABE 203** Bilden Sie die Buchungssätze:

1. Die Erbschaftsteuer des Geschäftsinhabers in Höhe von 4.800,00 € wurde wie folgt gebucht: 4240 Sonstige Betriebsteuern an 1310 Bank.
2. Der Buchhalter hat die Einkommensteuervorauszahlung des Geschäftsinhabers über das Konto „4280 Gebühren und sonstige Abgaben" gebucht: 12.800,00 €.
3. Aufgrund einer Betriebsprüfung müssen für die letzten drei Geschäftsjahre nachgezahlt werden (Banküberweisung):
   a) Einkommensteuer 12.800,00 €,
   b) Gewerbesteuer 16.448,00 €.

**AUFGABE 204** Die Instandhaltungsaufwendungen des Geschäftsjahres betragen insgesamt 78.000,00 €. 1,5 % davon entfallen auf Reparaturen im Privathaus des Inhabers.

1. In welcher Höhe liegt eine umsatzsteuerpflichtige Entnahme vor?
2. Begründen Sie die Besteuerung.
3. Erstellen Sie den Buchungsbeleg (Entnahmebeleg).
4. Buchen Sie zum 31. Dezember ..

**AUFGABE 205**

1. Buchen Sie den Eingang der Honorarrechnung des Steuerberaters für:

| | | |
|---|---|---|
| a) Erstellen der Einkommensteuererklärung | 1.600,00 | |
| + Umsatzsteuer | 304,00 | 1.904,00 |
| b) Erstellen der Gewerbesteuererklärung | 800,00 | |
| c) Erstellen der Steuerbilanz (Jahresabschluss) | 2.600,00 | 3.400,00 |
| + Umsatzsteuer | | 646,00 |

2. Buchen Sie den Rechnungsausgleich (Fall 1) durch Banküberweisung. ........... 5.950,00

**AUFGABE 206** Ein Großhandelsbetrieb erwirbt für den geplanten Bau einer Lagerhalle ein Baugrundstück zum Kaufpreis von 250.000,00 € gegen Banküberweisung. Die Grunderwerbsteuer (Steuersatz: 4,5 %), Notariatskosten in Höhe von 2.000,00 € netto + USt, Vermessungskosten 2.800,00 € netto + USt und Grundbuchkosten von 450,00 € werden durch die Bank überwiesen.

1. Ermitteln Sie die Anschaffungskosten des Grundstücks.
2. Mit welchem Wert werden Anlagegegenstände zum Zeitpunkt ihres Erwerbs bilanziert?
3. Buchen Sie die Anschaffung des Baugrundstücks.
4. Warum gibt es bei Grundstücken grundsätzlich keine Abschreibungen? Kennen Sie Ausnahmen?

**AUFGABE 207**

Buchen Sie die folgenden Geschäftsfälle:

1. Wegen verspäteter Überweisung der Vorauszahlungen zum 10. März sind in einem Großhandelsunternehmen Säumniszuschläge zu zahlen (Banküberweisung):
   a) Einkommen- und Kirchensteuer des Inhabers: 120,00 €;
   b) Gewerbesteuer: 80,00 €.
2. Wegen Steuerhinterziehung wird der Inhaber eines Großhandelsunternehmens gemäß Abgabenordnung mit einer Geldstrafe von 7.500,00 € belegt. Die Zahlung erfolgt durch Postbanküberweisung vom Geschäftskonto.
3. Der Großhändler (Fall 2) wird auf einer Fahrt zur Möbelmesse wegen Geschwindigkeitsübertretung belangt. Das Bußgeld von 150,00 € wird durch Banküberweisung gezahlt.
4. Das Großhandelsunternehmen erhält eine Gewerbesteuererstattung für das Vorjahr in Höhe von 2.500,00 € durch Banküberweisung.

C

**AUFGABE 208**

Begründen Sie die Buchungen für folgende Geschäftsfälle:

1. Der Inhaber eines Großhandelsunternehmens schenkt seinem Sohn einen bis auf 1,00 € abgeschriebenen Geschäfts-Pkw, dessen Zeitwert 1.000,00 € beträgt.
2. Der Geschäftsinhaber (Fall 1) entnimmt Waren für den Haushalt: Warenwert 1.200,00 €.
3. Der Privat-Pkw des Inhabers wird im eigenen Betrieb repariert: 3.500,00 €.
4. Die Heizölrechnung wurde als Betriebsausgabe gebucht:
   4300 Energie/Betriebsstoffe ... 18.800,00
   1410 Vorsteuer ........................ 3.572,00 an 1310 Bank ............................... 22.372,00
   25 % des Heizöls werden für das Einfamilienhaus des Inhabers benötigt.

**AUFGABE 209**

Buchen Sie die folgenden Geschäftsfälle:

1. Aufgrund der Steuerbescheide für das abgelaufene Geschäftsjahr erstattet das Finanzamt folgende Beträge (Banküberweisung):
   a) Einkommen- und Kirchensteuer 2.592,00 €;
   b) Gewerbesteuer 1.240,00 €.
2. Die Webwaren-Großhandel GmbH überweist zum 10. März die Körperschaftsteuervorauszahlung für das laufende Geschäftsjahr in Höhe von 15.000,00 €.
3. Aufgrund einer Betriebsprüfung überweist die Webwaren-Großhandel GmbH eine Körperschaftsteuernachzahlung für Vorjahre in Höhe von 11.250,00 € zuzüglich 5,5 % Solidaritätszuschlag an das Finanzamt.
4. Die Rechnung über das Gutachten eines Fachanwalts für Steuerrecht in einer Frage der Gewerbesteuer wird durch Bank beglichen: 4.500,00 € + Umsatzsteuer.

**AUFGABE 210**

1. Nennen Sie Beispiele für
   a) aktivierungspflichtige Steuern,
   b) abzugsfähige Steuern,
   c) Steuern vom Einkommen,
   d) Privatsteuern,
   e) durchlaufende Steuern.
2. Nennen Sie die Konten, auf denen die unter 1. **a)** bis **e)** genannten Steuern erfasst werden.
3. Welche der unter 1. genannten Steuerarten ist
   a) erfolgswirksam und
   b) erfolgsneutral?

C

# 5 Sachanlagenbereich

## 5.1 Anlagenbuchhaltung

**Anlagevermögen**

Zum Anlagevermögen eines Unternehmens zählen nach § 247 [2] HGB alle Vermögensgegenstände, die dazu bestimmt sind, dem Geschäftsbetrieb **dauernd** bzw. langfristig zu dienen. Es gliedert sich nach § 266 [2] HGB in **drei Hauptgruppen**[1]:

| Immaterielle Vermögensgegenstände | Sachanlagen | Finanzanlagen |
|---|---|---|
| ▪ Konzessionen<br>▪ Schutzrechte<br>▪ Lizenzen<br>▪ gekaufter Geschäfts- oder Firmenwert | ▪ Grundstücke und Bauten<br>▪ Technische Anlagen und Maschinen<br>▪ Andere Anlagen/Betriebs- und Geschäftsausstattung | ▪ Beteiligungen<br>▪ Wertpapiere des Anlagevermögens<br>▪ sonstige Ausleihungen |

**Zweck der Anlagenbuchhaltung**

Die **Anlagekonten des Hauptbuchs** werden **als Sammelkonten geführt.** Sie enthalten z. B. die **Anlagegruppen:** Grundstücke, Gebäude, Technische Anlagen und Maschinen, Betriebs- und Geschäftsausstattung, Fuhrpark u. a. Diese **Anlagegruppen setzen sich aus zahlreichen Einzelgegenständen und -werten zusammen.** Um bei der Vielfalt der Anlagegegenstände die **Abschreibungen** im Rahmen der Bewertung zum Abschlussstichtag richtig ermitteln zu können, ist eine **Anlagenbuchhaltung als Nebenbuchhaltung** erforderlich (siehe auch S. 18 f.).

**Stammdatensätze**

**Für jeden einzelnen Anlagegegenstand** ist daher ein Stammdatensatz zu führen. Der Datensatz enthält alle wichtigen wirtschaftlichen und technischen Informationen über den Anlagegegenstand. Alle Stammdatensätze bilden zusammen die Anlagenbuchhaltung, in der sie nach den Sachkonten der Klasse 0 entsprechend geordnet sind.

**BEISPIEL**

Informationen eines Stammdatensatzes

| | | | | | | |
|---|---|---|---|---|---|---|
| **Inventar-Nr.: 418** | **Bezeichnung der Anlage: Verpackungsautomat** | | | | **Baujahr: ..** | |
| **Anlagen-Kto.: 0310** | **Kostenstelle: Vertrieb** | | | **Anschaffungsdatum: ..-01-10** | | |
| **Lieferant: Schneider GmbH, München** | | | | **Bestellnummer: 3 648**<br>**Garantie: 2 Jahre** | | |
| **Voraussichtl. Nutzungsdauer: 10 Jahre** | | | **Voraussichtlicher Schrottwert: –** | | | |
| **Anschaffungskosten: 98.000,00 €** | | | **Versicherungswert: 100.000,00 €** | | | |
| **Jahr** | **Abschreibungen** (linear) | | | **Reparaturen** | | |
| | %satz | Betrag | Restbuchwert | Tag | Art | € |
| ..-12-31 | 10 % | 9.800,00 | 88.200,00 | | | |

**MERKE**

**Die Anlagenbuchhaltung erläutert und ergänzt als Nebenbuchhaltung die einzelnen Anlagekonten des Hauptbuchs.**

1 Siehe auch Bilanz gemäß § 266 HGB auf S. 291 sowie im Anhang des Lehrbuchs.

## 5.2 Anschaffung von Anlagegegenständen

**Gegenstände des Anlagevermögens** sind zum Zeitpunkt des Erwerbs mit ihren **Anschaffungskosten** auf dem entsprechenden Anlagekonto zu **aktivieren.** Nach § 255 [1] HGB setzen sich die Anschaffungskosten zusammen aus:

**Anschaffungspreis**
**+ Aufwendungen zur Herstellung der Betriebsbereitschaft**
**+ Anschaffungsnebenkosten**
**+ nachträgliche Anschaffungskosten**
**– Anschaffungspreisminderungen**
**= Anschaffungskosten**

**Anschaffungspreis**

Der Anschaffungspreis ist der **Nettowert** des Anlagegegenstands. Die Vorsteuer zählt nicht zu den Anschaffungskosten, wenn das Unternehmen vorsteuerabzugsberechtigt ist.

**Anschaffungskostenbestandteile**

Neben dem Anschaffungspreis werden weitere Ausgaben und Aufwendungen in die Anschaffungskosten einbezogen, die sofort oder nachträglich anfallen, um den Anlagegegenstand zu erwerben und in einen betriebsbereiten Zustand zu versetzen. Dabei handelt es sich um

- **Aufwendungen zur Herstellung der Betriebsbereitschaft**, wie Installations-, Fundamentierungs- und Montagekosten, Kosten für Probeläufe und Betriebsgenehmigungen;
- **Anschaffungsnebenkosten**, die in direktem Zusammenhang mit dem Erwerb des Vermögensgegenstands stehen, wie zum Beispiel Transportkosten, Transportversicherungsbeiträge, Kosten der Überführung bei Kraftfahrzeugen, Kosten der Vermittlung und Beurkundung, die Grunderwerbsteuer sowie Vermessungskosten beim Erwerb von Grundstücken und Gebäuden;
- **nachträgliche Anschaffungskosten**, z. B. Erwerb von Zusatzeinrichtungen/-modulen, nachträgliche Erschließungskosten bei Grundstücken, Speichererweiterung.

**Handels- und Steuerrecht** schreiben die **Aktivierung der zusätzlichen Kosten** vor, um sie **über** die **Abschreibungen** als Aufwand **auf** die gesamte **Nutzungdauer** des Anlagegegenstands zu **verteilen. Die Erfolgsrechnungen** der einzelnen Nutzungsjahre werden somit **gleichmäßig belastet,** Gewinnverschiebungen treten nicht ein (siehe auch S. 247).

**Anschaffungspreisminderungen**

Anschaffungspreisminderungen sind alle **Preisnachlässe,** die beim Erwerb des Anlagegegenstands **sofort oder nachträglich** gewährt werden, wie **Rabatte, Boni** und **Skonti.**

**BEISPIEL**

Kauf eines Verpackungsautomaten auf Ziel zum Nettopreis von 94.000,00 € zuzüglich Transport- und Montagekosten in Höhe von netto 6.000,00 €. Die Umsatzsteuer beträgt laut Rechnung 19.000,00 €. ❶

Rechnungsausgleich mit 2 % Skontoabzug durch Banküberweisung. ❷

**Ermittlung der Anschaffungskosten des Verpackungsautomaten:**

| | |
|---|---|
| **Anschaffungspreis** | 94.000,00 € |
| **+ Anschaffungsnebenkosten** | 6.000,00 € |
| | 100.000,00 € |
| **– Anschaffungspreisminderung:** 2 % Skonto | 2.000,00 € |
| **= aktivierungspflichtige Anschaffungskosten** | **98.000,00 €** |

**Buchung bei Anschaffung des Verpackungsautomaten laut Eingangsrechnung:**

| | | |
|---|---|---|
| ❶ **0310 Technische Anlagen und Maschinen** | **100.000,00** | |
| **1410 Vorsteuer** | **19.000,00** | |
| an **1710 Verbindlichkeiten a. LL** | | **119.000,00** |

Der Nettoskonto ist auf der Haben-Seite des Anlagekontos als Minderung der Anschaffungskosten zu buchen.

**Buchung beim Rechnungsausgleich:**

| | | |
|---|---|---|
| ❷ **1710 Verbindlichkeiten a. LL** | 119.000,00 | |
| an **0310 TA und Maschinen** (Nettoskonto) | | 2.000,00 |
| **an 1410 Vorsteuer** (Steuerberichtigung 2 % von 19.000,00 €) | | 380,00 |
| **an 1310 Bank** | | 116.620,00 |

| S | 0310 TA und Maschinen | | H |
|---|---|---|---|
| ❶ | 100.000,00 | ❷ | 2.000,00 |

| S | 1710 Verbindlichkeiten a. LL | | H |
|---|---|---|---|
| ❷ | 119.000,00 | ❶ | 119.000,00 |

| S | 1410 Vorsteuer | | H |
|---|---|---|---|
| ❶ | 19.000,00 | ❷ | 380,00 |

| S | 1170 SV-Vorauszahlung | | H |
|---|---|---|---|
| | | ❷ | 116.620,00 |

**Bemessungsgrundlage für die Abschreibungen** (im Steuerrecht **A**bsetzung **f**ür **A**bnutzung: **AfA**) bilden die aktivierungspflichtigen **Anschaffungskosten** des Anlagegegenstands.

MERKE

- **Anlagegegenstände sind bei Erwerb mit den Anschaffungskosten zu bewerten.**
- **Finanzierungskosten gehören nicht zu den Anschaffungskosten.**
- **Nachlässe, die dem Anlagegegenstand einzeln zugeordnet werden können, mindern die Anschaffungskosten gemäß § 255 HGB und sind deshalb unmittelbar auf dem entsprechenden Anlagekonto zu buchen.**
- **Die Anschaffungskosten bilden die Bemessungsgrundlage für die Abschreibungen.**

**AUFGABE 211**

Kauf einer Verpackungsmaschine zum Nettopreis von 50.000,00 € + USt; Transportkosten 2.500,00 € + USt; Montagekosten 4.500,00 € + USt.

1. Ermitteln Sie die Anschaffungskosten des Anlagegegenstands.
2. Buchen Sie die vorstehenden Eingangsrechnungen auf den entsprechenden Konten.

**AUFGABE 212**

Auf den Nettopreis der Verpackungsmaschine (Aufgabe 211) gewährt der Lieferant nachträglich wegen eines versteckten Mangels einen Nachlass von 10 %.

1. Ermitteln Sie die aktivierungspflichtigen Anschaffungskosten.
2. Buchen Sie den Preisnachlass.
3. Buchen Sie die Zahlungen (Banküberweisung).

**AUFGABE 213**

Für den Kauf eines Lkw werden in Rechnung gestellt: Nettopreis 84.650,00 €, Spezialaufbau 12.600,00 €, Anhängerkupplung 1.400,00 €, Überführungskosten 1.200,00 €, Zulassungskosten 150,00 €, zuzüglich USt vom Gesamtbetrag. Für eine übliche Werbeaufschrift[1] stellt eine Lackiererei 3.100,00 € netto + USt in Rechnung.

Die Kfz-Steuer über 400,00 € und die Haftpflichtversicherung mit 1.200,00 € werden durch Lastschrifteinzug bezahlt. Die erste Tankfüllung wird bar bezahlt: 200,00 € netto + USt.

1. Ermitteln Sie die Anschaffungskosten des Lastkraftwagens.
2. Buchen Sie die Geschäftsfälle auf den entsprechenden Konten.

1 Werbeaufschriften gehören nicht zu den Anschaffungskosten, sondern werden als Betriebsausgabe (4400 Werbekosten) gebucht (vgl. FG München, 10.05.2006 – 1 K 5521/04).

**AUFGABE 214**

Die Eingangsrechnung für den Lkw aus der Aufgabe 213 wird unter Abzug von 2 % Skonto durch Banküberweisung beglichen.

1. Ermitteln Sie die Anschaffungskosten des Lkw und buchen Sie den Rechnungsausgleich.
2. Begründen Sie die Buchungsweise der Nachlässe beim Erwerb von Anlagegegenständen.

**AUFGABE 215**

Beim Kauf eines Betriebsgrundstücks zum Preis von 250.000,00 € fallen weitere Kosten an: 5,5 % Grunderwerbsteuer vom Kaufpreis, Vermessungskosten 3.800,00 € + USt, Maklergebühr 10.000,00 € + USt, Notariatskosten 2.600,00 € + USt, Kosten für die Eintragung in das Grundbuch des zuständigen Amtsgerichts 450,00 €. Für ein Entwässerungsgutachten wurden in Rechnung gestellt 1.500,00 € + USt. Für den Anschluss an die städtische Kanalisation schickt die Tiefbaufirma eine Rechnung über 8.000,00 € + USt.

Für das laufende Quartal werden für das Grundstück an die Gemeinde überwiesen: Grundsteuer 750,00 €, Kanalbenutzungsgebühren 480,00 €.

1. Entscheiden Sie, welche Kosten aktivierungspflichtige Anschaffungsnebenkosten sind.
2. Ermitteln Sie die Anschaffungskosten des Grundstücks und buchen Sie entsprechend.

C

## 5.3 Abschreibungen auf Anlagegegenstände

### 5.3.1 Planmäßige und außerplanmäßige Abschreibungen

**Abschreibungen**

Abschreibungen erfassen **Wertminderungen der Gegenstände des Anlagevermögens,** die **durch Nutzung, technischen Fortschritt, wirtschaftliche Überholung** und **außergewöhnliche Ereignisse verursacht** werden.

**Abschreibungen sind Aufwendungen,** die den **Gewinn und die gewinnabhängigen Steuern mindern,** wie z. B. die Einkommen-, Körperschaft- und Gewerbesteuer.

Bei der Abschreibung von Anlagegegenständen muss zunächst unterschieden werden zwischen **abnutzbarem Anlagevermögen**, dessen Nutzung zeitlich begrenzt ist, **und nicht abnutzbarem Anlagevermögen**, das zeitlich unbegrenzt nutzbar ist. Zu den abnutzbaren Anlagegegenständen gehören immaterielle Vermögensgegenstände (z. B. Patente, Software, Geschäfts- oder Firmenwert) und Sachanlagen mit Ausnahme der Grundstücke (z. B. Gebäude, Maschinen, Fuhrpark, Betriebs- und Geschäftsausstattung). Bei dem nicht abnutzbaren Anlagevermögen handelt es sich um Grundstücke und Finanzanlagen (z. B. Beteiligungen, Wertpapiere, Ausleihungen).

Außerdem wird zwischen **planmäßigen Abschreibungen** und **außerplanmäßigen Abschreibungen** unterschieden. Das zeitlich begrenzt nutzbare Anlagevermögen wird nach § 253 [3] HGB planmäßig über die betriebsgewöhnliche Nutzungsdauer abgeschrieben. Außerplanmäßige Abschreibungen werden sowohl bei zeitlich begrenzt als auch bei zeitlich unbegrenzt nutzbaren Anlagegegenständen vorgenommen.

**§ 253 HGB ZUGANGS- UND FOLGEBEWERTUNG**

*[3] Bei Vermögensgegenständen des Anlagevermögens, deren Nutzung zeitlich begrenzt ist, sind die Anschaffungs- oder die Herstellungskosten um planmäßige Abschreibungen zu vermindern. Der Plan muss die Anschaffungs- oder Herstellungskosten auf die Geschäftsjahre verteilen, in denen der Vermögensgegenstand voraussichtlich genutzt werden kann. [...] Ohne Rücksicht darauf, ob ihre Nutzung zeitlich begrenzt ist, sind bei Vermögensgegenständen des Anlagevermögens bei voraussichtlich dauernder Wertminderung außerplanmäßige Abschreibungen vorzunehmen, um diese mit dem niedrigeren Wert anzusetzen, der ihnen am Abschlussstichtag beizulegen ist. Bei Finanzanlagen können außerplanmäßige Abschreibungen auch bei voraussichtlich nicht dauernder Wertminderung vorgenommen werden.*

**Planmäßige Abschreibung**

Bei der planmäßigen Abschreibung werden die Anschaffungs- oder Herstellungskosten je nach **Abschreibungsmethode linear, degressiv** oder **nach Leistungseinheiten** auf die betriebsgewöhnliche Nutzungsdauer verteilt. Diese umfasst den Zeitraum, in dem der Anlagegegenstand voraussichtlich bestimmungsgemäß im Unternehmen genutzt werden kann. Anhaltspunkte für die Festlegung der Nutzungsdauer liefern die vom Bundesministerium der Finanzen herausgegebenen AfA-Tabellen, von denen jedoch aufgrund der betrieblichen Gegebenheiten abgewichen werden kann. Die planmäßige Abschreibung wird gebucht auf dem Konto

**4910 Abschreibungen auf Sachanlagen (SA).**

**Außerplanmäßige Abschreibung**

Außerplanmäßige Abschreibungen müssen **bei abnutzbaren Anlagegegenständen** im Falle einer **außergewöhnlichen und dauernden Wertminderung zusätzlich** zu der **planmäßigen Abschreibung** vorgenommen werden. Bei einem Brandschaden muss beispielsweise nach § 253 [3] HGB eine **zusätzliche** außerplanmäßige Abschreibung erfolgen. **Nicht abnutzbare Anlagegegenstände** unterliegen keiner zeitlichen Nutzungsbegrenzung und müssen deshalb **außerplanmäßig** abgeschrieben werden, wenn eine dauerhafte Wertminderung eintritt. Außerplanmäßige Abschreibungen auf Sachanlagen oder auf Finanzanlagen werden erfasst auf den Konten

**4920 Außerplanmäßige Abschreibungen**

**4930 Abschreibungen auf Finanzanlagen des AV**

**Wertaufholungsgebot**

Wenn die Gründe für eine außerplanmäßige Abschreibung nicht mehr bestehen, muss auf den höheren Wert zugeschrieben werden (§ 253 [5] HGB). Obergrenze sind die ursprünglichen Anschaffungs- oder Herstellungskosten bei Anlagegegenständen, die nicht planmäßig abgeschrieben werden, bzw. die fortgeführten, um planmäßige Abschreibungen verminderten Anschaffungs- oder Herstellungskosten bei zeitlich begrenzt nutzbaren Anlagegegenständen

**MERKE**

- **Zeitlich begrenzt nutzbare Anlagegegenstände werden planmäßig über ihre betriebsgewöhnliche Nutzungsdauer abgeschrieben. Daneben müssen außerplanmäßige Abschreibungen für außergewöhnliche und dauernde Wertminderungen vorgenommen werden.**
- **Zeitlich unbegrenzt nutzbare Anlagegegenstände können nur außerplanmäßig abgeschrieben werden.**

**Bewertung der abnutzbaren Anlagegüter**

Nach den handelsrechtlichen (§ 253 [3] HGB) und steuerrechtlichen Vorschriften (§ 6 f. EStG) sind abnutzbare Anlagegüter mit ihren **fortgeführten Anschaffungs-** oder Herstellungskosten in das Inventar und die Schlussbilanz aufzunehmen, also zu den Anschaffungskosten oder Herstellungskosten abzüglich **planmäßiger** und gegebenenfalls **außerplanmäßiger** Abschreibungen.

**BEISPIEL**

Eine Maschine, deren Anschaffungskosten 100.000,00 € betragen, hat eine Nutzungsdauer von fünf Jahren und wird linear mit 20.000,00 € abgeschrieben.

Zum 31. Dez. des zweiten Jahres bietet der Maschinenhersteller ein verbessertes Modell zu einem niedrigeren Preis an. Dadurch sinkt der Wert der Maschine auf 45.000,00 €.

Neben der planmäßigen Abschreibung muss nun wegen der zusätzlich eingetretenen **dauernden** Wertminderung auch noch eine außerplanmäßige Abschreibung auf den **niedrigeren** Wert von 45.000,00 € vorgenommen werden **(Niederstwertprinzip).** Der Restbetrag von 45.000,00 € ist in der Restnutzungsdauer von drei Jahren abzuschreiben: 45.000,00 € : 3 = 15.000,00 €.

| | |
|---|---|
| Anschaffungskosten | 100.000,00 € |
| – planmäßige Abschreibung zum 31. Dez. des 1. Nutzungsjahres | 20.000,00 € |
| = **fortgeführte Anschaffungskosten** zum 31. Dez. des 1. Nutzungsjahres | 80.000,00 € |
| – planmäßige Abschreibung zum 31. Dez. des 2. Nutzungsjahres | **20.000,00 €** |
| – außerplanmäßige Abschreibung zum 31. Dez. des 2. Nutzungsjahres | **15.000,00 €** |
| = **fortgeführte Anschaffungskosten** zum 31. Dez. des 2. Nutzungsjahres | **45.000,00 €** |
| – planmäßige Abschreibung zum 31. Dez. des 3. Nutzungsjahres | 15.000,00 € |
| = **fortgeführte Anschaffungskosten** zum 31. Dez. des 3. Nutzungsjahres | **30.000,00 €** |

**Buchung am 31. Dezember 02:**

| | | | | |
|---|---|---|---|---|
| **4910 Abschreibungen auf SA** | **20.000,00** | | | |
| **4920 Außerplanm. Abschr.** | **15.000,00** | an | **0310 TA/Maschinen** | **35.000,00** |

C

**Bewertung der nicht abnutzbaren Anlagegüter**

Die Bewertung der nicht abnutzbaren Anlagegegenstände darf **höchstens** zu **Anschaffungskosten** erfolgen. Ist der Wert jedoch am Abschlussstichtag **dauerhaft** niedriger, muss der Anlagegegenstand mit dem **niedrigeren Tageswert** (Niederstwertprinzip) angesetzt werden (§ 253 [3] HGB). Daraus folgt eine **außerplanmäßige** Abschreibung.

**BEISPIEL**

Bei einem Betriebsgrundstück, das mit 250.000,00 € Anschaffungskosten zu Buche steht, tritt durch Straßenverlegung eine dauernde Wertminderung ein. Der Tageswert beträgt zum 31. Dezember 100.000,00 €.

| | |
|---|---|
| Anschaffungskosten des Grundstücks | 250.000,00 € |
| – außerplanmäßige Abschreibung | 150.000,00 € |
| = **Wertansatz zum 31. Dezember** | **100.000,00 €** |

**Buchung:**

| | | | |
|---|---|---|---|
| **4920 Außerplanmäßige Abschreibungen** | an | **0210 Grundstücke** | **150.000,00** |

**MERKE**

- **Wertansätze für abnutzbare Gegenstände des Anlagevermögens in der Jahresbilanz:**

| | |
|---|---|
| **Anschaffungskosten** | **Herstellungskosten** |
| **– Abschreibungen** | **– Abschreibungen** |
| **= fortgeführte Anschaffungskosten** | **= fortgeführte Herstellungskosten** |

- **Nicht abnutzbare Anlagegegenstände sind höchstens zu Anschaffungskosten in der Schlussbilanz zu bewerten.**
- **Anlagegegenstände dürfen bei einer nur vorübergehenden Wertminderung nicht außerplanmäßig abgeschrieben werden (Ausnahme: Finanzanlagen). Bei einer voraussichtlich dauernden Wertminderung sind außerplanmäßige Abschreibungen zwingend erforderlich (Niederstwertprinzip).**

## 5.3.2 Planmäßige Abschreibungen im Zugangs-/Abgangsjahr

**Planmäßige Abschreibungen im Zugangsjahr**

Planmäßige Abschreibungen auf das Anlagevermögen sind **zeitanteilig** (pro rata temporis) vorzunehmen. Im Zugangsjahr beginnt die Abschreibung des Vermögensgegenstands mit dem Monat der Anschaffung oder Herstellung. Für den Zugangsmonat ist die Abschreibung in voller Höhe anzusetzen, auch wenn das Anlagegut erst im Laufe des Monats angeschafft oder hergestellt wurde.[1]

1 Vgl. § 7 Abs. 1 Satz 4 EStG.

**BEISPIEL**

Die Elektrogroßhandlung Haas OHG, Stuttgart, schafft für einen Mitarbeiter im Vertrieb am 25. August 01 einen Pkw für 36.000,00 € netto an. Die voraussichtliche Nutzungsdauer beträgt sechs Jahre.

Die planmäßigen Abschreibungen beginnen mit dem Zugangsmonat August 01 und enden 6 Jahre bzw. 72 Monate später mit dem Juli 07. Für den August 01 wird eine volle Monatsabschreibung angesetzt. Für das Jahr 01 beträgt der Abschreibungsbetrag somit 5/12 der Jahresabschreibung, für das Jahr 07 werden 7/12 der Jahresabschreibung verrechnet.

| Jahr 01 | | | | | Jahr 02 bis Jahr 06 | | | | | | | | | | | | Jahr 07 | | | | | | |
|---|---|---|---|---|---|---|---|---|---|---|---|---|---|---|---|---|---|---|---|---|---|---|---|
| 8 | 9 | 10 | 11 | 12 | 1 | 2 | 3 | 4 | 5 | 6 | 7 | 8 | 9 | 10 | 11 | 12 | 1 | 2 | 3 | 4 | 5 | 6 | 7 |
| **5 Monate** | | | | | **5 · 12 Monate = 60 Monate** | | | | | | | | | | | | **7 Monate** | | | | | | |

$$\textbf{Abschreibungsbetrag pro Jahr} = \frac{\textbf{Anschaffungskosten}}{\textbf{Nutzungsdauer}} = \frac{36.000{,}00\ €}{6\ \text{Jahre}} = 6.000{,}00\ €/\text{Jahr}$$

Während der sechsjährigen Nutzungsdauer werden für den Pkw folgende Abschreibungsbeträge pro Jahr angesetzt:

| **Jahr 01** (anteilig für 5 Monate) | **Jahr 02 bis Jahr 06** (Jahresabschreibung 5 Jahre) | **Jahr 07** (anteilig für 7 Monate) | **gesamt** (72 Monate) |
|---|---|---|---|
| $6.000{,}00\ € \cdot \frac{5}{12}$ | $6.000{,}00\ € \cdot 5$ | $6.000{,}00\ € \cdot \frac{7}{12}$ | |
| **= 2.500,00 €** | **= 30.000,00 €** | **= 3.500,00 €** | **36.000,00 €** |

**Planmäßige Abschreibungen im Abgangsjahr**

Bei einem Abgang von Anlagevermögen während der Nutzungsdauer, beispielsweise durch Verkauf oder Entnahme, sind planmäßige Abschreibungen im Abgangsjahr ebenfalls nur **zeitanteilig** vorzunehmen. Da bei einer Anschaffung oder Herstellung im Laufe eines Monats der Zugangsmonat voll abgeschrieben, also „aufgerundet" wird, scheint es folgerichtig, den angefangenen Abgangsmonat nicht mehr abzuschreiben, sondern „abzurunden". Möglich ist bei dem Ausscheiden eines Wirtschaftsguts jedoch auch der Ansatz einer vollen Monatsabschreibung[1]. Wegen der außerdem vorzunehmenden Restbuchwertabschreibung (siehe Beispiel oben und S. 213 f.) ergibt sich im Allgemeinen keine Auswirkung auf den Gewinn, sodass es im Ermessen des Unternehmens liegt, ob der Abgangsmonat auf- oder abgerundet wird.

**BEISPIEL Fortsetzung**

Der Pkw der Elektrogroßhandlung Haas erleidet am 5. April 03 in der Folge eines Verkehrsunfalls einen Totalschaden und wird daher verschrottet. Die Elektrogroßhandlung Haas OHG kann auf planmäßige Abschreibungen für den angefangenen Abgangsmonat April 03 verzichten (Fall 1) oder eine volle Monatsabschreibung für April 03 vornehmen (Fall 2):

| | Jahr 01 | | | | | Jahr 02 | | | | | | | | | | | | Jahr 03 | | | |
|---|---|---|---|---|---|---|---|---|---|---|---|---|---|---|---|---|---|---|---|---|---|
| | 8 | 9 | 10 | 11 | 12 | 1 | 2 | 3 | 4 | 5 | 6 | 7 | 8 | 9 | 10 | 11 | 12 | 1 | 2 | 3 | 4 |
| **Nutzungsdauer** | → | | | | | | | | | | | | | | | | | | | | |

1 Vgl. R 7.4 Abs. 8 EStR und z. B. Beck'scher Bilanzkommentar, 12. Aufl., München: Verlag C.H.Beck 2020, § 253, Anm. 228.

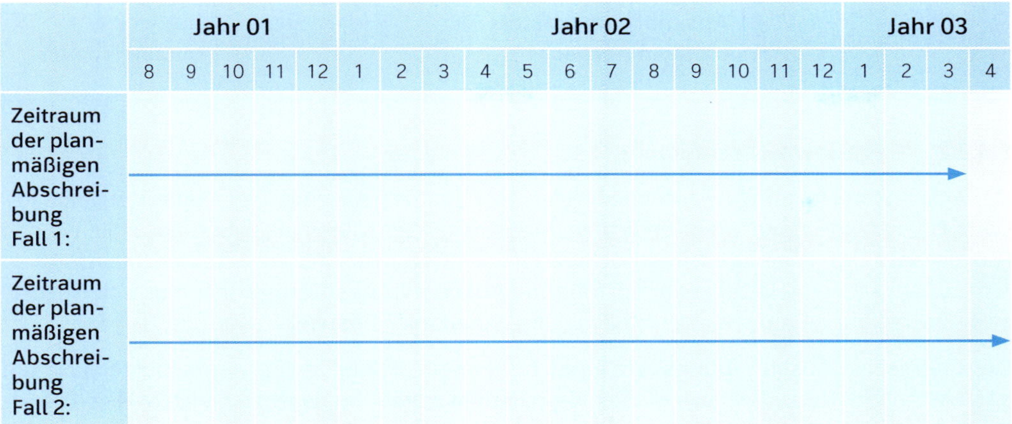


Es werden folgende Abschreibungsbeträge angesetzt:

| | Fall 1 | | Fall 2 | |
|---|---|---|---|---|
| **Anschaffungskosten Pkw** | | **36.000,00 €** | | **36.000,00 €** |
| **Jahr 01:** Planmäßige Abschreibungen | $6.000,00\ € \cdot \frac{5}{12}$ | −2.500,00 € | $6.000,00\ € \cdot \frac{5}{12}$ | −2.500,00 € |
| **Jahr 02:** Planmäßige Abschreibungen | | −6.000,00 € | | −6.000,00 € |
| **Jahr 03:** Planmäßige Abschreibungen | $6.000,00\ € \cdot \frac{3}{12}$ | −1.500,00 € | $6.000,00\ € \cdot \frac{4}{12}$ | −2.000,00 € |
| **Restbuchwert** | | **26.000,00 €** | | **25.500,00 €** |
| Außerplanmäßige Abschreibung des Restbuchwerts | | 26.000,00 € | | −25.500,00 € |
| | | 0,00 € | | 0,00 € |
| **Summe der Abschreibungen** | | **36.000,00 €** | | **36.000,00 €** |

## 5.3.3 Methoden der planmäßigen Abschreibung

**Die planmäßige Abschreibung** gemäß § 253 HGB kann nach folgenden **Methoden** erfolgen:

- **linear,**
- **degressiv,**
- **nach Leistungseinheiten.**

### 5.3.3.1 Lineare Abschreibung

Die **Abschreibung** erfolgt stets mit einem **gleich bleibenden Prozentsatz von den Anschaffungs- oder Herstellungskosten** des Anlagegegenstands. Die **Anschaffungs- oder Herstellungskosten** werden somit „planmäßig" **in gleichen Beträgen auf** die **Nutzungsjahre verteilt.** Deshalb ist der Anlagegegenstand bei linearer Abschreibung am Ende der Nutzungsdauer **voll** abgeschrieben. Bei linearer Abschreibung wird also eine gleichmäßige Nutzung und Wertminderung des Anlagegegenstands unterstellt.

**BEISPIEL**

Bei Anschaffungskosten einer Maschine von 50.000,00 € und einer Nutzungsdauer von zehn Jahren betragen der jährliche Abschreibungsbetrag 5.000,00 € und der Abschreibungssatz 10 %:

$$\text{Abschreibungsbetrag} = \frac{\text{Anschaffungskosten}}{\text{Nutzungsdauer}} \qquad \text{Abschreibungssatz} = \frac{1}{\text{Nutzungsdauer}}$$

### 5.3.3.2 Degressive Abschreibung

Die Abschreibungsbeträge werden im ersten Jahr von den Anschaffungs- oder Herstellungskosten des Anlagegegenstands berechnet, in den folgenden Jahren mit einem gleich bleibenden **Prozentsatz des jeweiligen Restbuchwerts** (Buchwertabschreibung). Da der Buchwert von Jahr zu Jahr kleiner wird, ergeben sich **fallende Abschreibungsbeträge** (geometrisch-degressive Abschreibung). Am Ende der Nutzungsdauer bleibt ein **Restwert.**

**Der degressive Abschreibungssatz muss höher sein** als bei der linearen Abschreibung, um nach Ablauf der Nutzungsdauer einen **möglichst niedrigen Restwert** zu erzielen. Dieser Restwert ist im letzten Nutzungsjahr mit der laufenden Jahresabschreibung abzuschreiben.

C

**Vorteile der degressiven Abschreibung**

Die degressive Abschreibung führt **in den ersten Jahren** der Nutzung des Anlagegegenstands zu **wesentlich höheren Abschreibungsbeträgen** als die lineare Abschreibung und bewirkt einen starken **Investitionsanreiz** (siehe Tabelle auf S. 205). **Wertminderungen,** bedingt durch wirtschaftliche und technische Entwicklungen, **werden** somit **stärker berücksichtigt.** Der höhere Abschreibungsaufwand bewirkt zudem eine **stärkere Minderung des steuerpflichtigen Gewinns.** Die geringeren Steuerzahlungen **erhöhen** zugleich die **Liquidität** des Unternehmens. Die degressive Abschreibungsmethode wird daher in der Praxis bevorzugt, sofern sie steuerlich zulässig ist.

Der degressive Abschreibungssatz des Anschaffungs- oder Herstellungsjahres gilt für die gesamte Nutzungsdauer. Ein Wirtschaftsgut, das z. B. im Jahr 2020 angeschafft wurde, kann während seiner Nutzungsdauer mit 25 % degressiv abgeschrieben werden.

**Entwicklung der degressiven AfA für die Steuerbilanz im Laufe der Jahre[1]:**

| Anschaffungs- oder Herstellungsjahr | Höchstprozentsatz | höchstens |
|---|---|---|
| 2001 bis 31. Dez. 2005 | 20 % | das Doppelte der linearen AfA |
| 2006 bis 31. Dez. 2007 | 30 % | das Dreifache der linearen AfA |
| 2008 | abgeschafft | |
| 2009 bis 31. Dez. 2010 | 25 % | das Zweieinhalbfache der linearen AfA |
| 2011 bis 31. Dez. 2019 | abgeschafft | |
| 2020 und 2021 | 25 % | das Zweieinhalbfache der linearen AfA |

**Wechsel der Abschreibungsmethode**

**Ein Wechsel von der degressiven zur linearen Abschreibung** ist erlaubt und zu empfehlen, damit der Anlagegegenstand am Ende seiner Nutzungsdauer voll abgeschrieben ist.[2] **Der** Wechsels sollte erfolgen, wenn der **Abschreibungsbetrag bei linearer Restwertabschreibung gleich** bzw. **größer** ist **als bei** fortgeführter **degressiver Abschreibung.** Im folgenden Beispiel ist dies im 7. Jahr der Fall. Der Restbuchwert wird **in gleichen Beträgen** auf die verbleibenden Jahre verteilt:

$$\text{Abschreibungsbetrag} = \frac{\text{Restbuchwert zum Zeitpunkt des Wechsels}}{\text{Restnutzungsjahre}}$$

1 In der Handelsbilanz kann in begründeten Fällen von diesen steuerlichen AfA-Sätzen abgewichen werden.
2 Zum Erinnerungswert siehe S. 80.

**BEISPIEL**

Anschaffungskosten einer Maschine 50.000,00 €, Nutzungsdauer nach AfA-Tabelle 10 Jahre. Die Maschine wird **linear mit 10 %** und **degressiv mit 25 %** abgeschrieben.

**Die nachstehende Übersicht macht Folgendes deutlich:**

1. Die **lineare Abschreibung** erreicht nach Ablauf der zehnjährigen Nutzungsdauer den Wert **null**. Die **degressive** Buchwertabschreibung endet mit einem **Restwert** von **2.815,67 €.**
2. Deshalb empfiehlt sich **im 7. Nutzungsjahr der Übergang** von der degressiven zur linearen Abschreibung: Linearer Abschreibungsbetrag ≥ degressiver Abschreibungsbetrag:

| | | |
|---|---|---|
| **Degressiver** Abschreibungsbetrag | = 25 % von 8.898,92 € Buchwert | = **2.224,73 €** |
| **Linearer** Abschreibungsbetrag | = 8.898,92 € Buchwert : 4 (Restjahre) | = **2.224,73 €** |

| | **Lineare Abschreibung 10 %** | **Degressive Abschreibung 25 %** | **Übergang degressiv → linear** |
|---|---|---|---|
| Anschaffungskosten<br>Abschreibung: 1. Jahr | 50.000,00<br>5.000,00 | 50.000,00<br>12.500,00 | **Berechnung:**<br>$i = \left(n - \frac{100}{p}\right) + 1$ |
| Buchwert<br>Abschreibung: 2. Jahr | 45.000,00<br>5.000,00 | 37.500,00<br>9.375,00 | i = Übergangsjahr<br>n = Nutzungsdauer |
| Buchwert<br>Abschreibung: 3. Jahr | 40.000,00<br>5.000,00 | 28.125,00<br>7.031,25 | p = Abschreibungs-satz |
| Buchwert<br>Abschreibung: 4. Jahr | 35.000,00<br>5.000,00 | 21.093,75<br>5.273,44 | $i = \left(10 - \frac{100}{25}\right) + 1$ |
| Buchwert<br>Abschreibung: 5. Jahr | 30.000,00<br>5.000,00 | 15.820,31<br>3.955,08 | i = **7** |
| Buchwert<br>Abschreibung: 6. Jahr | 25.000,00<br>5.000,00 | 11.865,23<br>2.966,31 | |
| | | | **Lineare Abschreibung** |
| Buchwert<br>Abschreibung: 7. Jahr | 20.000,00<br>5.000,00 | 8.898,92<br>**2.224,73** | 8.898,92<br>**2.224,73** |
| Buchwert<br>Abschreibung: 8. Jahr | 15.000,00<br>5.000,00 | 6.674,19<br>1.668,55 | 6.674,19<br>**2.224,73** |
| Buchwert<br>Abschreibung: 9. Jahr | 10.000,00<br>5.000,00 | 5.005,64<br>1.251,41 | 4.449,46<br>**2.224,73** |
| Buchwert<br>Abschreibung: 10. Jahr | 5.000,00<br>5.000,00 | 3.754,23<br>938,56 | 2.224,73<br>**2.224,73** |
| **Restbuchwert** | 0,00 | 2.815,67 | 0,00 |

**MERKE**

- **Bewegliche Wirtschaftsgüter des Anlagevermögens, die im Jahr 2008 und in den Jahren 2011 bis 2019 angeschafft oder hergestellt worden sind, dürfen steuerlich nicht degressiv abgeschrieben werden.**
- **In der Handelsbilanz darf degressiv abgeschrieben werden, wenn die degressive Abschreibung wirtschaftlich begründet ist.**
- **Ein Wechsel von der degressiven zur linearen Abschreibung ist erlaubt.**

#### 5.3.3.3 Abschreibung nach Leistungseinheiten

Die Abschreibung kann bei **Anlagegegenständen, deren Leistung** in der Regel **erheblich schwankt** und deren Verschleiß dementsprechend wesentliche Unterschiede aufweist, auch **nach Maßgabe der Inanspruchnahme oder Leistung** (km, Stunden u. a.) vorgenommen werden. Diese **steuerrechtlich zulässige Abschreibungsmethode** kommt der technischen Abnutzung am nächsten.

C

**BEISPIEL** Betragen die Anschaffungskosten eines Lkw 80.000,00 € und die voraussichtliche Gesamtleistung 200000 km, so ergibt sich daraus ein Abschreibungsbetrag je Leistungseinheit (km) von: 80.000 : 200000 = 0,40 €/km. Der **Jahresabschreibungsbetrag** ergibt sich, wenn die jährliche **Fahrtleistung** mit dem Abschreibungsbetrag von 0,40 € je km multipliziert wird.

| | |
|---|---|
| **1. Jahr:** 40000 km · 0,40 € = **16.000,00 €** | **3. Jahr:** 35000 km · 0,40 € = **14.000,00 €** |
| **2. Jahr:** 60000 km · 0,40 € = **24.000,00 €** | **4. Jahr:** 65000 km · 0,40 € = **26.000,00 €** |

**MERKE** **Bei Anwendung der Leistungsabschreibung ist die jährliche Leistung nachzuweisen.**

### 5.3.4 Geringwertige Wirtschaftsgüter (GWG)

Abnutzbare, bewegliche Wirtschaftsgüter des Anlagevermögens[1], die selbstständig nutzungsfähig sind, werden steuerlich als **Geringwertige Wirtschaftsgüter** (GWG) bezeichnet, wenn ihre Anschaffungskosten bestimmte Nettobeträge nicht überschreiten. Grundsätzlich können auch geringwertige Wirtschaftsgüter aktiviert und über die betriebsgewöhnliche Nutzungsdauer planmäßig abgeschrieben werden. Das Steuerrecht räumt für diese Gruppe des Sachanlagevermögens jedoch Wahlrechte ein. Dabei werden drei Gruppen von geringwertigen Wirtschaftsgütern unterschieden:

| **AK bis 250,00 €** § 6 [2a] S. 4 EStG | **AK über 250,00 € bis 800,00 €** § 6 [2] EStG | **AK über 250,00 € bis 1.000,00 €** § 6 [2a] S. 1 EStG |
|---|---|---|
| **Grundsatz: Aktivierung und Abschreibung über die betriebsgewöhnliche Nutzungsdauer** | | |
| Wahlrecht: Erfassung als Betriebsausgabe (Sofortaufwand) | Wahlrecht: Aktivierung auf Konto „GWG" und vollständige Abschreibung zum Jahresabschluss | Wahlrecht: Bildung eines jährlichen Pools „GWG-Sammelposten" und lineare Abschreibung mit 20 % p.a. |
| Wahlrecht kann für jedes GWG gesondert ausgeübt werden. | Wahlrecht kann für jedes GWG gesondert ausgeübt werden. | Wahlrecht muss auf alle GWG mit AK > 250,00 € einheitlich angewendet werden. |

**AK bis 250,00 €** **Geringwertige Wirtschaftsgüter** mit Anschaffungs- oder Herstellungskosten **bis 250,00 €** netto dürfen alternativ zur Aktivierung und Abschreibung über die betriebsgewöhnliche Nutzungsdauer im Jahr der Anschaffung in voller Höhe als Betriebsausgaben abgezogen werden

1 Immaterielle Vermögensgegenstände gehören grundsätzlich nicht zu den geringwertigen Wirtschaftsgütern, weil sie dem unbeweglichen abnutzbaren Anlagevermögen zuzuordnen sind. Nach R 5.5 [1] S. 2 EStR gelten Trivialprogramme wie einfache Anwendersoftware und Computerspiele allerdings als abnutzbare bewegliche und selbstständig nutzbare Wirtschaftsgüter, so dass sie GWG sein können. Gleiches gilt für Computerprogramme mit Anschaffungskosten bis 800,00 € netto.

(§ 6 [2a] S. 4 EStG). Die Buchung erfolgt über ein sachlich zutreffendes Aufwandskonto. Besondere Aufzeichnungspflichten, wie zum Beispiel die Erfassung im Anlagenverzeichnis, bestehen nicht.

BEISPIEL

In der Papiergroßhandlung Kern KG werden geringwertige Wirtschaftsgüter mit Anschaffungskosten bis 250,00 € netto nicht aktiviert und planmäßig abgeschrieben, sondern aus Vereinfachungsgründen sofort als Betriebsausgabe gebucht. Ein Schreibtischstuhl wurde für 230,00 € netto + 43,70 € Umsatzsteuer = 273,70 € brutto in bar gekauft.

| Buchung der Anschaffung des GWG als Betriebsausgabe | Soll | Haben |
|---|---|---|
| 4810 Bürobedarf | 230,00 | |
| 1410 Vorsteuer | 43,70 | |
| an 1510 Kasse | | 273,70 |

C

AK über 250,00 € bis 800,00 €

**Geringwertige Wirtschaftsgüter** mit Anschaffungskosten **über 250,00 € bis 800,00 €** netto dürfen alternativ zur planmäßigen Abschreibung im Jahr ihrer Anschaffung oder Herstellung in voller Höhe als Betriebsausgaben abgezogen werden (§ 6 [2] S. 1 EStG). Im Unterschied zur Gruppe der GWG bis 250,00 € erfolgt vor der Sofortabschreibung eine **Aktivierung**[1] auf dem Konto:

**0370 Geringwertige Wirtschaftsgüter** (GWG).

Zum Jahresabschluss wird die Abschreibung der GWG über das Konto „4910 Abschreibungen auf Sachanlagen" vorgenommen. Das Wahlrecht der Sofortabschreibung kann wirtschaftsgutbezogen, also für jedes GWG dieser Gruppe gesondert ausgeübt werden.

BEISPIEL

Die Papiergroßhandlung Kern KG aktiviert geringwertige Wirtschaftsgüter mit Anschaffungskosten über 250,00 € bis 800,00 € netto zunächst und schreibt sie zum Abschlussstichtag in voller Höhe ab. Ein Schreibtisch wurde für 450,00 € netto + 85,50 € Umsatzsteuer = 535,50 € auf Ziel angeschafft.

| Buchung der Anschaffung des GWG | Soll | Haben |
|---|---|---|
| 0370 Geringwertige Wirtschaftsgüter (GWG) | 450,00 | |
| 1410 Vorsteuer | 85,50 | |
| an 1710 Verbindlichkeiten a. LL | | 535,50 |

| Buchung der Sofortabschreibung zum Abschlussstichtag | Soll | Haben |
|---|---|---|
| 4910 Abschreibung auf Sachanlagen | 450,00 | |
| an 0370 Geringwertige Wirtschaftsgüter (GWG) | | 450,00 |

AK über 250,00 € bis 1.000,00 €

**Geringwertige Wirtschaftsgüter** mit Anschaffungskosten **über 250,00 € bis 1.000,00 € netto** dürfen alternativ zur planmäßigen Abschreibung über die betriebsgewöhnliche Nutzungsdauer im Jahr ihrer Anschaffung zu einem Sammelposten (Pool) zusammengefasst werden (§ 6 [2a] S. 1f. EStG). Der **Sammelposten** ist im Jahr seiner Bildung und in den vier Folgejahren linear, also mit 20 % pro Jahr, abzuschreiben. Für jedes Geschäftsjahr ist auf einem gesonderten Konto ein eigener Sammelposten zu bilden:

**0371 GWG Sammelposten, Jahr 1 ... GWG Sammelposten, Jahr 5.**

1 Nach § 6 [2] S. 4 EStG sind diese GWG „... unter Angabe des Tages der Anschaffung, Herstellung oder Einlage des Wirtschaftsguts ... und der Anschaffungs- oder Herstellungskosten ... in ein besonderes, laufend zu führendes Verzeichnis aufzunehmen. Das Verzeichnis braucht nicht geführt zu werden, wenn diese Angaben aus der Buchführung ersichtlich sind."

Dieser verändert sich nur durch die unterjährigen Zugänge und die Jahresabschreibungen (Poolabschreibungen), die auf dem Konto „4911 Abschreibungen auf GWG-Sammelposten" gebucht werden. Abgänge durch Verkäufe oder Entnahmen verändern den Sammelposten nicht, sondern führen zu einem entsprechenden Ertrag. Neben der Erfassung der geringwertigen Wirtschaftsgüter auf dem Sammelpostenkonto bestehen keine weiteren Dokumentationspflichten.

Die Entscheidung für die **Bildung eines GWG-Sammelpostens** muss **für jedes Wirtschaftsjahr einheitlich** für alle geringwertigen Wirtschaftsgüter dieser Gruppe getroffen werden. Das bedeutet, dass in einem Wirtschaftsjahr, in dem geringwertige Wirtschaftsgüter mit Anschaffungskosten über 250,00 € bis 1.000,00 € netto in einen Sammelposten eingestellt werden, keine Sofortabschreibung von geringwertigen Wirtschaftsgütern mit Anschaffungs- oder Herstellungskosten über 250,00 € bis 800,00 € netto erfolgen kann. Erst im folgenden Wirtschaftsjahr kann die Entscheidung neu und anders getroffen werden.

C

**BEISPIEL** Die Papiergroßhandlung Kern KG hat im Dezember 01 zwei Büroschränke und zwei Besucherstühle auf Ziel angeschafft:

| | |
|---|---|
| 2 Büroschränke zum Einzelpreis von 980,00 € netto | 1.960,00 € |
| 2 Besucherstühle zum Einzelpreis von 260,00 € netto | 520,00 € |
| | 2.480,00 € |
| + 19 % Umsatzsteuer | 471,20 € |
| = **Rechnungssumme** | **2.951,20 €** |

Das Unternehmen hat im Geschäftsjahr 01 einen GWG-Sammelposten gebildet, dem die neuen Büromöbel zugeordnet werden. Die beiden Besucherstühle müssen ebenfalls in dem Sammelposten erfasst werden, obwohl die Anschaffungskosten für die Stühle 800,00 € netto nicht überschreiten. Da das Wahlrecht nur einheitlich ausgeübt werden kann, ist eine Sofortabschreibung nicht möglich.

| Buchung der Anschaffung des GWG | Soll | Haben |
|---|---|---|
| 0371 GWG-Sammelposten, Jahr 01 | 2.480,00 | |
| 1410 Vorsteuer | 471,20 | |
| an 1710 Verbindlichkeiten a. LL | | 2.951,20 |

| Buchung der Abschreibung des Sammelpostens zum Abschlussstichtag:<br>Bestand 31.12.01: 14.120,00 €; AfA 20 % = 2.824,00 € | Soll | Haben |
|---|---|---|
| 4911 Abschreibungen auf GWG-Sammelposten | 2.824,00 | |
| an 0371 GWG-Sammelposten, Jahr 01 | | 2.824,00 |

**MERKE**

- **Die buchhalterische Erfassung der GWG richtet sich nach der Höhe der AK oder HK.**
- **Der je Geschäftsjahr gebildete GWG-Sammelposten ist linear in fünf Jahren abzuschreiben.**
- **Der GWG-Sammelposten darf nicht durch Entnahmen und Verkäufe verändert werden.**
- **Zu den planmäßigen Abschreibungen zählen folgende Methoden:**

| lineare Abschreibung | degress. Abschreibung | Leistungsabschreibung |
|---|---|---|
| gleich bleibende Abschreibungsbeträge | fallende Abschreibungsbeträge | schwankende Abschreibungsbeträge |

**AUFGABE 216**

Anschaffungskosten einer Maschine 220.000,00 €. Nutzungsdauer zehn Jahre.

1. Stellen Sie in einer tabellarischen Übersicht
   a) die lineare Abschreibung,
   b) die degressive Abschreibung (25 %)
   vergleichend gegenüber.
2. Nennen Sie die Vorteile
   a) der linearen und
   b) der degressiven Abschreibung.

**AUFGABE 217**

Die Abschreibungsmethoden der Aufgabe 216 sind als Abschreibungskurven in einem Koordinatenkreuz (Abszisse: Nutzungsjahre; Ordinate: Abschreibungsbeträge) darzustellen.
Erläutern Sie den Verlauf der Abschreibungskurven.

**AUFGABE 218**

Die Anschaffungskosten eines Lkw betragen 125.000,00 €. Die Gesamtleistung wird auf 250 000 km geschätzt. Nutzungsdauer: acht Jahre.

1. Nennen Sie die Voraussetzung für die steuerliche Anerkennung der Abschreibung nach Leistungseinheiten (Leistungsabschreibung) und ermitteln Sie die Abschreibungen für:
   1. Nutzungsjahr: 48 000 km, 2. Jahr: 30 000 km, 3. Jahr: 31 000 km, 4. Jahr: 27 000 km, 5. Jahr: 32 000 km, 6. Jahr: 24 000 km, 7. Jahr: 30 000 km, 8. Jahr: 28 000 km.
2. Stellen Sie den Verlauf der Leistungsabschreibung grafisch in einem Koordinatenkreuz dar.
3. Was spricht betriebswirtschaftlich für und gegen eine Abschreibung nach Maßgabe der Leistung?

**AUFGABE 219**

Eine Verpackungsanlage wurde am 2. Mai für 120.000,00 € angeschafft. Sie hat eine Nutzungsdauer von fünf Jahren und wird linear abgeschrieben.

1. Ermitteln Sie die zeitanteilige Abschreibung.
2. Wie hoch sind die fortgeführten Anschaffungskosten am Ende des 4. Nutzungsjahres?

**AUFGABE 220**

Eine Maschine mit einer Nutzungsdauer von fünf Jahren, die linear abgeschrieben wurde, hatte zum 31. Dezember des 2. Nutzungsjahres noch einen Restbuchwert (fortgeführte Anschaffungskosten) von 60.000,00 €. Zum Jahresende wird gleichzeitig bekannt, dass in den nächsten Monaten ein verbessertes Nachfolgemodell zu einem wesentlich günstigeren Preis angeboten wird. Dadurch sinkt der Wert der Maschine auf 45.000,00 € zum 31. Dezember.

1. Wie hoch waren die Anschaffungskosten und die bisherigen Abschreibungen?
2. Was empfehlen Sie dem Unternehmen?
3. Ermitteln Sie für die Restnutzungsdauer die Abschreibung je Jahr.

**AUFGABE 221**

Eine Maschine mit Anschaffungskosten von 150.000,00 € und einer Nutzungsdauer von zehn Jahren soll unter Beachtung der steuerlichen Rechtslage 2020 planmäßig abgeschrieben werden.

1. Welche Abschreibungsmethode empfehlen Sie dem Unternehmen? Begründen Sie.
2. Erstellen Sie den Abschreibungsplan für die Nutzungsdauer der Maschine.
3. Ist ein Wechsel von einer Abschreibungsmethode zu einer anderen steuerrechtlich möglich?
4. Welche Gründe sprechen für einen Wechsel von der degressiven zur linearen Abschreibung?
5. In welchem Jahr sollte Ihrer Meinung nach ein Wechsel vorgenommen werden?
6. Führen Sie den Wechsel in den Abschreibungsmethoden rechnerisch durch.

**AUFGABE 222**

Kauf **a)** eines Kopiergeräts für 360,00 € netto und
**b)** eines Satzes Sommerreifen bei der Neuanschaffung eines Geschäfts-Pkw für 760,00 € netto

gegen Banküberweisung am 2. Januar.

Begründen Sie jeweils Ihre Buchung **a)** bei der Anschaffung und **b)** zum 31. Dezember.

**AUFGABE 223**

Barkauf einer Heftmaschine:

**a)** 189,21 € brutto,
**b)** 309,40 € brutto.

Buchen und begründen Sie.

C

**AUFGABE 224**

Kauf einer Hängeregistratur am 20. Mai: 900,00 € netto + 45,00 € Versandspesen + 179,55 € Umsatzsteuer. Der Rechnungsbetrag wird abzüglich 2 % Skonto durch die Bank überwiesen.

Ermitteln Sie **1.** die Anschaffungskosten und **2.** buchen und begründen Sie

**a)** die Anschaffung,
**b)** den Rechnungsausgleich,
**c)** zum 31. Dezember die Abschreibung.

**AUFGABE 225**

**Auszug aus der AfA-Tabelle für nicht branchengebundene Anlagegüter**

| Anlagegegenstand | Nutzungsdauer (Jahre) | Lineare AfA (%) |
|---|---|---|
| Geschäftsgebäude | 25–33 | 4–3,03 |
| Einrichtungen für Lager (Hochregallager) | 15 | 6,67 |
| Waagen | 11 | 9,09 |
| Pkw | 6 | 16,67 |
| Lkw | 9 | 11,11 |
| Sonstige Fahrzeuge (Stapler) | 8 | 12,5 |
| Büromöbel | 13 | 7,69 |
| Büromaschinen und Organisationsmittel | 6–10 | 16,67–10 |
| Personalcomputer, PC-Drucker u. a. | 1 | 100 |

1. Bei welchen Gegenständen würden Sie eine degressive Buchwertabschreibung empfehlen?
2. Ermitteln Sie jeweils den steuerrechtlich höchstmöglichen degressiven AfA-Satz in Prozent (Legen Sie die AfA-Regelung für das Jahr 2020 zugrunde.)

**AUFGABE 226**

Ein Unternehmen hat vor vier Jahren ein Grundstück erworben und seitdem zu Anschaffungskosten von 150.000,00 € bilanziert. Zum 31. Dezember des laufenden Jahres ist der Tageswert (Verkehrswert) des Grundstücks

**a)** auf 180.000,00 € gestiegen,
**b)** auf 50.000,00 € wegen Wegfalls der Verkehrsverbindung gefallen.

1. Begründen Sie Ihre Bewertung.
2. Nennen Sie gegebenenfalls auch die Buchung.

**AUFGABE 227**

Eine Maschine, Anschaffungskosten 180.000,00 €, hat eine Nutzungsdauer von zehn Jahren.

1. Erstellen Sie den tabellarischen Abschreibungsplan des Jahres 2020 für die gesamte Nutzungsdauer bei höchstzulässiger degressiver Abschreibung. (Beträge sind zu runden.)
2. In welchem Jahr ist ein Übergang zur linearen Abschreibung zu empfehlen?

**AUFGABE 228**

Eine Maschine, Anschaffungskosten 500.000,00 €, wurde bei einer zehnjährigen Nutzungsdauer linear abgeschrieben. Die Maschine ist zum Schluss des 8. Nutzungsjahres nicht mehr verwendbar. Sie hat nur noch einen Wert von 20.000,00 € und soll bald veräußert werden.

1. Ermitteln Sie aufgrund der planmäßigen Abschreibungen den Buchwert zum 31. Dezember 08.
2. Wie hoch ist die außerplanmäßige Wertminderung zum gleichen Zeitpunkt?
3. Buchen Sie die planmäßige und außerplanmäßige Abschreibung zum 31. Dezember 08.

**AUFGABE 229**

Ein Unternehmen schließt im Geschäftsjahr .. mit einem Gesamtverlust von 80.000,00 € ab. Geringwertige Wirtschaftsgüter wurden im laufenden Geschäftsjahr für insgesamt 25.000,00 € angeschafft und über Konto „0371 GWG-Sammelposten“ gebucht.

1. Begründen Sie Ihre Entscheidung hinsichtlich der Bewertung der GWG zum 31. Dezember.
2. Erklären Sie die Voraussetzungen für die steuerrechtliche Anerkennung als GWG.

C

**AUFGABE 230**

1. Nennen Sie Beispiele für
   a) abnutzbare und
   b) nicht abnutzbare Anlagegegenstände.
2. Unterscheiden Sie zwischen
   a) planmäßiger und
   b) außerplanmäßiger Abschreibung.
3. Nennen und unterscheiden Sie die Methoden der planmäßigen Abschreibung.
4. Welche Abschreibungsmethode berücksichtigt die tatsächliche Abnutzung des Gegenstands?
5. Bei welchen Anlagegegenständen ist steuerrechtlich die degressive Abschreibung erlaubt?
6. Kann ein Unternehmen durch Abschreibungen Steuern sparen? Begründen Sie.

**AUFGABE 231**

1. Bei welchen Anlagegütern sind neben der planmäßigen Abschreibung auch außerplanmäßige Abschreibungen vorzunehmen?
2. Zu welchem Höchstwert sind
   a) abnutzbare und
   b) nicht abnutzbare Anlagegüter

   zum Jahresabschluss in das Inventar und die Schlussbilanz einzustellen?
3. Welchen Vorteil sieht die Praxis in der Anwendung der degressiven Abschreibung?
4. Nennen Sie wesentliche Unterschiede zwischen linearer und degressiver Abschreibung.
5. Warum können nicht abnutzbare Anlagegüter nicht planmäßig abgeschrieben werden?
6. Wodurch entstehen stille Reserven im Anlagevermögen?

**AUFGABE 232**

| Kontenplan und vorläufige Saldenbilanz | Soll | Haben |
|---|---|---|
| 0210 Grundstücke | 280.000,00 | – |
| 0230 Gebäude | 780.000,00 | – |
| 0310 Technische Anlagen und Maschinen | 275.000,00 | – |
| 0330 Betriebs- und Geschäftsausstattung | 680.000,00 | – |
| 0371 GWG-Sammelposten | 6.000,00 | – |
| 0610 Eigenkapital | – | 1.300.000,00 |
| 0820 Darlehen | – | 680.000,00 |
| 1010 Forderungen a. LL | 309.160,00 | – |
| 1310 Bank | 370.000,00 | – |
| 1410 Vorsteuer | 126.905,00 | – |
| 1510 Kasse | 3.000,00 | – |

| Kontenplan und vorläufige Saldenbilanz | Soll | Haben |
|---|---|---|
| 1610 Privatentnahmen | 62.000,00 | – |
| 1710 Verbindlichkeiten a. LL | – | 230.200,00 |
| 1810 Umsatzsteuer | – | 259.065,00 |
| 2460 Sonstige Erträge | – | – |
| 2770 Sonstige betriebliche Erträge | – | 37.400,00 |
| 3010 Wareneingang | 420.000,00 | – |
| 3020 Bezugskosten | 3.000,00 | – |
| 3070 Lieferantenboni | – | 15.380,00 |
| 3080 Lieferantenskonti | – | 3.120,00 |
| 3910 Warenbestände | 155.600,00 | – |
| 4890 Diverse Aufwendungen | 418.000,00 | – |
| 4910 Abschreibungen auf Sachanlagen | – | – |
| 4920 Außerplanmäßige Abschreibungen | – | – |
| 4911 Abschreibungen auf GWG-Sammelposten | – | – |
| 8010 Warenverkauf | – | 1.350.000,00 |
| 8070 Kundenboni | 3.220,00 | – |
| 8080 Kundenskonti | 8.780,00 | – |
| 8710 Entnahme von Waren | – | 25.500,00 |
| | 3.900.665,00 | 3.900.665,00 |

**Weitere Konten:** 9300 und 9400.

**Abschlussangaben zum Abschlussstichtag 31. Dezember**

1. Die Anschaffung einer Heftmaschine (GWG), Anschaffungskosten 500,00 €, wurde irrtümlich über das Konto „0310 TA und Maschinen" gebucht.
2. Die Gutschriftsanzeige eines Lieferanten ist noch zu buchen: 1.011,50 € brutto.
3. Ein Kunde erhält eine Bonus-Gutschriftsanzeige über 1.785,00 € brutto.
4. Kassenüberschuss lt. Inventur 300,00 € (Ursache ungeklärt).
5. Private Entnahme von Waren: netto 1.500,00 €.
6. Planmäßige Abschreibungen:
   Gebäude: 2 % von 900.000,00 € Herstellungskosten.
   TA und Maschinen: 25 % degressiv;
   BGA: 10 % von 720.000,00 € Anschaffungskosten;
   20 % auf 0371 GWG-Sammelposten.
7. Außerplanmäßige Abschreibung: Das mit 280.000,00 € bilanzierte unbebaute Grundstück hat lt. Gutachten nur noch einen Wert von 220.000,00 €.
8. Schlussbestand lt. Inventur: Waren 180.000,00 €
   Im Übrigen entsprechen die Buchwerte den Inventurwerten.

**1.** Buchen Sie die Geschäftsfälle auf den Konten und schließen Sie diese ab.
**2.** Ermitteln Sie die Rentabilität des durchschnittlichen Eigenkapitals.

**AUFGABE 233**

**1.** Wann gilt im steuerlichen Sinne ein Wirtschaftsgut als „geringwertig"?
**2.** Ist ein Wechsel zwischen den Abschreibungsmethoden möglich?
**3.** Können Ersatzinvestitionen durch Abschreibungen finanziert werden? Begründen Sie.

## 5.4 Ausscheiden von Anlagegegenständen

**Der Abgang von Gegenständen des Anlagevermögens durch Verkauf oder Entnahme** stellt einen **steuerpflichtigen Umsatz** dar. Grundlage für die Berechnung der Umsatzsteuer ist im Falle des Verkaufs der **Nettoverkaufspreis,** im Falle der Entnahme der **Teilwert (§ 6 [1] EStG),** der dem **Tageswert** (Wiederbeschaffungswert) entspricht. Verkäufe und Entnahmen von Grundstücken und Gebäuden sind umsatzsteuerfrei, da der Erwerber hierfür bereits eine andere Verkehrsteuer, nämlich Grunderwerbsteuer, zu zahlen hat.

**Erfolgsauswirkung**

Der Buchwert des ausscheidenden Anlagegegenstands stimmt nur selten mit dem erzielten Nettoverkaufspreis oder mit dem Tageswert überein. In der Regel sind **Nettoverkaufspreis und Tageswert** entweder **höher oder niedriger als der Buchwert.** Im ersten Fall entsteht für das Unternehmen ein **Gewinn,** im zweiten Fall dagegen ein **Verlust.**

**Ermittlung des Buchwertes**

Gegenstände des Anlagevermögens scheiden in der Regel **während des Geschäftsjahres** aus, sodass die planmäßige **Abschreibung noch zeitanteilig** vorzunehmen ist (siehe S. 202 f.). Nur so sind der Buchwert und damit die Erfolgsauswirkung aus dem Anlagenabgang genau zu ermitteln.

C

**MERKE**

AfA

**Scheidet ein Anlagegegenstand während des Geschäftsjahres durch Verkauf oder Entnahme aus, muss er noch zeitanteilig abgeschrieben werden.**

### 5.4.1 Verkauf von Anlagegegenständen

Die **umsatzsteuerpflichtigen Erlöse aus dem Verkauf von Anlagegegenständen werden** kontenmäßig **gesondert erfasst** und sind über das Zwischenkonto

**2700 Erlöse aus Anlagenabgängen**

zu buchen. Da die **Erlöskonten in der IT-gestützten Finanzbuchhaltung** mit der **Programmfunktion „Umsatzsteuerautomatik“** ausgestattet sind, wird die Umsatzsteuer nach Eingabe des Bruttobetrags automatisch errechnet und umgebucht sowie der Nettoerlös dem **Nettoumsatzspeicher** zugeführt. So lassen sich die **steuerpflichtigen Umsätze** schnell **überprüfen** (§ 22 [2] UStG) und die **Umsatzsteuervoranmeldung automatisch** erstellen.

**Bruttoabschluss**

**Anlagenabgänge** werden in der Praxis mit ihrem Restbuchwert über das Aufwandskonto

**2080 Anlagenabgänge**

gebucht und den **Erlösen aus Anlagenverkäufen** (Konto 2700) **im GuV-Konto gegenübergestellt,** wodurch der **Gewinn oder Verlust aus Anlagenverkäufen** deutlich wird. Diese praxisgerechte Buchungsmethode nennt sich **„Bruttoabschluss“.** Sie entspricht dem Verrechnungsverbot von Aufwendungen und Erträgen des § 246 [2] HGB und ermöglicht eine schnelle **USt-Verprobung.**

**BEISPIEL**

Eine Verpackungsanlage, die zum 1. Januar des Geschäftsjahres einen Buchwert von 24.000,00 € hatte und deren Buchwert zum Zeitpunkt des Ausscheidens aus dem Betrieb 16.000,00 € beträgt, wird gegen Banküberweisung verkauft, und zwar für:

**1. netto 16.000,00 €** + 3.040,00 € USt = 19.040,00 €; **Nettoverkaufspreis = Buchwert**

**Buchung des Erlöses:**

| | | | | |
|---|---|---|---|---|
| ❶ 1310 Bank | 19.040,00 | an | 2700 Erlöse aus Anlagenabgängen | 16.000,00 |
| | | an | 1810 Umsatzsteuer | 3.040,00 |

**Buchung des Buchwertabgangs:**

| | | | |
|---|---|---|---|
| ❷ **2080 Anlagenabgänge** | | an **0310 TA und Maschinen** | **16.000,00** |

**Abschluss der Konten 2700 und 2080 über 9300 GuV-Konto:**

| | | | |
|---|---|---|---|
| ❸ **2700 Erlöse aus Anlagenabgängen** | | an **9300 GuV-Konto** | **16.000,00** |
| **9300 GuV-Konto** | | an **2080 Anlagenabgänge** | **16.000,00** |

| S | **0310 TA und Maschinen** | | H |
|---|---|---|---|
| 1. Jan. | 24.000,00 | 4910 | 8.000,00 |
| | | ❷ | 16.000,00 |

| S | **2080 Anlagenabgänge** | | H |
|---|---|---|---|
| ❷ | 16.000,00 | ❸ 9300 | 16.000,00 |

| S | **9300 GuV-Konto** | | H |
|---|---|---|---|
| ❸ 2080 | 16.000,00 | ❸ 2700 | 16.000,00 |

| S | **1310 Bank** | | H |
|---|---|---|---|
| ❶ | 19.040,00 | | |

| S | **2700 Erlöse aus Anlagenabgängen** | | H |
|---|---|---|---|
| ❸ 9300 | 16.000,00 | ❶ | 16.000,00 |

| S | **1810 Umsatzsteuer** | | H |
|---|---|---|---|
| | | ❶ | 3.040,00 |

Aus dem GuV-Konto ist ersichtlich, dass die Erlöse aus Anlagenabgängen dem Restbuchwert der Verpackungsanlage von 16.000,00 € entsprechen, sodass mit der Veräußerung kein Gewinn oder Verlust erzielt wurde.

## 2. netto 22.000,00 € + 4.180,00 € USt = 26.180,00 €; Nettoverkaufspreis > Buchwert

**Buchung des Erlöses:**

| | | | |
|---|---|---|---|
| ❶ **1310 Bank** | **26.180,00** | an **2700 Erlöse aus Anlagenabgängen** | **22.000,00** |
| | | an **1810 Umsatzsteuer** | **4.180,00** |

**Buchung des Buchwertabgangs:**

| | | | |
|---|---|---|---|
| ❷ **2080 Anlagenabgänge** | | an **0310 TA und Maschinen** | **16.000,00** |

❸ **Abschluss der Konten 2700 und 2080:** Nennen Sie die Buchungssätze.

| S | **0310 TA und Maschinen** | | H |
|---|---|---|---|
| 1. Jan. | 24.000,00 | 4910 | 8.000,00 |
| | | ❷ | 16.000,00 |

| S | **2080 Anlagenabgänge** | | H |
|---|---|---|---|
| ❷ | 16.000,00 | ❸ 9300 | 16.000,00 |

| S | **9300 GuV-Konto** | | H |
|---|---|---|---|
| ❸ 2080 | 16.000,00 | ❸ 2700 | 22.000,00 |

| S | **1310 Bank** | | H |
|---|---|---|---|
| ❶ | 26.180,00 | | |

| S | **2700 Erlöse aus Anlagenabgängen** | | H |
|---|---|---|---|
| ❸ 9300 | 22.000,00 | ❶ | 22.000,00 |

| S | **1810 Umsatzsteuer** | | H |
|---|---|---|---|
| | | ❶ | 4.180,00 |

Der Gewinn aus dem Anlagenabgang beträgt 6.000,00 €.

## 3. netto 15.000,00 € + 2.850,00 € USt = 17.850,00 €; Nettoverkaufspreis < Buchwert

**Buchungen:**

| | | | |
|---|---|---|---|
| ❶ **1310 Bank** | **17.850,00** | an **2700 Erlöse aus Anlagenabgängen** | **15.000,00** |
| | | an **1810 Umsatzsteuer** | **2.850,00** |
| ❷ **2080 Anlagenabgänge** | | an **0310 TA und Maschinen** | **16.000,00** |

❸ **Abschluss der Konten 2700 und 2080:** Nennen Sie die Buchungssätze.

| S | 0310 TA und Maschinen | | H |
|---|---|---|---|
| 1. Jan. | 24.000,00 | 4910 | 8.000,00 |
| | | ❷ | 16.000,00 |

| S | 1310 Bank | | H |
|---|---|---|---|
| ❶ | 17.850,00 | | |

| S | 2080 Anlagenabgänge | | H |
|---|---|---|---|
| ❷ | 16.000,00 | ❸ 9300 | 16.000,00 |

| S | 2700 Erlöse aus Anlagenabgängen | | H |
|---|---|---|---|
| ❸ 9300 | 15.000,00 | ❶ | 15.000,00 |

| S | 9300 GuV-Konto | | H |
|---|---|---|---|
| ❸ 2080 | 16.000,00 | ❸ 2700 | 15.000,00 |

| S | 1810 Umsatzsteuer | | H |
|---|---|---|---|
| | | ❶ | 2.850,00 |

Der Verlust aus dem Anlagenabgang beträgt 1.000,00 €.



## 5.4.2 Entnahme von Anlagegegenständen

**Unentgeltliche Entnahme**

Wird ein Anlagegegenstand in das Privatvermögen übernommen, handelt es sich um einen umsatzsteuerpflichtigen Tatbestand (siehe auch S. 85 f.). Die Entnahme ist zum **Tageswert (Teilwert)** anzusetzen und unterliegt mit diesem Wert der Umsatzsteuer. Zum Zwecke der **Umsatzsteuerverprobung** erfolgt die Buchung über das Konto

**2780 Entnahme von sonstigen Gegenständen und Leistungen (Entnahme v. s. G. u. L)**

**BEISPIEL**

Ein betriebseigener Pkw wird am 10. Januar privat entnommen. Der Buchwert beträgt 2.000,00 €, der Tageswert 3.000,00 €. 19 % USt von 3.000,00 € = 570,00 €.

**Buchungen:**

| | | | | |
|---|---|---|---|---|
| ❶ | **1610 Privatentnahmen.** | **3.570,00** | an **2780 Entnahme v. s. G. u. L.** | **3.000,00** |
| | | | an **1810 Umsatzsteuer** | **570,00** |
| ❷ | **2080 Anlagenabgänge** | | an **0340 Fuhrpark** | **2.000,00** |
| ❸ | **Abschluss der Konten 2780 und 2080:** | | | |

| S | 0340 Fuhrpark | | H |
|---|---|---|---|
| 1. Jan. | 2.000,00 | ❷ | 2.000,00 |

| S | 1610 Privatentnahmen | | H |
|---|---|---|---|
| ❶ | 3.570,00 | | |

| S | 2080 Anlagenabgänge | | H |
|---|---|---|---|
| ❷ | 2.000,00 | ❸ 9300 | 2.000,00 |

| S | 2780 Entnahme v. s. G. u. L. | | H |
|---|---|---|---|
| ❸ 9300 | 3.000,00 | ❶ | 3.000,00 |

| S | 9300 GuV-Konto | | H |
|---|---|---|---|
| ❸ 2080 | 2.000,00 | ❸ 2780 | 3.000,00 |

| S | 1810 Umsatzsteuer | | H |
|---|---|---|---|
| | | ❶ | 570,00 |

Erläutern Sie das Ergebnis im GuV-Konto.

**MERKE**

**Bei dem Verkauf und der Entnahme von Anlagegegenständen ist der steuerpflichtige Umsatz (Erlös, Entnahmewert) buchhalterisch gesondert zu erfassen (§ 22 [2] UStG).**

### 5.4.3 Inzahlungnahme von Anlagegegenständen

**Bei der Anschaffung** von Anlagevermögen wird gelegentlich ein gebrauchter Gegenstand in Zahlung gegeben. Es ist buchhalterisch klarer, zunächst den **Kauf** des neuen Anlagegegenstands **als Verbindlichkeit zu buchen.** Die Gutschrift über den in Zahlung gegebenen Anlagegegenstand wird dann über das Konto „1710 Verbindlichkeiten a. LL" gebucht. Der Saldo des Kontos „1710 Verbindlichkeiten a. LL" weist den zu zahlenden Restkaufpreis aus.

**BEISPIEL** Kauf eines neuen Kleintransporters: 50.000,00 € + USt. Ein gebrauchter Pkw, der noch mit 1,00 € zu Buche steht, wird mit 2.000,00 € netto + USt in Zahlung gegeben.

**Eingangsrechnung:**

| | | |
|---|---|---|
| Kleintransporter | | 50.000,00 € |
| + 19 % Umsatzsteuer | | 9.500,00 € |
| | | 59.500,00 € |
| – Gutschrift für Pkw, netto | 2.000,00 € | |
| + 19 % Umsatzsteuer | 380,00 € | 2.380,00 € |
| **Restbetrag** | | **57.120,00 €** |

**Buchung der Anschaffung:**[1]

| | | | |
|---|---|---|---|
| ❶ 0340 Fuhrpark | 50.000,00 | | |
| 1410 Vorsteuer | 9.500,00 | an 1710 Verbindlichkeiten a. LL | 59.500,00 |

**Buchung des Rechnungsausgleichs:**[1]

| | | | |
|---|---|---|---|
| ❷ 1710 Verbindlichk. a. LL | 59.500,00 | an 2700 Erlöse aus Anlagenabgängen | 2.000,00 |
| | | an 1810 Umsatzsteuer | 380,00 |
| | | an 1310 Bank | 57.120,00 |

**Buchung des Buchwertabgangs:**

| | | | |
|---|---|---|---|
| ❸ 2080 Anlagenabgänge | | an 0340 Fuhrpark | 1,00 |

❹ **Abschluss der Konten 2700 und 2080 über 9300 GuV-Konto.**

**S 0340 Fuhrpark H**

| S | H |
|---|---|
| 9100 1,00 | ❸ 1,00 |
| ❶ 50.000,00 | |

**S 1710 Verbindlichkeiten a. LL H**

| S | H |
|---|---|
| ❷ 59.500,00 | ❶ 59.500,00 |

**S 1410 Vorsteuer H**

| S | H |
|---|---|
| ❶ 9.500,00 | |

**S 2700 Erlöse aus Anlagenabgängen H**

| S | H |
|---|---|
| ❹ 2.000,00 | ❷ 2.000,00 |

**S 2080 Anlagenabgänge H**

| S | H |
|---|---|
| ❸ 1,00 | ❹ 1,00 |

**S 1810 Umsatzsteuer H**

| S | H |
|---|---|
| | ❷ 380,00 |

**S 9300 GuV-Konto H**

| S | H |
|---|---|
| ❹ 1,00 | ❹ 2.000,00 |

**S 1310 Bank H**

| S | H |
|---|---|
| | ❷ 57.120,00 |

**MERKE** **Gutschriften für Inzahlungnahmen sind über „Verbindlichkeiten a. LL" zu verrechnen.**

1 Die Buchungen ❶ und ❷ lassen sich ohne das Konto „1710 Verbindlichkeiten a. LL" zusammenfassen.

**AUFGABE 234**

Ein Lkw, der zum Zeitpunkt des Ausscheidens einen Buchwert von 20.000,00 € hat, wird auf Ziel verkauft für

- **a)** 20.000,00 € + USt,
- **b)** 25.000,00 € + USt,
- **c)** 18.000,00 € + USt.

1. Ermitteln Sie die Erfolgsauswirkung in den Fällen **a)**, **b)** und **c)**.
2. Wie hoch ist der jeweils gesondert auszuweisende, steuerpflichtige Umsatz?
3. Nennen Sie die Buchungssätze. Buchen Sie auf den Konten 0340, 1310, 1810, 2080, 2700, 9300.
4. Inwiefern ist es vorteilhaft, den umsatzsteuerpflichtigen Erlös gesondert zu erfassen?

**AUFGABE 235**

Eine Maschine, Anschaffungskosten 300.000,00 €, Nutzungsdauer zehn Jahre, wurde linear abgeschrieben. Sie wird am 8. November des 9. Nutzungsjahres gegen Banküberweisung verkauft, und zwar

- **a)** zum Buchwert + USt,
- **b)** 50 % über Buchwert + USt,
- **c)** 20 % unter Buchwert + USt.

1. Ermitteln Sie die zeitanteilige Abschreibung und den Buchwert der Maschine zum Zeitpunkt ihres Ausscheidens aus dem Betriebsvermögen.
2. Buchen Sie die zeitanteilige Abschreibung.
3. Nennen Sie in den Fällen a), b) und c) die auszuweisenden umsatzsteuerpflichtigen Erlöse.
4. Wie lauten die Buchungen in den Fällen a), b) und c)?

C

**AUFGABE 236**

1. Eine nicht mehr benötigte Maschine wird am 12. Oktober .. gegen Banküberweisung verkauft: Nettopreis 45.000,00 € + Umsatzsteuer. Der Buchwert der Maschine betrug am 1. Januar des gleichen Jahres 48.000,00 €. Sie wurde linear mit jährlich 10 % = 24.000,00 € abgeschrieben.
   - **a)** Wie hoch waren die Anschaffungskosten der Maschine?
   - **b)** Ermitteln Sie den Buchwert der Maschine. Buchen Sie die zeitanteilige Abschreibung.
   - **c)** Ermitteln Sie die Erfolgsauswirkung. Nennen Sie die erforderlichen Buchungen.
2. Die unter 1. genannte Maschine wird zunächst auf Ziel verkauft. Der Kunde überweist noch innerhalb der Skontofrist den Rechnungsbetrag abzüglich 2 % Skonto.
   Buchen Sie
   - **a)** den Zielverkauf,
   - **b)** den Rechnungsausgleich und
   - **c)** die Erfolgsauswirkung.

**AUFGABE 237**

Der Geschäftsinhaber schenkt seinem Sohn einen PC, der zum Betriebsvermögen gehört und zum Zeitpunkt der Entnahme mit 1,00 € zu Buche steht. Der Tageswert beträgt 300,00 €.

1. Begründen Sie die Umsatzsteuerpflicht.
2. Erstellen Sie den Entnahmebeleg.
3. Nennen Sie die Buchungssätze. Buchen Sie auf den Konten 0330, 1610, 1810, 2080, 2780, 9300.

**AUFGABE 238**

Ein betriebseigener Pkw wird am 10. Mai zum Tageswert in das Privatvermögen übernommen. Zum 1. Januar betrug der Buchwert 24.000,00 €. Jährliche Abschreibung: 12.000,00 €.

1. Ermitteln Sie rechnerisch und buchmäßig den Buchwert des Pkw zum 10. Mai, wenn der Abgangsmonat nicht abgeschrieben wird.

2. Die Entnahme erfolgt zu folgenden Tageswerten:
   a) Buchwert = Tageswert,
   b) 30.000,00 €,
   c) 15.000,00 €.
   
   Wie lauten die Buchungen?
3. Nennen Sie die verschiedenen Arten der umsatzsteuerpflichtigen Entnahmen.

**AUFGABE 239** Ein Industriebetrieb kauft am 10. August eine neue Telefonanlage zu netto 30.000,00 € + USt. Eine auf 1,00 € Erinnerungswert abgeschriebene Telefonanlage wird mit 400,00 € netto + USt in Zahlung gegeben. Restzahlung durch Banküberweisung.

1. Erstellen Sie die Rechnung.
2. Buchen Sie die Neuanschaffung.
3. Buchen Sie den Rechnungsausgleich.
4. Nennen Sie die Buchungen für den Buchwertabgang und die Erfassung des Erfolgs.



**AUFGABE 240** Anschaffung einer neuen EDV-Anlage: 60.000,00 € + USt. Eine gebrauchte EDV-Anlage, die noch mit 5.000,00 € zu Buche steht, wird mit 10.000,00 € netto + USt in Zahlung gegeben. Restzahlung erfolgt durch Banküberweisung.

1. Erstellen Sie die Rechnung und erläutern Sie die Erfolgsauswirkung.
2. Nennen Sie die Buchungssätze und buchen Sie auf den entsprechenden Konten.

**AUFGABE 241** Die in Aufgabe 240 genannte EDV-Anlage wird mit 3.000,00 € netto in Zahlung gegeben.

Erläutern Sie die Erfolgsauswirkung und nennen Sie die Buchungssätze.

**AUFGABE 242**

1. Erläutern Sie den Bewertungsmaßstab „Anschaffungskosten".
2. In welchem Gesetz ist der Begriff der Anschaffungskosten definiert?
3. Nennen Sie Beispiele für aktivierungspflichtige Anschaffungsnebenkosten.
4. Nennen Sie Beispiele für Anschaffungspreisminderungen.
5. Warum rechnet die Vorsteuer nicht zu den Anschaffungsnebenkosten?
6. Begründen Sie, warum das HGB die Aktivierung der Anschaffungsnebenkosten vorschreibt.
7. Begründen Sie, warum das Umsatzsteuergesetz (§ 22 [2] UStG) buchhalterisch den vollen Ausweis sowohl der steuerpflichtigen Umsätze als auch der Entnahmen verlangt.
8. Zu welchem Wert sind unentgeltliche Entnahmen von Vermögensgegenständen aus dem Betriebsvermögen anzusetzen? Begründen Sie die Umsatzsteuerpflicht.
9. Erläutern Sie am Beispiel eines Anlagenverkaufs den Begriff „Stille Reserve".
10. Nennen Sie die wichtigsten Sachanlagen eines Großhandelsunternehmens.
11. Nennen Sie zwei Beispiele für immaterielle Gegenstände des Anlagevermögens.
12. Nennen Sie ein Beispiel für das Finanzanlagevermögen eines Unternehmens.

**AUFGABE 243** Eine Verpackungsmaschine wurde zu Beginn des Geschäftsjahres angeschafft. Die Anschaffungskosten betragen 300.000,00 €. Die Nutzungsdauer ist mit zehn Jahren anzusetzen. Die Maschine wird zum Abschlussstichtag 31. Dezember linear abgeschrieben.

1. Nennen Sie den Buchungssatz für die Abschreibung.
2. Buchen Sie auf den entsprechenden Konten und schließen Sie diese ab.
3. Die Maschine wird Ende Dezember des 9. Jahres verkauft (Bank): 50.000,00 € + USt. Buchen Sie entsprechend.

## 5.5 Anlagenspiegel als Jahresabschlussbestandteil von Kapitalgesellschaften

Mittelgroße und große Kapitalgesellschaften (siehe S. 289 f.) sind verpflichtet, die **Entwicklung der einzelnen Posten des Anlagevermögens im Anhang des Jahresabschlusses** in einer gesonderten Aufgliederung, dem **Anlagenspiegel oder Anlagengitter**, darzustellen. Darin sind, ausgehend von den gesamten Anschaffungs- und Herstellungskosten, die Zugänge einschließlich der Zuschreibungen, Abgänge und Umbuchungen des Geschäftsjahres sowie die Abschreibungen gesondert aufzuführen. Bei den Abschreibungen sind neben der Höhe zum Beginn und zum Ende des Geschäftsjahres, die im Geschäftsjahr vorgenommenen Abschreibungen, Änderungen im Zusammenhang mit Zu- und Abgängen sowie Umbuchungen anzugeben. Falls Zinsen für Fremdkapital in die Herstellungskosten einbezogen wurden (siehe S. 248), sind diese Beträge für jeden Posten des Anlagevermögens zu nennen. **§ 284 [3] HGB**

C

**BEISPIEL**

Die Anlagenbuchhaltung der Metallhandels-GmbH weist in der Bilanzposition „Technische Anlagen und Maschinen" im Geschäftsjahr .. folgende Zahlen aus:

| | |
|---|---|
| Anschaffungskosten aller technischen Anlagen und Maschinen zum 1. Jan. .. ..... | 4.000 T€ |
| Anschaffung einer Verpackungsanlage im 1. Halbjahr ..: Anschaffungskosten ..... | 300 T€ |
| Kumulierte (angesammelte) Abschreibungen bis zum 31. Dez. des Vorjahres ..... | 2.400 T€ |
| Abschreibungen des Berichtsjahres zum 31. Dez. .. ..... | 430 T€ |
| Buchwert zum 31. Dez. des Vorjahres ..... | 1.600 T€ |

| | Anlagenspiegel in T€ zum 31. Dezember .. (verkürzt)[1] | | | | | | | | | | | |
|---|---|---|---|---|---|---|---|---|---|---|---|---|
| | Anschaffungs-/Herstellungskosten (AK/HK) | | | | | Abschreibungen | | | | | Restbuchwerte | |
| Anlage-posten | AK/HK 1.1. | Zugänge zu AK/HK | Abgänge zu AK/HK | Umbuchungen zu AK/HK | AK/HK 31.12. | Kumul. Abschreibungen 1.1. | Abschreibungen Gj. | Abgänge | Umbuchungen | Kumul. Abschreibungen 31.12. | Buchwert 31.12. Gj. | Buchwert 31.12. Vj. |
| | | + | – | +/– | = | | + | – | +/– | = | 5–10 | 1–6 |
| 0 | 1 | 2 | 3 | 4 | 5 | 6 | 7 | 8 | 9 | 10 | 11 | 12 |
| TA u. Masch. | 4.000 | 300 | – | – | 4.300 | 2.400 | 430 | – | – | 2.830 | 1.470 | 1.600 |

| Spalten | Erläuterung der Spalten des Anlagenspiegels |
|---|---|
| 1 AK/HK 1.1. | Ausweis der ursprünglichen (historischen) Anschaffungs- oder Herstellungskosten aller zum 1. Januar vorhandenen Anlagegegenstände der entsprechenden Bilanzposten. |
| 2 Zugänge zu AK/HK | Im Berichtsjahr angeschaffte bzw. hergestellte Anlagegüter bewertet zu AK/HK sowie Zuschreibungen aufgrund von Wertaufholungen, z. B. bei Korrektur einer außerplanmäßigen Abschreibung. Diese Zugänge erhöhen im nächsten Geschäftsjahr die gesamten AK/HK der Spalte 1. |
| 3 Abgänge zu AK/HK | Anlagenabgänge durch Verkauf, Entnahme oder Verschrottung bewertet zu AK/HK. Die Abgänge vermindern im folgenden Geschäftsjahr die gesamten AK/HK der Spalte 1. |
| 4 Umbuchungen zu AK/HK | Umbuchungen zwischen einzelnen Posten des Anlagevermögens, z. B. von „Anlagen im Bau" zu „Gebäude". |

1 Das vollständige Schema des Anlagenspiegels gemäß § 284 [3] HGB enthält der Anhang des Lehrbuchs.

| Spalten | Erläuterung der Spalten des Anlagenspiegels |
|---|---|
| 5 AK/HK 31.12. | Summe der gesamten Anschaffungs- und Herstellungskosten am Ende des Geschäftsjahres:<br>Anschaffungs-/Herstellungskosten 1.1. ........ 4.000 T€<br>+ Zugänge........ 300 T€<br>– Abgänge ........ –<br>+/– Umbuchungen ........ –<br>= **Anschaffungs-/Herstellungskosten 31.12. ........ 4.300 T€** |
| 6/10 Kumul. Abschreibungen 1.1 bzw. 31.12. | Gesamte (kumulierte) Abschreibungen der Vorjahre zu Beginn des Geschäftsjahres (1.1.) bzw. zum Ende des Geschäftsjahres (31.12.). |
| 7 Abschreibungen Gj. | Summe der im Geschäftsjahr vorgenommenen Abschreibungen (GuV-Ausweis). |
| 8 Abgänge | Verminderung der gesamten Abschreibungen durch Anlagenabgänge. Während Spalte 3 die AK/HK der Abgänge zeigt, enthält Spalte 8 die auf diese Anlagen bis zum Abgangszeitpunkt vorgenommenen Abschreibungen. |
| 9 Umbuchungen | Abschreibungen der umgebuchten Anlagegegenstände (siehe Spalte 4). |
| 11 Buchwert 31.12.Gj. | Bilanzansatz des abgelaufenen Geschäftsjahres, der sich aus den AK/HK 31.12. (Spalte 5) abzüglich der kumulierten Abschreibungen 31.12. (Spalte 10) berechnet. |
| 12 Buchwert 31.12.Vj. | Bilanzansatz des Vorjahres, der sich aus den AK/HK 1.1. (Spalte 1) abzüglich der kumulierten Abschreibungen 1.1. (Spalte 6) ergibt. |

**Auswertung des Anlagenspiegels**

Der Anlagenspiegel der Metallhandels-GmbH enthält wichtige Daten zur Beurteilung des Unternehmens. Er weist nicht nur die Investitionen des Berichtsjahres aus (300 T€), sondern auch die Jahresabschreibungen (430 T€). Die Anlageninvestitionen wurden vollständig durch Abschreibungen finanziert, wenn unterstellt wird, dass die in die Verkaufspreise der Waren einkalkulierten Abschreibungen über die Umsatzerlöse in das Unternehmen zurückgeflossen sind:

$$\textbf{Investitionsfinanzierung durch Abschreibungen} = \frac{\text{Jahresabschreibungen}}{\text{Anlageinvestitionen}} = 1{,}4333$$

$$= 143{,}33\ \%$$

**MERKE**

- **Der Anlagenspiegel zeigt die Entwicklung der Bilanzposten des Anlagevermögens, und zwar von den ursprünglichen Anschaffungs-/Herstellungskosten über die Zu- und Abgänge, Zuschreibungen sowie kumulierten Abschreibungen bis zum Buchwert am Abschlussstichtag. Kapitalgesellschaften müssen ihn im Anhang ausweisen (§ 284 [3] HGB).**
- **Der Anlagenspiegel gewährt Einblick in die Abschreibungs- und Investitionspolitik des Unternehmens. Das Verhältnis der Anschaffungs- oder Herstellungskosten zum Buchwert der Anlagen am Abschlussstichtag deutet auf das Alter und den technischen Standard hin.**

**AUFGABE 244**

1. Die o. g. Metallhandels-GmbH besteht im 7. Jahr. Im Gründungsjahr wurden die „TA und Maschinen“ für 4.000 T€ AK/HK erworben. Die kumulierten linearen Abschreibungen betragen am Schluss des 6. Geschäftsjahres 2.400 T€.
   Wie hoch waren die jährlichen Abschreibungen?
2. Zu Beginn des 7. Geschäftsjahres wurden in der Metallhandels-GmbH für 300 T€ Maschinen angeschafft.
   Mit welchem Betrag werden im Anlagenspiegel des 8. Jahres die gesamten AK/HK in Spalte 1 ausgewiesen?

**AUFGABE 245**

Erstellen Sie den Anlagenspiegel der Metallhandels-GmbH für das 8. Jahr nach dem Schema auf Seite 204:

1. Übernahme aus dem Vorjahr in Spalte 1: 4.000 T€ + ? = ?
2. Übernahme in Spalte 12: Buchwert des Vorjahres: ? T€.
3. Abschreibungen im 8. Geschäftsjahr: 410 T€.
4. Verkauf einer Maschine. Der Anschaffungswert betrug 200 T€. Der Buchwert zum Zeitpunkt des Verkaufs beträgt 60 T€. Wie hoch sind die bis zum Verkauf entstandenen (kumulierten) Abschreibungen der Maschine? Tragen Sie diese in Spalte 8 „Abgänge“ ein.
5. Ermitteln Sie die kumulierten Abschreibungen zum 31. Dez. 08. Übernehmen Sie dazu zunächst die kumulierten Abschreibungen 31.12. (Spalte 10) aus dem Schema auf S. 219 in die Spalte 6.
6. Ermitteln Sie den Buchwert der „TA und Maschinen“ zum 31. Dez. 08.
7. Um welchen Wert vermindern sich die AK/HK des folgenden 9. Jahres?

**AUFGABE 246**

Die Anlagenbuchhaltung der Textilvertriebs-GmbH weist zu „TA und Maschinen“ aus:

| | | |
|---|---|---|
| 1. | Anschaffungskosten zu Beginn des Geschäftsjahres | 850 T€ |
| 2. | Kumulierte Abschreibungen zum Schluss des Vorjahres | 340 T€ |
| 3. | Anschaffung einer Maschine im Geschäftsjahr, netto | 250 T€ |
| 4. | Abschreibungen des Geschäftsjahres | 95 T€ |

Erstellen Sie den Anlagenspiegel (siehe Seite 219). Finanzieren die Abschreibungen die Investition?

**AUFGABE 247**

Erstellen Sie für die o. g. Textilvertriebs-GmbH den Anlagenspiegel (Seite 219) für das Folgejahr:

1. Eine nicht mehr benötigte Stoffzuschneidemaschine wird für netto 30 T€ verkauft. Anschaffungskosten: 200 T€. Bisherige Abschreibungen: 180 T€.
2. Die Abschreibungen des Geschäftsjahres betragen 85 T€.

C

# D Jahresabschluss

## 1 Jahresabschlussarbeiten im Überblick

Nach den handelsrechtlichen Vorschriften ist für den Schluss des Geschäftsjahres der Jahresabschluss aufzustellen. Bei **Einzelunternehmen**[1] und **Personenhandelsgesellschaften** (OHG, KG) besteht der Jahresabschluss nach § 242 HGB aus der **Bilanz** und der **Gewinn- und Verlustrechnung** (§ 242 [3] HGB).

**Kapitalgesellschaften**[2] (AG, KGaA, GmbH) und **bestimmte Personenhandelsgesellschaften**[3] müssen den Jahresabschluss nach § 264 [1] HGB **um einen Anhang erweitern,** der mit der Bilanz und der Gewinn- und Verlustrechnung eine Einheit bildet.

**§ 264 HGB PFLICHT ZUR AUFSTELLUNG; BEFREIUNG**
*[1] Die gesetzlichen Vertreter einer Kapitalgesellschaft haben den Jahresabschluß (§ 242) um einen Anhang zu erweitern, der mit der Bilanz und der Gewinn- und Verlustrechnung eine Einheit bildet, sowie einen Lagebericht aufzustellen. [...] Der Jahresabschluß und der Lagebericht sind von den gesetzlichen Vertretern in den ersten drei Monaten des Geschäftsjahrs für das vergangene Geschäftsjahr aufzustellen. Kleine Kapitalgesellschaften (§ 267 Abs. 1) brauchen den Lagebericht nicht aufzustellen; sie dürfen den Jahresabschluß auch später aufstellen, wenn dies einem ordnungsgemäßen Geschäftsgang entspricht, jedoch innerhalb der ersten sechs Monate des Geschäftsjahres. [...]*

**Ziele des Jahresabschlusses**

Der Jahresabschluss dient vor allem der Information über die Vermögens-, Finanz- und Ertragslage, der Rechenschaftslegung gegenüber Gesellschaftern und Gläubigern des Unternehmens sowie der Ermittlung des ausschüttungsfähigen Gewinns bzw. des zu versteuernden Gewinns als Grundlagen der Gewinnverteilung und der Steuerermittlung.

Die einzelnen Bestandteile des Jahresabschlusses haben folgende Inhalte:

**Bestandteile des Jahresabschlusses**

- **Die Bilanz** ist eine **Zeitpunktrechnung.** Sie weist die Höhe des Vermögens, des Eigen- und Fremdkapitals **zum Abschlussstichtag** (z. B. 31. Dezember) aus und soll somit unter Beachtung der Grundsätze ordnungsmäßiger Buchführung ein den tatsächlichen Verhältnissen entsprechendes Bild der **Vermögens- und Finanzlage** des Unternehmens vermitteln. Für Kapitalgesellschaften und haftungsbeschränkte Personenhandelsgesellschaften sieht § 266 HGB daher ein verbindliches Gliederungsschema vor (siehe S. 291 und Anhang des Lehrbuchs). Dieses sollte aus Gründen der Klarheit und Übersichtlichkeit auch von Unternehmen anderer Rechtsformen beachtet werden.
- Die **Gewinn- und Verlustrechnung** ist dagegen eine **Zeitraumrechnung.** Sie weist alle **Aufwendungen und Erträge eines Geschäftsjahres** aus und gewährt damit Einblick in die Ertragslage und die Zusammensetzung des Jahreserfolgs. Kapitalgesellschaften und haftungsbeschränkte Personenhandelsgesellschaften müssen die Gewinn- und Verlustrechnung nach dem Gliederungsschema des § 275 HGB in Staffelform aufstellen (siehe S. 296 und Anhang des Lehrbuchs). Einzelkaufleute und Personenhandelsgesellschaften orientieren sich in der Regel ebenfalls an diesem Schema.
- **Der Anhang** enthält Erläuterungen, Ergänzungen, Korrekturen und Entlastungen von Bilanz und Gewinn- und Verlustrechnung (siehe S. 287 f.).

1 Einzelkaufleute, die an den Abschlussstichtagen von zwei aufeinander folgenden Geschäftsjahren nicht mehr als jeweils 600 000,00 € Umsatzerlöse und jeweils 60 000,00 € Jahresüberschuss aufweisen, sind von der Aufstellung eines Jahresabschlusses befreit (siehe § 241a HGB und S. 15 dieses Lehrbuchs).
2 Zu den größenabhängigen Befreiungen und Bilanzierungserleichterungen von Kapitalgesellschaften siehe S. 289.
3 Bei den bestimmten Personenhandelsgesellschaften handelt es sich nach § 264a HGB um offene Handelsgesellschaften und Kommanditgesellschaften, bei denen kein Gesellschafter persönlich haftet, wie z. B. bei der GmbH & Co. KG. Im Folgenden werden diese als haftungsbeschränkte Personenhandelsgesellschaften bezeichnet.

**Jahresabschlussarbeiten**

Nach § 243 [3] HGB ist der Jahresabschluss innerhalb der einem ordnungsmäßigen Geschäftsgang entsprechenden Zeit aufzustellen. Für Kapitalgesellschaften beträgt die Aufstellungsfrist je nach Größe der Gesellschaft drei bis sechs Monate (§ 264 [1] HGB). Daher bedarf der Jahresabschluss einer sorgfältigen Planung (Sachplan, Terminplan, Arbeitsplan) und Organisation, zumal die Salden der Bestands- und Erfolgskonten nicht ohne Prüfung und Inventur in die Bilanz und die Gewinn- und Verlustrechnung übernommen werden dürfen.

**Die wichtigsten Jahresabschlussarbeiten sind:**

- **Zeitraumrichtige Erfassung und Abgrenzung der Aufwendungen und Erträge,** damit der **Erfolg** des Geschäftsjahres **periodengerecht** ausgewiesen wird.
- **Inventur der Vermögensgegenstände und Schulden.** Inventurdifferenzen (z. B. Kassenfehlbetrag, Schwund oder Wertminderungen im Vorratsvermögen) müssen buchmäßig erfasst werden.
- **Durchführung vorbereitender Abschlussbuchungen.** Dazu gehören beispielsweise Abschreibungen auf Anlagegegenstände, Wertberichtigungen von Forderungen, Bildung von Rückstellungen, Bewertung von Verbindlichkeiten.
- **Abschluss der Unterkonten über die entsprechenden Hauptkonten.** Bezugskosten, Nachlässe, Erlösberichtigungen, Vorsteuer/Umsatzsteuer, Privatkonten u. a. sind entsprechend umzubuchen.
- **Ordnungsmäßige Gliederung der Bilanz und der Gewinn- und Verlustrechnung.**

MERKE

**Der Jahresabschluss soll Anteilseignern und Gläubigern Einblick in die tatsächliche Vermögens-, Finanz- und Ertragslage eines Unternehmens gewähren.**

D

## 2 Erfassung von Inventurdifferenzen

**Die Inventur der Vermögensgegenstände und Schulden** ist die **wichtigste Voraussetzung** zur Erstellung des Jahresabschlusses (siehe S. 18 f.). Sie dient vor allem dem **Abgleich** der **Soll-** bzw. **Buchbestände** der Finanzbuchhaltung mit den **Istbeständen** der körperlichen und buchmäßigen Inventur, um in **Bestandskonten** etwaige **Inventurdifferenzen**[1] sowie deren **Ursachen** zu **ermitteln und** durch entsprechende **Buchungen** zu **berichtigen.**

**Inventurdifferenzen zwischen Buch- und Istbeständen entstehen vor allem durch**

- **Buchungsfehler:** falsche Konten und Beträge, ausgelassene Buchungen, Doppelbuchungen u. a.
- **Nicht erfasste Mengenänderungen in den Warenbeständen:** Schwund, Diebstahl, nicht gebuchte Lieferungs- und Entnahmebelege u. a.
- **Nicht erfasste Wertminderungen:** Abschreibungen auf Forderungen, Nichtbeachtung des Niederstwertprinzips[2] bei Lagervorräten, Nichtbeachtung des Höchstwertprinzips bei Verbindlichkeiten.

**Berichtigungsbuchungen**

**Inventurdifferenzen,** die sich in den Bestandskonten **nach** Buchung des Inventurschlussbestands ergeben, **bedingen entsprechende Berichtigungsbuchungen. Buchungsfehler** werden u. a. durch Rückbuchung (Stornierung), Neu- oder Nachbuchung korrigiert. **Mengenänderungen und Wertminderungen** sind auf den betreffenden Aufwands- und Bestandskonten zu erfassen. So sind Warenminderungen im jeweiligen Wareneingangs- und Warenbestandskonto zu buchen. Nach den Berichtigungsbuchungen entsprechen die Salden der Bestandskonten den Inventurwerten.

1 Zu Inventurdifferenzen siehe den Kurzaufsatz auf www.schmolke-deitermann.de Beiträge/Downloads.
2 Zum Abschlussstichtag ist das Vorratsvermögen zum niedrigeren Tageswert anzusetzen (Niederstwertprinzip). Siehe auch S. 255 f.

**BEISPIEL**

Das Kassenkonto der Papiergroßhandlung Schulz e. K. weist zum 31. Dezember im Soll eine Summe von 5.850,00 € und im Haben von 4.400,00 € aus. Der **Sollbestand** beträgt somit **1.450,00 €.** Das Kassenprotokoll weist das Ergebnis der körperlichen Inventur der Kasse mit **1.250,00 € Istbestand** aus. **Nach Buchung des Inventurschlussbestands** ergibt sich im Kassenkonto ein **Fehlbetrag von 200,00 €,** der auf eine **nicht gebuchte Privatentnahme** zurückzuführen ist.

| | | | |
|---|---|---|---|
| Buchung des Inventurbestands: | ❶ 9400 Schlussbilanzkonto ........ | an 1510 Kasse ..... | 1.250,00 |
| Nachbuchung: | ❷ 1610 Privatentnahmen ............ | an 1510 Kasse ..... | 200,00 |

| S | 1510 Kasse | | H |
|---|---|---|---|
| ... | 5.850,00 | ... | 4.400,00 |
| | | ❶ 8010 | 1.250,00 |
| | | ❷ 3001 | 200,00 |

| S | 9400 Schlussbilanzkonto | | H |
|---|---|---|---|
| ❶ 1510 | 1.250,00 | | |

| S | 3001 Privatkonto | | H |
|---|---|---|---|
| ❷ 1510 | 200,00 | | |

D

**MERKE**

- **Der Abgleich der Buchbestände der Finanzbuchhaltung mit den Istbeständen der Inventur führt u. U. zu Berichtigungsbuchungen auf den entsprechenden Bestands- und Erfolgskonten.**
- **Nach der Berichtigungsbuchung entspricht der Bestand in der Finanzbuchhaltung dem jeweiligen Inventurwert.**
- **Inventurdifferenzen sind insbesondere auf Buchungsfehler, natürlichen Schwund, Diebstahl und nicht erfasste Wertveränderungen bei Vermögensgegenständen zurückzuführen.**

**AUFGABE 248**

Das Kassenkonto weist zum 31. Dez. im Soll 22.850,00 € und im Haben 22.560,00 € aus. Die Inventur ergab einen Istbestand von

a) 232,00 € und
b) 406,00 €.

Richten Sie für die Fälle a) und b) jeweils die Konten 1510, 2060, 2460 und 9400 ein. Buchen Sie zuerst den Schlussbestand lt. Inventur für die Fälle a) und b) und ermitteln und buchen Sie danach jeweils die Abweichung. Die Abweichungsursachen konnten nicht geklärt werden. Buchen Sie auf Konten und nennen Sie alle Buchungssätze.

## 3 Zeitliche Abgrenzung der Aufwendungen/Erträge

**Notwendigkeit der periodengerechten Erfolgsermittlung**

Bisher erfolgte die Buchung von Aufwendungen und Erträgen in der Periode, in der sie gezahlt wurden. Wenn ein Unternehmen die Dezembermiete für angemietete Büroräume im Januar des neuen Geschäftsjahres überweist und die Zahlung auch erst im neuen Jahr als Aufwand bucht, würde der Erfolg sowohl des alten als auch des neuen Geschäftsjahres falsch ausgewiesen. Im alten Geschäftsjahr wären die Mietaufwendungen zu niedrig, im neuen Geschäftsjahr zu hoch angesetzt. Um den Jahreserfolg zeitraumrichtig zu ermitteln, ist es gemäß § 252 [1] Nr. 5 HGB (siehe S. 244) erforderlich, **Aufwendungen und Erträge dem Geschäftsjahr zuzuordnen,** zu dem sie **wirtschaftlich** gehören, und zwar

**unabhängig vom Zeitpunkt ihrer jeweiligen Zahlung.**

Nur so kann ein **periodengerechter Erfolg des Geschäftsjahres** ermittelt werden.

## 3.1 Sonstige Forderungen und Sonstige Verbindlichkeiten

**Wenn Aufwendungen und Erträge** des **alten** Geschäftsjahres erst im **neuen** Jahr **zu Ausgaben** bzw. **Einnahmen** führen, müssen sie **zum Abschlussstichtag** erfasst werden als

- **Sonstige Verbindlichkeiten (Konto 1940)** oder
- **Sonstige Forderungen (Konto 1130).**

Diese Posten werden als **„antizipative Posten" bezeichnet** (lat. anticipere = vorwegnehmen).

**BEISPIEL 1**

Die Lagermiete für Dezember wird erst im Januar des nächsten Geschäftsjahres an den Vermieter überwiesen: 1.500,00 €.

Die Dezembermiete ist **Aufwand des alten Geschäftsjahres,** der erst **im neuen Jahr** zu einer **Ausgabe** führt. Aus Gründen einer **periodengerechten** Erfolgsermittlung ist der Mietaufwand noch in der GuV-Rechnung des alten Jahres zu erfassen und als **„Sonstige Verbindlichkeit"** gegenüber dem Vermieter in der Schlussbilanz auszuweisen.

**Buchungen zum 31. Dezember des alten Geschäftsjahres:**

| | | | | |
|---|---|---|---|---|
| ❶ | 4100 Mietaufwendungen | an | 1940 Sonstige Verbindlichkeiten | 1.500,00 |
| ❷ | 9300 GuV-Konto | an | 4100 Mietaufwendungen | 1.500,00 |
| ❸ | 1940 Sonstige Verbindlichkeiten | an | 9400 Schlussbilanzkonto | 1.500,00 |

| S | 4100 Mietaufwendungen | | H |
|---|---|---|---|
| ❶ | 1.500,00 | ❷ | 1.500,00 |

| S | 1940 Sonstige Verbindlichkeiten | | H |
|---|---|---|---|
| ❸ | 1.500,00 | ❶ | 1.500,00 |

| S | 9300 GuV-Konto | | H |
|---|---|---|---|
| ❷ | 1.500,00 | | |

| S | 9400 Schlussbilanzkonto | | H |
|---|---|---|---|
| | | ❸ | 1.500,00 |

**Buchungen im neuen Jahr:**

Nach Eröffnung des Kontos „1940 Sonstige Verbindlichkeiten" ist die Mietausgabe zu buchen:

| | | | |
|---|---|---|---|
| 1940 Sonstige Verbindlichkeiten | an | 1310 Bank | 1.500,00 |

| S | 1310 Bank | | H |
|---|---|---|---|
| ... | 50.000,00 | 1940 | 1.500,00 |

| S | 1940 Sonstige Verbindlichkeiten | | H |
|---|---|---|---|
| 1310 | 1.500,00 | 9100 | 1.500,00 |

**MERKE**

**Aufwendungen des alten Geschäftsjahres, die erst im neuen Geschäftsjahr zu Ausgaben führen, sind auf dem Konto „1940 Sonstige Verbindlichkeiten" zu erfassen.**

**Buchung: Aufwandskonto an Sonstige Verbindlichkeiten**

**BEISPIEL 2**

Ein Vermieter erhält die Dezembermiete erst im Januar nächsten Geschäftsjahres: 800,00 €.

Die Dezembermiete stellt einen **Ertrag des alten Geschäftsjahres** dar, der erst **im neuen Geschäftsjahr** zu einer **Einnahme** führt. Der Mietertrag ist deshalb der Erfolgsrechnung des alten Geschäftsjahres zuzurechnen und zugleich als **„Sonstige Forderung"** zu erfassen.

**Buchungen zum 31. Dezember des alten Geschäftsjahres:**

| | | | | |
|---|---|---|---|---|
| ❶ | 1130 Sonstige Forderungen | an | 2401 Mieterträge | 800,00 |
| ❷ | 2401 Mieterträge | an | 9300 GuV-Konto | 800,00 |
| ❸ | 9400 Schlussbilanzkonto | an | 1130 Sonstige Forderungen | 800,00 |

D

| S | 1130 Sonstige Forderungen | | H |
|---|---|---|---|
| ❶ | 800,00 | ❸ | 800,00 |

| S | 2401 Mieterträge | | H |
|---|---|---|---|
| ❷ | 800,00 | ❶ | 800,00 |

| S | 9400 Schlussbilanzkonto | | H |
|---|---|---|---|
| ❸ | 800,00 | | |

| S | 9300 GuV-Konto | | H |
|---|---|---|---|
| | | ❷ | 800,00 |

**Buchung im Januar des neuen Geschäftsjahres bei Mieteingang:**

1310 Bank ........ an 1130 Sonstige Forderungen ........ 800,00

| S | 1130 Sonstige Forderungen | | H |
|---|---|---|---|
| 9100 | 800,00 | 1310 | 800,00 |

| S | 1310 Bank | | H |
|---|---|---|---|
| 1130 | 800,00 | | |

MERKE

**Erträge des alten Geschäftsjahres, die erst im neuen Geschäftsjahr zu Einnahmen führen, werden zum Abschlussstichtag auf dem Konto „1130 Sonstige Forderungen" gebucht.**

**Buchung: Sonstige Forderungen an Ertragskonto**

BEISPIEL 3

Der Unternehmer Berg legt bei seiner Bank am 1. September 01 nicht benötigte liquide Mittel als Festgeld an. Die Zinsen schreibt die Bank halbjährlich nachträglich gut, erstmals am 1. März 02 mit 300,00 €. Von den am 1. März des neuen Geschäftsjahres fälligen Zinsen sind ertragsmäßig 200,00 € dem alten und 100,00 € dem neuen Geschäftsjahr zuzurechnen.

**Buchung zum 31. Dezember:**

1130 Sonstige Forderungen ........ an 2610 Zinserträge ........ 200,00

| S | 1130 Sonstige Forderungen | | H |
|---|---|---|---|
| 2610 | 200,00 | 9400 | 200,00 |

| S | 2610 Zinserträge | | H |
|---|---|---|---|
| 9300 | 200,00 | 1130 | 200,00 |

| S | 9400 Schlussbilanzkonto | | H |
|---|---|---|---|
| 1130 | 200,00 | | |

| S | 9300 GuV-Konto | | H |
|---|---|---|---|
| | | 2610 | 200,00 |

**Buchung im neuen Geschäftsjahr:** Am 1. März 02 ist der gesamte Zinsbetrag als Einnahme zu buchen:

1310 Bank ........ 300,00 an 1130 Sonstige Forderungen (Zinsertrag des alten Gj.) ........ 200,00

an 2610 Zinserträge (Ertragsanteil des neuen Gj.) ........ 100,00

| S | 1130 Sonstige Forderungen | | H |
|---|---|---|---|
| 9100 | 200,00 | 1310 | 200,00 |

| S | 1310 Bank | | H |
|---|---|---|---|
| 1130/2610 | 300,00 | | |

| S | 2610 Zinserträge | | H |
|---|---|---|---|
| | | 1310 | 100,00 |

MERKE

**Aufwendungen und Erträge, die teils das alte und teils das neue Geschäftsjahr betreffen, sind den einzelnen Geschäftsjahren anteilig entsprechend zuzuordnen.**

**AUFGABE 249**

Bilden Sie für nachstehende Geschäftsfälle die Buchungssätze

**a)** zum Abschlussstichtag 31. Dezember,
**b)** bei Zahlungseingang bzw. Zahlungsausgang (Bank) im neuen Geschäftsjahr.

| | | |
|---|---|---|
| 1. | Die Dezembermiete für angemietete Geschäftsräume wird erst im Monat Januar an den Vermieter überwiesen | 2.800,00 |
| 2. | Ein Mieter zahlt die Miete für Dezember erst im Januar | 1.650,00 |
| 3. | Eine Rechnung für Büromaterial steht am Jahresende noch aus | 300,00 |
| | + Umsatzsteuer1 | 57,00 |
| 4. | Die vierteljährlichen Zinsen (November–Januar) für ein aufgenommenes Darlehen werden erst Ende Januar von der Bank eingezogen | 1.500,00 |
| 5. | Ein Kunde, dem ein Darlehen gewährt wurde, hat die lt. Vertrag zu zahlenden Jahreszinsen (Darlehensjahr: 1. April–31. März) am 31. März des folgenden Jahres zu zahlen | 2.400,00 |
| 6. | Ein Mitarbeiter zahlt die Zinsen für den beim Arbeitgeber aufgenommenen Kredit für das Halbjahr 1. Juli–31. Dezember erst im Januar | 700,00 |
| 7. | Der Handelskammerbeitrag für das letzte Vierteljahr Oktober–Dezember wird erst im Monat Januar gezahlt | 1.800,00 |
| 8. | Für die Lohnwoche vom 28. Dezember bis 3. Januar sind 4.500,00 € Löhne zu zahlen (Zahltag 3. Januar). Hiervon entfallen auf die Zeit vom 28. Dezember–31. Dezember | 2.500,00 |
| | Im neuen Jahr werden durch die Bank ausgezahlt | 3.800,00 |
| 9. | Die Zinsgutschrift der Bank für die Zeit vom 1. Oktober bis 31. Dezember steht noch aus und wird erst im Januar eingehen | 315,00 |
| 10. | Die Provision für Dezember wird einem Handelsvertreter erst im Januar überwiesen, netto | 750,00 |
| | + Umsatzsteuer | 142,50 |
| | Die Provisionsabrechnung (Beleg) ist am 29. Dezember erstellt worden.[2] | |

**AUFGABE 250**

Bilden Sie für nachstehende Geschäftsfälle jeweils die Buchungssätze

**a)** zum Abschlussstichtag (31. Dezember),
**b)** bei Zahlungseingang bzw. Zahlungsausgang (Bank) im neuen Geschäftsjahr.

1. Die Miete für eine angemietete Lagerhalle beträgt monatlich 2.000,00 €. Bei Erstellung des Jahresabschlusses wird festgestellt, dass die Dezembermiete erst im Januar an den Vermieter überwiesen wurde.
2. Die Stromabrechnung für den Monat Dezember liegt zum 31. Dezember noch nicht vor. Die Rechnung geht Mitte Januar über 8.200,00 € zuzüglich Umsatzsteuer[3] ein.
3. Die Bank schreibt am 31. März die Zinsen für die Monate Oktober bis März gut: 600,00 €.
4. Die Garagenmiete für die Monate November bis Januar in Höhe von insgesamt 300,00 € wird nachträglich am 5. Februar des Folgejahres an den Vermieter gezahlt.
5. Jeweils zum 1. März und 1. September nachträglich für sechs Monate werden die Zinsen für ein aufgenommenes Darlehen in Höhe von 2.400,00 € an die Bank überwiesen.
6. Für einen Wartungsvertrag, der für Büromaschinen abgeschlossen worden ist, werden vierteljährlich nachträglich 400,00 € zuzüglich Umsatzsteuer gezahlt. Die Rechnung für das letzte Jahresquartal liegt zum 31. Dezember noch nicht vor.[2]

D

1 Die Vorsteuer darf noch nicht verrechnet werden, da zum 31. Dezember noch keine Rechnung vorliegt.
2 Der Vorsteuerabzug ist möglich, da die Leistung erbracht und die Abrechnung (Rechnung) vorliegt.
3 Die Vorsteuer darf noch nicht verrechnet werden, da zum 31. Dezember noch keine Rechnung vorliegt.

## 3.2 Aktive und Passive Rechnungsabgrenzungsposten

Auf den Konten **„1940 Sonstige Verbindlichkeiten“** und **„1130 Sonstige Forderungen“** werden **Aufwendungen und Erträge** des **alten** Geschäftsjahres erfasst, die erst im **neuen** Geschäftsjahr zu **Ausgaben und Einnahmen** führen. Es handelt sich dabei um **echte** Verbindlichkeiten und Forderungen, die durch eine **Zahlung im neuen Jahr** beglichen werden.

Werden dagegen bereits **Zahlungen im alten Geschäftsjahr für Aufwendungen und Erträge des neuen Geschäftsjahres** geleistet, sind die **Aufwands- und Ertragskonten** nach § 250 [1, 2] HGB zum Abschlussstichtag durch **Rechnungsabgrenzungsposten** zu **berichtigen**.

**§ 250 HGB RECHNUNGSABGRENZUNGSPOSTEN**
*[1] Als Rechnungsabgrenzungsposten sind auf der Aktivseite Ausgaben vor dem Abschlußstichtag auszuweisen, soweit sie Aufwand für eine bestimmte Zeit nach diesem Tag darstellen.*
*[2] Auf der Passivseite sind als Rechnungsabgrenzungsposten Einnahmen vor dem Abschlußstichtag auszuweisen, soweit sie Ertrag für eine bestimmte Zeit nach diesem Tag darstellen.*

Die Bildung der Rechnungsabgrenzungsposten erfolgt über die Konten

**0910 Aktive Rechnungsabgrenzung (ARA)**
**0930 Passive Rechnungsabgrenzung (PRA)**

D

**Aktive Rechnungsabgrenzung**

Die aktive Rechnungsabgrenzung betrifft **Aufwendungen,** die bereits im abzschließenden Geschäftsjahr **im Voraus bezahlt und gebucht** wurden, aber entweder nur zum Teil oder auch ganz **wirtschaftlich dem neuen Geschäftsjahr zuzurechnen** sind, wie z. B. **von uns geleistete Vorauszahlungen** für Versicherungen, Zinsen, Mieten u. a. Zum Abschlussstichtag sind die betreffenden Aufwandskonten durch eine „Aktive Rechnungsabgrenzung **(ARA)**“ zu berichtigen. Sie stellt eine **Leistungsforderung** dar. So begründet z. B. eine Mietvorauszahlung einen Anspruch auf Nutzung der gemieteten Räume im neuen Jahr.

**Passive Rechnungsabgrenzung**

Eine passive Rechnungsabgrenzung erfolgt für **Erträge,** die im abzuschließenden Geschäftsjahr **bereits als Einnahme gebucht** wurden, aber ganz oder teilweise als Ertrag des **neuen** Geschäftsjahres anzusehen sind, wie z. B. **im Voraus erhaltene** Miete, Pacht, Zinsen u. a. Zum Abschlussstichtag sind die betreffenden Ertragskonten durch Vornahme einer „Passiven Rechnungsabgrenzung **(PRA)**“ zu korrigieren. Die PRA beinhaltet eine **Leistungsverbindlichkeit**. Eine empfangene Zinsvorauszahlung begründet z. B. die Verpflichtung auf weitere Überlassung des gewährten Darlehens im neuen Geschäftsjahr.

**Transitorische Posten**

Mithilfe der aktiven und passiven Rechnungsabgrenzungsposten werden die im alten Geschäftsjahr **im Voraus gezahlten Aufwendungen** und **vereinnahmten Erträge** über die Schlussbilanz in die Erfolgsrechnung des neuen Geschäftsjahres **übertragen.** Daher heißen sie auch „transitorische Posten“ (lat. transire = hinübergehen).

**Periodengerechte Erfolgsermittlung**

Die Rechnungsabgrenzungsposten dienen ebenso wie die Sonstigen Forderungen und Sonstigen Verbindlichkeiten der zeitraumrichtigen Abgrenzung der Aufwendungen und Erträge, damit das **Gesamtergebnis** eines Unternehmens **periodengerecht** zum Abschlussstichtag **ermittelt** werden kann.

MERKE

**Nach § 250 HGB müssen als Rechnungsabgrenzungsposten ausgewiesen werden:**

- **auf der Aktivseite Ausgaben vor dem Abschlussstichtag, soweit sie Aufwand für eine bestimmte Zeit nach diesem Tag darstellen: Aktive Rechnungsabgrenzung (ARA),**
- **auf der Passivseite Einnahmen vor dem Abschlussstichtag, soweit sie Ertrag für eine bestimmte Zeit nach diesem Tag darstellen: Passive Rechnungsabgrenzung (PRA).**

**BEISPIEL 1**

Die Aufwendungen für die am 1. Dezember angemieteten Lagerräume betragen monatlich 1.500,00 €. Die Miete ist vierteljährlich im Voraus an den Vermieter zu zahlen.

**Buchung der Mietvorauszahlung am 1. Dezember:**

**4100 Mietaufwendungen** ........ an **1310 Bank** ........ 4.500,00

Der **Mietaufwand von 4.500,00 €** ist zum Abschlussstichtag (hier 31. Dezember) **periodengerecht abzugrenzen:** 1.500,00 € entfallen auf Dezember des Abschlussjahres, 3.000,00 € auf Januar und Februar des Folgejahres. Das Konto „4100 Mietaufwendungen" ist daher im Haben um 3.000,00 € mithilfe des Kontos „0910 Aktive Rechnungsabgrenzung" zu berichtigen. Die Mietvorauszahlung beinhaltet die Überlassung des Lagers im neuen Jahr, also eine **Leistungsforderung,** die auf der Aktivseite der Bilanz als **„Aktive Rechnungsabgrenzung"** (ARA) auszuweisen ist.

**Buchungen zum 31. Dezember des Abschlussjahres:**

❶ **0910 Aktive Rechnungsabgrenzung** ........ an **4100 Mietaufwendungen** ........ 3.000,00
❷ **9300 GuV-Konto** ........ an **4100 Mietaufwendungen** ........ 1.500,00
❸ **9400 Schlussbilanzkonto** ........ an **0910 Aktive Rechnungsabgr.** ........ 3.000,00

| S | **4100 Mietaufwendungen** | | H |
|---|---|---|---|
| 1310 | 4.500,00 | 0910 | 3.000,00 ❶ |
| | | 9300 | 1.500,00 ❷ |

| S | **0910 Aktive Rechnungsabgrenzung** | | H |
|---|---|---|---|
| 4100 | 3.000,00 | 9400 | 3.000,00 ❸ |

| S | **9300 GuV-Konto** | | H |
|---|---|---|---|
| 4100 | 1.500,00 | | |

| S | **9400 Schlussbilanzkonto** | | H |
|---|---|---|---|
| 0910 | 3.000,00 | | |

**Buchungen zum 1. Januar des Folgejahres:**

Nach Eröffnung ist das Konto „0910 ARA" über das betreffende Aufwandskonto aufzulösen.

**0910 Aktive Rechnungsabgrenzung** ........ an **9100 Eröffnungsbilanzkonto** ........ 3.000,00
**4100 Mietaufwendungen** ........ an **0910 Aktive Rechnungsabgr.** ........ 3.000,00

Das Konto „4100 Mietaufwendungen" weist nun die Miete für Januar und Februar des neuen Jahres periodengerecht aus. Das Konto „0910 ARA" hat seine **„transitorische"** Aufgabe erfüllt:

| S | **0910 Aktive Rechnungsabgrenzung** | | H |
|---|---|---|---|
| 9100 | 3.000,00 | 4100 | 3.000,00 |

| S | **4100 Mietaufwendungen** | | H |
|---|---|---|---|
| 0910 | 3.000,00 | | |

**Direkte Rechnungsabgrenzung**

Ausgaben des laufenden Geschäftsjahres, die Aufwendungen des nächsten Jahres betreffen, können bereits direkt bei Zahlung entsprechend zeitlich abgegrenzt werden. Dadurch erübrigt sich zum Jahresabschluss eine besondere Überprüfung aller Ausgaben auf ihre periodengerechte Abgrenzung.

**BEISPIEL 1 Fortsetzung**

**Buchung bei direkter Periodenabgrenzung am 1. Dezember:**

**4100 Mietaufwendungen** ........ 1.500,00
**0910 Aktive Rechnungsabgrenzung** .. 3.000,00 an **1310 Bank** ........ 4.500,00

| S | **4100 Mietaufwendungen** | | H |
|---|---|---|---|
| 1310 | 1.500,00 | | |

| S | **1310 Bank** | | H |
|---|---|---|---|
| | | 4100/0910 | 4.500,00 |

| S | **0910 Aktive Rechnungsabgrenzung** | | H |
|---|---|---|---|
| 1310 | 3.000,00 | | |

D

**MERKE**

**Das Konto „0910 Aktive Rechnungsabgrenzung“ (ARA) erfasst zum Jahresabschluss alle Ausgaben des alten Geschäftsjahres, die wirtschaftlich Aufwand des nächsten Jahres sind.**

**Buchung: ARA an Aufwandskonto (bei Abgrenzung zum Abschlussstichtag)**
**ARA an Bank (Kasse) (bei direkter Abgrenzung)**

**BEISPIEL 2** Die Miete für ein vermietetes Lager zahlt der Mieter am 1. Dezember für ein Vierteljahr (Dezember–Februar) in Höhe von insgesamt 2.400,00 € **im Voraus.**

**Buchung der Mieteinnahme am 1. Dezember:**

**1310 Bank** ........ an **2401 Mieterträge** ........ **2.400,00**

Der gesamte **Mietertrag** in Höhe von 2.400,00 € ist zum Abschlussstichtag 31. Dezember **periodengerecht abzugrenzen:** 800,00 € entfallen auf das Abschlussjahr, 1.600,00 € dagegen auf das neue Geschäftsjahr. Das Konto „2401 Mieterträge“ muss daher auf seiner Sollseite um 1.600,00 € durch Bildung einer „Passiven Rechnungsabgrenzung“ (PRA) berichtigt werden, da eine **Leistungsverbindlichkeit,** d. h. eine Verpflichtung zur Überlassung der Räume im nächsten Geschäftsjahr, besteht, die auf der Passivseite der Bilanz auszuweisen ist.

D

**Buchungen zum 31. Dezember des Abschlussjahres:**

❶ **2401 Mieterträge** ........ an **0930 Passive Rechnungsabgrenzung** ........ 1.600,00
❷ **2401 Mieterträge** ........ an **9300 GuV-Konto** ........ **800,00**
❸ **0930 Passive Rechnungsabgrenzung** an **9400 Schlussbilanzkonto** ........ **1.600,00**

| S | **0930 Passive Rechnungsabgrenzung** | | H |
|---|---|---|---|
| 9400 | 1.600,00 | 2401 | 1.600,00 |

| S | **2401 Mieterträge** | | H |
|---|---|---|---|
| 0930 | 1.600,00 | 1310 | 2.400,00 |
| 9300 | 800,00 | | |

| S | **9400 Schlussbilanzkonto** | | H |
|---|---|---|---|
| | | 0930 | 1.600,00 |

| S | **9300 GuV-Konto** | | H |
|---|---|---|---|
| | | 2401 | 800,00 |

**Buchungen zum 1. Januar des Folgejahres:**

❶ **9100 Eröffnungsbilanzkonto** ........ an **0930 Passive Rechnungsabgrenzung** **1.600,00**
❷ **0930 Passive Rechnungsabgrenzung** an **2401 Mieterträge** ........ **1.600,00**

Das Konto „0930 PRA“ ist zu Beginn des neuen Geschäftsjahres über das entsprechende Ertragskonto aufzulösen. Nach der **Umbuchung** des passiven Rechnungsabgrenzungspostens weist das Konto „2401 Mieterträge“ nun den **periodengerechten Mietertrag** für die Monate Januar und Februar des neuen Geschäftsjahres aus:

| S | **2401 Mieterträge** | | H |
|---|---|---|---|
| | | 0930 | 1.600,00 |

| S | **0930 Passive Rechnungsabgrenzung** | | H |
|---|---|---|---|
| 2401 | 1.600,00 | 9100 | 1.600,00 |

**Bei direkter Rechnungsabgrenzung ist am 1. Dezember zu buchen:**

**1310 Bank** ........ **2.400,00** an **2401 Mieterträge** ........ **800,00**
an **0930 Passive Rechnungsabgrenzung** ........ **1.600,00**

Buchen Sie die direkte Periodenabgrenzung auf den genannten Konten.

MERKE

- **Das Konto „0930 Passive Rechnungsabgrenzung“ (PRA) erfasst zum Abschlussstichtag alle Einnahmen des alten Geschäftsjahres, die wirtschaftlich Erträge des nächsten Geschäftsjahres sind.**

| | | | |
|---|---|---|---|
| Buchung: | Ertragskonto an | PRA (bei Abgrenzung zum Abschlussstichtag) | |
| | Bank (Kasse) an | PRA (bei direkter Abgrenzung) | |

- **Die Posten der Rechnungsabgrenzung werden zu Beginn des neuen Geschäftsjahres aufgelöst, indem sie auf das entsprechende Erfolgskonto umgebucht werden:**

| | | |
|---|---|---|
| Buchung: | Aufwandskonto | an ARA |
| | PRA | an Ertragskonto |

- **Die zeitliche Abgrenzung der Aufwendungen und Erträge bezweckt eine periodengerechte Ermittlung des Jahreserfolgs. Es werden vier Fälle unterschieden:**

| Geschäftsfall | Vorgang | | Buchung zum Abschlussstichtag |
|---|---|---|---|
| | im alten Jahr | im neuen Jahr | |
| Noch zu zahlender Aufwand | Aufwand | Ausgabe | Aufwandskonto an Sonst. Verbindlichk. |
| Noch zu vereinnahmender Ertrag | Ertrag | Einnahme | Sonstige Forderungen an Ertragskonto |
| Im Voraus bezahlter Aufwand | Ausgabe | Aufwand | Aktive Rechnungsabgr. an Aufwandskonto |
| Im Voraus vereinnahmter Ertrag | Einnahme | Ertrag | Ertragskonto an Pass. Rechnungsabgr. |

D

AUFGABE 251

a) Buchen Sie die folgenden Geschäftsfälle zunächst auf Konten.
b) Nehmen Sie danach die zeitliche Abgrenzung zum Abschlussstichtag 31. Dezember vor.
c) Welche Buchungen ergeben sich im neuen Geschäftsjahr?

1. Die Feuerversicherungsprämie für das Gebäude wird am 1. Oktober für ein Jahr im Voraus überwiesen ........ 260,00
2. Am 21. Dezember wird die Januarmiete für die angemieteten Geschäftsräume im Voraus durch Banküberweisung an den Vermieter bezahlt ........ 1.500,00
3. Am 20. Dezember werden Zinsen für ein aufgenommenes Darlehen für das 1. Vierteljahr des neuen Jahres im Voraus an die Bank überwiesen ........ 660,00
4. Ein Kunde hat für sein Darlehen die Vierteljahreszinsen für Januar bis März des neuen Jahres am 20. Dezember durch Banküberweisung gezahlt ........ 330,00
5. Am 1. November wird die Kfz-Versicherung November–April für den Lkw durch Bankeinzug beglichen ........ 660,00
6. Am 1. Dezember gehen durch Banküberweisung im Voraus Darlehenszinsen für ein Vierteljahr (1. Dezember–28. Februar) ein in Höhe von ........ 180,00
7. Die Jahrespacht für einen Parkplatz wird am 1. Oktober im Voraus durch Banküberweisung an den Verpächter beglichen ........ 2.400,00
8. Die Kfz-Steuer für Betriebsfahrzeuge wird am 1. April für ein Jahr im Voraus durch Lastschrifteinzug abgebucht ........ 960,00
9. Am 1. Oktober geht die Halbjahresmiete für einen vermieteten Lagerraum durch Banküberweisung im Voraus ein ........ 3.600,00

**AUFGABE 252**

| Auszug aus der vorläufigen Summenbilanz zum 31. Dezember . . | Soll | Haben |
|---|---|---|
| 0910 Aktive Rechnungsabgrenzungsposten | – | – |
| 0930 Passive Rechnungsabgrenzungsposten | – | – |
| 1130 Sonstige Forderungen | 4.500,00 | – |
| 1170 SV-Vorauszahlung | – | – |
| 1940 Sonstige Verbindlichkeiten | – | 5.500,00 |
| 2110 Zinsaufwendungen | 22.800,00 | – |
| 2401 Mieterträge | – | 24.250,00 |
| 2610 Zinserträge | – | 10.500,00 |
| 4010 Löhne | 77.500,00 | – |
| 4040 Gesetzliche soziale Aufwendungen | 3.650,00 | – |
| 4100 Mietaufwendungen | 11.750,00 | – |
| 4270 Beiträge | 17.400,00 | – |

**Zum 31. Dez. . . (Abschlussstichtag) sind folgende zeitliche Abgrenzungen vorzunehmen:**

1. Am 1. Dezember wurde die Miete für Lagerräume für die Monate Dezember bis Februar in Höhe von 1.650,00 € an den Vermieter überwiesen.
2. Am 1. Oktober werden Hypothekenzinsen 4.500,00 € halbjährlich im Voraus abgebucht.
3. Mieterträge für die Monate November bis Januar gingen am 1. November in Höhe von 2.790,00 € von einem Mieter im Geschäftshaus ein.
4. Für die Lohnwoche vom 29. Dezember bis 4. Januar sind an die Arbeiter 12.100,00 € Löhne zu zahlen, davon entfallen 3.700,00 € auf die Zeit vom 29. bis 31. Dezember. Der Arbeitgeberanteil zur Sozialversicherung beträgt 1.245,00 €, davon entfallen 505,00 € auf das alte Jahr. Zahltag 4. Januar.
5. Darlehenszinsen werden von einem Kunden für die Zeit von Oktober bis Dezember in Höhe von 270,00 € erst am 2. Januar beglichen.
6. Der Handelskammerbeitrag über 1.420,00 € wird erst im Januar bezahlt.

Bilden Sie die Buchungssätze für den Abschluss der Konten.

**AUFGABE 253**

| Auszug aus der vorläufigen Summenbilanz zum 31. Dezember . . | Soll | Haben |
|---|---|---|
| 0910 Aktive Rechnungsabgrenzung | – | – |
| 0930 Passive Rechnungsabgrenzung | – | – |
| 1130 Sonstige Forderungen | 6.600,00 | – |
| 1410 Vorsteuer | 134.400,00 | 127.200,00 |
| 1810 Umsatzsteuer | 130.720,00 | 182.500,00 |
| 1940 Sonstige Verbindlichkeiten | – | 5.700,00 |
| 2110 Zinsaufwendungen | 12.000,00 | – |
| 2401 Mieterträge | – | 29.400,00 |
| 2610 Zinserträge | – | 11.150,00 |
| 4100 Mietaufwendungen | 35.800,00 | – |
| 4220 Kfz-Steuer | 3.300,00 | – |
| 4260 Versicherungen | 18.600,00 | – |
| 4270 Beiträge | 11.700,00 | – |
| 4500 Provisionen | 18.000,00 | – |
| 4810 Bürobedarf | 15.600,00 | – |

**Zum 31. Dez. .. (Abschlussstichtag) sind noch folgende zeitliche Abgrenzungen vorzunehmen:**

1. Die Feuerversicherungsprämie (Gebäude) für das kommende Kalenderjahr wurde am 27. Dezember durch Banküberweisung von 850,00 € beglichen.
2. Die Bezugskosten für diverse Fachzeitschriften wurden am 28. Dezember mit 260,00 € netto im Voraus für das folgende Geschäftsjahr bezahlt.
3. Die Kraftfahrzeugsteuer für den Lkw wurde am 1. Dezember für ein Jahr im Voraus durch Lastschrifteinzug mit 660,00 € beglichen.
4. Der noch nicht bezahlte Handelskammerbeitrag für das letzte Quartal beträgt 750,00 €.
5. Die Provision für den Handelsvertreter für Dezember über 1.700,00 € netto wird erst im Januar bei Rechnungserteilung überwiesen.
6. Die Dezember-Lagermiete über 2.850,00 € erhält der Vermieter erst Anfang Januar durch Banküberweisung.
7. Ein Mieter begleicht die Miete für die angemieteten Büroräume für Dezember in Höhe von 1.850,00 € erst im neuen Jahr.
8. Am 28. Dezember zahlte der Mieter 1.900,00 € V erteljahresmiete für das neue Kalenderjahr durch Banküberweisung.
9. Ein Kunde hat die fälligen Darlehenszinsen von 450,00 € für die Zeit vom 1. Oktober bis 31. Dezember am Jahresende noch nicht gezahlt.
10. Darlehenszinsen in Höhe von 12.000,00 € für das Halbjahr 1. Juli bis 31. Dezember belastet die Bank erst im Januar.

Bilden Sie die Buchungssätze für die zeitlichen Abgrenzungen und den Abschluss der Konten.

D

**AUFGABE 254**

Vervollständigen Sie folgende Aussagen:

1. Sonstige Verbindlichkeiten werden für Aufwendungen des ... Geschäftsjahres gebucht, die Ausgaben des ... Geschäftsjahres darstellen.
2. Aktive Rechnungsabgrenzungsposten werden für Ausgaben im ... Geschäftsjahr gebildet, die Aufwand des ... Geschäftsjahres darstellen.
3. Sonstige Forderungen werden für Erträge des ... Geschäftsjahres gebildet, die Einnahmen des ... Geschäftsjahres darstellen.
4. Passive Rechnungsabgrenzungsposten werden für Einnahmen des ... Geschäftsjahres gebildet, die Ertrag des ... Geschäftsjahres darstellen.

**AUFGABE 255**

1. Begründen Sie die Notwendigkeit einer zeitlichen Abgrenzung der Aufwendungen und Erträge.
2. Nennen Sie die vier Möglichkeiten einer zeitlichen Abgrenzung.
3. Bei welcher Art der zeitlichen Abgrenzung liegt der Zahlungsvorgang
   a) im alten Geschäftsjahr und
   b) im neuen Geschäftsjahr?
4. Warum werden aktive und passive Rechnungsabgrenzungsposten auch als „Transitorische Posten“ bezeichnet?

D

**AUFGABE 256** In der Metallwarengroßhandlung Thomas Berg e. K. liegen Ihnen folgende Belege zur Buchung vor. Die zeitliche (periodengerechte) Abgrenzung ist mit der Buchung der Zahlung vorzunehmen.

Nennen Sie die Buchungssätze.

**Beleg 1**

**Kontoauszug** BLZ: 698 222 99 **Baden-Württembergische Landesbank**

Konto-Nr. 72 354 432 Datum ..-11-01 Ausz.-Nr. 358 Blatt 1

| Text | Buch.-Tag | Wert | Umsatz/€ |
|---|---|---|---|
| Gutschrift<br>Elektro-Vertriebs-GmbH, Stuttgart<br>Lagerhallenmiete für Nov., Dez., Jan. | 11-01 | 11-01 | 4.500,00 H |

| Konto | Soll | Haben |
|---|---|---|
| | | |

Gebucht:

Metallwerk
Thomas Berg e. K.
Industriestraße 22-28
70565 Stuttgart

Alter Saldo/€ 237.650,00 H
Neuer Saldo/€ 242.150,00 H

BIC: BWULDE33
IBAN: DE01 6982 2299 0072 3544 32

**Beleg 2**

**Kontoauszug** BLZ: 698 222 99 **Baden-Württembergische Landesbank**

Konto-Nr. 72 354 432 Datum ..-11-01 Ausz.-Nr. 359 Blatt 1

| Text | Buch.-Tag | Wert | Umsatz/€ |
|---|---|---|---|
| Lastschrift<br>Finanzamt Stuttgart<br>Kfz-Steuer Lkw S-UM 500/Pkw S-WN 367<br>1. Nov. .. bis 31.Okt. .. | 11-01 | 11-01 | 2.400,00 S |

| Konto | Soll | Haben |
|---|---|---|
| | | |

Gebucht:

Metallwerk
Thomas Berg e. K.
Industriestraße 22-28
70565 Stuttgart

Alter Saldo/€ 242.150,00 H
Neuer Saldo/€ 239.750,00 H

BIC: BWULDE33
IBAN: DE01 6982 2299 0072 3544 32

## 3.3 Rückstellungen

Aus Gründen einer **periodengerechten Erfolgsermittlung** sind **zum Abschlussstichtag** auch solche **Aufwendungen** zu **erfassen,** die zwar ihrem Grunde nach, nicht aber ihrer **Höhe und/oder Fälligkeit nach bekannt** sind, sofern sie **wirtschaftlich dem Abschlussjahr** zuzurechnen sind. Für diese Aufwendungen sind die **Beträge vorsichtig zu schätzen** und jeweils als **Rückstellung** in Höhe des erwarteten **Erfüllungsbetrags** (§ 253 [1] HGB) zu **passivieren**. Die **Ungewissheit über Höhe und/oder Fälligkeit der Verpflichtungen unterscheidet** die **Rückstellungen von** den genau bestimmbaren **Verbindlichkeiten.**

Nach § 249 [1] HGB **müssen** Rückstellungen gebildet werden für

**Passivierungspflicht § 249 [1] HGB**

- **ungewisse Verbindlichkeiten** (z. B. zu erwartende Steuernachzahlungen, Prozesskosten, Garantieverpflichtungen, Pensionsverpflichtungen, Provisionsverpflichtungen, Schadenersatzforderungen von Kunden u. a.),
- **drohende Verluste aus schwebenden Geschäften** (z. B. erheblicher Preisrückgang bereits gekaufter, jedoch noch nicht gelieferter Waren),
- **unterlassene Instandhaltungsaufwendungen,** die im folgenden Geschäftsjahr **innerhalb von drei Monaten** nachgeholt werden,
- **Abraumbeseitigung**, die im folgenden Geschäftsjahr nachgeholt wird,
- **Gewährleistungen ohne rechtliche Verpflichtungen** (Kulanzgewährleistungen).

D

**Drohende Verluste aus schwebenden Geschäften**

Im Allgemeinen werden **schwebende** Rechtsgeschäfte – z. B. Kaufverträge, die noch **von keinem Vertragspartner erfüllt** sind, da Lieferung und Zahlung noch ausstehen – buchhalterisch überhaupt nicht erfasst. Ist aber **bei Bilanzaufstellung erkennbar,** dass dem Unternehmen aus den Verträgen **Verluste** erwachsen (drohen), muss aus Gründen kaufmännischer **Vorsicht** in der **Handelsbilanz** eine **Rückstellung** in Höhe des zu **erwartenden Verlusts** gebildet werden (§ 249 [1] HGB). In der **Steuerbilanz** (steuerliche Gewinnermittlung) ist die Bildung von Rückstellungen für drohende Verluste aus schwebenden Geschäften **verboten** (§ 5 [4a] EStG).

**BEISPIEL**

Am 28. November hat die Baustoff-GmbH einen Kaufvertrag über die Lieferung von 500 Stück Spanplatten (furniert) zu 80,00 € netto je Stück abgeschlossen. Der Gesamtnettopreis beträgt 40.000,00 €. Liefertermin: 15. Februar des nächsten Jahres fix.

Bis zum Abschlussstichtag 31. Dezember ist der Wiederbeschaffungswert (Tagespreis) der Spanplatten auf 70,00 € netto je Stück gesunken.

Da die Baustoff-GmbH als Besteller an den vereinbarten Preis von 80,00 € je Spanplatte gebunden ist und im nächsten Jahr nur mit dem **niedrigeren** Wiederbeschaffungspreis von 70,00 € je Stück kalkuliert werden kann, **droht ihr ein Verlust von 5.000,00 €** (500 · 10,00 €), für den in der Handelsbilanz eine Rückstellung gebildet werden muss. Auf diese Weise wird der **Verlust** in **dem Jahr** erfasst, in dem er **verursacht** wurde:

**Buchung der Rückstellung zum 31. Dezember:**

| | | | | |
|---|---|---|---|---|
| **2060 Sonstige Aufwendungen** | | an | **0724 Sonstige Rückstellungen** | 5.000,00 |

Nennen Sie jeweils die Abschluss- und Eröffnungsbuchung für das Konto 0724.

**Buchung nach Rechnungseingang am 15. Februar des folgenden Jahres:**

| | | | | | |
|---|---|---|---|---|---|
| ❶ | **3010 Wareneingang** | 40.000,00 | | | |
| | **1410 Vorsteuer** | 7.600,00 | an | **1710 Verbindlichkeiten a. LL** | 47.600,00 |
| ❷ | **0724 Sonst. Rückstellungen** | | an | **3010 Wareneingang** | 5.000,00 |

| S | 3010 Wareneingang | | H |
|---|---|---|---|
| ❶ | 40.000,00 | ❷ | 5.000,00 |

| S | 0724 Sonstige Rückstellungen | | H |
|---|---|---|---|
| ❷ | 5.000,00 | 9100 | 5.000,00 |

| S | 1410 Vorsteuer | | H |
|---|---|---|---|
| ❶ | 7.600,00 | | |

| S | 1710 Verbindlichkeiten a. LL | | H |
|---|---|---|---|
| | | ❶ | 47.600,00 |

Nach der Übertragung des Rückstellungsbetrags auf das Konto „3010 Wareneingang" stehen die eingekauften Spanplatten mit dem **niedrigeren Tageswert** von 35.000,00 € zu Buche. Die Buchungen ❶ und ❷ können zusammengefasst werden:

| | | | | |
|---|---|---|---|---|
| **0724 Sonstige Rückstellungen** | **5.000,00** | | | |
| **3010 Wareneingang** | **35.000,00** | | | |
| **1410 Vorsteuer** | **7.600,00** | an | **1710 Verbindlichkeiten a. LL** | **47.600,00** |

**§ 249 [2] HGB** Für andere als die in § 249 [1] genannten Zwecke dürfen Rückstellungen nicht gebildet werden.

**Abzinsung** Rückstellungen mit einer Restlaufzeit von mehr als einem Jahr sind mit dem durchschnittlichen Marktzinssatz nach Angabe der Deutschen Bundesbank **abzuzinsen** (vgl. § 253 [2] HGB).

**Bilanzausweis** Rückstellungen zählen zum **Fremdkapital.** Sie sind in der Bilanz nach § 266 HGB auszuweisen als **Pensionsrückstellungen, Steuerrückstellungen** und **Sonstige Rückstellungen.**

**Bei Bildung der Rückstellung** wird das betreffende **Aufwandskonto** im Soll mit dem **geschätzten** periodengerechten Betrag belastet. Die Gegenbuchung wird auf dem entsprechenden **Rückstellungskonto** im Haben vorgenommen.

Buchung: Aufwandskonto an Rückstellungskonto

**Auswirkung auf den Jahreserfolg** Da Rückstellungen für Aufwendungen gebildet werden, vermindert sich der auszuschüttende Gewinn und damit im Allgemeinen auch die zu zahlende Ertragsteuer, wie z. B. die Einkommensteuer. Die Bildung von Rückstellungen hat deshalb positive Auswirkungen auf die flüssigen (liquiden) Mittel und somit auch auf die Liquidität des Unternehmens.

**Inanspruchnahme von Rückstellungen** Wenn die **Verpflichtung eintritt**, für die das Unternehmen die Rückstellung gebildet hat, wird die **Zahlung zulasten des Rückstellungskontos** vorgenommen.

Buchung: Rückstellungskonto an Bank

Da die Höhe der Rückstellung auf einer Schätzung beruht, sind die nachfolgend beschriebenen drei Fälle möglich.

1. **Rückstellung = Zahlung:** Die Höhe der Rückstellung entspricht genau dem Betrag, den das Unternehmen zu zahlen hat. Die Buchung der Zahlung zu Lasten des Rückstellungskontos ist ein erfolgsneutraler Vorgang, weil das Unternehmen den mit der Verpflichtung verbundenen Aufwand zutreffend geschätzt und bei der Bildung der Rückstellung bereits erfolgswirksam berücksichtigt hatte. Nach der Inanspruchnahme der Rückstellung weist das Rückstellungskonto im Soll und im Haben den gleichen Betrag aus, sodass dieser Rückstellungsposten ausgeglichen ist.

1 Früher erfolgte eine Buchung über periodenfremde Erträge bzw. periodenfremde Aufwendungen. Da das HGB periodenfremde Vorgänge schon länger nicht mehr in das außerordentliche Ergebnis der GuV einbezieht und dieses mit dem BilRUG außerdem nicht mehr ausgewiesen wird, erfolgt eine Zuordnung zu den sachlich entsprechenden Erfolgskonten. Der Zusatz „Vorjahre" (z. B. „4211 Gewerbesteuernachzahlungen-Vorjahre") liefert die für die Abgrenzungsrechnung erforderliche Information.

2. **Rückstellung > Zahlung:** Die Rückstellung ist höher als der zu zahlende Betrag. Der nicht in Anspruch genommene Rückstellungsbetrag wird erfolgswirksam aufgelöst. Es ergibt sich ein Ertrag, der auf dem Konto „2760 Erträge aus der Auflösung von Rückstellungen" zu erfassen ist.[1]
3. **Rückstellung < Zahlung:** Der Rückstellungsbetrag ist kleiner als die zu leistende Zahlung. Da das Unternehmen den anfallenden Aufwand zu niedrig geschätzt hat, entsteht nun ein zusätzlicher Aufwand, der auf dem sachlich zugehörigen Aufwandskonto oder gegebenenfalls auf einem Unterkonto[1] zu buchen ist.

**BEISPIEL**

Zum Abschlussstichtag wird mit einer Gewerbesteuernachzahlung[1] für das Abschlussjahr in Höhe von 4.500,00 € gerechnet.

**Buchung bei Bildung der Rückstellung zum 31. Dezember:**

❶ **4210 Gewerbesteuer** ........ an **0722 Steuerrückstellungen** ....... 4.500,00

**Abschlussbuchungen:**

❷ **9300 GuV-Konto** ........ an **4210 Gewerbesteuer** ........ **4.500,00**

❸ **0722 Steuerrückstellungen** ........ an **9400 Schlussbilanzkonto** ........ **4.500,00**

| S | **4210 Gewerbesteuer** | | H |
|---|---|---|---|
| ❶ | 4.500,00 | ❷ 9300 | 4.500,00 |

| S | **0722 Steuerrückstellungen** | | H |
|---|---|---|---|
| ❸ 9400 | 4.500,00 | ❶ | 4.500,00 |

| S | **9300 GuV-Konto** | | H |
|---|---|---|---|
| ❷ | 4.500,00 | | |

| S | **9400 Schlussbilanzkonto** | | H |
|---|---|---|---|
| | | ❸ | 4.500,00 |

Die Gewerbesteuer wird im Juni nächsten Jahres überwiesen:

**1. Fall 4.500,00 €, 2. Fall 4.000,00 €, 3. Fall 5.100,00 €.**

Zu Beginn des Geschäftsjahres wird das Rückstellungskonto eröffnet:

**9100 Eröffnungsbilanzkonto (EBK)** .... an **0722 Steuerrückstellungen** ........ **4.500,00**

### Buchung im Fall 1: Rückstellung = Zahlung: 4.500,00 €

**0722 Steuerrückstellungen** ........ an **1310 Bank** ........ **4.500,00**

| S | **1310 Bank** | | H |
|---|---|---|---|
| | | 0722 | 4.500,00 |

| S | **0722 Steuerrückstellungen** | | H |
|---|---|---|---|
| 1310 | 4.500,00 | 9100 | 4.500,00 |

### Buchung im Fall 2: Rückstellung > Zahlung: 4.000,00 €

**0722 Steuerrückstellungen** ........ **4.500,00** an **1310 Bank** ........ **4.000,00**
an **2760 Erträge aus der Auflösung von Rückstellungen**[2] ........ **500,00**

| S | **1310 Bank** | | H |
|---|---|---|---|
| | | 0722 | 4.000,00 |

| S | **0722 Steuerrückstellungen** | | H |
|---|---|---|---|
| 1310/2760 | 4.500,00 | 9100 | 4.500,00 |

| S | **2760 Erträge a. d. Aufl. v. Rückst.** | | H |
|---|---|---|---|
| | | 0722 | 500,00 |

1 Siehe S. 192 f.
2 In der GuV-Rechnung erfolgt in diesem Fall eine Saldierung mit dem Gewerbesteueraufwand.

### Buchung im Fall 3: Rückstellung < Zahlung: 5.100,00 €

| | | | | |
|---|---|---|---|---|
| 0722 Steuerrückstellungen | 4.500,00 | | | |
| 4211 Gewerbesteuernachz. – Vorjahre | 600,00 | an | 1310 Bank | 5.100,00 |

| S | 1310 Bank | | H |
|---|---|---|---|
| | | 0722/4211 | 5.100,00 |

| S | 0722 Steuerrückstellungen | | H |
|---|---|---|---|
| 1310 | 4.500,00 | 9100 | 4.500,00 |

| S | 4211 Gewerbesteuer – Vorjahre | | H |
|---|---|---|---|
| 1310 | 600,00 | | |

D

**Auflösung von Rückstellungen**

Eine Rückstellung darf nach § 249 [2] HGB nur aufgelöst werden, soweit der Grund hierfür entfallen ist. Dieser Fall liegt zum einen vor, wenn die Verpflichtung, für die das Unternehmen die Rückstellung gebildet hat, nicht eingetreten ist. Hat das Unternehmen beispielsweise für ein Gerichtsverfahren eine Prozesskostenrückstellung gebildet und die gerichtliche Auseinandersetzung gewonnen, darf die Rückstellung aufgelöst werden. Zum anderen erfolgt eine Rückstellungsauflösung, wenn der Rückstellungsbetrag höher war als die Inanspruchnahme der Rückstellung (siehe Fall 2 des obigen Beispiels). In diesem Fall darf der nicht mehr benötigte Rückstellungsbetrag aufgelöst werden. Die Auflösung von Rückstellungen führt zu einem Ertrag und erfolgt über das Konto „2760 Erträge aus der Auflösung von Rückstellungen".

**MERKE**

- **Rückstellungen sind Verpflichtungen, die am Abschlussstichtag ihrem Grunde nach bekannt sind, nicht aber in ihrer Höhe und/oder Fälligkeit. Sie dienen dem vollständigen Ausweis des Fremdkapitals sowie der periodengerechten Ermittlung des Jahreserfolgs.**
- **Nach § 249 [1] HGB müssen Rückstellungen gebildet werden für ungewisse Verbindlichkeiten, drohende Verluste aus schwebenden Geschäften, unterlassene Instandhaltungsaufwendungen, die im folgenden Geschäftsjahr innerhalb von drei Monaten nachgeholt werden, Abraumbeseitigung, die im folgenden Geschäftsjahr nachgeholt wird, sowie Gewährleistungen ohne rechtliche Verpflichtung.**
- **Rückstellungen sind in Höhe des zu erwartenden Erfüllungsbetrags anzusetzen, der nach vernünftiger kaufmännischer Beurteilung notwendig ist (§ 253 [1] HGB).**
- **Die Bildung von Rückstellungen mindert den Gewinn und damit im Allgemeinen auch die zu zahlenden Ertragsteuern (Einkommen-, Körperschaft-, Gewerbesteuer).**
- **Rückstellung dürfen nach § 249 [2] HGB nur aufgelöst werden, soweit der Grund für die Bildung der Rückstellung entfallen ist.**

**AUFGABE 257**

Für einen laufenden Prozess werden voraussichtlich 6.400,00 € Gerichtskosten entstehen.

1. Buchen Sie zum Abschlussstichtag (31. Dezember).
2. Am 6. März nächsten Jahres werden durch Banküberweisung bezahlt
   a) 6.400,00 €;
   b) 5.000,00 €;
   c) 7.500,00 €.

Wie lauten die Buchungen?

**AUFGABE 258**

Ein Unternehmen gewährt seinen Kunden auf alle gelieferten Waren ein Jahr Garantie. In den vergangenen Rechnungsperioden machten die Gewährleistungsverpflichtungen etwa 1,5 % des Nettojahresumsatzes aus. Im Abschlussjahr beträgt der Nettoumsatz 25 Millionen €.

Berechnen Sie die zu erwartenden Gewährleistungsverpflichtungen und buchen Sie zum 31. Dezember.

**AUFGABE 259**

Eine Dachreparatur konnte im Dezember nicht mehr durchgeführt werden und musste deshalb bis Mitte Januar aufgeschoben werden. Kostenvoranschlag: 5.800,00 € netto.

1. Buchen Sie aufgrund des Sachverhalts zum Abschlusstichtag 31. Dezember.
2. Nennen Sie die Abschlussbuchungen.
3. Wie wirkt sich die Bildung der Rückstellung auf den steuerlichen Gewinn aus?
4. Nennen Sie für das Konto „Rückstellungen" die Eröffnungsbuchung zum 1. Januar.
5. Wie ist zu buchen, wenn im neuen Jahr nach Durchführung der Reparatur folgende Rechnungen durch Bank beglichen werden:
   a) 5.800,00 € + USt;
   b) 6.400,00 € + USt;
   c) 5.400,00 € + USt?

**AUFGABE 260**

Bildung einer Gewerbesteuerrückstellung über 8.600,00 €. Banküberweisung der Gewerbesteuer im März nächsten Jahres:

a) 8.600,00 €;
b) 7.200,00 €;
c) 9.000,00 €.

Buchen Sie **1.** die Bildung und **2.** die Auflösung der Gewerbesteuerrückstellung.

**AUFGABE 261**

1. Am Jahresende werden der Pensionsrückstellung für die Belegschaftsmitglieder 120.000,00 € zugeführt.
2. Pensionsrückstellungen in Höhe von 7.600,00 € werden wegen Kündigung von Belegschaftsmitgliedern aufgelöst.

Wie lauten die Buchungen?

**AUFGABE 262**

Die Baustoff-GmbH bestellt am 2. Dez. 3000 t Zement XR 304 zu 60,00 € je t + USt. Lieferungstermin 15. Febr. nächsten Jahres. Am Abschlussstichtag (31. Dez.) beträgt der Tagespreis 55,00 € je t.

1. Begründen Sie, dass es sich hierbei um ein schwebendes Geschäft handelt.
2. In welchem Fall sind schwebende Geschäfte im handelsrechtl. Jahresabschluss zu berücksichtigen?
3. Buchen Sie
   a) zum 31. Dezember und
   b) nach Eingang der Rechnung im Februar nächsten Jahres.

**AUFGABE 263**

Zum Abschlussstichtag wird mit Steuerberatungskosten in Höhe von 3.200,00 € netto gerechnet. Im April nächsten Jahres geht die Rechnung des Steuerberaters über

a) 3.500,00 € + USt und
b) 2.900,00 € + USt ein.

1. Buchen Sie zum Abschlussstichtag und geben Sie auch die Abschlussbuchungen an.
2. Nennen Sie die Eröffnungsbuchung für das Rückstellungskonto.
3. Wie lautet jeweils die Buchung nach Rechnungseingang?

**AUFGABE 264**

| Kontenplan und vorläufige Saldenbilanz | | Soll | Haben |
|---|---|---|---|
| 0310 | Technische Anlagen und Maschinen | 260.000,00 | – |
| 0330 | Betriebs- und Geschäftsausstattung | 1.400.000,00 | – |
| 0371 | GWG-Sammelposten | 8.600,00 | – |
| 0610 | Eigenkapital | – | 900.000,00 |
| 0724 | Sonstige Rückstellungen | – | 10.000,00 |
| 0820 | Darlehensschulden | – | 380.000,00 |
| 1010 | Forderungen a. LL | 337.160,00 | – |
| 1310 | Bank | 348.500,00 | – |
| 1410 | Vorsteuer | 245.080,00 | – |
| 1510 | Kasse | 7.400,00 | – |
| 1610 | Privatentnahmen | 88.700,00 | – |
| 1710 | Verbindlichkeiten a. LL | – | 170.000,00 |
| 1810 | Umsatzsteuer | – | 375.440,00 |
| 1940 | Sonstige Verbindlichkeiten | – | 110.000,00 |
| 2110 | Zinsaufwendungen | 46.400,00 | – |
| 2610 | Zinserträge | – | 4.000,00 |
| 3010 | Wareneingang | 626.000,00 | – |
| 3910 | Warenbestände | 95.000,00 | – |
| 4100 | Mietaufwendungen | 145.300,00 | – |
| 4710 | Instandhaltung | 8.000,00 | – |
| 4840 | Rechts- und Beratungskosten | 14.000,00 | – |
| 4890 | Diverse Aufwendungen | 295.300,00 | – |
| 8010 | Warenverkauf | – | 1.976.000,00 |
| Weitere Konten: 0910, 0930, 2060, 4910, 4920, 4911, 8710, 9300, 9400 | | 3.925.440,00 | 3.925.440,00 |

**Angaben zum Abschlussstichtag**

1. Außerplanmäßige Abschreibung:
   Eine EDV-Anlage, Buchwert 8.500,00 €, hat nur noch einen Wert von 500,00 €.
2. Planmäßige Abschreibungen: TA und Maschinen: 25 % degressiv; BGA: 20 % linear von 1.600.000,00 € Anschaffungskosten; 20 % auf GWG-Sammelposten.
3. Private Warenentnahme: 1.200,00 € netto.
4. Bildung einer Prozesskostenrückstellung in Höhe von 32.800,00 € und einer Rückstellung für unterlassene Instandhaltungen über 68.000,00 €.
5. Die Dezembermiete für die angemietete Lagerhalle wird zu Beginn des folgenden Geschäftsjahres mit 15.000,00 € an den Vermieter überwiesen.
6. Ein Kunde hatte für einen kurzfristigen Kredit die Halbjahreszinsen in Höhe von 600,00 € am 1. November im Voraus überwiesen.
7. Kassenfehlbetrag lt. Inventur 400,00 € (Ursache ungeklärt).
8. Am 1. Oktober belastet die Bank 17.100,00 € Halbjahres-Darlehenszinsen im Voraus.
9. Der Tageswert des Inventurbestands der Waren beträgt 92.000,00 €. Die durchschnittlichen Anschaffungskosten betragen 80.000,00 €.[1]

**1.** Erstellen Sie den Jahresabschluss. Gliedern Sie die Bilanz nach § 266 HGB.

**2.** Ermitteln Sie in Prozent die Rentabilität des Eigenkapitals, indem Sie vom Jahresgewinn für die Arbeitsleistung des Geschäftsinhabers zunächst einen Unternehmerlohn von 96.000,00 € abziehen und den Restgewinn zum durchschnittlichen Eigenkapital des Geschäftsjahres in Beziehung setzen. Hat sich der Kapitaleinsatz gelohnt?

1 Beachten Sie: Nach dem Prinzip der kaufmännischen Vorsicht sind Vermögensgegenstände des Umlaufvermögens in der Jahresbilanz zum niedrigeren Wert (Niederstwertprinzip) auszuweisen (siehe auch S. 255).

# 4 Bewertung der Vermögensteile und Schulden

## 4.1 Maßgeblichkeit der handelsrechtlichen Bewertung

Vermögensgegenstände und Schulden (Verbindlichkeiten und Rückstellungen) sind im Zugangszeitpunkt und an späteren Abschlussstichtagen nach den rechtlichen Vorgaben zu bewerten. Bei der Bewertung wird den Vermögens- und Schuldposten ein Wertansatz zugeordnet, mit dem sie in der Bilanz ausgewiesen werden. Die Bewertung hat Einfluss auf die Höhe des Eigenkapitals von Unternehmen, da dieses die Differenz zwischen der Summe des Vermögens und der Summe der Schulden darstellt. Das Eigenkapital ergibt sich also erst, wenn die übrigen Bilanzposten bewertet wurden. Bei der Bewertung der Vermögensgegenstände und Schulden am Abschlussstichtag führt ein höherer oder niedrigerer Wertansatz über eine Erhöhung oder Verminderung des Jahresergebnisses (Gewinn oder Verlust) zu einer Veränderung des Eigenkapitals.

**BEISPIEL**

Die Papierwarengroßhandlung Kern KG hat im Geschäftsjahr 01 Aktien zu Anlagezwecken erworben und zu Anschaffungskosten von 300.000,00 € im Finanzanlagevermögen (Wertpapiere des Anlagevermögens) bilanziert. Am Abschlussstichtag 01 ist der Kurswert der Aktien vorübergehend auf 250.000,00 € gesunken. Der vorläufige Gewinn des Geschäftsjahres 01 beträgt 200.000,00 €, das Eigenkapital des Unternehmens beläuft sich einschließlich des vorläufigen Gewinns auf 5.000.000,00 €.

Nach § 253 [3] HGB können die Aktien in der Handelsbilanz

a) mit dem niedrigeren Börsenkurs von 250.000,00 € angesetzt oder
b) weiterhin mit den ursprünglichen Anschaffungskosten von 300.000,00 € ausgewiesen werden.

Zu Fall a): Eine Bewertung der Aktien mit dem niedrigeren Börsenkurs führt zu einer Verminderung des Finanzanlagevermögens um 50.000,00 €, die buchhalterisch durch eine außerplanmäßige Abschreibung erfolgt. Der Abschreibungsaufwand wirkt sich gewinnmindernd aus, sodass der Gewinn der Papierwarengroßhandlung Kern statt 200.000,00 € nur 150.000,00 € beträgt. Der niedrigere Wertansatz des Vermögens führt über den verminderten Gewinn also zu einem entsprechend niedrigeren Eigenkapital von 4.950.000,00 €.

Zu Fall b): Die Beibehaltung des ursprünglichen Wertansatzes der Aktien von 300.000,00 € verändert weder die Höhe des Eigenkapitals noch des Gewinns der Papierwarengroßhandlung Kern KG.

**Bewertungsvorschriften**

Die unzutreffende Bewertung der Vermögensgegenstände und Schulden, beispielsweise durch zu hohe oder zu niedrige Abschreibungen oder Schätzung der Rückstellungsbeträge, führt zu einer falschen Darstellung der Vermögens-, Finanz- und Ertragslage des Unternehmens und verletzt zum einen den Grundsatz des Gläubigerschutzes. Zum anderen verstößt sie gegen das Gebot, im Jahresabschluss ein den tatsächlichen Verhältnissen entsprechendes Bild der Vermögens-, Finanz- und Ertragslage vermitteln zu müssen. Der Gesetzgeber hat deshalb handels- und steuerrechtliche **Bewertungsvorschriften** erlassen, **die willkürliche Über- und Unterbewertungen** der Vermögensgegenstände und Schulden verhindern sollen.

D

§§ 252–256a HGB

- **Die handelsrechtliche Bewertung** richtet sich nach den §§ 252 bis 256a HGB, die für alle Unternehmen gleich welcher Rechtsform gelten. Die handelsrechtlichen Bewertungsvorschriften dienen der **Kapitalerhaltung** und damit auch dem **Schutz der Gläubiger.** Das Vorsichtsprinzip (§ 252 [1] Nr. 4 HGB) ist der oberste Bewertungsgrundsatz. Es sagt aus, dass das Vermögen und die Schulden vorsichtig zu bewerten sind. Vermögensgegenstände sollen also eher zu niedrig als zu hoch (Niederstwertprinzip) und Schulden eher zu hoch als zu niedrig (Höchstwertprinzip) angesetzt werden (siehe auch S. 245 f.).

§§ 5–7 EStG

- **Die steuerrechtliche Bewertung** richtet sich nach **§§ 5 bis 7 Einkommensteuergesetz.** Sie soll die **Ermittlung des Gewinns nach einheitlichen Grundsätzen** sicherstellen und damit den Grundsatz der Steuergerechtigkeit erfüllen. Beispielsweise enthalten die Vorschriften des EStG für die Bewertung von Wirtschaftsgütern Vorschriften zu den anzuwendenden Abschreibungsmethoden oder die amtlichen **AfA-Tabellen** weisen einheitliche Nutzungsdauern der verschiedenen Wirtschaftsgüter aus.

**Grundsatz der Maßgeblichkeit § 5 [1] EStG**

D

Die nach den **handelsrechtlichen** Bewertungsvorschriften aufgestellte Bilanz heißt **„Handelsbilanz“.** Die in der Handelsbilanz ausgewiesenen Wertansätze für die Vermögensgegenstände und Schulden sind grundsätzlich auch **verbindlich für** die dem Finanzamt einzureichende **„Steuerbilanz“, sofern die steuerlichen Vorschriften keine andere Bewertung zwingend vorschreiben** oder ein **Wahlrecht** gewähren. Dieser **„Grundsatz der Maßgeblichkeit der Handelsbilanz für die Steuerbilanz“** ergibt sich aus § 5 [1] **Einkommensteuergesetz**.

**§ 5 ESTG GEWINN BEI KAUFLEUTEN UND BEI BESTIMMTEN ANDEREN GEWERBETREIBENDEN**

*[1] Bei Gewerbetreibenden, die auf Grund gesetzlicher Vorschriften verpflichtet sind, Bücher zu führen und regelmäßig Abschlüsse zu machen, oder die ohne eine solche Verpflichtung Bücher führen und regelmäßig Abschlüsse machen, ist für den Schluss des Wirtschaftsjahres das Betriebsvermögen anzusetzen (§ 4 Absatz 1 Satz 1), das nach den handelsrechtlichen Grundsätzen ordnungsmäßiger Buchführung auszuweisen ist, es sei denn, im Rahmen der Ausübung eines steuerlichen Wahlrechts wird oder wurde ein anderer Ansatz gewählt. Voraussetzung für die Ausübung steuerlicher Wahlrechte ist, dass die Wirtschaftsgüter, die nicht mit dem handelsrechtlich maßgeblichen Wert in der steuerlichen Gewinnermittlung ausgewiesen werden, in besondere, laufend zu führende Verzeichnisse aufgenommen werden. [...]*

**BEISPIEL**

Die **Anschaffungskosten** der Aktien (siehe Beispiel auf S. 241) werden nach § 255 [1] HGB folgendermaßen ermittelt (siehe S. 187):

| | |
|---|---|
| Anschaffungspreis (Kurswert der Aktien) | 295.275,59 € |
| + Anschaffungsnebenkosten (1 % Bankprovision + 0,6 % Maklergebühr) | 4.724,41 € |
| = **Anschaffungskosten** | **300.000,00 €** |

Nach den **handelsrechtlichen Bewertungsvorschriften** für die Zugangsbewertung (§ 253 [1] HGB) müssen die Aktien mit diesem Wert aktiviert werden. Das **Steuerrecht** enthält in § 6 [1] Nr. 1 und 2 EStG ebenfalls die Vorschrift, dass Wirtschaftsgüter mit ihren **Anschaffungskosten** zu bewerten sind. Allerdings wird nicht gesagt, wie die Anschaffungskosten zu berechnen sind. Daher werden die **nach den handelsrechtlichen Vorschriften ermittelten Anschaffungskosten** der Aktien von 300.000,00 € **für steuerliche Zwecke übernommen**. Es gilt also die **Maßgeblichkeit der Handelsbilanz für die Steuerbilanz**.

**Durchbrechung der Maßgeblichkeit**

Der **Grundsatz der Maßgeblichkeit** der Handelsbilanz für die Steuerbilanz **wird durchbrochen**, wenn das **Steuerrecht zwingend eine andere Bewertung vorschreibt**. In diesen Fällen weichen Handelsbilanz und Steuerbilanz voneinander ab.

**BEISPIEL**

Für die **Bewertung der** o. g. **Aktien** (Beispiel S. 241) erlaubt § 6 [1] Nr. 2 EStG eine **Abschreibung in der Steuerbilanz** auf den niedrigeren Börsenkurs von 250.000,00 € bei einer **voraussichtlich dauernden Wertminderung**. Da der Aktienkurs nur vorübergehend gesunken ist, müssen die Aktien in der Steuerbilanz mit den Anschaffungskosten von 300.000,00 € ausgewiesen werden. Das handelsrechtliche Abschreibungswahlrecht gilt also für die Steuerbilanz nicht. Es liegt eine **Durchbrechung des Grundsatzes der Maßgeblichkeit** vor.

Werden die Aktien in der Handelsbilanz auf 250.000,00 € abgeschrieben und in der Steuerbilanz weiterhin mit 300.000,00 € bilanziert, weichen die Bilanzen voneinander ab. Der Handelsbilanzgewinn ist dann um 50.000,00 € niedriger als der Steuerbilanzgewinn.

**Steuerliche Wahlrechte**

Auch **steuerliche Wahlrechte** können zu einer Abweichung zwischen Handels- und Steuerbilanz führen. Kann das Unternehmen nach dem Steuerrecht verschiedene Wertansätze wählen, darf der gewählte Wertansatz nach § 5 [1] EStG vom handelsrechtlichen Wertansatz abweichen (siehe § 5 [1] EStG auf S. 242). Die Maßgeblichkeit der Handelsbilanz für die Steuerbilanz gilt in diesem Fall nicht. **Steuerliche Wahlrechte** dürfen nur ausgeübt werden, wenn die **abweichend bewerteten Wirtschaftsgüter in einem besonderen Verzeichnis aufgeführt sind** (vgl. § 5 [1] Satz 2 EStG).

**Einheitsbilanz**

**Einzelunternehmen und kleinere Personengesellschaften** stellen häufig nur **eine Bilanz** auf, die **zugleich Handels- und Steuerbilanz** ist. Das bedeutet, dass bereits bei den Jahresabschlussarbeiten die steuerrechtlichen Bewertungsvorschriften berücksichtigt werden. Durch die teilweise vom Handelsrecht abweichenden steuerlichen Vorschriften wird die Erstellung einer **Einheitsbilanz** erschwert.

**MERKE**

- **Bewertung bedeutet Bestimmung des Wertansatzes der Vermögensgegenstände und Schulden für den Ausweis in der Bilanz.**
- **Die Bewertung beeinflusst die Höhe des in der Bilanz auszuweisenden Vermögens, der Schulden und des Eigenkapitals. Eine Verminderung des Vermögens oder Erhöhung der Schulden führt zu einem geringeren Jahreserfolg und einem niedrigeren Eigenkapital (und umgekehrt).**
- **Handels- und steuerrechtliche Bewertungsvorschriften haben unterschiedliche Zielsetzungen.**
- **Allgemein gilt nach § 5 [1] EStG für die Bewertung der „Grundsatz der Maßgeblichkeit der Handelsbilanz für die Steuerbilanz“, sofern die steuerlichen Vorschriften keine andere Bewertung zwingend vorschreiben oder ein Wahlrecht gewähren.**

**AUFGABE 265**

Die Textil-GmbH hat zu Beginn des Geschäftsjahres 2019 einen Verpackungsautomaten zu Anschaffungskosten von 400.000,00 € erworben. Die voraussichtliche Nutzungsdauer beträgt zehn Jahre. Wegen des technischen Fortschritts soll die Maschine nach Möglichkeit degressiv mit 25 % abgeschrieben werden.

Ermitteln Sie den Wertansatz zum Abschlussstichtag 31. Dezember 2019 für die Handelsbilanz und die Steuerbilanz.

**AUFGABE 266**

Die Südfrüchte GmbH hat im Geschäftsjahr 01 geringwertige Wirtschaftsgüter für insgesamt 35.000,00 € (Nettowerte der GWG über 250,00 € bis 1.000,00 €) erworben, die im handelsrechtlichen Jahresabschluss aktiviert und über die voraussichtliche Nutzungsdauer abgeschrieben werden. Um den steuerpflichtigen Gewinn zu mindern, wurden die geringwertigen Wirtschaftsgüter in der beim Finanzamt eingereichten Steuerbilanz voll abgeschrieben.

D

1. Welches Bilanzierungsrecht besteht steuerlich bei geringwertigen Wirtschaftsgütern?
2. Nehmen Sie kritisch Stellung zu der vorliegenden Bewertung in beiden Bilanzen.
3. Erläutern Sie die unterschiedliche Zielsetzung der handels- und steuerrechtlichen Bewertung.
4. Begründen Sie, inwiefern durch eine vorsichtige Bewertung in der Handelsbilanz dem Gläubigerschutz Rechnung getragen wird.
5. Nennen Sie mögliche Abweichungen zwischen Handels- und Steuerbilanz.
6. Welche Vor- und Nachteile hat jeweils eine
   a) niedrige oder
   b) hohe Abschreibung?

## 4.2 Allgemeine Bewertungsgrundsätze nach § 252 HGB

**Die allgemeinen Bewertungsgrundsätze** ergeben sich aus **§ 252 [1] HGB.** Diese sind für alle Kaufleute verbindlich.

D

**§ 252 HGB ALLGEMEINE BEWERTUNGSGRUNDSÄTZE**

*[1] Bei der Bewertung der im Jahresabschluß ausgewiesenen Vermögensgegenstände und Schulden gilt insbesondere folgendes:*

1. *Die Wertansätze in der Eröffnungsbilanz des Geschäftsjahrs müssen mit denen der Schlußbilanz des vorhergehenden Geschäftsjahrs übereinstimmen.*
2. *Bei der Bewertung ist von der Fortführung der Unternehmenstätigkeit auszugehen, sofern dem nicht tatsächliche oder rechtliche Gegebenheiten entgegenstehen.*
3. *Die Vermögensgegenstände und Schulden sind zum Abschlußstichtag einzeln zu bewerten.*
4. *Es ist vorsichtig zu bewerten, namentlich sind alle vorhersehbaren Risiken und Verluste, die bis zum Abschlußstichtag entstanden sind, zu berücksichtigen, selbst wenn diese erst zwischen dem Abschlußstichtag und dem Tag der Aufstellung des Jahresabschlusses bekanntgeworden sind; Gewinne sind nur zu berücksichtigen, wenn sie am Abschlußstichtag realisiert sind.*
5. *Aufwendungen und Erträge des Geschäftsjahrs sind unabhängig von den Zeitpunkten der entsprechenden Zahlungen im Jahresabschluß zu berücksichtigen.*
6. *Die auf den vorhergehenden Jahresabschluss angewandten Bewertungsmethoden sind beizubehalten.*

*[2] Von den Grundsätzen des Absatzes 1 darf nur in begründeten Ausnahmefällen abgewichen werden.*

**Bilanzidentität**

**1. Grundsatz der Bilanzidentität (Bilanzgleichheit)**

Der Grundsatz der Bilanzidentität stellt sicher, dass die Posten der **Eröffnungsbilanz** eines Geschäftsjahres **wertmäßig** mit den Posten der **Schlussbilanz** des vorhergehenden Geschäftsjahres **übereinstimmen,** also **identisch** sind. Die **Schlussbilanz** ist **immer gleichzeitig** die **Eröffnungsbilanz des Folgejahres.**

Der Grundsatz der Bilanzidentität verhindert, dass beim Übergang auf das neue Geschäftsjahr Wertveränderungen vorgenommen werden.

**Unternehmensfortführung**

**2. Grundsatz der Unternehmensfortführung (Going-concern-Prinzip)**

**Bei der Bewertung ist** grundsätzlich **von der Fortführung der Unternehmenstätigkeit auszugehen.** Die einzelnen Vermögensgegenstände dürfen **nicht mit ihren Liquidationswerten** (Einzelveräußerungspreise im Falle einer Auflösung des Unternehmens) in die Jahresbilanz eingesetzt werden, sondern nur mit dem Wert, der sich bei Unternehmensfortführung ergibt. Das sind z. B. bei abnutzbaren Anlagegütern die Anschaffungskosten abzüglich Abschreibungen. Auf der Passivseite dürfen nach dem Grundsatz der Unternehmensfortführung keine Schulden angesetzt werden, die erst bei einer Liquidation des Unternehmens entstehen (z. B. Rückstellungen für Abfindungen).

Eine **Abweichung vom „Going-concern-Prinzip"** ist nur im Falle einer **Liquidation** oder einer **zwangsweisen** Auflösung eines Unternehmens im Rahmen eines Insolvenzverfahrens möglich.

### 3. Grundsatz der Einzelbewertung

**Einzelbewertung**

Grundsätzlich sind alle **Vermögensgegenstände und Schulden einzeln** zu **bewerten.** Allerdings sind **Bewertungsvereinfachungsverfahren** aus Gründen der Wirtschaftlichkeit gesetzlich zugelassen, wie z. B. eine **Gruppen- oder Sammelbewertung** der Warenbestände nach Durchschnittswerten (§ 240 [4] HGB).

### 4. Grundsatz der Stichtagsbezogenheit (Stichtagsprinzip)

**Stichtags-bezogenheit**

Die **Bewertung** der einzelnen Vermögensgegenstände und Schulden hat sich **nach den Verhältnissen am Abschlussstichtag** zu richten. Dabei sind alle **Sachverhalte zu berücksichtigen,** die am Abschlussstichtag (z. B. 31. Dezember 01) **objektiv** bestehen, auch wenn sie nach diesem Zeitpunkt, jedoch noch **vor dem Tag der Bilanzaufstellung** (z. B. 28. Januar 02), **bekannt werden** (sog. **wertaufhellende Tatsachen).**

D

**BEISPIEL**

Am Abschlussstichtag 31. Dezember 01 besteht eine Forderung gegenüber einem Kunden in Höhe von 11.900,00 €. Am 12. Januar 02, noch vor Bilanzaufstellung (28. Januar 02), wird bekannt, dass der Kunde bereits am 27. Dezember 01 nach Abschluss eines Insolvenzverfahrens zahlungsunfähig war.

Die erlangte bessere Erkenntnis über den Wert der Forderung zum Abschlussstichtag muss bei der Bewertung berücksichtigt werden. Die Forderung ist zum 31. Dezember 01 abzuschreiben, da sie zu diesem Zeitpunkt objektiv uneinbringlich war.

**Vorgänge,** die sich **nach** dem Abschlussstichtag ereignen und Tatsachen geschaffen haben, die am Abschlussstichtag objektiv noch nicht gegeben waren, **dürfen bei der Bewertung** zu diesem Zeitpunkt **nicht berücksichtigt werden.**

**BEISPIEL**

Am Abschlussstichtag 31. Dezember 01 besteht gegenüber einem Kunden eine Forderung über 17.850,00 €. Wertmindernde Tatsachen waren zu diesem Zeitpunkt nicht gegeben. Am 15. Januar 02, noch vor Bilanzaufstellung (28. Januar 02), brennt das Warenlager des Kunden ab. Mangels ausreichender Versicherungsleistung kommt es zu einem Insolvenzverfahren und damit zum Totalausfall der Forderung. Die durch Brand eingetretene Zahlungsunfähigkeit des Kunden ist ein **Vorgang im neuen Geschäftsjahr.** Eine Abschreibung der Forderung darf deshalb zum 31. Dezember 01 nicht vorgenommen werden.

### 5. Grundsatz der Vorsicht (Vorsichtsprinzip, Realisationsprinzip und Imparitätsprinzip)

**Vorsichtsprinzip**

Der Kaufmann muss **vorsichtig** bewerten, indem er **alle vorhersehbaren Risiken und Verluste,** die bis zum Abschlussstichtag entstanden sind, berücksichtigt, auch wenn diese noch nicht eingetreten sind, wie z. B. bei Kursverlusten von Wertpapieren. Bei der Bewertung der Vermögensgegenstände findet das Vorsichtsprinzip seinen Ausdruck im **Niederstwertprinzip**, wonach von zwei möglichen Wertansätzen, der niedrigere gewählt werden muss oder angesetzt werden darf (siehe S. 250). Für die Bewertung der Schulden gilt entsprechend das **Höchstwertprinzip** (siehe S. 251 und 272).

**Gewinne** dürfen nur dann berücksichtigt werden, wenn sie **tatsächlich entstanden,** also **realisiert** sind. Nach dem **Realisationsprinzip** dürfen beispielsweise Kursgewinne bei Wertpapieren erst ausgewiesen werden, wenn die Wertpapiere mit Gewinn verkauft wurden.[1]

Die ungleiche Behandlung von Gewinnen und Verlusten wird als **Imparitätsprinzip** bezeichnet: Verluste und Wertminderungen müssen im Jahresabschluss schon vor ihrem tatsächlichen Eintritt ausgewiesen werden, während Gewinne und Wertsteigerungen erst nach ihrer Realisation berücksichtigt werden dürfen.

Das Vorsichtsprinzip soll **überhöhte Gewinnausschüttungen verhindern** und trägt deshalb zur **Erhaltung des Eigenkapitals** und der **Haftungssubstanz (Gläubigerschutz)** bei.

**Periodenabgrenzung**

### 6. Grundsatz der Periodenabgrenzung

Nach dem Grundsatz der Periodenabgrenzung sind **Aufwendungen und Erträge dem Geschäftsjahr zuzuweisen,** in dem sie **wirtschaftlich verursacht** wurden, ohne Rücksicht auf den Zeitpunkt der Ausgabe und Einnahme.

Die **zeitliche Abgrenzung der Aufwendungen und Erträge** in der Form der aktiven und passiven Rechnungsabgrenzung, der sonstigen Forderungen und sonstigen Verbindlichkeiten sowie der Rückstellungen **soll** eine **periodengerechte Erfolgsermittlung ermöglichen.**

D

**Bewertungsstetigkeit**

### 7. Grundsatz der Bewertungsstetigkeit

Der Grundsatz der Bewertungsstetigkeit besagt, dass die einmal gewählten **Bewertungsmethoden** grundsätzlich **beizubehalten** sind.

Die Bewertungsstetigkeit (materielle Bilanzkontinuität) soll insbesondere einen willkürlichen Wechsel bei der Bewertung desselben oder vergleichbarer Vermögensgegenstände und Schulden verhindern, damit die **Vergleichbarkeit der Jahresabschlüsse** sichergestellt ist.

Zu berücksichtigen ist auch die **formale Bilanzkontinuität** (§ 265 [1] HGB), also eine **einheitliche Bezeichnung und Gliederung der Posten des Jahresabschlusses** in der **Bilanz** (§ 266 HGB) und in der **Gewinn- und Verlustrechnung** (§ 275 HGB).

**MERKE**

- **Die allgemeinen Bewertungsgrundsätze nach § 252 [1] HGB gelten für alle Kaufleute und Rechtsformen.**
- **Von den allgemeinen Bewertungsgrundsätzen darf nur in begründeten Ausnahmefällen abgewichen werden (§ 252 [2] HGB).**

**AUFGABE 267**

1. Welche Bedeutung hat das Stichtagsprinzip für die Bewertung der Vermögensgegenstände und Schulden?
2. Welchen Einfluss haben „wertaufhellende Tatsachen“ auf die Bewertung?
3. Unterscheiden Sie zwischen dem Grundsatz der Bilanzidentitat und Bilanzkontinuitat.
4. Zum 31. Dezember 01 wurde für Prozesskosten eines schwebenden Prozesses eine Rückstellung in Höhe von 12.000,00 € gebildet. Noch vor Bilanzaufstellung am 10. März 02 geht der Prozess wider Erwarten zu Gunsten des bilanzierenden Unternehmens aus. Beurteilen Sie den Tatbestand.
5. Am 31. Dezember 01 musste eine Forderung wegen Uneinbringlichkeit abgeschrieben werden. Vor Bilanzaufstellung am 25. Februar 02 wird der Schuldner durch eine Erbschaft wieder zahlungsfähig. Wie ist die Forderung zum 31. Dezember 01 zu bewerten?

1 Eine Ausnahme vom Realisationsprinzip lässt § 256a HGB für kurzfristige Fremdwährungsposten zu.

## 4.3 Wertmaßstäbe bei Vermögensgegenständen

Für die **Bewertung** sind insbesondere folgende Wertmaßstäbe von Bedeutung:

- **Anschaffungskosten** (AK),
- **Herstellungskosten** (HK),
- **fortgeführte Anschaffungs- oder Herstellungskosten,**
- **Börsen- oder Marktpreis** bzw. **beizulegender Wert** (Tageswert) und
- **Teilwert.**

**Anschaffungskosten § 255 [1] HGB**

Anschaffungskosten sind nach § 255 [1] HGB wie folgt definiert:

**§ 255 [1] HGB BEWERTUNGSMAßSTÄBE**

*[1] Anschaffungskosten sind die Aufwendungen, die geleistet werden, um einen Vermögensgegenstand zu erwerben und ihn in einen betriebsbereiten Zustand zu versetzen, soweit sie dem Vermögensgegenstand einzeln zugeordnet werden können. Zu den Anschaffungskosten gehören auch die Nebenkosten sowie die nachträglichen Anschaffungskosten. Anschaffungspreisminderungen, die dem Vermögensgegenstand einzeln zugeordnet werden können, sind abzusetzen.*

| | |
|---|---|
| **Anschaffungspreis** ................................. | Netto-Kaufpreis |
| + **Aufwendungen zur Herstellung der Betriebsbereitschaft** ................................ | Fundament, Montage, Zulassung |
| + **Nebenkosten** ............................................ | Bezugskosten, Zölle, Grunderwerbsteuer, Notar, Makler |
| + **nachträgliche Anschaffungskosten** ...... | Erschließung, Straßenbau, Energieversorgung, Zubehörteile für Anlagen |
| – **Anschaffungspreisminderungen** ........... | Rabatte, Skonti, Gutschriften, Zuschüsse |
| = **Anschaffungskosten** | **Aktivierung** in der Handels- und Steuerbilanz |

**Herstellungskosten § 255 [2, 2a, 3] HGB**

Die Zusammensetzung der Herstellungskosten für die Bewertung der im eigenen Unternehmen erstellten Vermögensgegenstände (z. B. Erzeugnisse, selbst erstellte Anlagen, werterhöhende Großreparaturen) regelt § 255 [2, 2a, 3] HGB:

**§ 255 HGB BEWERTUNGSMAßSTÄBE**

*[2] Herstellungskosten sind die Aufwendungen, die durch den Verbrauch von Gütern und die Inanspruchnahme von Diensten für die Herstellung eines Vermögensgegenstands, seine Erweiterung oder für eine über seinen ursprünglichen Zustand hinausgehende wesentliche Verbesserung entstehen. Dazu gehören die Materialkosten, die Fertigungskosten und die Sonderkosten der Fertigung sowie angemessene Teile der Materialgemeinkosten, der Fertigungsgemeinkosten und des Werteverzehrs des Anlagevermögens, soweit dieser durch die Fertigung veranlasst ist. Bei der Berechnung der Herstellungskosten dürfen angemessene Teile der Kosten der allgemeinen Verwaltung sowie angemessene Aufwendungen für soziale Einrichtungen des Betriebs, für freiwillige soziale Leistungen und für die betriebliche Altersversorgung einbezogen werden, soweit diese auf den Zeitraum der Herstellung entfallen. Forschungs- und Vertriebskosten dürfen nicht einbezogen werden.*
*(2a) Herstellungskosten eines selbst geschaffenen immateriellen Vermögensgegenstands des Anlagevermögens sind die bei dessen Entwicklung anfallenden Aufwendungen nach Absatz 2.*
*[...]*
*(3) Zinsen für Fremdkapital gehören nicht zu den Herstellungskosten. Zinsen für Fremdkapital, das zur Finanzierung der Herstellung eines Vermögensgegenstands verwendet wird, dürfen angesetzt werden, soweit sie auf den Zeitraum der Herstellung entfallen; in diesem Falle gelten sie als Herstellungskosten des Vermögensgegenstands.*

Neben den **Einzelkosten**, die sich aus den Aufwendungen für das Fertigungsmaterial (Roh-, Hilfs- und Betriebsstoffe), den Fertigungslöhnen und den Sonderkosten der Fertigung (Lizenzgebühren, Spezialwerkzeuge, Modelle) zusammensetzen, gehören angemessene Teile der notwendigen **Materialgemeinkosten** (Lagerhaltung, Materialprüfung und -transport,) und der **Fertigungsgemeinkosten** (Betriebsleitung, Vorbereitung und Kontrolle der Fertigung, Raumkosten, Sachversicherungen) sowie des fertigungsbedingten **Werteverzehrs des Anlagevermögens** (Abschreibungen auf Fertigungsanlagen und Produktionshallen) zu den Herstellungskosten.

Für die Bewertung in der Handels- und Steuerbilanz dürfen wahlweise weitere Kosten in die Berechnung der Herstellungskosten einbezogen werden. Dabei handelt es sich um die **Kosten der allgemeinen Verwaltung** (Geschäftsleitung, Rechnungswesen, Einkauf, Personalabteilung, Ausbildungswesen, Betriebsabrechnung, Werkschutz), angemessene **Aufwendungen für freiwillige soziale Einrichtungen** des Unternehmens (Kantine, Freizeitgestaltung), **freiwillige soziale Leistungen** (Jubiläumsgeschenke, Beihilfen zu besonderen Anlässen, Weihnachtszuwendungen, sofern hierzu keine arbeits- oder tarifvertraglichen Regelungen bestehen) sowie für die **betriebliche Altersversorgung** (Zuführung zu Pensionsrückstellungen, Beiträge an Direktversicherungen und Pensionsfonds).

D

Diese handelsrechtlichen Wahlrechte sind in der Steuerbilanz in Übereinstimmung mit der Handelsbilanz auszuüben (§ 6 [1] Nr. 1b EStG).

Die **mindestens** bei der Bewertung der fertigen und unfertigen Erzeugnisse **anzusetzenden Herstellungskosten** (HK-Untergrenze) setzen sich somit für die Handelsbilanz und die Steuerbilanz aus den oben aufgeführten Einzelkosten, Gemeinkosten und Abschreibungen zusammen. Die **höchstens** bei der Bewertung **anzusetzenden Herstellungskosten** (HK-Obergrenze) berücksichtigen zusätzlich die wahlweise einzubeziehenden Aufwendungen.

| Handelsrechtliche und steuerrechtliche Herstellungskosten (HK) | | | |
|---|---|---|---|
| Handels- und Steuerrecht: Pflicht | Fertigungsmaterial<br>+ Fertigungslöhne<br>+ Sonderkosten der Fertigung<br>+ Materialgemeinkosten<br>+ Fertigungsgemeinkosten<br>+ fertigungsbedingter Werteverzehr des Anlagevermögens | + Allgemeine Verwaltungskosten<br>+ Aufwendungen für soziale Einrichtungen des Betriebs<br>+ Aufwendungen für freiwillige soziale Leistungen<br>+ Aufwendungen für betriebliche Altersversorgung | Handels- und Steuerrecht: Wahlrecht |
| | **= HK-Untergrenze nach Handels- und Steuerrecht** | **= HK-Obergrenze nach Handels- und Steuerrecht** | |

**Aufwendungen für Forschung** dürfen ebenso wenig angesetzt werden wie **Aufwendungen für den Vertrieb**. Diesen Verboten liegt die Vorstellung zugrunde, dass Forschung und Vertrieb dem Herstellungsprozess vor- bzw. nachgelagert sind. **Fremdkapitalzinsen** dürfen nur dann bei der Ermittlung der Herstellungskosten berücksichtigt werden, wenn sie unter zeitlichen und sachlichen Aspekten in unmittelbarem Zusammenhang mit der Herstellung eines Vermögensgegenstands stehen.

**Fortgeführte AK/HK**

Fortgeführte Anschaffungs- oder Herstellungskosten ergeben sich gemäß § 253 [3] HGB nach der planmäßigen Abschreibung der zeitlich begrenzt nutzbaren Vermögensgegenstände.

**§ 253 HGB ZUGANGS- UND FOLGEBEWERTUNG**

*[3] Bei Vermögensgegenständen des Anlagevermögens, deren Nutzung zeitlich begrenzt ist, sind die Anschaffungs- oder die Herstellungskosten um planmäßige Abschreibungen zu vermindern. Der Plan muss die Anschaffungs- oder Herstellungskosten auf die Geschäftsjahre verteilen, in denen der Vermögensgegenstand voraussichtlich genutzt werden kann.*

**Anschaffungskosten/Herstellungskosten abnutzbarer Anlagegegenstände**
**– planmäßige Abschreibungen**
**= fortgeführte Anschaffungskosten/Herstellungskosten**

Der Tageswert ist ein **Zeitwert oder Wiederbeschaffungswert**, der sich aus dem **Börsen- oder Marktpreis** ergibt. Falls ein Börsen- oder Marktpreis nicht festgestellt werden kann, ist für die Vermögensgegenstände ein beizulegender Wert anzusetzen, der geschätzt werden muss (§ 253 [3] S. 5 und [4] HGB). Der Tageswert ist also als Vergleichswert den ursprünglichen oder fortgeführten Anschaffungs- oder Herstellungskosten gegenüberzustellen. **Tageswert**

Der **Teilwert** ist ein steuerlicher Wertbegriff, dem hilfsweise die o. g. Wertmaßstäbe entsprechen: **Teilwert § 6 [1] Nr. 1 EStG**

**§ 6 ESTG BEWERTUNG**

*[1] Für die Bewertung der einzelnen Wirtschaftsgüter, die nach § 4 Absatz 1 oder nach § 5 als Betriebsvermögen anzusetzen sind, gilt das Folgende:*
*1. Wirtschaftsgüter des Anlagevermögens, die der Abnutzung unterliegen, sind mit den Anschaffungs- oder Herstellungskosten [...], vermindert um die Absetzungen für Abnutzung, erhöhte Absetzungen [...] anzusetzen. Ist der Teilwert auf Grund einer voraussichtlich dauernden Wertminderung niedriger, so kann dieser angesetzt werden. Teilwert ist der Betrag, den ein Erwerber des ganzen Betriebs im Rahmen des Gesamtkaufpreises für das einzelne Wirtschaftsgut ansetzen würde; dabei ist davon auszugehen, dass der Erwerber den Betrieb fortführt. [...]*

**MERKE**

**Die Anschaffungs-/Herstellungskosten dürfen bei der Bewertung der Vermögensgegenstände grundsätzlich nicht überschritten werden.**

D

## 4.4 Besondere Bewertungsgrundsätze

**Das Prinzip der Vorsicht** ist der **wichtigste** handelsrechtliche Bewertungsgrundsatz, der insbesondere der **Kapitalerhaltung** des Unternehmens und damit dem **Gläubigerschutz** dient. Vorsichtige Bewertung bedeutet, dass **bei Vermögensgegenständen grundsätzlich der niedrigere** und **bei Schulden der höhere Wert anzusetzen** ist, wenn zum Abschlussstichtag mehrere Wertansätze zur Verfügung stehen. Darüber hinaus müssen alle **vorhersehbaren Risiken und Verluste** erfasst werden, die bis zum Abschlussstichtag entstanden sind. **Vorsichtsprinzip § 252 [1] Nr. 4 HGB**

**Das Vorsichtsprinzip** findet seine konkrete Anwendung in den folgenden besonderen Bewertungsgrundsätzen, dem

- **Anschaffungs-/Herstellungskostenprinzip,**
- **Niederstwertprinzip** und
- **Höchstwertprinzip.**

Bei der Bewertung der Vermögensgegenstände zum Abschlussstichtag dürfen nach § 253 [1] HGB die **Anschaffungs- oder Herstellungskosten** nicht überschritten werden. **AK/HK-Prinzip § 253 [1] HGB**

**§ 253 HGB ZUGANGS- UND FOLGEBEWERTUNG**

*[1] Vermögensgegenstände sind höchstens mit den Anschaffungs- oder Herstellungskosten, vermindert um die Abschreibungen nach den Absätzen 3 bis 5, anzusetzen. [...]*

Durch diese **Bewertungsobergrenze** wird sichergestellt, dass **nur die** am Abschlussstichtag **durch Verkauf oder Zahlung realisierten (entstandenen) Gewinne ausgewiesen** werden. (Realisationsprinzip, siehe S. 246)

**BEISPIEL** Der Wert eines zu Anschaffungskosten von 250.000,00 € erworbenen Grundstücks ist inzwischen auf 300.000,00 € gestiegen.

Solange das Grundstück nicht zu dem höheren Wert verkauft ist, darf es höchstens mit seinen Anschaffungskosten von 250.000,00 € bilanziert werden. Bei der Wertsteigerung von 50.000,00 € handelt es sich um eine sogenannte stille Reserve und einen nicht realisierten Gewinn. Aus Gründen kaufmännischer Vorsicht werden nicht realisierte Gewinne noch nicht ausgewiesen und können somit auch nicht ausgeschüttet werden.

**Niederstwertprinzip**

Bei der Bewertung der Vermögensgegenstände ist am Abschlussstichtag das Niederstwertprinzip zu berücksichtigen (§ 253 [3, 4] HGB). Falls im Vergleich zu den (gegebenenfalls fortgeführten) Anschaffungs- oder Herstellungskosten am Abschlussstichtag ein niedrigerer Wertansatz vorliegt, z. B. als Börsen- oder Marktpreis bzw. niedrigerer beizulegender Wert (Tageswert), ist grundsätzlich der niedrigere Wert anzusetzen. In Abhängigkeit von der voraussichtlichen Dauer der Wertminderung und der Art des Vermögensgegenstands sieht das Handelsrecht den Ansatz des niedrigeren Tageswerts als Pflichtansatz oder Wahlrecht vor (siehe S. 252 f. für das Anlagevermögen und S. 255 für das Umlaufvermögen).

D

**§ 253 HGB ZUGANGS- UND FOLGEBEWERTUNG**

*[3] Bei Vermögensgegenständen des Anlagevermögens, deren Nutzung zeitlich begrenzt ist, sind die Anschaffungs- oder die Herstellungskosten um planmäßige Abschreibungen zu vermindern. Der Plan muss die Anschaffungs- oder Herstellungskosten auf die Geschäftsjahre verteilen, in denen der Vermögensgegenstand voraussichtlich genutzt werden kann. [...] Ohne Rücksicht darauf, ob ihre Nutzung zeitlich begrenzt ist, sind bei Vermögensgegenständen des Anlagevermögens bei voraussichtlich dauernder Wertminderung außerplanmäßige Abschreibungen vorzunehmen, um diese mit dem niedrigeren Wert anzusetzen, der ihnen am Abschlussstichtag beizulegen ist. Bei Finanzanlagen können außerplanmäßige Abschreibungen auch bei voraussichtlich nicht dauernder Wertminderung vorgenommen werden.*

*[4] Bei Vermögensgegenständen des Umlaufvermögens sind Abschreibungen vorzunehmen, um diese mit einem niedrigeren Wert anzusetzen, der sich aus einem Börsen- oder Marktpreis am Abschlussstichtag ergibt. Ist ein Börsen- oder Marktpreis nicht festzustellen und übersteigen die Anschaffungs- oder Herstellungskosten den Wert, der den Vermögensgegenständen am Abschlussstichtag beizulegen ist, so ist auf diesen Wert abzuschreiben.*

**BEISPIEL** Der Wert eines mit 220.000,00 € aktivierten Baugrundstücks ist aufgrund einer amtlich verordneten Baubeschränkung auf 100.000,00 € gesunken.

Auch wenn das Grundstück noch nicht zu dem niedrigeren Wert verkauft ist, muss der Wert wegen der dauerhaften Wertminderung (§ 253 [3] HGB) um 120.000,00 € auf 100.000,00 € herabgesetzt werden. Das Niederstwertprinzip führt somit zum Ausweis eines noch nicht realisierten Verlusts. Nicht realisierte Verluste sind aus Gründen kaufmännischer Vorsicht bereits dann im Jahresabschluss zu berücksichtigen, wenn sie vorhersehbar sind und ihre Ursache vor dem Abschlussstichtag liegt.

**Wertaufholungsgebot § 253 [5] HGB**

Sofern Gegenstände des Anlage- und Umlaufvermögens außerplanmäßig auf einen niedrigeren Wert abgeschrieben wurden und sich in einem späteren Geschäftsjahr herausstellt, dass die Gründe für die außerplanmäßige Abschreibung nicht mehr bestehen, ist eine **Zuschreibung** (Wertaufholung) vorzunehmen. Die Obergrenze für die Zuschreibung sind die – gegebenenfalls um die planmäßigen Abschreibungen verminderten – Anschaffungs- oder Herstellungskosten des Vermögensgegenstands.

**BEISPIEL**

Die Metallhandels-GmbH kauft am 3. Januar 01 Aktien für 20.000,00 € zur kurzfristigen Vermögensanlage. Zum 31. Dezember 01 haben die Aktien gemäß strengem Niederstwertprinzip nur noch einen Bilanzwert von 15.000,00 €. Bis zum 31. Dezember 02 steigen die Aktien auf einen Wert von 23.000,00 €. In der Steuer- und Handelsbilanz der Metallhandels-GmbH zum 31. Dezember 02 muss nun eine Wertaufholung bzw. Zuschreibung bis zu den ehemaligen Anschaffungskosten von 20.000,00 € erfolgen, wodurch eine stille Reserve von 5.000,00 € ertragswirksam aufgelöst wird:

**Buchung:**

| | | |
|---|---|---|
| **1200 Wertpapiere des Umlaufvermögens** | 5.000,00 | |
| an **2732 Erträge aus Zuschreibungen im Umlaufvermögen** | | 5.000,00 |

Bei den Bewertungsvorschriften für die Schulden des Unternehmens ist zwischen den Verbindlichkeiten und den Rückstellungen zu unterscheiden. **Verbindlichkeiten** sind zu ihrem **Erfüllungsbetrag**, **Rückstellungen** mit dem notwendigen Erfüllungsbetrag zu passivieren.

**§ 253 HGB BEWERTUNGSMAßSTÄBE**

*[1] [...] Verbindlichkeiten sind zu ihrem Erfüllungsbetrag und Rückstellungen in Höhe des nach vernünftiger kaufmännischer Beurteilung notwendigen Erfüllungsbetrages anzusetzen.*
*[2] Rückstellungen mit einer Restlaufzeit von mehr als einem Jahr sind abzuzinsen mit dem ihrer Restlaufzeit entsprechenden durchschnittlichen Marktzinssatz, der sich im Falle von Rückstellungen für Altersversorgungsverpflichtungen aus den vergangenen zehn Geschäftsjahren und im Falle sonstiger Rückstellungen aus den vergangenen sieben Geschäftsjahren ergibt. [...]*

Der Erfüllungsbetrag ist nach vernünftiger kaufmännischer Beurteilung zu ermitteln. Dieser Maßstab soll bei der Bewertung nach dem Vorsichtsprinzip die vorhersehbaren Risiken berücksichtigen, so dass in die Bewertung zukünftige Preis- und Kostensteigerungen einfließen, sofern sie am Abschlussstichtag voraussehbar sind.

**Abzinsungsgebot § 253 [2] HGB**

**Rückstellungen** mit einer Restlaufzeit von **mehr als einem Jahr** sind **abzuzinsen**. Die durchschnittlichen Marktzinssätze ermittelt die Deutsche Bundesbank monatlich und veröffentlicht sie auf ihrer Internetseite.

**Höchstwertprinzip § 253 [1] HGB**

Sofern für eine Verbindlichkeit am Abschlussstichtag zwei alternative Wertansätze wählbar sind, ist der **höhere Wert** in der Bilanz **anzusetzen**. Dieser Fall tritt vor allem bei langfristigen Verbindlichkeiten auf, die auf eine **Fremdwährung** lauten (zu Fremdwährungsverbindlichkeiten vgl. die Beispiele auf S. 272 ff.).

**Imparitätsprinzip § 252 [1] Nr. 4 HGB**

Anschaffungs-, Niederst- und Höchstwertprinzip bewirken, dass nicht realisierte Verluste bereits im Jahresabschluss ausgewiesen werden, während nicht realisierte Gewinne dagegen unberücksichtigt bleiben. Dieses sogenannte Imparitätsprinzip der ungleichen Behandlung von nicht realisierten Gewinnen und Verlusten ist Ausdruck kaufmännischer Vorsicht als dem obersten Bewertungsgrundsatz. Bei der Bewertung kurzfristig fälliger Fremdwährungsverbindlichkeiten wird dieser Grundsatz durchbrochen (vgl. S. 272 ff.).

**MERKE**

- **Das Imparitätsprinzip ist Ausdruck kaufmännischer Vorsicht:**
  - **Nicht realisierte Gewinne dürfen grundsätzlich nicht ausgewiesen werden,**
  - **nicht realisierte Verluste müssen dagegen berücksichtigt werden.**
- **Das Vorsichtsprinzip findet seine Anwendung im Anschaffungs-, Niederst- und Höchstwertprinzip (§ 253 [3, 4] HGB:**
  - **Nach dem Höchstwertprinzip stellen die (ggf. fortgeführten) Anschaffungs- oder Herstellungskosten die Obergrenze für die Bewertung von Vermögensgegenständen dar.**

D

MERKE

- **Das Niederstwertprinzip gibt für die Bewertung von Vermögensgegenständen vor, dass von zwei möglichen Wertansätzen der niedrigere Wert angesetzt werden muss (strenges Niederstwertprinzip) oder angesetzt werden darf (gemildertes Niederstwertprinzip).**
- **Schulden müssen nach dem Höchstwertprinzip mit dem höheren Wert ausgewiesen werden, wenn unterschiedliche Wertansatzmöglichkeiten bestehen.**

- **Ein niedrigerer Wertansatz bei Vermögensgegenständen des Anlage- und Umlaufvermögens darf nicht beibehalten werden, wenn die Gründe dafür nicht mehr bestehen (§ 253 [5] HGB).**

## 4.5 Bewertung des Anlagevermögens

**Im Hinblick auf die Bewertung** des Anlagevermögens ist zwischen **abnutzbaren Gegenständen des Anlagevermögens** und **nicht abnutzbaren Gegenständen des Anlagevermögens zu unterscheiden**.

D

### 4.5.1 Bewertung der abnutzbaren Anlagegegenstände

**Planmäßige Abschreibung § 253 [3] HGB**

Abnutzbare Anlagegegenstände[1] (Sachanlagen wie Gebäude, technische Anlagen und Maschinen, Betriebs- und Geschäftsausstattung sowie immaterielle Vermögensgegenstände wie Software, Lizenzen, Patente) sind in ihrer Nutzung zeitlich begrenzt.Sie sind deshalb nach § 253 [3] HGB **planmäßig** abzuschreiben, d. h. entweder **linear oder degressiv** nach ihrer Nutzungsdauer oder nach der beanspruchten **Leistung** (z. B. km). Zum Abschlussstichtag sind sie grundsätzlich mit den **fortgeführten** Anschaffungs- oder Herstellungskosten anzusetzen.

BEISPIEL

Anschaffung einer Verpackungsmaschine am 10. Januar 01. Die Anschaffungskosten betragen 400.000,00 €. Die Nutzungsdauer wird mit zehn Jahren angesetzt. Die Maschine soll linear mit 40.000,00 € jährlich planmäßig abgeschrieben werden.

| | |
|---|---|
| Anschaffungskosten | 400.000,00 € |
| – planmäßige Abschreibung | 40.000,00 € |
| **= fortgeführte Anschaffungskosten zum 31. Dez. 01** | **360.000,00 €** |

**Außerplanmäßige Abschreibung § 253 [3] HGB**

Bei einer voraussichtlich **dauerhaften Wertminderung,** z. B. durch einen Schadensfall oder technischen Fortschritt, ist eine **außerplanmäßige** Abschreibung des abnutzbaren Vermögensgegenstands auf den niedrigeren beizulegenden Wert (Tageswert) vorzunehmen. Nach § 253 [3] HGB besteht bei einer voraussichtlich dauerhaften Wertminderung eine **Abschreibungspflicht** (Niederstwertprinzip).

BEISPIEL

Die fortgeführten Anschaffungskosten der o. g. Maschine betragen am Ende des 6. Nutzungsjahres 160.000,00 €. Durch Sortimentsumstellung kann diese Maschine nicht mehr genutzt werden. Der niedrigere beizulegende Wert (Tageswert) beträgt 60.000,00 €.

| | |
|---|---|
| Fortgeführte Anschaffungskosten zum 31. Dez. 06 | 160.000,00 € |
| – Tageswert zum 31. Dezember 06 | 60.000,00 € |
| **= außerplanmäßige Abschreibung** | **100.000,00 €** |

1 Siehe S. 203.

Die Buchungssätze für die planmäßige und die außerplanmäßige Abschreibung zum Ende des sechsten Nutzungsjahres lauten:

| | | | |
|---|---|---|---|
| **4910 Abschreibungen auf Sachanlagen** | an | **0310 Technische Anlagen und Maschinen** | 40.000,00 |
| **4910 Abschreibungen auf Sachanlagen** | an | **0310 Technische Anlagen und Maschinen** | 100.000,00 |

Die Buchungssätze können zusammengefasst werden.

**Wertaufholung § 253 [5] HGB**

Ein niedrigerer Wertansatz aufgrund einer außerplanmäßigen Abschreibung darf nicht beibehalten werden, wenn die Gründe dafür nicht mehr bestehen. Die Wertaufholung (Zuschreibung) ist höchstens bis zu den (fortgeführten) Anschaffungs- oder Herstellungskosten möglich.

## 4.5.2 Bewertung der nicht abnutzbaren Anlagegegenstände

**Anschaffungskosten**

Nicht abnutzbare Anlagegegenstände (z. B. Grundstücke, Finanzanlagen, wie Wertpapiere, die als Daueranlage angeschafft wurden) sind zum Abschlussstichtag **höchstens** mit den **Anschaffungskosten** anzusetzen.

**Niedrigerer Tageswert**

Bei einer **dauerhaften Wertminderung muss** nach § 253 [3] HGB eine **außerplanmäßige Abschreibung** auf den niedrigeren beizulegenden Wert (Tageswert) erfolgen (Niederstwertprinzip).

D

**Finanzanlagen** können auch bei voraussichtlich nicht dauernder (vorübergehender) Wertminderung in der Handelsbilanz außerplanmäßig abgeschrieben werden (vgl. § 253 [3] HGB). In der Steuerbilanz ist eine außerplanmäßige Abschreibung nur bei einer voraussichtlich dauernden Wertminderung zulässig (§ 6 [1] EStG).

**BEISPIEL**

Die Metallhandels-GmbH hat im Geschäftsjahr 01 ein Aktienpaket zum Kurswert von 250.000,00 € als dauerhafte Kapitalanlage erworben. Die Aktien, die noch mit ihren Anschaffungskosten bilanziert sind, haben am 31. Dez. 02 nur noch einen Kurswert von 200.000,00 €. Wenn der Kursverlust als vorübergehend eingeschätzt wird, darf die Gesellschaft eine außerplanmäßige Abschreibung auf den niedrigeren Börsenpreis vornehmen. Bei einer dauernden Wertminderung muss außerplanmäßig abgeschrieben werden.

| | |
|---|---|
| Anschaffungskosten der Aktien | 250.000,00 € |
| – Börsenpreis (Tageswert) zum 31. Dezember 02 | 200.000,00 € |
| **= außerplanmäßige Abschreibung** | **50.000,00 €** |

**Buchung:**

| | | | |
|---|---|---|---|
| **4930 Abschreibungen auf Finanzanlagen** | an | **0450 Wertpapiere d. AV** | 50.000,00 |

**Wertaufholung**

Wenn die Gründe fur eine außerplanmäßige Abschreibung weggefallen sind, ist nach § 253 [5] HGB eine Zuschreibung (Wertaufholung) bis zu den (gegebenenfalls fortgeführten) Anschaffungs- oder Herstellungskosten vorzunehmen.

**BEISPIEL Fortsetzung**

Zum Abschlussstichtag 31. Dezember 04 ist der Kurswert des Aktienpakets der Metallbau GmbH auf 260.000,00 € gestiegen. Da die Gründe für die im Jahresabschluss 02 vorgenommene außerplanmäßige Abschreibung durch die Kurserholung weggefallen sind, muss die Gesellschaft in der Handelsbilanz eine Zuschreibung um 50.000,00 € bis zu den ursprünglichen Anschaffungskosten von 250.000,00 € durchführen.

**Buchung:**

| | | |
|---|---|---|
| **0450 Wertpapiere des AV** | | 50.000,00 |
| an **2731 Zuschreibungen im AV** | 50.000,00 | |

MERKE

- **Nur abnutzbare (zeitlich begrenzt nutzbare) Anlagegegenstände unterliegen einer planmäßigen Abschreibung. Die fortgeführten Anschaffungs- oder Herstellungskosten bilden den Wertansatz nach Abschreibungen.**
- **Die Anschaffungskosten stellen i. d. R. den Wertansatz nicht abnutzbarer Anlagegüter dar.**
- **Alle Gegenstände des Anlagevermögens müssen bei einer voraussichtlich dauernden Wertminderung außerplanmäßig abgeschrieben werden.**
- **Finanzanlagen dürfen auch bei einer voraussichtlich nicht dauernden Wertminderung außerplanmäßig abgeschrieben werden.**

D

**AUFGABE 268** Die Textilhandels-GmbH hat im Geschäftsjahr 01 ein Aktienpaket zur langfristigen Anlage zum Kurswert von 150.000,00 € erworben. Abschlussstichtag der GmbH ist der 31. Dezember.

**a)** Am 31. Dezember 01 beträgt der Kurswert 120.000,00 €.
**b)** Am 31. Dezember 02 ist der Kurswert wiederum auf 140.000,00 € gestiegen.
**c)** Am 31. Dezember 03 beträgt der Kurswert 200.000,00 €.

Ermitteln und begründen Sie die Wertansätze in den Fällen **a)**, **b)** und **c)**.

**AUFGABE 269** Im Geschäftsjahr 01 hat die Textilhandels-GmbH zur Erweiterung ein Baugrundstück zum Kaufpreis von 600.000,00 € erworben. Grunderwerbsteuer 4,5 %; Notariatskosten 5.000,00 € + USt; Maklergebühr 18.000,00 € + USt; Kanalanschlussgebühr 12.000,00 €; Grundbuchkosten 2.800,00 €. Alle Zahlungen erfolgen durch Banküberweisungen.

Im Laufe des folgenden Geschäftsjahres ergibt ein Gutachten, dass das Grundstück wegen eines sumpfigen Untergrunds nur unter beträchtlichem Aufwand bebaut werden kann. Die Wertminderung des Grundstücks beträgt lt. Gutachten 80.000,00 €.

1. Ermitteln Sie die Anschaffungskosten des Grundstücks.
2. Nennen Sie die Buchungen zur Bilanzierung des Grundstücks.
3. Begründen Sie Ihre Bewertungsentscheidung zum 31. Dez. 02 und nennen Sie die Buchung.

**AUFGABE 270** Die Textilhandels-GmbH hat im Januar des Geschäftsjahres 01 eine neue EDV-Anlage für 200.000,00 € angeschafft. Lineare Abschreibung bei einer Nutzungsdauer von fünf Jahren.

Zum Schluss des 3. Geschäftsjahres ist die EDV-Anlage als wirtschaftlich und technisch überholt anzusehen, da der Lieferant ein verbessertes Nachfolgemodell zu einem erheblich günstigeren Preis anbietet. Der Tageswert der EDV-Anlage beträgt nur noch 20.000,00 €.

Ermitteln und begründen Sie jeweils den Wertansatz zum

**a)** 31. Dezember 01,
**b)** 31. Dezember 02 und
**c)** 31. Dezember 03.

**AUFGABE 271** Die Textilhandels-GmbH hat am 1. Juli 01 eine computergesteuerte Verpackungsanlage in Betrieb genommen. Die Anschaffungskosten betrugen 350.000,00 €.

1. Ermitteln Sie die handelsrechtlichen Wertansätze der neuen Anlage für die ersten drei Geschäftsjahre
   **a)** bei linearer und
   **b)** bei degressiver Abschreibung (25 %).
   Nutzungsdauer: zehn Jahre.
2. Führen Sie den Wechsel von der degressiven zur linearen Abschreibung durch.

## 4.6 Bewertung des Umlaufvermögens

**Zum Umlaufvermögen** zählen nach § 266 HGB die folgenden Vermögensgruppen:

I. **Vorräte**
II. **Forderungen und sonstige Vermögensgegenstände**
III. **Wertpapiere**
IV. **Kassenbestand, Bundesbankguthaben, Guthaben bei Kreditinstituten und Schecks**

Strenges Niederstwertprinzip
§ 253 [4] HGB

Für die **Bewertung der Gegenstände des Umlaufvermögens** gilt das **strenge Niederstwertprinzip.** Sie dürfen nach § 253 [1] HGB **höchstens** mit ihren **Anschaffungskosten oder Herstellungskosten** angesetzt werden. Liegt der Börsen- oder Marktpreis oder der beizulegende Wert am Abschlussstichtag unter den Anschaffungs- oder Herstellungskosten, muss außerplanmäßig abgeschrieben und dieser niedrigere Tageswert nach § 253 [4] HGB bilanziert werden. Die Dauer der Wertminderung spielt dabei für die Handelsbilanz keine Rolle. In der Steuerbilanz darf nur bei einer voraussichtlich dauernden Wertminderung des Umlaufvermögens außerplanmäßig abgeschrieben werden. Eine Ausnahme vom strengen Niederstwertprinzip bildet die Bewertung von kurzfristigen Fremdwährungsforderungen.[1]

Wertaufholungsgebot
§ 253 [5] HGB

Eine Wertaufholung bis zu den Anschaffungs- oder Herstellungskosten ist **sowohl für die Handelsbilanz als auch für die Steuerbilanz zwingend vorgeschrieben** (§ 253 [5] HGB, § 6 [1] Nr. 2 EStG).

D

MERKE

- **Strenges Niederstwertprinzip bedeutet, dass von zwei am Abschlussstichtag möglichen Wertansätzen, dem Börsen- oder Marktpreis bzw. dem beizulegenden Wert (Tageswert; TW) und den Anschaffungskosten (AK) oder Herstellungskosten (HK), stets der niedrigere Wert in das Inventar und die Schlussbilanz einzusetzen ist:**
  - **AK/HK > TW = Bewertung zum TW**
  - **AK/HK < TW = Bewertung zu AK/HK**
- **Die Anschaffungs- oder Herstellungskosten bilden grundsätzlich die absolute Wertobergrenze für den Ausweis der Gegenstände des Umlaufvermögens.**

### 4.6.1 Bewertung der Vorräte

**Zum Vorratsvermögen** eines Großhandelsbetriebs zählen im Allgemeinen nur die Bestände an Waren. Das Vorratsvermögen eines Industriebetriebs ist dagegen vielfältiger und umfasst

1. **Roh-, Hilfs- und Betriebsstoffe**
2. **Unfertige Erzeugnisse, unfertige Leistungen**
3. **Fertige Erzeugnisse und Waren**
4. **Geleistete Anzahlungen**

Inventur

Zum Abschlussstichtag sind die Gegenstände des Vorratsvermögens **körperlich** (mengenmäßig) zu **erfassen und** zu **bewerten.** Anstelle dieser **Stichtagsinventur** kann die Bestandsaufnahme auch in Form einer **permanenten oder verlegten Inventur** (siehe auch S. 20) durchgeführt werden.

**Ausgangswert** für die Bewertung bilden

- bei **Roh-, Hilfs-** und **Betriebsstoffen** sowie **Waren:** die **Anschaffungskosten,**
- bei **unfertigen** und **fertigen Erzeugnissen:** die **Herstellungskosten.**

1 Ausnahme: Fremdwährungsforderungen mit einer Restlaufzeit bis zu einem Jahr gemäß § 256a HGB.

**Sammel- bzw. Gruppenbewertung**

Wie für alle Vermögensgegenstände und Schulden gilt auch für die **Bewertung der Warenvorräte** der **Grundsatz der Einzelbewertung** gemäß § 252 [1] Nr. 3 HGB. Bei **jedem Einzelposten** sind jeweils die ursprünglichen **Anschaffungskosten mit dem Marktpreis (Tageswert) am Abschlussstichtag zu vergleichen,** wobei der **niedrigere** von beiden Werten anzusetzen ist. Diese Einzelbewertung ist jedoch kaum möglich, wenn sich der zu bewertende Inventurbestand aus **verschiedenen Lieferungen mit unterschiedlichen Anschaffungskosten** zusammensetzt. Deshalb erlaubt der Gesetzgeber bei **gleichartigen** Vorräten eine **Sammel-** bzw. **Gruppenbewertung** in Form einer **Bewertung mit dem gewogenen Durchschnitt (§ 240 [4] HGB)** oder mit einem **Verbrauchsfolgeverfahren (§ 256 HGB).**

**§ 240 HGB INVENTAR**

*[4] Gleichartige Vermögensgegenstände des Vorratsvermögens sowie andere gleichartige oder annähernd gleichwertige bewegliche Vermögensgegenstände und Schulden können jeweils zu einer Gruppe zusammengefaßt und mit dem gewogenen Durchschnittswert angesetzt werden.*

**§ 256 HGB BEWERTUNGSVEREINFACHUNGSVERFAHREN**

*Soweit es den Grundsätzen ordnungsmäßiger Buchführung entspricht, kann für den Wertansatz gleichartiger Vermögensgegenstände des Vorratsvermögens unterstellt werden, daß die zuerst oder daß die zuletzt angeschafften oder hergestellten Vermögensgegenstände zuerst verbraucht oder veräußert worden sind. § 240 Abs. 3 und 4 ist auch auf den Jahresabschluß anwendbar.*

D

#### 4.6.1.1 Durchschnittsbewertung nach § 240 [4] HGB

**Jährliche Durchschnittswertermittlung**

Hierbei werden die **durchschnittlichen Anschaffungskosten** aus Anfangsbestand und Zugängen sowie Stückzahl ermittelt und mit dem **Tageswert am Abschlussstichtag** verglichen:

**BEISPIEL**

| E-Schalter | | Menge | Anschaffungskosten je Einheit | Gesamtwert |
|---|---|---|---|---|
| Anfangsbestand | 1. Jan. | 1000 | 5,00 € | 5.000,00 € |
| Zugang | 10. Jan. | 2000 | 6,00 € | 12.000,00 € |
| Zugang | 15. Juli | 4000 | 6,50 € | 26.000,00 € |
| Zugang | 20. Dez. | 600 | 7,00 € | 4.200,00 € |
| | | **7600** | | **47.200,00 €** |

**Bewertung:** Die **durchschnittlichen Anschaffungskosten** betragen **6,21 €** (47.200,00 : 7600). Bei einem **Tageswert** zum Abschlussstichtag 31. Dezember von **7,20 €** und einem Schlussbestand von 2000 Einheiten ergibt sich nach dem **strengen Niederstwertprinzip** folgender **Bilanzansatz:**

| **Inventurmenge** | · | **Wert je Einheit** | = | **Bilanzansatz** |
|---|---|---|---|---|
| 2000 | · | 6,21 € | = | **12.420,00 €** |

Nennen Sie den Buchungssatz. Wie lauten Bilanzansatz und Buchung bei einem Tageswert am Abschlussstichtag 31. Dezember von 5,80 €/Stück?

**Permanente Durchschnittswertermittlung**

Die permanente Durchschnittswertermittlung ist im Ergebnis **genauer.** Hierbei werden die durchschnittlichen Anschaffungskosten **laufend** (permanent) **nach jedem Lagerzugang und -abgang** anhand der Lagerbuchhaltung ermittelt. Die Abgänge werden jeweils zum neuesten Durchschnittswert abgesetzt. Nach der letzten Lagerbestandsveränderung ergeben sich zum Abschlussstichtag die **durchschnittlichen Anschaffungskosten des Endbestands,** die mit dem Tageswert zum Abschlusstichtag (Niederstwertprinzip) verglichen werden.

BEISPIEL

| | | | | |
|---|---|---|---|---|
| Anfangsbestand | 1. Januar | 1 000 Einheiten zu 5,00 € | = | 5.000,00 € |
| + Zugang | 10. Januar | 2 000 Einheiten zu 6,00 € | = | 12.000,00 € |
| = Bestand | 11. Januar | 3 000 Einheiten zu 5,67 € | = | 17.000,00 € |
| – Abgang | 13. Juni | 1 800 Einheiten zu 5,67 € | = | 10.206,00 € |
| = Bestand | 14. Juni | 1 200 Einheiten zu 5,67 € | = | 6.794,00 € |
| + Zugang | 15. Juli | 4 000 Einheiten zu 6,50 € | = | 26.000,00 € |
| = Bestand | 16. Juli | 5 200 Einheiten zu 6,31 € | = | 32.794,00 € |
| – Abgang | 17. September | 3 800 Einheiten zu 6,31 € | = | 23.978,00 € |
| = Bestand | 18. September | 1 400 Einheiten zu 6,31 € | = | 8.816,00 € |
| + Zugang | 20. Dezember | 600 Einheiten zu 7,00 € | = | 4.200,00 € |
| **= Schlussbestand** | 31. Dezember | **2 000** Einheiten zu **6,51 €** | **=** | **13.016,00 €** |

#### 4.6.1.2 Verbrauchsfolgebewertung nach § 256 HGB

Die Bewertung **gleichartiger** Vorratsbestände kann zum Abschlussstichtag auch auf der Grundlage einer bestimmten **Verbrauchs- oder Veräußerungsfolge** vorgenommen werden. Für **handelsrechtliche** Abschlüsse sind nur die **Fifo- und Lifo-Methode** zulässig (vgl. § 256 HGB). Für **steuerliche** Abschlüsse ist **nur die Lifo-Methode** erlaubt (vgl. § 6 [1] Nr. 2a EStG).

**Fifo-Methode**

Die Fifo-Methode unterstellt, dass die **zuerst beschafften** (hergestellten) Gegenstände auch **zuerst verbraucht** (verkauft) werden (**f**irst **i**n – **f**irst **o**ut), sodass der **Endbestand** stets **aus den letzten Zugängen** stammt und deshalb auch jeweils zu deren Anschaffungs- oder Herstellungskosten bzw. niedrigerem Tageswert bewertet wird.

BEISPIEL

| E-Schalter | | Menge | Anschaffungskosten je Einheit |
|---|---|---|---|
| Anfangsbestand | 1. Jan. | 1 000 | 5,00 € |
| Zugang | 10. Jan. | 2 000 | 6,00 € |
| Zugang | 15. Juli | 4 000 | 6,50 € |
| Zugang | 20. Dez. | 600 | 7,00 € |

Für den **Inventurbestand** von 2 000 Schaltern ergibt sich folgender **Fifo-Wertansatz:**

| | | |
|---|---|---|
| 600 Einheiten zu 7,00 € | = | 4.200,00 € |
| 1 400 Einheiten zu 6,50 € | = | 9.100,00 € |
| **2 000** Einheiten **Endbestand** | = | **13.300,00 € Bilanzansatz nach Fifo-Methode** |

**Wegen des strengen Niederstwertprinzips** ist der Fifo-Wertansatz mit dem **Tageswert am Abschlussstichtag** zu vergleichen. Bei einem **Tageswert von 7,20 €/Stück** muss der Fifo-Wertansatz von 13.300,00 € bilanziert werden. Beträgt der Tageswert am Abschlussstichtag **6,40 €/Stück,** müsste **der Endbestand zum niedrigeren Tageswert von 12.800,00 €** bewertet werden.

**Lifo-Methode**

Die Lifo-Methode geht von der Annahme aus, dass die **zuletzt erworbenen** (hergestellten) Gegenstände zuerst **verbraucht** (verkauft) werden (**l**ast **i**n – **f**irst **o**ut). Somit setzt sich der **Endbestand aus dem Anfangsbestand und den ersten Zugängen** zusammen und ist zu deren Anschaffungs- oder Herstellungskosten bzw. zum niedrigeren Tageswert anzusetzen.

**BEISPIEL** Für den o. g. **Inventurbestand** von 2000 Schaltern ergibt sich folgender **Lifo-Wertansatz:**

| | | |
|---|---|---|
| 1000 Einheiten zu 5,00 € | = | 5.000,00 € |
| 1000 Einheiten zu 6,00 € | = | 6.000,00 € |
| **2000** Einheiten **Endbestand** | = | **11.000,00 € Bilanzansatz nach Lifo-Methode** |

Wie lautet der Bilanzansatz bei einem Tageswert von

a) 7,00 €/Stück und
b) 5,00 €/Stück?

**Bei steigenden Preisen** führt die **Lifo-Methode** zu einer niedrigen Bewertung des Endbestands (Bildung stiller Reserven), wobei der Wareneinsatz zu hohen Preisen in die Kostenrechnung eingeht. **Bei fallenden Preisen** führt das Lifo-Verfahren zu einer Überbewertung des Endbestands. Das hätte zur Folge, dass der Endbestand nach dem Niederstwertprinzip auf den niedrigeren Stichtagswert abgewertet werden müsste. Folglich findet die Lifo-Methode bei fallenden Preisen keine Anwendung.

**Handelsrechtlich** kann die Bewertung **gleichartiger** Vorratsbestände sowohl nach den **Durchschnittsmethoden** als auch nach den **Verbrauchsfolgeverfahren** vorgenommen werden, sofern das **strenge Niederstwertprinzip** beachtet wird. **Steuerrechtlich** sind Durchschnitts- und Lifo-Methode zulässig. Wegen der einfachen Durchführung wird **in der Praxis überwiegend das Durchschnittsverfahren** angewandt.

D

**MERKE**

- **Die Sammelbewertungsverfahren vereinfachen die Bewertung gleichartiger Gegenstände des Vorratsvermögens, die zu unterschiedlichen Preisen und Zeitpunkten angeschafft wurden.**
- **Die Ergebnisse müssen jedoch mit dem Tageswert am Abschlussstichtag verglichen werden. Von beiden Werten ist der niedrigere Wert anzusetzen (strenges Niederstwertprinzip).**

**AUFGABE 272** Die Elektrogroßhandels-GmbH hat am Abschlussstichtag noch Klimageräte auf Lager. Der mengenmäßige Bestand beträgt lt. körperlicher Inventur 280 Stück. Die Anschaffungskosten betrugen 350,00 € je Stück.

a) Zum Abschlussstichtag beträgt der Tageswert 380,00 € je Stück.
b) Zum Abschlussstichtag beträgt der Tageswert 270,00 € je Stück.

1. Begründen Sie Ihre Bewertungsentscheidung und ermitteln Sie den Bilanzansatz für die Klimageräte. Wie lautet die Buchung?
2. Erklären Sie die Auswirkung auf den Erfolg.

**AUFGABE 273** Der Lagerbestand einer Handelsware beträgt in einem Unternehmen lt. Inventur 300 Stück, die für 40,00 € je Stück angeschafft wurden. Zum Abschlussstichtag beträgt der Wiederbeschaffungswert 50,00 € je Stück. Der Buchhalter bewertet diesen Bestand mit 300 · 50,00 = 15.000,00 € Bilanzansatz.

1. Nehmen Sie zu dieser Bewertungsentscheidung des Buchhalters Stellung und erklären Sie die Auswirkung auf die Erfolgsrechnung.
2. Ermitteln Sie gegebenenfalls den neuen Bilanzansatz, begründen und buchen Sie.

**AUFGABE 274**

Ein Großhandelsunternehmen hat zum Abschlussstichtag lt. Inventur noch einen Bestand von 2 500 Elektromotoren auf Lager. Die Elektromotoren wurden während des Geschäftsjahres erworben, jedoch nicht nach Lieferungen getrennt gelagert. Zum Abschlussstichtag ist somit nicht feststellbar, aus welchen Lieferungen die Elektromotoren stammen und zu welchen Preisen sie angeschafft wurden.

1. Unterscheiden Sie zwischen Einzel- und Sammelbewertung.
2. Begründen Sie, warum im vorliegenden Fall eine Sammelbewertung rechtlich möglich ist.
3. Schlagen Sie ein sowohl handels- als auch steuerrechtlich zulässiges Sammelbewertungsverfahren vor.

**AUFGABE 275**

Der Leiter des Rechnungswesens (Aufgabe 274) stellt Ihnen folgende Unterlagen für eine Sammelbewertung der Elektromotoren zum Abschlussstichtag zur Verfügung:

| | | |
|---|---|---|
| Anfangsbestand zum | 1. Januar | 2 000 Stück zu je 45,00 € Anschaffungskosten |
| Zugänge | 10. Februar | 3 000 Stück zu je 50,00 € Anschaffungskosten |
| | 10. August | 2 000 Stück zu je 55,00 € Anschaffungskosten |
| | 10. Oktober | 1 500 Stück zu je 58,00 € Anschaffungskosten |

1. Ermitteln Sie zum Abschlussstichtag die durchschnittlichen jährlichen Anschaffungskosten je Stück (gewogener Durchschnittspreis).
2. Errechnen Sie den zulässigen Bilanzansatz für den Schlussbestand von 2 500 Stück,
   a) wenn die durchschnittlichen Anschaffungskosten dem Tageswert am Abschlussstichtag (31. Dezember) entsprechen,
   b) wenn der Tageswert 70,00 € je Stück beträgt,
   c) wenn der Tageswert zum Abschlussstichtag bei 50,00 € liegt.

**AUFGABE 276**

Führen Sie nun aufgrund der Angaben in den Aufgaben 274 und 275 eine permanente Durchschnittsrechnung durch.

Folgende Abgänge liegen vor:
20. Jan.: 1 000 Stück   15. Juli: 500 Stück   10. Sept.: 3 500 Stück   15. Dez.: 1 000 Stück

**AUFGABE 277**

Wie ist aufgrund der Angaben der Aufgaben 274 und 275 zu bewerten
   a) nach dem Fifo-Verfahren und
   b) nach der Lifo-Methode?

**AUFGABE 278**

1. Inwiefern ist das Niederstwertprinzip Ausdruck kaufmännischer Vorsicht?
2. Welchen Vorteil hat der jeweils niedrigstmögliche Wertansatz?
3. Begründen Sie, weshalb die Anschaffungs- oder Herstellungskosten eines Vermögensgegenstands stets die Bewertungsobergrenze bilden.
4. Bilden Sie jeweils ein Beispiel für die Anwendung
   a) des Vorsichtsprinzips und
   b) des Realisationsprinzips.
5. Unterscheiden Sie zwischen
   a) Stichtagsinventur,
   b) permanenter Inventur und
   c) verlegter (vor- bzw. nachverlegter) Inventur.
   Siehe auch S. 19 f.

D

### 4.6.2 Bewertung der Forderungen

#### 4.6.2.1 Einführung

**Bewertung zum Jahresabschluss**

Zum Abschlussstichtag sind die „Forderungen aus Lieferungen und Leistungen" hinsichtlich ihrer **Güte (Bonität)** zu überprüfen und zu **bewerten.** Dabei werden **drei Gruppen von Forderungen unterschieden:**

- **einwandfreie Forderungen,**
- **zweifelhafte Forderungen** und
- **uneinbringliche Forderungen.**

**einwandfreie Forderungen**

**Einwandfrei** sind Forderungen, wenn mit **ihrem Zahlungseingang in voller Höhe** gerechnet werden kann.

**zweifelhafte Forderungen**

**Zweifelhaft** ist eine Forderung, wenn der **Zahlungseingang unsicher** ist, also ein vollständiger oder teilweiser **Forderungsausfall** erwartet wird. Das ist beispielsweise der Fall, wenn ein Insolvenzverfahren eröffnet wurde, der Kunde trotz Mahnungen nicht gezahlt hat oder sich erkennbar in wirtschaftlichen und/oder finanziellen Schwierigkeiten befindet. **Zweifelhafte Forderungen** werden auch als **„Dubiose Forderungen"** bezeichnet.

D

**uneinbringliche Forderungen**

**Uneinbringlich** ist eine Forderung, wenn der **Forderungsausfall endgültig** feststeht. Davon kann zum Beispiel ausgegangen werden, wenn ein Insolvenzverfahren mangels Masse abgewiesen wurde, fruchtlos gepfändet worden oder die Forderung verjährt ist.

**Die Bewertung der Forderungen** (§ 253 [4] HGB) richtet sich nach der Bonität:

- **Einwandfreie** Forderungen sind mit ihrem Nennwert anzusetzen.
- **Zweifelhafte** Forderungen sind mit ihrem **wahrscheinlichen Wert** (beizulegender Wert) zu bilanzieren.
- **Uneinbringliche** Forderungen sind **voll abzuschreiben.**

**Bewertungsverfahren**

Für die Bewertung von Forderungen zum Abschlussstichtag gibt es **drei Möglichkeiten:**

1. **Einzelbewertung für das spezielle Ausfallrisiko (z. B. Insolvenz)**
2. **Pauschalbewertung für das allgemeine Ausfallrisiko**
3. **Einzel- und Pauschalbewertung (gemischtes Bewertungsverfahren)**

**Abschreibung vom Nettowert der Forderung**

Die Bewertung der Forderungen a. LL führt bei zweifelhaften und uneinbringlichen Forderungen zu **Abschreibungen** auf Forderungen. Dabei ist zu beachten, dass die Abschreibung wegen eines zu erwartenden oder bereits eingetretenen Forderungsverlusts **stets vom Nettowert** der Forderung vorgenommen wird. Die in der Forderung enthaltene **Umsatzsteuer** wird bei Ausfall der Forderung vom Finanzamt in entsprechender Höhe erstattet.

**Berichtigung der Umsatzsteuer**

Die Berichtigung der Umsatzsteuer darf erst erfolgen, **wenn der Ausfall (Verlust) der Forderung endgültig feststeht** und somit „[...] das vereinbarte Entgelt für eine steuerpflichtige Lieferung, sonstige Leistung oder einen innergemeinschaftlichen Erwerb **uneinbringlich** geworden ist" (§ 17 [2] Nr. 1 UStG). Die **Uneinbringlichkeit der gesamten Forderung** liegt spätestens im Zeitpunkt der **Insolvenzeröffnung** über das Vermögen eines Kunden vor, und zwar unabhängig von einer möglichen Insolvenzquote (A 17.1 [16] Umsatzsteueranwendungserlass). Wird die als uneinbringlich abgeschriebene Forderung zu einem späteren Zeitpunkt ganz oder teilweise vereinnahmt, ist die Umsatzsteuer erneut zu berichtigen.

MERKE

- **Die Abschreibung wegen eines zu erwartenden oder bereits eingetretenen Forderungsausfalls darf nur vom Nettowert der Forderung erfolgen.**
- **Bei Abschreibungen auf Forderungen darf die Umsatzsteuer grundsätzlich erst berichtigt werden, wenn der Ausfall der Forderung endgültig feststeht.**

### 4.6.2.2 Einzelbewertung von Forderungen

**Spezielles Ausfallrisiko**

Zum Jahresende werden alle Forderungen aus Lieferungen und Leistungen einzeln auf ihre Bonität oder Einbringlichkeit überprüft. Die **Einzelbewertung** (§ 252 [1] Nr. 3 HGB) berücksichtigt das **individuelle Ausfallrisiko** beim Kunden, wie z. B. die Eröffnung eines Insolvenzverfahrens.

**Aus Gründen der Klarheit** werden die ermittelten **zweifelhaften Forderungen von** den **einwandfreien** (vollwertigen) Forderungen buchhalterisch **getrennt.** Das geschieht durch **Umbuchung** der gefährdeten Einzelforderungen auf das Konto

**1020 Zweifelhafte Forderungen.**

#### 4.6.2.2.1 Direkte Abschreibung von uneinbringlichen Forderungen

D

BEISPIEL 1

Über das Vermögen des Kunden Anton Pleite e. K. wurde am 10. Dezember der Antrag auf Eröffnung eines Insolvenzverfahrens gestellt. Die als zweifelhaft bewertete Forderung beträgt 2.380,00 € (2.000,00 € netto + 380,00 € USt). Vor Aufstellung der Bilanz zum Abschlussstichtag 31. Dezember steht fest, dass das Insolvenzverfahren mangels Masse, also wegen fehlender Deckung der Verfahrenskosten, nicht eröffnet wurde.

**Die gefährdete Forderung** wurde **kontenmäßig gesondert erfasst:**

**Buchung:**

❶ **1020 Zweifelhafte Forderungen** ...................... an **1010 Forderungen a. LL** ............. 2.380,00

Werden zweifelhafte Forderungen teilweise oder vollständig **uneinbringlich,** wird der **Nettobetrag** des entsprechenden Forderungsausfalls **direkt abgeschrieben:**

**2310 Übliche Abschreibungen auf Forderungen.**[1]

Gleichzeitig ist die **Umsatzsteuer** im Soll des Kontos „1810 Umsatzsteuer" zu **berichtigen,** da durch den Forderungsausfall eine Rückforderung an das Finanzamt entsteht.[2]

**Buchung:**

❷ **2310 Übliche Abschreibungen auf Forderungen** ................ 2.000,00
**1810 Umsatzsteuer** ................ 380,00
an **1020 Zweifelhafte Forderungen** ................ 2.380,00

| S | 1020 Zweifelhafte Forderungen | | H |
|---|---|---|---|
| ❶ | 2.380,00 | ❷ | 2.380,00 |

| S | 2310 Abschreibungen auf Forderungen | | H |
|---|---|---|---|
| ❷ | 2.000,00 | | |

| S | 1010 Forderungen a. LL | | H |
|---|---|---|---|
| ... | 119.000,00 | ❶ | 2.380,00 |

| S | 1810 Umsatzsteuer | | H |
|---|---|---|---|
| ❷ | 380,00 | | |

BEISPIEL 2

Auf eine im vorigen Jahr als uneinbringlich abgeschriebene Forderung gehen am 30. Dezember unerwartet 357,00 € (300,00 € netto + 57,00 € USt) durch Banküberweisung ein. Damit lebt die Umsatzsteuer wieder auf.

1 Das Konto „2320 Außergewöhnliche Abschreibungen auf Forderungen" erfasst besonders hohe Forderungsausfälle.
2 In der IT-gestützten Buchhaltung ist das Konto 2310 stets ein automatisches Konto. Nach Eingabe des Bruttobetrags wird die anteilige Umsatzsteuer automatisch herausgerechnet und gebucht (Umsatzsteuerverprobung!).

Buchung:

| | | | | |
|---|---|---|---|---|
| 1310 Bank | 357,00 | an | 2740 Erträge aus abgeschriebenen Forderungen | 300,00 |
| | | an | 1810 Umsatzsteuer | 57,00 |

**MERKE**

- **Uneinbringliche Forderungen sind direkt abzuschreiben. Gleichzeitig ist die Umsatzsteuer zu berichtigen.**
- **Bei Zahlungseingang einer abgeschriebenen Forderung lebt die Umsatzsteuer wieder auf.**

### 4.6.2.2.2 Einzelwertberichtigung zweifelhafter Forderungen

**Indirekte Abschreibung**

Sind zum Abschlussstichtag bei Forderungen Verluste zu erwarten, muss jeweils in Höhe des **vermuteten (geschätzten) Ausfalls** eine entsprechende Abschreibung vorgenommen werden. Diese **Abschreibung** erfolgt aus Gründen der Klarheit und Übersichtlichkeit in der Regel nicht direkt über das Konto „1020 Zweifelhafte Forderungen", sondern **indirekt** über ein **Wertberichtigungskonto:**

**0521 Einzelwertberichtigungen zu Forderungen (EWB).**



Das Wertberichtigungskonto ist ein **Passivkonto,** dessen Saldo nur zum Abschlussstichtag an die Höhe der erforderlichen Einzelwertberichtigungen angepasst wird (siehe S. 263). Die Zuführung, also die Bildung der Einzelwertberichtigung, erfolgt über das **Aufwandskonto**

**2330 Zuführungen zu Einzelwertberichtigungen zu Forderungen.**

**BEISPIEL**

Der Kunde Wolfgang Kurz e. K. hat die Forderung von 11.900,00 € (= 10.000,00 € netto + 1.900,00 € USt) trotz Mahnungen nicht beglichen. Zum 31. Dezember 01 wird der Verlust auf 80 % von 10.000,00 € (= 8.000,00 €) geschätzt. Aus dem Vorjahr besteht noch eine andere zweifelhafte Forderung über 5.950,00 €, die zu 70 % (= 3.500,00 €) einzelwertberichtigt ist.

**Umbuchung der zweifelhaft gewordenen Forderung zum 31. Dezember 01:**

❶ **1020 Zweifelhafte Forderungen** ............ an **1010 Forderungen a. LL** ........ 11.900,00

**Indirekte Abschreibung des vermuteten Forderungsverlusts zum 31. Dezember 01:**

❷ **2330 Zuführungen zu EWB** ............ an **0521 EWB zu Forderungen** ........ 8.000,00

| S | 1010 Forderungen a. LL | | H |
|---|---|---|---|
| ... | 238.000,00 | ❶ 1020 | 11.900,00 |
| | | 9400 | 226.100,00 |

| S | 1020 Zweifelhafte Forderungen | | H |
|---|---|---|---|
| ... | 5.950,00 | 9400 | 17.850,00 |
| ❶ 1010 | 11.900,00 | | |

| S | 2330 Zuführungen zu EWB | | H |
|---|---|---|---|
| ❷ 0521 | 8.000,00 | 9300 | 8.000,00 |

| S | 0521 EWB zu Forderungen | | H |
|---|---|---|---|
| 9400 | 11.500,00 | ... | 3.500,00 |
| | | ❷ 2330 | 8.000,00 |

| S | 9400 Schlussbilanzkonto | | H |
|---|---|---|---|
| 1010 Forderungen a. LL | 226.100,00 | 0521 EWB zu Forderungen | 11.500,00 |
| 1020 Zweifelhafte Forderungen | 17.850,00 | | |

**Vorteile der indirekten Abschreibung**

Bei der indirekten Abschreibung von Forderungen wird der Bestand der zweifelhaften Forderungen zum Abschlussstichtag in voller Höhe ausgewiesen und stimmt mit dem Kontostand im Hauptbuch und im Kontokorrentbuch (Kundenkonten) überein, während die **„Wertberichtigungen"** zu den zweifelhaften Forderungen insgesamt die **Höhe des zu erwartenden Verlusts** ausweisen. Die indirekte Abschreibung auf Forderungen zum Abschlussstichtag entspricht somit dem **Grundsatz der Klarheit.** Zudem bewirkt sie eine **bessere Abstimmung der Kundenkonten mit den Sachkonten** „1010 Forderungen a. LL“ und „1020 Zweifelhafte Forderungen“.

**Bilanzausweis**

In den Bilanzen werden zweifelhafte Forderungen nicht gesondert ausgewiesen, sondern mit den einwandfreien Forderungen a. LL zusammengefasst. Wertberichtigungen sind bei Kapitalgesellschaften vorab aktivisch mit den Forderungen a. LL zu verrechnen (siehe Bilanz nach § 266 HGB auf S. 291 und im Anhang des Lehrbuchs).

**MERKE**

**Zum Abschlussstichtag werden zweifelhafte Forderungen in Höhe des vermuteten Ausfalls indirekt in Form einer Einzelwertberichtigung (EWB) abgeschrieben.**

**Direkte Abschreibung des Forderungsausfalls**

Zu Beginn des neuen Jahres werden die Konten 1020 und 0521 über „9100 EBK“ eröffnet:

| | | |
|---|---|---|
| **1020 Zweifelhafte Forderungen** | an **9100 EBK** | 17.850,00 |
| **9100 EBK** | an **0521 EWB zu Forderungen** | 11.500,00 |

Wenn die zweifelhafte Forderung im neuen Geschäftsjahr tatsächlich ausfällt, erfolgt eine direkte Abschreibung des Forderungsausfalls über das Konto

**2310 Übliche Abschreibungen auf Forderungen,**

obwohl für diese Forderung bereits eine Wertberichtigung besteht. Die Erfassung aller Umsatzsteuer mindernden Forderungsausfälle auf dem Konto 2310 ermöglicht wegen seiner **Umsatzsteuerautomatik** eine IT-gerechte Umsatzsteuerverprobung. Die für die zweifelhafte Forderung gebildete **Einzelwertberichtigung** auf dem Konto „0521 EWB zu Forderungen“ bleibt bis zum Jahresende **unberührt.**

**BEISPIEL**

Über das Vermögen des Kunden Wolfgang Kurz e. K. (siehe Beispiel auf S. 262) ist im März 02 das Insolvenzverfahren eröffnet worden. In der Folge muss die Umsatzsteuer berichtigt werden ❶ (siehe Seite 260). Im Dezember 02 überweist der Insolvenzverwalter nach Abschluss des Insolvenzverfahrens 2.380,00 €. Diese Gutschrift zieht eine erneute Berichtigung der Umsatzsteuer nach sich ❷. Die Restforderung in Höhe von 9.520,00 € (11.900,00 € – 2.380,00 €) fällt endgültig aus. Da die Umsatzsteuer bereits berichtigt worden ist, muss nur noch der Nettobetrag von 8.000,00 € abgeschrieben werden ❸.

❶ **Buchung der Umsatzsteuerberichtigung:**

| | Soll | Haben |
|---|---|---|
| **1810 Umsatzsteuer** | 1.900,00 | |
| an **1020 Zweifelhafte Forderungen** | | 1.900,00 |

❷ **Buchung des Zahlungseingangs und der erneuten Umsatzsteuerberichtigung:**

| | Soll | Haben |
|---|---|---|
| **1310 Bank** | 2.380,00 | |
| an **1020 Zweifelhafte Forderungen** | | 2.000,00 |
| **1810 Umsatzsteuer** | | 380,00 |

❸ **Buchung des tatsächlichen Forderungsausfalls:**

| | Soll | Haben |
|---|---|---|
| **2310 Übliche Abschreibungen auf Forderungen** | 8.000,00 | |
| an **1020 Zweifelhafte Forderungen** | | 8.000,00 |

**Anpassung der Einzelwertberichtigung**

Das Konto **„0521 EWB zu Forderungen“** wird unterjährig nicht korrigiert, sondern nur **zum Abschlussstichtag angepasst.** Der Bestand an Einzelwertberichtigungen zum 31. Dezember 01 (Vorjahr) wird verglichen mit der Summe der Einzelwertberichtigungen, die zum 31. Dezember 02 (Berichtsjahr) erforderlich ist. Dabei ergibt sich in der Regel ein Differenzbetrag. Sind für das Jahr 02 niedrigere EWB zu bilden als im Jahr 01, wird in Höhe der Differenz eine **Herabsetzung der EWB** zu Forderungen vorgenommen, die einen Ertrag darstellt. Müssen die EWB im Jahr 02 höher als im Jahr 01 sein, erfolgt eine **Erhöhung der EWB,** die zu Aufwand führt.

D

**BEISPIELE** Die Einzelwertberichtigungen zu Forderungen bestehen zum Dezember 01 in Höhe von 11.500,00 € (siehe Beispiel S. 262). Zum Abschlussstichtag 31. Dezember 02 betragen die Einzelwertberichtigungen:

❶ 8.500,00 €, ❷ 12.500,00 €

❶ **Neue EWB < bisherige EWB:** In Höhe des Differenzbetrags (8.500,00 € – 11.500,00 € = – 3.000,00 €) erfolgt eine **Herabsetzung der EWB.** Es entsteht ein **Ertrag von 3.000,00 €.**

**Buchung:**

**0521 EWB zu Forderungen** ........ 3.000,00
an **2751 Erträge aus der Auflösung von Einzelwertberichtigungen zu Forderungen** ........ 3.000,00

| S | 2751 Erträge aus EWB-Auflösung | | H |
|---|---|---|---|
| 9300 | 3.000,00 | 0521 | 3.000,00 |

| S | 0521 EWB zu Forderungen | | H |
|---|---|---|---|
| 2751 | 3.000,00 | 9100 | 11.500,00 |
| 9400 | 8.500,00 | | |

❷ **Neue EWB > bisherige EWB:** In Höhe des Differenzbetrags (12.500,00 € – 11.500,00 € = 1.000,00 €) erfolgt eine **Erhöhung der EWB.** Es entsteht ein **Aufwand von 1.000,00 €.**

**Buchung:**

**2330 Zuführungen zu EWB** ........ an **0521 EWB zu Forderungen** ........ 1.000,00

| S | 2330 Zuführungen zu EWB | | H |
|---|---|---|---|
| 0521 | 1.000,00 | 9300 | 1.000,00 |

| S | 0521 EWB zu Forderungen | | H |
|---|---|---|---|
| 9400 | 12.500,00 | 9100 | 11.500,00 |
| | | 2330 | 1.000,00 |

**MERKE**

- **Endgültige Ausfälle zweifelhafter Forderungen werden stets direkt abgeschrieben. Die hierfür gebildete Einzelwertberichtigung bleibt bis zum Abschlussstichtag unberührt.**
- **Zum Abschlussstichtag ist die Höhe der Einzelwertberichtigungen dem aktuellen Abschreibungsbedarf anzupassen.**

**AUFGABE 279** Der Kunde Matthias Schneider e. K. hat am 8. November beim zuständigen Amtsgericht das Insolvenzverfahren beantragt. Gegenüber dem Kunden besteht noch eine Forderung von 5.950,00 € einschließlich Umsatzsteuer, deren vollständiger Ausfall erwartet wird.

1. Buchen Sie auf den entsprechenden Konten.
2. Begründen Sie die Trennung der zweifelhaften von den einwandfreien Forderungen.
3. Warum darf eine Wertberichtigung nur vom Nettowert der Forderung vorgenommen werden?

**AUFGABE 280** Der Kunde Hans Moog e. K. hat am 2. Dezember das Insolvenzverfahren beantragt. Die Forderung beträgt 1.190,00 €. Das Verfahren kommt am 28. Dezember zum Abschluss. Die Erstattungsquote beträgt 50 % = 595,00 €. Die Bankgutschrift erfolgt noch zum 29. Dezember.

Buchen Sie auf den entsprechenden Konten.

**AUFGABE 281**

Über das Vermögen des Kunden Dirk Krämer e. K. ist im Geschäftsjahr 01 das Insolvenzverfahren eröffnet worden. Die Forderung beträgt einschließlich Umsatzsteuer 4.760,00 €. Zum Abschlussstichtag 31. Dezember 01 wird mit einem Ausfall der Forderung gerechnet. Am 15. Dezember 02 überweist der Insolvenzverwalter nach Abschluss des Insolvenzverfahrens

a) 50 % und
b) 70 %

der ausstehenden Forderung. .

1. Buchen Sie auf den erforderlichen Konten für das Geschäftsjahr 01. Bestand auf Konto 1010: 261.800,00 €, auf Konto 1810: 18.200,00 €
2. Wie lauten die Buchungen zum 15. Dezember 02 im Fall **a)** und im Fall **b)**?
3. Warum werden uneinbringliche Forderungen direkt abgeschrieben?
4. Warum ergeben sich in diesem Fall Korrekturen der Umsatzsteuer?

**AUFGABE 282**

Im vergangenen Jahr war eine uneinbringlich gewordene Forderung von 3.570,00 € direkt in voller Höhe abgeschrieben worden. Unerwartet werden am 15. Mai des laufenden Jahres 1.785,00 € einschließlich USt überwiesen.

1. Buchen Sie.
2. Begründen Sie die Auswirkung des Falls auf die Umsatzsteuer.

D

**AUFGABE 283**

Der Kunde Martin Ohnesorg e. K. befindet sich erkennbar in finanziellen Schwierigkeiten. Die Forderung beträgt 4.760,00 € (4.000,00 € netto + 760,00 € USt). Zum Abschlussstichtag wird mit einem Ausfall von 70 % der Forderung gerechnet. Das Konto „1010 Forderungen a. LL" weist einen Bestand von 357.000,00 € aus.

1. Wie lautet die Buchung zum Abschlussstichtag 31. Dezember 01?
2. Schließen Sie die Bestandskonten über das Schlussbilanzkonto ab und erläutern Sie den Aussagewert dieser Bilanzposten.
3. Wie wäre zum 31. Dezember 01 bei einem EWB-Anfangsbestand von
   a) 0,00 €,
   b) 3.500,00 € und
   c) 1.000,00 €

   zu buchen?
4. Vergleichen Sie die Aussagefähigkeit der Kundenkonten bei direkter und bei indirekter Abschreibung der zweifelhaften Forderungen.
5. Warum darf im vorliegenden Fall zum 31. Dezember noch keine Umsatzsteuerkorrektur erfolgen?

**AUFGABE 284**

Die Bestandskonten der Aufgabe 283 sind mit ihren Beständen zum 1. Januar 02 zu eröffnen. Das Konto „1810 Umsatzsteuer" weist einen Bestand von 15.600,00 € aus.

Am 15. Februar 02 werden nach Abschluss des Insolvenzverfahrens folgende Beträge einschließlich Umsatzsteuer überwiesen:

a) 1.904,00 €;
b) 952,00 €.

1. Ermitteln Sie rechnerisch jeweils die Umsatzsteuerkorrektur.
2. Buchen Sie auf den entsprechenden Konten die Fälle a) und b).
3. Begründen Sie die Anwendung des Grundsatzes der Einzelbewertung bei der Bewertung der Forderungen zum Abschlussstichtag.

**AUFGABE 285** Für den Kunden Sigi Hartmann e. K. ist am 12. Dezember das gerichtliche Insolvenzverfahren eröffnet worden. Die Forderung beträgt einschließlich Umsatzsteuer 9.520,00 €. Der Bestand der Forderungen beträgt 297.500,00 €; Anfangsbestand im Konto 0521: 2.800,00 €.

1. Wie hoch sind die einwandfreien und uneinbringlichen Forderungen zum 31. Dezember?
2. Buchen Sie auf den erforderlichen Konten zum 31. Dezember.
3. Worüber gibt der Saldo des Kontos „0521 Einzelwertberichtigungen zu Forderungen" Auskunft?

**AUFGABE 286** Das Insolvenzverfahren (Aufgabe 285) kommt zu Beginn des neuen Geschäftsjahres mit der Überweisung folgender Erstattungsquoten zum Abschluss:

a) 70 %;
b) 50 %.

1. Ermitteln Sie rechnerisch die Umsatzsteuerberichtigung und die Erfolgsauswirkung.
2. Nennen Sie die Buchungssätze für die Fälle a) und b).
3. Welcher Zusammenhang besteht zwischen den Posten „Zweifelhafte Forderungen" und „Einzelwertberichtigungen zu zweifelhaften Forderungen"?

D

**AUFGABE 287** Wie lauten die Buchungssätze?

1. Vom Amtsgericht wird mitgeteilt, dass die gegen den Kunden Berg beantragte Zwangsvollstreckung fruchtlos war. Forderung: 2.856,00 €.
2. Durch ein Versehen der Buchhaltung ist ein Kunde nicht rechtzeitig zur Zahlung gemahnt worden. Die Forderung in Höhe von 547,40 € ist inzwischen verjährt.

**AUFGABE 288** Zum Ende des Geschäftsjahres werden folgende Forderungen überprüft:

a) Kunde Beinstock: 4.165,00 €;
b) Kunde Nadeck: 2.618,00 €.

Buchen Sie aufgrund der folgenden Vorgänge (Anfangsbestand im Konto 0521: 4.500,00 €):

a) Über das Vermögen des Kunden Beinstock ist am 10. Oktober das Insolvenzverfahren eröffnet worden.
b) Im Dezember wird deutlich, dass sich der Kunde Nadeck in Zahlungsschwierigkeiten befindet. In einem Fall konnte ein von ihm ausgestellter Scheck nicht gutgeschrieben werden, und in einem anderen Fall hat er einen Lieferanten um Zahlungsaufschub gebeten. Nadeck hat noch kein Insolvenzverfahren beantragt. Vorsorglich wird mit einem Verlust von 50 % gerechnet.

**AUFGABE 289** Die in Aufgabe 288 beschriebenen Vorgänge finden im darauf folgenden Geschäftsjahr ihren Abschluss. Buchen Sie entsprechend.

a) Im Fall des Kunden Beinstock kommt das Insolvenzverfahren am 10. Mai zum Abschluss. Der Insolvenzverwalter überweist 2.975,00 €.
b) Kunde Nadeck zahlt die Forderung nicht termingerecht und reagiert auch nicht auf Mahnungen. Im Februar wird mitgeteilt, dass Nadeck den Antrag auf Eröffnung eines Insolvenzverfahrens gestellt hat. Das Verfahren wird im April mangels Masse eingestellt.

**AUFGABE 290** Buchen Sie den folgenden Vorgang im Zeitablauf (Anfangsbestand im Konto 0521: 6.000,00 €):

a) Verkauf von Waren an den Kunden Georg Stark e. K. am 15. Oktober, Zahlungsziel 30 Tage, netto 12.000,00 € + Umsatzsteuer.
b) Am 31. Dezember ist die Forderung trotz Mahnung noch nicht beglichen. Es wird ein Forderungsausfall von 60 % erwartet.
c) Am 15. Februar des folgenden Jahres gehen 8.568,00 € auf dem Bankkonto ein.

### 4.6.2.3 Pauschalwertberichtigung der Forderungen

**Allgemeines Ausfallrisiko**

Bei einem großen Kundenstamm ist eine Einzelbewertung aller Forderungen zum Abschlussstichtag zu zeitaufwendig. Erfahrungsgemäß ist aber auch bei einwandfreien Forderungen im Laufe des Geschäftsjahres mit Ausfällen zu rechnen. Kunden von an sich guter Bonität können durch nicht vorhergesehene Ereignisse in Zahlungsschwierigkeiten geraten. Ein Abschwächen der Konjunktur kann bei bisher zahlungsfähigen Kunden ebenfalls zu einem Liquiditätsengpass führen. Diesem nicht vorhersehbaren **allgemeinen Ausfall- bzw. Kreditrisiko** trägt der Unternehmer vorsorglich durch eine pauschale Abschreibung des Forderungsbestands, die **Pauschalwertberichtigung der Forderungen (PWB),** Rechnung.

**Berechnung der Pauschalabschreibung**

Aufgrund der betrieblichen **Erfahrungen** (Forderungsausfälle der letzten drei bis fünf Jahre) wird ein Prozentsatz ermittelt und auf den Bestand der Forderungen (Nettowert) angewandt. Dieser **Pauschalsatz** muss rechnerisch **nachweisbar** sein.

**Indirekte Abschreibung**

Die Pauschalwertberichtigung wird aus Gründen der Klarheit indirekt im Haben eines besonderen Wertberichtigungs- oder Korrekturkontos erfasst. Der Abschreibungsbetrag wird zunächst im Soll des Aufwandskontos

**2340 Zuführungen zu Pauschalwertberichtigungen zu Forderungen**

gebucht. Die entsprechende Habenbuchung erscheint auf dem Passivkonto

**0522 Pauschalwertberichtigungen zu Forderungen (PWB).**

**Zum Abschlussstichtag** wird das Konto 2340 zum GuV-Konto, das Konto 0522 zum Schlussbilanzkonto abgeschlossen. **Im Schlussbilanzkonto** bildet somit die auf der Passivseite der Bilanz ausgewiesene **„Pauschalwertberichtigung zu Forderungen"** einen **Korrekturposten zu** den **„Forderungen a. LL"** auf der Aktivseite der Bilanz.

**BEISPIEL**

| | | |
|---|---|---|
| | Gesamtbetrag der Forderungen zum Abschlussstichtag, brutto | 238.000,00 € |
| – | darin enthaltene Umsatzsteuer | 38.000,00 € |
| = | **Nettoforderungen,** die der Pauschalbewertung unterliegen | 200.000,00 € |
| | **Hierauf 3 % Pauschalwertberichtigung** | **6.000,00 €** |

**Buchungen zum Abschlussstichtag:**

| | Soll | | Haben | Betrag |
|---|---|---|---|---|
| ❶ | 2340 Zuführungen zu PWB | an | 0522 PWB zu Forderungen | 6.000,00 |
| ❷ | 9300 GuV-Konto | an | 2340 Zuführungen zu PWB | 6.000,00 |
| ❸ | 9400 Schlussbilanzkonto | an | 1010 Forderungen a. LL | 238.000,00 |
| ❹ | 0522 PWB zu Forderungen | an | 9400 Schlussbilanzkonto | 6.000,00 |

**S — 2340 Zuführungen zu PWB — H**

| S | | H | |
|---|---|---|---|
| ❶ | 6.000,00 | ❷ | 6.000,00 |

**S — 9300 GuV-Konto — H**

| S | | H | |
|---|---|---|---|
| ❷ | 6.000,00 | | |

**S — 1010 Forderungen a. LL — H**

| S | | H | |
|---|---|---|---|
| ... | 238.000,00 | ❸ | 238.000,00 |

**S — 0522 PWB zu Forderungen — H**

| S | | H | |
|---|---|---|---|
| ❹ | 6.000,00 | ❶ | 6.000,00 |

**S — 9400 Schlussbilanzkonto — H**

| S | | H | |
|---|---|---|---|
| 1010 Forderungen a. LL | 238.000,00 | 0522 PWB zu Forderungen | 6.000,00 |

D

**Aussagewert der Bilanz**

Das Schlussbilanzkonto weist nun im Soll den Gesamtbetrag der Forderungen a. LL aus, im Haben dagegen den vermuteten Forderungsausfall in Höhe der Pauschalwertberichtigung. In der **Bilanz** wird die **Pauschalwertberichtigung** nicht ausgewiesen, sondern von den Forderungen **aktivisch abgesetzt.**

**Buchungen während des Geschäftsjahres**

Bei **Ausfall** einer pauschal wertberichtigten Forderung **während** des Geschäftsjahres wird die **Pauschalwertberichtigung nicht in Anspruch genommen. Der** Forderungsausfall ist **direkt über** das **Konto „2310 Übliche Abschreibungen auf Forderungen“** (mit Steuerberichtigung) zu buchen.

**BEISPIEL**

Im März des folgenden Geschäftsjahres wird ein Kunde zahlungsunfähig. Die Forderung in Höhe von 1.071,00 € (900,00 € + 171,00 € USt) ist uneinbringlich.

**Buchung:**

| | | |
|---|---|---|
| **2310 Übliche Abschreibungen auf Forderungen** | 900,00 | |
| **1810 Umsatzsteuer** | 171,00 | |
| an **1010 Forderungen a. LL** | | **1.071,00** |

D

**Anpassung zum Abschlussstichtag**

Die **Pauschalwertberichtigung** ist zum Abschlussstichtag stets **dem neuen Forderungsbestand anzupassen.** Sie muss entweder **herauf- oder herabgesetzt** werden. Eine **Aufstockung** bedeutet eine **Zuführung** in Höhe des Unterschiedsbetrags zwischen dem Bestand der PWB und dem zu bildenden neuen Wert der Pauschalwertberichtigung. Eine **Herabsetzung** erfolgt durch eine entsprechende **Auflösung** der PWB über das Konto

**2752 Erträge aus der Auflösung von Pauschalwertberichtigungen zu Forderungen.**

**BEISPIEL**

Die Pauschalwertberichtigung hat im obigen Beispiel am Abschlussstichtag 31. Dezember 02 einen Bestand von 6.000,00 €. Aufgrund des relativ geringen Forderungsausfalls im letzten Geschäftsjahr wird der Pauschalsatz von 3 % auf 2 % herabgesetzt. Zwei Fälle sind möglich:

1. **Forderungsbestand zum 31. Dezember: netto 350.000,00 €; Pauschalsatz 2 %**

| | |
|---|---|
| 2 % von 350.000,00 € Forderungsbestand zum 31. Dezember 02 | 7.000,00 € |
| – Bestand der PWB des Vorjahres | 6.000,00 € |
| = **Aufstockung** der PWB zum 31. Dezember 02 | **1.000,00 €** |

**Buchung:**

| | | |
|---|---|---|
| **2340 Zuführungen zu PWB** | an **0522 PWB zu Forderungen** | **1.000,00** |

| S | **2340 Zuführungen zu PWB** | | H |
|---|---|---|---|
| 0522 | 1.000,00 | | |

| S | **0522 PWB zu Forderungen** | | H |
|---|---|---|---|
| 9400 | 7.000,00 | 9100 | 6.000,00 |
| | | 2340 | 1.000,00 |

2. **Forderungsbestand am 31. Dezember: netto 200.000,00 €; Pauschalsatz 2 %**

| | |
|---|---|
| 2 % von 200.000,00 € Forderungsbestand zum 31. Dezember 02 | 4.000,00 € |
| – Bestand der PWB des Vorjahres | 6.000,00 € |
| = **Herabsetzung** der PWB zum 31. Dezember 02 | **2.000,00 €** |

**Buchung:**

| | | |
|---|---|---|
| **0522 PWB** | an **2752 Erträge aus der Auflösung von PWB** | **2.000,00** |

| S | **2752 Erträge aus PWB-Auflösung** | | H |
|---|---|---|---|
| | | 3680 | 2.000,00 |

| S | **0522 PWB zu Forderungen** | | H |
|---|---|---|---|
| 2752 | 2.000,00 | 9100 | 6.000,00 |
| 9400 | 4.000,00 | | |

MERKE

- **Die Pauschalwertberichtigung berücksichtigt das allgemeine Ausfallrisiko bei Forderungen.**
- **Während des Geschäftsjahres werden alle Forderungsausfälle zulasten des Kontos „2310 Übliche Abschreibungen auf Forderungen“ gebucht.**
- **Zum Abschlussstichtag ist die Pauschalwertberichtigung dem neuen Forderungsbestand durch Aufstockung oder Auflösung anzupassen.**

### 4.6.2.4 Kombination von Einzel- und Pauschalbewertung

**In vielen Unternehmen** werden die Forderungen zum Abschlussstichtag sowohl einzeln als auch pauschal bewertet und berichtigt. Bestimmte **zweifelhafte** Forderungen, bei denen am Abschlussstichtag ein **spezielles** Ausfallrisiko (z. B. wegen eines laufenden Mahnverfahrens) besteht, bedürfen einer Einzelbewertung durch Bildung einer **Einzelwertberichtigung.** Für die **einwandfreien** Forderungen wird wegen des **allgemeinen** Ausfallrisikos eine **Pauschalwertberichtigung** gebildet.

**Zur Ermittlung der Pauschalwertberichtigung** müssen die **zweifelhaften Forderungen** zunächst **vom Gesamtbetrag der Forderungen abgezogen** werden.

D

BEISPIEL

Der Forderungsbestand eines Großhandelsunternehmens beträgt zum Abschlussstichtag (31. Dezember) 357.000,00 €. Bei der Inventur der Forderungen wird festgestellt, dass der Kunde Werner Theuer e. K. bereits zweimal gemahnt worden ist. Die Forderung gegen ihn beträgt 23.800,00 €. Da er sich erkennbar in Zahlungsschwierigkeiten befindet, wird mit einem Forderungsausfall von 80 % gerechnet.

Die einwandfreien Forderungen unterliegen einer Pauschalwertberichtigung von 2 %.

**Anfangsbestände: EWB:** 12.000,00 €; **PWB:** 7.500,00 €.

**Berechnung und Buchung der Einzelwertberichtigung:**

**Mutmaßlicher Ausfall** = 80 % von 20.000,00 € netto = **16.000,00 €.**

Buchung:

| | | |
|---|---|---|
| ❶ **1020 Zweifelhafte Forderungen** | an **1010 Forderungen a. LL** | **23.800,00** |
| ❷ **2330 Zuführungen zu EWB** | an **0521 EWB zu Forderungen** | **4.000,00** |

**Berechnung und Buchung der Pauschalwertberichtigung:**

| | |
|---|---|
| Gesamtbetrag der Forderungen, brutto | 357.000,00 |
| – Zweifelhafte Forderungen (Einzelbewertung) Werner Theuer | 23.800,00 |
| = Forderungen, die der Pauschalbewertung unterliegen, brutto | 333.200,00 |
| – darin enthaltene Umsatzsteuer | 53.200,00 |
| = **Forderungen,** die der Pauschalbewertung unterliegen, **netto** | 280.000,00 |
| **Hierauf Pauschalwertberichtigung von 2 %** | **5.600,00** |

Buchung:

| | | |
|---|---|---|
| **0522 PWB zu Forderungen** | **1.900,00** | |
| an **2752 Erträge aus der Auflösung von PWB** | | **1.900,00** |

| S | 8010 Schlussbilanzkonto | | H |
|---|---|---|---|
| 2400 Forderungen a. LL | 333.200,00 | 3670 EWB | 16.000,00 |
| 2470 Zweifelhafte Forderungen | 23.800,00 | 3680 PWB | 5.600,00 |

**MERKE**

- **Die Einzelwertberichtigung berücksichtigt das besondere Ausfallrisiko.**
- **Die Pauschalwertberichtigung berücksichtigt das allgemeine Ausfallrisiko.**
- **Die Pauschalwertberichtigung bezieht sich auf den nicht einzelwertberichtigten Netto-Forderungsbestand. Dazu wird der Brutto-Forderungsbestand um die Summe der einzelwertberichtigten zweifelhaften Forderungen und um die enthaltene Umsatzsteuer vermindert.**
- **Der zur Anwendung kommende Pauschalwertberichtigungssatz orientiert sich an den Forderungsausfällen vergangener Geschäftsjahre.**

In der **Schlussbilanz** werden nach § 266 HGB (siehe Bilanzgliederung S. 291 und im Anhang des Lehrbuchs) **keine Wertberichtigungsposten und zweifelhaften Forderungen** ausgewiesen. Diese Posten sind **vorab mit** den **„Forderungen a. LL"** zu **verrechnen.** Die Bilanz hat dann folgendes Aussehen:

| Aktiva | **Schlussbilanz** | Passiva |
|---|---|---|
| Forderungen a. LL ............................ | 335.400,00 | |

D

**AUFGABE 291** Die Netto-Forderungsbestände der letzten fünf Jahre betragen insgesamt 1.506.000,00 €, die entsprechenden Forderungsverluste 45.180,00 € netto.

1. Ermitteln Sie den Prozentsatz für eine Pauschalwertberichtigung der Forderungen.
2. Bilden und buchen Sie die Pauschalwertberichtigung zum 31. Dezember des laufenden Jahres bei einem Forderungsbestand von 714.000,00 € und einem Anfangsbestand der PWB von
   a) 15.000,00 € und
   b) 25.000,00 €.

**AUFGABE 292** Zum 31. Dezember betragen die Forderungen a. LL insgesamt 333.200,00 €. Die Forderung an den Kunden B. Trug OHG in Höhe von 29.750,00 € gilt wegen wirtschaftlicher Schwierigkeiten als zweifelhaft. Es wird mit einem Ausfall von 50 % der Forderung gerechnet.

Auf den Restbestand der Forderungen ist eine Pauschalwertberichtigung von 3 % zu bilden. Der Bestand auf dem Konto „0522 PWB zu Forderungen" beträgt
   a) 4.000,00 € und
   b) 10.650,00 €.

Das Konto „0521 EWB zu Forderungen" weist einen Bestand von 7.000,00 € aus.

Führen Sie die notwendigen Berechnungen und Buchungen zum 31. Dezember durch.

**AUFGABE 293** Im nächsten Jahr überweist der Kunde B. Trug OHG (Aufgabe 292):
   a) 14.875,00 €,
   b) 17.850,00 € und
   c) 11.900,00 €.

Auf die restlichen Forderungen wird verzichtet.

Wie lauten die Buchungen zu **a)**, **b)** und **c)**?

**AUFGABE 294**

1. Eine zweifelhafte Forderung über 17.850,00 €, die bereits mit 5.000,00 € netto direkt abgeschrieben worden ist, wird in voller Höhe uneinbringlich.
   a) Mit welchem Wert steht die zweifelhafte Forderung zu Buche?
   b) Wie lautet die Buchung bei voller Uneinbringlichkeit der Forderung?

2. Der Bestand der Forderungen a. LL beträgt zum Abschlussstichtag 31. Dezember 01 416.500,00 €. Das Konto „Pauschalwertberichtigung zu Forderungen" weist zum gleichen Zeitpunkt noch einen Bestand von 14.000,00 € aus. Die Pauschalabschreibung soll zum Bilanzstichtag 3 % betragen.
   a) Ermitteln Sie die neue Pauschalwertberichtigung.
   b) Welche Buchung ergibt sich zum 31. Dezember 01?

**AUFGABE 295**

| Auszug aus der Saldenbilanz | | Soll | Haben |
|---|---|---|---|
| 0521 | Einzelwertberichtigungen zu Forderungen | – | 6.000,00 |
| 0522 | Pauschalwertberichtigungen zu Forderungen | – | 24.000,00 |
| 0722 | Steuerrückstellungen | – | – |
| 0724 | Sonstige Rückstellungen | – | 35.000,00 |
| 1010 | Forderungen a. LL | 530.740,00 | – |
| 1020 | Zweifelhafte Forderungen | – | – |
| 1310 | Bank | 86.000,00 | – |
| 1810 | Umsatzsteuer | – | 45.000,00 |
| 1940 | Sonstige Verbindlichkeiten | – | 26.000,00 |
| 2310 | Übliche Abschreibungen auf Forderungen | 14.000,00 | – |
| 2330 | Zuführungen zu Einzelwertberichtigungen z. F. | – | – |
| 2740 | Erträge aus abgeschriebenen Forderungen | – | – |
| 2752 | Erträge aus der Auflösung von PWB z. F. | – | – |
| 2760 | Erträge aus der Auflösung von Rückstellungen | – | – |
| 4100 | Mietaufwendungen | 33.000,00 | – |
| 4210 | Gewerbesteuer | 22.000,00 | – |
| Weitere Konten: 9300 GuV, 9400 SBK | | | |

**Zum Abschlussstichtag 31. Dez.** sind noch folgende Sachverhalte zu berücksichtigen:

1. Totalausfall einer Forderung an den Kunden Bach GmbH: 2.380,00 €.
2. Im Rahmen der Einzelbewertung sind folgende Forderungen wegen eines speziellen Ausfallrisikos als zweifelhaft anzusehen:
   Forderung an den Kunden Willi Rüger e. K.: 19.040,00 €; geschätzter Ausfall: 40 %
   Forderung an die Kundin Rita Abel e. Kffr.: 14.280,00 €; geschätzter Ausfall: 50 %
3. Eine Rückstellung für Prozesskosten in Höhe von 8.600,00 € hat sich erübrigt.
4. Auf eine Forderung, die zu Beginn des Geschäftsjahres wegen Uneinbringlichkeit völlig abgeschrieben wurde, gehen unerwartet 2.142,00 € auf das Bankkonto ein.
5. Die Dezembermiete für angemietete Lagerräume wird erst Anfang Januar des nächsten Jahres an den Vermieter überwiesen: 3.000,00 €.
6. Die Höhe der Gewerbesteuerabschlusszahlung wird auf 24.000,00 € geschätzt.
7. Auf den verbleibenden Forderungsbestand ist eine PWB in Höhe von 3 % zu bilden.

Bilden Sie die Buchungssätze, buchen Sie auf den genannten Konten und schließen Sie diese ab.

D

## 4.7 Bewertung der Verbindlichkeiten

**Höchstwertprinzip**

Verbindlichkeiten sind gemäß § 253 [1] HGB zum Abschlussstichtag mit ihrem **Erfüllungsbetrag** zu bilanzieren. Nach dem Höchstwertprinzip ist jeweils der höhere Rückzahlungsbetrag in der Bilanz anzusetzen, sofern eine Wahlmöglichkeit zwischen einem niedrigeren und einem höheren Wert besteht. Dieser Fall kann z. B. bei Fremdwährungsverbindlichkeiten, Anleihen und hypothekarisch gesicherten Darlehen eintreten.

**Fremdwährungsverbindlichkeiten § 256a HGB**

Der Abschluss von Geschäften in ausländischen Währungen erfordert die Umrechnung der auf ausländische Währungen lautenden Werte in Euro, da die Buchführung in Euro zu führen ist. Dem trägt § 256a HGB Rechnung und legt fest, dass Fremdwährungsverbindlichkeiten bei ihrer Entstehung (Zugang) und bei ihrer Bewertung zum Abschlussstichtag mit dem jeweils aktuellen **Devisenkassamittelkurs** umzurechnen sind.

**§ 256a HGB WÄHRUNGSUMRECHNUNG**
*Auf fremde Währung lautende Vermögensgegenstände und Verbindlichkeiten sind zum Devisenkassamittelkurs am Abschlussstichtag umzurechnen. Bei einer Restlaufzeit von einem Jahr oder weniger sind § 253 Abs. 1 Satz 1 und § 252 Abs. 1 Nr. 4 Halbsatz 2 nicht anzuwenden.*

D

Der Devisenkassamittelkurs wird als arithmetisches Mittel aus (niedrigerem) Geld- und (höherem) Briefkurs berechnet. Zum **Geldkurs** kaufen Banken Euro an (Euroankaufskurs), wenn das Unternehmen Euro in fremde Währung tauscht (umrechnet). Zum **Briefkurs** verkaufen Banken Euro (Euroverkaufskurs), wenn das Unternehmen fremde Währung in Euro tauscht (umrechnet). Die Wechselkurse drücken bei dieser **Mengennotierung** also aus, wie viele ausländische Währungseinheiten das Unternehmen für 1 Euro bekommt (Geldkurs) oder für 1 Euro geben muss (Briefkurs). Die Umrechnungsvorschrift nach § 256a HGB macht es überflüssig zu prüfen, ob im Einzelfall der Geldkurs oder der Briefkurs anzuwenden sind.

**BEISPIEL 1**

Am 30. Juni 01 notiert der US-Dollar zum Euro wie folgt.[1]

| | |
|---|---|
| Geldkurs ... | 1,25 USD/EUR |
| Briefkurs ... | 1,35 USD/EUR |
| **Devisenkassamittelkurs = (1,25 + 1,35) : 2 =** ... | **1,30 USD/EUR** |

Am 30. Juni 01 müsste also eine Fremdwährungsverbindlichkeit, die auf 39.000,00 US-Dollar lautet, zum Kurs von 1,30 USD/EUR in Euro umgerechnet werden:

39.000,00 USD : 1,30 USD/EUR = 30.000,00 EUR

**Zugangsbewertung**

Bei ihrer Entstehung (Zugang) ist eine Fremdwährungsverbindlichkeit entsprechend § 256a HGB zum Devisenkassamittelkurs des Entstehungstages umzurechnen.

**Bewertung zum Abschlussstichtag**

§ 256a HGB macht die Bewertung einer Fremdwährungsverbindlichkeit zum Abschlussstichtag von der Restlaufzeit abhängig:

- **Restlaufzeit mehr als ein Jahr:** Der Wertansatz im Zugangszeitpunkt und der Wert am Abschlussstichtag sind zu vergleichen und der höhere der beiden Werte ist nach dem Höchstwertprinzip anzusetzen. Diese Bewertung entspricht dem Vorsichtsprinzip.

**Durchbrechung des Realisationsprinzips**

- **Restlaufzeit ein Jahr oder weniger:** Die Fremdwährungsverbindlichkeit ist ohne Rücksicht auf den Zugangswert zum Devisenkassamittelkurs am Abschlussstichtag zu bewerten. Dabei ist ein den Zugangswert unterschreitender Wertansatz möglich, sodass ein nicht realisierter Währungsgewinn ausgewiesen und das Realisationsprinzip durchbrochen wird.

1 Währungskurse unterliegen ständigen und oft erheblichen Schwankungen. Sie entsprechen im Folgenden nicht den aktuellen Notierungen.

**BEISPIEL 2**

Die Gerbo AG, Düsseldorf, erhält von ihrer US-amerikanischen Muttergesellschaft am 30. Juni 01 ein mit 5 %/Jahr zu verzinsendes Darlehen über 100.000,00 USD. Die Zinszahlung erfolgt jährlich nachträglich zum 30. Juni. Die Kurse des US-Dollars zum Euro sollen sich wie folgt entwickelt haben:

| | Devisenkassakurse USD/EUR | | |
|---|---|---|---|
| **Datum** | **Geldkurs** | **Briefkurs** | **Mittelkurs** |
| 30. Juni 01 | 1,25 | 1,35 | 1,30 |
| 31. Dez. 01 | 1,35 | 1,45 | 1,40 |

❶ **Zugangsbewertung des Darlehens zum 30. Juni 01:**
100.000,00 USD : 1,30 USD/EUR = ........ 76.923,08 EUR

❷ **Folgebewertung des Darlehens zum Abschlussstichtag 31. Dezember 01:**
100.000,00 USD : 1,40 USD/EUR = ........ 71.428,57 EUR

❸ **Vergleich des Zugangswerts mit dem Wert am Abschlussstichtag:**
Die Fremdwährungsverbindlichkeit ist am 31. Dezember 01 mit dem **höheren** Zugangswert anzusetzen ........ **76.923,08 EUR**

**Buchung bei Darlehensaufnahme am 30. Juni 01:**
**1310 Bank** ........ **76.923,08**
an **0820 Darlehensschulden** ........ **76.923,08**

**Buchung am Abschlussstichtag 31. Dezember 01:**
**0820 Darlehensschulden** ........ **76.923,08**
an **9400 Schlussbilanzkonto** ........ **76.923,08**

❹ **Berechnung und Buchung der Zinsen zum 31. Dezember 01:**
5 %/Jahr für ½ Jahr = 2,5 % von 100.000,00 USD = 2.500,00 USD
Umrechnung zum Devisenkassamittelkurs (2.500,00 USD : 1,40 USD/EUR =) ........ 1.785,71 EUR
**2110 Zinsaufwendungen** ........ **1.785,71**
an **1940 Sonstige Verbindlichkeiten** ........ **1.785,71**

**BEISPIEL 3**

Es soll gegenüber dem vorherigen Beispiel eine Kurssteigerung des US-Dollars zum Euro angenommen werden:

| | Devisenkassakurse USD/EUR | | |
|---|---|---|---|
| **Datum** | **Geldkurs** | **Briefkurs** | **Mittelkurs** |
| 30. Juni 01 | 1,25 | 1,35 | 1,30 |
| 31. Dez. 01 | 1,15 | 1,25 | 1,20 |

❶ **Zugangswert der Fremdwährungsverbindlichkeit:**
Zugangswert des Darlehens (siehe oben) ........ 76.923,08 EUR

❷ **Umrechnung der Fremdwährungsverbindlichkeit zum Devisenkassamittelkurs am Abschlussstichtag 31. Dezember 01:**
100.000,00 USD : 1,20 USD/EUR ........ 83.333,33 EUR

❸ **Wertansatz zum Höchstwert** ........ **83.333,33 EUR**

❹ **Buchungen am Abschlussstichtag:**
**0820 Darlehensschulden** ........ **83.333,33**
an **9400 Schlussbilanzkonto** ........ **83.333,33**
**2060 Sonstige Aufwendungen** ........ **6.410,25**
an **0820 Darlehensschulden** ........ **6.410,25**

❺ **Berechnung und Buchung der Zinsen zum Abschlussstichtag:**
Umrechnung zum Devisenkassamittelkurs (2.500,00 USD : 1,20 USD/EUR =) ........ 2.083,33 EUR
**2110 Zinsaufwendungen** ........ **2.083,33**
an **1940 Sonstige Verbindlichkeiten** ........ **2.083,33**

**BEISPIEL 4** Die Gerbo AG importiert von einem US-amerikanischen Lieferanten mit Rechnung vom 14. Dezember 01 Waren im Wert von 100.000,00 USD. Der Rechnungsbetrag ist nach spätestens 40 Tagen ohne Abzug fällig. Zum Abschlussstichtag 31. Dezember 01 ist die Fremdwährungsverbindlichkeit zu bilanzieren. Die Kurse sollen sich wie folgt entwickeln:

| | Devisenkassakurse USD/EUR | | |
|---|---|---|---|
| **Datum** | **Geldkurs** | **Briefkurs** | **Mittelkurs** |
| 14. Dez. 01 | 1,25 | 1,35 | 1,30 |
| 31. Dez. 01 | 1,30 | 1,40 | 1,35 |

❶ **Zugangsbewertung am 14. Dezember 01:**
100.000,00 USD : 1,30 USD/EUR = ........ 76.923,08 EUR
❷ **Folgebewertung am 31. Dezember 01:**
100.000,00 USD : 1,35 USD/EUR = ........ 74.074,07 EUR
❸ **Wertansatz zum 31. Dezember 01** ........ **74.074,07 EUR**
Mit diesem Wertansatz wird ein nicht realisierter Gewinn ausgewiesen und somit das Realisationsprinzip **durchbrochen**.
❹ **Buchung des Wareneingangs am 14. Dezember 01:**
**3010 Wareneingang** ........ **76.923,08**
an **1710 Verbindlichkeiten a. LL** ........ **76.923,08**
**Buchung der Verbindlichkeit am Abschlussstichtag 31. Dezember 01:**
**1710 Verbindlichkeiten a. LL** ........ **74.074,07**
an **9400 Schlussbilanzkonto** ........ **74.074,07**
**Buchung des nicht realisierten Gewinns am 31. Dezember 01:**
**1710 Verbindlichkeiten a. LL** ........ **2.849,01**
an **2770 Sonstige betriebliche Erträge** ........ **2.849,01**

**BEISPIEL 5** Das obige Beispiel 4 soll für den Fall einer Kurssteigerung durchgespielt werden:

| | Devisenkassakurse USD/EUR | | |
|---|---|---|---|
| **Datum** | **Geldkurs** | **Briefkurs** | **Mittelkurs** |
| 14. Dez. 01 | 1,25 | 1,35 | 1,30 |
| 31. Dez. 01 | 1,14 | 1,25 | 1,20 |

❶ **Zugangsbewertung am 14. Dezember 01:**
100.000,00 USD : 1,30 USD/EUR = ........ 76.923,08 EUR
❷ **Folgebewertung am Abschlussstichtag 31. Dezember 01:**
100.000,00 USD : 1,20 USD/EUR = ........ 83.333,33 EUR
❸ **Wertansatz zum 31. Dezember 01** ........ **83.333,33 EUR**
Mit diesem Wertansatz wird ein nicht realisierter Verlust ausgewiesen und dem Vorsichtsprinzip Rechnung getragen.
❹ **Buchung des Wareneingangs am 14. Dezember 01:**
**3010 Wareneingang** ........ **76.923,08**
an **1710 Verbindlichkeiten a. LL** ........ **76.923,08**

Buchung der Verbindlichkeit am Abschlussstichtag 31. Dezember 01:

| | | |
|---|---|---|
| 1710 Verbindlichkeiten a. LL | 83.333,33 | |
| an 9400 Schlussbilanzkonto | | 83.333,33 |

Buchung des nicht realisierten Verlustes am 31. Dezember 01:

| | | |
|---|---|---|
| 2060 Sonstige Aufwendungen | 6.410,25 | |
| an 1710 Verbindlichkeiten a. LL | | 6.410,25 |

**MERKE**

- **Am Abschlussstichtag sind Fremdwährungsverbindlichkeiten grundsätzlich zum höheren Erfüllungsbetrag in der Bilanz anzusetzen (Höchstwertprinzip):**
  - **Devisenkassamittelkurs zum Abschlussstichtag < Devisenkassamittelkurs zum Anschaffungszeitpunkt: Ansatz zum Kurs am Abschlussstichtag**
  - **Devisenkassamittelkurs zum Abschlussstichtag > Devisenkassamittelkurs zum Anschaffungszeitpunkt: Ansatz zum Kurs am Anschaffungstag**
- **Ausnahme: Fremdwährungsverbindlichkeiten mit einer Restlaufzeit von einem Jahr oder weniger werden nach § 256a HGB ohne Beachtung des Vorsichtsprinzips zum Devisenkassamittelkurs am Abschlussstichtag bewertet.**
- **Das Höchstwertprinzip ist Ausdruck kaufmännischer Vorsicht.**

D

**Disagio**

**Bei Hypothekenschulden** ist der Erfüllungsbetrag (= 100 %) meist höher als der vereinnahmte Betrag. Der **Unterschiedsbetrag,** das sogenannte **Abgeld,** auch **Damnum** oder **Disagio** genannt, **darf** nach § 250 [3] HGB unter die Rechnungsabgrenzungsposten der Aktivseite (Konto „0920 Disagio") aufgenommen werden (Aktivierungs**wahlrecht**). Das Disagio ist dann durch **planmäßige Abschreibungen** auf die gesamte Laufzeit des Hypothekendarlehens zu verteilen. **Steuerrechtlich** muss das Disagio aus Gründen einer periodengerechten Ermittlung des steuerpflichtigen Gewinns aktiviert und gleichmäßig abgeschrieben werden (Aktivierungs**pflicht**).

**BEISPIEL**

Zur Finanzierung einer Lagerhalle wird bei der Bank zu Beginn des Geschäftsjahres ein Hypothekendarlehen von 500.000,00 € aufgenommen, das zu 96 % = 480.000,00 € ausgezahlt wurde. Das Disagio von 20.000,00 € soll aktiviert und als Zinsaufwand auf die zehnjährige Laufzeit des Darlehens planmäßig mit 2.000,00 € jährlich verteilt werden.

Buchung bei Aufnahme des Darlehens:

| | | | | |
|---|---|---|---|---|
| ❶ | 1310 Bank | 480.000,00 | | |
| | 0920 Disagio | 20.000,00 | an 0820 Verb. ggü. Kreditinstituten | 500.000,00 |

Buchung zum Abschlussstichtag 31. Dezember:

| | | | |
|---|---|---|---|
| ❷ | 2140 Zinsähnliche Aufwendungen | an 0920 Disagio | 2.000,00 |

**MERKE**

**Bei Hypotheken- und Anleiheschulden werden Abgeld (Damnum bzw. Disagio) und Aufgeld (Rückzahlungsagio) auf dem Konto „0920 Disagio" gesondert erfasst und durch planmäßige Abschreibungen (Konto 2140) auf die entsprechende Laufzeit verteilt.**

**AUFGABE 296**

Die Elektrohandels-GmbH bezieht aus den USA Mikrochips. Rechnungseingang am 18. Dez. über 15.000,00 USD zum Devisenkassamittelkurs von 1,3580 USD/EUR. Zahlungsziel vier Wochen.

1. Wie lautet die Buchung bei Rechnungseingang?
2. Wie ist die Verbindlichkeit zum 31. Dezember zu bewerten, wenn der Devisenkassamittelkurs
   a) 1,3580 USD/EUR,
   b) 1,3450 USD/EUR,
   c) 1,3760 USD/EUR beträgt? Begründen Sie Ihre Bewertung.

**AUFGABE 297** Die Baustoff-GmbH importiert Waren aus der Schweiz im Wert von 25.000,00 CHF. Zahlungsziel vier Wochen. Rechnungseingang 22. Dez. Devisenkassamittelkurs: 1,6250 CHF/EUR.

1. Buchen Sie zum 22. Dezember.
2. Bewerten Sie die Waren zum Abschlussstichtag 31. Dezember mit dem Devisenkassamittelkurs von
   a) 1,7550 CHF/EUR;
   b) 1,5450 CHF/EUR.

**AUFGABE 298** Ein Unternehmen hat am 2. Januar ein Hypothekendarlehen in Höhe von 300.000,00 € aufgenommen. Laufzeit zehn Jahre. Dem Bankkonto wurde der Auszahlungsbetrag von 282.000,00 € gutgeschrieben. 8 % Zinsen, jeweils zum 30. Juni und 31. Dezember, zuzüglich Tilgung.

1. Buchen Sie bei Aufnahme des Hypothekendarlehens.
2. Buchen Sie die halbjährlichen Zahlungen für Zinsen und Tilgung.
3. Buchen Sie zum Abschlussstichtag 31. Dezember.

D

**AUFGABE 299** Im Konto „1710 Verbindlichkeiten a. LL" ist eine kurzfristige Verbindlichkeit von 20.000,00 USD zum Devisenkassamittelkurs von 1,3495 USD/EUR enthalten. Am Abschlussstichtag beträgt der Kurs
   a) 1,3425 USD/EUR;
   b) 1,3650 USD/EUR.

Die Restlaufzeit beträgt zwei Wochen.

1. Ermitteln und begründen Sie den Bilanzansatz zum Abschlussstichtag 31. Dezember.
2. Wie lautet die Buchung?

**AUFGABE 300** Am 10. Januar wird ein Hypothekendarlehen von 900.000,00 €, Auszahlung zu 98 %, für einen Neubau aufgenommen. Laufzeit des Darlehens 20 Jahre.

1. Buchen Sie
   a) bei Aufnahme des Darlehens und
   b) zum 31. Dezember.
2. Begründen Sie, weshalb steuerlich das Disagio gleichmäßig auf die Laufzeit verteilt wird.

**AUFGABE 301**

1. Nennen Sie Verbindlichkeiten, die zum Nennwert zu passivieren sind.
2. Bei welchen Schulden ergibt sich oft ein Bilanzansatz zum höheren Erfüllungsbetrag?
3. Welcher Zusammenhang besteht zwischen Höchstwert- und Niederstwertprinzip?

**AUFGABE 302** Die Textil-GmbH exportiert am 15. November 01 Waren in die USA. Abrechnung erfolgt auf Dollarbasis. Dem Kunden werden 200.000,00 USD in Rechnung gestellt, zahlbar am 15. Januar 02. Am Tag der Rechnungsstellung beträgt der Devisenkassamittelkurs 1,3650 USD/EUR.

1. Wie hoch sind die Anschaffungskosten der Fremdwährungsforderung? Buchen Sie.
2. Mit welchem Wert muss die Forderung zum 31. Dezember 01 angesetzt werden, wenn der Devisenkassamittelkurs
   a) 1,3595 USD/EUR und
   b) 1,3750 USD/EUR beträgt?

   Begründen Sie Ihre Bewertung und nennen Sie, sofern erforderlich, die entsprechende Buchung zum 31. Dezember.

## 4.8 Diverse Aufgaben zur Bewertung der Wirtschaftsgüter in der Jahresbilanz

**AUFGABE 303**

Am Abschlussstichtag 31. Dezember 01 beträgt der Forderungsbestand insgesamt 416.500,00 €. Darin ist eine zweifelhafte Forderung an die Illiquid GmbH in Höhe von 35.700,00 € enthalten. Wegen Zahlungsschwierigkeiten der Illiquid GmbH wird ein Forderungsausfall von 80 % für wahrscheinlich gehalten. Das allgemeine Ausfallrisiko beträgt 4 %.

Bestände zum 31. Dezember 01:
0521 EWB zu Forderungen 15.000,00 €; 0522 PWB zu Forderungen 12.000,00 €.

Buchen Sie die Einzelwertberichtigung und die Pauschalwertberichtigung zum Abschlussstichtag 31. Dezember 01.

**AUFGABE 304**

Im Geschäftsjahr 01 wurde für eine zweifelhafte Forderung über 5.950,00 € eine EWB in Höhe von 50 % des Nettoforderungsbetrags (= 2.500,00 €) gebildet. Am 5. Januar 02, noch vor der Aufstellung der Bilanz zum 31. Dezember 01, wird bekannt, dass der Kunde seine Zahlungsschwierigkeiten aufgrund einer Erbschaft überwunden hat.

1. Wie ist die Forderung im Jahresabschluss zum 31. Dezember 01 zu bewerten?
2. Nennen Sie die Buchungssätze.

D

**AUFGABE 305**

Kauf eines Betriebsgrundstücks für 300.000,00 €. Die Grunderwerbsteuer beträgt 5,5 %. Der Makler stellt 9.000,00 € + USt in Rechnung. Für ein Entwässerungsgutachten für das Grundstück wurden 2.000,00 € + USt gezahlt. Der Anschluss des Grundstücks an die Kanalisation verursachte Kosten in Höhe von 3.000,00 € + USt.

Der Notar berechnet 1.500,00 € + USt. Die Grundbuchkosten belaufen sich auf 450,00 €.

Alle Zahlungen erfolgen durch Banküberweisung.

Zur Finanzierung des Grundstücks musste bei der Sparkasse ein Hypothekendarlehen über 200.000,00 € bei 100%iger Auszahlung und 5 % Zinsen aufgenommen werden. Die Zinsen sind halbjährlich im Voraus, erstmalig am 1. Oktober 01, zu zahlen.

1. Ermitteln Sie die Anschaffungskosten des Grundstücks.
2. Begründen Sie, welche Kosten im vorliegenden Fall nicht zu den Anschaffungskosten gehören.
3. Buchen Sie die Anschaffung des Grundstücks aufgrund der vorliegenden Rechnungen.
4. Nennen Sie den Buchungssatz zur Aufnahme des Darlehens.
5. Buchen Sie die Darlehenszinsen bei Zahlung am 1. Oktober 01. Welche Buchung ist zum Abschlussstichtag 31. Dezember 01 erforderlich?
6. Zu welchem Wert dürfen nicht abnutzbare Anlagegüter zum Abschlussstichtag höchstens angesetzt werden?

**AUFGABE 306**

Das in Aufgabe 305 genannte Grundstück hat zum Abschlussstichtag des folgenden Geschäftsjahres einen Verkehrswert von 380.000,00 €.

1. Nennen Sie den Wertansatz zum 31. Dezember 02.
2. Begründen Sie Ihre Bewertungsentscheidung.

**AUFGABE 307**

Es wird unterstellt, dass das in Aufgabe 305 genannte Grundstück nach fünf Jahren wegen Wegfalls der Hauptverkehrsanbindung nur noch einen Wert von 220.000,00 € hat.

1. Nennen Sie den Wertansatz für die Jahresbilanz.
2. Begründen Sie ausführlich Ihre Bewertung.

3. Nennen Sie den Buchungssatz.
4. Erläutern Sie die Auswirkung auf den Jahreserfolg.

**AUFGABE 308**

1. In welchen Gesetzen sind die grundlegenden Bewertungsvorschriften enthalten?
2. Nennen Sie die Zielsetzung
   a) der Handelsbilanz und
   b) der Steuerbilanz.
3. Was beinhaltet der „Grundsatz der Maßgeblichkeit" der Handelsbilanz für die Steuerbilanz?
4. Welche Unternehmen stellen sowohl eine Handels- als auch eine Steuerbilanz auf?
5. Erläutern Sie den Zusammenhang zwischen dem Prinzip der Vorsicht und dem Anschaffungswert-, Niederstwert-, Höchstwert- und Imparitätsprinzip.
6. Unterscheiden Sie zwischen strengem und gemildertem Niederstwertprinzip.
7. Nennen Sie Ausnahmen des Grundsatzes der Einzelbewertung.
8. Nennen Sie mögliche Abweichungen in der Handels- und Steuerbilanz.

**AUFGABE 309**

Ein Textilgroßhandelsunternehmen hat einen Posten Stoffe am 4. Dezember für 15.000,00 € netto ab Werk gekauft. An den Spediteur wurden für Transport und Versicherung 680,00 € netto gezahlt. Bei Bezahlung der Ware wurden 2 % Skonto abgezogen.

1. Ermitteln Sie die Anschaffungskosten.
2. Wie ist die Ware zum 31. Dezember zu bewerten, wenn am Abschlussstichtag der Wiederbeschaffungswert
   a) 15.800,00 € und
   b) 14.000,00 € beträgt?
3. Begründen Sie jeweils Ihre Bewertungsentscheidung zu **2. a)** und **2. b)** und nennen Sie die Auswirkung auf den Jahreserfolg.

D

**AUFGABE 310**

Im Konto „1710 Verbindlichkeiten a. LL" ist eine kurzfristige Fremdwährungsverbindlichkeit von 20.000,00 USD zum Devisenkassamittelkurs von 1,3550 USD/EUR enthalten. Am Abschlussstichtag beträgt der Devisenkassamittelkurs für
   a) 1,3725 USD/EUR und
   b) 1,3495 USD/EUR.

Die Restlaufzeit beträgt zwei Wochen.

1. Ermitteln Sie den Bilanzansatz zu a) und b).
2. Begründen Sie Ihre Bewertungsentscheidung auch im Hinblick auf den Jahreserfolg.
3. Wie lautet die Buchung zum 31. Dezember?

**AUFGABE 311**

Ein Unternehmen hat zur kurzfristigen Anlage 50 Aktien zum Stückkurs von 150,00 € erworben. Die Bank berechnet insgesamt für Nebenkosten (Maklergebühr, Bankprovision) 1,06 % vom Kurswert.

Zum Abschlussstichtag 31. Dezember des Anschaffungsjahres beträgt der Stückkurs
   a) 160,00 € und
   b) 120,00 €.

1. Ermitteln Sie die Anschaffungskosten.
2. Begründen Sie den Wertansatz zum 31. Dezember des Anschaffungsjahres zu **a)** und **b)**.
3. Welche Wertansätze sind möglich, wenn der Kurs zum Abschlussstichtag des folgenden Jahres
   a) 140,00 € und
   b) 170,00 € beträgt?
4. Begründen Sie buchhalterisch, dass durch Wertaufholungen stille Reserven aufgelöst werden.

**AUFGABE 312**

Die Textilhandels-GmbH hat in der Handelsbilanz zum 31. Dez. 2020 eine im Januar zu 100.000,00 € Anschaffungskosten erworbene Maschine mit 10 % linear abgeschrieben. In der dem Finanzamt eingereichten Steuerbilanz wurde die gleiche Maschine mit dem steuerlichen Höchstsatz degressiv mit 25 % abgeschrieben.

1. Nennen Sie den Wertansatz
   a) für die Handelsbilanz und
   b) für die Steuerbilanz.
2. In welchen Fällen ist es einem Unternehmen erlaubt, unterschiedliche Wertansätze für die Handels- und die Steuerbilanz zu wählen?

**AUFGABE 313**

Die Elektrohandel-GmbH hat zum 31. Dezember noch 80 Elektromotoren zum durchschnittlichen Anschaffungswert von 190,00 € auf Lager.

Die Wiederbeschaffungskosten betragen am Abschlussstichtag
   a) 210,00 € und
   b) 160,00 €.

Begründen Sie den Wertansatz **a)** und **b)** und erläutern Sie die Erfolgsauswirkung.

**AUFGABE 314**

Ein Unternehmen hat am 15. Januar 01 eine Sortieranlage erworben. Der Listenpreis beträgt 80.000,00 €. Der Lieferant gewährt hierauf 10 % Rabatt.

In Rechnung gestellt werden ferner: Transportkosten 2.000,00 €, Fundamentierungskosten 2.500,00 €, Montagekosten 3.500,00 €, + Umsatzsteuer.

Der Rechnungsbetrag wurde mit 2 % Skonto durch Banküberweisung beglichen.

Zur Finanzierung der Anlage wurde ein Darlehen von 60.000,00 € aufgenommen. Die Zinsen für das laufende Geschäftsjahr wurden mit 5.600,00 € im Voraus überwiesen.

1. Ermitteln Sie die Anschaffungskosten der Sortieranlage.
2. a) Erstellen Sie die Rechnung des Lieferanten und
   b) Buchen Sie den Eingang der Rechnung.
3. Nennen Sie die Buchung für den Rechnungsausgleich.
4. Die Sortieranlage hat eine Nutzungsdauer von zehn Jahren. Ermitteln Sie
   a) den niedrigsten und
   b) den höchstmöglichen Abschreibungsbetrag zum 31. Dezember 01, wenn Sie die Rechtslage 2020 (siehe S. 204) zugrunde legen.
5. Nennen Sie den Wertansatz für die Fälle **4. a)** und **4. b)**.
6. Für welchen Wertansatz würden Sie sich entscheiden, wenn das Unternehmen
   a) mit Verlust und
   b) mit hohem Gewinn abschließt?

   Begründen Sie.

**AUFGABE 315**

Der Wert einer Maschine mit Anschaffungskosten von 200.000,00 €, die linear über zehn Jahre abgeschrieben wird, sinkt im Jahr 04 infolge des technischen Fortschritts zusätzlich um 20 % der Anschaffungskosten.

1. Begründen Sie Ihre Bewertungsentscheidung.
2. Ermitteln Sie die fortgeführten Anschaffungskosten zum Abschlussstichtag 31. Dezember 04.
3. Nennen Sie den Buchungssatz zum 31. Dezember 04.
4. Ermitteln Sie den jährlichen Abschreibungsbetrag für die Restnutzungsdauer.

D

**AUFGABE 316** Eine GmbH hat im Geschäftsjahr 01 verschiedene Wirtschaftsgüter mit Anschaffungskosten über 250,00 € und unter 1.000,00 € erworben und im Konto „0891 GWG-Sammelposten Jahr 01" aktiviert. In der Handelsbilanz erfolgt eine Abschreibung des GWG-Sammelpostens in Höhe von 20 %. In der Steuerbilanz soll eine Vollabschreibung dieser geringwertigen Wirtschaftsgüter vorgenommen werden.

1. Welche Überlegungen stehen bei der beabsichtigten Vollabscheibung im Vordergrund?
2. Beurteilen Sie die Zulässigkeit der Vollabschreibung.

**AUFGABE 317** Die fortgeführten Anschaffungskosten einer Maschine betragen zum 31. Dez. .. 24.000,00 €. Der Wert (Teilwert) der Maschine ist infolge Preissteigerung auf 30.000,00 € gestiegen. Der Buchhalter möchte daher eine Zuschreibung in Höhe von 6.000,00 € vornehmen, die zu einem Wertansatz von 30.000,00 € führt.

Beraten Sie den Buchhalter und begründen Sie Ihre Auffassung.

**AUFGABE 318** Waren wurden am 20. Dez. .. zu 5.000,00 € netto zuzüglich Bezugskosten netto 300,00 € angeschafft. Beim Rechnungsausgleich wurden 2 % Skonto abgezogen. Die Waren sind am Abschlussstichtag 31. Dezember noch am Lager.

D

1. Ermitteln Sie die Anschaffungskosten.
2. Wie sind die Waren zum 31. Dezember zu bewerten, wenn der Tageswert
   **a)** 6.000,00 € und
   **b)** 4.600,00 € beträgt?
   Begründen Sie Ihre Entscheidung.

**AUFGABE 319** Die in Aufgabe 318 genannten Waren wurden in der Bilanz zum 31. Dezember 01 nach dem strengen Niederstwertprinzip mit 4.600,00 € bewertet. Es wird unterstellt, dass die Waren auch noch zum 31. Dezember 02 vorhanden sind und der Tageswert nunmehr 5.100,00 € beträgt.

1. Nennen Sie den Wertansatz zum 31. Dezember 02.
2. Erläutern Sie die Auswirkungen auf den Gewinn.

**AUFGABE 320** Ein Unternehmen hat ein Grundstück erworben. Anschaffungskosten 150.000,00 €. Am Abschlussstichtag beträgt der Tageswert (Teilwert)
   **a)** 180.000,00 € und
   **b)** 100.000,00 €.
Im Fall **b)** handelt es sich um eine Wertminderung, die auf ein Bauverbot für das Grundstück zurückzuführen ist.

1. Ermitteln und begründen Sie für die beiden Fälle den jeweiligen Wertansatz.
2. Mit welchem Wert ist das Grundstück zu bilanzieren, wenn nach vier Jahren das Bauverbot aufgehoben wird?

**AUFGABE 321** Im Geschäftsjahr 01 wurde eine Beteiligung an einer Handelsgesellschaft für 10 Millionen € erworben. Zum 31. Dezember des gleichen Jahres ist der Wert geringfügig auf 9,7 Millionen € gesunken. Die Unternehmensleitung erwartet für das nächste Jahr wieder eine Wertsteigerung.

Welche Möglichkeiten der Bewertung bestehen nach § 253 [3] HGB?

# 5 Jahresabschluss der Personengesellschaften

## 5.1 Jahresabschluss der Offenen Handelsgesellschaft (OHG)

**Unbeschränkte Haftung**

Die Gesellschafter der OHG haften **in unbeschränkter Höhe,** also nicht nur mit ihren Kapitaleinlagen, sondern auch mit ihrem Privatvermögen. **Jeder Gesellschafter hat sein Eigenkapitalkonto und sein Privatkonto.**

**Gewinn- und Verlustverteilung**

Die Verteilung des Gewinns der OHG ist entweder von den Gesellschaftern **vertraglich** geregelt (Gesellschaftsvertrag) **oder** richtet sich **nach den gesetzlichen Vorschriften** des § 121 HGB.

**§ 121 HGB**

*[1] Von dem Jahresgewinne gebührt jedem Gesellschafter zunächst ein Anteil in Höhe von vier vom Hundert seines Kapitalanteils. Reicht der Jahresgewinn hierzu nicht aus, so bestimmen sich die Anteile nach einem entsprechend niedrigeren Satz.*

*[2] Bei der Berechnung des nach Absatz 1 einem Gesellschafter zukommenden Gewinnanteils werden Leistungen, die der Gesellschafter im Laufe des Geschäftsjahrs als Einlage gemacht hat, nach dem Verhältnisse der seit der Leistung abgelaufenen Zeit berücksichtigt. Hat der Gesellschafter im Laufe des Geschäftsjahrs Geld auf seinen Kapitalanteil entnommen, so werden die entnommenen Beträge nach dem Verhältnisse der bis zur Entnahme abgelaufenen Zeit berücksichtigt.*

*[3] Derjenige Teil des Jahresgewinns, welcher die nach den Absätzen 1 und 2 zu berechnenden Gewinnanteile übersteigt, sowie der Verlust eines Geschäftsjahrs wird unter die Gesellschafter nach Köpfen verteilt.*

Die gesetzliche Regelung sieht also zunächst eine Verzinsung der Kapitaleinlagen der Gesellschafter zu 4 % vor. Der verbleibende Gewinn wird nach Köpfen verteilt. Der **Verlust** wird von allen Gesellschaftern **zu gleichen Teilen** getragen. Für ihre **Arbeitsleistung** erhalten die geschäftsführenden Gesellschafter der OHG **vorab** entsprechende **Gewinnanteile.**

**Buchungen**

Die Gewinnanteile werden den Kapitalkonten der Gesellschafter aufgrund der Gewinnverteilungstabelle (Beleg) gutgeschrieben. Bei Verlust sind die Kapitalkonten entsprechend zu belasten. Die Privatkonten werden über die zugehörigen Kapitalkonten abgeschlossen.

**BEISPIEL**

In einer OHG betragen die Kapitalanteile der Gesellschafter A 240.000,00 € und B 360.000,00 €. Das Privatkonto A weist 68.000,00 €, Privatkonto B 70.000,00 € Entnahmen aus. Der Gesamtgewinn von 200.000,00 € wird wie folgt verteilt:

Gesellschafter B erhält für die Geschäftsführung vorab 72.000,00 €. Die Kapitaleinlagen werden mit 8 % verzinst. Der Restgewinn wird nach Köpfen verteilt.

| Gesellschafter | Kapital 1. Jan. | Arbeitsanteil | Kapitalverzinsung | Restgewinn | Gesamtgewinn | Privatentnahme | Kapital 31. Dez. |
|---|---|---|---|---|---|---|---|
| A | 240.000,00 | – | 19.200,00 | 40.000,00 | 59.200,00 | 68.000,00 | 231.200,00 |
| B | 360.000,00 | 72.000,00 | 28.800,00 | 40.000,00 | 140.800,00 | 70.000,00 | 430.800,00 |
| | **600.000,00** | **72.000,00** | **48.000,00** | **80.000,00** | **200.000,00** | **138.000,00** | **662.000,00** |

**Buchungen:**

| | | | |
|---|---|---|---|
| ❶ | 9300 GuV-Konto | an 0610 Kapital A | 59.200,00 |
| | 9300 GuV-Konto | an 0611 Kapital B | 140.800,00 |
| ❷ | 0610 Kapital A | an 1610 Privat A | 68.000,00 |
| ❸ | 0611 Kapital B | an 1611 Privat B | 70.000,00 |

D

| S | 9300 **Gewinn- und Verlustkonto** | | H |
|---|---|---|---|
| Aufwand | 560.000,00 | Erträge | 760.000,00 |
| Gewinnanteil **A** | 59.200,00 | | |
| Gewinnanteil **B** | 140.800,00 | | |

❶

| S | 1610 **Privat A** | | H |
|---|---|---|---|
| Entnahme | 68.000,00 | Kap. A | 68.000,00 |

❷ →

| S | 0610 **Kapital A** | | H |
|---|---|---|---|
| Privat | 68.000,00 | AB | 240.000,00 |
| SB | 231.200,00 | Gewinn | 59.200,00 |

| S | 1611 **Privat B** | | H |
|---|---|---|---|
| Entnahme | 70.000,00 | Kap. B | 70.000,00 |

❸ →

| S | 0611 **Kapital B** | | H |
|---|---|---|---|
| Privat | 70.000,00 | AB | 360.000,00 |
| SB | 430.800,00 | Gewinn | 140.800,00 |

**MERKE**

- **Die OHG führt für jeden Gesellschafter ein Kapitalkonto und ein Privatkonto.**
- **Gewinn- und Verlustanteile werden unmittelbar auf dem Kapitalkonto des Gesellschafters gebucht.**
- **Die Gewinnverteilung richtet sich entweder nach den entsprechenden Vereinbarungen des Gesellschaftsvertrags oder nach der gesetzlichen Regelung des § 121 HGB.**

D

## AUFGABE 322

Der Jahresgewinn einer OHG in Höhe von 220.000,00 € soll nach § 121 HGB auf zwei Gesellschafter mit den Kapitalanteilen A 200.000,00 € und B 300.000,00 € verteilt werden. Die Privatentnahmen von A betragen 48.000,00 € und von B 50.000,00 €.

1. Erstellen Sie eine Gewinnverteilungstabelle mit Kapitalentwicklung und buchen Sie.
2. Nehmen Sie kritisch Stellung zur gesetzlichen Regelung der Gewinnverteilung.

## AUFGABE 323

| **Saldenbilanz der Paul von Raupach OHG zum 31. Dez.** | **Soll** | **Haben** |
|---|---|---|
| 0330 Betriebs- und Geschäftsausstattung | 360.000,00 | – |
| 0340 Fuhrpark | 220.000,00 | – |
| 0522 Pauschalwertberichtigungen zu Forderungen | – | 4.500,00 |
| 0610 Kapital P. von Raupach | – | 400.000,00 |
| 0611 Kapital M. Breuer | – | 200.000,00 |
| 0724 Sonstige Rückstellungen | – | 15.200,00 |
| 0820 Darlehensschulden | – | 294.800,00 |
| 0910 Aktive Rechnungsabgrenzung | – | – |
| 1010 Forderungen aus Lieferungen und Leistungen | 499.800,00 | – |
| 1130 Sonstige Forderungen | 2.000,00 | – |
| 1310 Bank | 371.668,00 | – |
| 1410 Vorsteuer | 248.494,00 | – |
| 1610 Privatentnahmen Raupach | 82.600,00 | – |
| 1611 Privatentnahmen Breuer | 78.900,00 | – |
| 1710 Verbindlichkeiten aus Lieferungen und Leistungen | – | 115.000,00 |
| 1810 Umsatzsteuer | – | 621.262,00 |
| 1940 Sonstige Verbindlichkeiten | – | 15.900,00 |
| 2060 Sonstige Aufwendungen | 3.800,00 | – |
| 2110 Zinsaufwendungen | 30.400,00 | – |
| 8010 Warenverkauf | – | – |

| Saldenbilanz der Paul von Raupach OHG zum 31. Dez. | Soll | Haben |
|---|---|---|
| 8070 Kundenboni | – | – |
| 8080 Kundenskonti | – | 8.600,00 |
| 2310 Übliche Abschreibungen auf Forderungen | – | – |
| 2340 Zuführungen zu Pauschalwertberichtigungen | 2.300.000,00 | – |
| 2610 Zinserträge | – | 12.100,00 |
| 2760 Erträge aus der Auflösung von Rückstellungen | – | 54.500,00 |
| 3010 Wareneingang | 150.000,00 | – |
| 3060 Nachlässe von Lieferanten | 110.400,00 | – |
| 3080 Lieferantenskonti | 553.600,00 | – |
| 3910 Warenbestände | – | – |
| 4100 Mietaufwendungen | – | 3.308.400,00 |
| 4890 Diverse Aufwendungen | 7.800,00 | – |
| 4910 Abschreibungen auf Sachanlagen | 30.800,00 | – |
| | 5.050.262,00 | 5.050.262,00 |

D

**Abschlusskonten:** 9300 und 9400

**Abschlussangaben**

1. Planmäßige Abschreibungen:
   BGA ... 38.000,00
   Fuhrpark ... 52.000,00
2. Eine im Vorjahr gebildete Garantierückstellung über 5.000,00 € erübrigt sich.
3. Kunde Mies überweist von einer Rechnung in Höhe von 2.380,00 € brutto nur 595,00 €. Der übrige Teil der Forderung ist uneinbringlich.
4. Kunde Schneider erhält eine Gutschrift für einen Bonus: 3.000,00 € + USt.
5. Darlehenszinsen in Höhe von 12.000,00 € werden von der OHG halbjährlich jeweils zum 31. März und 30. September im Voraus gezahlt. Die letzte Zahlung erfolgte am 30. September.
6. Im Warenbestand ist es zu einem Brandschaden von 35.000,00 € gekommen, für den kein Versicherungsschutz besteht.
7. Für einen drohenden Verlust aus einem schwebenden Geschäft ist eine Rückstellung über 60.000,00 € zu bilden.
8. Die Dezembermiete für die Geschäftsräume wird am 2. Januar nächsten Jahres überwiesen: 8.000,00 €.
9. Die Zinsgutschrift der Bank über 4.500,00 € erfolgt erst am 6. Januar nächsten Jahres.
10. Die PWB ist auf 5 % des Forderungsbestands aufzustocken.
11. Warenschlussbestand:
    Anschaffungskosten ... 180.000,00
    Tageswert ... 195.000,00
12. Gewinnverteilung: Die Gesellschafter von Raupach und Breuer erhalten 8 % Kapitalverzinsung vorab, der restliche Gewinn wird nach Kapitalanteilen verteilt.

**1.** Erstellen Sie den Jahresabschluss.
**2.** Ermitteln Sie die Rendite der Kapitalanteile der Gesellschafter.

## 5.2 Jahresabschluss der Kommanditgesellschaft (KG)

**Die unterschiedliche Haftung** der Gesellschafter unterscheidet die KG von der OHG:

§§ 161, 171 HGB

- **Der Vollhafter (Komplementär)** haftet wie der OHG-Gesellschafter **unbeschränkt** mit seinem Betriebs- und Privatvermögen (§ 161 HGB).
- **Der Teilhafter (Kommanditist)** haftet nur **beschränkt** in Höhe der **vertraglich festgesetzten** und im **Handelsregister eingetragenen Kapitaleinlage.** Der Kommanditist verfügt deshalb über **kein Privatkonto** (§§ 161, 171 HGB).

**Gewinn- und Verlustverteilung §§ 167–169 HGB**

Die Gewinn- und Verlustverteilung ist auch bei der KG entweder **vertraglich** geregelt **oder** an **den gesetzlichen Vorschriften ausgerichtet** (§§ 167–169 HGB). Danach erhalten die Vollhafter wie auch die Teilhafter zunächst eine Verzinsung von 4 % auf ihre Kapitaleinlage. Der **Restgewinn** wird in einem **„angemessenen Verhältnis"** der Kapitalanteile, also unter Berücksichtigung der Einlagenhöhe, der Mitarbeit im Unternehmen und der persönlichen Haftung, verteilt. Am **Verlust** sind die Gesellschafter ebenfalls **in angemessenem Verhältnis** zu beteiligen.

Die unterschiedliche Haftung der Gesellschafter der KG zieht unterschiedliche Buchungen nach sich. Beim Komplementär ergeben sich die gleichen Buchungen wie beim OHG-Gesellschafter. Der Gewinnanteil des Kommanditisten darf jedoch wegen der festen Kapitaleinlage nicht seinem Kapitalkonto gutgeschrieben werden, sondern muss bis zur Auszahlung als „Sonstige Verbindlichkeit" auf dem Konto „1930 Verbindlichkeiten gegenüber Gesellschaftern" gebucht werden.

D

**BEISPIEL**

In der A-KG betragen die Kapitaleinlagen des Komplementärs A 500.000,00 € und des Kommanditisten B 200.000,00 €. Das Privatkonto A weist Entnahmen in Höhe von 80.000,00 € aus. Der Gesamtgewinn beträgt zum 31. Dezember 240.000,00 €.

**Vertragliche Gewinnverteilung:** Der Komplementär erhält aus dem Jahresgewinn für seine Arbeitsleistung vorab 60.000,00 €. Die Kapitaleinlagen werden mit 4 % verzinst, der Restgewinn wird im Verhältnis 3 : 1 verteilt.

| Gesellschafter | Kapital 1. Jan. | Arbeitsanteil | Kapitalverzinsung | Restgewinn | Gesamtgewinn | Privatentnahme | Kapital 31. Dez. |
|---|---|---|---|---|---|---|---|
| A | 500.000,00 | 60.000,00 | 20.000,00 | 114.000,00 | 194.000,00 | 80.000,00 | 614.000,00 |
| B | 200.000,00 | – | 8.000,00 | 38.000,00 | 46.000,00 | – | 200.000,00 |
| | **700.000,00** | **60.000,00** | **28.000,00** | **152.000,00** | **240.000,00** | **80.000,00** | **814.000,00** |

Buchung:

| | Soll | Haben |
|---|---|---|
| 9300 Gewinn- und Verlustkonto | 240.000,00 | |
| an 0610 Kapital Vollhafter A | | 194.000,00 |
| an 1930 Verbindl. gegenüber Gesellschaftern | | 46.000,00 |

**Bilanz der A-KG**

| Aktiva | | Passiva | 1. Jan. | 31. Dez. |
|---|---|---|---|---|
| Anlagevermögen | | Kapital Vollhafter A | 500.000,00 | 614.000,00 |
| Umlaufvermögen | | Kapital Teilhafter B | 200.000,00 | 200.000,00 |
| | | Verb. gg. Gesellsch. | – | 46.000,00 |

**MERKE**

**Gewinnanteile der Kommanditisten sind bis zur Auszahlung „Sonstige Verbindlichkeiten".**

**AUFGABE 324**

Die Schulz KG besteht aus dem Vollhafter H. Schulz (400.000,00 € Kapitalanteil) und dem Teilhafter R. Schneider (200.000,00 € Kommanditkapital). Das Privatkonto Schulz weist 70.000,00 € Entnahmen zum 31. Dez. aus. Der Gesamtgewinn beträgt 180.000,00 €. Für die Geschäftsführung erhält Schulz monatlich 8.500,00 €. Jeder Gesellschafter erhält vorab 8 %. Der Restgewinn ist im Verhältnis 4 : 1 zu verteilen.

1. Erstellen Sie die Gewinnverteilungstabelle mit Kapitalentwicklung.
2. Buchen Sie die Anteile der Gesellschafter am Gesamtgewinn.
3. Beurteilen Sie den Erfolg der KG.

**AUFGABE 325**

| Saldenbilanz der K. J. Bredel KG | | Soll | Haben |
|---|---|---|---|
| 0210 | Grundstücke | 154.000,00 | – |
| 0230 | Gebäude | 720.000,00 | – |
| 0330 | Betriebs- und Geschäftsausstattung | 150.000,00 | – |
| 0340 | Fuhrpark | 120.000,00 | – |
| 0522 | Pauschalwertberichtigungen zu Forderungen | – | 22.100,00 |
| 0610 | Kapital Vollhafter Bredel | – | 500.000,00 |
| 0611 | Kapital Teilhafter Naumann | – | 240.000,00 |
| 0722 | Steuerrückstellungen | – | 12.400,00 |
| 0820 | Darlehensschulden | – | 475.900,00 |
| 1010 | Forderungen aus Lieferungen und Leistungen | 445.060,00 | – |
| 1130 | Sonstige Forderungen | – | – |
| 1310 | Bank | 417.000,00 | – |
| 1410 | Vorsteuer | 231.340,00 | – |
| 1610 | Privatentnahmen Bredel | 140.000,00 | – |
| 1710 | Verbindlichkeiten aus Lieferungen und Leistungen | – | 238.000,00 |
| 1810 | Umsatzsteuer | – | 598.880,00 |
| 1940 | Sonstige Verbindlichkeiten | – | 22.800,00 |
| 2050 | Verluste aus dem Abgang von UV | 16.680,00 | – |
| 2110 | Zinsaufwendungen | 36.800,00 | – |
| 2401 | Mieterträge | – | 22.200,00 |
| 3010 | Wareneingang | 2.291.000,00 | – |
| 3070 | Lieferantenboni | – | 32.600,00 |
| 3910 | Warenbestände | 190.000,00 | – |
| 4210 | Gewerbesteuer | 18.300,00 | – |
| 4260 | Versicherungen | 35.000,00 | – |
| 4890 | Diverse Aufwendungen | 351.700,00 | – |
| 8010 | Warenverkauf | – | 3.162.000,00 |
| 8060 | Nachlässe an Kunden | 21.000,00 | – |
| 8710 | Entnahme von Waren | – | 11.000,00 |
| | | 5.337.880,00 | 5.337.880,00 |

**Weitere Konten:** 0910, 0930, 1930, 2310, 2752, 4910, 4920, 9300, 9400.

**Abschlussangaben zum 31. Dezember**

1. Planmäßige Abschreibungen:
   Gebäude ........ 28.000,00
   BGA ........ 30.000,00
   Fuhrpark ........ 40.000,00
2. Ein unbebautes Grundstück hat eine dauernde Wertminderung von 25.000,00 €.
3. Warenentnahmen des Vollhafters: 7.500,00 € netto.
4. Kunde M. Hein hat zum 31. Dezember noch einen Nachlass von brutto 595,00 € erhalten.

D

5. Eine Forderung an den Kunden R. Göbel über 4.760,00 € ist uneinbringlich.
6. Bildung einer Gewerbesteuerrückstellung in Höhe von 15.600,00 €.
7. Verrechnung des Mietwertes für die Wohnung des Vollhafters im Geschäftsgebäude: 900,00 €.
8. Ein Mieter hatte die Lagerraummiete für Dezember bis Februar nächsten Jahres am 1. Dezember mit 2.700,00 € im Voraus an die KG überwiesen.
9. Die Kfz-Versicherungen wurden am 1. Oktober für ein Jahr im Voraus gezahlt: 2.400,00 €.
10. Ein Warenlieferant gewährt einen Umsatzbonus für das abgelaufene Geschäftsjahr in Höhe von: netto 5.000,00 €.
11. Darlehenszinsen in Höhe von 12.000,00 € werden halbjährlich nachträglich jeweils zum 31. März und 30. September gezahlt. Die letzte Zahlung erfolgte am 30. September.
12. Die PWB ist auf 5 % des Forderungsbestands zu bemessen.
13. Warenschlussbestand:
    Anschaffungskosten ........................................ 115.000,00
    Tageswert ........................................ 100.000,00
14. Gewinnverteilung: Der Gesamtgewinn ist im Verhältnis 4 : 1 zu verteilen.

**1.** Erstellen Sie die Gewinnverteilungstabelle mit Kapitalentwicklung.
**2.** Erstellen Sie den Jahresabschluss.
**3.** Ermitteln Sie die Rendite der Kapitalanteile der Gesellschafter und beurteilen Sie diese.

D

# 6 Jahresabschluss der Kapitalgesellschaften

## 6.1 Publizitäts- und Prüfungspflicht

**Kapitalgesellschaften** und **bestimmte Personenhandelsgesellschaften** (haftungsbeschränkte Personenhandelsgesellschaften wie z. B. GmbH & Co. KG) haben den aus **Bilanz** und **Gewinn- und Verlustrechnung** bestehenden Jahresabschluss (§ 242 HGB) um einen **Anhang** zu erweitern und einen **Lagebericht** aufzustellen (§ 264 HGB). **§§ 264, 266, 275, 284, 285 HGB**

**§ 264 HGB PFLICHT ZUR AUFSTELLUNG; BEFREIUNG**

*[1] Die gesetzlichen Vertreter einer Kapitalgesellschaft haben den Jahresabschluß (§ 242) um einen Anhang zu erweitern, der mit der Bilanz und der Gewinn- und Verlustrechnung eine Einheit bildet, sowie einen Lagebericht aufzustellen. Die gesetzlichen Vertreter einer kapitalmarktorientierten Kapitalgesellschaft, die nicht zur Aufstellung eines Konzernabschlusses verpflichtet ist, haben den Jahresabschluss um eine Kapitalflussrechnung und einen Eigenkapitalspiegel zu erweitern, die mit der Bilanz, Gewinn- und Verlustrechnung und dem Anhang eine Einheit bilden; sie können den Jahresabschluss um eine Segmentberichterstattung erweitern. Der Jahresabschluß und der Lagebericht sind von den gesetzlichen Vertretern in den ersten drei Monaten des Geschäftsjahrs für das vergangene Geschäftsjahr aufzustellen. Kleine Kapitalgesellschaften (§ 267 Abs. 1) brauchen den Lagebericht nicht aufzustellen; sie dürfen den Jahresabschluß auch später aufstellen, wenn dies einem ordnungsgemäßen Geschäftsgang entspricht, jedoch innerhalb der ersten sechs Monate des Geschäftsjahres. Kleinstkapitalgesellschaften (§ 267a) brauchen den Jahresabschluss nicht um einen Anhang zu erweitern, wenn sie*

*1. die in § 268 Absatz 7 genannten Angaben,*
*2. die in § 285 Nummer 9 Buchstabe c genannten Angaben und*
*3. im Falle einer Aktiengesellschaft die in § 160 Absatz 3 Satz 2 des Aktiengesetzes genannten Angaben*

*unter der Bilanz angeben.*

Kleine Kapitalgesellschaften (§ 267 [1] HGB) und Kleinstkapitalgesellschaften (§ 267a HGB) sind von der Aufstellung des Lageberichts befreit. Kleinstkapitalgesellschaften brauchen auch keinen Anhang zu erstellen, wenn sie bestimmte Angaben des Anhangs unter der Bilanz aufführen (§ 264 [1] Satz 5 HGB).

- Der **Anhang** erfüllt im Hinblick auf die Bilanz und die Gewinn- und Verlustrechnung folgende Funktionen:
  - **Erläuterungsfunktion**, z. B. durch die Angabe der Bilanzierungs- und Bewertungsmethoden (Abschreibungsmethoden, Zusammensetzung der Herstellungskosten, Anwendung von Sammel- oder Gruppenbewertung, Grundlagen der Währungsumrechnung, Abweichung von Bilanzierungs- und Bewertungsmethoden gegenüber dem Vorjahr mit deren Auswirkungen auf die Vermögens-, Finanz- und Ertragslage des Unternehmens, Bewertung von Pensionsrückstellungen), Verbindlichkeiten mit Restlaufzeit von über fünf Jahren, Aufgliederung der Umsatzerlöse;
  - **Ergänzungsfunktion**, indem er in der Bilanz und der Gewinn- und Verlustrechnung nicht enthaltene Informationen beinhaltet, z. B. Anlagenspiegel, durchschnittliche Zahl der Arbeitnehmer getrennt nach Gruppen, Mitglieder der Geschäftsführung und des Aufsichtsrats sowie deren Vergütungen, Beteiligungsunternehmen, Erträge und Aufwendungen von außergewöhnlicher Größenordnung oder Bedeutung, nicht bilanzierte finanzielle Verpflichtungen;
  - **Korrekturfunktion**, sofern die Bilanz und die Gewinn- und Verlustrechnung aufgrund besonderer Umstände ausnahmsweise ein den tatsächlichen Verhältnissen entsprechendes Bild der Vermögens-, Finanz- und Ertragslage nicht vermitteln. Eine Abweichung

der tatsächlichen wirtschaftlichen Lage von der aus dem Jahresabschluss ersichtlichen Lage erfordert zusätzliche Informationen im Anhang. Dieser Fall könnte beispielsweise bei einer massiven Auflösung stiller Reserven, einem starken Ertragsrückgang am Ende der Rechnungsperiode oder geschäftsjahresübergreifender langfristiger Fertigung eintreten.
- **Entlastungsfunktion** durch Übernahme von Angaben der Bilanz oder der Gewinn- und Verlustrechnung in den Anhang, z. B. Disagio (§ 268 [6] HGB), außerplanmäßige Abschreibungen auf Finanzanlagen (§ 277 [3] HGB).

- Der **Lagebericht** beinhaltet eine Darstellung und Analyse des Geschäftsverlaufs, des Geschäftsergebnisses und der Lage des Unternehmens. Außerdem ist über die voraussichtliche Entwicklung der Gesellschaft mit ihren wesentlichen Chancen und Risiken unter Angabe der zugrunde liegenden Annahmen zu berichten. Diese Risikoberichterstattung hat z. B. über Branchenrisiken, strategische Risiken, leistungs-, informationstechnische und finanzwirtschaftliche Risiken (Preisänderungs-, Ausfall-, Liquiditätsrisiken) sowie Personalrisiken zu informieren. Darüber hinaus muss auf die Risikomanagementziele und -methoden, den Bereich Forschung und Entwicklung sowie auf Zweigniederlassungen eingegangen werden. Vorgänge von besonderer Bedeutung nach Abschluss des Geschäftsjahres, wie Änderungen von wirtschaftlichen oder politischen Rahmenbedingungen, wesentliche Veränderungen im Kundenstamm, Erwerb oder Veräußerung von Beteiligungen oder Teilbetrieben oder Eigenkapitalveränderungen, sind gegebenenfalls Gegenstand der Lageberichts.

D

**§ 264 [1] Satz 2 HGB**

**Kapitalmarktorientierte Gesellschaften**[1] (§ 264d HGB) haben den Jahresabschluss um eine **Kapitalflussrechnung** und einen **Eigenkapitalspiegel** zu erweitern. Die Kapitalflussrechnung zeigt Auswirkungen von Geschäftsfällen sowie Investitions- und Finanzierungsvorgängen auf die Liquidität, der Eigenkapitalspiegel verdeutlicht die Eigenkapitalveränderungen des Geschäftsjahres.

**Prüfung und Offenlegung**

**Kapitalgesellschaften** und **bestimmte Personenhandelsgesellschaften** sind grundsätzlich **verpflichtet**, den **Jahresabschluss und** den **Lagebericht** durch unabhängige Abschlussprüfer **prüfen** zu lassen und zu **veröffentlichen**. Zum **Schutz** kleiner Unternehmen vor **Konkurrenzeinblick** richten sich jedoch die **Prüfungspflicht** sowie die **Art und** der **Umfang der Publizität** nach der **Größe** der Gesellschaft. Die Größenklassen von Kapitalgesellschaften sind in den §§ 267, 267a HGB geregelt.

**§ 267 HGB UMSCHREIBUNG DER GRÖSSENKLASSEN**

*[1] Kleine Kapitalgesellschaften sind solche, die mindestens zwei der drei nachstehenden Merkmale nicht überschreiten:*
*1. 6 000 000 Euro Bilanzsumme.*
*2. 12 000 000 Euro Umsatzerlöse in den zwölf Monaten vor dem Abschlußstichtag.*
*3. Im Jahresdurchschnitt fünfzig Arbeitnehmer.*
*[2] Mittelgroße Kapitalgesellschaften sind solche, die mindestens zwei der drei in Absatz 1 bezeichneten Merkmale überschreiten und jeweils mindestens zwei der drei nachstehenden Merkmale nicht überschreiten:*
*1. 20 000 000 Euro Bilanzsumme.*
*2. 40 000 000 Euro Umsatzerlöse in den zwölf Monaten vor dem Abschlußstichtag.*
*3. Im Jahresdurchschnitt zweihundertfünfzig Arbeitnehmer.*
*[3] Große Kapitalgesellschaften sind solche, die mindestens zwei der drei in Absatz 2 bezeichneten Merkmale überschreiten. Eine Kapitalgesellschaft im Sinn des § 264d gilt stets als große.*
*[...]*

1 Kapitalmarktorientiert sind Kapitalgesellschaften und bestimmte Personenhandelsgesellschaften, wenn die von ihnen ausgegebenen Wertpapiere (z. B. Aktien, Anleihen) an der Börse gehandelt werden.

**§ 267a HGB KLEINSTKAPITALGESELLSCHAFTEN**

*[1] Kleinstkapitalgesellschaften sind kleine Kapitalgesellschaften, die mindestens zwei der drei nachstehenden Merkmale nicht überschreiten:*
*1. 350 000 Euro Bilanzsumme;*
*2. 700 000 Euro Umsatzerlöse in den zwölf Monaten vor dem Abschlussstichtag; [...]*
*3. im Jahresdurchschnitt zehn Arbeitnehmer.*

**Für die Zuordnung** der Unternehmen zu einer Größenklasse **müssen zwei der drei Schwellenwerte** der §§ 267, 267a HGB an zwei aufeinander folgenden Abschlussstichtagen **zutreffen**:

**Größenklassen § 267, 267a HGB**

| Schwellenwerte von Kapitalgesellschaften | Bilanzsumme | Umsatzerlöse | Beschäftigte[1] |
|---|---|---|---|
| **Kleinstgesellschaften** | bis 350.000,00 € | bis 700.000,00 € | bis 10 |
| **Kleine Gesellschaften** | bis 6.000.000,00 € | bis 12.000.000,00 € | bis 50 |
| **Mittelgroße Gesellschaften** | bis 20.000.000,00 € | bis 40.000.000,00 € | bis 250 |
| **Große Gesellschaften** | über 20.000.000,00 € | über 40.000.000,00 € | über 250 |

Die nachfolgende Tabelle zeigt die Veröffentlichung der Jahresabschlussbestandteile und des Lageberichts im elektronischen Bundesanzeiger (eBAnz) sowie die Prüfungspflicht.

**§§ 316, 325, 326 HGB**

| Kapitalgesellschaften | **Offenlegung** (§§ 325, 326 HGB) | | | | | **Prüfung** (§ 316 HGB) |
|---|---|---|---|---|---|---|
| | Jahresabschluss | | | Lagebericht | Publizität | |
| | Bilanz | GuV | Anhang | | | |
| **Kleinstgesellschaften** | X | – | – | – | eBAnz[2] | – |
| **Kleine Gesellschaften** | X | – | X | – | eBAnz | – |
| **Mittelgroße Gesellschaften** | X | X | X | X | eBAnz | X |
| **Große Gesellschaften** | X | X | X | X | eBAnz | X |

**MERKE**

- **Der Jahresabschluss von Kapitalgesellschaften besteht aus drei Teilen: Bilanz, Gewinn- und Verlustrechnung und Anhang. Darüber hinaus ist ein Lagebericht zu erstellen. Es bestehen größenabhängige Erleichterungen für kleine Kapitalgesellschaften und Kleinstkapitalgesellschaften.**
- **Kapitalgesellschaften müssen die Entwicklung der Posten des Anlagevermögens als Anlagenspiegel im Anhang darstellen (siehe S. 219 f. und Anhang des Lehrbuchs).**
- **Art und Umfang der Offenlegung sowie Prüfungspflicht richten sich nach der Größe der Kapitalgesellschaft.**

1 Im Jahresdurchschnitt
2 Wahlweise darf die Bilanz bei dem Betreiber des eBAnz nur hinterlegt statt veröffentlicht werden.

## 6.2 Gliederung der Bilanz nach § 266 HGB

**Kapitalgesellschaften** haben die Jahresbilanz nach § 266 HGB zu gliedern. Die **Gliederungstiefe** richtet sich nach der **Größe** der Kapitalgesellschaft.

- **Große und mittelgroße Kapitalgesellschaften** müssen ihre Bilanzen unter Berücksichtigung des in § 266 [2, 3] HGB ausgewiesenen **vollständigen Gliederungsschemas** aufstellen. Die Veröffentlichung erfolgt bei großen Kapitalgesellschaften ebenfalls in dieser detaillierten Darstellung der Bilanzposten und ermöglicht somit einen **tiefen Einblick in die Vermögens- und Finanzlage** des Unternehmens. Mittelgroße Gesellschaften können ihre Bilanzen in der für kleine Kapitalgesellschaften vorgeschriebenen **Kurzform** veröffentlichen, wenn sie in der Bilanz oder im Anhang bestimmte Posten zusätzlich angeben, wie z. B. Grundstücke und Gebäude, Technische Anlagen und Maschinen, Beteiligungen, Anleihen, Verbindlichkeiten gegenüber Kreditinstituten u. a. m. (§ 327 HGB).
- **Kleine Kapitalgesellschaften** brauchen nur eine **verkürzte Bilanz** aufzustellen und zu veröffentlichen, in der die mit Buchstaben und römischen Zahlen bezeichneten Posten des Gliederungsschemas aufgeführt sind (§ 266 [1] HGB). Durch Straffung der Bilanzposten sind diese Bilanzen für Außenstehende nur **von geringem Aussagewert.**
- **Kleinstkapitalgesellschaften** sind ebenfalls nur zur Aufstellung und Veröffentlichung einer verkürzten Bilanz verpflichtet, die aus den mit Buchstaben bezeichneten Posten des Gliederungsschemas besteht. Statt einer Veröffentlichung ist auch die dauerhafte Hinterlegung der Bilanz bei dem Betreiber des elektronischen Bundesanzeigers möglich.

D

**Bilanzschema kleiner Kapitalgesellschaften**

| Aktiva — Bilanz zum 31. Dezember 20.. | Passiva |
|---|---|
| **A. Anlagevermögen** | **A. Eigenkapital** |
| I. Immaterielle Vermögensgegenstände | I. Gezeichnetes Kapital |
| II. Sachanlagen | II. Kapitalrücklage |
| III. Finanzanlagen | III. Gewinnrücklagen |
| **B. Umlaufvermögen** | IV. Gewinn-/Verlustvortrag |
| I. Vorräte | V. Jahresüberschuss/Jahresfehlbetrag |
| II. Forderungen und sonstige.. Vermögensgegenstände | **B. Rückstellungen** |
| III. Wertpapiere | **C. Verbindlichkeiten** |
| IV. Flüssige Mittel | **D. Rechnungsabgrenzungsposten** |
| **C. Rechnungsabgrenzungsposten** | **E. Passive latente Steuern** |
| **D. Aktive latente Steuern** | |
| **E. Aktiver Unterschiedsbetrag aus der Vermögensverrechnung** | |

Bei der Veröffentlichung von Bilanzen ist zusätzlich noch Folgendes zu beachten:

- **Zu jedem Bilanzposten ist der entsprechende Vorjahresbetrag anzugeben.**
- **In der Bilanz muss der Betrag der Forderungen mit einer Restlaufzeit von mehr als einem Jahr sowie der Verbindlichkeiten mit einer Restlaufzeit bis zu einem Jahr angegeben werden. Diese Informationen verbessern den Einblick in die Liquiditätslage des Unternehmens.**
- **Im Anhang sind Eventualverbindlichkeiten, beispielsweise aus Bürgschaften oder Gewährleistungsverträgen, anzugeben (§§ 251, 268 [7] HGB).**

MERKE **Art und Umfang der Veröffentlichung, Prüfungspflicht sowie Gliederung der Bilanz richten sich nach der Größe der Kapitalgesellschaft.**

## Gliederung der Jahresbilanz nach § 266 [2, 3] Handelsgesetzbuch

**Aktiva**

A. Anlagevermögen

**I. Immaterielle Vermögensgegenstände**
1. Selbst geschaffene gewerbliche Schutzrechte und ähnliche Rechte und Werte
2. entgeltlich erworbene Konzessionen, gewerbliche Schutzrechte und ähnliche Rechte und Werte sowie Lizenzen an solchen Rechten und Werten
3. Geschäfts- oder Firmenwert
4. geleistete Anzahlungen

**II. Sachanlagen**
1. Grundstücke, grundstücksgleiche Rechte und Bauten einschließlich der Bauten auf fremden Grundstücken
2. technische Anlagen und Maschinen
3. andere Anlagen, Betriebs- und Geschäftsausstattung
4. geleistete Anzahlungen und Anlagen im Bau

**III. Finanzanlagen**
1. Anteile an verbundenen Unternehmen
2. Ausleihungen an verbundene Unternehmen
3. Beteiligungen
4. Ausleihungen an Unternehmen, mit denen ein Beteiligungsverhältnis besteht
5. Wertpapiere des Anlagevermögens
6. sonstige Ausleihungen

B. Umlaufvermögen

**I. Vorräte**
1. Roh-, Hilfs- und Betriebsstoffe
2. unfertige Erzeugnisse, unfertige Leistungen
3. fertige Erzeugnisse und Waren
4. geleistete Anzahlungen

**II. Forderungen und sonstige Vermögensgegenstände**
1. Forderungen aus Lieferungen und Leistungen
2. Forderungen gegen verbundene Unternehmen
3. Forderungen gegen Unternehmen, mit denen ein Beteiligungsverhältnis besteht
4. sonstige Vermögensgegenstände

**III. Wertpapiere**
1. Anteile an verbundenen Unternehmen
2. sonstige Wertpapiere

**IV. Kassenbestand, Bundesbankguthaben, Guthaben bei Kreditinstituten und Schecks**

C. Rechnungsabgrenzungsposten

D. Aktive latente Steuern

E. Aktiver Unterschiedsbetrag aus der Vermögensverrechnung

**Passiva**

A. Eigenkapital

**I. Gezeichnetes Kapital**

**II. Kapitalrücklage**

**III. Gewinnrücklagen**
1. gesetzliche Rücklage
2. Rücklage für Anteile an einem herrschenden oder mehrheitlich beteiligten Unternehmen
3. satzungsmäßige Rücklagen
4. andere Gewinnrücklagen

**IV. Gewinnvortrag/Verlustvortrag**

**V. Jahresüberschuss/Jahresfehlbetrag**

B. Rückstellungen
1. Rückstellungen für Pensionen und ähnliche Verpflichtungen
2. Steuerrückstellungen
3. sonstige Rückstellungen

C. Verbindlichkeiten
1. Anleihen,
   davon konvertibel
2. Verbindlichkeiten gegenüber Kreditinstituten
3. erhaltene Anzahlungen auf Bestellungen
4. Verbindlichkeiten aus Lieferungen und Leistungen
5. Verbindlichkeiten aus der Annahme gezogener Wechsel und der Ausstellung eigener Wechsel
6. Verbindlichkeiten gegenüber verbundenen Unternehmen
7. Verbindlichkeiten gegenüber Unternehmen, mit denen ein Beteiligungsverhältnis besteht
8. sonstige Verbindlichkeiten,
   davon aus Steuern
   davon im Rahmen der sozialen Sicherheit

D. Rechnungsabgrenzungsposten

E. Passive latente Steuern

D

## 6.3 Ausweis des Eigenkapitals in der Bilanz

**Alle Posten des Eigenkapitals** einer Kapitalgesellschaft werden in der Bilanz zu einer Gruppe **„A. Eigenkapital" zusammengefasst.**

D

**BEISPIEL** **Darstellung des Eigenkapitals in der Bilanz der X-GmbH** für das
**Berichtsjahr:** Verlustvortrag und Jahres**überschuss** (Jahresgewinn)
**Vorjahr:** Gewinnvortrag und Jahres**fehlbetrag** (Jahresverlust)

| **Bilanz X-GmbH** | | | | **Passiva** |
|---|---|---|---|---|
| **A. Eigenkapital** | **Berichtsjahr** | | **Vorjahr** | |
| **I. Gezeichnetes Kapital** | 800.000,00 | | 800.000,00 | |
| **II. Kapitalrücklage** | 100.000,00 | | 100.000,00 | |
| **III. Gewinnrücklagen** | 250.000,00 | | 250.000,00 | |
| **IV. Verlust-/Gewinnvortrag** | 150.000,00[1] | | 50.000,00 | |
| **V. Jahresüberschuss/-fehlbetrag** | 300.000,00 | 1.300.000,00 | 200.000,00 | 1.000.000,00 |

§ 272 [1] HGB **Gezeichnetes Kapital** ist das im Handelsregister eingetragene Kapital, auf das die **Haftung der Gesellschafter** beschränkt ist. Bei der **GmbH** ist es das **Stammkapital** (mindestens 25.000,00 €), bei der **AG** das **Grundkapital** (mindestens 50.000,00 €). Es ist **auf der Passivseite** der Bilanz stets zum **Nennwert** auszuweisen. **Nicht eingeforderte ausstehende Einlagen** auf das gezeichnete Kapital müssen von dem Posten „Gezeichnetes Kapital" **offen abgesetzt werden,** wobei der verbleibende Betrag als „Eingefordertes Kapital" zu **passivieren** ist. **Ein eingeforderter, aber noch nicht eingezahlter Betrag** ist unter den Forderungen gesondert auszuweisen.

**BEISPIEL** Die Y-GmbH verfügt über ein Gezeichnetes Kapital von 2.000.000,00 €, auf das bereits 500.000,00 € auf das Geschäftskonto der Gesellschaft eingezahlt wurden. Zum Ende des Geschäftsjahres beschließt die Geschäftsführung, von den bisher nicht eingeforderten ausstehenden Einlagen (2.000.000,00 € – 500.000,00 € =) 1.500.000,00 € nunmehr 1.100.000,00 € einzufordern. Die nicht eingeforderten ausstehenden Einlagen betragen danach 400.000,00 €:

| | |
|---|---|
| Gezeichnetes Kapital | 2.000.000,00 € |
| – Eingeforderte ausstehende Einlagen | 1.100.000,00 € |
| – Eingezahlte Einlagen | 500.000,00 € |
| = Nicht eingeforderte ausstehende Einlagen | 400.000,00 € |

| Aktiva | | **Eigenkapital in der Bilanz der Y-GmbH** | Passiva |
|---|---|---|---|
| A. Anlagevermögen | | A. Eigenkapital | |
| B. Umlaufvermögen | | I. Gezeichnetes Kapital | 2.000.000,00 |
| II. Forderungen und sonst. Vermögensgegenstände | | – Nicht eingeforderte ausstehende Einlagen | 400.000,00 |
| ... | | = Eingefordertes Kapital | 1.600.000,00 |
| 5. Eingeforderte ausstehende Einlagen .... | 1.100.000,00 | | |
| IV. Guthaben bei Kreditinstituten | 500.000,00 | | |
| | 1.600.000,00 | | 1.600.000,00 |

1 200.000,00 € Jahresfehlbetrag des Vorjahres – 50.000,00 € Gewinnvortrag des Vorjahres = 150.000,00 € Verlustvortrag des Berichtsjahres.

- **Der Gewinn-/Verlustvortrag** ist der Gewinn- bzw. Verlust**rest des Vorjahres.**
- **Der Jahresüberschuss/Jahresfehlbetrag** ist das in der Gewinn- und Verlustrechnung ermittelte **Ergebnis des Geschäftsjahres,** das in die Jahresbilanz einzustellen ist, sofern die Bilanz vor Verwendung des Jahresergebnisses (Gewinnverwendung bzw. Verlustdeckung) aufgestellt wird, was bei der GmbH die Regel ist.[2]
- **Rücklagen sind getrennt ausgewiesenes Eigenkapital,** die es in der Regel nur bei Kapitalgesellschaften wegen des **konstanten** „Gezeichneten Kapitals" gibt. Nach § 272 [2, 3] HGB werden die Kapitalrücklage und die Gewinnrücklagen unterschieden.
- **Die Kapitalrücklage** entsteht durch ein **Aufgeld (Agio),** das z. B. bei der **Ausgabe** von Anteilen (Stammanteile, Aktien) **über den Nennwert erzielt** wird, oder durch **Zuzahlungen** von Gesellschaftern **für** die Gewährung einer **Vorzugsdividende.**

**BEISPIEL**

Eine Aktiengesellschaft erhöht ihr „Gezeichnetes Kapital" durch Ausgabe junger Aktien: Nennwert 10.000.000,00 €, Ausgabekurs 150 % = 15.000.000,00 € (Bank). Das Agio ist der Kapitalrücklage zuzuführen.

**Buchung:**

| | | | | |
|---|---|---|---|---|
| **1310 Bank** | **15.000.000,00** | an | **0610 Gezeichnetes Kapital** | **10.000.000,00** |
| | | an | **0620 Kapitalrücklage** | **5.000.000,00** |

**Gewinnrücklagen**

Gewinnrücklagen werden **aus dem versteuerten Jahresgewinn** (15 % KSt zzgl. 5,5 % SolZ) durch Einbehaltung (Nichtausschüttung, Thesaurierung) von Gewinnen gebildet (§ 272 [3] HGB). Nach § 266 HGB werden unterschieden die gesetzliche Rücklage, die Rücklage fur Anteile an einem herrschenden oder mehrheitlich beteiligten Unternehmen, die satzungsmäßigen Rücklagen und andere Gewinnrücklagen:

- **Gesetzliche Rücklagen** müssen **Aktiengesellschaften zur Deckung von Verlusten** bilden. Nach § 150 AktG sind jährlich **5 %** des um einen Verlustvortrag geminderten **Jahresüberschusses** in die gesetzliche Rücklage einzustellen, bis die **gesetzliche Rücklage und die Kapitalrücklage zusammen mindestens 10 %** oder den in der Satzung bestimmten höheren Anteil des **Grundkapitals** erreichen. Solange die gesetzliche und die Kapitalrücklage die Mindesthöhe nicht übersteigen, müssen ein Gewinnvortrag aus dem Vorjahr und freie Rücklagen zur Verlustdeckung herangezogen werden.

  Bei der **GmbH** gibt es eine vergleichbare Vorschrift nur für sogenannte Unternehmergesellschaften, deren gezeichnetes Kapital weniger als 25.000,00 € beträgt. Diese müssen 25 % des um einen Verlustvortrag geminderten Jahresüberschusses in eine gesetzliche Rücklage einstellen, bis die Gesellschaft ihr Stammkapital auf mindestens 25.000,00 € erhöht hat (§ 5a GmbHG).
- Eine **Rücklage für Anteile an einem herrschenden oder mehrheitlich beteiligten Unternehmen** muss gebildet werden, wenn die bilanzierende Gesellschaft Anteile an der eigenen Muttergesellschaft hält. Die Höhe der Rücklage muss dem Betrag entsprechen, mit dem die Anteile an der Muttergesellschaft zum Abschlussstichtag auf der Aktivseite der Bilanz ausgewiesen sind.
- **Satzungsmäßige Rücklagen** müssen nur gebildet werden, wenn die Satzung der AG oder der Gesellschaftsvertrag der GmbH eine entsprechende Regelung enthalten. Satzungsmäßige Rücklagen können zweckfrei oder zweckgebunden (z. B. für Investitionen) sein.

D

- **Andere Gewinnrücklagen** können bei der Aktiengesellschaft und bei der GmbH aus dem Teil des Jahresüberschusses gebildet werden, der nicht für die Zuführung zu den übrigen Rücklagenposten verwendet wurde (§ 58 AktG; § 29 GmbHG). Sie können fur beliebige Zwecke verwendet werden, z. B. für die Finanzierung von Investitionen. Da Gewinnrücklagen aus nicht ausgeschütteten Gewinnen gebildet werden, dienen sie der Selbstfinanzierung und der Stärkung der Eigenkapitalbasis des Unternehmens.
- Bei der **Aktiengesellschaft** sieht § 58 [2] AktG vor, dass bis zu 50 % des gegebenenfalls um die Zuführung zur gesetzlichen Rücklage und einen Verlustvortrag verminderten Jahresüberschusses durch Vorstand und Aufsichtsrat in die anderen Gewinnrücklagen eingestellt werden dürfen, sofern Vorstand und Aufsichtsrat den Jahresabschluss feststellen. Die Hauptversammlung der Aktiengesellschaft entscheidet über die Verwendung des nach der Einstellung in die Rücklagen verbleibenden Bilanzgewinns. Grundlage des Gewinnverwendungsbeschlusses ist der entsprechende Vorschlag des Vorstands, an den die Hauptversammlung jedoch nicht zwingend gebunden ist. Sie kann den Bilanzgewinn ausschütten, weitere Beträge in die anderen Gewinnrücklagen einstellen oder als Gewinnvortrag fortführen.

D

**BEISPIEL** In einer Aktiengesellschaft werden aus dem Jahresüberschuss 60.000,00 € der gesetzlichen Rücklage und 140.000,00 € den anderen Gewinnrücklagen zugeführt.

**Buchung** (vereinfacht):

| | | |
|---|---|---|
| **9300 Gewinn- und Verlustkonto** | **200.000,00** | |
| an **0631 Gesetzliche Rücklage** | | **60.000,00** |
| an **0634 Andere Gewinnrücklagen** | | **140.000,00** |

**Offene Rücklagen** Kapitalrücklage und Gewinnrücklagen werden in der Bilanz offen als gesonderte Eigenkapitalposten ausgewiesen. Sie werden daher auch als „offene“ Rücklagen bezeichnet.

**Stille Rücklagen (stille Reserven)** Stille Rücklagen (stille Reserven) sind im Gegensatz zu den offenen Rücklagen aus der Bilanz nicht zu ersehen. Sie entstehen in der Regel durch **Unterbewertung der Vermögensgegenstände** (z. B. durch überhöhte Abschreibungen) oder durch **Überbewertung von Rückstellungen.** Stille Reserven sind auch stets in den Erinnerungswerten von 1,00 € bei vollständig abgeschriebenen Vermögensgegenständen enthalten. enthalten. Die gesetzlichen Bewertungsvorschriften engen allerdings den Spielraum zur Bildung stiller Reserven ein. Die **Vollabschreibung** geringwertiger Wirtschaftsgüter (AK/HK bis 800,00 € netto) im Jahr ihrer Anschaffung oder Herstellung ist z. B. eine gesetzlich erlaubte Möglichkeit zur Bildung von stillen Reserven. Da Vermögensgegenstände höchstens zu ihren Anschaffungs- oder Herstellungskosten aktiviert werden dürfen, entstehen zwangsläufig stille Reserven, wenn die **Preise am Markt (Tageswert) steigen.** Beträgt z. B. der Wiederbeschaffungspreis eines Grundstücks 280,00 € je m², das 1950 mit umgerechnet 10,00 € je m² angeschafft und bilanziert worden ist, so ist die stille Reserve 270,00 € je m².

**MERKE**

- **Kapitalgesellschaften müssen das „Gezeichnete Kapital“ stets zum Nennwert ausweisen. Gewinne, Verluste und Rücklagen sind deshalb in der Bilanz gesondert auszuweisen.**
- **Eine Kapitalrücklage entsteht durch Zuzahlungen der Gesellschafter oder Aktionäre, Gewinnrücklagen dagegen aus dem bereits versteuerten Gewinn.**
- **Stille Rücklagen entstehen in der Regel durch Unterbewertung von Aktivposten und Überbewertung bestimmter Passivposten. Die Bildung stiller Reserven lässt den Gewinn und das Eigenkapital geringer erscheinen, als es der Wirklichkeit am Abschlussstichtag entspricht.**
- **Rücklagen stärken die Eigenkapitalbasis des Unternehmens.**

## 6.4 Gliederung der GuV-Rechnung nach § 275 HGB

**Kapitalgesellschaften** müssen ihre Gewinn- und Verlustrechnung nach § 275 HGB in **Staffelform** unter Angabe der **Vorjahresbeträge** aufstellen. Die Staffelform ermöglicht einen schnellen **Überblick über Entstehung und Zusammensetzung des Jahresergebnisses.**

Die **GuV-Gliederung** basiert entweder auf dem in der Praxis häufiger anzutreffenden **Gesamtkostenverfahren** (§ 275 [2] HGB) oder auf dem insbesondere von börsennotierten und international tätigen Unternehmen angewandten **Umsatzkostenverfahren** (§ 275 [3] HGB):

**Gesamtkostenverfahren**

- Beim Gesamtkostenverfahren werden zur **Ermittlung des Betriebsergebnisses** von den **gesamten Betriebserträgen** (Umsatzerlöse ± Bestandsveränderungen + aktivierte Eigenleistungen + sonstige betriebliche Erträge) die **gesamten Herstellungsaufwendungen des Geschäftsjahres** abgezogen.

**Umsatzkostenverfahren**

- Beim Umsatzkostenverfahren werden zur **Ermittlung des Betriebsergebnisses** von den **Umsatzerlösen die Herstellungsaufwendungen der verkauften Erzeugnisse** abgezogen. Die Erfolgsrechnung nach dem Umsatzkostenverfahren setzt eine **Kostenstellenrechnung** (siehe S. 413 ff.) voraus.

D

**Für ein Großhandelsunternehmen** ergibt sich aus dem Gliederungsschema des Gesamtkostenverfahrens (§ 275 [2] HGB) folgender **kurz gefasster Aufbau** der Erfolgsrechnung:

| | | |
|---|---|---|
| 1 | | Umsatzerlöse |
| 2 | + | sonstige betriebliche Erträge |
| 3 | – | Aufwendungen für Waren |
| | = | Rohergebnis |
| 4 | – | Personalaufwand |
| 5 | – | Abschreibungen |
| 6 | – | sonstige betriebliche Aufwendungen |
| 7 – 9 | + | Erträge aus dem Finanzbereich |
| 10 – 11 | – | Aufwendungen aus dem Finanzbereich |
| 12 | – | Steuern vom Einkommen und vom Ertrag |
| 13 | = | **Ergebnis nach Steuern** |
| 14 | – | sonstige Steuern |
| 15 | = | **Jahresüberschuss/Jahresfehlbetrag** |

**Kleine und mittelgroße Kapitalgesellschaften** dürfen in der Erfolgsrechnung die o.g. **Posten 1 bis 3 als Rohergebnis zusammenfassen. Kleinstkapitalgesellschaften** können ein auf **acht Posten** reduziertes Gliederungsschema für ihre GuV-Rechnung anwenden (§ 275 [5] HGB).

MERKE

- **Das Gesamtkostenverfahren stellt den Umsatzerlösen zur Ermittlung des Betriebsergebnisses die gesamten Herstellungskosten des Geschäftsjahres gegenübergestellt. Unterschiede zwischen der Produktions- und Absatzmenge werden durch Bestandsveränderungen berücksichtigt.**
- **Das Umsatzkostenverfahren stellt den Umsatzerlösen die Herstellungskosten der abgesetzten Erzeugnisse gegenüber.**
- **Beide Verfahren kommen zum gleichen Jahresergebnis.**

| Gliederung der Gewinn- und Verlustrechnung – Gesamtkostenverfahren (§ 275 [2] HGB) | |
|---|---|
| 1. Umsatzerlöse<br>2. Erhöhung oder Verminderung des Bestands an fertigen und unfertigen Erzeugnissen<br>3. Andere aktivierte Eigenleistungen (z. B. selbst erstellte Anlagen)<br>4. Sonstige betriebliche Erträge (z. B. Buchgewinne, Erträge aus der Auflösung von Rückstellungen u. a.)<br>5. Materialaufwand:<br>a) Aufwendungen für Roh-, Hilfs- und Betriebsstoffe und für bezogene Waren<br>b) Aufwendungen für bezogene Leistungen<br>6. Personalaufwand:<br>a) Löhne und Gehälter<br>b) Soziale Abgaben und Aufwendungen für Altersversorgung und für Unterstützung, davon für Altersversorgung<br>7. Abschreibungen:<br>a) auf immaterielle Vermögensgegenstände des Anlagevermögens und Sachanlagen<br>b) auf Vermögensgegenstände des Umlaufvermögens, soweit diese die in der Kapitalgesellschaft üblichen Abschreibungen überschreiten<br>8. Sonstige betriebliche Aufwendungen (z. B. Raumkosten, Buchverluste u. a.)<br>9. Erträge aus Beteiligungen davon aus verbundenen Unternehmen<br>10. Erträge aus anderen Wertpapieren und Ausleihungen des Finanzanlagevermögens davon aus verbundenen Unternehmen<br>11. Sonstige Zinsen und ähnliche Erträge davon aus verbundenen Unternehmen<br>12. Abschreibungen auf Finanzanlagen und auf Wertpapiere des Umlaufvermögens<br>13. Zinsen und ähnliche Aufwendungen davon an verbundene Unternehmen<br>14. Steuern vom Einkommen und vom Ertrag (Körperschaft-, Gewerbesteuer) | **Erläuterungen** (siehe auch Rückseite des Kontenrahmens):<br>Der Posten **1 Umsatzerlöse** (§ 277 [1] HGB) enthält die Erlöse aus dem Verkauf von eigenen Produkten und Waren, der Erbringung von Dienstleistungen, der Vermietung oder Verpachtung von Produkten sowie Nebenerlöse wie Mieterträge aus Immobilien, Verkäufe von RHB, Lizenzerträge u. a. nach Abzug von Erlösschmälerungen, Umsatzsteuer und sonstigen mit dem Umsatz verbundenen Steuern (z. B. Verbrauchsteuern).<br>Die Posten **2–4** sowie **5–8** beinhalten die übrigen **betrieblichen Erträge** und **Aufwendungen** der Kapitalgesellschaft.<br>Die Posten **4/8** sind **Sammelposten** für alle nicht gesondert auszuweisenden Erträge und Aufwendungen (siehe nebenstehende Beispiele). Dazu gehören auch Beträge von außergewöhnlicher Größenordnung oder Bedeutung (früher: außerordentliche Erträge und außerordentliche Aufwendungen).<br>Die Posten **9–13** sind Erträge und Aufwendungen des **Finanzbereichs.** |
| 15. Ergebnis nach Steuern **(= Saldo aus 1–14)** | |
| 16. Sonstige Steuern (z. B. Grund-, Kfz-Steuer u. a.) | |
| **17. Jahresüberschuss/Jahresfehlbetrag** | |

Im Anhang sind Erträge und Aufwendungen von außergewöhnlicher Größenordnung oder außergewöhnlicher Bedeutung anzugeben sowie die Erträge und Aufwendungen zu erläutern, die einem anderen Geschäftsjahr zuzurechnen sind, soweit die Beträge nicht von untergeordneter Bedeutung sind (§ 285 Nr. 31 und 32 HGB).

**In der Regel weisen Bilanz und Gewinn- und Verlustrechnung** als Jahresergebnis einen **Jahresüberschuss oder Jahresfehlbetrag aus.** Die Verwendung des Jahresergebnisses erfolgt dann im **nächsten** Geschäftsjahr. Wird jedoch die **Bilanz nach teilweiser Verwendung des Jahresüberschusses** durch Einstellungen in die Gewinnrücklagen aufgestellt, so tritt an die Stelle der Posten „Jahresüberschuss" und „Gewinn-/Verlustvortrag" der Posten **„Bilanzgewinn"**:

BEISPIEL

| | |
|---|---|
| **Jahresüberschuss** | 420.000,00 € |
| + Gewinnvortrag des Vorjahres | 30.000,00 € |
| – Einstellung in Gewinnrücklagen | 300.000,00 € |
| = **Bilanzgewinn** | 150.000,00 € |

MERKE

- **Die Gewinn- und Verlustrechnung kann nach dem Gesamtkosten- oder dem Umsatzkostenverfahren aufgestellt werden.**
- **Große und mittelgroße Kapitalgesellschaften müssen die GuV-Rechnung nach dem Gliederungsschema des § 275 HGB aufstellen und veröffentlichen. Kleine und mittelgroße Kapitalgesellschaften dürfen die o. g. Posten 1 bis 3 als Rohergebnis (§ 276 HGB) zusammenfassen.**

D

## 6.5 Jahresabschluss der Gesellschaft mit beschränkter Haftung

**Die Aufstellung des Jahresabschlusses und des Lageberichts** erfolgt **durch** die **Geschäftsführung** der Gesellschaft mit beschränkter Haftung. Die **Aufstellungsfrist** beträgt für **große und mittelgroße** Kapitalgesellschaften **drei Monate,** für **kleine und Kleinstkapitalgesellschaften sechs Monate nach Ablauf des Geschäftsjahres** (§ 264 [1] HGB).

**Prüfung durch Abschlussprüfer**

Jahresabschluss und Lagebericht großer und mittelgroßer Kapitalgesellschaften müssen unverzüglich nach ihrer Aufstellung durch besondere Abschlussprüfer (Wirtschaftsprüfer) geprüft werden. **Für kleinere Kapitalgesellschaften** besteht **keine Prüfungspflicht** (siehe auch S. 289).

**Prüfung durch Aufsichtsrat**

Hat die Gesellschaft einen Aufsichtsrat, so muss dieser zunächst noch den **Jahresabschluss,** den **Lagebericht** sowie den **Prüfungsbericht** der Abschlussprüfer prüfen und über das Ergebnis der Prüfung einen Bericht erstellen. Die Geschäftsführung legt sodann alle Unterlagen den **Gesellschaftern zur Beschlussfassung (Feststellung)** vor (§ 42a [1] GmbHG).

**Beschlussfassung durch die Gesellschafter**

Die Gesellschafter haben spätestens bis zum Ablauf von **acht Monaten** oder, wenn es sich um eine **kleine Kapitalgesellschaft** oder **Kleinstkapitalgesellschaft** handelt, bis zum Ablauf von **elf Monaten** über die **Feststellung des Jahresabschlusses** und die **Verwendung des Ergebnisses** in der Gesellschafterversammlung zu beschließen (§ 42a [2] GmbHG).

**Offenlegung §§ 325 – 328 HGB**

Nach der Feststellung des Jahresabschlusses reicht die Geschäftsführung der GmbH folgende Unterlagen beim Betreiber des elektronischen Bundesanzeigers zur Veröffentlichung ein (§ 325 [1, 2] HGB):

- Jahresabschluss
- Bestätigungsvermerk der Abschlussprüfer
- Lagebericht
- Bericht des Aufsichtsrats
- Vorschlag über die Verwendung des Ergebnisses
- Beschluss über die Ergebnisverwendung

**Kleine GmbH** müssen nur die Bilanz und den Anhang (ohne GuV-Angaben) offenlegen. **Mittelgroße GmbH** dürfen die Bilanz in der für kleine Kapitalgesellschaften vorgeschriebenen Form veröffentlichen, wenn die in § 327 HGB genannten Bilanzposten gesondert in der Bilanz oder im Anhang aufgeführt werden (siehe S. 290). **Kleinstkapitalgesellschaften** müssen nur ihre Bilanz offenlegen oder beim Betreiber des elektronischen Bundesanzeigers hinterlegen. Die eingereichten Unterlagen werden an das elektronisch geführte **Unternehmensregister** übermittelt, in das jeder zu Informationszwecken Einsicht nehmen kann.

**Darstellung der Ergebnisverwendung**

In der Regel wird der Jahresabschluss der GmbH **vor** Verwendung des Ergebnisses aufgestellt. **Bilanz und Gewinn- und Verlustrechnung weisen** deshalb einen **Jahresüberschuss oder** einen **Jahresfehlbetrag** als Ergebnis des Geschäftsjahres **aus.** Die **Verwendung des Gewinns,** also die Einstellung eines bestimmten Betrags in die Gewinnrücklagen oder die Ausschüttung an die Gesellschafter, aber auch die Deckung des Verlusts durch entsprechende Auflösung von Rücklagen, kann in folgender Weise dargestellt und als **Ergebnisverwendungsbeschluss** veröffentlicht werden (§ 325 [1] HGB):

| | |
|---|---|
| | **Jahresüberschuss/Jahresfehlbetrag** |
| (±) | **Gewinnvortrag/Verlustvortrag** aus dem Vorjahr |
| (+) | **Entnahmen aus der Kapitalrücklage** |
| (+) | **Entnahmen aus Gewinnrücklagen** |
| (–) | **Einstellungen in Gewinnrücklagen** |
| (–) | **Gewinnausschüttung** |
| = | **Gewinnvortrag/Verlustvortrag** |

Die erforderlichen Buchungen erfolgen **nach** Aufstellung des Jahresabschlusses.

**BEISPIEL**

Die X-GmbH (S. 292) weist zum 31. Dez. in der Schlussbilanz folgende Zahlen aus:

| **A. Eigenkapital** | | **Berichtsjahr** | |
|---|---|---|---|
| I. | Gezeichnetes Kapital | 800.000,00 | |
| II. | Kapitalrücklage | 100.000,00 | |
| III. | Gewinnrücklagen | 250.000,00 | |
| IV. | Verlustvortrag | 150.000,00 | |
| V. | Jahresüberschuss | 300.000,00 | 1.300.000,00 |

Im neuen Jahr soll auf Beschluss der Gesellschafterversammlung der Gewinn wie folgt verwendet werden:

1. 60.000,00 € werden den Gewinnrücklagen zugeführt.
2. Die Gesellschafter erhalten 10 % Gewinn auf ihren Stammanteil unter Abzug von 25 % Kapitalertragsteuer und 5,5 % Solidaritätszuschlag:

| | |
|---|---|
| Ausschüttung (10 % von 800.000,00 €) | 80.000,00 € |
| – 25,0 % Kapitalertragsteuer | 20.000,00 € |
| – 5,5 % Solidaritätszuschlag von 20.000,00 € | 1.100,00 € |
| = **Netto-Ausschüttung** | **58.900,00 €** |

**Darstellung der Gewinnverwendung:**

| | | |
|---|---|---|
| **Jahresüberschuss** | **300.000,00 €** | |
| – Verlustvortrag aus dem Vorjahr | 150.000,00 € | **150.000,00 €** |
| – Einstellung in die Gewinnrücklagen | | 60.000,00 € |
| – Gewinnausschüttung | | 80.000,00 € |
| **= Gewinnvortrag auf neue Rechnung** | | **10.000,00 €** |

Buchungen:

Eröffnung der Konten „0650 Jahresüberschuss" und „0640 Verlustvortrag":

| | | | |
|---|---|---|---|
| ❶ 9100 Eröffnungsbilanzkonto | | an 0650 Jahresüberschuss | 300.000,00 |
| 0640 Verlustvortrag | | an 9100 Eröffnungsbilanzkonto | 150.000,00 |

Übernahme des Jahresüberschusses auf das Konto „0670 Ergebnisverwendung":

| | | | |
|---|---|---|---|
| ❷ 0650 Jahresüberschuss | | an 0670 Ergebnisverwendung | 300.000,00 |

Deckung des Verlustvortrags:

| | | | |
|---|---|---|---|
| ❸ 0670 Ergebnisverwendung | | an 0640 Verlustvortrag | 150.000,00 |

Einstellung in die Gewinnrücklagen:

| | | | |
|---|---|---|---|
| ❹ 0670 Ergebnisverwendung | | an 0630 Gewinnrücklagen | 60.000,00 |

Ausschüttung an Gesellschafter und Einbehaltung der Kapitalertragsteuer sowie des SolZ:

| | | | |
|---|---|---|---|
| ❺ 0670 Ergebnisverwendung | 80.000,00 | an 1910 Verbindlichkeiten aus Steuern | 21.100,00 |
| | | an 1930 Verbindlichkeiten gegenüber Gesellschaftern | 58.900,00 |

Übernahme des Gewinnrests auf das Gewinnvortragskonto:

| | | | |
|---|---|---|---|
| ❻ 0670 Ergebnisverwendung | | an 0640 Gewinnvortrag | 10.000,00 |

Die Buchungen ❹ bis ❻ können auch zusammengefasst werden. Das **Gewinnvortragskonto** ist **als Bestandskonto** zum 31. Dezember des laufenden Geschäftsjahres über das **Schlussbilanzkonto** abzuschließen und **unter „A. Eigenkapital" auszuweisen.** Nach der Gewinnverwendung setzt sich das **bilanzielle Eigenkapital** wie folgt zusammen:

| | |
|---|---|
| Gezeichnetes Kapital | 800.000,00 € |
| + Kapitalrücklage | 100.000,00 € |
| + Gewinnrücklagen | 310.000,00 € |
| + Gewinnvortrag | 10.000,00 € |
| = Eigenkapital | **1.220.000,00 €** |

MERKE

- **Die Geschäftsführung erstellt den Jahresabschluss der GmbH.**
- **Die Gesellschafter der GmbH beschließen die Feststellung des Jahresabschlusses und die Verwendung des Ergebnisses (Jahresüberschuss/Jahresfehlbetrag).**

**AUFGABE 326** Die Metallwaren GmbH weist zum Abschlussstichtag 31. Dezember des Berichtsjahres und des Vorjahres folgende zusammengefasste Bilanzposten aus:

| Bilanzposten zum 31. Dezember | Berichtsjahr | Vorjahr |
|---|---|---|
| Sachanlagen | 850.000,00 | 680.000,00 |
| Finanzanlagen | 150.000,00 | 120.000,00 |
| Warenvorräte | 1.640.000,00 | 1.720.000,00 |
| Forderungen a. LL | 360.000,00 | 280.000,00 |
| davon mit einer Restlaufzeit über ein Jahr | (20.000,00) | (10.000,00) |
| Wertpapiere | 45.000,00 | – |
| Bankguthaben | 215.000,00 | 240.000,00 |
| Kassenbestand | 30.000,00 | 40.000,00 |
| Aktive Rechnungsabgrenzung | 10.000,00 | 20.000,00 |
| Gezeichnetes Kapital | 1.200.000,00 | 1.000.000,00 |
| Gewinnrücklagen | 450.000,00 | 250.000,00 |
| Gewinnvortrag aus dem Vorjahr | 10.000,00 | 20.000,00 |
| Rückstellungen | 45.000,00 | 60.000,00 |
| Verbindlichkeiten gegenüber Kreditinstituten | 675.000,00 | 800.000,00 |
| davon mit einer Restlaufzeit bis zu einem Jahr | (80.000,00) | (70.000,00) |
| Verbindlichkeiten a. LL | 570.000,00 | 680.000,00 |
| davon mit einer Restlaufzeit bis zu einem Jahr | (570.000,00) | (680.000,00) |
| Passive Rechnungsabgrenzung | 20.000,00 | 10.000,00 |

1. Ermitteln Sie den Jahresüberschuss als Saldo zwischen Aktiv- und Passivseite und weisen Sie ihn in der Bilanz entsprechend aus.
2. Erstellen Sie für das mittelgroße Unternehmen (150 Beschäftigte, 12,5 Mio. € Umsatz) eine ordnungsgemäß gegliederte Schlussbilanz für das Berichtsjahr (siehe S. 291).
3. Warum müssen Rücklagen in der Bilanz einer Kapitalgesellschaft gesondert ausgewiesen werden?
4. Wie hoch ist das Mindeststammkapital einer GmbH?
5. Unter welcher Bezeichnung und zu welchem Wert ist das Stammkapital in der Bilanz der GmbH auszuweisen?
6. Worauf führen Sie die Veränderung in den Posten „Gezeichnetes Kapital" und „Gewinnrücklagen" zurück?
7. Beurteilen Sie die Veränderungen in der Finanzierung des Unternehmens mit Eigen- und Fremdkapital im Berichtsjahr.
8. Welche Veränderungen erscheinen Ihnen auf der Aktivseite von Bedeutung?

**AUFGABE 327** Die Sachanlagen der Metallwaren GmbH (Aufgabe 326) wiesen zum Abschlussstichtag 31. Dezember des Vorjahres Anschaffungs- und Herstellungskosten in Höhe von 1.280.000,00 € aus. Die gesamten Abschreibungen betrugen zum gleichen Zeitpunkt 600.000,00 €.

Für das Abschlussjahr sind Zugänge (Investitionen) von 400.000,00 € Anschaffungskosten, Abgänge von 50.000,00 € und Abschreibungen von 210.000,00 € zu berücksichtigen. Auf die Abgänge waren bis zum Abgangszeitpunkt Abschreibungen von 30.000,00 € vorgenommen worden.

1. Erstellen Sie für das Sachanlagevermögen einen Anlagenspiegel nach dem Schema auf Seite 219.
2. Welche Unternehmen müssen einen Anlagenspiegel erstellen?
3. Wo muss der Anlagenspiegel ausgewiesen werden?
4. Worin sehen Sie die besondere Bedeutung des Anlagenspiegels?
5. Wie viel Prozent der Anlageinvestitionen (Zugänge) wurden durch Abschreibungen im Abschlussjahr finanziert?

**AUFGABE 328**

Die Buchwerte des Finanzanlagevermögens der Metallwaren GmbH für das Berichts- und Vorjahr sind der Aufgabe 326 zu entnehmen. Bis zum Abschlussstichtag 31. Dezember des Vorjahres wurden Gesamtabschreibungen in Höhe von 10.000,00 € vorgenommen. Im Abschlussjahr waren keine Abschreibungen erforderlich. Allerdings sind Neuanschaffungen von 35.000,00 € und Abgänge von 5.000,00 € zu berücksichtigen. Auf die Abgänge sind keine Abschreibungen vorgenommen worden.

1. Ermitteln Sie die Anschaffungskosten der Finanzanlagen zum 31. Dezember des Vorjahres.
2. Stellen Sie die Entwicklung der Finanzanlagen in einem Anlagenspiegel dar.
3. Was ist im Einzelnen im Finanzanlagevermögen eines Unternehmens auszuweisen?
4. Unterscheiden Sie zwischen Wertpapieren des Anlage- und des Umlaufvermögens.

**AUFGABE 329**

Die Metallwaren GmbH (Aufgabe 326) stellt aus ihrer Erfolgsrechnung folgende zusammengefasste Aufwands- und Ertragsposten für das **Berichtsjahr (01)** zur Verfügung:

| | |
|---|---:|
| Umsatzerlöse | 12.500.000,00 |
| Sonstige betriebliche Erträge | 80.000,00 |
| Warenaufwendungen | 9.150.000,00 |
| Personalkosten | 1.320.000,00 |
| Abschreibungen auf Sachanlagen | 180.000,00 |
| Sonstige betriebliche Aufwendungen | 1.300.000,00 |
| Zinserträge | 5.000,00 |
| Zinsaufwendungen | 75.000,00 |
| Steuern vom Einkommen und Ertrag | 144.000,00 |
| Sonstige Steuern | 86.000,00 |

1. Erstellen Sie die Gewinn- und Verlustrechnung nach dem Gesamtkostenverfahren gemäß § 275 [2] HGB (siehe S. 296 und im Anhang des Lehrbuchs).
2. Stellen Sie die Erfolgsrechnung in der Kurzfassung (vgl. S. 295) dar und ermitteln Sie
   a) die betrieblichen Erträge,
   b) das Rohergebnis,
   c) das Ergebnis nach Steuern und
   d) das Jahresergebnis (Jahresüberschuss/Jahresfehlbetrag).
3. Worin liegen die Vorteile der Gewinn- und Verlustrechnung in Staffelform?
4. Warum erlaubt der Gesetzgeber mittelgroßen Kapitalgesellschaften, in der zu veröffentlichenden Gewinn- und Verlustrechnung lediglich das „Rohergebnis" auszuweisen?
5. Das Gewinn- und Verlustkonto der Metallwaren GmbH weist als Ergebnis des Abschlussjahres einen Jahresüberschuss in Höhe von 330.000,00 € aus. Wie lautet der Buchungssatz für die Übernahme des Jahresüberschusses in das Schlussbilanzkonto?

**AUFGABE 330**

Die Gesellschafterversammlung der Metallwaren GmbH beschließt mit Mehrheit die Feststellung des Jahresabschlusses sowie die folgende Verwendung des Jahresgewinns in Höhe von 330.000,00 € und des Gewinnvortrags aus dem Vorjahr von 10.000,00 €:

   a) 140.000,00 € Einstellung in die Gewinnrücklagen,
   b) 15 % Gewinnausschüttung auf das Stammkapital von 1.200.000,00 €,
   c) Vortrag des Restgewinns und
   d) Darstellung der Gewinnverwendung im Anhang des Jahresabschlusses.

1. Stellen Sie die Verwendung des Ergebnisses tabellarisch dar.
2. Nennen Sie die Buchungen für die Gewinnverteilung. (Die Kapitalertragsteuer beträgt 25 %, der Solidaritätszuschlag 5,5 %.)
3. Wie hoch ist nunmehr das Eigenkapital der GmbH?

D

**AUFGABE 331**

| Saldenbilanz der Heisan GmbH zum 31. Dezember | Soll | Haben |
|---|---|---|
| 0330 Betriebs- und Geschäftsausstattung | 280.000,00 | – |
| 0340 Fuhrpark | 180.000,00 | – |
| 0450 Wertpapiere des Anlagevermögens | 40.000,00 | – |
| 0522 Pauschalwertberichtigungen zu Forderungen | – | 8.600,00 |
| 0610 Gezeichnetes Kapital (Stammkapital) | – | 500.000,00 |
| 0630 Gewinnrücklagen | – | 150.000,00 |
| 0640 Gewinnvortrag | – | 10.000,00 |
| 0650 Jahresüberschuss | – | – |
| 0722 Steuerrückstellungen | – | – |
| 0724 Sonstige Rückstellungen | – | 58.000,00 |
| 0820 Darlehensschulden (Restlaufzeit bis 1 Jahr: 8.000,00) | – | 180.000,00 |
| 0910 Aktive Rechnungsabgrenzungen | – | – |
| 1010 Forderungen a. LL (Restlaufzeit über 1 Jahr: 25.000,00) | 874.650,00 | – |
| 1310 Bank | 806.600,00 | – |
| 1410 Vorsteuer | 604.800,00 | – |
| 1710 Verbindlichkeiten a. LL (Restlaufzeit bis 1 Jahr: 150.000,00) | – | 160.000,00 |
| 1810 Umsatzsteuer | – | 1.595.050,00 |
| 1940 Sonstige Verbindlichkeiten mit Restlaufzeit bis 1 Jahr | – | 38.400,00 |
| 2110 Zinsaufwendungen | 11.300,00 | – |
| 2210 Steuern vom Einkommen | 85.000,00 | – |
| 2310 Übliche Abschreibungen auf Forderungen | 10.000,00 | – |
| 2340 Zuführungen zu Pauschalwertberichtigungen | – | – |
| 2700 Erlöse aus Anlagenabgängen | – | 40.000,00 |
| 2760 Erträge aus der Auflösung von Rückstellungen | – | – |
| 3010 Wareneingang | 7.420.000,00 | – |
| 3910 Warenbestände | 130.000,00 | – |
| 4000 Personalkosten | 150.200,00 | – |
| 4100 Mietaufwendungen | 118.500,00 | – |
| 4200 Steuern | 68.500,00 | – |
| 4800 Allgemeine Verwaltungskosten | 160.800,00 | – |
| 4890 Diverse Aufwendungen | 194.700,00 | – |
| 4910 Abschreibungen auf Sachanlagen | – | – |
| 8010 Warenverkauf | – | 8.395.000,00 |
| Abschlusskonten: 9300 und 9400 | 11.135.050,00 | 11.135.050,00 |

**Abschlussangaben zum Abschlussstichtag 31. Dezember**

1. Planmäßige Abschreibungen: BGA: 36.000,00 €; Fuhrpark: 48.000,00 €.
2. Der Tageswert der Wertpapiere des Anlagevermögens beträgt 48.000,00 €.
3. Von einer Forderung an den Kunden M. Bender über 1.190,00 € gehen 595,00 € auf dem Bankkonto ein. Der Rest ist uneinbringlich.
4. Kfz-Steuer über 4.800,00 € wurde am 1. Oktober für ein Jahr im Voraus abgebucht.
5. Die Geschäftsmiete für Dezember wird erst am 2. Januar nächsten Jahres überwiesen: 9.875,00 €.
6. Eine Rückstellung für Prozesskosten ist aufzulösen: 3.200,00 €.
7. Die PWB ist auf 5 % des Forderungsbestands zum 31. Dezember zu bemessen.
8. Bildung einer Gewerbesteuerrückstellung in Höhe von 18.400,00 €.
9. Warenschlussbestand: Anschaffungskosten: 230.000,00 €; Tageswert: 245.000,00 €.

**Aufgaben**

1. Führen Sie den Abschluss auf den Abschlusskonten 9300 und 9400 durch.
2. Erstellen Sie eine nach § 266 HGB gegliederte Jahresbilanz (siehe S. 291). Zuvor ist die Pauschalwertberichtigung von den Forderungen aktiv abzusetzen.
3. Erstellen Sie die GuV-Rechnung nach § 275 [2] HGB (siehe S. 296).
4. Erstellen Sie im Folgejahr die Ergebnisverwendungsrechnung nach Beschluss der Gesellschafter: Rücklagenzuführung 80.000,00 €, 20 % Dividende. Nennen Sie die Buchungen.

**AUFGABE 332**

Das Schlussbilanzkonto und das Gewinn- und Verlustkonto der Stahlhandels-GmbH weisen zum Abschlussstichtag 31. Dezember 01 folgende Zahlen aus:

| Soll | | 9400 Schlussbilanzkonto | | | Haben |
|---|---|---|---|---|---|
| 0210 | Grundstücke | 410.000,00 | 0610 | Gezeichnetes Kapital | 3.200.000,00 |
| 0230 | Gebäude | 2.400.000,00 | 0630 | Gewinnrücklagen | 450.000,00 |
| 0310 | TA und Maschinen | 380.000,00 | 0650 | Jahresüberschuss | 360.000,00 |
| 0330 | BGA | 1.390.000,00 | 0724 | Sonstige Rückstellungen | 70.000,00 |
| 0450 | Wertpapiere des AV | 120.000,00 | 0820 | Darlehensschulden | 1.730.000,00 |
| 0910 | ARAP | 15.000,00 | 0930 | PRAP | 10.000,00 |
| 3910 | Warenbestände | 800.000,00 | 1710 | Verbindlichkeiten a. LL | 230.000,00 |
| 1010 | Forderungen a. LL | 207.000,00 | 1810 | Umsatzsteuer | 50.000,00 |
| 1310 | Bank | 333.000,00 | | | |
| 1510 | Kasse | 45.000,00 | | | |
| | | 6.100.000,00 | | | 6.100.000,00 |

| Soll | | 9300 Gewinn- und Verlustkonto | | | Haben |
|---|---|---|---|---|---|
| 2110 | Zinsaufwendungen | 86.000,00 | 2401 | Mieterträge | 316.000,00 |
| 2210 | Körperschaftsteuer | 294.000,00 | 2460 | Sonstige Erträge | 250.000,00 |
| 3010 | Wareneingang | 2.360.000,00 | 2610 | Zinserträge | 78.000,00 |
| 4000 | Personalkosten | 1.620.000,00 | 8010 | Warenverkauf | 4.800.000,00 |
| 4240 | Sonstige Betriebsteuern | 174.000,00 | | | |
| 4400 | Werbe- und Reisekosten | 126.000,00 | | | |
| 4710 | Instandhaltung | 140.000,00 | | | |
| 4800 | Allg. Verwaltungskosten | 100.000,00 | | | |
| 4910 | Abschreibungen auf SA | 184.000,00 | | | |
| 0650 | Jahresüberschuss | 360.000,00 | | | |
| | | 5.444.000,00 | | | 5.444.000,00 |

1. Die Stahlhandels-GmbH hat im Jahresdurchschnitt über 50 Arbeitnehmer. Bestimmen Sie die Größenklasse der Gesellschaft nach § 267 HGB, wenn die Bilanzsumme, die durchschnittliche Arbeitnehmerzahl und die Umsatzerlöse im Vorjahr in gleicher Höhe bestanden.
2. Erstellen Sie die Bilanz nach dem Gliederungsschema auf Seite 291.
3. Inwieweit deckt das Eigenkapital das Anlagevermögen?
4. Erstellen Sie die Gewinn- und Verlustrechnung nach dem Gliederungsschema auf S. 296.
5. Ermitteln Sie das Rohergebnis.
6. Ermitteln Sie die Rentabilität des durchschnittlichen Eigenkapitals.

D

D

# E Beleggeschäftsgang 2

**AUFGABE 333** **In der Finanzbuchhaltung der Elektrogroßhandlung Karl Wirtz e. K.,** Rheinstr. 44, 90451 Nürnberg, Bankverbindungen: Nürnberger Kreditbank KGaA, IBAN DE04 6606 6421 0218 4357 17, BIC GENODE4210; Handelsbank AG Nürnberg IBAN DE72 7604 0106 0998 7968 50, BIC HABADEFFXXX, werden folgende **Bücher** geführt:

- **Grundbuch** für die laufenden Buchungen, die vorbereitenden Abschlussbuchungen und die Abschlussbuchungen.
- **Hauptbuch** für die Sachkonten: Bestandskonten, Erfolgskonten, Abschlusskonten.
- **Kontokorrentbuch** für die Personenkonten: Kundenkonten, Lieferantenkonten.
- **Bilanzbuch** für die Aufnahme des ordnungsmäßig gegliederten Jahresabschlusses: Jahresbilanz und Gewinn- und Verlustrechnung mit Unterschrift.

**Im Finanzbuchhaltungsprogramm** müssen die folgenden **Salden der Sach- und Personenkonten** über das **Hilfs- bzw. Gegenkonto „9150 Saldenvorträge“** gebucht werden.

**I. Die Sachkonten** der Elektrogroßhandlung Karl Wirtz e. K. weisen zum 27. Dezember .. im Soll und im Haben folgende Salden aus **(Saldenbilanz):**

| **Kontenplan und vorläufige Saldenbilanz** | **Soll** | **Haben** |
|---|---|---|
| 0330 Betriebs- und Geschäftsausstattung | 275.204,00 | – |
| 0340 Fuhrpark | 107.200,00 | – |
| 0610 Eigenkapital | – | 625.000,00 |
| 1010 Forderungen a. LL | 119.000,00 | – |
| 1311 Nürnberger Kreditbank | 272.600,00 | – |
| 1312 Handelsbank AG | 28.100,00 | – |
| 1410 Vorsteuer | 145.886,00 | – |
| 1510 Kasse | 25.839,20 | – |
| 1610 Privatentnahmen | 52.600,00 | – |
| 1710 Verbindlichkeiten a. LL | – | 160.745,20 |
| 1810 Umsatzsteuer | – | 228.684,00 |
| 3010 Wareneingang | 767.200,00 | – |
| 3020 Bezugskosten | 45.200,00 | – |
| 3060 Nachlässe von Lieferanten | – | 3.200,00 |
| 3080 Lieferantenskonti | – | 13.600,00 |
| 3910 Warenbestände | 142.400,00 | – |
| 4000 Personalkosten | 143.400,00 | – |
| 4100 Mietaufwendungen | 64.800,00 | – |
| 4200 Steuern, Beiträge, Versicherungen | 16.100,00 | – |
| 4400 Werbe- und Reisekosten | 2.800,00 | – |
| 4700 Betriebskosten, Instandhaltung | 20.100,00 | – |
| 4821 Portokosten | 2.100,00 | – |
| 4822 Kosten der Telekommunikation | 4.300,00 | – |
| 4910 Abschreibungen auf Sachanlagen | – | – |
| 8010 Warenverkauf | – | 1.220.000,00 |
| 8060 Nachlässe an Kunden | 3.400,00 | – |
| 8080 Kundenskonti | 21.600,00 | – |
| 8710 Entnahme von Waren | – | 8.600,00 |
| Abschlusskonten im Hauptbuch: 9300 und 9400 | 2.259.829,20 | 2.259.829,20 |

**II. Offene-Posten-Liste:** Folgende Rechnungen an die Kunden und von den Lieferanten stehen noch offen, sind also noch nicht bezahlt:

| Kundenkonten (Debitoren) | | Offene Posten – Kunden | | | |
|---|---|---|---|---|---|
| **Konto-Nr.** | **Kunden** | **Datum** | **Rechnungs-Nr.** | **Betrag** | **Salden** |
| **10001** | Heinz Karls e. K.<br>Hauptstraße 7<br>06132 Halle | ..-12-10<br>..-12-16<br>..-12-18 | 4 538<br>4 552<br>4 556 | 14.875,00<br>833,00<br>8.092,00 | **23.800,00** |
| **10002** | Werner Gruppe e. Kfm.<br>Am Römerhof 8<br>52066 Aachen | ..-12-04<br>..-12-21 | 4 535<br>4 563 | 41.650,00<br>11.900,00 | **53.550,00** |
| **10003** | Rolf Naumann e. K.<br>Amselweg 14<br>67063 Ludwigshafen | ..-12-21<br>..-12-27 | 4 565[1]<br>4 567[1] | 5.950,00<br>11.900,00 | **17.850,00** |
| **10004** | Stadtwerke<br>90475 Nürnberg | ..-12-12<br>..-12-21 | 4 541<br>4 564 | 2.380,00<br>11.900,00 | **14.280,00** |
| **10005** | Wolfgang Kunde e. K.<br>76646 Bruchsal | ..-12-10<br>..-12-27 | 4 539<br>4 566 | 2.142,00<br>7.378,00 | **9.520,00** |
| Saldensumme der Kundenkonten (Abstimmung mit Konto 1010) | | | | | **119.000,00** |

1 Rolf Naumann werden 2 % Skonto gewährt.

| Lieferantenkonten (Kreditoren) | | Offene Posten – Lieferanten | | | |
|---|---|---|---|---|---|
| **Konto-Nr.** | **Lieferanten** | **Datum** | **Rechnungs-Nr.** | **Betrag** | **Salden** |
| **60001** | Velox GmbH<br>Postfach 65 11 20<br>22359 Hamburg | ..-12-23 | 4567 | 29.964,20 | **29.964,20** |
| **60002** | Hausgeräte GmbH<br>Kantstraße 22<br>19063 Schwerin | ..-12-09<br>..-12-21 | 5500<br>5567 | 21.420,00<br>20.230,00 | **41.650,00** |
| **60003** | Franz Schneider KG<br>Saalestraße 16<br>39126 Magdeburg | ..-12-15 | 8765 | 38.080,00 | **38.080,00** |
| **60004** | Hausmann GmbH<br>Am Wiesenrain 16<br>75181 Pforzheim | ..-12-20<br>..-12-23 | 7654[1]<br>7660[1] | 17.850,00<br>12.971,00 | **30.821,00** |
| **60005** | Sonstige Lieferanten | – | – | 20.230,00 | **20.230,00** |
| Saldensumme der Lieferantenkonten (Abstimmung mit Konto 1710) | | | | | **160.745,20** |

1 Rechnungen der Hausmann GmbH werden mit 2 % Skonto beglichen.

**III. Geschäftsfälle**

Die Belege 1–25 auf den folgenden Seiten stellen die Geschäftsfälle der Elektrogroßhandlung Karl Wirtz e. K. vom 27. Dezember .. bis zum 31. Dezember .. dar.

**IV. Abschlussangaben** (→ siehe Belege 26–27)

1. Abschreibungen auf Betriebs- und Geschäftsausstattung ........................ 45.400,00 €
   auf Fuhrpark ........................ 24.000,00 €
2. Warenendbestand lt. Inventur ........................ 207.400,00 €
3. Im Übrigen entsprechen die Buchbestände den Inventurwerten.

E

### V. Aufgaben

1. Eröffnen Sie die Sach- und Personenkonten mit den Salden zum 27. Dezember . .
2. Führen Sie die Vorkontierung der Belege auf einem besonderen Grundbuchblatt durch:

| Sollkonto | Beleg-nummer | Beleg-datum | Haben-konto | Betrag | Steuerart V bzw. M | Prozent-satz | OP-Nr. | B-Text |
|---|---|---|---|---|---|---|---|---|
| | | | | | | | | |

3. Buchen Sie die Geschäftsfälle konventionell oder mithilfe eines Finanzbuchhaltungsprogramms.
4. Erstellen Sie einen ordnungsmäßigen Jahresabschluss.

**Beleg 1**

**EBERHARD ZACK**
**Bezirks-Schornsteinfegermeister**
90451 Nürnberg
Heidestr. 84 – Telefon 0911 52809
Steuer-Nr. 065 312 26587

QUITTUNG
RECHNUNG

Firma/Herrn/Frau Elektrogroßhandlung Karl Wirtz e. K.

| | |
|---|---|
| Rauchgasanalyse | 35,00 |
| Reinigung der Zentralheizung | 115,00 |
| | |
| | |
| Nettobetrag | 150,00 |
| + 19 % Umsatzsteuer | 28,50 |
| Bruttobetrag | 178,50 |

Konto | Soll | Haben
Gebucht:

Nürnberg 27. Dez. ..

**Betrag erhalten:**

Zack

Bezirks-Schornsteinfegermeister

KB 126

Fachgerechte Reinigung spart Heizkosten.

**Anlage: Bescheinigung über das Messergebnis**

Bankkonto: Deutsche Bank, Nürnberg
IBAN: DE38 7607 0012 0104 0007 00
Konto-Nr. 104 000 700, BLZ 760 700 12
BIC: DEUTDEMM760

**Beleg 2**

Velox
Elektrovertriebsgesellschaft mbH

Velox GmbH, Postfach 65 11 20, 22359 Hamburg

Eingang: ..-12-28

Elektrogroßhandel
Karl Wirtz e. K.
Rheinstraße 44
90451 Nürnberg

Konto | Soll | Haben
Gebucht:

| Ihre Bestellung Nr./ Tag/Zeich. | Unsere Auftrags-Nr./Zeich. | Zeit der Leistung/ Liefertag | Datum |
|---|---|---|---|
| ..-12-23 | WR 10 012 y | ..-12-26 | ..-12-27 |

**Rechnung Nr.** 4 589

Wir sandten für Ihre Rechnung und auf Ihre Gefahr:

| Zeichen und Nr. | Gegenstand | Menge und Einheit | Preis je Einheit € | Betrag € |
|---|---|---|---|---|
| St 44 | Staubsauger "Velox" | 40 | 75,00 | 3.000,00 |
| KM 27 | Küchenmaschine "Royal" | 20 | 112,50 | 2.250,00 |
| EH 14 | Elektroherd "Rekord" | 20 | 240,00 | 4.800,00 |
| | | | | 10.050,00 |
| | + 19 % Umsatzsteuer | | | 1.909,50 |
| | | | | 11.959,50 |

Telefon 040 246829
Fax 040 486820
USt-IdNr. DE 872 646 918
Bankkonto
HypoVereinsbank Hamburg
Kto.-Nr. 6 091 123, BLZ 200 300 00
IBAN: DE71 2003 0000 0006 0911 23
BIC: HYVEDEMM300
E-Mail
vertriebs.gmbh@velox-wvd.de
Internet
www.velox-wvd.de

E

**Beleg 3**

| | | | |
|---|---|---|---|
| Netto | € | | ct |
| + ——— % USt | € | | ct |
| Gesamt | € | 280 | ct 00 |

**Quittung**
Nr. KB 127

Gesamtbetrag € in Worten
zweihundertachtzig ——— Cent wie oben
(Im Gesamtbetrag sind ——— % Umsatzsteuer enthalten)

von Geschäftskasse

für Geschäftsreisespesenvorschuss

Konto | Soll | Haben
Gebucht:

richtig erhalten zu haben, bestätigt

Ort Nürnberg Datum 27. Dez. ..

Buchungsvermerke | Stempel/Unterschrift des Empfängers
Karl Wirtz

**Beleg 4**

## Deutsche Telefon AG

Deutsche Telefon AG
90426 Nürnberg
DV 12 0,70

Elektrogroßhandel
Karl Wirtz e. K.
Rheinstraße 44
90451 Nürnberg

| | |
|---|---|
| Datum | : ..-12-21 |
| Seite | : 1 von 4 |
| Kundennummer | : 673 423 6539 |
| Rechnungsnummer | : 913 685 3071 |
| Ihr Buchungskonto | : 311 782 2503 |
| Infos zur Rechnung | : www.telefonag.de/ hilfe-rechnung |
| Info-Telefon | : 0800 4440004 |

**Rechnung für Dezember 20..**

| Leistungen | Beträge in EUR |
|---|---|
| monatliche Beträge | 33,36 |
| nutzungsabhängige Beträge | 490,06 |
| Summe | 523,42 |
| 19 % Umsatzsteuer | 99,45 |
| **Rechnungsbetrag** | **622,87** |

**Kontoauszug zu Beleg 4**

Handelsbank AG
Nürnberg

**Kontoauszug**

**Konto-Nr.** 0998 796 850 **Datum** ..-12-27 **Ausz.-Nr.** 213 **Blatt** 1

| Text | Buchungstag | PN-Nr. | Wert | Umsatz/€ |
|---|---|---|---|---|
| Fernmelderechnung Lastschrift | 12-27 | 0114 | 12-28 | 622,87 S |

Konto | Soll | Haben
Gebucht:

| | |
|---|---|
| Alter Saldo/€ | 28.100,00 H |
| Neuer Saldo/€ | 27.477,13 H |

Elektrogroßhandel
Karl Wirtz e. K.
Rheinstraße 44
90451 Nürnberg

BIC: HABADEFFXXX
IBAN: DE72 7604 0160 0998 7968 50

**Beleg 5**

# Karl Wirtz e. K. ELEKTROGROSSHANDEL

Elektrogroßhandel K. Wirtz e. K., Rheinstr. 44, 90451 Nürnberg

Elektrofachgeschäft
Werner Gruppe e. Kfm.
Am Römerhof 8
52066 Aachen

Unsere Auftrags-Nr. 20 336
Lieferschein-Nr. 20 586
Versanddatum: ..-12-28
Versandart: LKW
Verpackungsart: Kartons

Konto | Soll | Haben
Gebucht:

Bitte bei Zahlung angeben:
Rechnungs-Nr. 4 586
Rechnungsdatum: ..-12-28

Ihr Zeichen/Bestellung Nr. vom: WA/4 896/..-12-18
Kunden-Nr.: 10 002

Steuer-Nr. 543 221 19439

## Rechnung

| Position | Sachnummer | Bezeichnung der Lieferung/Leistung | Menge und Einheit | Preis je Einheit € | Betrag € |
|---|---|---|---|---|---|
| L | 4 842 | Kaiser-Leuchte | 8 | 130,00 | 1.040,00 |
| K | 2 245 | Küchenmaschine "Royal" | 6 | 145,00 | 870,00 |
| H | 3 451 | Elektroherd "Rekord" | 4 | 290,00 | 1.160,00 |
| | | | | | 3.070,00 |
| | | + 19 % Umsatzsteuer | | | 583,30 |
| | | | | | 3.653,30 |

Zahlbar rein netto innerhalb von 20 Tagen. Skontoabzug ist nicht zulässig.

Geschäftsräume
Rheinstraße 44
90451 Nürnberg

Telefon: 0911 56356-0
Telefax: 0911 44481
Internet: www.elektrowirtz-wvd.de

Nürnberger Kreditbank KGaA
Konto-Nr. 218 435 717
BLZ 660 642 10
IBAN: DE04 6606 6421 0218 4357 17
BIC: GENODE4210

Handelsbank AG Nürnberg
Konto-Nr. 0998 796 850
BLZ 760 401 60
IBAN: DE72 7604 0160 0998 7968 50
BIC: HABADEFFXXX

**Steuer-Nr. 543 221 19439**

**Beleg 6**

| | € | | ct | |
|---|---|---|---|---|
| Netto | € | — | ct | — |
| + — % USt | € | — | ct | — |
| Gesamt | € | 500 | ct | 00 |

***Entnahmebeleg***
Nr. PE 19

Gesamtbetrag € in Worten: fünfhundert — Cent wie oben
(im Gesamtbetrag sind — % Umsatzsteuer enthalten)

von Geschäftskasse

für private Zwecke

Konto | Soll | Haben
Gebucht:

richtig erhalten zu haben, bestätigt

Ort Nürnberg Datum 29. Dez. ..

Buchungsvermerke

Stempel/Unterschrift des Empfängers: Karl Wirtz

**Beleg 7**

Deutsche Post AG
90403 Nürnberg
82062580 ..-12-29

KB 128

7204
Postwertzeichen ohne Zuschlag
*340,00 EUR A

**Bruttoumsatz *340,00 EUR**
mehrwertsteuerbefreit A
Nettoumsatz A *340,00 EUR

Steuernummer der Deutschen
Post AG: 5205/5777/1510

Vielen Dank für Ihren Besuch.
Ihre Deutsche Post AG

Konto | Soll | Haben
Gebucht:

Beleg 8

**Kontoauszug** **Nürnberger Kreditbank KGaA**

| Konto-Nr. | Datum | Ausz.-Nr. | Blatt | Buchungstag | PN-Nr. | Wert | Umsatz |
|---|---|---|---|---|---|---|---|
| 218 435 717 | ..-12-28 | 66 | 1 | | | | |
| GUTSCHRIFT | | | | 12-28 | 8744 | 12-28 | 5.831,00 H |

R. NAUMANN, LUDWIGSHAFEN
RE 4 565 VOM 21. DEZ. .. 5.950,00
- 2 % SKONTO 119,00
(KONTO 10 003)

Konto | Soll | Haben
Gebucht:

ELEKTROGROSSHANDEL
KARL WIRTZ E. K.
RHEINSTR. 44
90451 NÜRNBERG

Alter Saldo
H 272.600,00 EUR

Neuer Saldo
H 278.431,00 EUR

Beleg 9

**Nürnberger Kreditbank KGaA**

Empfangsbescheinigung
über Bar-Einzahlung auf eigenes Konto

| Kontonummer | Kontoinhaber |
|---|---|
| 218 435 717 | Elektrogroßh. Karl Wirtz e. K. |

Betrag: Euro, Cent
6.500,00------

..-12-27 6.500,00
**Nürnberger Kreditbank KGaA**
Kurz

Für den Einzahlungstag und den Betrag ist der Maschinendruck maßgebend.

E

Kontoauszug zu Beleg 9 und Beleg 10

**Kontoauszug** **Nürnberger Kreditbank KGaA**

| Konto-Nr. | Datum | Ausz.-Nr. | Blatt | Buchungstag | PN-Nr. | Wert | Umsatz |
|---|---|---|---|---|---|---|---|
| 218 435 717 | ..-12-29 | 67 | 1 | | | | |

| | | | | |
|---|---|---|---|---|
| EINZAHLUNG | 12-29 | 0679 | 12-27 | 6.500,00 H |
| ÜBERWEISUNG **(BELEG 10)** | 12-29 | 0677 | 12-27 | 17.493,00 S |

HAUSMANN GMBH, PFORZHEIM
RE 7 654 VOM 20. DEZ. .. 17.850,00
- 2 % SKONTO 357,00
(KONTO 60 004)

Konto | Soll | Haben
Gebucht:

ELEKTROGROSSHANDEL
KARL WIRTZ E. K.
RHEINSTR. 44
90451 NÜRNBERG

Alter Saldo
H 278.431,00 EUR

Neuer Saldo
H 267.438,00 EUR

Beleg 11

# Ernst Offermann & Sohn OHG

Transporte
Heizöle Kohlen

Ernst Offermann & Sohn OHG, Industriestr. 200, 90765 Fürth

Eingang: ..-12-30

Industriestraße 200 · Telefon 0911 51799 · Telefax 0911 53529
90765 Fürth

Elektrogroßhandel
Karl Wirtz e. K.
Rheinstraße 44
90451 Nürnberg

Konto | Soll | Haben
Gebucht:

| Rechnungs-Nr. | Rechnungsdatum |
|---|---|
| 12 954 | ..-12-29 |

Steuer-Nr. 543 553 11580

## Rechnung

| Lieferdatum | Bezeichnung | Menge | ME | E-Preis | Betrag |
|---|---|---|---|---|---|
| ..-12-27 | Heizöl EL | 9 150 | l | 0,40 | 3.660,00 |

| Warenwert | Bruttobetrag | USt | USt € | Rechnungsbetrag |
|---|---|---|---|---|
| 3.660,00 | | 19 % | 695,40 | 4.355,40 € |

Zahlbar innerhalb 14 Tagen nach Rechnungseingang ohne Skontoabzug. Die gelieferte Ware bleibt bis zur vollständigen Bezahlung unser Eigentum. Gerichtsstand für beide Teile ist Fürth.

Bankverbindungen: Vereinigte Sparkasse Fürth, Nr. 218 211 936, BLZ 762 500 00
IBAN: DE10 7625 0110 0218 2119 36
BIC: BYLADEM1SFU

Raiffeisen-Volksbank Fürth, Nr. 724 320, BLZ 762 604 51
IBAN: DE10 7629 0000 0000 7243 20
BIC: GENODEF1FUE

E

**Beleg 12**

| | | | |
|---|---|---|---|
| Netto | € 370 | ct 00 | **Quittung** |
| + 19 % USt | € 70 | ct 30 | Nr. KB 129 |
| Gesamt | € 440 | ct 30 | |

Gesamtbetrag € in Worten
vierhundertvierzig ———— Cent wie oben

(Im Gesamtbetrag sind 19 % Umsatzsteuer enthalten)

von Elektrogroßhandel K. Wirtz e. K.

für Reparaturarbeiten an der Heizungsanlage

richtig erhalten zu haben, bestätigt

Ort Erlangen Datum 30. Dez. ..

Konto | Soll | Haben
Gebucht:

Buchungsvermerke

Stempel/Unterschrift des Empfängers
**Hartmut Götz e. Kfm.**
Sanitär und Heizung
Sonnenweg 15
91058 Erlangen
Steuer-Nr. 065 382 77661
Götz

**Beleg 13**

Handelsbank AG
Nürnberg

## Kontoauszug

| Konto-Nr. 0998 796 850 | Datum ..-12-29 | Ausz.-Nr. 214 | Blatt 1 |
|---|---|---|---|

| Text | Buchungstag | PN-Nr. | Wert | Umsatz/€ |
|---|---|---|---|---|
| Überweisung<br>Hausgeräte GmbH, Schwerin<br>Re 5 500 vom 9. Dez. .. (Konto 60 002) | 12-29 | 0114 | 12-29 | 21.420,00 S |

Konto | Soll | Haben
Gebucht:

| | |
|---|---|
| Alter Saldo/€ | 27.477,13 H |
| Neuer Saldo/€ | 6.057,13 H |

Elektrogroßhandel
Karl Wirtz e. K.
Rheinstraße 44
90451 Nürnberg

BIC: HABADEFFXXX
IBAN: DE72 7604 0160 0998 7968 50

**Belege 14 und 15**

**Handelsbank AG**
Nürnberg

## Kontoauszug

| Konto-Nr. | 0998 796 850 | Datum | ..-12-30 | Ausz.-Nr. | 215 | Blatt 1 |
|---|---|---|---|---|---|---|

| Text | Buchungstag | PN-Nr. | Wert | Umsatz/€ |
|---|---|---|---|---|
| Gutschrift<br>Heinz Karls, Halle **(Beleg 14)**<br>Re 4 538 vom 10. Dez. .. (Konto 10 001) | 12-30 | 0114 | 12-30 | 14.875,00 H |
| Gutschrift<br>Werner Gruppe, Aachen **(Beleg 15)**<br>Re 4 535 vom 4. Dez. .. (Konto 10 002) | 12-30 | 0114 | 12-30 | 41.650,00 H |

| Konto | Soll | Haben |
|---|---|---|
| | | |

Gebucht:

| Konto | Soll | Haben |
|---|---|---|
| | | |

Gebucht:

Alter Saldo/€ 6.057,13 H

Neuer Saldo/€ 62.582,13 H

Elektrogroßhandel
Karl Wirtz e. K.
Rheinstraße 44
90451 Nürnberg

BIC: HABADEFFXXX
IBAN: DE72 7604 0160 0998 7968 50

**Beleg 16**

W. SCHREIBER E. K.
BÜRO EINRICHTUNGEN

Walter Schreiber e. K. • Büroeinrichtungen • Kantstraße 12 • 70193 Stuttgart

Elektrogroßhandel
Karl Wirtz e. K.
Rheinstraße 44
90451 Nürnberg

EINGEGANGEN
..-12-31

Steuer-Nr. 065 326 18189
USt-IdNr. DE 876 765 654

| Ihr Zeichen/Ihre Bestellung vom | Unser Auftrag Nr./Zeichen | Zeit der Leistung | Datum |
|---|---|---|---|
| ..-12-21 | US 8 012 | ..-12-27 | ..-12-30 |

**Rechnung** Nr. 679

Wir sandten für Ihre Rechnung und auf Ihre Gefahr:

| Zeichen/Nr. | Gegenstand | Menge/Einheit | Preis je Einheit € | Betrag € |
|---|---|---|---|---|
| ST 43 | Schreibtisch, Eiche 156/76 mit 6 Schubfächern | 2 | 805,00 | 1.610,00 |
| | + 19 % Umsatzsteuer | | | 305,90 |
| | | | | 1.915,90 |

| Konto | Soll | Haben |
|---|---|---|
| | | |

Gebucht:

Telefon
0711 34625-0
Telefax
0711 32158

E-Mail
vertrieb@schreiber-wvd.de
Internet
www.schreiber-wvd.de

Geschäftszeit
08:30–18:30 Uhr

Postbank Stuttgart
Konto 4012 52-705
BLZ 600 100 70
IBAN: DE14 6001 0070 0401 2527 05
BIC: PBNKDEFF600

**Beleg 17**

Herstellung von Elektrogeräten

**Franz Schneider KG**

Franz Schneider KG, Postfach 12 60, 39104 Magdeburg

Elektrogroßhandel
Karl Wirtz e. K.
Rheinstraße 44
90451 Nürnberg

| Konto | Soll | Haben |
|---|---|---|

Gebucht:

Steuer-Nr. 543 812 22467

**Eingang: ..-12-31**

| Ihre Bestellung vom | Unser Auftrag Nr. | Zeit der Leistung | Datum |
|---|---|---|---|
| ..-12-21 | K 4 789 IV | ..-12-27 | ..-12-30 |

**Rechnung Nr.** 9 345

USt-IdNr.: DE 231 457 879

Wir sandten für Ihre Rechnung auf Ihre Gefahr:

| Artikel Nr. | Gegenstand | Menge/Stück | Stückpreis € | Gesamtpreis € |
|---|---|---|---|---|
| TS 12 | Warmwassergerät | 20 | 40,00 | 800,00 |
| W 26 | Elektro-Warmluftofen | 30 | 80,00 | 2.400,00 |
| | | | | 3.200,00 |
| | + 19 % Umsatzsteuer | | | 608,00 |
| | | | | 3.808,00 |

Geschäftsräume:
Saalestraße 16
39126 Magdeburg
Telefon 0391 4869-0
Telefax 0391 35275

Internet www.schneider-elektro-wvd.de
E-Mail info@schneider-elektro-wvd.de

Bankkonto 486 222
Deutsche Bank, Magdeburg
BLZ 810 700 00
IBAN: DE08 8107 0000 0000 4862 22
BIC: DEUTDE8M

Postbank
Berlin 124 45-101
BLZ 100 100 10
IBAN: DE36 1001 0010 0012 4451 01
BIC: PBNKDEFF100

**Beleg 18**

**Entnahmebeleg**

Nr. PE 80

| | € | ct |
|---|---|---|
| Netto | 450 | 00 |
| + 19 % USt | 85 | 50 |
| Gesamt | 535 | 50 |

Gesamtbetrag € in Worten fünfhundertfünfunddreißig —— Cent wie oben

(Im Gesamtbetrag sind 19 % Umsatzsteuer enthalten)

von Elektrogroßhandel Wirtz

für Kühltruhe KS 1608

Entnahme für private Zwecke

| Konto | Soll | Haben |
|---|---|---|

Gebucht:

Ort Nürnberg Datum 30. Dez. ..

Buchungsvermerke

Stempel/Unterschrift des Empfängers

Karl Wirtz

**Beleg 19**

# Karl Wirtz e. K. ELEKTROGROSSHANDEL

Elektrogroßhandel K. Wirtz e. K., Rheinstr. 44, 90451 Nürnberg

Haushaltsgerätevertrieb
Rolf Naumann e. K.
Amselweg 14
67063 Ludwigshafen

Unsere Auftrags-Nr. 20 337
Lieferschein-Nr. 20 587
Versanddatum: ..-12-29
Versandart: LKW
Verpackungsart: Original

Konto | Soll | Haben
Gebucht:

Bitte bei Zahlung angeben:
**Rechnungs-Nr.** 4 569
**Rechnungsdatum:** ..-12-30

**Steuer-Nr. 543 221 19439**

Ihr Zeichen/Bestellung Nr. vom: LZ/2 112/..-12-27
Kunden-Nr.: 10 003

## Rechnung

| Position | Sachnummer | Bezeichnung der Lieferung/ Leistung | Menge und Einheit | Preis je Einheit € | Betrag € |
|---|---|---|---|---|---|
| KS | 5 634 | Kühlschrank 150 l | 12 | 240,00 | 2.880,00 |
| GT | 4 321 | Geschirrspülmaschine | 4 | 375,00 | 1.500,00 |
| | | | | | 4.380,00 |
| | | + 19 % Umsatzsteuer | | | 832,20 |
| | | | | | 5.212,20 |

Bei Zahlung innerhalb von 8 Tagen 2 % Skonto.

Geschäftsräume
Rheinstraße 44
90451 Nürnberg
**Steuer-Nr. 543 221 19439**

Telefon: 0911 56356-0
Telefax: 0911 44481
Internet: www.elektrowirtz-wvd.de

Nürnberger Kreditbank KGaA
Konto-Nr. 218 435 717
BLZ 660 642 10
IBAN: DE04 6606 6421 0218 4357 17
BIC: GENODE4210

Handelsbank AG Nürnberg
Konto-Nr. 0998 796 850
BLZ 760 401 60
IBAN: DE72 7604 0160 0998 7968 50
BIC: HABADEFFXXX

**Beleg 20**

## Kontoauszug

**Nürnberger Kreditbank KGaA**

| Konto-Nr. | Datum | Ausz.-Nr. | Blatt | Buchungstag | PN-Nr. | Wert | Umsatz |
|---|---|---|---|---|---|---|---|
| 218 435 717 | ..-12-30 | 68 | 1 | | | | |
| GUTSCHRIFT STADTWERKE NÜRNBERG RE 4 541 VOM 12. DEZ. .. (KONTO 10 004) | | | | 12-30 | 8744 | 12-30 | 2.380,00 H |

Konto | Soll | Haben
Gebucht:

ELEKTROGROSSHANDEL
KARL WIRTZ E. K.
RHEINSTR. 44
90451 NÜRNBERG

Alter Saldo
H 267.438,00 EUR

Neuer Saldo
H 269.818,00 EUR

**Belege 21 und 22**

**Kontoauszug** Datum: ..-12-31 — **Nürnberger Kreditbank KGaA**

DE04 6606 4210 0218 4357 17 — BLZ 660 642 10 **GENODE42**

| Buch | Wert | Vorgang | Auszug-Nr. 69 | Blatt 1 | Umsatz |
|---|---|---|---|---|---|
| 12-31 | 12-28 | Gutschrift W. Kunde, Re.-Nr. 3 460 | | | 2.142,00 H |
| 12-31 | 12-28 | Gutschrift Holzmann OHG, Re.-Nr. 6823 | | | 892,50 H |

| Konto | Soll | Haben |
|---|---|---|
| | | |
| Gebucht: | | |

| Konto | Soll | Haben |
|---|---|---|
| | | |
| Gebucht: | | |

ELEKTROGROSSHANDEL
KARL WIRTZ E. K.
RHEINSTR. 44
90451 NÜRNBERG

| | |
|---|---|
| Alter Saldo | 269.818,00 H |
| **Neuer Saldo** | **272.793,00 H** |

**Beleg 23**[1]

**Kontoauszug** Datum: ..-12-31 — **Nürnberger Kreditbank KGaA**

DE04 6606 4210 0218 4357 17 — BLZ 660 642 10 **GENODE42**

| Buch | Wert | Vorgang | Auszug-Nr. 70 | Blatt 1 | Umsatz |
|---|---|---|---|---|---|
| 12-31 | 12-30 | Dauerauftrag Miete[1] (Konto 10 001) | | | 860,00 S |

| Konto | Soll | Haben |
|---|---|---|
| | | |
| Gebucht: | | |

ELEKTROGROSSHANDEL
KARL WIRTZ E. K.
RHEINSTR. 44
90451 NÜRNBERG

| | |
|---|---|
| Alter Saldo | 272.793,00 H |
| **Neuer Saldo** | **271.933,00 H** |

1 Beleg 23: DA = Dauerauftrag für die Wohnungsmiete des Geschäftsinhabers.

**Beleg 24**

Herstellung von Elektrogeräten

**Franz Schneider KG**

Franz Schneider KG, Postfach 12 60, 39104 Magdeburg

Elektrogroßhandel
Karl Wirtz e. K.
Rheinstraße 44
90451 Nürnberg

| Konto | Soll | Haben |
|---|---|---|
| | | |

Gebucht:

Steuer-Nr. 543 812 22467

**Eingang: ..-12-31**

| Ihr Zeichen, Ihre Nachricht vom | Unser Zeichen | Telefon, Name | Datum |
|---|---|---|---|
| ..-12-16 | KO/re | 0391 4869-31 | ..-12-30 |

**Rechnung Nr.** 9 288

Sehr geehrter Herr Wirtz,

auf die von Ihnen zu Recht beanstandete Lieferung vom ..-12-15 erhalten Sie nachträglich einen

| | |
|---|---|
| Preisnachlass von netto ............ | 600,00 € |
| 19 % Umsatzsteuer .................. | 114,00 € |
| | 714,00 € |

Wir bitten um gleich lautende Buchung.

Mit freundlichen Grüßen

Franz Schneider KG

ppa. *J. Kolberg*

Geschäftsräume:
Saalestraße 16
39126 Magdeburg
Telefon 0391 4869-0
Telefax 0391 35275

Internet www.schneider-elektro-wvd.de
E-Mail info@schneider-elektro-wvd.de

Bankkonto 486 222
Deutsche Bank, Magdeburg
BLZ 810 700 00
IBAN: DE08 8107 0000 0000 4862 22
BIC: DEUTDE8M

Postbank
Berlin 124 45-101
BLZ 100 100 10
IBAN: DE36 1001 0010 0012 4451 01
BIC: PBNKDEFF100

**Beleg 25**

**Karl Wirtz e. K. ELEKTROGROSSHANDEL**

Elektrogroßhandel K. Wirtz e. K., Rheinstr. 44, 90451 Nürnberg

Elektrofachgeschäft
Werner Gruppe e. Kfm.
Am Römerhof 8
52066 Aachen

| Konto | Soll | Haben |
|---|---|---|
| | | |

Gebucht:

| Ihr Zeichen, Ihre Nachricht vom | Unser Zeichen | Telefon, Name | Datum |
|---|---|---|---|
| WG/..-12-20 | S/by | 0911 56356-42 | ..-12-28 |

Rechnung Nr. 4 339

Sehr geehrte Damen und Herren,

aufgrund Ihrer Beanstandung schreiben wir Ihnen gut:

| | |
|---|---|
| 10 % von 5.500,00 € Warenwert | |
| lt. o. g. Rechnung .................... | 550,00 € |
| 19 % Umsatzsteuer ..................... | 104,50 € |
| | 654,50 € |

Mit freundlichen Grüßen

ELEKTROGROSSHANDEL
KARL WIRTZ E. K.

i. A. *Schröder*

Geschäftsräume
Rheinstraße 44
90451 Nürnberg

Telefon: 0911 56356-0
Telefax: 0911 44481
Internet: www.elektrowirtz-wvd.de

Nürnberger Kreditbank KGaA
Konto-Nr. 218 435 717
BLZ 660 642 10
IBAN: DE04 6606 6421 0218 4357 17
BIC: GENODE4210

Handelsbank AG Nürnberg
Konto-Nr. 0998 796 850
BLZ 760 401 60
IBAN: DE72 7604 0160 0998 7968 50
BIC: HABADEFFXXX

**Steuer-Nr. 543 221 19439**

**Beleg 26**

| **Buchungsanweisung** | Datum: ..-12-31 | | Beleg-Nr.: 4931 | |
|---|---|---|---|---|
| Betreff: Abschreibungen auf Sachanlagen lt. Anlagenkartei | | | Gebucht: Datum: | |
| **Buchungstext** | Soll | | Haben | |
| | Konto | Betrag | Konto | Betrag |
| 0330 Betriebs- und Geschäftsausstattung... | | | | |
| 0340 Fuhrpark.............. | | | | |

**Beleg 27**

| **Buchungsanweisung** | Datum: ..-12-31 | | Beleg-Nr.: 4932 | |
|---|---|---|---|---|
| Betreff: Umbuchungen/Vorbereitende Abschlussbuchungen | | | Gebucht: Datum: | |
| **Buchungstext** | Soll | | Haben | |
| | Konto | Betrag | Konto | Betrag |
| 1410 Vorsteuerübertragung.. | | | | |
| 1610 Privatentnahmen....... | | | | |
| 3020 Bezugskosten.......... | | | | |
| 3060 Nachlässe von Lieferern | | | | |
| 3080 Liefererskonti........ | | | | |
| 3910 Warenmehrbestand...... | | | | |
| 8060 Nachlässe an Kunden.... | | | | |
| 8080 Kundenskonti.......... | | | | |

E

# F Auswertung des Jahresabschlusses

**Aus dem Jahresabschluss** lassen sich wertvolle **Erkenntnisse über die Vermögens-, Finanz- und Erfolgslage** des Unternehmens gewinnen, wenn man die Abschlusszahlen u. a. mithilfe von **Kennzahlen** auswertet. **Die betriebswirtschaftliche Auswertung des Jahresabschlusses umfasst** die **Aufbereitung** (**Bilanzanalyse**) und die **Beurteilung** (**Bilanzkritik**) des Zahlenmaterials.

Die Auswertung eines Jahresabschlusses wird durch einen **Zeitvergleich** und einen **Betriebsvergleich** aussagekräftiger:

- **Zeitvergleich:** Der aktuelle Jahresabschluss wird mit den Jahresabschlüssen der Vorjahre verglichen, sodass die betriebseigene Entwicklung erkennbar wird.
- **Betriebsvergleich:** Der Jahresabschluss wird mit den Zahlen branchengleicher Unternehmen verglichen, sodass die Stellung des Unternehmens innerhalb seiner Branche beurteilt werden kann.

## 1 Auswertung der Bilanz

### 1.1 Aufbereitung der Bilanz (Bilanzanalyse)

**Umgliederung der Bilanzposten**

Die Bilanzen müssen zunächst für eine kritische Beurteilung entsprechend aufbereitet werden. Die zahlreichen Bilanzposten sind daher nach bestimmten Gesichtspunkten umzugliedern und gruppenmäßig zusammenzufassen. Die Vermögensseite umfasst die beiden Hauptgruppen **„Anlagevermögen“** und **„Umlaufvermögen“**, die Kapitalseite **„Eigenkapital“** und **„Fremdkapital“.** Das Umlaufvermögen ist nach der **Flüssigkeit** in die Gruppen „Vorräte“, „Forderungen“ und „Flüssige Mittel“ zu gliedern. Die Posten des Fremdkapitals sind nach der **Fälligkeit** in „Langfristiges Fremdkapital“ und „Kurzfristiges Fremdkapital“ zu ordnen. Aktive Rechnungsabgrenzungsposten werden den Forderungen, passive Rechnungsabgrenzungsposten den kurzfristigen Verbindlichkeiten zugeordnet.

**Bilanzstruktur**

Die Bilanzstruktur ist das Ergebnis der Aufbereitung der Bilanzposten. Sie lässt bereits deutlich den **Vermögens- und Kapitalaufbau** des Unternehmens erkennen:

| Vermögen | **Bilanzstruktur** | Kapital |
|---|---|---|
| **I. Anlagevermögen** | | **I. Eigenkapital** |
| **II. Umlaufvermögen** | 1. Vorräte<br>2. Forderungen<br>3. Flüssige Mittel | **II. Fremdkapital** 1. langfristig<br>2. kurzfristig |
| Wie ist das Kapital angelegt? | | Woher stammt das Kapital? |
| **Investition** | | **Finanzierung** |

**Zur besseren Vergleichbarkeit** und Überschaubarkeit stellt man die **Bilanzstruktur** nicht nur in absoluten Zahlen, sondern auch **in Prozentzahlen** dar, wobei die **Bilanzsumme die Basis (= 100 %)** bildet. Damit wird auf einen Blick erkennbar, welches Gewicht die einzelnen Hauptgruppen innerhalb des Gesamtvermögens (Aktiva) und Gesamtkapitals (Passiva) haben. Vermögens- und Kapitalaufbau werden dadurch noch anschaulicher dargestellt.

**MERKE**

- **Eine Bilanzkritik ist nur aufgrund einer vorhergehenden Bilanzanalyse möglich.**
- **Gegenstand der Bilanzanalyse ist die Zusammenfassung der Vermögens- und Kapitalposten zu überschaubaren Größen.**
- **Ergebnis der Bilanzanalyse ist die Bilanzstruktur.**

F

**BEISPIEL** Die Bilanzen der Werkzeuggroßhandlung Marc Gruppe e. K. für das Berichts- und das Vorjahr:

| Aktiva | Berichtsjahr T€ | Vorjahr T€ | Passiva | Berichtsjahr T€ | Vorjahr T€ |
|---|---|---|---|---|---|
| Gebäude | 1.200 | 850 | Eigenkapital 1. Jan. | 1.710 | 1.600 |
| BuG-Ausstattung | 460 | 330 | – Entnahmen | 166 | 120 |
| Fuhrpark | 140 | 120 | | 1.544 | 1.480 |
| Waren | 1.300 | 1.940 | + Einlagen | 700 | – |
| Forderungen a. LL | 950 | 400 | | 2.244 | 1.480 |
| Kasse | 15 | 10 | + Gewinn | 366 | 230 |
| Guthaben bei | | | Eigenkapital 31. Dez. | 2.610 | 1.710 |
| Kreditinstituten | 435 | 150 | Rückstellungen | 200 | 400 |
| | | | Hypothekenschulden | 440 | 331 |
| | | | Darlehensschulden | 520 | 305 |
| | | | Verbindlichk. a. LL | 680 | 929 |
| | | | Sonstige Verbindl. | 50 | 125 |
| | 4.500 | 3.800 | | 4.500 | 3.800 |

**Anmerkungen zur Bilanzaufbereitung:** Die Rückstellungen sind je zur Hälfte als langfristig und kurzfristig zu behandeln. Der Gewinn verbleibt im Unternehmen.

**Die Aufbereitung der Bilanzen** wird nach folgendem Schema vorgenommen:

| Aktiva | Berichtsjahr | | Vorjahr | | Zu- oder Abnahme |
|---|---|---|---|---|---|
| | T€ | % | T€ | % | T€ |
| **Anlagevermögen** | **1.800** | 40 | **1.300** | 34 | + 500 |
| Vorräte | 1.300 | 29 | 1.940 | 51 | – 640 |
| Forderungen a. LL | 950 | 21 | 400 | 11 | + 550 |
| Flüssige Mittel | 450 | 10 | 160 | 4 | + 290 |
| **Umlaufvermögen** | **2.700** | 60 | **2.500** | 66 | + 200 |
| Gesamtvermögen | 4.500 | 100 | 3.800 | 100 | + 700 |

| Passiva | Berichtsjahr | | Vorjahr | | Zu- oder Abnahme |
|---|---|---|---|---|---|
| | T€ | % | T€ | % | T€ |
| **Eigenkapital** | **2.610** | 58 | **1.710** | 45 | + 900 |
| 50 % Rückstellungen | 100 | 2 | 200 | 5 | – 100 |
| Hypothekenschulden | 440 | 10 | 331 | 9 | + 109 |
| Darlehensschulden | 520 | 12 | 305 | 8 | + 215 |
| **Langfristiges Fremdkapital** | **1.060** | 24 | **836** | 22 | + 224 |
| 50 % Rückstellungen | 100 | 2 | 200 | 5,3 | – 100 |
| Verbindlichkeiten a. LL | 680 | 15 | 929 | 24,4 | – 249 |
| Sonst. Verbindlichkeiten | 50 | 1 | 125 | 3,3 | – 75 |
| **Kurzfristiges Fremdkapital** | **830** | 18 | **1.254** | 33 | – 424 |
| Gesamtkapital | 4.500 | 100 | 3.800 | 100 | + 700 |

## 1.2 Beurteilung der Bilanz (Bilanzkritik)

**Aus den aufbereiteten Bilanzen** lassen sich die wichtigsten **Kennzahlen zur Beurteilung der Kapitalausstattung, Anlagenfinanzierung, Zahlungsfähigkeit** und des **Vermögensaufbaues** des Unternehmens herleiten. Die nun einsetzende Bilanzbeurteilung stellt zwischen den durch die Aufbereitung gewonnenen Verhältniszahlen sinnvolle **Beziehungen** her und wertet diese im Hinblick auf die **Lage und Entwicklung** des Unternehmens aus.

### 1.2.1 Beurteilung der Kapitalausstattung (Finanzierung)

**Grad der Unabhängigkeit**

Bei der Beurteilung der **Kapitalausstattung oder Finanzierung** geht es vor allem um die Frage, ob das Unternehmen überwiegend mit **eigenem oder fremdem Kapital** arbeitet. In der Regel kann die Finanzierung eines Unternehmens als günstig bezeichnet werden, wenn das **Eigenkapital als Haftungs- bzw. Schutzkapital** das Fremdkapital überwiegt; denn je höher der Anteil des Eigenkapitals am Gesamtkapital (Grad der finanziellen Unabhängigkeit), umso **sicherer** ist die Lage des Unternehmens in Krisenzeiten und umso **unabhängiger** ist das Unternehmen **gegenüber** seinen **Gläubigern.**

**Verschuldungsgrad**

Der Verschuldungsgrad des Unternehmens kommt durch den Anteil des Fremdkapitals am Eigenkapital zum Ausdruck. Ein im Verhältnis zum Eigenkapital zu hohes Fremdkapital bedeutet eine **Einengung der Selbstständigkeit des Unternehmens,** da mit jeder Kreditaufnahme der Nachweis der Kreditverwendung und ständige Kontrollen durch Gläubiger verbunden sind. Ist der Anteil an kurzfristigen Schulden sehr hoch, so wird die **Liquidität (Zahlungsfähigkeit)** des Unternehmens stark eingeschränkt. Die **Zusammensetzung des Fremdkapitals** (lang- und kurzfristig) ist daher eine wichtige Frage bei der Beurteilung der Finanzierung eines Unternehmens.

**BEISPIEL**

| Kennzahlen der Finanzierung (Kapitalstruktur) | | Berichtsjahr | Vorjahr |
|---|---|---|---|
| ❶ Grad der finanziellen Unabhängigkeit | $= \frac{\text{Eigenkapital}}{\text{Gesamtkapital}}$ | 0,58 = 58 % | 0,45 = 45 % |
| ❷ Verschuldungsgrad | $= \frac{\text{Fremdkapital}}{\text{Eigenkapital}}$ | 0,724 = 72,4 % | 1,222 = 122,2 % |
| ❸ Anteil des langfristigen Fremdkapitals | $= \frac{\text{lfr. Fremdkapital}}{\text{Gesamtkapital}}$ | 0,24 = 24 % | 0,22 = 22 % |
| ❹ Anteil des kurzfristigen Fremdkapitals | $= \frac{\text{kfr. Fremdkapital}}{\text{Gesamtkapital}}$ | 0,18 = 18 % | 0,33 = 33 % |

Die Kennzahlen zeigen deutlich, dass sich im Berichtsjahr der **Grad der finanziellen Unabhängigkeit von 45 % auf 58 %** und damit entsprechend der **Verschuldungsgrad von 122,2 % auf 72,4 %** entscheidend verbessert haben. Die Steigerung des Eigenkapitals ist auf eine **Kapitaleinlage** des Unternehmers in Höhe **von 700 T€** sowie auf den im Berichtsjahr erwirtschafteten hohen **Jahresgewinn von 366 T€** zurückzuführen. Erfreulicherweise konnte dadurch der Anteil des Fremdkapitals und somit der Einfluss der Gläubiger erheblich vermindert werden. Der **Rückgang des kurzfristigen Fremdkapitals von 33 % auf 18 %** ist im Hinblick auf die Liquidität des Unternehmens besonders positiv zu beurteilen. Der beachtliche Abbau der kurzfristigen Fremdmittel ist vor allem auf eine **Umschuldung** zurückzuführen, also auf eine Umwandlung kurzfristiger in langfristige Schulden. So steht einer Abnahme an kurzfristigen Fremdmitteln in Höhe von 424 T€ eine Zunahme der langfristigen Schulden in Höhe von 224 T€ gegenüber (vgl. aufbereitete Bilanzen auf S. 320).

F

MERKE

- **Je größer das Eigenkapital im Verhältnis zum Fremdkapital ist, desto solider und krisenfester ist die Finanzierung und desto geringer ist die Abhängigkeit von den Gläubigern.**

### 1.2.2 Beurteilung der Anlagenfinanzierung (Investierung)

Wichtige **Maßstäbe zur Beurteilung der Kapitalausstattung** des Unternehmens sind der Deckungsgrad I und II:

- **Deckungsgrad I:** Deckung des Anlagevermögens durch das Eigenkapital.
- **Deckungsgrad II:** Deckung des Anlagevermögens durch Eigenkapital und langfristiges Fremdkapital.

Da **Anlagegegenstände** in der Regel langfristig gebundenes Vermögen darstellen, müssen sie durch **entsprechend langfristiges Kapital** (Eigenkapital, Darlehen u. a.) **finanziert** werden. Damit wird sichergestellt, dass im Krisenfalle keine Anlagegüter überstürzt veräußert werden müssen (Notverkäufe), um den Tilgungsverpflichtungen termingerecht nachzukommen. Deshalb sollen Wirtschaftsgüter des Anlagevermögens grundsätzlich **nicht kurzfristig** finanziert werden.

Die Anlagenfinanzierung kann somit als sehr gut bezeichnet werden, wenn das Anlagevermögen voll durch Eigenkapital (Deckungsgrad I) gedeckt ist. Ausgezeichnet ist die Deckung, wenn das Eigenkapital darüber hinaus auch noch den **eisernen Bestand** des Vorratsvermögens an Waren finanziert. Denn der eiserne Bestand wird nur beim Eintreten unvorhersehbarer Ereignisse (z. B. Lieferausfall durch Naturkatastrophe) verbraucht. Folglich ist der eiserne Bestand langfristig gebunden.

Reicht das Eigenkapital jedoch nicht zur Finanzierung des Anlagevermögens aus, so darf zusätzlich nur langfristiges Fremdkapital herangezogen werden. Der **Deckungsgrad II** muss mindestens 100 % betragen, wenn eine volle Deckung durch langfristiges Kapital gegeben sein soll (Goldene Bilanzregel).

F

BEISPIEL

| Kennzahlen der Anlagendeckung (Investierung) | Berichtsjahr | Vorjahr |
|---|---|---|
| Deckungsgrad I $= \frac{\text{Eigenkapital}}{\text{Anlagevermögen}}$ | 1,45 = 145 % | 1,32 = 132 % |
| Deckungsgrad II $= \frac{\text{Langfristiges Kapital}}{\text{Anlagevermögen}}$ | 2,04 = 204 % | 1,96 = 196 % |

Die Anlagendeckung durch Eigenkapital (Deckungsgrad I) war bereits im Vorjahr sehr gut. Sie konnte im Berichtsjahr durch die bereits erwähnte **Erhöhung des Eigenkapitals** noch wesentlich verbessert werden. Nicht nur das Anlagevermögen, sondern auch der größte Teil der Warenvorräte werden nunmehr durch eigene Mittel finanziert. Besonders erfreulich ist auch die Tatsache, dass die erheblichen **Anschaffungen** (Investitionen) im Anlagevermögen in Höhe von 500 T€ ebenfalls in vollem Umfang **durch Eigenkapital finanziert** wurden.

Die Anlagendeckung durch langfristiges Kapital (Deckungsgrad II) ist in den beiden Vergleichsjahren ausgezeichnet. Besonders im Berichtsjahr wird der größte Teil des Umlaufvermögens **langfristig** finanziert, was sich auf die Liquidität des Unternehmens zwangsläufig günstig auswirken muss.

Die für das Berichtsjahr als sehr gut beurteilte Finanzierung wird durch die **Deckungsgrade I und II** voll bestätigt.

MERKE

- **Die Anlagendeckung ist zugleich Maßstab zur Beurteilung der Finanzierung (Kapitalausstattung) des Unternehmens.**
- **Das Anlagevermögen und der eiserne Bestand an Waren sollten stets durch entsprechend langfristiges Kapital finanziert sein.**

### 1.2.3 Beurteilung der Zahlungsfähigkeit (Liquidität)

Liquidität

Liquidität ist die **Zahlungsfähigkeit** eines Unternehmens, die sich aus dem **Verhältnis der flüssigen (liquiden) Mittel** zu den fälligen **kurzfristigen Verbindlichkeiten** erkennen lässt. Es muss deshalb untersucht werden, ob das Unternehmen in der Lage sein wird, die **fälligen Verbindlichkeiten** fristgerecht zu begleichen. Denn Zahlungsunfähigkeit (Illiquidität) führt entweder zur **zwangsweisen Auflösung** eines Unternehmens im Rahmen eines **gerichtlichen Insolvenzverfahrens** oder in einen **außergerichtlichen Vergleich** (§ 17 Insolvenzordnung).

**Aufgrund der Bilanzzahlen** kann die **Liquidität** eines Unternehmens natürlich **nur überschlägig** ermittelt werden, da wichtige Angaben aus den Bilanzen nicht hervorgehen, wie **Fälligkeiten** der Verbindlichkeiten und Forderungen, **laufende Zahlungen** für Steuern, Mieten u. a. m. Dennoch lassen sich verschiedene Stufen oder Grade der Zahlungsfähigkeit aus den Abschlusszahlen errechnen, die im Vergleich der Jahre Aufschluss über die Liquidität des Unternehmens geben.

Kennzahlen der Liquidität

Die Kennzahlen der Liquidität berücksichtigen jeweils den Grad der Zahlungsfähigkeit. Die **Liquidität I** (1. Grades), auch **Barliquidität** genannt, setzt die flüssigen Mittel (Kasse, Guthaben bei Kreditinstituten, börsenfähige Wertpapiere des Umlaufvermögens) ins Verhältnis zu den kurzfristigen Fremdmitteln. Die **Liquidität II (2. Grades)**, auch **einzugsbedingte Liquidität** genannt, berücksichtigt zusätzlich die Forderungen. Die **umsatzbedingte Liquidität III (3. Grades)** setzt schließlich das gesamte Umlaufvermögen zum kurzfristigen Fremdkapital in Beziehung. Nach einer **Erfahrungsregel** sollte mindestens die Liquidität II bereits eine volle Deckung der kurzfristigen Schulden bringen. Die Liquidität III müsste nach einer amerikanischen Faustregel zu einer zweifachen Deckung (200 %) führen.

F

BEISPIEL

| Liquiditätskennzahlen | Berichtsjahr | Vorjahr |
|---|---|---|
| Liquidität I $= \frac{\text{flüssige Mittel}}{\text{kurzfristiges Fremdkapital}}$ | 0,54 = 54 % | 0,13 = 13 % |
| Liquidität II $= \frac{\text{(flüssige Mittel + Forderungen)}}{\text{kurzfristiges Fremdkapital}}$ | 1,69 = 169 % | 0,45 = 45 % |
| Liquidität III $= \frac{\text{Umlaufvermögen}}{\text{kurzfristiges Fremdkapital}}$ | 3,25 = 325 % | 1,99 = 199 % |

Beurteilung der Liquiditätslage

Die Liquiditätslage des Unternehmens hat sich im Berichtsjahr gegenüber dem Vorjahr ganz entschieden verbessert. Selbst unter Berücksichtigung der Forderungen konnte im Vorjahr keine volle Deckung der kurzfristigen Verbindlichkeiten erreicht werden. Im Berichtsjahr führte dagegen die Liquidität II bereits zu einer erheblichen Überdeckung. Die Liquidität 3. Grades zeigt im Berichtsjahr deutlich die ausgezeichnete finanzielle Lage des Unternehmens. Das Umlaufvermögen ist über dreimal so groß wie die kurzfristigen Fremdmittel. Diese äußerst positive Entwicklung der Zahlungsfähigkeit ist einerseits auf die bereits erwähnte Kapitalerhöhung sowie Umschuldung und andererseits vor allem auch auf die erhebliche Absatzsteigerung zurückzuführen. Diese von der Unternehmensleitung getroffenen **Maßnahmen dienten** nicht zuletzt der **Stärkung der Liquidität.**

MERKE

- **Je mehr die Liquidität 1., 2. und 3. Grades die kurzfristigen Verbindlichkeiten deckt, desto liquider und damit sicherer ist das Unternehmen.**
- **Für die fälligen Schulden müssen stets Zahlungsmittel bereitstehen, denn Zahlungsunfähigkeit führt entweder zu einem gerichtlichen Insolvenzverfahren oder einem außergerichtlichen Vergleich.**
- **Nach einer Erfahrungsregel gilt die Zahlungsfähigkeit eines Unternehmens als gesichert, wenn das gesamte Umlaufvermögen doppelt so groß ist wie das kurzfristige Fremdkapital.**

### 1.2.4 Beurteilung des Vermögensaufbaues (Vermögensstruktur)

**Vermögensstruktur**

**Die Vermögensstruktur** (Konstitution) zeigt sich im **Verhältnis zwischen Anlage- und Umlaufvermögen.** Dieses Verhältnis ist weitgehend abhängig von der Branche, der das Unternehmen angehört, sowie vom **Ausmaß der Ausstattung und Automatisierung.** So sind beispielsweise Unternehmen der Grundstoff- und Schwerindustrie mit einem Anlagenanteil von 60 % bis 70 % besonders anlagenintensiv, im Gegensatz zu Großhandelsunternehmen, in denen in der Regel das Umlaufvermögen deutlich überwiegt.

**Anlagevermögen**

Das Anlagevermögen verursacht erhebliche **fixe (feste) Kosten,** wie Abschreibungen, Instandhaltungen u. a., die unabhängig von der Beschäftigungs- und Absatzlage, also auch in Krisenzeiten, anfallen und ständig die Erfolgsrechnung als Aufwand belasten. Je niedriger das Anlagevermögen im Verhältnis zum Umlaufvermögen ist, desto geringer ist die Belastung mit festen Kosten und desto besser kann sich ein Unternehmen den veränderten Marktverhältnissen anpassen.

**Umlaufvermögen**

Das Umlaufvermögen besteht in der Regel aus Warenvorräten, Forderungen sowie flüssigen Mitteln. Vergleicht man die Posten mit den Verkaufserlösen, lassen sich wertvolle **Erkenntnisse über die Absatzlage** des Unternehmens in den Vergleichsjahren erzielen. Ein erhöhter Bestand an Forderungen bedeutet Absatzsteigerung, wenn zugleich die Verkaufserlöse entsprechend gestiegen sind. Eine Veränderung der Vorräte und flüssigen Mittel sollte daher auch im Zusammenhang mit den Verkaufserlösen (Umsatzerlösen) gesehen werden.

F

BEISPIEL

| Kennzahlen der Finanzierung (Kapitalstruktur) | | Berichtsjahr | Vorjahr |
|---|---|---|---|
| ❶ Anlagenintensität | $= \frac{\text{Anlagevermögen}}{\text{Gesamtvermögen}}$ | 0,4 = 40 % | 0,34 = 34 % |
| ❷ Umlaufintensität | $= \frac{\text{Umlaufvermögen}}{\text{Gesamtvermögen}}$ | 0,6 = 60 % | 0,66 = 66 % |
| ❸ Vorratsquote | $= \frac{\text{Vorräte}}{\text{Gesamtvermögen}}$ | 0,29 = 29 % | 0,51 = 51 % |
| ❹ Forderungsquote | $= \frac{\text{Forderungen}}{\text{Gesamtvermögen}}$ | 0,21 = 21 % | 0,11 = 11 % |
| ❺ Anteil der flüssigen Mittel | $= \frac{\text{Flüssige Mittel}}{\text{Gesamtvermögen}}$ | 0,1 = 10 % | 0,04 = 4 % |

| Angaben lt. GuV-Rechnung: | Berichtsjahr | Vorjahr |
|---|---|---|
| Verkaufserlöse | 8.200 T€ | 5.500 T€ |

**Kennzahlen der Vermögensstruktur**

Die Kennzahlen der Vermögensstruktur **zeigen deutlich die positive Entwicklung des Unternehmens im Vergleichszeitraum.** Die Steigerung des Anlagevermögens ist auf **Neuanschaffungen** in Höhe von 500 T€ zurückzuführen, die zu einer **Kapazitätserweiterung** führten, worauf auch die gestiegenen Verkaufserlöse hinweisen. Auch der **Abbau der Vorräte** und die **Erhöhung der Forderungen** sowie der flüssigen Mittel stehen offensichtlich im Zusammenhang mit einer **erheblichen Absatzsteigerung.**

**MERKE**

- **Das Verhältnis zwischen Anlage- und Umlaufvermögen wird weitgehend von der Branche und dem Grad der Ausstattung und Automatisierung des Unternehmens bestimmt.**
- **Der Anteil der Vorräte und Forderungen ist stets im Zusammenhang mit den Verkaufserlösen zu beurteilen.**

**AUFGABE 334**

1. Welche Möglichkeiten hat der Unternehmer, die Finanzierung (Kapitalausstattung des Unternehmens) zu verbessern?
2. Ein Unternehmer hat einen sehr großen Teil des Anlagevermögens mit einem kurzfristigen Bankkredit finanziert. Wie beurteilen Sie das?
3. Wodurch wird die Vermögensstruktur (AV : UV) bestimmt?
4. Welche Gefahr liegt in einem
   a) zu geringen und
   b) zu großen Anlagevermögen?
5. Welche Gefahr liegt in einem
   a) zu geringen und
   b) zu hohen Umlaufvermögen?

**AUFGABE 335**

1. Welche Möglichkeiten hat der Unternehmer, die Liquidität zu verbessern?
2. Der Bestand an sofort greifbaren flüssigen Mitteln ist im Verhältnis zu hoch. Was empfehlen Sie dem Unternehmer?
3. Vermittelt die Bilanz ein eindeutiges Bild der Zahlungsfähigkeit?
4. Beurteilen Sie die folgenden Bilanzstrukturen:

| **Bilanz 1** | |
|---|---|
| Anlagevermögen 40 % | Eigenkapital 50 % |
| Umlaufvermögen 60 % | Fremdkapital 50 % |

| **Bilanz 2** | |
|---|---|
| Anlagevermögen 40 % | Eigenkapital 30 % |
| Umlaufvermögen 60 % | langfristiges Fremdkapital 10 %<br>kurzfristiges Fremdkapital 60 % |

F

**AUFGABE 336** Nach der Aufbereitung zeigt die Bilanz eines Großhandelsunternehmens die folgende Vermögens- und Kapitalstruktur:

| Vermögen | **Aufbereitete Bilanz** | | | | Kapital |
|---|---|---|---|---|---|
| | T€ | % | | T€ | % |
| **I. Anlagevermögen** .......... | 2.400 | **30** | **I. Eigenkapital** ................. | 4.800 | **60** |
| **II. Umlaufvermögen** | | | **II. Fremdkapital** | | |
| 1. **nicht** flüssig ............... (Vorräte) | 3.300 | | 1. **langfristig** ................. (Hyp.- u. Darl.-Schuld.) | 2.000 | |
| 2. **bedingt** flüssig .......... (Forderungen a. LL) | 1.700 | **70** | 2. **kurzfristig** ................. (Verbindlichkeiten a. LL u. a.) | 1.200 | **40** |
| 3. **sofort** flüssig ............. (Kasse, Guthaben bei Kreditinstituten) | 600 | | | | |
| | 8.000 | **100** | | 8.000 | **100** |

1. Beurteilen Sie auch unter Berücksichtigung von Branchen-Richtwerten ( )
   a) die Finanzierung oder Kapitalausstattung (35 : 65),
   b) den Vermögensaufbau (25 : 75),
   c) die Anlagenfinanzierung bzw. -deckung (Deckung I: 80 %; II: 120 %) sowie
   d) die Zahlungsfähigkeit (Liquidität) des Unternehmens.
2. Inwiefern erübrigt sich im vorliegenden Fall die Ermittlung des Deckungsgrades II im Rahmen der Beurteilung der Anlagenfinanzierung?
3. Welchen entscheidenden Vorteil bietet die Auswertung bei einem Bilanzvergleich (Zeit- oder Betriebsvergleich)?

F

**AUFGABE 337**

| **Aktiva** | **Berichtsjahr** | **Vorjahr** | **Passiva** | **Berichtsjahr** | **Vorjahr** |
|---|---|---|---|---|---|
| | T€ | T€ | | T€ | T€ |
| **I. Anlagevermögen** | | | **I. Eigenkapital** | 3.000 | 1.600 |
| 1. Gebäude | 1.480 | 1.000 | **II. Fremdkapital** | | |
| 2. BuG-Ausstattung | 500 | 200 | 1. Hypothekenschuld. | 650 | 680 |
| 3. Fuhrpark | 280 | 100 | 2. Darlehensschulden | 880 | 520 |
| | | | 3. Lieferantenschulden | 470 | 1.200 |
| **II. Umlaufvermögen** | | | | | |
| 1. Vorräte | 1.400 | 1.650 | | | |
| 2. Forderungen | 900 | 750 | | | |
| 3. Kasse | 20 | 10 | | | |
| 4. Guthaben bei Kreditinstituten | 420 | 290 | | | |
| | 5.000 | 4.000 | | 5.000 | 4.000 |

1. Bereiten Sie obige Bilanzen der Textilgroßhandlung Janine Kolberg e. Kffr. entsprechend dem Aufbereitungsschema auf Seite 320 auf und stellen Sie jeweils die Veränderungen der Vermögens- und Kapitalposten fest.

2. Ermitteln Sie die Kennzahlen zur Beurteilung der
   a) Finanzierung,
   b) Anlagendeckung,
   c) Liquidität,
   d) Vermögensstruktur.
3. Beurteilen Sie die Entwicklung des Unternehmens in den Vergleichsjahren aufgrund der Kennzahlen und versuchen Sie die Ursachen der Veränderungen offenzulegen. Stellen Sie sich dabei stets folgende Fragen:
   a) Wie ist die Entwicklung in absoluten und relativen Zahlen?
   b) Worauf könnte die positive oder negative Entwicklung zurückzuführen sein?
   c) Welche Maßnahmen zur Verbesserung der Finanzierung, Anlagendeckung, Liquidität und Vermögensstruktur würden Sie der Unternehmensleitung empfehlen?

**AUFGABE 338**

| **Aktiva** | **Berichtsjahr** | **Vorjahr** | **Passiva** | **Berichtsjahr** | **Vorjahr** |
|---|---|---|---|---|---|
| | T€ | T€ | | T€ | T€ |
| Gebäude | 960 | 710 | Eigenkapital 1. Jan. | 1.160 | 1.030 |
| BuG-Ausstattung | 610 | 390 | – Entnahmen | 80 | 60 |
| Fuhrpark | 130 | 160 | | 1.080 | 970 |
| Waren | 1.200 | 1.850 | + Einlagen | 400 | – |
| Forderungen a. LL | 820 | 370 | | 1.480 | 970 |
| Kasse | 20 | 15 | + Gewinn | 320 | 190 |
| Bank | 260 | 105 | Eigenkapital 31. Dez. | 1.800 | 1.160 |
| | | | Rückstellungen | 80 | 60 |
| | | | Hypothekenschulden | 670 | 480 |
| | | | Darlehensschulden | 930 | 750 |
| | | | Verbindlichkeiten a. LL | 520 | 1.150 |
| | 4.000 | 3.600 | | 4.000 | 3.600 |

**Anmerkungen:**
Die Rückstellungen sind je zur Hälfte lang- und kurzfristig.

Die Verkaufserlöse betrugen im Berichtsjahr 7.800 T€, im Vorjahr 5.800 T€.

1. Bereiten Sie oben stehende Bilanzen der Elektrogroßhandlung Georg Heider e. K. auf.
2. Ermitteln und beurteilen Sie die Kennzahlen
   a) der Finanzierung,
   b) der Anlagendeckung,
   c) der Liquidität und
   d) der Vermögensstruktur.
3. Worauf führen Sie die hohen Vorräte im Vorjahr zurück?
4. Fassen Sie in einem Kurzbericht das Ergebnis Ihrer Auswertung zusammen.

# 2 Auswertung der Erfolgsrechnung

## 2.1 Beurteilung der Rentabilität

**Die Rentabilität ist Maßstab für den Erfolg** und die **Ertragskraft** eines Unternehmens. Sie wird ermittelt, indem man den Jahresgewinn zum **Eigenkapital** oder **Umsatz** in Beziehung setzt. Als Jahresgewinn wird der in der Gewinn- und Verlustrechnung ausgewiesene Jahresüberschuss zugrunde gelegt, der sich aus der Differenz der Erträge zu den Aufwendungen und Steuern ergibt.

**Unternehmerlohn**

Bei **Einzelunternehmen und Personengesellschaften** muss der Jahresgewinn vorab noch um einen Unternehmerlohn für den **mitarbeitenden** Inhaber (Gesellschafter) gekürzt werden. Nur so ist ein **Vergleich mit einer Kapitalgesellschaft** der gleichen Branche (z. B. GmbH) möglich, in der die Gehälter der geschäftsführenden Gesellschafter Aufwand (Betriebsausgabe) darstellen und somit den Gewinn schmälern. Die Höhe des Unternehmerlohns bemisst sich nach dem Gehalt eines leitenden Angestellten in vergleichbarer Position.

**BEISPIEL**

| Großhandlung M. Gruppe e. K. | Berichtsjahr | Vorjahr |
|---|---|---|
| **Jahresgewinn** (vgl. Bilanzen S. 320) ........................ | 366 T€ | 230 T€ |
| – **Unternehmerlohn** .................................................... | 120 T€ | 120 T€ |
| = **Unternehmergewinn (UG)** ...................................... | **246 T€** | **110 T€** |

### 2.1.1 Eigenkapitalrentabilität (Unternehmerrentabilität)

**Die Rentabilität des Eigenkapitals** wird ermittelt, indem man den Unternehmergewinn (UG) zum durchschnittlich eingesetzten Eigenkapital (= durchschn. EK) ins Verhältnis setzt. Um Zufallsschwankungen auszuschalten, rechnet man beim **Eigenkapital** mit dem **Durchschnittswert aus Anfangs- und Schlussbestand** des Geschäftsjahres (vgl. Bilanzen S. 320).

**BEISPIEL**

| Großhandlung M. Gruppe e. K. | Berichtsjahr | Vorjahr |
|---|---|---|
| Eigenkapitalrentabilität = $\frac{\text{UG}}{\text{durchschn. EK}}$ | $\frac{246}{2.160}$ = **0,114** = **11,4 %** | $\frac{110}{1.655}$ = **0,0664** = **6,64 %** |

**Risikoprämie**

Vergleicht man nun die ermittelte Eigenkapitalrendite mit dem landesüblichen Zinssatz für langfristig angelegte Gelder (im Beispiel werden 5 % unterstellt), so ist der **Überschuss** der Eigenkapitalverzinsung eine Prämie für das allgemeine Risiko des Unternehmers.

**BEISPIEL**

| Großhandlung M. Gruppe e. K. | Berichtsjahr | Vorjahr |
|---|---|---|
| **Eigenkapitalrentabilität** ........................................ | 11,40 % | 6,64 % |
| – **landesüblicher Zinssatz für langfristiges Kapital** | 5,00 % | 5,00 % |
| = **Risikoprämie für Unternehmerwagnis** ................. | **6,40 %** | **1,64 %** |

**Beurteilung der Erfolgslage**

Der Jahresgewinn der Werkzeuggroßhandlung Marc Gruppe e. K. ist von absolut 230 T€ im Vorjahr auf 366 T€ im Berichtsjahr, also um 136 T€ oder 59 %, gestiegen. Diese beachtliche Gewinnsteigerung hat sich bei der Eigenkapitalrentabilität nicht entsprechend ausgewirkt, da sich im Berichtsjahr auch das Eigenkapital erheblich erhöht hatte. Dennoch zeigt die Eigenkapitalrentabilität eine erfreuliche Steigerung von 6,64 % auf 11,40 %. Im Berichtsjahr wurde somit eine Risikoprämie von 6,40 % erwirtschaftet.

## 2.1.2 Gesamtkapitalrentabilität (Unternehmungsrentabilität)

**Der Gewinn wird mit dem Gesamtkapital der Unternehmung erzielt.** Will man die Rentabilität des Gesamtkapitals (**Eigen- und Fremdkapital**) ermitteln, muss man die für das Fremdkapital gezahlten **Zinsen** dem Unternehmergewinn wieder hinzurechnen, da diese als **Aufwand** den Gewinn gemindert haben.

$$\textbf{Gesamtkapitalrentabilität} = \frac{\text{(Unternehmergewinn + FK-Zinsen)}}{\text{durchschnittliches Gesamtkapital}}$$

**BEISPIEL**

| **Großhandlung M. Gruppe e. K.** | **Berichtsjahr** | **Vorjahr** |
|---|---|---|
| Gesamtkapital am 1. Januar<br>Gesamtkapital am 31. Dezember | 3.800 T€<br>4.500 T€ | 3.600 T€<br>3.800 T€ |
| Durchschnittliches Gesamtkapital (GK) | 4.150 T€ | 3.700 T€ |
| Unternehmergewinn (UG) | 246 T€ | 110 T€ |
| Zinsen lt. GuV-Rechnung (Z) | 106 T€ | 85 T€ |
| **Gesamtkapitalrentabilität** $= \frac{(UG + Z)}{Ø\ GK}$ | $\frac{(246 + 106)}{4.150}$<br>0,0848 = **8,48 %** | $\frac{(110 + 85)}{3.700}$<br>0,0527 = **5,27 %** |
| **Eigenkapitalrentabilität** | **11,40 %** | **6,64 %** |

**Gesamtkapitalrentabilität**

Die Gesamtkapitalrentabilität gibt Aufschluss darüber, ob sich die Aufnahme von Fremdkapital gelohnt hat. Das ist stets der Fall, wenn der **Fremdkapitalzins niedriger ist als die Gesamtkapitalrentabilität** oder – anders ausgedrückt –, wenn die **Rentabilität des Eigenkapitals größer ist als die des Gesamtkapitals**. Das Unternehmen muss daher bestrebt sein, **möglichst zinsniedriges Fremdkapital aufzunehmen**. In beiden Vergleichsjahren übersteigt die Eigenkapitalrentabilität die Gesamtkapitalrendite, wobei sich das Ergebnis im Berichtsjahr deutlich verbessert hat.

## 2.1.3 Umsatzrentabilität (Umsatzverdienstrate)

**Umsatzverdienstrate**

Setzt man den Unternehmergewinn zu den Umsatzerlösen in Beziehung, erhält man Auskunft darüber, wie viel Prozent der Umsatzerlöse als Gewinn dem Unternehmen zugeflossen sind. Oder anders ausgedrückt: wie viel Euro je 100,00 € Umsatz verdient wurden.

**BEISPIEL**

| **Großhandlung M. Gruppe e. K.** | **Berichtsjahr** | **Vorjahr** |
|---|---|---|
| Umsatzrentabilität $= \frac{\text{Unternehmergewinn}}{\text{Umsatzerlöse}}$ | $\frac{246\ T€}{8.200\ T€}$ = **0,3 = 3 %** | $\frac{110\ T€}{5.500\ T€}$ = **0,02 = 2 %** |

F

**Umsatzrendite** Die sehr positive Entwicklung des Unternehmens zeigt sich auch deutlich in der Umsatzrendite, die im Vergleichszeitraum von 2 % auf 3 %, also um 50 %, erhöht werden konnte. Im Berichtsjahr wurden somit **3,00 € je 100,00 € Umsatz gegenüber 2,00 €** im Vorjahr verdient. Das bedeutete eine erhebliche Steigerung der Ertragskraft des Unternehmens.

**MERKE**

- **Der Jahresgewinn einer Personengesellschaft sollte einen angemessenen Unternehmerlohn, eine landesübliche Verzinsung des Eigenkapitals und das branchenübliche Unternehmerrisiko abdecken.**
- **Die Rentabilität, also das Verhältnis des Gewinns zum Eigenkapital, Gesamtkapital oder Umsatz, ist ein wichtiger Maßstab zur Beurteilung der Ertragskraft eines Unternehmens.**

**AUFGABE 339**

| Zahlen (T€) des Baustoffgroßhandels Erwin Lang e. K. | Berichtsjahr | Vorjahr |
|---|---|---|
| Eigenkapital zum 1. Januar | 1.260 | 1.130 |
| Eigenkapital zum 31. Dezember | 1.800 | 1.260 |
| Jahresgewinn | 320 | 190 |
| Unternehmerlohn | 90 | 90 |
| Umsatzerlöse | 7.800 | 5.800 |

1. Ermitteln Sie
   a) das durchschnittliche Eigenkapital und
   b) den Unternehmergewinn.
2. Berechnen Sie
   a) die Rentabilität des Eigenkapitals und
   b) die Risikoprämie bei einem landesüblichen Zinssatz von 4,5 %.
3. Berechnen Sie die Umsatzrentabilität in Prozent.
4. Beurteilen Sie die Erfolgslage des Unternehmens im Vergleichszeitraum.

**AUFGABE 340**

| Zahlen (T€) der Textilgroßhandlung Uwe Hay e. K. | 1. Jahr | 2. Jahr | 3. Jahr |
|---|---|---|---|
| Eigenkapital zum 1. Januar | 2.400 | 2.600 | 3.400 |
| Eigenkapital zum 31. Dezember | 2.600 | 3.400 | 4.600 |
| Jahresgewinn | 520 | 660 | 790 |
| Unternehmerlohn | 120 | 120 | 120 |
| Umsatzerlöse | 12.880 | 15.200 | 18.100 |

1. Ermitteln Sie
   a) das Durchschnittskapital und
   b) den Unternehmergewinn.
2. Berechnen Sie
   a) die Eigenkapitalrendite und
   b) die Risikoprämie bei einer unterstellten landesüblichen Verzinsung von 5,5 %.
3. Wie viel Euro je 100,00 € Umsatz wurden jeweils verdient?
4. Fassen Sie die Ergebnisse der Rentabilitätsauswertung in einem Kurzbericht zusammen.

F

**AUFGABE 341**

Den Jahresabschlüssen eines Großhandelsunternehmens entnehmen wir folgende Zahlen:

| Jahresabschlusszahlen (T€) | 1. Jahr | 2. Jahr | 3. Jahr |
|---|---|---|---|
| Durchschnittliches Eigenkapital ........ | 2.500 | 3.000 | 4.000 |
| Durchschnittliches Gesamtkapital ........ | 4.000 | 6.000 | 6.500 |
| Jahresgewinn ........ | 550 | 750 | 880 |
| Unternehmerlohn ........ | 100 | 100 | 100 |
| Zinsaufwendungen ........ | 90 | 200 | 180 |
| Umsatzerlöse ........ | 13.860 | 16.200 | 19.100 |

1. Ermitteln Sie den Unternehmergewinn.
2. Berechnen Sie die Rentabilität des
   a) Eigenkapitals,
   b) Gesamtkapitals,
   c) Umsatzes.
3. Beurteilen Sie die Entwicklung der Rentabilitätskennzahlen.
4. Worüber gibt die Gesamtkapitalrentabilität Auskunft?
5. Was sollte der Jahresgewinn eines Personenunternehmens im Einzelnen abdecken?

## 2.2 Cashflow-Analyse

**Cashflow**

Der Cashflow (Kassenzufluss) ist die **Messzahl für die Selbstfinanzierungskraft** des Unternehmens. Er gibt an, wie hoch die im Geschäftsjahr erwirtschafteten **Mittel für die Finanzierung von Investitionen, für die Schuldentilgung** und die **Gewinnausschüttung** sind.

Zum Cashflow zählen deshalb der Jahresüberschuss und alle nichtzahlungswirksamen Aufwendungen und nichtzahlungswirksamen Erträge des Geschäftsjahres. Da nicht alle im Jahresabschluss aufgeführten Aufwendungen und Erträge von außen als eindeutig zahlungswirksam oder als eindeutig nichtzahlungswirksam zu erkennen sind, wird der Cashflow häufig vereinfacht ermittelt:

**Vereinfachte Ermittlung des Cashflow**

**Jahresüberschuss**
**+ Abschreibungen auf Sachanlagen**
**+ Erhöhung (= Zuführung – Auflösung) langfristiger Rückstellungen[1]**

**= Cashflow**

Setzt man den Cashflow zu den Umsatzerlösen in Beziehung, wird erkennbar, wie viel Prozent der **Umsatzerlöse** frei für Investitionszwecke, Schuldentilgung und Dividendenausschüttung zur Verfügung stehen:

$$\textbf{Cashflow-Umsatzverdienstrate} = \frac{\textbf{Cashflow}}{\textbf{Umsatzerlöse}}$$

1 Rückstellungen stellen zwar juristisch Fremdkapital, wirtschaftlich jedoch eigenkapitalähnliche Mittel dar, da sie dem Unternehmen langfristig und zinslos zur Verfügung stehen.

**BEISPIEL**

| **Großhandlung M. Gruppe e. K.** | **Berichtsjahr** | **Vorjahr** |
|---|---|---|
| Unternehmergewinn | 246 T€ | 110 T€ |
| + Abschreibungen auf Sachanlagen | 245 T€ | 30 T€ |
| + Erhöhung lfr. Rückstellungen[2] | – 100 T€ | 0 T€ |
| = **Cashflow** | 391 T€ | 140 T€ |
| **Umsatzerlöse lt. GuV-Rechnung** | **8.200 T€** | **5.500 T€** |
| **Cashflow-Umsatzverdienstrate** | $\frac{391\ T€}{8.200\ T€}$ **= 0,04768 = 4,77 %** | $\frac{140\ T€}{5.500\ T€}$ **= 0,02545 = 2,55 %** |

**Im Berichtsjahr** stehen somit der Werkzeuggroßhandlung Marc Gruppe e. K. 4,77 % der Umsatzerlöse gegenüber 2,55 % im Vorjahr an selbst erwirtschafteten Finanzierungsmitteln frei zur Verfügung. Oder: 4,77 € bzw. 2,55 € je 100,00 € Umsatz. Das ist auf den gestiegenen Gewinn und die höheren Abschreibungen zurückzuführen.

**MERKE**

**Die Cashflow-Umsatzverdienstrate gibt an, wie viel Prozent der Umsatzerlöse dem Unternehmen zur Investitionsfinanzierung, Schuldentilgung und Gewinnausschüttung frei zur Verfügung stehen. Sie ist Maßstab für die Ertrags- und Selbstfinanzierungskraft des Unternehmens.**

**AUFGABE 342**

Die Sani GmbH, Arzneimittelgroßhandlung, stellt folgende Zahlen zur Verfügung:

| Jahresabschlusszahlen (in T€) | 1. Jahr | 2. Jahr | 3. Jahr |
|---|---|---|---|
| Jahresgewinn | 560 | 620 | 680 |
| Abschreibungen | 150 | 180 | 200 |
| Umsatzerlöse | 8.400 | 9.300 | 10.500 |

1. Ermitteln Sie den Cashflow und berechnen Sie die Cashflow-Umsatzverdienstrate.
2. Inwiefern sind Cashflow-Kennzahlen aussagefähiger als Rentabilitätskennzahlen?
3. Nennen Sie Möglichkeiten der Selbstfinanzierung der Investitionen.
4. Worauf führen Sie die Erhöhung der Abschreibungen zurück?

F

1 Wert negativ, da es sich um eine Auflösung von Rückstellungen gegenüber dem Vorjahr handelt.

## 2.3 Umschlagskennzahlen

**Maßstab der Wirtschaftlichkeit**

Umschlagskennzahlen sind ein Maßstab zur Beurteilung und Kontrolle der Wirtschaftlichkeit des Betriebsprozesses, also des **Verhältnisses der betriebsbedingten Aufwendungen** (= Kosten) zu den **betriebsbedingten Erträgen** (= Leistungen). Sie werden ermittelt, indem man bestimmte Posten der Bilanz (**Waren, Forderungen a. LL, Kapital**) zum **Wareneinsatz** bzw. zu den **Umsatzerlösen** in Beziehung setzt.

### 2.3.1 Lagerumschlag der Warenbestände

**Lagerumschlagshäufigkeit**

Die Lagerumschlagshäufigkeit des Warenbestandes[1] errechnet sich aus dem Verhältnis von **Wareneinsatz** zum **Durchschnittsbestand der Waren**. Sie gibt an, **wie oft** in einem Jahr der durchschnittliche Lagerbestand umgesetzt, d. h. verkauft und ersetzt wurde:

$$\textbf{Lagerumschlagshäufigkeit} = \frac{\textbf{Wareneinsatz}}{\textbf{durchschnittl. Lagerbestand an Waren}}$$

**Durchschnittliche Lagerdauer**

Die durchschnittliche Lagerdauer ergibt sich, indem man das Jahr mit 360 Tagen ansetzt und durch die Umschlagshäufigkeit dividiert:

$$\textbf{Durchschnittliche Lagerdauer} = \frac{\textbf{360}}{\textbf{Lagerumschlagshäufigkeit}}$$

**BEISPIEL**

Aus den Angaben der Werkzeuggroßhandlung Marc Gruppe e. K. ergeben sich folgende Ergebnisse. Für das Vorjahr wurde das entsprechende Vergleichsjahr vorgeschaltet:

| Großhandlung M. Gruppe e. K. | Berichtsjahr | Vorjahr |
|---|---|---|
| Warenbestand zum 1. Januar ....................<br>Warenbestand zum 31. Dezember ........... | 1.940 T€<br>1.300 T€ | 1.660 T€[2]<br>1.940 T€ |
| Wareneinsatz lt. GuV-Rechnung | 6.480 T€ | 4.500 T€ |
| **Durchschnittlicher Lagerbestand an Waren** | $\frac{1.940 + 1.300}{2} = \mathbf{1.620}$ | $\frac{1.660 + 1.940}{2} = \mathbf{1.800}$ |
| **Lagerumschlagshäufigkeit** | $\frac{6.480 \text{ T€}}{1.620 \text{ T€}} = \textbf{4-mal}$ | $\frac{4.500 \text{ T€}}{1.800 \text{ T€}} = \textbf{2,5-mal}$ |
| **Durchschnittliche Lagerdauer** | $\frac{360}{4} = \textbf{90 Tage}$ | $\frac{360}{2,5} = \textbf{144 Tage}$ |

**Beurteilung des Lagerumschlags**

**Lagerumschlagshäufigkeit und -dauer** haben sich im Berichtsjahr ganz entscheidend verbessert. Die **hohe** Umschlagshäufigkeit trägt dazu bei, dass **der Kapitaleinsatz geringer** wird, da **in kürzeren Abständen** (90 statt 144 Tage) immer wieder **Kapital zurückfließt**. Dadurch werden **Zinsen und Lagerkosten geringer**, was sich positiv auf die Wirtschaftlichkeit, den Gewinn und die Rentabilität auswirkt.

F

1 Vgl. auch S. 60 f.
2 angenommener Bestand

MERKE

**Je höher die Umschlagshäufigkeit des Lagerbestandes ist, desto**
- **kürzer ist die Lagerdauer,**
- **geringer sind der Kapitaleinsatz und das Lagerrisiko,**
- **geringer sind die Kosten für die Lagerhaltung (Zinsen, Schwund, Verwaltungskosten),**
- **höher ist die Wirtschaftlichkeit und desto**
- **höher ist letztlich der Gewinn und damit die Rentabilität.**

### 2.3.2 Umschlag der Forderungen

**Umschlagshäufigkeit der Forderungen**

Die Kennzahlen des Forderungsumschlags sind zugleich ein Maßstab zur Beurteilung der Liquidität eines Unternehmens:

$$\text{Umschlagshäufigkeit der Forderungen} = \frac{\text{Umsatzerlöse}}{\text{durchschnittl. Forderungsbestand}}$$

**Durchschnittliche Kreditdauer**

Daraus ergibt sich die **Laufzeit** der Forderungen, d. h. die von den Kunden durchschnittlich in Anspruch genommene **Kreditdauer (Zahlungsziel)**:

$$\text{Durchschnittliche Kreditdauer} = \frac{360}{\text{Umschlagshäufigkeit der Forderungen}}$$

BEISPIEL

| Großhandlung M. Gruppe e. K. | Berichtsjahr | Vorjahr |
|---|---|---|
| Forderungsbestand zum 1. Januar ............<br>Forderungsbestand zum 31. Dezember .... | 400 T€<br>950 T€ | 822 T€[1]<br>400 T€ |
| **Durchschnittlicher Forderungsbestand** . | $\frac{400 + 950}{2}$ = **675 T€** | $\frac{822 + 400}{2}$ = **611 T€** |
| Umsatzerlöse lt. GuV-Rechnung ................ | 8.200 T€ | 5.500 T€ |
| **Umschlagshäufigkeit** ................................ | 8.200 : 675 = **12,15-mal** | 5.500 : 611 = **9-mal** |
| **Durchschnittliche Kreditdauer** ................ | 360 : 12,15 = **30 Tage** | 360 : 9 = **40 Tage** |

**Beurteilung der Kreditdauer**

Im Berichtsjahr nahmen die Kunden durchschnittlich ein Zahlungsziel von 30 Tagen gegenüber 40 Tagen im Vorjahr in Anspruch. Unterstellt man ein übliches Zahlungsziel von 30 Tagen, so wird es im Berichtsjahr gerade erreicht.

MERKE

**Je rascher der Forderungsumschlag, desto**
- **kürzer ist die durchschnittliche Kreditdauer,**
- **besser ist die eigene Liquidität,**
- **geringer sind Zinsbelastung und Ausfallrisiko,**
- **höher sind Wirtschaftlichkeit und Rentabilität.**

F

1 angenommener Bestand

### 2.3.3 Kapitalumschlag

**Kapitalumschlagshäufigkeit**

Zur Ermittlung der Kapitalumschlagshäufigkeit wird der Umsatz mit dem durchschnittlichen Eigen- oder Gesamtkapital (= Eigen- und Fremdkapital) in Beziehung gesetzt:

$$\textbf{Umschlagshäufigkeit des Eigenkapitals} = \frac{\text{Umsatzerlöse}}{\text{durchschnittl. Eigenkapital}}$$

$$\textbf{Umschlagshäufigkeit des Gesamtkapitals} = \frac{\text{Umsatzerlöse}}{\text{durchschnittl. Gesamtkapital}}$$

$$\textbf{Durchschnittliche Kapitalumschlagsdauer} = \frac{360}{\text{Kapitalumschlagshäufigkeit}}$$

**Die Kapitalumschlagshäufigkeit** gibt an, **wie oft** das **eingesetzte Kapital** in Form von Erlösen **zurückgeflossen** ist. Je rascher der Umschlagsprozess vor sich geht, desto geringer ist der erforderliche Kapitaleinsatz. **Bei hoher Kapitalumschlagshäufigkeit** kann man deshalb mit einem verhältnismäßig **niedrigen Kapitaleinsatz** zu einer entsprechend **hohen Rendite** und infolge des raschen Kapitalrückflusses zu einer **günstigen Liquidität** gelangen.

**BEISPIEL**

| **Großhandlung M. Gruppe e. K.** | **Berichtsjahr** | **Vorjahr** |
|---|---|---|
| Durchschnittliches Eigenkapital .......... | 2.160 T€ | 1.655 T€ |
| Umsatzerlöse lt. GuV .......................... | 8.200 T€ | 5.500 T€ |
| **EK-Umschlagshäufigkeit** .................. | 8.200 : 2.160 = **3,8-mal** | 5.500 : 1.655 = **3,32-mal** |
| **EK-Umschlagsdauer** ......................... | 360 : 3,8 = **95 Tage** | 360 : 3,32 = **108 Tage** |

**Kapitalumschlagszahlen**

Die Kapitalumschlagszahlen der Werkzeuggroßhandlung Marc Gruppe e. K. kennzeichnen ebenfalls die positive Entwicklung des Unternehmens im Berichtsjahr.

F

**MERKE**

**Je höher die Kapitalumschlagshäufigkeit ist, desto**
- **rascher fließt das Kapital über die Erlöse zurück,**
- **geringer ist der erforderliche Kapitaleinsatz,**
- **höher ist die Rentabilität,**
- **günstiger ist die Liquidität des Unternehmens.**

**AUFGABE 343**

Die Jahresabschlüsse eines Großhandelsunternehmens weisen folgende Zahlen aus:

| | 1. Jahr | 2. Jahr | 3. Jahr |
|---|---|---|---|
| Warenbestand zum 1. Januar .................... | 160.000,00 | 240.000,00 | 280.000,00 |
| Warenbestand zum 31. Dezember ............ | 240.000,00 | 280.000,00 | 200.000,00 |
| Wareneinsatz ............................................... | 1.600.000,00 | 2.340.000,00 | 2.880.000,00 |

1. Berechnen Sie jeweils
   a) den Durchschnittsbestand und
   b) die Lagerumschlagshäufigkeit und Lagerdauer.
   Beurteilen Sie die Entwicklung in den Vergleichsjahren.
2. Begründen Sie, inwiefern die Lagerumschlagshäufigkeit Kapitalbedarf, Kosten, Risiko, Wirtschaftlichkeit und damit die Rentabilität des Unternehmens beeinflusst.

**AUFGABE 344** Die Jahresabschlüsse eines Großhandelsunternehmens weisen folgende Zahlen aus:

| Forderungen | 1. Jahr | 2. Jahr | 3. Jahr |
|---|---|---|---|
| Anfangsbestand | 450.000,00 | 580.000,00 | 800.000,00 |
| Schlussbestand | 580.000,00 | 800.000,00 | 1.200.000,00 |
| Umsatzerlöse | 5.150.000,00 | 8.280.000,00 | 12.000.000,00 |

1. Berechnen Sie für die einzelnen Jahre
   a) den durchschnittlichen Forderungsbestand,
   b) die Umschlagshäufigkeit der Forderungen,
   c) die durchschnittliche Laufzeit (Kreditdauer) der Außenstände.
2. Begründen und erklären Sie den Zusammenhang zwischen der Umschlagshäufigkeit der Außenstände und der Liquidität, Wirtschaftlichkeit und Rentabilität.
3. Wie beurteilen Sie die Entwicklung? Welche Schlüsse ziehen Sie daraus?

**AUFGABE 345** Die Kapitalstruktur eines Großhandelsunternehmens (Durchschnittswerte) lautet:

| Kapital (Mittelwerte) | 1. Jahr | 2. Jahr | 3. Jahr |
|---|---|---|---|
| Eigenkapital | 2.000 T€ | 2.500 T€ | 2.500 T€ |
| Fremdkapital | 1.000 T€ | 1.500 T€ | 600 T€ |
| Umsatzerlöse | 15.000 T€ | 16.400 T€ | 13.200 T€ |

1. Ermitteln Sie
   a) die Kapitalumschlagshäufigkeit des Eigen- und Gesamtkapitals,
   b) die Kapitalumschlagsdauer des Eigen- und Gesamtkapitals.
2. Welcher Zusammenhang besteht zwischen Kapitalumschlagshäufigkeit einerseits und Kapitaleinsatz, Liquidität und Rentabilität andererseits?
3. Wie beurteilen Sie die Entwicklung im Beispiel?

F

## 2.4 Return-on-Investment-Analyse (ROI-Analyse)

Die **Rendite des eingesetzten Eigen- bzw. Gesamtkapitals** lässt sich zum Maßstab über den **Rückfluss des investierten Eigen- bzw. Gesamtkapitals machen.** Erweitert man beispielsweise die Kennzahl der Eigenkapitalrentabilität der Großhandlung Marc Gruppe e. K.

$$\textbf{Eigenkapitalrentabilität} = \frac{\textbf{Unternehmergewinn}}{\textbf{durchschnittl. Eigenkapital}} = \frac{\textbf{246 T€}}{\textbf{2.160 T€}} = \textbf{0,114} = \textbf{11,4 \%}$$

jeweils im Zähler und Nenner um die **Umsatzerlöse** (8.200,00 €), erhält man eine besonders aussagekräftige Kennzahl, den **„Return on Investment (ROI)“,** der nicht nur die **gleiche** Kapitalrendite als **Rückfluss** des investierten Eigenkapitals ausweist, sondern zugleich auch die **Ursachen für eine Verbesserung oder Verschlechterung dieser Rendite,** nämlich die **Umsatzrentabilität** (siehe S. 290) und/oder die **Kapitalumschlagshäufigkeit** (siehe S. 334 f.):

$$\textbf{ROI} = \frac{\textbf{Unternehmergewinn}}{\textbf{Umsatzerlöse}} \cdot \frac{\textbf{Umsatzerlöse}}{\textbf{durchschnittl. Eigenkapital}}$$

$$\textbf{ROI} = \frac{\textbf{246 T€}}{\textbf{8.200 T€}} \cdot \frac{\textbf{8.200 T€}}{\textbf{2.160 T€}} = \textbf{0,114} = \textbf{11,4 \%}$$

$$\textbf{ROI} = \textbf{Umsatzrentabilität} \cdot \textbf{EK-Umschlagshäufigkeit} = \textbf{3 \%} \cdot \textbf{3,8} = \textbf{11,4 \%}$$

**Die Umsatzrentabilität und die Umschlagshäufigkeit des Kapitals** sind **beeinflussbare Steuerungskomponenten** für die Kapitalrendite, wie die ROI-Ermittlung anhand der Zahlen der Großhandlung Marc Gruppe e. K. (siehe S. 328 f.) deutlich macht:

BEISPIEL

| Jahr | Unternehmergewinn | durchschn. EK | EK-Rendite |
|---|---|---|---|
| **Berichtsjahr** | 246 T€ | 2.160 T€ | **11,40 %** |
| **Vorjahr** | 110 T€ | 1.655 T€ | **6,64 %** |

| Jahr | Umsatzerlöse | Unternehmergewinn | durchschn. EK | Umsatzrentab. | · | EK-Umschlag | = | ROI |
|---|---|---|---|---|---|---|---|---|
| **Berichtsjahr** | 8.200 T€ | 246 T€ | 2.160 T€ | 3 % | · | 3,8 | = | **11,40 %** |
| **Vorjahr** | 5.500 T€ | 110 T€ | 1.655 T€ | 2 % | · | 3,32 | = | **6,64 %** |

Das Beispiel zeigt, dass **Eigenkapitalrentabilität und ROI** im Ergebnis in beiden Vergleichsjahren **zahlenmäßig übereinstimmen.** Beide Kennzahlen haben sich im Berichtsjahr um 4,76 Prozentpunkte verbessert. Die Ermittlung des ROI macht deutlich, dass die Steigerung der Rendite insbesondere auf den Anstieg der Umsatzrentabilität von 2 % im Vorjahr auf 3 % im Berichtsjahr, also um 50 %, zurückzuführen ist. Die Steigerung der Kapitalumschlagshäufigkeit war an dem guten Ergebnis nur geringfügig beteiligt.

MERKE

- **Den Rückfluss des investierten Kapitals (Eigen- bzw. Gesamtkapital) zeigt die entsprechende Kapitalrentabilität an.**
- **Umsatzrentabilität und Kapitalumschlag beeinflussen die Höhe der Kapitalrendite.**
- **Die ROI-Kennzahl ist das Produkt aus Umsatzrentabilität und Kapitalumschlagshäufigkeit und legt damit die Ursachen einer Steigerung bzw. Verminderung der Kapitalrendite (Eigen- bzw. Gesamtkapitalrentabilität) offen.**

F

AUFGABE 346

1. Ermitteln Sie anhand der Zahlen im Lehrbuch (siehe S. 320 f.) den Gesamtgewinn der Großhandlung Marc Gruppe e. K., die Gesamtkapitalrendite, die Umsatzrendite sowie den Gesamtkapitalumschlag und den ROI für das investierte Gesamtkapital. Beurteilen Sie die Entwicklung in den Vergleichsjahren.
2. Wie lassen sich
   a) Umsatzrentabilität und
   b) Kapitalumschlagshäufigkeit erhöhen?

## 2.5 Internationale Vergleichbarkeit des Jahresergebnisses durch EBIT und EBITDA

Mit der zunehmenden Übernahme internationaler Bilanzierungsrichtlinien haben sich in deutschen Unternehmen v. a. die absoluten Kennzahlen EBIT und EBITDA verbreitet, deren Aussagekraft durch die relativen Kennzahlen EBIT-Marge und EBITDA-Marge erhöht wird. Gemeinsames Element dieser Kennzahlen ist, dass ausgehend vom Jahresergebnis (= Jahresüberschuss/Jahresfehlbetrag) Positionen herausgefiltert werden, die länderspezifisch in unterschiedlicher Höhe festgelegt werden. Hierzu zählen insbesondere Zinsen, Steuern und Abschreibungen. Das auf diese Weise bereinigte Jahresergebnis verbessert den zwischenbetrieblichen und länderübergreifenden Vergleich von Unternehmen, weil Verzerrungen durch eine abweichende Finanzierungsstruktur, jeweils geltendes Steuerrecht und andere Abschreibungsmöglichkeiten ausgeschlossen werden.

### 2.5.1 EBIT

**EBIT** EBIT steht für „**E**arnings **b**efore **i**nterests and **t**axes" und liefert das Jahresergebnis vor Zinsen und Steuern. Das EBIT zeigt so das betriebliche Ergebnis auf Basis der handelsrechtlichen Vorschriften oder der Vorschriften des IFRS (operatives Ergebnis). Es lässt sich grundsätzlich aus der Erfolgsrechnung auf zweierlei Weise berechnen.

**Variante I** stellt die betrieblichen Erträge den betrieblichen Aufwendungen gegenüber:

**Betriebliche Erträge**
**– Betriebliche Aufwendungen**[1]
**= EBIT**

**F**

**BEISPIEL**

| Großhandlung M. Gruppe e. K. | Berichtsjahr | Vorjahr |
|---|---|---|
| Umsatzerlöse | 8.200 T€ | 5.500 T€ |
| + sonstige betriebliche Erträge | 35 T€ | 162 T€ |
| Zwischensumme betriebliche Erträge | **8.235 T€** | **5.662 T€** |
| – Aufwendungen für Waren | 6.480 T€ | 4.500 T€ |
| – Personalaufwand | 1.020 T€ | 813 T€ |
| – Abschreibungen | 245 T€ | 30 T€ |
| – Sonstige betriebliche Aufwendungen | 30 T€ | 30 T€ |
| Zwischensumme betriebliche Aufwendungen | **7.775 T€** | **5.373 T€** |
| EBIT | **460 T€** | **289 T€** |
| EBIT abzüglich Unternehmerlohn (vgl. S. 328) | 340 T€ | 169 T€ |

Der Großhandel M. Gruppe e. K. erreichte im Berichtsjahr ein EBIT von 340 T€ und im Vorjahr von 169 T€. Damit konnte das Unternehmen das EBIT gegenüber dem Vorjahr mehr als verdoppeln (ca. + 101 %). Ein bedeutender Konkurrent aus den USA, der Umsätze in vergleichbarer Größe erzielt, erwirtschaftete im Berichtsjahr ein EBIT von 330 T€, das damit 30 T€ unter dem Vorjahreswert liegt. Der Großhandel M. Gruppe e. K. konnte somit im Vergleich zum Konkurrenten ein erheblich besseres operatives Ergebnis erzielen.

1 einschließlich sonstige Steuern

**Variante II** rechnet ausgehend vom Jahresergebnis das Finanz- und Steuerergebnis heraus:

**Jahresergebnis**
**+ Zinsaufwendungen**
**– Zinserträge**
**+ Steuern vom Einkommen und Ertrag**

= EBIT

BEISPIEL

| Großhandlung M. Gruppe e. K. | Berichtsjahr | Vorjahr |
|---|---|---|
| Jahresgewinn (vgl. S. 320) | 366 T€ | 230 T€ |
| + Zinsaufwendungen | 60 T€ | 40 T€ |
| – Zinserträge | 4 T€ | 2 T€ |
| + Steuern von Einkommen und Ertrag | 38 T€ | 21 T€ |
| = EBIT | **460 T€** | **289 T€** |
| **EBIT abzüglich Unternehmerlohn (vgl. S. 328)** | **340 T€** | **169 T€** |

Die Berechnung des EBIT über das Jahresergebnis verdeutlicht wie stark Zinsen und Steuern das Jahresergebnis beeinflussen. Im Fall des Großhandels M. Gruppe e. K. ist zu erkennen, dass der Anstieg des EBIT im Wesentlichen durch das deutlich gestiegene Jahresergebnis entstanden ist, wenngleich das Zinsergebnis (+18 T€) und das Steuerergebnis (Saldo +17 T€) ebenfalls gestiegen sind.

Durch das Herausrechnen bestimmter Positionen zeigt das EBIT das Ergebnis aus der betrieblichen Tätigkeit unabhängig von länderspezifischen Besonderheiten (Zins- und Steuersätze). Jedoch ist insbesondere das Herausrechnen von Zinsaufwendungen kritisch zu betrachten. So stellt das EBIT kein Ergebnis dar, das dem Unternehmen frei zur Verfügung steht, da der Zinsaufwand regelmäßig zu Liquiditätsabflüssen führt.

F

MERKE

- **EBIT (Earnings before interets and taxes) zeigt das Jahresergebnis vor Zinsen und Steuern.**
- **Das EBIT kann durch die Gegenüberstellung der betrieblichen Erträge und der betrieblichen Aufwendungen oder ausgehend vom Jahresergebnis durch Herausrechnen des Finanz- und Steuerergebnisses bestimmt werden.**
- **Das EBIT ermöglicht den internationalen Vergleich von Unternehmen hinsichtlich des operativen Geschäfts.**

## 2.5.2 EBIT-Marge

**EBIT-Marge**

Wird das EBIT zu den Umsatzerlösen in Beziehung gesetzt, wird erkennbar, wie viel Prozent des Jahresergebnisses vor Steuern und Zinsen ein Unternehmen pro Umsatzeinheit erwirtschaften konnte:

$$\text{EBIT-Marge in \%} = \frac{\text{EBIT}}{\text{Umsatzerlöse}}$$

Diese Kennzahl gibt somit Auskunft über die Ertragskraft eines Unternehmens, da das operative Ergebnis mit den Umsatzerlösen in Beziehung gesetzt wird. Je höher die EBIT-Marge ist, desto mehr finanzielle Mittel konnten durch das operative Geschäft je Umsatzeinheit verdient werden.

Die EBIT-Marge ist als relative Kennzahl geeignet, Unternehmen unterschiedlicher Größe international und branchenübergreifend zu vergleichen. Die EBIT-Marge gilt unter Analysten als aussagekräftigere Alternative zur Umsatzrendite, da sie nicht von der finanziellen Situation und der Besteuerung eines Unternehmens beeinflusst ist.

BEISPIEL

| Großhandlung M. Gruppe e. K. | Berichtsjahr | Vorjahr |
|---|---|---|
| EBIT-Marge | 340 T€ : 8 200 T€ = 0,04146 = 4,15 % | 169 T€ : 5.500 T€ = 0,0307 = 3,07 % |

Die Relativierung des EBIT an den Umsatzerlösen legt bei der Großhandel M. Gruppe e. K. offen, dass nicht nur absolut das EBIT gestiegen ist, sondern sich die Ertragskraft des operativen Ergebnisses ebenfalls um ca. 1,08 %-Punkte gegenüber dem Vorjahr verbessert hat. Dies kann u. a. auf den verhältnismäßig geringeren Personalaufwand sowie die Durchsetzung höherer Verkaufspreise am Absatzmarkt zurückgeführt werden (vgl. Berechnung des EBIT für das Berichtsjahr und das Vorjahr, S. 328).

Im Zeitverlauf gibt die EBIT-Marge darüber Aufschluss, wie ertragreich die Verfolgung des Betriebszwecks gestaltet werden konnte. So kann z. B. die Unternehmensfortführung infrage gestellt werden, wenn dauerhaft keine positiven EBIT-Margen erzielt werden können.

MERKE

- **Die EBIT-Marge zeigt, wie viel Prozent des Jahresergebnisses vor Steuern und Zinsen je Umsatzeinheit erwirtschaftet wurden.**
- **Durch die Relativierung des EBIT an den Umsatzerlösen können Unternehmen unterschiedlicher Größe international und branchenübergreifend verglichen werden.**

F

### 2.5.3 EBITDA

EBITDA

Das EBITDA zeigt das Jahresergebnis (**e**arnings) vor Zinsen (**i**nterests), Steuern (**t**axes) sowie Abschreibungen auf Sachanlagen (**d**epreciation) und Abschreibungen auf immaterielle Anlagen (**a**mortization). Das EBITDA kann direkt aus der Erfolgsrechnung nach dem Gesamtkostenverfahren bestimmt oder z. B. ausgehend vom EBIT ermittelt werden.

**Variante I:** Ermittlung des EBITDA aus der Erfolgsrechnung (Gesamtkostenverfahren):

**Betriebliche Erträge**
**– Betriebliche Aufwendungen (ohne zahlungsunwirksame Abschreibungen)[1]**
**= EBITDA**

Da Abschreibungen als zahlungsunwirksamer Aufwand, der dem Unternehmen frei zur Verfügung steht, im EBITDA enthalten sind, handelt es sich bei dem EBITDA eher um eine liquiditätsorientierte Kennzahl. Sie wird deshalb auch als eine vereinfachte Cashflow-Größe (vgl. Cashflow, S. 331) angesehen.

Im Gegensatz zum Cashflow zeigt das EBITDA die frei verfügbaren finanziellen Mittel eines fiktiv unverschuldeten und steuerfreien Unternehmens, ohne jedoch weitere zahlungsunwirksame Größen, wie z. B. die Zuführung zu Rückstellungen zu berücksichtigen.

1 einschließlich sonstige Steuern

BEISPIEL

| Großhandlung M. Gruppe e. K. | Berichtsjahr | Vorjahr |
|---|---|---|
| Umsatzerlöse | 8.200 T€ | 5.500 T€ |
| + sonstige betriebliche Erträge | 35 T€ | 162 T€ |
| Zwischensumme betriebliche Erträge | **8.235 T€** | **5.662 T€** |
| – Aufwendungen für Waren | 6.480 T€ | 4.500 T€ |
| – Personalaufwand | 1.020 T€ | 813 T€ |
| – Sonstige betriebliche Aufwendungen | 30 T€ | 30 T€ |
| Zwischensumme betriebliche Aufwendungen | **7.530 T€** | **5.343 T€** |
| EBITDA | **705 T€** | **319 T€** |
| EBITDA abzüglich Unternehmerlohn (vgl. S. 328) | 585 T€ | 199 T€ |

Der Großhandel M. Gruppe e. K. erwirtschaftete sowohl im Vorjahr (199 T€) als auch im Berichtsjahr (585 T€) ein positives EBITDA. Grundsätzlich ist also festzuhalten, dass der Großhandel M. Gruppe e. K. mit der eigentlichen Geschäftstätigkeit, nämlich dem Handel mit Waren, profitabel arbeitet. Dem Unternehmen stehen im Berichtsjahr finanzielle Mittel in Höhe von 585 T€ zur Verfügung, die für Investitions-, Finanzierungs- und ggf. Steuerzwecke verwendet werden können.

**Variante II:** Ermittlung des EBITDA ausgehend vom EBIT:

**EBIT**
**+ Abschreibungen auf Sachanlagen**
**+ Abschreibungen auf immaterielle Anlagen**
**= EBITDA**

BEISPIEL

| Großhandlung M. Gruppe e. K. | Berichtsjahr | Vorjahr |
|---|---|---|
| EBIT (abzüglich Unternehmerlohn, vgl. S. 328) | 340 T€ | 169 T€ |
| + Abschreibungen auf Sachanlagen | 245 T€ | 30 T€ |
| + Abschreibungen auf immaterielle Anlagen | **0 T€** | **0 T€** |
| EBITDA | **585 T€** | **199 T€** |

Der Großhandel M. Gruppe e. K. konnte das EBITDA im Berichtsjahr deutlich erhöhen; und zwar um 386 T€. Dies ist auf das gestiegene EBIT und die deutlich erhöhten Abschreibungen auf Vermögensgegenstände zurückzuführen. Offenbar wurde durch Investitionen im Sachanlagenbereich eine Kapazitätserweiterung bewirkt (vgl. Bilanzen, S. 320).

Da die Abschreibungen im EBITDA enthalten sind, ist ein aussagekräftiger Vergleich von Unternehmen, die ihre Waren mit unterschiedlich hohen Investitions-/Abschreibungsquoten herstellen, möglich. Zudem können im internationalen Konkurrenzvergleich Hinweise auf das Alter des Kapitalstocks gewonnen werden: Unternehmen mit verhältnismäßig geringen Abschreibungen erwirtschaften gegebenenfalls das EBIT mit „alten" Anlagen. Allerdings ist zu bedenken, dass international unterschiedliche Abschreibungsmöglichkeiten gelten, wodurch ein Vergleich erschwert wird. Zudem kann ein Unternehmen langfristig nur dann erfolgreich wirtschaften, wenn auch die Abschreibungen erwirtschaftet werden, sodass erforderliche Ersatz- bzw. Erweiterungsinvestitionen getätigt werden können.

MERKE

- **Das EBITDA zeigt das Jahresergebnis vor Zinsen, Steuern sowie Abschreibungen.**
- **Das EBITDA ermöglicht den internationalen Vergleich von Unternehmen mit unterschiedlichen Investitions- und Abschreibungsquoten.**

### 2.5.4 EBITDA-Marge

**EBITDA-Marge**

Die EBITDA-Marge zeigt, wie viel Prozent des Jahresergebnisses vor Zins-, Steuerzahlungen und Abschreibungen ein Unternehmen pro Umsatzeinheit erwirtschaften konnte.

$$\text{EBITDA-Marge in \%} = \frac{\text{EBITDA}}{\text{Umsatzerlöse}}$$

BEISPIEL

| Großhandlung M. Gruppe e. K. | Berichtsjahr | Vorjahr |
|---|---|---|
| EBITDA-Marge | 585 T€ : 8 200 T€<br>= 0,0713 = 7,13 % | 199 T€ : 5.500 T€<br>= 0,03618 = 3,62 % |

Der Großhandel M. Gruppe e. K. konnte die EBITDA-Marge gegenüber dem Vorjahr um ca. 97 % steigern. Dies zeigt, dass das Unternehmen sein Kerngeschäft profitabel gestalten kann und die Ertragskraft sogar deutlich erhöhen konnte.

Die EBITDA-Marge ist eine weitere relative Kennzahl, die Auskunft über die Ertragskraft eines Unternehmens gibt. Sie ist insbesondere im internationalen Vergleich eine wertvolle Kennzahl, da unterschiedliche Steuer- und Rechnungslegungsvorschriften sowie ein abweichendes Zinsniveau außen vor bleiben.

Zudem eignet sich die Kennzahl u. a. für Start-up-Unternehmen, die noch keinen Jahresgewinn erwirtschaften. Eine positive EBITDA-Marge ist in diesem Fall ein Indikator für die Funktionsfähigkeit des Geschäftsmodells. Allerdings sei angemerkt, dass ein Unternehmen langfristig nur erfolgreich wirtschaften kann, wenn Zinsaufwendungen und Abschreibungen über Umsatzerlöse auch verdient werden.

MERKE

- **Die EBITDA-Marge zeigt, wie viel Prozent des Jahresergebnisses vor Steuern, Zinsen sowie Abschreibungen je Umsatzeinheit erwirtschaftet wurden.**
- **Durch die Relativierung des EBITDA an den Umsatzerlösen können Unternehmen unterschiedlicher Größe unabhängig von Abschreibungsvorschriften international und branchenübergreifend verglichen werden.**

F

**AUFGABE 347**

Für die Braunschweiger Großhandels GmbH gilt folgende zusammengefasste Erfolgsrechnung:

| | | Berichtsjahr | Vorjahr |
|---|---|---|---|
| | | EUR | EUR |
| 1. | Umsatzerlöse | 312.500 | 272.500 |
| 2. | Sonstige betriebliche Erträge | 4.488 | 4.183 |
| 3. | Aufwendungen für Waren | 191.747 | 164.140 |
| 4. | Personalaufwand | 32.940 | 45.090 |
| 5. | Abschreibungen auf immaterielle Vermögensgegenstände des AV und auf Sachanlagen | 15.938 | 10.256 |
| 6. | Sonstige betriebliche Aufwendungen | 57.466 | 46.892 |
| 7. | Zinsen und ähnliche Erträge | 168 | 273 |
| 8. | Zinsen und ähnliche Aufwendungen | 2.906 | 2.134 |
| 9. | Steuern vom Einkommen und vom Ertrag | 5.271 | 1.949 |
| 10. | Jahresüberschuss | 10.888 | 6.495 |

**1.** Berechnen Sie für das Berichtsjahr und das Vorjahr
  **a)** das EBIT,
  **b)** die EBIT-Marge,
  **c)** das EBITDA und
  **d)** die EBITDA-Marge.

**2.** Analysieren Sie Ihre Ergebnisse aus Aufgabenteil 1.

**3.** Erklären Sie den Zusammenhang der Entwicklung der Kennzahlen EBIT und EBIT-Marge.

F

**AUFGABE 348**

Für die Bochumer Großhandelsgesellschaft mbH gelten folgende Werte:

| Angaben in T€ | 1. Jahr | 2. Jahr | 3. Jahr |
|---|---|---|---|
| EBIT | 450 | 630 | 820 |
| EBIT-Marge | 9,00 % | 12,12 % | 14,64 % |
| EBITDA | 1.850 | 1.830 | 1.820 |
| EBITDA-Marge | 37,00 % | 35,19 % | 32,50 % |

Die zusammengefasste Erfolgsrechnung für das 4. Jahr lautet:

| | | T€ |
|---|---|---|
| 1. | Umsatzerlöse | 6.000 |
| 2. | Sonstige betriebliche Erträge | 120 |
| 3. | Aufwendungen für Waren | 3.600 |
| 4. | Personalaufwand | 700 |
| 5. | Abschreibungen auf immaterielle Vermögensgegenstände des AV und auf Sachanlagen | 800 |
| 6. | Sonstige betriebliche Aufwendungen | 250 |
| 7. | Zinsen und ähnliche Erträge | 12 |

| | | |
|---|---|---|
| 8. | Zinsen und ähnliche Aufwendungen | 120 |
| 9. | Steuern vom Einkommen und vom Ertrag | 198 |
| 10. | Jahresüberschuss | 484 |

Für die Branche gelten folgende Durchschnittswerte:

| Angaben in T€ | 1. Jahr | 2. Jahr | 3. Jahr | 4. Jahr |
|---|---|---|---|---|
| EBIT | 700 | 720 | 730 | 790 |
| EBIT-Marge | 12,00 % | 12,00 % | 12,20 % | 13,00 |
| EBITDA | 1.450 | 1.600 | 1.550 | 1.580 |
| EBITDA-Marge | 22,00 % | 27,23 % | 25,00 % | 25,50 % |

1. Berechnen Sie für das 4. Jahr das EBIT, die EBIT-Marge, das EBITDA und die EBITDA-Marge.
2. Beurteilen Sie die Entwicklung der Bochumer Großhandelsgesellschaft mbH unter Berücksichtigung der Branchen- und Vorjahreswerte.

**AUFGABE 349** Ein Großhandelsbetrieb weist folgende Kennzahlen aus:

| | 1. Jahr | 2. Jahr | 3. Jahr | 4. Jahr | 5. Jahr | 6. Jahr | 7. Jahr |
|---|---|---|---|---|---|---|---|
| Umsatz (T€) | 1.600 | 1.900 | 2.050 | 1.980 | 2.100 | 2.300 | 2.350 |
| EBIT-Marge (%) | 2 % | 4 % | 5,8 % | 7 % | 8 % | 5 % | 3,3 % |

Ermitteln Sie das EBIT in EUR und analysieren Sie die Entwicklung des Unternehmens.

F

**AUFGABE 350** Für die Braunschweiger Großhandels GmbH gilt folgende zusammengefasste Erfolgsrechnung:

| | Angaben in EUR | **Berichtsjahr** | **Vorjahr** |
|---|---|---|---|
| 1. | Umsatzerlöse | 472.888 | 433.378 |
| 2. | Sonstige betriebliche Erträge | 6.732 | 6.275 |
| 3. | Aufwendungen für Waren | 255.759 | 239.338 |
| 5. | Personalaufwand | 85.410 | 79.007 |
| 6. | Abschreibungen | 23.907 | 15.384 |
| 7. | Sonstige betriebliche Aufwendungen | 86.199 | 81.848 |
| 8. | Zinsen und ähnliche Erträge | 252 | 410 |
| 9. | Zinsen und ähnliche Aufwendungen | 4.359 | 3.201 |
| 10. | Steuern vom Einkommen und vom Ertrag | 12.407 | 11.543 |
| 11. | Jahresüberschuss | 11.831 | 9.742 |
| | | | |
| | durchschnittl. eingesetztes Eigenkapital | 78.875 | 68.500 |

1. Ermitteln Sie Kennzahlen des Kapitalumschlags, der Rentabilität und des Cashflows.
2. Berechnen Sie für das Berichtsjahr und das Vorjahr
   **a)** das EBIT, **b)** die EBIT-Marge, **c)** das EBITDA und **d)** die EBITDA-Marge.
3. Beurteilen Sie Lage und Entwicklung des mittelständischen Großhandelsbetriebes.

# G Kosten- und Leistungsrechnung (KLR) im Großhandelsbetrieb

## 1 Ziele und Grundbegriffe der KLR

### 1.1 Ergebnisausweis in der KLR

**Betriebszweck**

Einkaufen, Lagern und Verkaufen von Waren sind die eigentlichen betrieblichen Tätigkeiten im Großhandelsbetrieb. Durch diese Tätigkeiten werden **betriebliche Aufwendungen** (= **Kosten,** z. B. Warenaufwendungen, Personalkosten, Miete, Steuern, Betriebskosten, vgl. Kontenklassen 3, 4; siehe S. 348 f.) verursacht und **betriebliche Erträge** (= **Leistungen,** z. B. Umsatzerlöse, vgl. Kontenklasse 8; siehe S. 349 f.) erzielt. Die vollständige Ermittlung der Kosten und Leistungen bildet die grundlegende Aufgabe der KLR.

**MERKE**

- **Kosten im Großhandelsbetrieb sind vor allem die Warenaufwendungen, die Personalkosten, Mieten, Steuern und Betriebskosten.**
- **Leistungen im Großhandelsbetrieb sind vor allem die Umsatzerlöse.**

**Betriebsergebnis**

Aus der Gegenüberstellung **aller Kosten und Leistungen einer Abrechnungsperiode** (z. B. Monat, Quartal, Jahr) ergibt sich das Betriebsergebnis als **Erfolg aus der betrieblichen Tätigkeit** (vgl. Abgrenzungsrechnung, S. 354 f.).

**Leistungen > Kosten = Betriebsgewinn,**
**Leistungen < Kosten = Betriebsverlust.**

**Das Betriebsergebnis** bildet die **Grundlage** für die Beurteilung der **Rentabilität und Wirtschaftlichkeit** des Unternehmens (vgl. S. 375 f.).

**Neutrales Ergebnis**

Außer den Kosten und Leistungen gibt es im Großhandelsbetrieb auch Aufwendungen und Erträge, die nichts mit dem Betriebszweck zu tun haben, wie z. B. **betriebsfremde, periodenfremde, außerordentliche Aufwendungen und Erträge** (vgl. Kontenklasse 2). Sie dürfen weder das Betriebsergebnis beeinflussen noch in die Kalkulation der Verkaufspreise eingehen **und sind deshalb von der KLR fernzuhalten.** Sie heißen **neutrale Aufwendungen und neutrale Erträge;** ihre Verrechnung führt zum Neutralen Ergebnis. Das **Neutrale Ergebnis** wird **außerhalb der Finanzbuchhaltung** (= FB) ermittelt (vgl. Abgrenzungsrechnung, S. 354 f.).

**Gesamtergebnis**

Die FB erfasst **alle** Aufwendungen und Erträge einer Abrechnungsperiode in den Kontenklassen 2, 4 und 8 sowie den Wareneinsatz im Konto 3010. Sie schließt mit dem **Gesamtergebnis der Unternehmung** im Konto **„9300 Gewinn und Verlust“** ab. Die Ermittlung des Betriebsergebnisses und des Neutralen Ergebnisses ist in der FB nicht vorgesehen und wegen der nicht eindeutigen Trennung der Kosten (Klasse 4) von den neutralen Aufwendungen (Klasse 2) auch nicht möglich (vgl. S. 354). **Betriebsergebnis und Neutrales Ergebnis** werden in der KLR ermittelt. Sie stimmen in ihrer Summe mit dem Gesamtergebnis der FB überein.

**MERKE**

- **Die FB ist unternehmensbezogen und schließt mit dem Gesamtergebnis ab.**
- **Die KLR ist betriebsbezogen. In ihr wird das Betriebsergebnis festgestellt.**
- **Das Neutrale Ergebnis wird in einer Vorstufe zur Kosten- und Leistungsrechnung – der Abgrenzungsrechnung (vgl. S. 354 f.) – ermittelt.**
- **Die Abgrenzung der neutralen Aufwendungen und der neutralen Erträge von den Kosten und Leistungen ist Voraussetzung einer genauen KLR.**

G

## 1.2 Ziele der Kosten- und Leistungsrechnung

Die grundlegende Aufgabe der Kosten- und Leistungsrechnung (KLR) besteht darin, die in einer Abrechnungsperiode (z. B. Monat) anfallenden **Kosten und Leistungen vollständig und richtig** zu erfassen. Darüber hinaus ist sie auf folgende betriebliche **Ziele** ausgerichtet:

- **Ermittlung des Betriebsergebnisses.** Durch die Verrechnung der **Kosten** mit den **Leistungen** einer Abrechnungsperiode wird das **Betriebsergebnis** ermittelt, das für die Beurteilung der wirtschaftlichen Lage des Unternehmens bedeutsam ist (vgl. S. 374 f.).
- **Ermittlung der Selbstkosten und Leistungen einer Abrechnungsperiode.** Durch die Erfassung **aller** Kosten und Leistungen einer Abrechnungsperiode außerhalb der Finanzbuchhaltung wird die Kosten- und Leistungsrechnung zu einem hervorragenden **Instrument der kurzfristigen (monatlichen) Erfolgsermittlung** (vgl. S. 374 f.).
- **Ermittlung der Selbstkosten der Wareneinheit.** Die Kostenrechnung ermittelt auch die Selbstkosten der Wareneinheit und schafft damit die **Grundlage für die Berechnung der Verkaufspreise.** Die Kenntnis der Selbstkosten gestattet dem Unternehmer die Entscheidung darüber, welcher Preis für ihn wirtschaftlich noch vertretbar ist (vgl. S. 391 f.).
- **Kontrolle der Wirtschaftlichkeit.** Es genügt aber nicht, lediglich die Selbstkosten zu ermitteln. Sie sollen vielmehr auch beeinflusst, d. h. gesenkt werden. Die **Wirtschaftlichkeit der Umsatzprozesse** muss ständig gesteigert werden, wenn der Betrieb im Wettbewerb nicht unterliegen will. Die **Entwicklung der Kosten und Leistungen ist daher dauernd zu kontrollieren.** Die Überwachung der Wirtschaftlichkeit zählt heute zu den wichtigsten Aufgaben der Kosten- und Leistungsrechnung (vgl. S. 376).
- **Ermittlung von Deckungsbeiträgen auf der Basis der Teilkostenrechnung.** Ausgehend von erzielbaren Umsatzerlösen kann mithilfe der Deckungsbeitragsrechnung festgestellt werden, ob eine Warengruppe einen **ausreichenden Beitrag zur Deckung der fixen Kosten** und **zur Verbesserung des Betriebserfolges** leistet (vgl. S. 427 f.).
- **Bewertung der Warenvorräte in der Jahresbilanz.** Nach den handels- und steuerrechtlichen Vorschriften sind die **Schlussbestände an Waren höchstens zu Anschaffungs- oder Herstellungskosten** in der Jahresbilanz anzusetzen. Stellt der Großhandelsbetrieb auch Waren selbst her, können die genauen Herstellungskosten nur mithilfe einer ordnungsgemäßen Kostenrechnung ermittelt werden.
- **Grundlage für Planungen und Entscheidungen.** Die oben genannten Aufgaben der Kosten- und Leistungsrechnung dürfen **nicht isoliert** betrachtet werden. Sie bilden letztlich die Grundlage für die Vorhaben und Entscheidungen des Unternehmers. Sofern marktorientierte **Entscheidungen zu treffen sind, steht der Unternehmensleitung in der Deckungsbeitragsrechnung** (vgl. S. 427 f.) eine geeignete Grundlage zur Verfügung.

**Zur Erfüllung dieser Aufgaben** werden die Kosten

- nach **Kostenarten** erfasst (Warenaufwendungen, Personalkosten, Mietaufwendungen, Steuern, Aufwendungen für Kommunikation, Beiträge, Abschreibungen u. a.),
- nach **Kostenstellen** aufgeteilt (z. B. Verkaufsabteilungen),
- den **Kostenträgern** zugerechnet (z. B. Warengruppen).

G

MERKE

- **Die Kosten- und Leistungsrechnung (KLR) umfasst drei Stufen:**
  1. **Kostenartenrechnung: „Welche Kosten sind entstanden?“**
  2. **Kostenstellenrechnung: „Wo sind die Kosten entstanden?“**
  3. **Kostenträgerrechnung: „Wer hat die Kosten zu tragen?“**

## 1.3 Grundbegriffe der Kosten- und Leistungsrechnung

### 1.3.1 Einnahmen und Ausgaben

**Geldvermögen**

In einem Großhandelsbetrieb stellt die Summe des jederzeit verfügbaren Geldes, d. h. die Summe aus Kassenbestand und Guthaben bei Kreditinstituten, den **Zahlungsmittelbestand** dar. Der Zahlungsmittelbestand ist **Teil des Geldvermögens.** Kurzfristige Forderungen und Verbindlichkeiten beeinflussen auch das Geldvermögen:

MERKE

**Zahlungsmittelbestand (Kasse, Guthaben bei Kreditinstituten)**
**+ kurzfristige Forderungen**
**– kurzfristige Verbindlichkeiten**
**= Geldvermögen**

Wird dieses Geldvermögen durch Geschäftsfälle verändert, so sprechen wir von **Einnahmen und Ausgaben.**

**Einnahmen**

Alle Geschäftsfälle, die das **Geldvermögen erhöhen,** führen zu Einnahmen. So gehören z. B. **Bar- und Zielverkäufe von Waren** zu einnahmewirksamen Vorgängen. Eine Kreditaufnahme bei einer Bank dagegen führt zwar zu einer Erhöhung des Zahlungsmittelbestandes, gleichzeitig erhöhen sich aber auch die Verbindlichkeiten; das Geldvermögen bleibt also unverändert.

**Ausgaben**

Alle Geschäftsfälle, die das **Geldvermögen vermindern,** führen zu Ausgaben. Typische Ausgaben sind **Bar- und Zielkäufe von Waren,** nicht dagegen die Banküberweisung an einen Lieferanten oder die Tilgung eines Bankkredites.

### 1.3.2 Aufwendungen und Erträge

**Eigenkapital**

Das Eigenkapital (= Reinvermögen) eines Großhandelsbetriebes ergibt sich vereinfacht nach folgender Rechnung:

**Geldvermögen (siehe oben)**
**+ Vorräte**
**+ Anlagevermögen**
**– langfristige Schulden**
**= Eigenkapital (= Reinvermögen)**

Alle Geschäftsfälle, die das Eigenkapital verändern, führen zu **Aufwendungen oder Erträgen.**

**Aufwendungen vermindern** das Eigenkapital. Folgende Geschäftsfälle führen u. a. zu Aufwendungen:

- Ein Kaufmann hat bei einer Bank einen Kredit aufgenommen und **zahlt dafür Zinsen.** Die Zinszahlung verringert das Geldvermögen und damit zugleich das Eigenkapital.
- Auf einen betrieblich genutzten Pkw **wird eine Abschreibung vorgenommen.** Die Abschreibung vermindert das Anlagevermögen und damit zugleich das Eigenkapital.

**Erträge erhöhen** das Eigenkapital. Folgende Geschäftsfälle führen u. a. zu Erträgen:

- Ein Bankguthaben wird verzinst. Die **Zinsgutschrift der Bank** erhöht das Geldvermögen und damit zugleich das Eigenkapital.
- Ein Grundstück ist im Vorjahr aufgrund fehlender Verkehrsanbindung außerplanmäßig abgeschrieben worden. Aufgrund einer Änderung des Flächennutzungsplanes steigt der Wert des Grundstücks im folgenden Jahr. **Dies führt zu einer Zuschreibung.** Die Zuschreibung erhöht das Anlagevermögen und damit zugleich das Eigenkapital.

### 1.3.3 Aufwendungen – Kosten

**Aufwendungen**

Unter Aufwendungen wird der **gesamte Werteverzehr** (= Verminderung des Eigenkapitals) in einem Unternehmen **an Gütern, Diensten und Abgaben** während einer Abrechnungsperiode (z. B. Monat, Jahr) verstanden.

**BEISPIEL**

Die Papiergroßhandlung Kern KG, Köln, erstellt aus den Zahlen der Erfolgskonten für den Monat September .. das folgende **vereinfachte** Gewinn- und Verlustkonto:

| Soll | | 9300 Gewinn- und Verlustkonto | | | Haben |
|---|---|---|---|---|---|
| 2080 | Anlagenabgänge | 50.000,00 | 2401 | Mieterträge | 10.000,00 |
| 2110 | Zinsaufwendungen | 35.000,00 | 2610 | Zinserträge | 5.000,00 |
| 3010 | Wareneingang | 1.296.000,00 | 2700 | Erlöse aus Anlagenabgängen | 25.000,00 |
| 4010 | Löhne | 180.000,00 | 2760 | Erträge aus der Auflösung von Rückstellungen | 13.000,00 |
| 4020 | Gehälter | 300.000,00 | 2771 | Erträge aus Versicherungsentschädigungen | 26.000,00 |
| 4040 | Soziale Aufwendungen | 50.000,00 | 8010 | Umsatzerlöse (Warenverkauf) | 2.490.000,00 |
| 4100 | Mietaufwendungen | 60.000,00 | 8710 | Entnahme von Waren | 6.000,00 |
| 42.. | Betriebsteuern | 55.000,00 | | | |
| 4260 | Versicherungsbeiträge | 5.000,00 | | | |
| 4400 | Werbe- und Reisekosten | 40.000,00 | | | |
| 4500 | Provisionen | 20.000,00 | | | |
| 4620 | Ausgangsfrachten | 80.000,00 | | | |
| 4710 | Instandhaltung | 60.000,00 | | | |
| 4910 | Abschreibg. auf Sachanlagen | 50.000,00 | | | |
| Jahresüberschuss | | 294.000,00 | | | |
| | | **2.575.000,00** | | | **2.575.000,00** |

Die Summe aller Aufwandspositionen auf der Soll-Seite des GuV-Kontos ergibt die gesamten Aufwendungen für den Monat September. Die **Aufwendungen** belaufen sich also auf:

2.575.000,00 € – 294.000,00 € = **2.281.000,00 €.**

**Einteilung der Aufwendungen**

Für die Zwecke der Kostenrechnung werden die Aufwendungen unterschieden nach

- **betrieblichen Aufwendungen = Kosten,**
- **neutralen Aufwendungen = Nichtkosten.**

**Betriebliche Aufwendungen** stehen in **unmittelbarem Zusammenhang** mit dem eigentlichen **Betriebszweck.** Sie erfassen den Verzehr an Gütern, Diensten und Abgaben einer Abrechnungsperiode, der bei der Erzielung von **Leistungen** (= Umsatzerlöse) anfällt. Diese Aufwendungen werden **in der Regel** als **Kosten** in die Kosten- und Leistungsrechnung übernommen.

**Kosten** entstehen

- wenn ein **mengenmäßiger Verbrauch** (z. B. kg, t, m, h) oder eine **gesetzliche Abgabe** vorliegen,
- die **zur Erzielung von Leistungen** getätigt werden und
- die **in Geldbeträgen bewertet** sind.

**BEISPIEL**

Nach der obigen Aussage gelten – bis auf die Anlagenabgänge – **alle Aufwendungen** des Gewinn- und Verlustkontos der Kern KG in der Kosten- und Leistungsrechnung als Kosten:

| | |
|---|---|
| Gesamte Aufwendungen | 2.281.000,00 € |
| – Anlagenabgänge | 50.000,00 € |
| = **Kosten** | **2.231.000,00 €** |

G

**Neutrale Aufwendungen**

Außer den Kosten gibt es im Großhandelsbetrieb in der Regel auch Aufwendungen, die in **keinem Zusammenhang mit dem Einkauf, der Lagerung und dem Absatz** von Waren stehen oder dabei **unregelmäßig oder in außergewöhnlicher Höhe** anfallen. Sie werden als **neutrale Aufwendungen** bezeichnet und nicht oder **nicht in der angefallenen Höhe** in die Kosten- und Leistungsrechnung übernommen (vgl. S. 355 f.), da sie bei der Ermittlung des Betriebsergebnisses und der Selbstkosten der Waren nicht berücksichtigt werden dürfen.

**Neutrale Aufwendungen entstehen**

- bei der **Verfolgung betriebsfremder Ziele** (z. B. Verluste aus Wertpapierverkäufen),
- durch **Veränderungen in der Zusammensetzung des Vermögens** (z. B. Verluste aus dem Abgang von Vermögensgegenständen: z. B. Brandschäden, Verkauf von Sachanlagen unter Buchwert u. a.),
- aus **betrieblichen, periodenfremden Vorgängen** (z. B. Nachzahlung von Löhnen und betrieblichen Steuern für frühere Geschäftsjahre),
- als **außerordentliche Aufwendungen** aufgrund **ungewöhnlicher und selten** vorkommender Geschäftsvorgänge (z. B. Verluste aus der Insolvenz von Geschäftspartnern oder dem Verkauf ganzer Teilbetriebe). Sie haben als sonstige betriebliche Aufwendungen neutralen Charakter.

**BEISPIEL**

Unter den Aufwendungen des obigen Gewinn- und Verlustkontos sind
**die Abgänge von Sachanlagegegenständen** ........ **50.000,00 €**
**neutrale** Aufwendungen.

**MERKE**

- **Betriebliche Aufwendungen erfassen den Werteverzehr, der bei der Leistungserstellung anfällt. Sie stellen Kosten in der KLR dar.**
- **Betriebsfremde, außerordentliche und periodenfremde Aufwendungen gehören zu den neutralen Aufwendungen. Sie werden überhaupt nicht oder nicht in der ausgewiesenen Höhe in die Kosten- und Leistungsrechnung übernommen und deshalb von den Kosten abgegrenzt.**

G

## 1.3.4 Erträge – Leistungen

**Erträge**

**Alle** erfolgswirksamen **Wertezuflüsse** in das Unternehmen innerhalb einer Abrechnungsperiode stellen **Erträge** dar, ohne Rücksicht darauf, ob es sich um betriebliche oder neutrale Wertezuflüsse handelt. Erträge bezeichnen den gesamten erfolgswirksamen (Eigenkapital erhöhenden) Wertezufluss in ein Unternehmen innerhalb einer Abrechnungsperiode.

**BEISPIEL**

Das Gewinn- und Verlustkonto der Kern KG, Köln, weist auf der Habenseite **Erträge** in Höhe von **2.575.000,00 €** aus.

**Einteilung der Erträge**

Für die **Zwecke der Kosten- und Leistungsrechnung** werden die Erträge unterschieden nach

- **betrieblichen Erträgen = Leistungen** und
- **neutralen Erträgen.**

**Betriebliche Erträge** sind das Ergebnis der **eigentlichen betrieblichen Tätigkeit.** Sie entstehen vor allem beim **Warenverkauf.** In der Kosten- und Leistungsrechnung werden sie als **„Leistungen“** bezeichnet.

**Einteilung der Leistungen**

Zu den **Leistungen** des Betriebes zählen:

- **Absatzleistungen**
  = **Umsatzerlöse**[1] aus dem Verkauf von Waren und sowie aus Dienstleistungen;
- **Unentgeltliche Entnahmen (Waren oder Leistungen)**
  = In der Abrechnungsperiode für **private Zwecke** entnommene Waren oder beanspruchte Leistungen;
- **Aktivierte Eigenleistungen**
  = **Selbst erstellte Anlagen,** die im eigenen Betrieb Verwendung finden.

**BEISPIEL**

Unter den Erträgen des Gewinn- und Verlustkontos der Kern KG, Köln, befinden sich folgende **Leistungen:**

| | |
|---|---|
| Umsatzerlöse | 2.490.000,00 € |
| + Entnahme von Waren | 6.000,00 € |
| = **Leistungen** | **2.496.000,00 €** |

Außer den Leistungen gibt es im Großhandelsbetrieb auch Erträge, die in **keinem Zusammenhang mit dem Einkauf, der Lagerung und dem Absatz** stehen oder dabei **unregelmäßig oder in außergewöhnlicher Höhe** anfallen. Sie werden als **neutrale Erträge** bezeichnet und **nicht in die Kosten- und Leistungsrechnung** übernommen, da sie bei der Ermittlung des Betriebsergebnisses nicht berücksichtigt werden dürfen. Neutrale Erträge sind in den Kontengruppen „24 Sonstige Erträge", „26 Sonstige Zinsen" und „27 Sonstige betriebliche Erträge" enthalten.

**Neutrale Erträge entstehen**

- bei der **Verfolgung betriebsfremder Ziele** (z. B. Mieterträge, Zinserträge, Erträge aus Wertpapierverkäufen),
- durch **Erträge aus dem Abgang von Vermögensgegenständen** und durch **Wertkorrekturen** (z. B. Erlöse aus Anlagenabgängen, Erträge aus der Auflösung von Rückstellungen),
- aus zwar **betriebsbedingten, aber periodenfremden Erträgen** (z. B. Steuererstattung),
- als **außerordentliche Erträge** aufgrund **ungewöhnlicher und selten** vorkommender Geschäftsfälle (z. B. Steuererlass, Erträge aus Gläubigerverzicht). Sie haben als sonstige betriebliche Erträge neutralen Charakter.

G

**BEISPIEL**

Unter den Erträgen des Gewinn- und Verlustkontos der Kern KG, Köln, zählen die folgenden zu den **neutralen Erträgen:**

| | |
|---|---|
| Zinserträge | 5.000,00 € |
| + Erlöse aus Anlagenabgängen | 25.000,00 € |
| + Erträge aus der Auflösung von Rückstellungen | 13.000,00 € |
| + Erträge aus Versicherungsentschädigungen | 26.000,00 € |
| + Mieterträge | 10.000,00 € |
| = **Neutrale Erträge** | **79.000,00 €** |

1 Gemäß BilRUG zählen seit dem 01.01.2016 auch Umsatzerlöse aus der Vermietung und Verpachtung von Waren sowie Dienstleistungen zu den Absatzleistungen. Diese Definition ist vornehmlich für die Erfassung steuerpflichtiger Umsätze von Bedeutung. Im folgenden Kapitel steht die Zuordnung der Aufwendungen und Erträge zu Kosten und Leistungen aufgrund des Betriebszwecks im Vordergrund. Daher vernachlässigen wir an dieser Stelle die Zuordnung von Erträgen aus Vermietung und Verpachtung zu den Absatzleistungen, sondern führen sie als Nebenerlöse (siehe Seite 350 unten ).

MERKE

- **Betriebliche Erträge entstehen vor allem beim Warenverkauf (= Umsatzerlöse). Sie stellen Leistungen in der KLR dar.**
- **Betriebsfremde, außerordentliche und periodenfremde Erträge gehören zu den neutralen Erträgen. Sie werden nicht in die Kosten- und Leistungsrechnung übernommen und deshalb von den Leistungen abgegrenzt.**

**AUFGABE 351**

1. In der Kosten- und Leistungsrechnung unterscheidet man zwischen Aufwendungen und Kosten. Geben Sie je ein Beispiel an für
   a) Aufwendungen, die zugleich Kosten sind,
   b) Aufwendungen, die keine Kosten sind.
2. In der Kosten- und Leistungsrechnung unterscheidet man zwischen Erträgen und Leistungen. Geben Sie je ein Beispiel an für
   a) Erträge, die zugleich Leistungen sind,
   b) Erträge, die nicht zugleich Leistungen sind.

**AUFGABE 352**

Entscheiden Sie, ob folgende Vorgänge Einnahmen oder Ausgaben darstellen:

1. Zieleinkauf von Waren
2. Zielverkauf von Waren
3. Banklastschrift für Zinsen
4. Mieter überweist die Miete für ein vermietetes Gebäude
5. Gehaltszahlung durch Banküberweisung

**AUFGABE 353**

1. Nennen Sie die wichtigsten Aufgaben der Finanzbuchhaltung sowie der Kosten- und Leistungsrechnung.
2. Die Aufwendungen und Erträge der Finanzbuchhaltung können betrieblich oder neutral sein.
   a) Nennen Sie die Unterschiede zwischen betrieblichen und neutralen Aufwendungen und Erträgen.
   b) Geben Sie typische Beispiele mit den zugehörigen Konten für neutrale Aufwendungen, neutrale Erträge, Kosten und Leistungen an.
3. Wie wird
   a) das Gesamtergebnis der Unternehmung,
   b) das eigentliche Betriebsergebnis errechnet?

**AUFGABE 354**

Die Aufwendungen der Finanzbuchhaltung sind entweder betrieblich oder neutral.

Ordnen Sie die folgenden Aufwandsarten nach betrieblichen und neutralen Aufwendungen:

a) Lohnzahlungen
b) Verlust aus Wertpapierverkäufen
c) Abschreibungen auf Sachanlagen
d) Brandschaden im Warenlager
e) Abschreibungen auf ein vermietetes Lagergebäude
f) Verlust aus dem Verkauf einer nicht mehr benötigten Maschine
g) Gesetzliche soziale Aufwendungen
h) Gehaltszahlungen
i) Instandhaltungsaufwendungen für Fahrzeuge
j) Hoher Forderungsausfall durch Insolvenz eines Kunden
k) Nachzahlung von Betriebssteuern für vergangene Geschäftsjahre aufgrund einer Betriebsprüfung
l) Wareneinsatz
m) Mietzahlung für gemietetes Lagergebäude
n) Lastschrifteinzug der Kfz-Steuer für Betriebs-Lkw

o) Zinsaufwendungen
p) Aufwendungen für Altersversorgung der Arbeitnehmer
q) Zahlung der Gebäudeversicherung

**AUFGABE 355** Auch die Erträge des Unternehmens sind entweder betrieblich oder neutral.

Ordnen Sie die folgenden Ertragsarten nach betrieblichen oder neutralen Erträgen:

a) Umsatzerlöse für Waren
b) Erträge aus Versicherungsentschädigungen
c) Ertrag aus dem Abgang eines Vermögensgegenstandes
d) Selbst erstellte Maschine für die Verwendung im eigenen Betrieb
e) Zinsgutschrift der Bank
f) Provisionserträge
g) Unentgeltliche Entnahme von Waren für private Zwecke
h) Erträge aus Wertpapierverkäufen
i) Erträge aus abgeschriebenen Forderungen
j) Erstattung zu viel entrichteter Betriebsteuern für vergangene Geschäftsjahre durch das Finanzamt
k) Erträge aus der Auflösung von Rückstellungen
l) Unentgeltliche Entnahme von sonstigen Gegenständen und Leistungen

**AUFGABE 356** In der Buchführung eines Großhandelsbetriebes schließen die Erfolgskonten mit folgenden Salden ab:

| | |
|---|---|
| Umsatzerlöse für Waren | 830.000,00 |
| Erträge aus Versicherungsentschädigungen | 15.000,00 |
| Zinserträge | 20.000,00 |
| Wareneinsatz | 420.000,00 |
| Reparaturen | 9.000,00 |
| Löhne | 150.000,00 |
| Gehälter | 100.000,00 |
| Soziale Abgaben | 40.000,00 |
| Kraftfahrzeugsteuer (Betrieb) | 10.000,00 |
| Zinsaufwendungen | 25.000,00 |

1. Ermitteln Sie im Gewinn- und Verlustkonto das Gesamtergebnis des Unternehmens.
2. Berechnen Sie in gesonderten Aufstellungen das Neutrale Ergebnis und das Betriebsergebnis.

**AUFGABE 357** Fassen Sie folgende Salden der Erfolgskonten eines Großhandelsbetriebes auf dem Gewinn- und Verlustkonto zum Gesamtergebnis zusammen.

| | |
|---|---|
| Umsatzerlöse für Waren | 1.450.000,00 |
| Erträge aus Versicherungsentschädigungen | 8.000,00 |
| Unentgeltliche Entnahme (Waren) | 40.000,00 |
| Zinserträge | 3.000,00 |
| Wareneinsatz | 710.000,00 |
| Ausgangsfrachten | 7.000,00 |
| Löhne | 220.000,00 |
| Gehälter | 375.000,00 |
| Soziale Abgaben | 95.000,00 |
| Mietaufwendungen | 15.000,00 |
| Betriebsteuern | 34.000,00 |
| Zinsaufwendungen | 12.000,00 |

Berechnen Sie in gesonderten Aufstellungen das Neutrale Ergebnis und das Betriebsergebnis.

# 2 Kostenartenrechnung

## 2.1 Aufgaben der Kostenartenrechnung

**Die Kostenartenrechnung bildet die erste Stufe** der Kosten- und Leistungsrechnung. Ihre Aufgabe besteht darin, die für die jeweiligen Zwecke der Kostenrechnung (z. B. Vorkalkulation, Nachkalkulation, Kostenkontrolle, Ergebnisermittlung) erforderlichen Kosten und Leistungen zur Verfügung zu stellen.

**Voraussetzung** zur Erfüllung dieser Aufgaben ist die Übernahme des Zahlenmaterials der Finanzbuchhaltung (FB). Die Kosten- und Leistungsrechnung darf aber nicht **alle** Aufwendungen und Erträge aus der Finanzbuchhaltung ungeprüft übernehmen: Nur die betriebsbedingten Aufwendungen können als Kosten und die betriebsbedingten Erträge als Leistungen unter Beachtung folgender **Grundsätze** übernommen werden:

- **Periodengerechte Erfassung der Kosten.** Sofern betriebliche Aufwendungen für mehrere Abrechnungsperioden gebucht werden (z. B. Urlaubsgeld, Gratifikationen, Prämien, unvorhergesehene Reparaturen), ist der auf eine Abrechnungsperiode (z. B. Monat) entfallende Kostenanteil in der Kostenartenrechnung dieser Periode zu erfassen **(= kurzfristige zeitliche Abgrenzung).**
- **Erfassung der kalkulatorischen Kosten** (vgl. S. 362 f.). Nicht immer ist es zweckmäßig, den in der Finanzbuchhaltung gebuchten betrieblichen Aufwand in die Kostenrechnung zu übernehmen (z. B. bilanzmäßige Abschreibungen, Zinsaufwendungen u. a.). In diesen Fällen werden in der KLR **kalkulatorische Wertansätze** gebucht und den Aufwendungen der Finanzbuchhaltung gegenübergestellt. Es kommt auch vor, dass kalkulatorische Kosten in der Kostenartenrechnung erfasst werden, denen **kein Aufwand in der Finanzbuchhaltung** zugrunde liegt (z. B. kalkulatorischer Unternehmerlohn bei Einzelunternehmungen und Personengesellschaften).
- **Geordnete Erfassung der Kosten** (vgl. S. 379 f.). Die Gruppierung der Aufwandsarten in der FB ist für die Zwecke der Finanzbuchhaltung sinnvoll; für die Kostenartenrechnung eignet sich diese Gliederung nicht. Die Kostenartenrechnung verfolgt u. a. das Ziel, die **Kostenkontrolle und die Kalkulation** vorzubereiten. Hierfür sind die **Kostenarten umzugruppieren:**
  a) nach der **Art ihrer Zurechnung zu den Kostenträgern** (vgl. S. 422) in
     - **Einzelkosten** (z. B. Wareneinsatz) und
     - **Gemeinkosten** (z. B. Personalkosten, Mietaufwendungen, betriebliche Steuern),
  b) nach der **Abhängigkeit der Kosten von der Beschäftigung** (vgl. S. 380 f.) in
     - **variable Kosten** (z. B. Wareneinsatz) und
     - **fixe Kosten** (z. B. Mietaufwendungen, kalkulatorische Kosten).
- **Bewertung der Kostengüter.** Der betriebliche Werteverzehr wird in der Regel zunächst **mengenmäßig** erfasst (z. B. Erfassung des Warenausgangs in der Lagerbuchhaltung, Erfassung der Lohnstunden auf Lohnlisten). Die Einbeziehung dieses mengenmäßigen Verzehrs in die Kostenrechnung macht die **Umrechnung in Geldbeträge** erforderlich. Je nach dem angestrebten Zweck sind **unterschiedliche Wertansätze** denkbar (z. B. Verrechnungspreise, Einstandspreise, Wiederbeschaffungspreise).

MERKE

- **In der Kostenartenrechnung werden alle Kosten eines Zeitabschnittes in zweckmäßiger Gliederung erfasst. „Ausgangsmaterial" sind die betriebsbedingten Aufwendungen der Finanzbuchhaltung.**
- **Hilfsmittel zur Kostenerfassung ist die Ergebnistabelle (siehe S. 355).**

## 2.2 Abgrenzungsrechnung mithilfe der Ergebnistabelle

**Die Abgrenzungsrechnung** wird **tabellarisch außerhalb der Finanzbuchhaltung** in zwei Stufen durchgeführt:

- In einer **ersten Stufe** werden aus den gesamten Aufwendungen und Erträgen der FB die **neutralen** Aufwendungen und Erträge **herausgefiltert.** Nur die betrieblichen Aufwendungen fließen als Kosten und die betrieblichen Erträge als Leistungen in die Kosten- und Leistungsrechnung ein (= **unternehmensbezogene Abgrenzungen,** vgl. S. 355).
- In einer **zweiten Stufe werden die korrekturbedürftigen betrieblichen** Aufwendungen der FB (z. B. bilanzmäßige Abschreibungen, Zinsaufwendungen u. a.) von der Kostenrechnung ferngehalten. Ihnen sind **kalkulatorische Kosten** aus der Kostenrechnung **gegenüberzustellen** (= **kostenrechnerische Korrekturen,** vgl. S. 360).

Innerhalb der Finanzbuchhaltung sind diese Abgrenzungen aus folgenden Gründen nicht durchführbar:

- Der **Kontenrahmen** für den Groß- und Außenhandel kennt **keine Abschlusskonten für das Neutrale Ergebnis und das Betriebsergebnis:** Er ist auf die Erstellung der Gewinn- und Verlustrechnung nach HGB ausgerichtet.
- Die **Kontenklasse 2** enthält nicht nur reine Abgrenzungskonten, sondern **auch Konten mit Kostenbestandteilen.** Zinsaufwendungen (Konto 2110) z. B. sind Kosten, sofern sie nicht durch kalkulatorische Zinsen (vgl. S. 365) ersetzt werden.
- Die **Kontenklasse 4** enthält andererseits nicht nur Kosten, sondern **auch neutrale Aufwendungen.** So nimmt das Konto „4910 Abschreibungen auf Sachanlagen" die steuerrechtliche AfA auf, die in der Regel nicht Kostencharakter hat und in der Kostenrechnung durch kalkulatorische Abschreibungen ersetzt wird.

**Ergebnisspaltung in der Abgrenzungsrechnung**

Die Abgrenzungsrechnung ermittelt somit folgende Teilergebnisse:

<table>
<tr><td>Aus der Gegenüberstellung von neutralen Aufwendungen und Erträgen ergibt sich das</td><td>Aus der Gegenüberstellung von korrekturbedürftigen Aufwendungen und kalkulatorischen Kosten ergibt sich das</td><td>In den Kosten- und Leistungsbereich fließen Kosten und Leistungen ein. Sie werden verrechnet zum</td></tr>
<tr><td>Ergebnis aus unternehmensbezogenen Abgrenzungen</td><td>Ergebnis aus kostenrechnerischen Korrekturen</td><td rowspan="2">Betriebsergebnis</td></tr>
<tr><td colspan="2">Neutrales Ergebnis</td></tr>
<tr><td colspan="3">Gesamtergebnis der Unternehmung</td></tr>
</table>

**Abstimmung der Ergebnisse**

Die Zusammenfassung des Betriebsergebnisses mit dem Neutralen Ergebnis führt zum Gesamtergebnis der Unternehmung, das mit dem **Gesamtergebnis der Finanzbuchhaltung im Gewinn- und Verlustkonto** übereinstimmen muss.

MERKE

- **Die Abgrenzungsrechnung ist eine Vorstufe der Kosten- und Leistungsrechnung.**
- **Sie trennt die neutralen Aufwendungen und Erträge von den Kosten und Leistungen und ermöglicht damit eine Abgrenzung des neutralen Ergebnisses vom Betriebsergebnis.**

**Ergebnistabelle**

Für die tabellarische Durchführung der Abgrenzungsrechnung und der Betriebsergebnisrechnung wird die Ergebnistabelle verwendet. Sie ist so aufgebaut, dass sie in den linken Spalten die Gesamtergebnisrechnung der Finanzbuchhaltung (Kontenklassen 2, 4, 8 sowie Konto 3010) – unterteilt nach Aufwendungen und Erträgen – wiedergibt. Der rechte Teil ist der Kosten- und Leistungsrechnung vorbehalten; er wird gegliedert in die **Abgrenzungsrechnung** für die Ermittlung des **neutralen Ergebnisses** und die **Betriebsergebnisrechnung.** In die Gesamtergebnisrechnung der FB werden die Salden der Erfolgskonten der Klassen 2, 4, 8 sowie der Saldo von Konto 3010 übernommen; sie weist damit das **Gesamtergebnis der Unternehmung** aus. Die neutralen Aufwendungen und Erträge werden aus der Gesamtergebnisrechnung in die Abgrenzungsrechnung **übertragen,** um das **Neutrale Ergebnis** (= Abgrenzungsergebnis) zu ermitteln. Zur Feststellung des **Betriebsergebnisses** werden die betrieblichen Aufwendungen und Erträge entsprechend aus der Gesamtergebnisrechnung der FB als Kosten und Leistungen in die Betriebsergebnisrechnung übernommen. So lassen sich Gesamtergebnis, Neutrales Ergebnis und Betriebsergebnis **tabellarisch nebeneinander** darstellen und abstimmen.

| Ergebnistabelle | | | | | | | | |
|---|---|---|---|---|---|---|---|---|
| **Finanzbuchhaltung** | | | | **Kosten- und Leistungsrechnung** | | | | |
| **Gesamtergebnisrechnung** | | | | **Abgrenzungsrechnung** | | | **Betriebsergebnisrechnung** | |
| Kontenklassen 2, 3, 4, 8 | Aufwendungen (Kl. 2, 3, 4) | Erträge (Kl. 2, 8) | | neutrale Aufwendungen | neutrale Erträge | | Kosten | Leistungen |
| **Abstimmung** | **Gesamtergebnis** | | = | **Neutrales Ergebnis** (Abgrenzungsergebnis) | | + | **Betriebsergebnis** | |

**MERKE**

- **Die Abgrenzungsrechnung ist der Betriebsergebnisrechnung vorgeschaltet. Sie führt zum Neutralen Ergebnis.**
- **Neutrales Ergebnis (= Abgrenzungsergebnis) und Betriebsergebnis bilden zusammen das Gesamtergebnis. Dadurch ist eine Abstimmung mit dem Gesamtergebnis der Finanzbuchhaltung möglich.**

G

## 2.2.1 Unternehmensbezogene Abgrenzungen

**Im ersten Teilbereich** der Abgrenzungsrechnung – den unternehmensbezogenen Abgrenzungen – werden aus allen Aufwendungen und Erträgen der Finanzbuchhaltung die **neutralen Aufwendungen und Erträge** herausgefiltert. Nur die betrieblichen Aufwendungen (= Kosten, vgl. S. 348) und die betrieblichen Erträge (= Leistungen, vgl. S. 350) passieren diesen Filter und gelangen in die Kosten- und Leistungsrechnung.

**BEISPIEL**

Aus dem GuV-Konto der Kern KG, Köln (vgl. S. 348), ist eine Ergebnistabelle zur Ermittlung des Gesamtergebnisses, des Neutralen Ergebnisses und des Betriebsergebnisses zu erstellen. **Hierbei sollen zunächst nur der neutrale Aufwand und Ertrag vom betrieblichen Aufwand und Ertrag abgegrenzt werden.** Die Einzelpositionen des GuV-Kontos werden also dahingehend untersucht, ob sie Kosten und Leistungen darstellen:

1. Von den Abschreibungen auf Sachanlagen entfallen 5.000,00 € auf still gelegte Anlagen.
2. In der GuV-Position „Betriebssteuern" sind Grundsteuern enthalten. Hiervon entfallen 3.000,00 € auf ein brach liegendes Grundstück.

| Soll | 9300 Gewinn- und Verlustkonto | | | | Haben |
|---|---|---|---|---|---|
| 2080 | Anlagenabgänge | 50.000,00 | 2401 | Mieterträge | 10.000,00 |
| 2110 | Zinsaufwendungen | 35.000,00 | 2610 | Zinserträge | 5.000,00 |
| 3010 | Wareneingang | 1.296.000,00 | 2700 | Erlöse aus Anlagenabgängen | 25.000,00 |
| 4010 | Löhne | 180.000,00 | 2760 | Erträge aus der Auflösung von Rückstellungen | 13.000,00 |
| 4020 | Gehälter | 300.000,00 | 2771 | Erträge aus Versicherungsentschädigungen | 26.000,00 |
| 4040 | Soziale Aufwendungen | 50.000,00 | 8010 | Umsatzerlöse (Warenverkauf) | 2.490.000,00 |
| 4100 | Mietaufwendungen | 60.000,00 | 8710 | Entnahme von Waren | 6.000,00 |
| 42.. | Betriebsteuern | 55.000,00 | | | |
| 4260 | Versicherungsbeiträge | 5.000,00 | | | |
| 4400 | Werbe- und Reisekosten | 40.000,00 | | | |
| 4500 | Provisionen | 20.000,00 | | | |
| 4620 | Ausgangsfrachten | 80.000,00 | | | |
| 4710 | Instandhaltung | 60.000,00 | | | |
| 4910 | Abschreibg. auf Sachanlagen | 50.000,00 | | | |
| | Jahresüberschuss | 294.000,00 | | | |
| | | 2.575.000,00 | | | 2.575.000,00 |

## Ergebnistabelle

| Finanzbuchhaltung | | | Kosten- und Leistungsrechnung | | | |
|---|---|---|---|---|---|---|
| Gesamtergebnisrechnung | | | Abgrenzungsrechnung (unternehmensbezogene Abgrenzungen) | | Betriebsergebnisrechnung | |
| Konto | Aufwendungen | Erträge | neutrale Aufwendg. | neutrale Erträge | Kosten | Leistungen |
| 2080 | 50.000 | | 50.000 | | | |
| 2110 | 35.000 | | | | 35.000 | |
| 2401 | | 10.000 | | 10.000 | | |
| 2610 | | 5.000 | | 5.000 | | |
| 2700 | | 25.000 | | 25.000 | | |
| 2760 | | 13.000 | | 13.000 | | |
| 2771 | | 26.000 | | 26.000 | | |
| 3010 | 1.296.000 | | | | 1.296.000 | |
| 4010 | 180.000 | | | | 180.000 | |
| 4020 | 300.000 | | | | 300.000 | |
| 4040 | 50.000 | | | | 50.000 | |
| 4100 | 60.000 | | | | 60.000 | |
| 42.. | 55.000 | | 3.000 | | 52.000 | |
| 4260 | 5.000 | | | | 5.000 | |
| 4400 | 40.000 | | | | 40.000 | |
| 4500 | 20.000 | | | | 20.000 | |
| 4620 | 80.000 | | | | 80.000 | |
| 4710 | 60.000 | | | | 60.000 | |
| 4910 | 50.000 | | 5.000 | | 45.000 | |
| 8010 | | 2.490.000 | | | | 2.490.000 |
| 8710 | | 6.000 | | | | 6.000 |
| | 2.281.000 | 2.575.000 | 58.000 | 79.000 | 2.223.000 | 2.496.000 |
| | **294.000** | | **21.000** | | **273.000** | |
| | 2.575.000 | 2.575.000 | 79.000 | 79.000 | 2.496.000 | 2.496.000 |

**Abstimmung der Ergebnisse:**

| | | |
|---|---|---|
| **1. Gesamtergebnis der FB** | | **(+) 294.000,00 €** |
| 2. Neutraler Gewinn | (+) 221.000,00 € | |
| 3. Betriebsgewinn | (+) 273.000,00 € | |
| **4. Gesamtergebnis der KLR** | | **(+) 294.000,00 €** |

**Erläuterungen zur Ergebnistabelle**

Nachdem die **Salden aller Erfolgskonten** in die linken Spalten der Ergebnistabelle (Aufwendungen und Erträge der FB) übernommen und zum **Gesamtergebnis** zusammengefasst worden sind, erfolgt die **Übertragung** dieser Salden in die Betriebsergebnisrechnung oder die Abgrenzungsrechnung.

**In die Betriebsergebnisrechnung** werden die Salden aus der FB dann übertragen,

- wenn es sich um **Erträge** handelt, die **Leistungen** darstellen, oder
- wenn es sich um **Aufwendungen** handelt, die **Kosten** darstellen.

So werden z. B. die Nettoumsatzerlöse (Konto 8010) und die Entnahme von Waren (Konto 8710) aus der Ertragsspalte der FB in die Spalte „Leistungen" übertragen. Die Salden der Konten 2110, 3010, 4010, 4020, 4040, 4100, 4260, 4400, 4500, 4620 und 4710 werden aus der Aufwandsspalte der FB als Kosten in die Spalte „Kosten" der Betriebsergebnisrechnung übernommen.

**In die Abgrenzungsrechnung** werden die Salden aus der FB dann übertragen,

- wenn es sich um **neutrale Erträge oder neutrale Aufwendungen** handelt.

So gehen die Salden der Konten 2401, 2610, 2700, 2760 und 2771 in die Ertragsspalte der Abgrenzungsrechnung über und werden somit **von der KLR ferngehalten.** Entsprechend ist bei den Aufwendungen zu verfahren: Konto 2080 enthält einen neutralen Aufwand, der in die Aufwandsspalte der Abgrenzungsrechnung übertragen wird.

**Besondere Beachtung** verdienen das Konto **„4910 Abschreibungen auf Sachanlagen"** und die Kontengruppe **„42 Betriebsteuern":** Von den bilanzmäßigen Abschreibungen in Höhe von 50.000,00 € sind zunächst 5.000,00 € als neutraler Aufwand in die Abgrenzungsrechnung einzustellen. Dieser Betrag hat mit den Abschreibungen auf das betrieblich genutzte Anlagevermögen nichts zu tun; er wird über den Filter **„Unternehmensbezogene Abgrenzungen"** von der Kosten- und Leistungsrechnung ferngehalten. In die Spalte „Kosten" ist nur der Restbetrag von 45.000,00 € einzusetzen. Entsprechend ist bei der Kontengruppe 42 zu verfahren: Hier werden 3.000,00 € Grundsteuer auf das brach liegende Grundstück als neutraler Aufwand abgegrenzt; der Restbetrag von 52.000,00 € gilt als Kosten.

G

**Ausweis der Einzelergebnisse**

Während das **GuV-Konto** auf Seite 306 nur das **Gesamtergebnis** der Unternehmung (= Jahresüberschuss) in Höhe von **294.000,00 €** ausweist, lassen sich aus der **Ergebnistabelle** auf Seite 356 zusätzlich die **Teilergebnisse**

| | | |
|---|---|---|
| **Neutrales Ergebnis (Gewinn)** (Abgrenzungsergebnis) und | (+) | **21.000,00 €** |
| **Betriebsergebnis (Gewinn)** | (+) | **273.000,00 €** |

ablesen. Die Ergebnistabelle macht damit in der Spalte „Betriebsergebnisrechnung" eine für die Unternehmensleitung wichtige Aussage über das Ergebnis aus der eigentlichen betrieblichen Tätigkeit. Im obigen Beispiel stammt der **unternehmerische Erfolg überwiegend aus der betrieblichen Tätigkeit.** Die sonstigen Vorgänge, die **nichts mit regelmäßigen, planvollen betrieblichen Geschäftsfällen** zu tun haben, führen zu Erträgen und Aufwendungen, aus denen sich in diesem Fall ein **neutraler Gewinn** von 21.000,00 € errechnet.

**Kosten und Leistungen**

Die Ergebnistabelle verdeutlicht, dass das Betriebsergebnis des Abrechnungsmonats aus **Absatzleistungen** in Höhe von 2.496.000,00 € (Umsatzerlöse aus dem Warenverkauf + Entnahme von Waren) besteht und durch den Einsatz von insgesamt 2.223.000,00 € Kosten erzielt wurde.

MERKE

**Die Ergebnistabelle zeigt im KLR-Bereich nicht nur die Teilergebnisse „Neutrales Ergebnis" und „Betriebsergebnis"; sie macht auch eine Aussage über die Höhe der Kosten und Leistungen einer Abrechnungsperiode.**

**AUFGABE 358**

1. Wozu dient die Abgrenzungsrechnung?
2. Erläutern Sie den Aufbau der Ergebnistabelle.
3. Welche Ergebnisse lassen sich aus der Ergebnistabelle ablesen?
4. Nennen Sie Beispiele für unternehmensbezogene Abgrenzungen.

**AUFGABE 359**

Der Finanzbuchhaltung der Möbelgroßhandlung Schneider OHG entstammen für den Monat Juni .. folgende Aufwendungen, Erträge und Bestände:

| | | € |
|---|---|---|
| 2080 | Anlagenabgänge | 48.000,00 |
| 2250 | Steuernachzahlungen | 22.000,00 |
| 2401 | Mieterträge | 8.000,00 |
| 2420 | Betriebsfremde Erträge | 20.000,00 |
| 2520 | Erträge aus Wertpapieren des Anlagevermögens | 40.000,00 |
| 2610 | Zinserträge | 5.000,00 |
| 2700 | Erlöse aus Anlagenabgängen | 85.000,00 |
| 3010 | Wareneingang | 580.000,00 |
| 3910 | Warenbestand (AB) | 40.000,00 |
| 4010 | Löhne | 140.000,00 |
| 4020 | Gehälter | 350.000,00 |
| 4040 | Gesetzliche soziale Aufwendungen | 170.000,00 |
| 4210 | Gewerbesteuer | 45.000,00 |
| 4400 | Werbe- und Reisekosten | 11.000,00 |
| 4700 | Betriebskosten, Instandhaltung | 15.000,00 |
| 4910 | Abschreibungen auf Sachanlagen | 80.000,00 |
| 8010 | Umsatzerlöse (Warenverkauf) | 1.390.000,00 |
| 8710 | Entnahme von Waren | 20.000,00 |

**Aufgaben für die Erstellung der Ergebnistabelle**

1. Führen Sie die Abgrenzungsrechnung durch, indem Sie die neutralen Aufwendungen und Erträge aus der Erfolgsrechnung auf die Abgrenzungsrechnung übertragen.
2. Die betrieblichen Aufwendungen und Erträge sind entsprechend als Kosten und Leistungen in die Betriebsergebnisrechnung einzubringen. Der Warenendbestand beträgt 30.000,00 €.
3. Errechnen Sie
   a) das Neutrale Ergebnis,
   b) das Betriebsergebnis,
   c) das Gesamtergebnis der Unternehmung.
4. Stimmen Sie das Gesamtergebnis der FB mit dem Gesamtergebnis der KLR nach folgendem Schema ab:

G

**Abstimmung der Ergebnisse**

| | | |
|---|---|---|
| 1. Gesamtergebnis der FB ..................... | | ............................. € |
| | | ↑ |
| 2. Neutrales Ergebnis ............................. | ............................... € | |
| 3. Betriebsergebnis ................................ | ............................... € | |
| | | ↓ |
| 4. Gesamtergebnis der KLR (2 + 3) ........ | | ............................. € |

**AUFGABE 360**

Die FB der Textilgroßhandlung J. Wilhelm e. K. hat für das 1. Quartal .. folgende Aufwendungen, Erträge und Bestände erfasst:

| | | |
|---|---|---|
| 2080 | Anlagenabgänge | 55.600,00 |
| 2420 | Betriebsfremde Erträge | 25.200,00 |
| 2520 | Erträge aus Wertpapieren des AV | 8.200,00 |
| 2610 | Zinserträge | 4.100,00 |
| 2700 | Erlöse aus Anlagenabgängen | 1.900,00 |
| 2720 | Erträge aus dem Abgang von Vermögensgegenständen (UV) | 10.000,00 |
| 3010 | Wareneingang | 600.000,00 |
| 3910 | Warenbestand (AB) | 50.000,00 |
| 4010 | Löhne | 198.000,00 |
| 4020 | Gehälter | 701.000,00 |
| 4040 | Gesetzliche soziale Aufwendungen | 185.100,00 |
| 4100 | Mieten, Pachten | 64.900,00 |
| 4210 | Gewerbesteuer | 22.400,00 |
| 4400 | Werbe- und Reisekosten | 12.200,00 |
| 4910 | Abschreibungen auf Sachanlagen | 92.500,00 |
| 4940 | Abschreibungen auf Wertpapiere | 31.200,00 |
| 8010 | Umsatzerlöse (Warenverkauf) | 2.150.000,00 |
| 8710 | Entnahme von Waren | 40.000,00 |
| 8720 | Provisionserträge | 31.500,00 |
| Der Warenendbestand beträgt | | 30.000,00 |

1. Erstellen Sie die Ergebnistabelle.
2. Beurteilen Sie die Erfolgslage des Unternehmens.

**AUFGABE 361**

Die FB der Sanitärgroßhandlung H. Schnell e. K. weist für das 1. Quartal .. folgende Aufwendungen, Erträge und Bestände aus:

| | | |
|---|---|---|
| 2080 | Anlagenabgänge | 8.560,00 |
| 2420 | Betriebsfremde Erträge | 14.320,00 |
| 2520 | Erträge aus Wertpapieren des AV | 7.400,00 |
| 2610 | Zinserträge | 12.300,00 |
| 2700 | Erlöse aus Anlagenabgängen | 11.200,00 |
| 2720 | Erträge aus dem Abgang von Vermögensgegenständen (UV) | 2.600,00 |
| 2780 | Entnahme von sonstigen Gegenständen und Leistungen | 24.250,00 |
| 3010 | Wareneingang | 610.000,00 |
| 3910 | Warenbestand (AB) | 125.000,00 |
| 4010 | Löhne | 236.000,00 |
| 4020 | Gehälter | 384.000,00 |

| | | |
|---|---|---|
| 4040 | Gesetzliche soziale Aufwendungen | 128.000,00 |
| 4050 | Freiwillige soziale Aufwendungen | 41.000,00 |
| 4100 | Mietaufwendungen | 36.750,00 |
| 4210 | Gewerbesteuer | 58.200,00 |
| 4220 | Kfz-Steuer (Betrieb) | 12.900,00 |
| 4270 | Beiträge | 4.500,00 |
| 4400 | Werbe- und Reisekosten | 43.800,00 |
| 4500 | Provisionen | 17.150,00 |
| 4710 | Instandhaltungen | 36.400,00 |
| 4910 | Abschreibungen auf Sachanlagen | 83.000,00 |
| 8010 | Umsatzerlöse (Warenverkauf) | 1.546.400,00 |
| 8710 | Entnahme von Waren | 48.000,00 |
| Der Warenendbestand beläuft sich auf | | 104.000,00 |

1. Erstellen Sie die Ergebnistabelle.
2. Beurteilen Sie die Erfolgssituation des Unternehmens.

### 2.2.2 Kostenrechnerische Korrekturen

**Kostenrechnerische Korrekturen**

Zur Aufstellung der Betriebsergebnisrechnung müssen in der Ergbnistabelle noch kostenrechnerische Korrekturen vorgenommen werden, damit einem wesentlichen Grundsatz der Kostenrechnung gefolgt wird:

**In der Betriebsergebnisrechnung werden alle Kosten verursachungs- und periodengerecht in der für die Kostenrechnung geeigneten Höhe erfasst.** Diese Korrektur geschieht in einem **zweiten Filter** der Abgrenzungsrechnung, den **„Kostenrechnerischen Korrekturen"** (vgl. S. 354).

Aufgabe ist es nun die in der Finanzbuchhaltung erfassten Aufwendungen dahingehend zu prüfen, ob sie aufwandsgleich oder aufwandsungleich in die KLR fließen. Zudem müssen noch aufwandslose Kosten (s. u.) in der Abgrenzungsrechnung erfasst werden.

Die meisten Aufwendungen der Finanzbuchhaltung können **unverändert als Kosten** in die KLR übernommen werden. In diesen Fällen spricht man von **aufwandsgleichen Kosten** oder Grundkosten.

G

Es gibt aber auch Kosten, denen zwar ein Aufwand in der FB gegenübersteht, der jedoch **kalkulatorisch ungeeignet** ist und deshalb mit einem **anderen Wert in der KLR** angesetzt wird. Kosten dieser Art heißen Anderskosten; sie sind **aufwandsungleiche Kosten**.

**Korrekturbedürftige Aufwendungen**

Zu den korrekturbedürftigen Aufwendungen der Finanzbuchhaltung zählen:

- **bilanzmäßige Abschreibungen** (siehe S. 362 f.)
- **Fremdkapitalzinsen** (siehe S. 365 f.)
- **Einzelwagnisse** (siehe S. 370 f.)
- **Anschaffungspreise für Waren**
- **nicht periodengerecht anfallende betriebliche Aufwendungen**

**In der Kosten- und Leistungsrechnung** erscheinen statt

| | |
|---|---|
| ▪ bilanzmäßiger Abschreibungen<br>▪ gezahlter Fremdkapitalzinsen<br>▪ eingetretener Wagnisse<br>▪ Anschaffungspreisen<br>▪ nicht periodengerecht anfallende Aufwendungen | ▪ kalkulatorische Abschreibungen,<br>▪ kalkulatorische Zinsen,<br>▪ kalkulatorische Wagnisse,<br>▪ Verrechnungspreise,<br>▪ periodengerecht verteilte Kosten. |

**Ergebnis aus kostenrechnerischen Korrekturen**

Neben den korrekturbedürftigen Aufwendungen aus der Finanzbuchhaltung werden in der KLR **aufwandslose Kosten (= Zusatzkosten)** berücksichtigt. Sie dürfen in der FB nicht erfasst werden, da mit ihnen **keine Geldausgaben** verbunden sind. Zusatzkosten stellen jedoch **echten leistungsbedingten Werteverzehr** dar und müssen deshalb in der KLR „zusätzlich“ berücksichtigt werden.

Zu den Zusatzkosten zählen:

- **der kalkulatorische Unternehmerlohn** (S. 369) bei Einzelunternehmungen und Personengesellschaften
- die **kalkulatorischen Zinsen**, soweit sie sich auf das **betriebsnotwendige Eigenkapital** beziehen,
- die **kalkulatorische Miete** (S. 372).

<table>
<tr><th colspan="3">Aufwendungen der Finanzbuchhaltung</th><td rowspan="3" colspan="1">Ein Teil der Anderskosten und die Zusatzkosten sind keine Aufwendungen in der Finanzbuchhaltung (FB).</td></tr>
<tr><th>Neutral</th><th colspan="2">Betrieblich</th></tr>
<tr><td>Merkmale:<br>▪ betriebsfremd<br>▪ periodenfremd<br>▪ außerordentlich</td><td colspan="2">Merkmal:<br>▪ zweckgebunden</td></tr>
<tr><td rowspan="4">Neutrale Aufwendungen sind keine Kosten in der Kosten- und Leistungsrechnung (KLR).</td><th>Grundkosten</th><th>Anderskosten</th><th>Zusatzkosten</th></tr>
<tr><td>Die Aufwendungen der FB sind zugleich Kosten in der KLR:<br>Beispiele:<br>▪ Wareneinsatz<br>▪ Löhne<br>▪ ...</td><td>Die Aufwendungen der FB werden in der KLR mit einem anderen – zumeist höheren – Wert angesetzt:<br>▪ kalkulatorische Abschreibungen<br>▪ kalkulatorische Zinsen</td><td>Für diese Kosten der KLR gibt es keine Aufwendungen in der FB:<br>▪ kalkulatorischer Unternehmerlohn<br>▪ kalkulatorische Miete</td></tr>
<tr><th colspan="3">Kosten der Kosten- und Leistungsrechnung</th></tr>
<tr><td colspan="3">Merkmal:<br>▪ betriebsbezogen</td></tr>
</table>

**Zweck der kalkulatorischen Kosten**

Die kalkulatorischen Kosten sorgen dafür, dass nur der Werteverzehr in die KLR eingebracht wird, der durch die Umsatzprozesse tatsächlich entstanden ist, auch wenn er in der Erfolgsrechnung der FB nicht oder in anderer Höhe angefallen ist. Dadurch wird die KLR **genauer** und ein **Kostenvergleich** mit einzelnen Perioden oder branchengleichen Betrieben ist möglich.

**Ergebnisauswirkung**

Die kalkulatorischen Kosten werden im Soll der Betriebsergebnisrechnung erfasst und bilden zusammen mit den Grundkosten die Grundlage der **Angebotskalkulation** (siehe S. 384 f.). Beim Verkauf der Waren **fließen sie über die Erlöse** in das Unternehmen zurück. Kalkulatorische Kosten beeinflussen also nur dann **das Betriebsergebnis,** wenn sie über die Marktpreise **nicht voll ersetzt werden.**

**In der Abgrenzungsrechnung** werden die kalkulatorischen Kosten als „Verrechnete Kosten“ den Aufwendungen der Finanzbuchhaltung gegenübergestellt. Sie wirken sich hier als **neutraler Ertrag** aus.

Die Abgrenzungsrechnung nimmt zusätzlich zu den unternehmensbezogenen Aufwendungen und Erträgen in einer besonderen Spalte "Kostenrechnerische Korrekturen“ die korrekturbedürftigen betrieblichen Aufwendungen aus der FB auf. Diesen tatsächlichen Aufwendungen werden die in der Kosten- und Leistungsrechnung ermittelten kalkulatorischen Kosten gegenübergestellt.

Die Differenz stellt das **zweite neutrale Teilergebnis** dar, das sog. **Ergebnis aus kostenrechnerischen Korrekturen**.

Sind die aus der Finanzbuchhaltung übernommenen Aufwendungen höher als die in der Kosten- und Leistungsrechnung verrechneten Kosten, entsteht ein **neutraler Verlust** aus kostenrechnerischen Korrekturen. Im umgekehrten Fall ergibt sich ein **neutraler Gewinn** aus kostenrechnerischen Korrekturen.

MERKE

- **Kostenrechnerische Korrekturen sind dann erforderlich, wenn die betriebsbedingten Aufwendungen der Finanzbuchhaltung nicht die verursachungsgerechten Kosten wiedergeben.**
- **Die Abgrenzungsrechnung umfasst die Teilbereiche „Unternehmensbezogene Abgrenzungen" und „Kostenrechnerische Korrekturen".**
- **Das Neutrale Ergebnis der Abgrenzungsrechnung umfasst das Ergebnis aus unternehmensbezogenen Abgrenzungen und das Ergebnis aus kostenrechnerischen Korrekturen.**
- **Kalkulatorische Kosten > Aufwendungen der FB = Neutraler Gewinn**
- **Kalkulatorische Kosten < Aufwendungen der FB = Neutraler Verlust**

## 2.2.3 Kostenrechnerische Korrekturen durch kalkulatorische Kosten

### 2.2.3.1 Kalkulatorische Abschreibungen

**Bilanzmäßige Abschreibungen**

In der Ergebnistabelle auf Seite 356 hat die Kern KG die bilanzmäßigen Abschreibungen in Höhe von 45.000,00 € als Kosten angesetzt. Das ist grundsätzlich korrekt, da diese Aufwendungen **betriebsbedingt** sind. Es ist allerdings zu fragen, ob diese Aufwendungen dem **tatsächlichen Werteverzehr der Anlagen** entsprechen und damit **verursachungsgerechte Kosten** wiedergeben. Da bilanzmäßige Abschreibungen **im Rahmen handelsrechtlicher Vorschriften nach gewinnpolitischen Zweckmäßigkeiten** vorgenommen werden, eignen sie sich nicht für die Kostenrechnung, in der u. a. die **gleichmäßige Belastung** jeder Abrechnungsperiode mit Kosten angestrebt wird (Kostenvergleich!); dies wäre nur über die lineare Abschreibung möglich.

**Kalkulatorische Abschreibungen**

In der Regel sind also die bilanzmäßigen Abschreibungen für die KLR **ungeeignet** und werden dort mit einem **anderen Betrag** (Anderskosten, vgl. S. 361) eingesetzt. Folgende **Gründe** sprechen für den unterschiedlichen Wertansatz von bilanzmäßigen und kalkulatorischen Abschreibungen:

- **Bilanzmäßig** abgeschrieben werden **alle** Wirtschaftsgüter des Anlagevermögens, unabhängig davon, ob sie dem eigentlichen Betriebszweck dienen oder nicht.

  **Kalkulatorisch** abgeschrieben werden dagegen **nur** solche **Anlagegüter, die betriebsnotwendig sind.** Als betriebsnotwendig gelten alle Anlagen, die **laufend** dem Betriebszweck und der Leistungserstellung und -verwertung dienen (einschließlich Reserveanlagen).
- **Bilanzabschreibungen** werden auf der Grundlage der **Anschaffungs- oder Herstellungskosten** des Anlagegutes vorgenommen.

  **Kalkulatorische Abschreibungen** werden dagegen von den **gestiegenen Wiederbeschaffungskosten** des Anlagegutes berechnet. Die Einbeziehung der kalkulatorischen Abschreibungen in den Verkaufspreis der Waren bezweckt, dass der Betrieb eines Tages in die Lage versetzt wird, über die in den Erlösen zurückgeflossenen Abschreibungsbeträge neue Anlagen zu beschaffen.

G

- **Bilanzmäßig** kann ein Anlagegut in der Finanzbuchhaltung nur bis zum Erinnerungswert von 1,00 € abgeschrieben werden.

  **Kalkulatorische Abschreibungen** werden dagegen so lange fortgesetzt, wie das betreffende Anlagegut noch im Betrieb verwendet wird, also unabhängig davon, ob es bilanziell bereits abgeschrieben ist oder nicht.
- Unterschiede zwischen der bilanzmäßigen und der kalkulatorischen Abschreibung bestehen auch in der Anwendung der **Abschreibungsmethoden:**

  In der Finanzbuchhaltung ist der Kaufmann gehalten, nach handelsrechtlichen Vorschriften abzuschreiben (z. B. linear oder degressiv).[1]

  In der Kosten- und Leistungsrechnung dagegen soll möglichst die tatsächliche Wertminderung der Anlagegüter durch die kalkulatorische Abschreibung berücksichtigt werden. Außerdem ist es hinsichtlich des Kostenvergleichs notwendig, in den Abrechnungsperioden gleiche Abschreibungsbeträge zu verrechnen. Kalkulatorisch wird daher in der Regel linear abgeschrieben.

MERKE

- **Kalkulatorische Abschreibungen stellen Kosten dar, die die tatsächliche Wertminderung der Anlagen erfassen und der Substanzerhaltung dienen. Sofern sie höher als die bilanzmäßigen Abschreibungen sind und über die Marktpreise abgegolten werden, beeinflussen sie das Gesamtergebnis positiv.**
- **Bilanzmäßige Abschreibungen stellen Aufwand in der Gesamtergebnisrechnung der FB dar und werden nach handelsrechtlichen Gesichtspunkten bemessen. Sie beeinflussen die Wertansätze des Anlagevermögens in der Bilanz.**

BEISPIEL

Die Kern KG berechnet die kalkulatorischen Abschreibungen von den Wiederbeschaffungskosten der betrieblich genutzten Anlagegüter mit 60.000,00 €/Monat.

**Erfassung der kalkulatorischen Abschreibung in der KLR**

Die kalkulatorische Abschreibung wird mit 60.000,00 € in die Spalte „Kosten" der Betriebsergebnisrechnung eingesetzt und in der Spalte „Verrechnete Kosten" der Abgrenzungsrechnung gegengebucht durch die

**Buchung:**

| | | |
|---|---|---|
| **Kosten** der Betriebsergebnisrechnung | 60.000,00 | |
| an **Verrechnete Kosten** der Abgrenzungsrechnung | | 60.000,00 |

**Aus der Gesamtergebnisrechnung der FB** wird die dort gebuchte bilanzmäßige Abschreibung mit 45.000,00 € (vgl. S. 348) in die Aufwandsspalte der „Kostenrechnerischen Korrekturen" eingesetzt und somit von der KLR ferngehalten. **In der Abgrenzungsrechnung stehen sich nunmehr bilanzmäßige und kalkulatorische Abschreibung gegenüber.** Beide Zahlen werden zum Ergebnis aus kostenrechnerischen Korrekturen verrechnet. In diesem Fall ergibt sich ein **neutraler Ertrag in Höhe von 15.000,00 €** und ein unternehmensbezogener Aufwand von 5.000,00 €, insgesamt also ein **neutraler Gewinn von 10.000,00 €.** Das entspricht dem in der FB ausgewiesenen Gewinn von 10.000,00 €.

1 Vgl. dazu Kapitel C, 5.3, S. 199 f.

G

| Ergebnistabelle | | | | | | | | |
|---|---|---|---|---|---|---|---|---|
| **Finanzbuchhaltung** | | | **Kosten- und Leistungsrechnung** | | | | | |
| **Gesamtergebnisrechnung der FB** | | | **Abgrenzungsrechnung** | | | | **Betriebsergebnisrechnung** | |
| | | | **Unternehmensbezogene Abgrenzungen** | | **Kostenrechnerische Korrekturen** | | | |
| Konto | Aufwendungen | Erträge | Aufwendungen | Erträge | Aufwendungen lt. FB | verrechnete Kosten lt. KLR | Kosten | Leistungen |
| 4910 | 50.000 → | | → 5.000[1] → | | → **45.000** | **60.000** | ← 60.000 | |
| 8010 | | 60.000[2] | | | | | | 60.000[2] |
| | 50.000 | 60.000 | 5.000 | 0 | 45.000 | 60.000 | 60.000 | 60.000 |
| | **10.000** | | | **5.000** | **15.000** | | | **0** |
| | 60.000 | 60.000 | 5.000 | 5.000 | 60.000 | 60.000 | 60.000 | 60.000 |

**Ergebnisauswirkung der kalkulatorischen Abschreibung**

In die Betriebsergebnisrechnung (und damit in die Kalkulation) geht die kalkulatorische Abschreibung mit 60.000,00 € ein. Die bilanzmäßige Abschreibung wird von der KLR ferngehalten.

In der **FB** stellt die **bilanzmäßige Abschreibung** einen **Aufwand** dar. Die **kalkulatorische Abschreibung** wird dem Unternehmen – ganz oder teilweise – über die Umsatzerlöse „erstattet"[2]; sie ist somit ein **Ertrag** in der FB und beeinflusst das **Gesamtergebnis** mit.

Die bilanzmäßige Abschreibung wird als **neutraler Aufwand** in die **Abgrenzungsrechnung** übernommen. Ihr steht hier die kalkulatorische Abschreibung als **neutraler Ertrag** gegenüber; dieser Ertrag beeinflusst damit das **neutrale Ergebnis.**

In der **Betriebsergebnisrechnung** sind die kalkulatorischen Abschreibungen **Kosten.** Den Kosten stehen die Umsatzerlöse, in denen die kalkulatorischen Abschreibungen enthalten sind, als **Leistungen** gegenüber. Die kalkulatorische Abschreibung beeinflusst also das Betriebsergebnis, sofern ihr Ersatz über den Markt nur teilweise möglich ist oder der Unternehmer sie nur teilweise in die Kalkulation einbezieht.

G

**Abschreibungskreislauf**

Ein wesentliches Unternehmensziel muss die **Erhaltung der Vermögenssubstanz** sein; insbesondere geht es hierbei um die Erhaltung der im Anlagevermögen ruhenden Leistungsfähigkeit. Dies wird durch die **Ersatzbeschaffung** (= Reinvestition) **verbrauchter Anlagen** erreicht. Die **Finanzierung** solcher Anlagen hat grundsätzlich aus „verdienten" Kosten **ohne Zuführung von Eigenkapital** zu erfolgen. Um dies zu erreichen, bedarf es des Ansatzes von Abschreibungen, und zwar

- in der **Finanzbuchhaltung** als **Aufwand,** um zu verhindern, dass in der Gewinn- und Verlustrechnung **ein zu hoher Gewinn ausgewiesen** und möglicherweise **ausgeschüttet** wird (= Gefahr der Substanzausschüttung),
- in der **Kosten- und Leistungsrechnung** als **Kosten,** um die Wiederbeschaffung der Anlagen über die Selbstfinanzierung zu ermöglichen. Hierzu werden die Kosten in die Preisberechnung einbezogen. In der Regel müssen dem Unternehmen im Preis für die Waren **alle Kosten** zurückerstattet werden. In den Umsatzerlösen fließen also auch die Abschreibungsbeträge **(= Abschreibungsgegenwerte)** zurück und stehen in Form flüssiger Mittel für die Erneuerung von Anlagen zur Verfügung.

1 Vgl. S. 355 f.
2 über die Umsatzerlöse (Warenverkauf) erstattete kalkulatorische Abschreibungen

So ergibt sich – unter der Voraussetzung, dass die kalkulatorischen Abschreibungen vom Markt vergütet werden – folgender **Abschreibungskreislauf:**

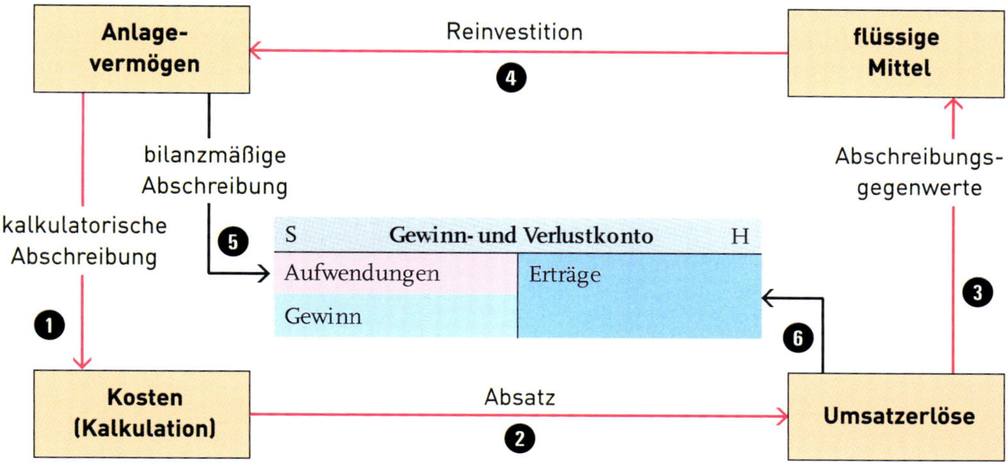


**Aufgabe:** Erläutern Sie den Abschreibungskreislauf ❶ bis ❻ anhand eines Zahlenbeispiels.

Die obige Darstellung macht deutlich, dass kein Unternehmen auf Abschreibungen als wesentliches Mittel der Finanzierung (= **Selbstfinanzierung**) verzichten kann.

**Finanzierung aus Abschreibungsgegenwerten**

**Bei der Finanzierungswirkung der Abschreibung** lassen sich drei Fälle unterscheiden:

- **Bilanzmäßige Abschreibungen und kalkulatorische Abschreibungen stimmen überein.** In diesem Fall findet eine **Vermögensumschichtung** vom Anlagevermögen zum Umlaufvermögen statt. Auf Dauer wird die Vermögenssubstanz nur **nominell** erhalten.
- **Bilanzmäßige Abschreibungen sind höher als kalkulatorische Abschreibungen.** In diesem Fall führt der gebuchte Mehraufwand zu einer **verdeckten Finanzierung aus dem Gewinn.** Auf Dauer wird die Vermögenssubstanz aufgezehrt.
- **Bilanzmäßige Abschreibungen sind niedriger als kalkulatorische Abschreibungen.** In diesem Fall führt der erzielte Mehrerlös zu einer **offenen Finanzierung aus dem Gewinn.** Dem Unternehmen stehen zusätzliche Mittel zur Finanzierung zur Verfügung.

MERKE

**Die mit den Umsatzerlösen in das Unternehmen zurückfließenden kalkulatorischen Abschreibungen stehen als flüssige Finanzierungsmittel zur Verfügung. Sie werden durch die als Aufwand gebuchten bilanzmäßigen Abschreibungen nicht ausgeschüttet.**

G

### 2.2.3.2 Kalkulatorische Zinsen

**Fremdkapitalzinsen als Kosten**

In der Ergebnistabelle auf Seite 314 hat die Kern KG die in der Finanzbuchhaltung gebuchten Fremdkapitalzinsen in Höhe von 35.000,00 € als Kosten in die Kosten- und Leistungsrechnung übernommen. Das ist grundsätzlich richtig, da die Fremdkapitalzinsen einen **betrieblichen Aufwand** darstellen. Es stellt sich die Frage, ob dieser Kostenansatz zweckmäßig ist. Die Kern KG wird danach streben, dass ihr in den Umsatzerlösen auch eine angemessene **Verzinsung des eingesetzten Eigenkapitals** zufließt. Um das zu erreichen, werden in der Kostenrechnung Zinsen für das **gesamte bei der Leistungserstellung und -verwertung erforderliche Kapital** angesetzt. Dadurch werden alle Handelsbetriebe in der Selbstkosten- und Betriebsergebnisrechnung vergleichbar gemacht, unabhängig davon, in welchem Verhältnis sie mit Eigen- und Fremdkapital ausgestattet sind. Zudem wird die Kostenrechnung von zufälligen Schwankungen befreit, die durch die Änderungen der Zinssätze für aufgenommene Kredite entstehen.

**Betriebs-notwendiges Kapital**

In der Kosten- und Leistungsrechnung werden somit anstelle der tatsächlich gezahlten Zinsen **kalkulatorische Zinsen** angesetzt und verrechnet. Sie werden auf der Grundlage des **betriebsnotwendigen Kapitals** ermittelt. Der kalkulatorische Zinssatz richtet sich meist nach dem im betreffenden Zeitraum üblichen Zinssatz für langfristige Darlehen.

**BEISPIEL**

Die Kern KG ermittelt auf der Grundlage ihrer Bilanzen das folgende **betriebsnotwendige Kapital,** das mit **9 %/Jahr** kalkulatorisch verzinst werden soll:

| | |
|---|---|
| Anlagevermögen (nach kalkulatorischen Restwerten, ohne still gelegte Anlagen) | 2.000.000,00 € |
| + Umlaufvermögen (nach kalkulatorischen Mittelwerten, ohne Wertpapiere) | 3.850.000,00 € |
| = Betriebsnotwendiges Vermögen | 5.850.000,00 € |
| – Abzugskapital (Kundenanzahlungen, Lieferantenkredite ohne Skontierung, Rückstellungen) | 250.000,00 € |
| **= Betriebsnotwendiges Kapital** | **5.600.000,00 €** |
| Die **kalkulatorischen Zinsen** für das Jahr betragen dann: 5.600.000,00 € · 0,09 = | **504.000,00 €** |
| Die kalkulatorischen Zinsen für den Monat betragen | **42.000,00 €** |

**Zum betriebsnotwendigen Anlagevermögen** zählen nur solche Anlagegüter, die **dauernd** dem eigentlichen **Betriebszweck** dienen. Sie dürfen nicht mit den Bilanz- oder Buchwerten, sondern nur mit den **kalkulatorischen Restwerten** (= Anschaffungskosten – kalkulatorische Abschreibungen) angesetzt werden. **Nicht betriebsnotwendige Anlagen,** wie z. B. stillgelegte Anlagen u. a., bleiben **außer Ansatz.** Reserveanlagen (z. B. Reservetransporteinrichtungen) gehören stets zum betriebsnotwendigen Anlagevermögen, da sie für die Aufrechterhaltung der Betriebsbereitschaft erforderlich sind.

**Das betriebsnotwendige Umlaufvermögen** ist nach Ausgliederung der nicht betriebsbedingten Posten (z. B. Wertpapierbestände) mit den Beträgen anzusetzen, die während des Abrechnungszeitraumes **durchschnittlich** im Umlaufvermögen gebunden sind (sog. kalkulatorische Mittelwerte).

G

**Das Abzugskapital** besteht aus Kapitalposten, die dem Unternehmen **zinslos** zur Verfügung stehen, wie z. B. Anzahlungen von Kunden, Rückstellungen, Lieferantenkredite, sofern keine Skontierungsmöglichkeit hierfür besteht.

Strittig ist, ob ein Abzugskapital vom betriebsnotwendigen Vermögen überhaupt subtrahiert werden sollte. Für einen Abzug spricht, dass dadurch eine doppelte Anrechnung von Zinskosten verhindert wird. So ist z. B. in Lieferantenkrediten (= Verbindlichkeiten a. LL) der Zins bereits im Warenpreis enthalten und Kundenanzahlungen beinhalten eine Abzinsung – und damit einen Zinsvorteil für den Lieferanten – für eine erst später fällige Forderung. Lässt man das Abzugskapital aus der Berechnung heraus, so wird dadurch verhindert, dass die Höhe des betriebsnotwendigen Kapitals von Finanzierungsvorgängen beeinflusst wird. Wir haben uns hier entschieden, das Abzugskapital anzusetzen.

**Erfassung der kalkulatorischen Zinsen in der KLR**

Die kalkulatorischen Zinsen werden mit 42.000,00 € (vgl. Beispiel oben) in die Spalte „Kosten" der Betriebsergebnisrechnung eingesetzt und wie bei den kalkulatorischen Abschreibungen in der Spalte „Verrechnete Kosten" der „Kostenrechnerischen Korrekturen" **gegengebucht.** Aus der FB werden die dort als Aufwand gebuchten Fremdkapitalzinsen (vgl. S. 356) in die Spalte „Aufwendungen lt. FB" der „Kostenrechnerischen Korrekturen" übertragen. Hier stehen sich

Fremdkapitalzinsen und kalkulatorische Zinsen gegenüber und können zum **Ergebnis aus kostenrechnerischen Korrekturen** verrechnet werden. In diesem Fall ergibt sich ein **neutraler Gewinn von 7.000,00 €.** Er stimmt mit dem in der FB ausgewiesenen Gewinn **bei vollem Kostenersatz durch die Umsatzerlöse** überein.

| Ergebnistabelle | | | | | | | |
|---|---|---|---|---|---|---|---|
| **Finanzbuchhaltung** | | | **Kosten- und Leistungsrechnung** | | | | |
| **Gesamtergebnisrechnung der FB** | | | **Abgrenzungsrechnung** | | | **Betriebsergebnisrechnung** | |
| | | | **Unterneh.-bezogene Abgrenz.** | **Kostenrechnerische Korrekturen** | | | |
| Konto | Aufwendungen | Erträge | | Aufwdg. lt. FB | verrechnete Kosten lt. KLR | Kosten | Leistungen |
| 2110 | 35.000 → | | | **35.000** | **42.000** ← | 42.000 | |
| 8010 | | 42.000[1] | | | | | 42.000[1] |
| | 35.000 | 42.000 | | 35.000 | 42.000 | 42.000 | 42.000 |
| | **7.000** | | | **7.000** | | | **0** |
| | 42.000 | 42.000 | | 42.000 | 42.000 | 42.000 | 42.000 |

MERKE

- **Kalkulatorische Zinsen stellen Kosten für die Nutzung des betriebsnotwendigen Kapitals dar. Ihre Einbeziehung in die KLR ermöglicht eine gleichmäßige Belastung der Abrechnungsperioden mit Zinskosten. In den Umsatzerlösen werden die Zinsen dem Unternehmen in der Regel vergütet.**
- **Die gezahlten Fremdkapitalzinsen stellen Aufwand in der Finanzbuchhaltung dar. In der Abgrenzungsrechnung werden sie den verrechneten kalkulatorischen Zinsen gegenübergestellt.**

AUFGABE 362

Ein Großhandelsbetrieb verfügt über folgende betriebsnotwendige Vermögenswerte:

**Anlagevermögen:**

| | |
|---|---|
| Gebäude | 750.000,00 |
| Maschinelle Anlagen | 220.000,00 |
| Betriebs- und Geschäftsausstattung | 170.000,00 |
| Fuhrpark | 260.000,00 |

**Umlaufvermögen:**

| | |
|---|---|
| Waren | 530.000,00 |
| Kundenforderungen | 280.000,00 |
| Zahlungsmittel | 190.000,00 |

Das Abzugskapital besteht aus Lieferantenkrediten in Höhe von 200.000,00 €.

Der kalkulatorische Zinssatz wird mit 9 % angesetzt.

Die tatsächlich gezahlten Fremdkapitalzinsen betragen im Geschäftsjahr 135.000,00 €.

1. Ermitteln Sie das betriebsnotwendige Kapital sowie die jährlichen und monatlichen kalkulatorischen Zinsen.
2. Erstellen Sie die Ergebnistabelle bei vollem Kostenersatz.

G

1 über die Umsatzerlöse (Warenverkauf) erstattete kalkulatorische Zinsen

### 2.2.3.3 Kalkulatorische Lagerzinsen

**Die Kosten für die Lagerung der Waren** fallen entweder als tatsächliche Aufwendungen an und sind dann unter den Kostenarten der Kontenklasse 4 erfasst oder werden über die „Kalkulatorischen Kosten" in Ansatz gebracht. So werden z. B. die kalkulatorischen Zinsen aus dem betriebsnotwendigen Kapital berechnet, in dem auch das in den Warenvorräten durchschnittlich gebundene Kapital enthalten ist. Somit **entfällt in der Regel** die gesonderte Verrechnung kalkulatorischer Zinsen für das durch die gelagerten Waren gebundene Kapital. Nur bei **besonders langer Lagerdauer** einer Warengruppe können kalkulatorische Lagerzinsen für diese Warengruppe Eingang in die Kostenrechnung finden. Die kalkulatorischen Lagerzinsen werden dann als Einzelkosten direkt dem Kostenträger (Warengruppe) zugerechnet.

**BEISPIEL** Die Papiergroßhandlung Kern KG führt neben den gängigen Papieren auch spezielle Vliesstoffe mit längerer Lagerdauer. In dieser Warengruppe wurde im letzten Jahr ein Umsatz zu Einstandspreisen in Höhe von 315.000,00 € erzielt. Die Lagerstatistik weist einen durchschnittlichen Lagerbestand von 140.000,00 € aus. Der Einstandspreis einer Rolle Vliesstoff beträgt 1.250,00 €.

1. Zunächst wird festgestellt, wie oft der Lagerbestand umgesetzt wurde:

$$\textbf{Umschlagshäufigkeit} = \frac{\textbf{Umsatz}}{\textbf{Lagerbestand}} = \frac{315.000,00\ €}{140.000,00\ €} = \textbf{2,25 mal}$$

2. Mithilfe der Umschlagshäufigkeit lässt sich die durchschnittliche Lagerdauer ermitteln:

$$\textbf{Durchschnittliche Lagerdauer} = \frac{360 \text{ Tage}}{2,25} = \textbf{160 Tage}$$

3. Bei einem angenommenen Jahreszinssatz von 9 % ergibt sich der Lagerzinssatz für die Warengruppe nach folgender Rechnung:

360 Tage ≙ 9 %
160 Tage ≙ x %

$$\textbf{x \%} = \frac{9\ \% \cdot 160}{360} = \textbf{4 \% Lagerzinssatz}$$

4. Einrechnung der Lagerzinsen in den Einstandspreis:

| | |
|---|---|
| **Einstandspreis einer Rolle Vliesstoff** | **1.250,00 €** |
| **+ 4 % Lagerzinsen** | **50,00 €** |
| **= Verzinster Einstandspreis** | **1.300,00 €** |

**MERKE** **Kalkulatorische Lagerzinsen werden in der Regel nicht gesondert als Kosten angesetzt. Bei Waren mit besonders langer Lagerdauer rechnet man sie als Einzelkosten in den Einstandspreis ein.**

**AUFGABE 363**

1. Warum erübrigt sich in der Regel die gesonderte Einrechnung von Lagerzinsen in den Einstandspreis einer Ware?
2. Wie hoch ist der Lagerzinssatz?

| | |
|---|---|
| Warenanfangsbestand | 420.000,00 |
| Warenendbestand | 280.000,00 |
| Jahresumsatz zu Einstandspreisen | 1.400.000,00 |
| Banküblicher Zinssatz | 10 % |

### 2.2.3.4 Kalkulatorischer Unternehmerlohn

**In Kapitalgesellschaften** beziehen die Vorstandsmitglieder der AG und die Geschäftsführer der GmbH **Gehälter,** die als **Kosten** in die Selbstkosten- und Betriebsergebnisrechnungen dieser Unternehmensformen eingehen.

**In Einzelunternehmungen** (e. K.) und **Personengesellschaften** (OHG, KG) dagegen erhalten die **mitarbeitenden** Inhaber oder Gesellschafter keine Gehälter. Ihre Arbeitsleistung wird durch den Gewinn abgegolten. Der **Gewinn** ist in diesen Unternehmungsformen das Entgelt sowohl für die Tätigkeit des Unternehmers (**Arbeitsleistungsanteil**) als auch für den Einsatz des Eigenkapitals (**Kapitalverzinsung**) und für das übernommene allgemeine Unternehmerrisiko.

**Kalkulatorischer Unternehmerlohn**

Die Kosten- und Leistungsrechnung hat **sämtliche** Kosten zu erfassen, die durch die Umsatzprozesse verursacht werden. Dazu zählt auch die Nutzung der **Arbeitskraft des mitarbeitenden Unternehmers.** Deshalb muss ein kalkulatorischer Unternehmerlohn als Entgelt für die Arbeitsleistung des Unternehmers in die Kosten einbezogen werden. Im Übrigen würde der Unternehmer bei der Leitung eines fremden Unternehmens ebenfalls ein kalkulierbares Gehalt beziehen. Außerdem werden auch für das Eigenkapital, das der Unternehmer für die Erfüllung der Betriebszwecke zur Verfügung stellt, kalkulatorische Zinsen als Kosten verrechnet.

**Kostenvergleich**

Durch die Einrechnung des kalkulatorischen Unternehmerlohns in die Kosten wird erreicht, dass sowohl Kapitalgesellschaften als auch Personengesellschaften und Einzelunternehmungen in der Selbstkosten- und Betriebsergebnisrechnung **gleichgestellt** sind.

**Höhe**

**Die Höhe** des kalkulatorischen Unternehmerlohns richtet sich nach dem Gehalt eines leitenden Angestellten in **vergleichbarer** Position.

In § 202 Abs. 1 Nr. 2 Buchstabe d Bewertungsgesetz (BewG) wird die Berechnung wie folgt beschrieben: „Die Höhe des Unternehmerlohns wird nach der Vergütung bestimmt, die eine nicht beteiligte Geschäftsführung erhalten würde." Und ein mit dieser Thematik befasstes BGH-Urteil verlangt, dass der kalkulatorische Unternehmerlohn individuell zu berechnen ist.

**Zusatzkosten**

Der kalkulatorische Unternehmerlohn wird als Kostenbestandteil in die Kosten- und Leistungsrechnung eingebracht; er darf aber nicht – wie z. B. die Gehälter leitender Angestellter – in der Finanzbuchhaltung gebucht werden, da er nicht zu Aufwendungen und Ausgaben führt. Kosten mit dieser Eigenschaft heißen Zusatzkosten (vgl. S. 361).

---

**BEISPIEL**

Der Unternehmerlohn wird in der Kern KG, Köln, mit monatlich 8.000,00 € angesetzt.

Dieser Betrag wird in der Ergebnistabelle unter der Spalte „Kosten" (–) der Betriebsergebnisrechnung erfasst und in der Spalte „Kostenrechnerische Korrekturen" (+) der Abgrenzungsrechnung gegengebucht. Als Kostenfaktor geht dieser Betrag in die Kalkulation ein und wird in den Erlösen vom Markt vergütet. In der Abgrenzungsrechnung steht dem verrechneten kalkulatorischen Unternehmerlohn kein vergleichbarer Aufwand aus der Finanzbuchhaltung gegenüber. Der verrechnete Unternehmerlohn wird somit als **neutraler Ertrag** ausgewiesen.

**Aufgabe:**
Verdeutlichen Sie sich die Zusammenhänge des obigen Beispiels anhand der Ergebnistabelle auf Seite 374.

---

**MERKE**

**Bei Einzelunternehmungen und Personengesellschaften wird für die mitarbeitenden Inhaber oder Gesellschafter ein angemessener Unternehmerlohn in die Selbstkosten- und Betriebsergebnisrechnungen einbezogen. Damit sind diese Unternehmungsformen hinsichtlich der Personalkosten den Kapitalgesellschaften gleichgestellt (Kostenvergleich!).**

### 2.2.3.5 Kalkulatorische Wagnisse

**Arten** Jede unternehmerische und betriebliche Tätigkeit ist mit Wagnissen oder Risiken verbunden und kann daher zu Verlusten führen. Diese Wagnisverluste lassen sich in ihrer Höhe und in ihrem zeitlichen Eintreten nicht vorhersehen. Man unterscheidet zwischen dem **allgemeinen Unternehmerwagnis** und den **Einzelwagnissen.**

**Das allgemeine Unternehmerwagnis** betrifft Verluste, die das Unternehmen als Ganzes gefährden. Dazu zählen Wagnisverluste, die sich insbesondere aus der gesamtwirtschaftlichen Entwicklung ergeben, wie z. B. **Beschäftigungsrückgang, plötzliche Nachfrageverschiebung, technischer Fortschritt.** Das allgemeine Unternehmerrisiko ist **kein** Kostenbestandteil. Es wird im **Gewinn abgegolten.**

**Einzelwagnisse** stehen dagegen im unmittelbaren Zusammenhang mit der Beschaffung, der Lagerung und dem Absatz der Waren. Da sie voraussehbar und aufgrund von **Erfahrungswerten** berechenbar sind, haben sie grundsätzlich **Kostencharakter.**

**Zu den Einzelwagnissen zählen:**

- **Anlagewagnis**: Verluste an Anlagegütern durch besondere Schadensfälle (Brand), Gefahr des vorzeitigen Ausfalls von Anlagen, z. B. durch technischen Fortschritt.
- **Beständewagnis:** Verluste an Waren durch Schwund, Verderb, Diebstahl, Veralten oder Preissenkungen.
- **Gewährleistungswagnis:** Garantieleistungen, z. B. kostenlose Ersatzlieferung, Preisnachlass wegen Mängelrüge.
- **Vertriebswagnis:** Ausfälle und Währungsverluste bei Kundenforderungen.

**Eingetretene Wagnisverluste** Die tatsächlichen Wagnisverluste fallen **zeitlich unregelmäßig** und in **unterschiedlicher Höhe** an und sind damit für die Kostenrechnung ungeeignet. Sie werden **als Aufwand** in der Erfolgsrechnung der Finanzbuchhaltung erfasst.

**Kalkulatorische Wagnisse** Anstelle der tatsächlich eingetretenen Wagnisverluste werden in der Kosten- und Leistungsrechnung kalkulatorische Wagniszuschläge für die betreffenden **Einzelrisiken** ermittelt und verrechnet. Die Verrechnung von konstanten kalkulatorischen Wagniszuschlägen führt zu einer **gleichmäßigen und anteiligen Belastung der Abrechnungsperioden** mit Wagnisverlusten und eliminiert somit die Zufallseinflüsse aus der Selbstkosten- und Betriebsergebnisrechnung.

G

**Fremdversicherungen** Soweit die Einzelwagnisse bereits durch den Abschluss von entsprechenden Versicherungen gedeckt sind, werden in der Regel **keine** kalkulatorischen Wagniszuschläge verrechnet. In diesem Fall sind die **Versicherungsprämien** als **Kosten** zu berücksichtigen.

MERKE

- **Die Verrechnung von konstanten kalkulatorischen Wagniszuschlägen trägt dazu bei, dass die Selbstkosten- und Betriebsergebnisrechnungen von Zufallsschwankungen befreit werden.**
- **Das allgemeine Unternehmerwagnis darf kalkulatorisch nicht erfasst werden.**
- **Die durch Fremdversicherungen abgedeckten Einzelwagnisse gehen in der Regel als Kosten in die Kosten- und Leistungsrechnung ein.**

**Berechnungsgrundlagen für Wagnisse**

Je nach Wagnisart ist die Berechnungsgrundlage unterschiedlich:

| Wagnis | Berechnungsgrundlage |
|---|---|
| ▪ Anlagewagnis | ▪ Anschaffungskosten |
| ▪ Beständewagnis | ▪ Einstandspreise der Waren |
| ▪ Gewährleistungswagnis | ▪ Umsatz zu Selbstkosten |
| ▪ Vertriebswagnis | ▪ Umsatz zu Selbstkosten |

**Die Höhe der kalkulatorischen Wagniszuschläge** richtet sich nach entsprechenden Erfahrungswerten. In der Regel wird aus den betreffenden Wagnisverlusten der letzten fünf Jahre ein **Durchschnittswert in Prozent** ermittelt.

**BEISPIEL**

Ermittlung des kalkulatorischen Zuschlagssatzes für das Beständewagnis: Der Verlust an Warenvorräten durch Schwund, Verderb u. a. betrug in den letzten fünf Jahren durchschnittlich 300.000,00 €. Für den gleichen Zeitraum wurde ein durchschnittlicher Wareneinsatz von 10.000.000,00 € ermittelt.

$$\textbf{Kalkulatorischer Beständewagniszuschlag} = \frac{\textbf{Verlust}}{\textbf{Wareneinsatz}} = \frac{300.000{,}00\ €}{10.000.000{,}00\ €} = 0{,}03 = \mathbf{3\ \%}$$

Das bedeutet, dass auf die gekauften Waren 3 % Wagniskosten zu verrechnen sind.

Der Wareneinsatz im Monat September betrug 1.296.000,00 € (vgl. S. 356). Der kalkulatorische Wagniszuschlag ist auf 3 % festgesetzt.

$$\textbf{Kalkulatorischer Wagniszuschlag} = \frac{1.296.000{,}00\ € \cdot 3\ \%}{100\ \%} = \mathbf{38.880{,}00\ €}$$

**Erfassung in der KLR**

Dieser Betrag wird in der Ergebnistabelle unter der Spalte „Kosten" der Betriebsergebnisrechnung erfasst und in der Spalte „Kostenrechnerische Korrekturen" der Abgrenzungsrechnung gegengebucht. Hier stehen ihm die tatsächlichen Wagnisverluste aus der FB gegenüber.

Geringfügige Verluste – wie sie bei den Warenvorräten auftreten können – werden durch die (monatliche) Inventur aufgedeckt und durch die Buchung „3010 Wareneingang an 3900 Warenbestände" ausgeglichen. In diesen Fällen erübrigt sich ein Wagniszuschlag.

**AUFGABE 364**

1. Wie hoch ist das jährliche Wagnis in Prozent?
2. Ermitteln Sie den der Wagniszuschlag für das 6. Geschäftsjahr aufgrund der Wagnisse der letzten fünf Jahre

| | eingetretene Risiken | Umsatz zu Selbstkosten |
|---|---|---|
| 1. Jahr | 15.000,00 | 1.200.000,00 |
| 2. Jahr | 28.000,00 | 1.400.000,00 |
| 3. Jahr | 27.000,00 | 1.500.000,00 |
| 4. Jahr | 17.500,00 | 1.250.000,00 |
| 5. Jahr | 37.400,00 | 1.700.000,00 |

**AUFGABE 365**

1. Aus welchen Gründen werden kalkulatorische Wagnisse verrechnet?
2. Stellen kalkulatorische Wagniskosten Anders- oder Zusatzkosten dar?
3. Unterscheiden Sie zwischen Unternehmerrisiko und Einzelwagnis.

G

### 2.2.3.6 Kalkulatorische Miete

**Mietwert für die gemieteten Gebäude**

In der Mehrzahl betreiben Einzelkaufleute und Personengesellschaften ihre Gewerbe in gemieteten Gebäuden. In diesem Fall werden die tatsächlich gezahlten Mieten oder Pachten als betrieblicher Aufwand auf dem Konto 4100 Mietaufwendungen gebucht und als Kosten in die KLR übernommen.

**Mietwert für die betriebseigenen Gebäude**

Sofern ein Unternehmer sein Gewerbe in betriebseigenen Gebäuden betreibt, zahlt er keine Miete. In diesem Fall ist es aus betriebswirtschaftlicher Vergleichbarkeit heraus sinnvoll, in der Betriebsergebnisrechnung für die eigengenutzten Gebäude eine kalkulatorische Miete anzusetzen,deren Höhe sich nach dem örtlichen Mietspiegel richtet. Für die betriebseigenen Gebäude entstehen jedoch Aufwendungen, die ein Mieter mit seiner Miete begleicht, z. B. Gebäudeabschreibungen, Darlehenszinsen, Grundsteuern, Grundbesitzabgaben. Diese Gebäudeaufwendungen können in der Kostenrechnung nicht zusätzlich zu der kalkulatorischen Miete auch noch als Kosten angesetzt werden. Die Gebäudeaufwendungen müssen daher von der kalkulatorischen Miete abgegrenzt werden (Kostenrechnerische Korrektur).

Weichen die tatsächlichen Gebäudeaufwendungen **nicht** wesentlich von der kalkulatorischen Miete ab oder werden wesentliche Teile der Gebäude- und Grundstücksaufwendungen durch die kalkulatorischen Abschreibungen und die kalkulatorischen Zinsen in der KLR bereits berücksichtigt, **entfällt in der Regel die Verrechnung** einer besonderen kalkulatorischen Miete für die betriebseigenen Gebäude. Die dann noch nicht in den kalkulatorischen Kostenansätzen enthaltenen Gebäudeaufwendungen gehen als Kosten in die Betriebsergebnisrechnung ein.

**Mietwert betrieblich genutzter Privaträume**

Wenn ein Einzelunternehmer oder Personengesellschafter dem Betrieb unentgeltlich Privaträume zur Verfügung stellt, sollte die kalkulatorische Miete als fester Kostenbestandteil verrechnet werden. In diesem Fall setzt das Unternehmen die ortsübliche Miete als kalkulatorischen Mietwert an.

**MERKE**

- **Für die Nutzung der betriebseigenen Gebäude wird in der Regel kein kalkulatorischer Mietwert verrechnet.**
- **Für die betriebliche Nutzung von unentgeltlich zur Verfügung gestellten Privaträumen ist ein kalkulatorischer Mietwert als Kostenbestandteil zu verrechnen.**

G

## 2.2.4 Erfassung der Leistungen

**Handelsleistung**

Die Leistung eines Großhandelsbetriebes besteht im Absatz von Handelswaren. Die Handelswaren verursachen durch den Einkauf, die Lagerung und den Verkauf Waren- und Handlungskosten, die zusammen mit dem Gewinn und etwaigen Verkaufszuschlägen die **Verkaufspreise** der jeweiligen Waren ausmachen. Aus dem Verkaufspreis der Wareneinheit und der abgesetzten Menge errechnet sich der **Wert der Handelsleistung,** nämlich die **Umsatzerlöse.** Die Umsatzerlöse werden – nach Warengruppen getrennt – in der Kontenklasse 8 der Finanzbuchhaltung gebucht und in jeder Abrechnungsperiode mit ihrem Nettowert, d. h. nach Abzug von Skonti, Rücksendungen und Gutschriften sowie der Einrechnung von Anschaffungsnebenkosten (z. B. Frachten), in die Kosten- und Leistungsrechnung übernommen.

**MERKE**

**Die Nettoumsatzerlöse einer Abrechnungsperiode sind Ausdruck der Leistung eines Großhandelsbetriebes. Sie gehen in die KLR ein.**

Zu den Leistungen des Handelsbetriebes gehören auch die unentgeltliche Entnahme von Waren durch den Inhaber (vgl. Konto 8710) sowie die unentgeltliche Entnahme von sonstigen Gegenständen und Leistungen (vgl. Konto 2780), also die Nutzung von Gegenständen des Betriebsvermögens für private Zwecke (z. B. regelmäßige Nutzung eines dem Unternehmensvermögen zugerechneten Fahrzeugs für private Zwecke, sog. gemischt genutztes Fahrzeug).

**AUFGABE 366**

1. Erklären Sie die Grundsätze der nominellen und substanziellen Kapitalerhaltung.
2. Nennen Sie die Auswirkungen der bilanzmäßigen und der kalkulatorischen Abschreibung auf das Betriebsergebnis, das Neutrale Ergebnis und das Gesamtergebnis.

**AUFGABE 367**

Auf einen Lkw mit Anschaffungskosten von 120.000,00 € werden 12,5 % bilanzmäßig linear abgeschrieben. Die verbrauchsbedingte kalkulatorische Abschreibung beträgt 15 % von den Wiederbeschaffungskosten in Höhe von 140.000,00 €.

1. Stellen Sie den Vorgang in einer Ergebnistabelle dar.
2. Welche Auswirkung auf das Gesamtergebnis haben die kalkulatorischen Abschreibungen (bei vollem Kostenersatz)?

**AUFGABE 368**

Die in der Finanzbuchhaltung für das Jahr .. erfassten Fremdkapitalzinsen betragen 72.000,00 €. Die kalkulatorischen Zinsen werden in der Kosten- und Leistungsrechnung mit 90.000,00 € verrechnet und über die Umsatzerlöse voll erstattet.

1. Um wie viel Euro übersteigen die monatlichen Zusatzkosten, die durch die Verrechnung der kalkulatorischen Zinsen entstehen, die monatlichen Fremdkapitalzinsen?
2. Welche Zinsen beeinflussen in welcher Höhe
   a) das Gesamtergebnis der Unternehmung,
   b) das Betriebsergebnis,
   c) das Neutrale Ergebnis?

**AUFGABE 369**

In der Großhandlung Barthke KG wird für die Warengruppe Werkzeugmaschinen ein Umsatz zu Einstandspreisen von 930.000,00 € erzielt. Der durchschnittliche Lagerbestand beträgt 372.000,00 €.

Wie hoch ist der in der Kalkulation anzusetzende Lagerzinssatz bei einem Jahreszinssatz von 12 %?

**AUFGABE 370**

Der Einzelunternehmer Eberhard Naumann e. K. berechnet für seine Arbeitsleistung in seinem Großhandelsbetrieb einen kalkulatorischen Unternehmerlohn von 12.000,00 € monatlich.

1. Wie wird der Vorgang in der Ergebnistabelle erfasst?
2. Zeigen Sie anhand der Ergebnistabelle auf, wie sich der kalkulatorische Unternehmerlohn auf die Kosten des Betriebs und auf das Gesamtergebnis der Unternehmung auswirkt, wenn voller Kostenersatz über die Umsatzerlöse möglich ist.
3. Weshalb bezeichnet man den kalkulatorischen Unternehmerlohn auch als Zusatzkosten?

**AUFGABE 371**

Ein Unternehmen hat aufgrund der angespannten Wirtschaftslage im abgelaufenen Jahr seine Waren unter Selbstkosten verkauft. Folgende Angaben aus der Finanzbuchhaltung und der Kosten- und Leistungsrechnung liegen vor:

| | |
|---|---|
| Umsatzerlöse (Warenverkauf) | 1.140.000,00 |
| Kosten (ohne Abschreibungen und Zinsen) | 1.030.000,00 |
| Bilanzmäßige Abschreibungen | 33.000,00 |
| Gezahlte Fremdkapitalzinsen | 39.000,00 |
| Kalkulatorische Abschreibungen | 90.000,00 |
| Kalkulatorische Zinsen | 56.000,00 |

1. Erstellen Sie die Ergebnistabelle.
2. Begründen Sie, warum trotz eines Betriebsverlustes ein Unternehmungsgewinn entsteht.

G

### 2.2.5 Erstellung und Auswertung der endgültigen Ergebnistabelle

Um die Kosten und Leistungen **vollständig und periodengerecht** zu erfassen, wird auf der Basis der vorläufigen Ergebnistabelle von Seite 356 und unter Einbeziehung der kalkulatorischen Kosten (vgl. S. 362–372) folgende endgültige Ergebnistabelle erstellt.

| Ergebnistabelle | | | | | | | | |
|---|---|---|---|---|---|---|---|---|
| **Finanzbuchhaltung** | | | **Kosten- und Leistungsrechnung** | | | | | |
| **Gesamtergebnisrechnung der FB** | | | **Abgrenzungsrechnung** | | | | **Betriebsergebnisrechnung** | |
| | | | **Unternehmensbezogene Abgrenzungen** | | **Kostenrechnerische Korrekturen** | | | |
| Konto | Aufwendungen | Erträge | Aufwendungen | Erträge | Aufwendungen lt. FB | verrechnete Kosten lt. KLR | Kosten | Leistungen |
| 2080 | 50.000 | | 50.000 | | | | | |
| 2110 | 35.000 | | | | 35.000 | 42.000 | 42.000 | |
| 2401 | | 10.000 | | 10.000 | | | | |
| 2610 | | 5.000 | | 5.000 | | | | |
| 2700 | | 25.000 | | 25.000 | | | | |
| 2760 | | 13.000 | | 13.000 | | | | |
| 2771 | | 26.000 | | 26.000 | | | | |
| 3010 | 1.296.000 | | | | | | 1.296.000 | |
| 4010 | 180.000 | | | | | | 180.000 | |
| 4020 | 300.000 | | | | | | 300.000 | |
| 4040 | 50.000 | | | | | | 50.000 | |
| 4100 | 60.000 | | | | | | 60.000 | |
| 42.. | 55.000 | | 3.000 | | | | 52.000 | |
| 4260 | 5.000 | | | | | | 5.000 | |
| 4400 | 40.000 | | | | | | 40.000 | |
| 4500 | 20.000 | | | | | | 20.000 | |
| 4620 | 80.000 | | | | | | 80.000 | |
| 4710 | 60.000 | | | | | | 60.000 | |
| 4910 | 50.000 | | 5.000 | | 45.000 | 60.000 | 60.000 | |
| 8010 | | 2.490.000 | | | | | | 2.490.000 |
| 8710 | | 6.000 | | | | | | 6.000 |
| U.-Lohn | | | | | | 8.000 | 8.000 | |
| | 2.281.000 | 2.575.000 | 58.000 | 79.000 | 80.000 | 110.000 | 2.253.000 | 2.496.000 |
| | **294.000** | | **21.000** | | **30.000** | | **243.000** | |
| | 2.575.000 | 2.575.000 | 79.000 | 79.000 | 110.000 | 110.000 | 2.496.000 | 2.496.000 |
| **Gesamtergebnis** | | = | **Neutrales Ergebnis** | | | + | **Betriebsergebnis** | |

**Abstimmung der Ergebnisse:**

| | | |
|---|---|---|
| **1. Gesamtergebnis der FB** | | **(+) 294.000,00 €** |
| 2. Ergebnis aus unternehmensbezogenen Abgrenzungen | (+) 21.000,00 € | |
| 3. Ergebnis aus kostenrechnerischen Korrekturen | (+) 30.000,00 € | |
| 4. Betriebsergebnis | (+) 243.000,00 € | |
| **5. Gesamtergebnis der KLR** | | **(+) 294.000,00 €** |

**Gesamtergebnis, Neutrales Ergebnis, Betriebsergebnis**

**Die Teilergebnisse in der KLR** der nebenstehenden Ergebnistabelle zeigen dem Unternehmer sehr deutlich die Zusammensetzung des in der Finanzbuchhaltung (GuV-Konto) ausgewiesenen Gesamtergebnisses. Es lässt sich ablesen, dass die unternehmensbezogenen Erträge höher sind als die unternehmensbezogenen Aufwendungen; der **Gewinn aus unternehmensbezogenen Abgrenzungen beträgt 21.000,00 €.**

**Das Ergebnis aus kostenrechnerischen Korrekturen** besagt, dass die Kern KG in den Posten „Abschreibungen", „Zinsen" und „Unternehmerlohn" so hohe kalkulatorische Wertansätze zugrunde gelegt hat, dass ein Überschuss von **30.000,00 €** über die Aufwendungen der Finanzbuchhaltung erzielt wird. Dieser Überschuss wird auch – so zeigt es das Betriebsergebnis – verwirklicht.

**Der Neutrale Gewinn** beträgt insgesamt **51.000,00 €**.

**Das Betriebsergebnis** ist **positiv:** Das Unternehmen Kern KG hat es geschafft, über die Umsatzerlöse **alle Kosten** – einschließlich **der gesamten kalkulatorischen Kosten** – zu „verdienen" und noch einen Überschuss von **243.000,00 €** zu erwirtschaften. Da der Unternehmerlohn und die Verzinsung des Eigenkapitals in den Kosten bereits berücksichtigt wurden, stellt dieser Überschuss einen **Restgewinn** dar, durch den die Kern KG das **allgemeine Unternehmerrisiko** abdecken kann.

Inwieweit die Höhe des erzielten Betriebsgewinns angemessen ist, muss durch Vergleiche mit Vergangenheitswerten (Vorperioden) oder mit Branchenwerten analysiert werden.

**Rentabilität und Wirtschaftlichkeit**

Der ausgewiesene **Gesamtgewinn** kann zur Bestimmung der **Rentabilität,** d. h. zur Bestimmung der Ertragskraft des Unternehmens (= Eigenkapitalrentabilität, Umsatzrentabilität), und zur Berechnung der **Wirtschaftlichkeit** herangezogen werden.

G

**BEISPIEL 1**

Für seine Mitarbeit im Unternehmen setzt Herr Kern einen Unternehmerlohn von monatlich 8.000,00 € an. Das durchschnittlich über das Jahr im Unternehmen gebundene Eigenkapital soll 16.000.000,00 € betragen.

Wie hoch ist die Verzinsung des eingesetzten Eigenkapitals?

| | |
|---|---|
| Gesamtgewinn (Monat September) | 294.000,00 € |
| – Unternehmerlohn (je Monat) | 8.000,00 € |
| = Restgewinn (zur Verzinsung des Eigenkapitals) | 286.000,00 € |

$$\textbf{Eigenkapitalrentabilität} = \frac{\textbf{Restgewinn}}{\textbf{Eigenkapital}} = \frac{286.000{,}00\ €}{16.000.000{,}00\ €} = 0{,}0179 = \textbf{1,79 \% (je Monat)}$$

Im Vergleich zu einer langfristigen Geldanlage (= ca. 2 % bis 5 %/Jahr) ist die verrechnete Verzinsung des Eigenkapitals (= 12 · 1,79 % = 21,48 %) sehr gut.

**BEISPIEL 2** Anhand der Wirtschaftlichkeit soll festgestellt werden, ob die Kern KG mit den eingesetzten Faktoren sparsam umgegangen ist bzw. ob der Ertrag (= Leistungen) in einem günstigen Verhältnis zum Aufwand (= Kosten) steht.

$$\textbf{Wirtschaftlichkeit} = \frac{\textbf{Leistungen}}{\textbf{Kosten}} = \frac{2.496.000,00\ €}{2.253.000,00\ €} = \textbf{1,11}$$

Die Wirtschaftlichkeitszahl 1,11 besagt, dass das Unternehmen Kern KG für je 1,00 € Kosten Leistungen von 1,11 € geschaffen hat. Ob dies ein angemessenes Verhältnis ist, kann nur im Vergleich mehrerer Jahre oder im Vergleich mit ähnlichen Handelsunternehmen festgestellt werden.

**AUFGABE 372** Ermitteln Sie die kalkulatorischen Wagniszuschläge für die laufende Abrechnungsperiode:

a) Beständewagnis: 2 % vom Wareneinsatz 800.000,00 €
b) Gewährleistungswagnis: 3 % des Umsatzes zu Selbstkosten von 4.200.000,00 €
c) Vertriebswagnis: 1 % des Umsatzes zu Selbstkosten von 4.200.000,00 €

**AUFGABE 373** Der Summenbilanz eines Großhandelsbetriebes sind folgende Angaben entnommen:

| | | |
|---|---|---|
| 0310 | Technische Anlagen und Maschinen (Buchwert) | 675.000,00 |
| 0330 | Betriebs- und Geschäftsausstattung (Buchwert) | 274.400,00 |

**Abschlussangaben**

1. Bilanzmäßige Abschreibungen: geometrisch-degressiv[1]
   15 % auf 0310 vom Buchwert
   25 % auf 0330 vom Buchwert
2. Kalkulatorische Abschreibungen: linear
   10 % auf 0310 von den Wiederbeschaffungskosten ........ 1.240.000,00
   15 % auf 0330 von den Wiederbeschaffungskosten ........ 830.000,00

Erstellen Sie die Ergebnistabelle.

**AUFGABE 374** Die FB der Eisenwarengroßhandlung K. Barth e. K., Stuttgart, hat für den Monat September folgende Aufwendungen, Erträge und Bestände erfasst:

| | | |
|---|---|---|
| 2080 | Anlagenabgänge | 17.000,00 |
| 2110 | Zinsaufwendungen | 22.000,00 |
| 2401 | Mieterträge | 2.000,00 |
| 2310 | Abschreibungen auf Forderungen | 26.000,00 |
| 2610 | Zinserträge | 5.000,00 |
| 2700 | Erlöse aus Anlagenabgängen | 8.000,00 |
| 2771 | Erträge aus Versicherungsentschädigungen | 9.000,00 |
| 3010 | Wareneingang | 840.000,00 |
| 4010 | Löhne | 195.000,00 |
| 4020 | Gehälter | 530.000,00 |
| 4040 | Gesetzliche soziale Aufwendungen | 170.000,00 |
| 4100 | Mietaufwendungen | 80.000,00 |
| 42.. | Betriebsteuern | 70.000,00 |
| 4620 | Ausgangsfrachten | 10.000,00 |
| 48.. | Allgemeine Verwaltung | 20.000,00 |
| 4910 | Abschreibungen auf Sachanlagen | 160.000,00 |
| 8010 | Umsatzerlöse (Warenverkauf) | 2.180.000,00 |

G

1 Siehe S. 203 f.

**Angaben aus der KLR**

| | |
|---|---|
| Die kalkulatorischen Abschreibungen betragen monatlich ................................ | 120.000,00 |
| Die kalkulatorischen Zinsen sind noch für den Monat September zu ermitteln und zu verrechnen: | |
| Betriebsnotwendiges Kapital ................................ | 7.000.000,00 |
| Kalkulatorischer Zinssatz (pro Jahr) ................................ | 7 % |
| Der kalkulatorische Unternehmerlohn beträgt monatlich ................................ | 10.000,00 |
| Kalkulatorische Wagniskosten (Vertrieb) werden monatlich verrechnet mit ...... | 7.500,00 |
| Der kalkulatorische Mietwert für betrieblich genutzte Privaträume des Unternehmers beträgt ................................ | 1.500,00 |

1. Ermitteln Sie das Betriebsergebnis in der Ergebnistabelle.
2. Errechnen Sie die Handlungskosten für den Abrechnungsmonat.
3. Werten Sie die Ergebnistabelle aus (durchschnittliches Eigenkapital 8.500.000,00 €).

**AUFGABE 375**

In der Finanzbuchhaltung eines Betriebes wurden im abgelaufenen Jahr Kosten (ohne kalkulatorische Abschreibungen) in Höhe von 1.620.000,00 € gebucht. Die Erlöse betrugen 2.110.000,00 €. Die Anlagen (Buchwert 525.000,00 €) werden mit 25 % geometrisch-degressiv[1] abgeschrieben. In der Kostenrechnung veranschlagt man die tatsächliche Wertminderung dieser Anlagen mit 15 % linear von den Wiederbeschaffungskosten von 560.000,00 €.

Erstellen Sie eine Ergebnistabelle und ermitteln Sie das Betriebsergebnis, das Neutrale Ergebnis und das Gesamtergebnis.

**AUFGABE 376**

Der Summenbilanz eines Großhandelsbetriebes sind folgende Angaben entnommen:

| | | |
|---|---|---|
| 0310 | TA und Maschinen ................................ | 960.000,00 € |
| 0330 | Betriebs- und Geschäftsausstattung ................................ | 340.000,00 € |

**Abschlussangaben**

1. Bilanzmäßige Abschreibungen:

| | |
|---|---|
| 25 % auf 0310 vom Buchwert[1] ................................ | (siehe oben) |
| 15 % auf 0330 von den Anschaffungskosten ................................ | 500.000,00 € |

2. Kalkulatorische Abschreibungen:

| | |
|---|---|
| 15 % auf 0310 von den Wiederbeschaffungskosten ................................ | 1.240.000,00 € |
| 10 % auf 0330 von den Wiederbeschaffungskosten ................................ | 540.000,00 € |

Erstellen Sie die Ergebnistabelle.

**AUFGABE 377**

| Auszug aus der Summenbilanz eines Unternehmens für den Monat Juli | | Soll | Haben |
|---|---|---|---|
| 03.. | Anlagen ................................ | 240.000,00 | – |
| 0610 | Eigenkapital ................................ | – | 450.000,00 |
| 0820 | Verbindlichkeiten gegenüber Banken ............... | – | 50.000,00 |
| 10../15.. | Finanzkonten ................................ | 860.000,00 | 570.000,00 |
| 2110 | Zinsaufwendungen ................................ | 28.500,00 | – |
| 2310 | Abschreibungen auf Forderungen .................... | 40.000,00 | – |
| 2771 | Erträge aus Versicherungsentschädigungen .... | – | 12.300,00 |
| 3010 | Wareneingang ................................ | 740.000,00 | – |
| 3910 | Warenbestand (AB) ................................ | 175.000,00 | – |
| 4010/4020 | Löhne/Gehälter ................................ | 150.000,00 | – |
| 4100 | Mietaufwendungen ................................ | 13.800,00 | – |
| 42.. | Betriebsteuern ................................ | 60.000,00 | – |
| 4260 | Versicherungen ................................ | 20.000,00 | – |

1 Siehe S. 203 f.

| | | | |
|---|---|---|---|
| 4400 | Werbe- und Reisekosten | 30.000,00 | – |
| 4910 | Abschreibungen auf Sachanlagen | – | – |
| 8010 | Umsatzerlöse (Warenverkauf) | – | 1.275.000,00 |
| | | 2.357.300,00 | 2.357.300,00 |

**Abschlussangaben**

1. Bilanzmäßige Abschreibungen auf Anlagen ..... 20.000,00
   Kalkulatorische Abschreibungen auf Anlagen ..... 17.000,00
2. Verrechnung der Miete für die vom Betrieb genutzten Privaträume des Unternehmers ..... 1.000,00
3. Kalkulatorische Zinsen auf das betriebsnotwendige Kapital ..... 30.000,00
4. Kalkulatorischer Unternehmerlohn ..... 15.000,00
5. Kalkulatorisches Vertriebswagnis ..... 25.000,00
6. Endbestand an Waren ..... 160.000,00

**1.** Erstellen Sie die Ergebnistabelle und geben Sie das Betriebsergebnis an.
**2.** Ermitteln Sie die Handlungskosten für den Abrechnungsmonat.
**3.** Werten Sie die Ergebnistabelle aus (durchschnittliches Eigenkapital 425.000,00 €).

**AUFGABE 378**

Die Buchhaltung der Mayer KG schließt mit folgenden Aufwendungen und Erträgen ab:

| | | |
|---|---|---|
| 2050 | Verluste aus dem Abgang von Vermögensgegenständen (UV) | 12.000,00 |
| 2080 | Anlagenabgänge | 19.000,00 |
| 2110 | Zinsaufwendungen | 4.900,00 |
| 2310 | Abschreibungen auf Forderungen | 85.000,00 |
| 2610 | Zinserträge | 5.100,00 |
| 2700 | Erlöse aus Anlagenabgängen | 53.000,00 |
| 2771 | Erträge aus Versicherungsentschädigungen | 7.100,00 |
| 3010 | Wareneingang | 395.000,00 |
| 3910 | Warenbestand (AB) | 78.000,00 |
| 4010 | Löhne | 135.000,00 |
| 4020 | Gehälter | 295.000,00 |
| 4040 | Gesetzliche soziale Aufwendungen | 98.000,00 |
| 4100 | Mietaufwendungen | 56.000,00 |
| 4910 | Abschreibungen auf Sachanlagen | 130.000,00 |
| 8010 | Umsatzerlöse (Warenverkauf) | 1.250.000,00 |
| Warenendbestand lt. Inventur | | 53.000,00 |
| Kalkulatorische Abschreibungen auf Sachanlagen betragen | | 115.000,00 |
| Kalkulatorischer Unternehmerlohn wird angesetzt mit | | 20.000,00 |
| Als kalkulatorische Zinsen sind zu verrechnen | | 15.000,00 |
| Kalkulatorische Abschreibungen auf Forderungen betragen | | 25.000,00 |

Führen Sie die Gesamtergebnisrechnung, die Abgrenzungsrechnung und die Betriebsergebnisrechnung in der Ergebnistabelle durch.

**AUFGABE 379**

Die Gewinn- und Verlustrechnung eines Großhandelsbetriebes weist folgende Beträge aus:

| | | |
|---|---|---|
| 2050 | Verluste aus dem Abgang von Vermögensgegenständen (UV) | 8.900,00 |
| 2080 | Anlagenabgänge | 62.000,00 |
| 2110 | Zinsaufwendungen | 1.890,00 |
| 2310 | Abschreibungen auf Forderungen | 18.600,00 |
| 2401 | Mieterträge | 15.100,00 |
| 2500 | Erträge aus Wertpapieren | 9.800,00 |
| 2610 | Zinserträge | 14.130,00 |
| 2700 | Erlöse aus Anlagenabgängen | 57.300,00 |

G

| | | |
|---|---|---|
| 2760 | Erträge aus der Auflösung von Rückstellungen | 21.400,00 |
| 3010 | Wareneingang | 243.100,00 |
| 3910 | Warenbestand (AB) | 62.000,00 |
| 4010 | Löhne | 91.200,00 |
| 4020 | Gehälter | 134.300,00 |
| 4040 | Gesetzliche soziale Aufwendungen | 51.600,00 |
| 4210 | Gewerbesteuer | 24.100,00 |
| 4260 | Versicherungen | 21.200,00 |
| 4910 | Abschreibungen auf Sachanlagen | 81.500,00 |
| 8010 | Umsatzerlöse (Warenverkauf) | 883.000,00 |
| 8710 | Entnahme von Waren | 32.100,00 |
| Der Warenendbestand beträgt | | 45.700,00 |
| Die Warenaufwendungen werden in der KLR wegen schwankender Anschaffungskosten zu Verrechnungspreisen angesetzt | | 250.000,00 |
| Der kalkulatorische Unternehmerlohn beträgt | | 65.000,00 |
| Die kalkulatorischen Zinsen belaufen sich auf | | 19.700,00 |
| Die kalkulatorischen Abschreibungen auf Sachanlagen betragen | | 75.600,00 |
| Die kalkulatorischen Abschreibungen auf Forderungen betragen | | 6.000,00 |

Ermitteln Sie in der Ergebnistabelle das Gesamtergebnis der Unternehmung, das Neutrale Ergebnis und das Betriebsergebnis.

## 2.2.6 Gliederung der Kostenarten in der Kostenrechnung

### 2.2.6.1 Einzel- und Gemeinkosten

**Weiterverrechnung der Kosten**

In Großhandelsbetrieben mit **wenig gegliedertem Warensortiment** können die Handlungskosten der Ergebnistabelle **ohne Umgliederung** zur Berechnung der Selbstkosten und der kostendeckenden Verkaufspreise verwendet werden. Hierzu sind die Handlungskosten zu addieren und den Warenaufwendungen zuzurechnen (vgl. Kapitel „Handlungskostensatz", S. 389).

In mittleren und großen Unternehmen mit **gefächertem Warensortiment** reicht die undifferenzierte Übernahme der Handlungskosten nicht aus, um eine Kalkulation aufzustellen, die die Kosten **verursachungsgerecht** einzelnen Warengruppen zuweist und eine Kontrolle der Kostenentwicklung in den einzelnen Abteilungen ermöglicht. In diesem Fall sind die Handlungskosten in **Einzel- und Gemeinkosten** aufzuteilen (vgl. Kapitel „Kalkulation auf der Grundlage der Kostenstellenrechnung", S. 413 f.).

**Einzelkosten**

Einzelkosten können für den **einzelnen Kostenträger** (z. B. Warengruppe), der die Kosten verursacht hat, **unmittelbar erfasst** und diesem **zugerechnet** werden.

Zu den **Einzelkosten** gehören:

- **verschiedene Kostenarten der Kontenklasse 4,** soweit sie von den Waren oder Warengruppen **direkt** verursacht wurden, z. B. Gehälter und Löhne, Lagerzinsen (siehe S. 368), Provisionen, Transportkosten, Werbekosten,
- **Wareneinstand der Kontenklasse 3,**
- **Warenbezugskosten.**

**Gemeinkosten**

**Gemeinkosten** lassen sich nicht für den einzelnen Kostenträger (= Ware oder Warengruppe) feststellen, weil sie für **alle Artikelgruppen oder Abteilungen** des Unternehmens **insgesamt angefallen** sind. Sie werden **zunächst** nach Belegen oder Verrechnungsschlüsseln den **Abteilungen zugerechnet,** in denen sie **verursacht** wurden (= Kostenkontrolle) und **dann** erst auf die **Kostenträger** (z. B. Warengruppen) **umgeschlüsselt** (vgl. Kapitel „Kalkulation auf der Grundlage der Kostenstellenrechnung", S. 413 f.).

Zu den **Gemeinkosten** gehören u. a. folgende Kostenarten der Kontenklasse 4 sowie die **kalkulatorischen Kosten:**

- **Gehälter** der Geschäftsleitung und der Angestellten in der Verwaltung,
- **Soziale Aufwendungen,**
- **Mieten** und sonstige Sachkosten für Geschäftsräume, **Pachten,**
- **Steuern, Beiträge, Versicherungen,**
- **Energie, Betriebsstoffe,**
- **Kosten der Warenabgabe,**
- **Betriebskosten, Instandhaltung,**
- **Allgemeine Verwaltung.**

MERKE

- **Einzelkosten werden von den Kostenträgern (= Waren oder Warengruppen) unmittelbar verursacht. Sie gehen deshalb direkt in die Preisberechnung ein.**
- **Gemeinkosten fallen für alle Warengruppen insgesamt an. Sie lassen sich nicht direkt den Kostenträgern zurechnen.**
- **Die verursachungsgerechte Verteilung der Handlungskosten auf Abteilungen und Warengruppen zum Zweck der Kostenkontrolle und Preisermittlung setzt die Einteilung der Kostenarten in Einzel- und Gemeinkosten voraus.**

### 2.2.6.2 Variable Kosten und fixe Kosten

**Abhängigkeit der Kosten vom Leistungsumfang (Beschäftigungsgrad) des Großhandelsbetriebes**

Eine moderne Kostenrechnung bildet nicht nur die Grundlage für die **Kalkulation der Verkaufspreise** unter **Einrechnung aller Kosten,** sondern liefert auch die Daten für **markt- und absatzorientierte Entscheidungen** unter **Einrechnung der beschäftigungsabhängigen Kosten** (vgl. Kapitel „Deckungsbeitragsrechnung“, S. 427 f.).

**Variable Kosten** haben die Eigenschaft, dass sie von der **Beschäftigung** (= Umsatz, Absatz) **abhängig** sind. Die wichtigsten variablen Kosten im Großhandelsbetrieb sind z. B. die Warenaufwendungen, die Verpackungs- und Transportkosten, Provisionen. Sie steigen mit zunehmender Beschäftigung und sinken mit abnehmender Beschäftigung. **Einzelkosten und ein Teil der Gemeinkosten sind variable Kosten.**

**Variable Kosten als proportionale Kosten**

Variable Kosten können in unterschiedlicher Weise vom Leistungsumfang abhängen. Sie können sich bei Veränderung des Absatzes **überproportional, proportional oder unterproportional** verändern. Aus Vereinfachungsgründen wird hier nur die **proportionale** Veränderung dargestellt.

G

BEISPIEL

Die Kern KG packt die bestellten Küchenrollen (vgl. S. 127 f.) in handelsübliche 4er-Packungen ab und kalkuliert die dabei anfallenden Verpackungskosten mit 0,10 € je Packung. Bei unterschiedlichen Absatzmengen ergeben sich folgende Verpackungskosten:

| Zahl der Packungen | 0 | 1 000 | 2 000 | 3 000 | 4 000 | 5 000 | 6 000 | 7 000 |
|---|---|---|---|---|---|---|---|---|
| Var. Stückkosten | – | 0,10 | 0,10 | 0,10 | 0,10 | 0,10 | 0,10 | 0,10 |
| Variable Kosten | 0,00 | 100,00 | 200,00 | 300,00 | 400,00 | 500,00 | 600,00 | 700,00 |

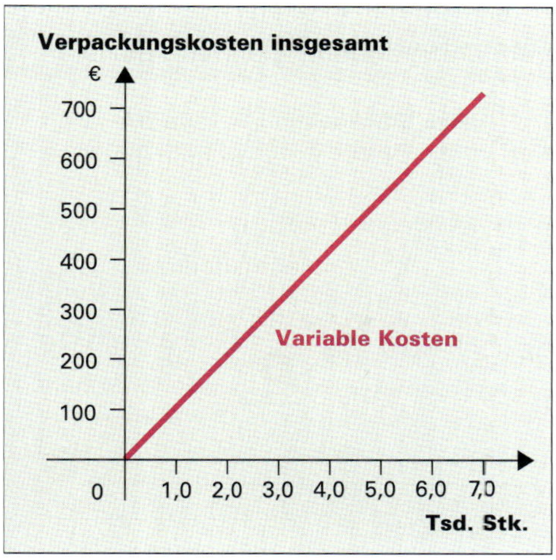


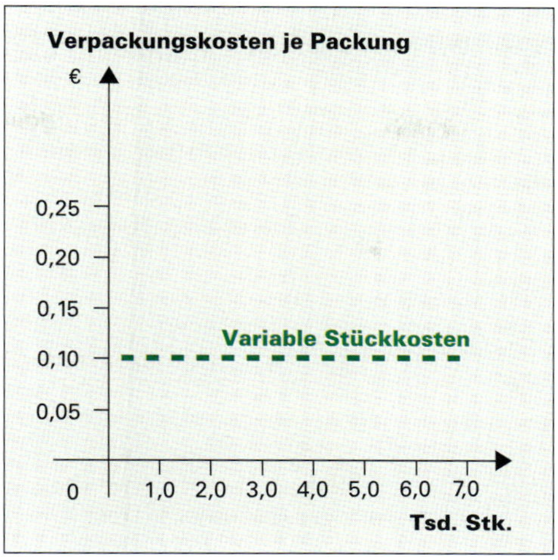


MERKE

- **Die Verpackungskosten nehmen mit steigender Absatzmenge insgesamt proportional zu. Sie verringern sich im gleichen Verhältnis, wie die Absatzmenge zurückgeht.**
- **Die auf eine Packung umgerechneten Verpackungskosten bleiben bei schwankender Beschäftigung konstant.**
- **Einzelkosten und ein Teil der Gemeinkosten sind variable Kosten.**

**Fixe Kosten**

Alle Kosten, die von Abrechnungsperiode zu Abrechnungsperiode bei unveränderter Betriebsgröße in annähernd **gleicher Höhe unabhängig vom Leistungsumfang** anfallen, heißen **fixe Kosten** oder **Kosten der Betriebsbereitschaft.** Der überwiegende Teil der **Gemeinkosten gehört zu den fixen Kosten,** so z. B. Personalkosten, Mieten, Steuern, Beiträge, kalkulatorische Abschreibungen. Fixe Kosten ändern sich sprunghaft, wenn die Betriebsgröße verändert wird.

BEISPIEL

Der in der Papiergroßhandlung Kern KG eingesetzte Lkw wird monatlich mit 3.600,00 € kalkulatorisch abgeschrieben. Dieser Betrag soll gleichmäßig auf die mit dem Lkw transportierten Verpackungseinheiten verteilt werden.

| Absatzmenge (Verpackungen in Stück) | Fixe Kosten | Fixe Stückkosten |
|---|---|---|
| 1 | 3.600,00 | 3.600,00 |
| 100 | 3.600,00 | 36,00 |
| 200 | 3.600,00 | 18,00 |
| 300 | 3.600,00 | 12,00 |
| 400 | 3.600,00 | 9,00 |
| 500 | 3.600,00 | 7,20 |
| 600 | 3.600,00 | 6,00 |
| . | . | . |
| . | . | . |

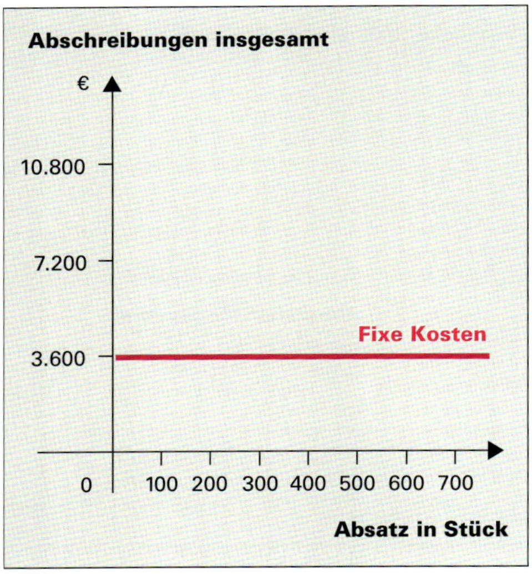


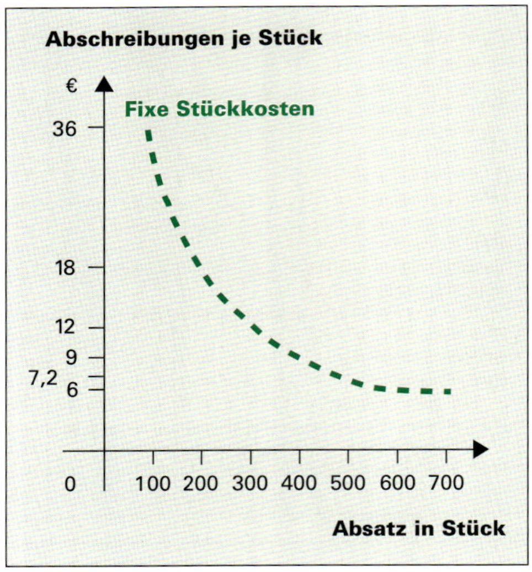


**MERKE**

- **Die Abschreibungen verändern sich mit steigendem oder sinkendem Absatz nicht. Sie treten in jeder Abrechnungsperiode unverändert auf.**
- **Die auf ein Stück umgerechneten Abschreibungen verringern sich mit steigendem Absatz und erhöhen sich bei rückläufigem Absatz.**
- **Gemeinkosten sind überwiegend fixe Kosten.**

**AUFGABE 380**

1. Unterscheiden Sie Einzel- und Gemeinkosten voneinander.
2. Erläutern Sie die Aussage: „Einzelkosten sind variable Kosten, Gemeinkosten sind überwiegend fixe Kosten."
3. Warum ist es richtig, das Gehalt eines Angestellten im Lager als fixe Kosten zu betrachten?
4. Ordnen Sie folgende Kostenarten den variablen und/oder fixen Kosten zu: Kalkulatorische Abschreibungen, Gewerbesteuer, freiwillige soziale Aufwendungen, Energiekosten, Telekommunikationskosten, Transportkosten, Werbekosten, Ausgangsfrachten.
5. Begründen Sie, warum Lohnkosten nicht eindeutig zu den variablen Kosten zu rechnen sind.
6. Unterscheiden Sie Lohnarten, die zu den Einzelkosten gehören, von solchen, die zu den Gemeinkosten zählen.
7. Aus welchem Grund können die fixen Kosten nicht direkt auf den einzelnen Kostenträger (Ware) umgerechnet werden?
8. Ein Betrieb mit hohem Anteil der variablen Kosten an den Gesamtkosten kann sich einer veränderten Beschäftigung leicht anpassen. Begründen Sie diese Aussage.
9. Warum wird ein Großhandelsbetrieb mit hohem Anteil der fixen Kosten an den Gesamtkosten darauf achten, dass stets mit guter Auslastung der Anlagen gearbeitet wird?

**AUFGABE 381**

Der Wareneinsatz soll in der Kostenrechnung zum festen Verrechnungspreis angesetzt werden.

Der Verrechnungspreis ist als gewogener Durchschnittspreis aus folgenden Lieferungen des vergangenen Quartals zu bestimmen:

| Lieferdatum | Liefermenge in kg | Einstandspreis je kg |
|---|---|---|
| ..-01-15 | 12500 | 80,00 € |
| ..-01-23 | 8500 | 76,00 € |
| ..-02-18 | 10000 | 82,00 € |
| ..-03-05 | 7000 | 85,00 € |

G

**AUFGABE 382**

Die Abschreibungen betragen in einem Großhandelsbetrieb monatlich 36.000,00 €. Die Verteilung auf die Kostenträger soll so vorgenommen werden, dass auf jedes eingekaufte Stück der gleiche Kostenanteil entfällt:

| Monat | Einkaufsmenge in Stück |
|---|---|
| August | 32 000 |
| September | 30 000 |
| Oktober | 38 000 |

Bestimmen Sie für jeden Monat den auf ein Stück entfallenden Abschreibungsbetrag und stellen Sie die Abhängigkeit der Abschreibung von der Menge grafisch dar.

**AUFGABE 383**

Ein Unternehmer kalkuliert mit variablen Stückkosten von 35,00 €/Stück und fixen Kosten von insgesamt 65.000,00 €/Periode.

Wie viel Stück muss er in einer Periode mindestens absetzen, um bei einem Verkaufspreis von 61,00 €/Stück keinen Verlust zu erleiden?

**AUFGABE 384**

In einem Großhandelsbetrieb wird mit Gehältern in Höhe von 42.000,00 € und mit proportionalen Kosten nach folgender Tabelle gerechnet:

| **Einkaufsmenge in Stück** | 10 000 | 12 000 | 14 000 | 16 000 | 18 000 | 20 000 |
|---|---|---|---|---|---|---|
| **Proportionale Kosten in €** | 55.000,00 | 62.400,00 | 70.000,00 | 80.000,00 | 95.400,00 | 116.000,00 |

1. Berechnen Sie die Gesamtkosten und die Stückkosten für die einzelnen Einkaufsmengen.
2. Stellen Sie die Gesamt- und die Stückkosten jeweils in einem grafischen Bild dar und schildern Sie den Verlauf beider Kurven.

**AUFGABE 385**

Ein Großhandelsunternehmen rechnet bei der Beschaffung der Warengruppe III mit fixen Kosten in Höhe von 120.000,00 € je Abrechnungsperiode. Die proportionalen Kosten belaufen sich auf 220,00 € je Stück.

1. Ermitteln Sie die Gesamt- und die Stückkosten für die in der Tabelle angegebenen Einkaufsmengen und stellen Sie die Ergebnisse nach folgendem Muster dar:

| **Einkaufsmenge** in Stück | **Fixe Kosten** in € | | **Proport. Kosten** in € | | **Gesamtkosten** in € | **Stückkosten** in € |
|---|---|---|---|---|---|---|
| | gesamt | je Stück | gesamt | je Stück | | |
| 500 | | | | | | |
| 800 | | | | | | |
| 1 000 | | | | | | |
| 1 200 | | | | | | |
| 1 500 | | | | | | |

2. Stellen Sie die Ergebnisse grafisch dar.

G

# 3 Kalkulation mit einheitlichem Handlungskostensatz

## 3.1 Grundlagen

**Kalkulation**

Eine wichtige Aufgabe der Kostenrechnung ist die Berechnung der **Einstands- und Verkaufspreise** der Waren. Diese Rechnung geschieht auf der Grundlage der für eine Abrechnungsperiode in der Ergebnistabelle erfassten Kosten. Werden diese Kosten auf einzelne Waren oder Warengruppen (= Kostenträger) verteilt, so spricht man von **Kostenträgerstückrechnung oder Kalkulation.**

**Angebotsvergleich**

Einstandspreise (= Anschaffungskosten) werden berechnet, um die Angebote mehrerer Lieferanten vergleichen zu können. Mit ihrer Hilfe lässt sich das preisgünstigste Angebot bestimmen (vgl. S. 127 f.).

**Die Verkaufskalkulation** in der Form der **Zuschlagskalkulation** hat das Ziel, den Preis einer Ware zu bestimmen, der unter Einrechnung **aller anteiligen Handlungskosten** (vgl. S. 389) und eines **angemessenen Gewinns** vom Kunden zu fordern wäre. Dieser Preis stellt somit sicher, dass dem Unternehmen über die Umsatzerlöse alle Kosten und ein Gewinn zur Abdeckung des allgemeinen Unternehmerrisikos zurückfließen. Von der Konkurrenzsituation auf dem jeweiligen Absatzmarkt hängt es ab, ob dieser Preis auch tatsächlich gefordert werden kann. Auf jeden Fall hat dieser Preis eine **Kontrollfunktion:** Wird er unterschritten, so muss auf einen Teil des Gewinnes verzichtet werden. Bis zu welcher unteren Grenze eine Preissenkung vorgenommen werden kann, ist ggf. mithilfe der **Deckungsbeitragsrechnung** (vgl. S. 427 f.) zu bestimmen.

**Kalkulationsverfahren**

Vom Sortiment des Großhändlers und vom gewünschten Ziel der Kalkulation hängt es ab, welches Kalkulationsverfahren zur Anwendung gelangt.

**Einfache Zuschlagskalkulation**

Für den – ungewöhnlichen – Fall, dass eine Großhandlung nur **eine Warengruppe** führt, reicht es zur Preisermittlung aus, wenn auf die Einstandspreise der einzelnen Waren dieser Warengruppe ein **einheitlicher Gesamtzuschlag** kalkuliert wird. Dieser **Gesamtzuschlag enthält** dann den **Kosten- und Gewinnanteil,** der auf die einzelne Ware entfällt.

**BEISPIEL**

Auf der Grundlage der Ergebnistabelle von Seite 374 soll ein Gesamtzuschlag berechnet werden.
Der **Wareneinsatz** beträgt hiernach 1.296.000,00 €.

Die **gesamten Handlungskosten und der Gewinn** machen zusammen 1.200.000,00 € aus.

Bezieht man die Handlungskosten und den Gewinn prozentual auf den Wareneinsatz, so ergibt sich der **Zuschlagssatz, den jede Ware anteilig zu tragen hat,** um alle Kosten und den Gewinn zu erfassen.

$$\text{Gesamtzuschlag} = \frac{(\text{Handlungskosten} + \text{Gewinn})}{\text{Wareneinsatz}} = \frac{1.200.000,00\ €}{1.296.000,00\ €} = 0,926 = 92,6\ \%$$

Eine Ware mit einem Einstandspreis von **0,52 €** (vgl. S. 128) hat damit einen **kostendeckenden Verkaufspreis** von

$$0,52\ € + (0,52\ € \cdot 0,926) = 1,00\ €.$$

**MERKE**

- **Die Kalkulation hat die Aufgabe, kostendeckende Preise und Preisuntergrenzen für einzelne Kostenträger zu bestimmen.**
- **Die im Großhandel üblichen Kalkulationsverfahren sind die Zuschlagskalkulation (Vollkostenrechnung) und die Deckungsbeitragsrechnung (Teilkostenrechnung).**

## 3.2 Mehrstufige Zuschlagskalkulation

Die mehrstufige Zuschlagskalkulation begnügt sich nicht mit der Zurechnung von Kosten und Gewinn auf den Kostenträger über einen **Gesamtzuschlag.** Sie ist unterteilt in die **Bezugs- und die Verkaufskalkulation.**

**Die Bezugskalkulation** ist für jede Ware getrennt durchzuführen, sofern die Ware zu abweichenden Konditionen (Einkaufspreis, Bezugskosten, Skonti) eingekauft wird.

**In der Verkaufskalkulation** kann mit einem **einheitlichen Zuschlagssatz für die Handlungskosten** kalkuliert werden,

- wenn der Großhandelsbetrieb nur **wenige Warengruppen** führt, und
- wenn diese Warengruppen die Betriebsabteilungen (= Kostenstellen, vgl. S. 413 f.) **annähernd gleich stark mit Kosten belasten,** sodass sich eine Aufteilung der Handlungskosten auf die Betriebsabteilungen (vgl. BAB, S. 415) und auf mehrere Warengruppen (= Kostenträger) erübrigt. Die Kalkulation der Verkaufspreise für einzelne Waren wird hierdurch stark vereinfacht.

**Prozentuale Zuschlagssätze**

In der Kalkulation wird in der Regel mit prozentualen Zuschlagssätzen gerechnet. Dadurch werden die im Unternehmen entstandenen Gemeinkosten **anteilmäßig** in den Preis der zu kalkulierenden Ware eingerechnet. Zudem kann das Kalkulationsschema mit den entsprechenden Zuschlagssätzen auf beliebige Waren einer Warengruppe angewandt werden.

**Kalkulationsschema**

Das in der Handelskalkulation übliche Kalkulationsschema für die Zuschlagskalkulation hat folgendes Aussehen:

| | |
|---|---|
| **Listeneinkaufspreis** ........ | **Bezugskalkulation** |
| – Lieferantenrabatt ........ | |
| = **Zieleinkaufspreis** ........ | |
| – Lieferantenskonto ........ | |
| = **Bareinkaufspreis** ........ | |
| + Bezugskosten ........ | |
| = **Einstandspreis** (Bezugspreis) ........ | |
| + Handlungskosten ........ | **Selbstkosten- und Verkaufskalkulation** |
| = **Selbstkostenpreis** ........ | |
| + Gewinn ........ | |
| = **Barverkaufspreis** ........ | |
| + Kundenskonto ........ | |
| + Vertriebsprovision ........ | |
| = **Zielverkaufspreis** (Rechnungspreis) ........ | |
| + Kundenrabatt ........ | |
| = **Angebotspreis** (Nettoverkaufspreis) ........ | |

**Umsatzsteuer**

Die Umsatzsteuer beim Wareneinkauf und Warenverkauf ist **nicht Gegenstand der Kalkulation.** Sie wird erst in der Rechnung gesondert ausgewiesen. Bei Rechnungen über Kleinbeträge bis 250,00 € können Entgelt und Umsatzsteuerbetrag in einer Summe angegeben werden. Es genügt dann die Angabe des Steuersatzes.

**MERKE**

**Die Handelskalkulation wird in der Regel als Zuschlagskalkulation nach einem festen Kalkulationsschema durchgeführt.**

G

### 3.2.1 Bezugskalkulation

**Aufgabe**

Durch die Bezugskalkulation wird der **Einstandspreis einer Ware** ermittelt. Damit ist als Basis für den **Angebotsvergleich** der Preis gemeint, der nach Berücksichtigung aller **Abzüge** (= Nachlässe[1]) und **Zurechnungen** (= Bezugskosten[2]) aufgewendet werden muss, bis die Ware im Lager des Käufers eingetroffen ist. **Die Bezugskalkulation wird ausführlich auf den Seiten 125 bis 128 dargestellt. Wir verweisen auf das dort stehende Beispiel.** Zur Erweiterung bieten wir im Folgenden ein Beispiel mit Zoll- und Versicherungsberechnung an.

#### 3.2.1.1 Kalkulation des Einkaufspreises

**Abzüge und Zuschläge**

Die Einkaufskalkulation geht vom Listenpreis aus. Der Listenpreis ist der vom Lieferanten kalkulierte **Warenwert je Mengeneinheit.** Je nach der gekauften Menge, der Warenart und dem Vertriebssystem können Abzüge auf die Warenmenge (= **Mengenabzüge**[1]) oder auf den Warenwert (= **Wertabzüge**[1]) gewährt werden, oder es werden **Wertzuschläge**[2] eingerechnet. Nach Berücksichtigung aller Abzüge und Zuschläge ergibt sich der **Einkaufspreis.**

**BEISPIEL**

Ein Weingroßhändler erhält folgendes Angebot durch seinen Handelsvertreter: Mindestabnahme 10 000 l französischer Rotwein, Leckage 2,5 %, zu 235,00 € je 100 l, 10 % Lieferantenrabatt, 2 % Lieferantenskonto. Der Handelsvertreter beansprucht eine Provision von 4 %.

Wie viel Euro beträgt der Einkaufspreis für 100 l?

| | |
|---|---|
| **Bruttomenge 10 000 l** | |
| – 2,5 % Leckage 250 l | |
| = **Warenmenge 9 750 l** · 2,35 €/l | **22.912,50 €** |
| – 10 % Lieferantenrabatt | 2.291,25 € |
| = **Zieleinkaufspreis** | **20.621,25 €** |
| – 2 % Lieferantenskonto | 412,43 € |
| = **Bareinkaufspreis** | **20.208,82 €** |
| + 4 % Vertriebsprovision (vom Ziel-EKP) | 824,85 € |
| = **aufzuwendender Einkaufspreis für 9 750 l** | **21.033,67 €** |
| **aufzuwendender Einkaufspreis für 100 l** | **215,73 €** |

**Leckage** $= \frac{10\,000\text{ l} \cdot 2{,}5\ \%}{100\ \%} = 250\text{ l}$

**Lieferantenrabatt** $= \frac{22.912{,}50\ € \cdot 10\ \%}{100\ \%} = 2.291{,}25\ €$

**Lieferantenskonto** $= \frac{20.621{,}25\ € \cdot 2\ \%}{100\ \%} = 412{,}43\ €$

**Vertriebsprovision** $= \frac{20.621{,}25\ € \cdot 4\ \%}{100\ \%} = 824{,}85\ €$

**Einkaufspreis für 100 l** $= \frac{21.033{,}67\ € \cdot 100\text{ l}}{9\,750\text{ l}} = 215{,}73\ €$

**MERKE**

- **Die Reihenfolge der Abzüge und Zuschläge ist stets einzuhalten.**
- **Die Berechnung der Abzüge und Zuschläge erfolgt von den im Kalkulationsschema angegebenen Preisen oder Gewichten.**

1 Vgl. S. 125.
2 Vgl. S. 126.

G

### 3.2.1.2 Kalkulation des Bezugspreises

**Einfache Bezugskalkulation**

Nach der **gesetzlichen** Regelung beim Handelskauf ist der Käufer verpflichtet, die Waren **auf seine Kosten** beim Lieferanten abzuholen oder abholen zu lassen. Sofern im Kaufvertrag keine von der gesetzlichen Regelung abweichenden Vereinbarungen getroffen werden, **erhöht sich der Einkaufspreis** für den Käufer **um die Kosten für Frachten, Versicherungen, Zölle usw.** Rechnet er in den aufzuwendenden Einkaufspreis die Nebenkosten (= Bezugskosten, vgl. S. 126) ein, so erhält er den **Einstandspreis** oder **Bezugspreis** (vgl. auch Angebotsvergleich, S. 127).

**BEISPIEL 1**

Der im Beispiel auf Seite 386 genannte Großhändler rechnet mit folgenden Nebenkosten: Transportversicherung und Lkw-Fracht 1.391,50 €.

Wie hoch ist der Bezugspreis für 100 l Wein?

| | | |
|---|---|---|
| | **Aufzuwendender Einkaufspreis** für 9 750 l | **21.033,67 €** |
| + | Bezugskosten: Transportversicherung, Fracht | 1.391,50 € |
| = | **Einstandspreis (Bezugspreis) für 9 750 l** | **22.425,17 €** |
| | **Einstandspreis für 100 l** | **230,00 €** |

**BEISPIEL 2**

Der im Beispiel auf Seite 386 genannte Großhändler bezieht eine Sendung tunesischen Tafelwein zu 90,00 € je 100 l, CIF Marseille. Einkaufskonditionen: 3 % Leckage; 10,5 % Lieferantenrabatt bei Abnahme von 15 000 l. An Bezugskosten fallen an: Umladegebühren in Marseille 120,00 €, Lkw-Fracht in Frankreich einschl. Grenzabfertigung 1.430,00 €, Frachtkosten in der Bundesrepublik Deutschland 402,75 € (alle Kosten netto), Zoll 10 % vom Zollwert, Transportversicherung 0,75 % vom Versicherungswert (erwarteter Gewinn 25 %).

Wie hoch ist der Einstandspreis für 100 l?

| | | |
|---|---|---|
| | **Bruttomenge 15 000 l** | |
| – | 3 % Leckage 450 l | |
| = | **Nettomenge 14 550 l** · 0,90 € | **13.095,00 €** |
| – | 10,5 % Lieferantenrabatt | 1.375,00 € |
| = | **Zieleinkaufspreis** | **11.720,00 €** |
| + | Umladegebühren | 120,00 € |
| + | Lkw-Fracht, Grenzabfertigung | 1.832,75 € |
| + | 10 % Zoll von 13.270,00 € (s. u.) | 1.327,00 € |
| + | 0,75 % Transportversicherung von 16.700,00 € (s. u.) | 125,25 € |
| = | **Bezugspreis für 14 550 l** | **15.125,00 €** |
| | **Bezugspreis für 100 l** | **103,95 €** |

**Berechnung des Zollwertes und der Zollabgabe:**

| | | |
|---|---|---|
| | Rechnungspreis (Zieleinkaufspreis) | 11.720,00 € |
| + | Gebühren, Transportkosten bis Grenze | 1.550,00 € |
| = | **Zollwert** | **13.270,00 €** |
| | **davon 10 %** | **1.327,00 €** |

G

**Berechnung des Versicherungswertes und der Prämie:**

| | |
|---|---|
| Rechnungspreis (Zieleinkaufspreis) | 11.720,00 € |
| + Gebühren, Fracht | 1.952,75 € |
| + erwarteter Gewinn (25 % vom Rechnungspreis) | 2.930,00 € |
| = **Versicherungswert** | 16.602,75 € |
| gerundeter Versicherungswert | **16.700,00 €** |
| **davon 0,75 %** | **125,25 €** |

**AUFGABE 386** Eine Großhandlung bezieht 12 400 kg Düngemittel zum Listenpreis von 12,00 € je 50 kg. Berechnen Sie den Einstandspreis für 50 kg, wenn 15 % Lieferantenrabatt und 2 % Lieferantenskonto gewährt werden und die Bezugskosten 55,00 € je t betragen.

**AUFGABE 387** Eine Großhandlung für Autozubehör hat zwei Angebote über Radzierkappen vorliegen:

1. 4 000 Stück Radzierkappen, Listenpreis 26,00 € je Satz (vier Stück); 12,5 % Lieferantenrabatt; 1,5 % Lieferantenskonto; 500,00 € Fracht insgesamt.
2. 4 000 Stück Radzierkappen, Listenpreis 28,00 € je Satz (vier Stück); 15 % Lieferantenrabatt; 2 % Lieferantenskonto; 540,00 € Fracht insgesamt.

Berechnen Sie den Einstandspreis für einen Satz Zierkappen.

**AUFGABE 388** Ein Fahrradgroßhändler bezieht 50 Herrensporträder zum Listenpreis von 180,00 € je Fahrrad und 50 Damensporträder zum Listenpreis von 165,00 € je Fahrrad. Der Einkaufsrabatt beträgt 12 %. Für Zahlung innerhalb der vereinbarten Frist werden 2 % Lieferantenskonto gewährt. Die Verpackung für die gesamte Sendung wird mit 320,00 € in Rechnung gestellt. Für Bahnfracht und Hausfracht fallen insgesamt 580,00 € an.

Berechnen Sie den Einstandspreis für ein Herren- und ein Damensportrad.

**AUFGABE 389** Ein Großhändler für Elektronikbauteile erwirbt von einem deutschen Hersteller 50 000 Speichermodule für PCs. Der Lieferant berechnet einen Stückpreis von 26,50 € und gewährt einen Mengenrabatt von 18 %. Bei Zahlung innerhalb von 15 Tagen nach Rechnungseingang können 2,5 % Lieferantenskonto abgezogen werden. Für Nebenkosten stellt der Lieferant pauschal 4 % in Rechnung.

Berechnen Sie den Einstandspreis für ein Modul.

G

**AUFGABE 390** Ein Obstimporteur erhält die Rechnung des italienischen Lieferanten: 12 000 kg Weintrauben zum Listenpreis von 0,1965 € je kg. Tara 2 %, Refaktie 3 %. Die Rechnung wird unter Abzug von 1,5 % Lieferantenskonto beglichen. Der Spediteur berechnet an Transportkosten 1.500,00 € und an Kosten für die Nachbeeisung 155,00 €.

Berechnen Sie den Bezugspreis für 100 kg Weintrauben.

**AUFGABE 391** Der Listenpreis einer Lieferung von 100 elektronischen Schachspielen aus den USA beträgt 74.000,00 USD. Da die Lieferung FOB New York erfolgt, muss der Importeur folgende Spediteurrechnungen bezahlen: Hafenspediteur New York 65,00 USD, Seefracht New York – Hamburg 1.100,00 USD, Lkw-Fracht 450,00 EUR. Die Zollabgabe beträgt 6 %. Die Transportversicherung macht 0,5 % des Versicherungswerts (unter Einrechnung von 10 % erwartetem Gewinn) aus. Die Rechnung wird unter Abzug von 2 % Lieferantenskonto beglichen.

Berechnen Sie den Einstandspreis für ein Schachspiel bei einem Devisenkassamittelkurs von 1,367 USD/EUR.

**AUFGABE 392**

Ein Weingroßhändler bezieht von einer Winzergenossenschaft 10 000 Flaschen Wein der Qualität „Kabinett" zu je 2,25 € mit 15 % Rabatt und 5 000 Flaschen Wein der Qualität „Spätlese" zu je 3,20 € mit 10 % Rabatt. Zahlungsbedingungen: Zahlbar innerhalb von zehn Tagen mit 2 % Lieferantenskonto oder innerhalb von 30 Tagen ohne Abzug. Gewicht der Sendung: „Kabinett" 10 200 kg, „Spätlese" 5 800 kg. Die Frachtkosten für die gesamte Sendung betragen 2.400,00 € netto. Für die Transportversicherung sind 1 % des Versicherungswertes (unter Einrechnung von 20 % erwartetem Gewinn vom Rechnungspreis) anzusetzen.

Berechnen Sie die Einstandspreise für je einen Karton (= sechs Flaschen) Wein.

### 3.2.2 Handlungskostensatz

**Kostenträger**

Im Großhandelsbetrieb hat jede Ware oder Warengruppe die Kosten zu übernehmen, die durch sie bei der Beschaffung, bei der Lagerung, bei der Verwaltung und beim Absatz **verursacht** wurden. Die Ware oder Warengruppe ist somit in der Regel **Kostenträger.** Über den für die Ware errechneten Verkaufspreis müssen mindestens diese Kosten in das Unternehmen zurückfließen. Anderenfalls ist die Existenz des Unternehmens gefährdet.

**Verteilung der Kosten auf die Kostenträger**

Die im Großhandelsbetrieb anfallenden Kosten lassen sich nicht immer direkt und genau auf die einzelne Ware oder Warengruppe verteilen:

- Der **Wareneinsatz** lässt sich eindeutig einer bestimmten Ware oder Warengruppe zuordnen, da er als **Einzelkosten** (vgl. S. 379) für eine bestimmte Ware angefallen ist. Er wird in der Buchhaltung innerhalb der Kontenklasse 3 erfasst und bildet die Grundlage zur Berechnung des Handlungskostensatzes.
- Die **Handlungskosten** lassen sich meist nicht eindeutig einer bestimmten Ware oder Warengruppe zuordnen, da sie überwiegend als **Gemeinkosten** (vgl. S. 379) für alle Waren insgesamt oder für den Betrieb angefallen sind. Sie werden innerhalb der Kontenklassen 2 und 4 erfasst. Um sie dennoch einer bestimmten Ware oder Warengruppe zurechnen zu können, setzt man sie in ein **Prozentverhältnis zu den Wareneinsätzen der Warengruppen.**

**Handlungskostensatz**

Der Handlungskostensatz gibt an, **wie viel Prozent die Handlungskosten** einer Abrechnungsperiode **bezogen auf den Wareneinsatz** dieser Abrechnungsperiode betragen. Dadurch ist es möglich, jede Ware oder Warengruppe mit genau dem Teil der Handlungskosten zu belasten, der ihrem Anteil am Wareneinsatz entspricht.

**BEISPIEL** Die Ergebnistabelle der Kern KG (vgl. S. 374) zeigt zum Ende des Abrechnungsmonats folgende Kosten und Leistungen:

| Kosten | | | Leistungen | |
|---|---|---|---|---|
| **Wareneinsatz** | | 1.296.000,00 | **Umsatzerlöse (Warenverkauf)** | **2.490.000,00** |
| **Handlungskosten:** | | | **Entnahmen (Waren)** | **6.000,00** |
| Löhne | 180.000,00 | | | |
| Gehälter | 300.000,00 | | | |
| Soz. Aufwend. | 50.000,00 | | | |
| Mieten | 60.000,00 | | | |
| Steuern | 52.000,00 | | | |
| Versicherungen | 5.000,00 | | | |
| Werbe-/Reisekosten | 40.000,00 | | | |
| Provisionen | 20.000,00 | | | |
| Frachten | 80.000,00 | | | |
| Instandhaltung | 60.000,00 | | | |
| Kalk. Kosten | 110.000,00 | 957.000,00 | | |
| **Kosten insgesamt** | | **2.253.000,00** | **Leistungen insgesamt** | **2.496.000,00** |

**Wareneinsatz der Rechnungsperiode:** 1.296.000,00 €
**Handlungskosten der Rechnungsperiode:** 957.000,00 €

**Zuschlagssatz für Handlungskosten** (Handlungskostensatz)

$$= \frac{\textbf{Handlungskosten}}{\textbf{Wareneinsatz}}$$

$$= \frac{957.000,00\ €}{1.296.000,00\ €} = \mathbf{0,7384} = \mathbf{73,84\ \%}$$

Der Einstandspreis für eine **Doppelrolle** Küchenpapier beträgt 1,04 € (vgl. S. 128; 2 · 0,52 € = 1,04 €).

Wie hoch sind bei einem Handlungskostensatz von 73,84 % die auf eine Doppelrolle entfallenden anteiligen Handlungskosten?

| | |
|---|---|
| **Einstandspreis für eine Doppelrolle** | **1,04 €** |
| **darauf 73,84 % Handlungskosten** | **0,77 €** |

G

**MERKE**

- **Kostenträger im Großhandelsbetrieb sind in der Regel die Waren oder Warengruppen.**
- **Der Handlungskostensatz drückt das Prozentverhältnis der Handlungskosten zum Wareneinsatz aus. Mit seiner Hilfe lassen sich für jede Ware die anteiligen Handlungskosten berechnen.**

**AUFGABE 393** Die Elektrogroßhandlung Krüger KG, Rosenheim, bezieht 50 Heizlüfter mit Thermostat zum Bezugspreis von 45,00 € je Stück.

Ermitteln Sie den Handlungskostensatz aus der Ergebnistabelle des vergangenen Geschäftsjahres und die anteiligen Handlungskosten für einen Heizlüfter.

| Kosten | | Leistungen |
|---|---|---|
| Wareneinsatz | 1.750.000,00 | Umsatzerlöse (Warenverkauf) .. 2.294.000,00 |
| Gehälter | 130.000,00 | |
| Soziale Aufwendungen | 47.500,00 | |
| Mieten und Pachten | 36.500,00 | |
| Steuern/Abgaben | 54.000,00 | |
| Reise/Werbung | 65.000,00 | |
| Abschreibungen | 26.000,00 | |

**AUFGABE 394**

Errechnen Sie die Handlungskostensätze und korrigieren Sie die früheren Handlungskostensätze.

| Früherer Zuschlagssatz | Waren-einsätze | Handlungskosten | Neuer Zuschlagssatz |
|---|---|---|---|
| a) 30,5 % | 980.500,00 | 313.760,00 | ? |
| b) 40,0 % | 1.045.000,00 | 438.900,00 | ? |
| c) 29,0 % | 1.312.000,00 | 367.360,00 | ? |
| d) 34,5 % | 2.080.000,00 | 748.800,00 | ? |
| e) 36,8 % | 2.460.000,00 | 947.100,00 | ? |
| f) 39,4 % | 3.530.000,00 | 1.447.300,00 | ? |

**AUFGABE 395**

Aufgrund der angespannten Wirtschaftslage gehen die Einkäufe und damit der Wareneinsatz für einen Artikel um 10 % zurück.

Welche Auswirkungen hat diese Entwicklung bei unveränderten Handlungskosten auf den Handlungskostenzuschlag?

### 3.2.3 Selbstkostenkalkulation

**Handlungskosten**

Die im Unternehmen anfallenden Handlungskosten werden dem Einstandspreis **anteilmäßig** zugerechnet. Im Wesentlichen umfassen die Kosten folgende **Kostenarten:** Personalkosten, Mietkosten, Steuern, Abgaben, Werbe- und Reisekosten, Kosten der Warenabgabe, Allgemeine Verwaltungskosten, Abschreibungen u. a. (vgl. Beispiel S. 345).

G

**Selbstkostenpreis**

Aus der Summe von Einstandspreis und anteiligen Handlungskosten ergibt sich der Selbstkostenpreis einer Ware:

**Einstandspreis**
**+ anteilige Handlungskosten**
**= Selbstkostenpreis**

**BEISPIEL**

Der Einstandspreis für eine Doppelrolle Küchenpapier (vgl. S. 128, S. 390) beträgt 1,04 €.

Wie hoch ist bei einem Handlungskostensatz von 73,84 % der Selbstkostenpreis?

| | |
|---|---|
| **Einstandspreis für eine Doppelrolle** | **1,04 €** |
| **+ 73,84 % Handlungskosten** | **0,77 €** |
| **= Selbstkostenpreis** | **1,81 €** |

**Lagerzinsen** Im Handlungskostensatz sind die anteiligen kalkulatorischen Zinsen für das im Lager gebundene Kapital bereits enthalten. Ein **besonderer Zuschlag für Lagerzinsen** kann nur dann angesetzt werden, wenn für eine Warengruppe eine **besonders lange Lagerdauer** festgestellt wurde (vgl. S. 368).

**BEISPIEL** Die Papiergroßhandlung Kern KG hat für alle Warengruppen eine durchschnittliche Lagerdauer von 40 Tagen errechnet. Die Warengruppe „Vliesstoffe" fällt mit einer Lagerdauer von 160 Tagen deutlich aus dem Durchschnitt heraus. Für die zusätzliche Lagerdauer dieser Warengruppe von 120 Tagen soll ein Lagerzinszuschlag von 4 % (vgl. S. 368) kalkuliert werden.

Wie hoch ist der Selbstkostenpreis für eine Rolle Vliesstoff bei einem Einstandspreis von 1.250,00 € je Rolle und einem Handlungskostensatz von 73,84 %?

| | |
|---|---|
| **Einstandspreis** | **1.250,00 €** |
| **+ 4 % Lagerzinsen** | **50,00 €** |
| **= verzinster Einstandspreis** | **1.300,00 €** |
| **+ 73,84 % Handlungskosten** | **959,92 €** |
| **= Selbstkostenpreis** | **2.259,92 €** |

**Berechnung der Lagerzinsen:**

$$4\ \%\text{ von }1.250,00\ € = \frac{1.250,00\ € \cdot 4\ \%}{100\ \%} = 50,00\ €$$

**Berechnung der Handlungskosten:**

$$73,84\ \%\text{ von }1.300,00\ € = \frac{1.300,00\ € \cdot 73,84\ \%}{100\ \%} = 959,92\ €$$

**MERKE** **Nach Einrechnung der anteiligen Handlungskosten in den Einstandspreis einer Ware ergibt sich der Selbstkostenpreis.**

G

**AUFGABE 396** Errechnen Sie die Selbstkosten für die gesamte Sendung und für eine Einheit.

| Menge | Listenpreis | Rabatt | Liefe-ranten-skonto | Bezugskosten | Hand-lungs-kosten |
|---|---|---|---|---|---|
| a) 200 Stück | 35,00 € je Stück | 10 % | 3 % | 280,00 € | 32 % |
| b) 3 850 kg | 7,85 € je kg | 5 % | – | 4,5 % | 26 % |
| c) 3 200 t | 445,80 € je t | 25 % | 2 % | 48,50 € je t | 38 % |
| d) 400 Stück | 8.400,00 € gesamt | 18 % | 2,5 % | 736,30 € gesamt | 40 % |
| e) 2 000 m | 210,00 € je m | 40 % | 1 % | 17,25 € je m | 35 % |
| f) 800 kg | 16.600,00 € gesamt | 16 % | – | 2 % | 44 % |
| g) 12 000 Stück | 5,50 € je Stück | 12 % | 3 % | 0,18 € je Stück | 30 % |
| h) 824 m3 | 182,00 € je m3 | – | 2 % | frei Haus | 48 % |
| i) 360 hl | 238,00 € je hl | – | – | 4 % | 54 % |
| j) 125 m | 42.400,00 € gesamt | 33 % | 1 % | 2.040,00 € gesamt | 76 % |

**AUFGABE 397**

Die Lederwarengroßhandlung Merger KG, Köln, bezieht 100 Aktenkoffer der Marke „Senator", schwarz, aus Offenbach zum Stückpreis von 98,00 €.

Einkaufsbedingungen: Mengenrabatt 30 %; Lieferantenskonto 2,5 %; Bezugskosten 240,00 €; Handlungskosten 35 %.

Errechnen Sie die Selbstkosten insgesamt und je Stück.

**AUFGABE 398**

Die Farbengroßhandlung Berger OHG, Osnabrück, kauft 5 000 Dosen Holzschutzmittel zu 8,30 € je Dose.

Einkaufsbedingungen: Mengenrabatt 35 %; Lieferantenskonto 2,5 %; Bezugskosten 2.400,00 € für die gesamte Sendung.

Aus der FB und der KLR werden folgende Zahlen übernommen:

**Aufwendungen:** Wareneinsatz 1.350.000,00 €; Gehälter 220.000,00 €; Mietaufwendungen 45.000,00 €; Steuern/Abgaben 30.500,00 €; Betriebskosten 26.000,00 €; Allgemeine Verwaltungskosten 36.800,00 €; Werbungskosten 24.000,00 €; kalkulatorische Abschreibungen 18.000,00 €, kalkulatorische Zinsen 10.200,00 €.

**Erträge:** Umsatzerlöse 1.971.500,00 €.

Errechnen Sie die Selbstkosten für eine Dose.

**AUFGABE 399**

Eine Großhandlung bezog zwei Waren in einer Sendung:

Ware I: Bruttogewicht 4 200 kg, Tara 5 %, Listenpreis 12,00 € je kg.
Ware II: Bruttogewicht 3 200 kg, Tara 4 %, Listenpreis 9,00 € je kg.

Einkaufsbedingungen: 8 % Wiederverkäuferrabatt, 2 % Lieferantenskonto.

Die Bezugskosten für die gesamte Sendung beliefen sich auf 1.050,00 € Gewichtsspesen und 660,00 € Wertspesen. Die Gewichtsspesen sind nach den Bruttogewichten, die Wertspesen nach den Listeneinkaufspreisen zu verteilen.

Wie hoch sind die Selbstkostenpreise für 1 kg jeder Ware, wenn der Großhändler mit 40 % Handlungskosten kalkuliert?

### 3.2.4 Verkaufskalkulation

**Aufgabe**

Durch die Verkaufskalkulation wird der **kostendeckende Verkaufspreis** einer Ware ermittelt. Dieser Preis ergibt sich aus dem Selbstkostenpreis und der **stufenweisen Einrechnung** des **angemessenen Gewinns** und der anfallenden **Verkaufskosten.** Es ist nicht immer möglich, diesen kalkulierten Verkaufspreis auf dem Markt durchzusetzen. Preiskorrekturen sind erforderlich, wenn die Konkurrenzprodukte zu einem günstigeren Preis angeboten werden.

**Kalkulatorischer Gewinn**

Der unternehmerische Erfolg spiegelt sich im Betriebsgewinn wider. Dieser Gewinn muss so hoch ausfallen, dass er das **allgemeine Unternehmerrisiko** abdeckt. **Eigenkapitalverzinsung und Unternehmerlohn** werden in der Regel als **Teil der Handlungskosten kalkuliert** (vgl. S. 365/369). Sie sind damit anteilig im Handlungskostenzuschlag enthalten. Der kalkulatorische Gewinn lässt sich wie folgt bestimmen:

**BEISPIEL 1**

Die Gewinn- und Verlustrechnungen der Kern KG haben für die zurückliegenden Monate einen durchschnittlichen Umsatz in Höhe von 2.500.000,00 € ausgewiesen. Der Unternehmer strebt eine Risikoprämie von 9 % des Umsatzes an.

Wie hoch ist der angestrebte durchschnittliche Monatsgewinn?

G

**Angestrebter durchschnittlicher Monatsgewinn (9 % von 2.500.000,00 €) = 225.000,00 €**

**Gewinnzuschlag** Jede verkaufte Ware soll über den Erlös ihren Anteil zum Betriebsgewinn beitragen. Dies wird dadurch erreicht, dass bei der Kalkulation des Verkaufspreises ein Gewinnzuschlag in den Selbstkostenpreis eingerechnet wird. Als Zuschlagssatz wird entweder der branchenübliche Zuschlag oder der kalkulatorisch ermittelte Zuschlag verwendet, der zu dem angestrebten Monatsgewinn führt (vgl. oben).

**BEISPIEL 2** Aus den Ergebnistabellen der Kern KG sind für die zurückliegenden Monate folgende Zahlen errechnet worden:

| | |
|---|---|
| durchschnittlicher Wareneinsatz | 1.260.000,00 €/Monat, |
| durchschnittliche Handlungskosten | 970.000,00 €/Monat. |

Der Gewinnzuschlag ist bei einem angestrebten Monatsgewinn von 225.000,00 € zu berechnen.

| | |
|---|---|
| **durchschnittlicher Wareneinsatz** | **1.260.000,00 €** |
| **+ durchschnittliche Handlungskosten** | **970.000,00 €** |
| **= durchschnittliche Selbstkosten der Periode** | **2.230.000,00 €** |

**Zuschlagssatz für Gewinn:**

$$\frac{\textbf{Gewinn}}{\textbf{Selbstkosten}} = \frac{225000{,}00\ €}{2.230.000{,}00\ €} = 0{,}1009 = 10{,}09\ \% \approx \mathbf{10\ \%}$$

**Der tatsächlich erzielte Betriebsgewinn** ist als Monatsgewinn oder als Jahresgewinn aus den monatlich und jährlich aufgestellten Ergebnistabellen zu ersehen. Er ist – über den tatsächlichen Gewinnzuschlag – mit dem kalkulatorischen Gewinnzuschlag zu vergleichen.

**BEISPIEL 3** In der Ergebnistabelle der Kern KG für den Monat September (vgl. S. 374) wird der Betriebsgewinn mit 243.000,00 € ausgewiesen. Aus den Zahlen der Ergebnistabelle lässt sich der Gewinnzuschlagssatz (in %) wie folgt errechnen:

$$\frac{243.000{,}00\ €}{2.253.000{,}00\ €} = \mathbf{0{,}1078} = \mathbf{10{,}78\ \%}$$

Hieraus wird deutlich, dass der tatsächlich erzielte Gewinn den kalkulatorischen im betreffenden Monat übersteigt.

Der kalkulatorische Gewinn ist eine **Planungsgröße** des Unternehmers. Er wird **grundsätzlich in die Kalkulation eingesetzt.** In der Regel weicht der tatsächlich erzielte vom kalkulatorischen Gewinn ab, da die Marktpreise aufgrund unternehmerischer Entscheidungen festgesetzt werden oder durch die Marktsituation vorgegeben sind und nicht unbedingt mit den kalkulierten Verkaufspreisen übereinstimmen.

**Barverkaufspreis** Durch Einrechnung des Gewinns in den Selbstkostenpreis wird sichergestellt, dass jede Ware ihren Anteil am Gewinn erbringt. Die Summe aus Selbstkostenpreis und Gewinn ist der Barverkaufspreis. In der Kalkulation ist somit folgendes Rechenschema zu verwenden:

| | |
|---|---|
| **Selbstkostenpreis** | |
| **+ ... % Gewinn** | |
| **= Barverkaufspreis** | |

**BEISPIEL 4**

Der Selbstkostenpreis für eine Doppelrolle Küchenpapier (vgl. Beispiel S. 391) beträgt 1,81 €.

Wie hoch ist der Barverkaufspreis für die Ware bei einem Gewinnzuschlag von 10 %?

| | |
|---|---|
| **Selbstkostenpreis** | **1,81 €** |
| **+ 10 % Gewinn** | **0,18 €** |
| **= Barverkaufspreis** | **1,99 €** |

**Nebenkosten beim Warenverkauf**

Sofern beim Warenverkauf Kosten entstehen, die sich unmittelbar der Ware zurechnen lassen (z. B. Ausgangsfrachten, Transportkosten, Verpackungsmaterial, Vertriebsprovision), werden diese Kosten in den Barverkaufspreis eingerechnet. Sie gehen nicht zulasten des Verkäufers. In manchen Fällen müssen die Nebenkosten zunächst über entsprechende Prozentzuschläge ausgerechnet werden (z. B. Transportversicherung, Vertriebsprovision). Hierbei ist zu beachten, dass die Zuschlagsgrundlage (≙ 100 %) für die genannten Kosten der **Zielverkaufspreis** ist, nicht aber der Barverkaufspreis: Der Vertreter z. B. beansprucht seine Provision vom vereinbarten Rechnungspreis (= Zielverkaufspreis).

**Zielverkaufspreis**

| | |
|---|---|
| **Barverkaufspreis** | |
| **+ Nebenkosten (z. B. Vertriebsprovision)** | |
| **= Zielverkaufspreis** | |

**BEISPIEL 5**

Der Barverkaufspreis für eine Doppelrolle Küchenpapier beträgt 1,99 € (vgl. Beispiel 4, s. o.). Die Vertriebsprovision beträgt 6 %.

Vertriebsprovision und Zielverkaufspreis sind zu berechnen.

| | | | |
|---|---|---|---|
| **Barverkaufspreis** | **1,99 €** | ≙ | **94 %** |
| **+ Vertriebsprovision (i. H.)** | **0,13 €** | ≙ | **6 %** |
| **= Zielverkaufspreis** | **2,12 €** | ≙ | **100 %** ↓ |

**Lösung über Dreisatz:**

94 % ≙ 1,99 €
6 % ≙ x €

$$\mathbf{x\ €} = \frac{1{,}99\ € \cdot 6\ \%}{94\ \%} = \mathbf{0{,}13\ €}\ \text{Vertriebsprovision}$$

**Kundenskonto und Kundenrabatt** stellen Verkaufszuschläge dar, die vom Verkäufer entweder für Zahlung innerhalb bestimmter Fristen (Kundenskonto) oder für die Abnahme bestimmter Warenmengen (Mengenrabatt) gewährt werden. Sie sollen dem Kunden nur unter den genannten Bedingungen zugute kommen und gehen nicht zulasten des Verkäufers.

Kundenskonto wird bei der Vorwärtskalkulation in den Barverkaufspreis eingerechnet, Kundenrabatt in den Zielverkaufspreis. Zu beachten ist hierbei, dass die Zuschlagsgrundlage (≙ 100 %) für **Kundenskonto** der **Zielverkaufspreis** ist, da der Kunde Skonto vom Rechnungspreis (= Ziel-

G

**Angebotspreis**

verkaufspreis) abzieht. Die Zuschlagsgrundlage für **Kundenrabatt** ist der **Nettoverkaufspreis** (= Angebotspreis): Sofortrabatte werden bereits vor der Rechnungslegung vom Verkäufer in Abzug gebracht.

Da Kundenskonto und Vertriebsprovision jeweils vom Zielverkaufspreis berechnet werden, sind sie zu einem **gemeinsamen Zuschlagssatz** zusammenzufassen.

**BEISPIEL 6** Die Kern KG kalkuliert den Einstandspreis für eine Doppelrolle Küchenpapier mit 1,04 € (vgl. S. 390). Die Handlungskosten werden mit 73,84 % eingerechnet (vgl. S. 390 f.), der Gewinn mit 10 % (vgl. S. 395). Bei der Kalkulation des Angebotspreises sollen 2 % Kundenskonto, 6 % Vertriebsprovision und 10 % Kundenrabatt berücksichtigt werden.

Wie hoch ist der Angebotspreis für eine Doppelrolle?

| | | | | | |
|---|---|---|---|---|---|
| Einstandspreis | 1,04 € | | | | |
| + 73,84 % Handlungskosten | 0,77 € | | | | |
| = Selbstkostenpreis | 1,81 € | | | | |
| + 10 % Gewinn | 0,18 € | | | | |
| = Barverkaufspreis | 1,99 € | ≙ | 92 % | | |
| + 2 % Kundenskonto | 0,04 € | ≙ | 8 % | | |
| + 6 % Vertriebsprovision | 0,13 € | | | | |
| = Zielverkaufspreis | 2,16 € | ≙ | 100 % | ≙ | 90 % |
| + 10 % Kundenrabatt | 0,24 € | | | ≙ | 10 % |
| = Angebotspreis | 2,40 € | | | ≙ | 100 % |

**Der Angebotspreis wird auf 2,40 € je Doppelrolle festgesetzt.**

**Berechnung der Zuschläge:**

**Kundenskonto:** 92 % ≙ 1,99 €; 2 % ≙ x € → $x\,€ = \frac{1{,}99\,€ \cdot 2\,\%}{92\,\%}$ = **0,04 €**

**Vertriebsprovision:** 92 % ≙ 1,99 €; 6 % ≙ x € → $x\,€ = \frac{1{,}99\,€ \cdot 6\,\%}{92\,\%}$ = **0,13 €**

**Kundenrabatt:** 90 % ≙ 2,16 €; 10 % ≙ x € → $x\,€ = \frac{2{,}16\,€ \cdot 10\,\%}{90\,\%}$ = **0,24 €**

**MERKE**

- **Zuschlagsgrundlage für den kalkulatorischen Gewinnzuschlag sind die durchschnittlichen Selbstkosten mehrerer Abrechnungsperioden.**
- **Im kalkulatorischen Gewinn wird das allgemeine Unternehmerrisiko abgedeckt. Er ist Vergleichsgröße für den tatsächlich erzielten Gewinn.**
- **Zuschlagsgrundlage für die Berechnung des Kundenskontos und der Vertriebsprovision ist der Zielverkaufspreis.**
- **Zuschlagsgrundlage für die Berechnung des Kundenrabatts ist der Nettoverkaufspreis (Angebotspreis).**

G

**AUFGABE 400**

Die Selbstkosten für 200 000 m Verpackungsfolie betragen 610.000,00 €. Das Angebot an einen Kunden wird mit 12 % Gewinn, 3 % Kundenskonto und 20 % Mengenrabatt kalkuliert.
Wie hoch ist der Angebotspreis insgesamt und für 100 m Folie?

**AUFGABE 401**

Errechnen Sie die Angebotspreise insgesamt und für eine Einheit.

| Menge | Selbstkosten in € | Gewinn | Kundenskonto | Kundenrabatt |
|---|---|---|---|---|
| a) 600 Stück | 21.600,00 | 12 % | 2 % | 10 % |
| b) 200 m | 9.000,00 | 15 % | 1 % | 20 % |

**AUFGABE 402**

Der Barverkaufspreis einer Ware beträgt 316,00 €.

Wie hoch ist der Angebotspreis, wenn 6 % Vertriebsprovision, 3 % Kundenskonto und 15 % Kundenrabatt kalkuliert werden?

**AUFGABE 403**

Eine Großhandlung bietet Keramikvasen aus Italien an. Den Einstandspreis hat sie mit 34,50 € je Vase kalkuliert. Es gelten folgende Zuschläge: 42 % Handlungskosten, 10 % Gewinn, 35 % Kundenrabatt bei einer Mindestabnahme von 50 Stück, 3 % Kundenskonto.

Berechnen Sie den Angebotspreis.

### 3.2.5 Zusammenfassung der Kalkulationsschritte

Bisher wurde die Zuschlagskalkulation in ihrem stufenweisen Aufbau als Bezugs-, Selbstkosten- und Verkaufskalkulation dargestellt. Das nachfolgende Beispiel zeigt die Kalkulation eines Artikels vom Listenpreis bis zum Angebotspreis auf der Grundlage des Kalkulationsschemas von Seite 385.

**BEISPIEL**

Die Papiergroßhandlung Kern KG kalkuliert auf der Grundlage des Angebotes der Zendermühle AG (vgl. S. 128) den Angebotspreis für eine Doppelrolle Küchenpapier. Als innerbetriebliche Zuschläge sind zu berücksichtigen: 73,84 % Handlungskosten, 10 % Gewinn, 2 % Kundenskonto, 6 % Vertriebsprovision, 10 % Kundenrabatt.

| | | | | | |
|---|---|---|---|---|---|
| **Listenpreis** | **1,25 €** | | | | |
| **– 20 % Lieferantenrabatt** | **0,25 €** | | | | |
| **= Zieleinkaufspreis** | **1,00 €** | | | | |
| **– 2,5 % Lieferantenskonto** | **0,03 €** | | | | |
| **= Bareinkaufspreis** | **0,97 €** | | | | |
| **+ Bezugskosten (700 : 10 000 =)** | **0,07 €** | | | | |
| **= Einstandspreis je Doppelrolle** | **1,04 €** | | | | |
| **+ 73,84 % Handlungskosten** | **0,77 €** | | | | |
| **= Selbstkostenpreis** | **1,81 €** | | | | |
| **+ 10 % Gewinn** | **0,18 €** | | | | |
| **= Barverkaufspreis** | **1,99 €** | ≙ | 92 % | | |
| **+ 2 % Kundenskonto** | **0,04 €** | ≙ | 8 % | | |
| **+ 6 % Vertriebsprovision** | **0,13 €** | | | | |
| **= Zielverkaufspreis** | **2,16 €** | ≙ | 100 % | ≙ | 90 % |
| **+ 10 % Kundenrabatt** | **0,24 €** | | | ≙ | 10 % |
| **= Angebotspreis für eine Doppelrolle** | **2,40 €** | | | ≙ | 100 % |

**Der Angebotspreis wird auf 2,40 € je Doppelrolle festgesetzt.**

G

**AUFGABE 404** Der Einstandspreis für 5 000 m Markisenstoff beträgt 132.500,00 €. Das Angebot an einen Kunden wird mit 68 % Handlungskosten, 12 % Gewinn, 3 % Kundenskonto und 20 % Mengenrabatt kalkuliert.

Wie hoch ist der Angebotspreis insgesamt und für 100 m Stoff?

**AUFGABE 405** Eine Großhandlung bietet ihren Kunden kunsthandwerkliche Bodenvasen aus Italien an. Der Hersteller gewährt auf den Listeneinkaufspreis von 46,20 € je Vase einen Lieferantenrabatt von 8 %.

Berechnen Sie den Angebotspreis unter Berücksichtigung folgender Zuschläge: 42 % Handlungskosten, 10 % Gewinn, 35 % Kundenrabatt bei einer Mindestabnahme von 50 Stück, 3 % Kundenskonto.

**AUFGABE 406** Aus der Ergebnistabelle einer Großhandlung sind die folgenden Zahlen entnommen worden:

| | |
|---|---|
| Wareneinsatz der Rechnungsperiode | 425.000,00 |
| Handlungskosten | 255.000,00 |
| Gewinn | 153.000,00 |

1. Berechnen Sie die Zuschlagssätze für die Handlungskosten und den Gewinn.
2. Kalkulieren Sie auf der Grundlage dieser Zuschlagssätze den Angebotspreis für folgenden Artikel: Zieleinkaufspreis 820,00 €; 2,5 % Lieferantenskonto; 10,50 € Bezugskosten; 3 % Kundenskonto; 4 % Vertriebsprovision; 5 % Kundenrabatt.

**AUFGABE 407** Eine Lebensmittelgroßhandlung beschließt das Geschäftsjahr mit folgenden Kosten und Erlösen:

| Kosten | **Auszug aus der Ergebnistabelle** | | Leistungen |
|---|---|---|---|
| Warenaufwendungen | 800.000,00 | Umsatzerlöse (Warenverkauf) | 1.620.000,00 |
| Personalkosten | 265.000,00 | | |
| Miete | 60.000,00 | | |
| Kalkulatorische Zinsen | 12.000,00 | | |
| Werbekosten | 45.000,00 | | |
| Transportkosten | 33.000,00 | | |
| Betriebskosten | 74.000,00 | | |
| Allgemeine Verwaltungskosten | 21.000,00 | | |
| Kalkulator. Abschreibungen | 130.000,00 | | |
| Betriebsgewinn | 180.000,00 | | |
| | 1.620.000,00 | | 1.620.000,00 |

1. Berechnen Sie den Handlungskosten- und den Gewinnzuschlag.
2. Der Großhändler hat im abgelaufenen Geschäftsjahr mit einem Handlungskostenzuschlag von 75 % und einem Gewinnzuschlag von 15 % kalkuliert. Vergleichen Sie in einer Gegenüberstellung die mit den bisherigen und den aktuellen Zuschlagssätzen kalkulierten Barverkaufspreise. (Gehen Sie von einem Einstandspreis von 100,00 € aus.)
3. Im folgenden Geschäftsjahr sollen die aktuellen Zuschlagssätze verwendet werden. Kalkulieren Sie den Angebotspreis für eine neu ins Sortiment aufzunehmende Ware: Listenpreis 420,00 €, 8 % Lieferantenrabatt, 2 % Lieferantenskonto, 12,50 € Bezugskosten, 1 % Kundenskonto, 5 % Kundenrabatt.

**AUFGABE 408** Im Monat Juni zeigten die Warenkonten einer Großhandlung folgende Bewegungen:

| | | | |
|---|---|---|---|
| 1. | Anfangsbestand: | Waren Sorte A | 300.000,00 |
| | | Waren Sorte B | 350.000,00 |

G

| | | | |
|---|---|---|---|
| 2. | Verkäufe: | Waren Sorte A, netto | 223.680,00 |
| | | Waren Sorte B, netto | 204.000,00 |
| 3. | Einkäufe: | Waren Sorte A, Warenwert | 40.000,00 |
| | | Waren Sorte B, Warenwert | 60.000,00 |
| 4. | Bezugskosten: | Waren Sorte A, netto | 2.500,00 |
| | | Waren Sorte B, netto | 3.500,00 |
| 5. | Rücksendungen von Waren Sorte A an Lieferanten, Warenwert | | 5.000,00 |
| 6. | Rücksendungen von Waren Sorte B von Kunden, Warenwert | | 4.000,00 |
| 7. | Lieferant gewährt Preisnachlass für Waren Sorte B, netto | | 6.000,00 |
| 8. | Kunde erhält Preisnachlass für Waren Sorte A, netto | | 8.000,00 |
| 9. | Schlussbestand: | Waren Sorte A | 237.500,00 |
| | | Waren Sorte B | 287.500,00 |

1. Führen Sie die Warenkonten und schließen Sie sie über das GuV-Konto ab.
2. Bestimmen Sie die Wareneinsätze der Waren Sorte A und B und den gemeinsamen Handlungskostenzuschlag, wenn die gesamten Kosten der Rechnungsperiode 140.400,00 € betragen.
3. Berechnen Sie den Gewinn in Prozent der Selbstkosten.
4. Kalkulieren Sie einen Artikel der Sorte A, der zum Listenpreis von 415,00 € mit 12 % Lieferantenrabatt, 2 % Lieferantenskonto sowie 13,50 € Bezugskosten eingekauft wird. Für Kundenskonto sind 1,5 % einzurechnen.

**AUFGABE 409**

Die aufbereitete Ergebnistabelle eines Großhandelsbetriebes weist für die abgelaufene Rechnungsperiode folgende Zahlen aus:

| **Auszug aus der Ergebnistabelle (KLR-Bereich)** | | |
|---|---|---|
| Wareneinsatz<br>gesamte Handlungskosten<br>Umsatzerlöse (Warenverkauf) | 420.000,00 €<br>168.000,00 €<br>– | –<br>–<br>676.200,00 € |
| <br>Betriebsgewinn | 588.000,00 €<br>88.200,00 € | 676.200,00 € |
| | 676.200,00 € | 676.200,00 € |

1. Berechnen Sie den Handlungskosten- und den Gewinnzuschlag.
2. Kalkulieren Sie auf dieser Grundlage den Angebotspreis einer Ware unter Berücksichtigung folgender Angaben:
   260,00 € Listenpreis, 15 % Lieferantenrabatt, 2 % Bezugskosten, 3 % Kundenskonto, 10 % Kundenrabatt.

**AUFGABE 410**

Für einen Taschenrechner, der vom Hersteller zum Listenpreis von 35,00 € je Stück angeboten wird, kalkuliert ein Großhändler den Angebotspreis aufgrund folgender Angaben:

8 % Lieferantenrabatt, 2 % Lieferantenskonto, 3 % Bezugskosten, 65 % Handlungskosten, 12 % Gewinn, 1,5 % Kundenskonto, 5 % Kundenrabatt.

Wie hoch ist der Angebotspreis?

**AUFGABE 411**

Der Einstandspreis einer Ware beläuft sich auf 136,00 €. Die innerbetrieblichen Kalkulationszuschläge betragen:

55 % Handlungskosten, 16 % Gewinn, 2 % Kundenskonto, 4 % Vertriebsprovision, 5 % Kundenrabatt.

Berechnen Sie den Angebotspreis.

G

**AUFGABE 412** Der MAGRO-Markt bezieht vom Erzeugergroßmarkt Speisekartoffeln im Bruttogewicht von 25 000 kg, Tara 4 %. Der Preis für 100 kg beträgt 8,00 €.

Kalkulieren Sie den Angebotspreis für einen 25-kg-Sack unter Berücksichtigung folgender Angaben:

5 % Lieferantenrabatt, 2 % Lieferantenskonto, 65 % Handlungskostenzuschlag, 8 % Gewinnzuschlag, 10 % Kundenrabatt, 2 % Kundenskonto.

**AUFGABE 413** Ein Werkzeugmaschinen-Großhändler bietet eine Drehbank nach folgenden Angaben an:

Einstandspreis 35.000,00 €, 2 % Lagerzinszuschlag, 40 % Handlungskosten, 15 % Gewinn, 2 % Kundenskonto, 5 % Vertriebsprovision.

Berechnen Sie den Angebotspreis.

**AUFGABE 414** Eine Ladenkette importiert aus Japan 100 hochwertige Tablet-PC, Listenpreis 4.780.000 Yen. Mengenrabatt: 8 %. Devisenkassamittelkurs 130,15 Yen/€. Die Lieferung erfolgt CIF Hamburg. Der Lkw-Spediteur berechnet für den Transport aus dem Freihafen bis zum Empfänger 775,00 € Fracht. Es sind 10 % Zoll zu entrichten. Der Rechnungsausgleich erfolgt nach 10 Tagen mit 2 % Skontoabzug.

a) Wie hoch ist der Bezugspreis für einen Tablet-PC?
b) Wie hoch ist der Ladenpreis (einschl. 19 % Umsatzsteuer auf den Zielverkaufspreis) für einen Tablet-PC, wenn 55 % Handlungskosten, 10 % Gewinn und 2 % Kundenskonto zu berücksichtigen sind?

### 3.2.6 Kalkulationszuschlag und Kalkulationsfaktor

**Vereinfachung der Verkaufskalkulation**

Das bisher gezeigte Verfahren der Zuschlagskalkulation für einzelne Waren setzt voraus, dass man von Kalkulationsstufe zu Kalkulationsstufe jeweils Zwischenergebnisse bilden muss.

Sofern die Verkaufspreise mehrerer Waren oder Warengruppen mit **gleichen Zuschlagssätzen** kalkuliert werden, lässt sich die Preisberechnung dadurch vereinfachen, dass man die einzelnen Zuschlagssätze **zu einem einzigen Zuschlagssatz** zusammenfasst, der die unmittelbare Berechnung des Verkaufspreises zulässt.

G

**Kalkulationszuschlag**

Der aus den Einzelzuschlägen gebildete Zuschlagssatz heißt Kalkulationszuschlag. Er enthält nur die **innerbetrieblich anfallenden Zuschläge** für Handlungskosten, Gewinn und Verkaufskosten (Kundenskonto, Vertriebsprovision, Kundenrabatt). Die Bezugskalkulation ist auch bei diesem vereinfachten Kalkulationsverfahren für jede Ware oder Warengruppe gesondert durchzuführen, da sie in der Regel auf unterschiedlichen Einkaufsbedingungen beruht.

**Berechnung des Kalkulationszuschlags**

Der Kalkulationszuschlag ergibt sich aus der Differenz von Einstandspreis und Nettoverkaufspreis, ausgedrückt in Prozenten des Einstandspreises. Man kann ihn auch durch eine besondere Kalkulation, bei der man von 100,00 € Einstandspreis ausgeht, berechnen. Es wäre falsch, ihn durch Addition der Einzelzuschläge bestimmen zu wollen.

**BEISPIEL** Die Kern KG kalkuliert die Verkaufspreise ihrer verschiedenen Warengruppen mit folgenden Einzelzuschlägen: 73,84 % Handlungskosten, 10 % Gewinn, 2 % Kundenskonto, 6 % Vertriebsprovision, 10 % Kundenrabatt.

Ausgehend von einem **angenommenen Einstandspreis von 100,00 €** ist der Kalkulationszuschlag zu berechnen.

| | |
|---|---|
| **Einstandspreis** | **100,00 €** |
| **+ 73,84 % Handlungskosten** | **73,84 €** |
| **= Selbstkostenpreis** | **173,84 €** |
| **+ 10 % Gewinn** | **17,38 €** |
| **= Barverkaufspreis** | **191,22 €** |
| **+ 2 % Kundenskonto** | **4,16 €** |
| **+ 6 % Vertriebsprovision** | **12,47 €** |
| **= Zielverkaufspreis** | **207,85 €** |
| **+ 10 % Kundenrabatt** | **23,09 €** |
| **= Angebotspreis** | **230,94 €** |

$$\text{Kalkulationszuschlag} = \frac{(\text{Angebotspreis} - \text{Einstandspreis})}{\text{Einstandspreis}}$$

$$= \frac{(230{,}94\,€ - 100{,}00\,€)}{100{,}00\,€} = 1{,}3094 = 130{,}94\,\% \approx 131\,\%$$

Für eine Doppelrolle Küchenpapier sind der Einstands- und der Angebotspreis bekannt: Einstandspreis 1,04 €; Angebotspreis 2,40 € (vgl. S. 397).

Der Kalkulationszuschlag ist zu berechnen.

$$\text{Kalkulationszuschlag} = \frac{(\text{Angebotspreis} - \text{Einstandspreis})}{\text{Einstandspreis}}$$

$$= \frac{(2{,}40\,€ - 1{,}04\,€)}{1{,}04\,€} = 1{,}3094 = 130{,}94\,\% \approx \mathbf{131\,\%}$$

**Anwendung**

Ist für eine Warengruppe der Kalkulationszuschlag ermittelt worden, lässt sich die Verkaufskalkulation mit **einer** Prozentrechnung durchführen.

**BEISPIEL**

Für die Warengruppe „Hygienepapiere" ist ein Kalkulationszuschlag von 131 % ermittelt worden. Der Einstandspreis für Küchenrollen beträgt 1,04 € je Doppelrolle.

Der Angebotspreis ist zu berechnen.

| | | | |
|---|---|---|---|
| **Einstandspreis** | **1,04 €** | ≙ | **100 %** |
| **+ 131 % Kalkulationszuschlag** | **1,36 €** | ≙ | **131 %** |
| **= Angebotspreis** | **2,40 €** | ≙ | **231 %** |

100 % ≙ 1,04 €
131 % ≙ x €

$$\longrightarrow \quad x\,€ = \frac{1{,}04\,€ \cdot 131\,\%}{100\,\%} = \mathbf{1{,}36\,€}$$

**Kalkulationsfaktor**

Die Anwendung des Kalkulationsfaktors stellt beim heute üblichen Arbeiten mit Kalkulationssoftware eine weitere Vereinfachung der Warenkalkulation dar. Während bei der Verwendung des Kalkulationszuschlags ein prozentualer Zuschlag auszurechnen und zum Einstandspreis zu addieren ist, wird beim Rechnen mit dem Kalkulationsfaktor der Verkaufspreis **durch eine einzige Multiplikation** ermittelt.

**BEISPIEL** **Berechnung des Kalkulationsfaktors:** (vgl. S. 401)

| | |
|---|---|
| Einstandspreis | 100,00 € |
| Kalkulationszuschlag | 131 % |

| | |
|---|---|
| **Einstandspreis (angenommen)** | **100,00 €** |
| **+ Kalkulationszuschlag** | **131,00 €** |
| **= Angebotspreis** | **231,00 €** |

$$\textbf{Kalkulationsfaktor} = \frac{\textbf{Angebotspreis}}{\textbf{Einstandspreis}} = \frac{231{,}00\,€}{100{,}00\,€} = \textbf{2,31}$$

**Anwendung** Der Einstandspreis einer Doppelrolle Küchenpapier beträgt 1,04 €. Der Angebotspreis ergibt sich unter Anwendung des Kalkulationsfaktors unmittelbar aus folgender Rechnung:

| **Einstandspreis** | · | **Kalkulationsfaktor** | = | **Nettoverkaufspreis** |
|---|---|---|---|---|
| **1,04 €** | · | **2,31** | = | **2,40 €** |

**MERKE**

- **Der Kalkulationszuschlag ist die Differenz zwischen Einstandspreis und Angebotspreis, ausgedrückt in Prozenten des Einstandspreises. Er wird entweder durch eine besondere Kalkulation (ausgehend von 100,00 € Einstandspreis) ermittelt oder aus vorgegebenem Einstands- und Nettoverkaufspreis berechnet.**
- **Der Kalkulationsfaktor ist die Zahl, mit der der Einstandspreis multipliziert werden muss, um den Angebotspreis zu erhalten.**

**AUFGABE 415** Begründen Sie, warum der Kalkulationszuschlag nicht durch Addition der Einzelzuschläge berechnet werden kann.

**AUFGABE 416** Berechnen Sie zu den Aufgaben 410 – 413, Seite 399 f., jeweils den Kalkulationszuschlag und den Kalkulationsfaktor.

G

**AUFGABE 417** Ein Kaufmann kalkuliert mit folgenden innerbetrieblichen Zuschlägen:
Handlungskosten: 44 %; Gewinn: 16 %; Kundenskonto: 2 %.

Berechnen Sie den Kalkulationszuschlag und den Kalkulationsfaktor.

**AUFGABE 418** In den drei Hauptabteilungen eines Großhandelsunternehmens wird mit folgenden Zuschlägen kalkuliert:

| Abteilung | Handlungskosten | Gewinn | Kundenskonto | Vertriebsprovision | Kundenrabatt |
|---|---|---|---|---|---|
| A | 65 % | 12 % | 2 % | 4 % | 10 % |
| B | 48 % | 15 % | – | 3 % | 15 % |
| C | 54 % | 18 % | 1 % | 5 % | 20 % |

1. Berechnen Sie jeweils den Kalkulationszuschlag und den Kalkulationsfaktor.
2. In das Sortiment der Abteilung A wird ein Küchengerät zum Listenpreis von 74,00 € aufgenommen. Der Lieferantenrabatt beträgt 15 %, der Lieferantenskonto 2 % und die Bezugskosten 3,40 € je Gerät.

Bestimmen Sie mithilfe des Kalkulationsfaktors den Nettoverkaufspreis (Angebotspreis).

3. In das Sortiment der Abteilung C soll ein Gerät aufgenommen werden, das zum Einstandspreis von 145,00 € eingekauft und aus Konkurrenzgründen zum Nettoverkaufspreis von 326,25 € an den Einzelhandel abgegeben wird.
   Überprüfen Sie, ob der für die Abteilung C errechnete Kalkulationszuschlag erreicht wird.

**AUFGABE 419**

Ein neuer Artikel, der zum empfohlenen Richtpreis von 365,00 € verkauft werden soll, kann zum Listenpreis von 150,00 € mit 10 % Lieferantenrabatt, 2 % Lieferantenskonto und 14,70 € Bezugskosten eingekauft werden. Im Unternehmen wird mit einem Kalkulationsfaktor von 1,45 kalkuliert.

Überprüfen Sie, ob dieser Artikel unter Beibehaltung der innerbetrieblichen Zuschläge in das Sortiment aufgenommen werden kann.

**AUFGABE 420**

In einem Großhandelsbetrieb soll die Zuschlagskalkulation auf die einfachere Kalkulation mit dem Kalkulationszuschlag umgestellt werden.

Es wurde bisher mit folgenden Einzelzuschlägen gerechnet:
34 % Handlungskosten, 8 % Gewinn, 2 % Kundenskonto, 3 % Vertriebsprovision, 15 % Kundenrabatt.

1. Berechnen Sie den Kalkulationszuschlag.
2. Ermitteln Sie den Angebotspreis für eine Ware, die zum Listenpreis von 345,00 € mit 12 % Lieferantenrabatt, 3 % Lieferantenskonto und 21,50 € Bezugskosten eingekauft wurde.

### 3.2.7 Rückwärtskalkulation

**Aufwendbarer Einkaufspreis**

Die Marktlage, in der sich der Händler befindet, ist in der Regel dadurch gekennzeichnet, dass er den **Verkaufspreis seiner Waren nicht frei festsetzen** kann. Die Konkurrenzsituation, die vom Hersteller vorgegebenen Richtpreise oder behördliche Preisfestsetzungen legen die Verkaufspreise **nach oben** fest. Eine Unterschreitung der Verkaufspreise ist nur bei besonders günstiger Kostenlage gegenüber der Konkurrenz oder durch Anwendung der Preisdifferenzierung (vgl. Kapitel „Deckungsbeitragsrechnung“, S. 427 f.) möglich.

Für den Händler ergibt sich hieraus die Notwendigkeit, vor der Aufnahme einer Ware in das Sortiment zu prüfen, wie hoch der **aufwendbare Einkaufspreis** sein darf, wenn die kalkulatorischen Zuschläge in voller Höhe abgedeckt werden sollen.

**Rückwärtsrechnung**

Bei der Durchführung dieser Kontrollrechnung werden in das Kalkulationsschema für die Zuschlagskalkulation zunächst der vorgegebene Verkaufspreis (z. B. Angebotspreis) und die innerbetrieblichen Kalkulationszuschläge eingetragen. Die Rechnung erfolgt dann stufenweise rückwärts.

**BEISPIEL**

Die Kern KG kalkuliert den Angebotspreis für die neu ins Sortiment aufgenommenen Küchenrollen nach dem auf Seite 397 dargestellten Rechenschema.

Ein Kunde ist bereit, eine größere Menge an Küchenrollen zu einem Angebotspreis von **2,20 € je Doppelrolle** abzunehmen.

Zu welchem Preis müsste die Kern KG die Küchenrollen einkaufen, um alle Kalkulationszuschläge berücksichtigen zu können? Die Bezugskosten sind mit (700,00 € : 10 000 =) 0,07 € anzusetzen; vgl. S. 128.

G

| | | € | | | | | | | |
|---|---|---|---|---|---|---|---|---|---|
| **Listenpreis** | | **1,13** | | | | | | | 100 % |
| − **Lief.-Rabatt** | 20,0 % | **0,23** | | | | | | | + 20 % |
| = **Zieleink.-Preis** | | **0,90** | | | | | | 100,0 % | 80 % |
| − **Lief.-Skonto** | 2,5 % | **0,02** | | | | | | + 2,5 % | |
| = **Bareink.-Preis** | | **0,88** | | | | | | 97,5 % | |
| + **Bezugskosten** | | **0,07** | | | | | | | |
| = **Einstandspreis** | | **0,95** | | | | | 100,00 % | | |
| + **Handlungsk.** | 73,84 % | **0,70** | | | | | − 73,84 % | | |
| = **Selbstk.-Preis** | | **1,65** | | | | 100 % | 173,84 % | | |
| + **Gewinn** | 10,0 % | **0,17** | | | | − 10 % | | | |
| = **Barverk.-Preis** | | **1,82** | | | 92 % | 110 % | | | |
| + **Kundensk.** | 2,0 % | **0,04** | | | } − 8 % | | | | |
| + **Vertr.-Prov.** | 6,0 % | **0,12** | | | | | | | |
| = **Zielverk.-Preis** | | **1,98** | ≙ | 90 % | 100 % | | | | |
| + **Kundenrab.** | 10,0 % | **0,22** | ≙ | 10 % | | | | | |
| = **Angebotspreis** | | **2,20** | ≙ | 100 % | | | | | |

MERKE

- **Die Rückwärtskalkulation wird zur Berechnung des aufwendbaren Einkaufspreises eingesetzt. Sie geht vom bekannten Verkaufspreis aus und rechnet stufenweise auf den Einkaufspreis (Listenpreis) zurück.**
- **Hierbei ist zu beachten, dass alle Zuschläge, die in der Vorwärtskalkulation vom verminderten Grundwert berechnet werden, nunmehr vom Grundwert zu berechnen sind. Alle in der Vorwärtskalkulation vom Grundwert zu berechnenden Zuschläge werden nun vom vermehrten Grundwert berechnet.**

**AUFGABE 421**

Aus Konkurrenzgründen muss der Angebotspreis für ein Küchengerät von 64,00 € auf 58,00 € gesenkt werden.

Bisher wurde mit 3 % Kundenskonto, 8 % Gewinn und 24 % Handlungskosten kalkuliert.

Wie hoch darf der neue Bezugspreis höchstens sein, wenn auch auf einen Gewinn verzichtet wird?

G

**AUFGABE 422**

Eine Großhandlung verkauft an eine Winzergenossenschaft 20 000 Probiergläser mit Werbeaufdruck zu 40,00 € je 100 Stück unter folgenden Bedingungen:

Lieferantenrabatt 20 %, Lieferantenskonto 2 %, Bezugskosten 15,00 € je 1 000 Stück. Handlungskosten 32 %, Gewinn 12 %, Vertriebsprovision 5 %, Kundenrabatt 8 %, Kundenskonto 1,5 %.

Errechnen Sie den Listeneinkaufspreis für ein Glas.

**AUFGABE 423**

Ein Personalcomputer soll dem Büromaschineneinzelhandel zu 1.200,00 € angeboten werden.

Zu welchem Zieleinkaufspreis muss ein Büromaschinengroßhändler den Computer beim Hersteller einkaufen, wenn er seiner Kalkulation folgende Abzüge und Zuschläge zugrunde legt:

Lieferantenskonto 3 %, Bezugskosten 4,5 %, Handlungskosten 20 %, Gewinn 15 %, Kundenskonto 2 %, Kundenrabatt 15 %?

**AUFGABE 424**

Eine Möbelgroßhandlung erweitert ihr Sortiment um das exklusive Jugendzimmer „Studio" und gibt ihren Kunden folgende Preisempfehlung einschließlich USt:

für das Etagenbett 370,00 €,
für den Kleiderschrank 420,00 €,
für einen Schreibtisch 185,00 €,
für einen Stuhl 64,50 €.

Wie hoch darf der Einstandspreis für die Einzelteile höchstens sein, wenn 10 % Gewinn erzielt werden sollen und folgende Zuschläge zu berücksichtigen sind:

Kundenrabatt 20 %, Kundenskonto 3 %, Handlungskosten 42 %?

**AUFGABE 425**

Eine Großhandlung verkauft ihren Kunden Tablet-PCs, deren empfohlener Verkaufspreis 478,00 € beträgt, zu 345,00 €.

Welchen Listeneinkaufspreis muss der Händler erzielen, wenn folgende Bedingungen zu berücksichtigen sind:

Gewinn 12,5 %, Einkaufsrabatt 20 %, Einkaufsskonto 3 %, Bezugskosten 8,40 € je Stück, Handlungskosten 32 %?

**AUFGABE 426**

Ein Großhändler kalkuliert die Nettoverkaufspreise der Waren in der Warengruppe „Dekorationsstoffe" mit einem Kalkulationszuschlag von 80 %. Unter den Artikeln dieser Warengruppe befinden sich auch Vorhangstoffe, die er zu einem Nettoverkaufspreis von 29,70 € je Meter an die Einzelhändler verkaufen will.

Zu welchem Zieleinkaufspreis dürfte er diese Stoffe höchstens beim Hersteller ordern, wenn 1 % Bezugskosten und 2 % Lieferantenskonto zu berücksichtigen sind?

**AUFGABE 427**

Fachgroßhändler Konzel kalkuliert Büromaschinen mit folgenden Abzügen und Zuschlägen: 8 % Lieferantenrabatt, 1 % Lieferantenskonto, 1,5 % Bezugskosten, 45 % Handlungskosten, 15 % Gewinn, 2 % Kundenskonto. Den Laserdrucker „PERFEKT" des Herstellers Osyria will er aus Konkurrenzgründen zum Zielverkaufspreis von 360,00 € je Gerät an den Einzelhandel abgeben.

Zu welchem Listenpreis müsste Konzel die Geräte vom Hersteller beziehen, um konkurrenzfähig zu sein?

G

## 3.2.8 Handelsspanne

**Vereinfachung der Rückwärtskalkulation**

Bei vorgegebenem Angebotspreis ist es zur Bestimmung des aufwendbaren Einstandspreises vorteilhaft, die Handelsspanne anzuwenden und nicht eine stufenweise Rückwärtsrechnung durchzuführen. Mithilfe der Handelsspanne lässt sich – ausgehend vom Angebotspreis – der Einstandspreis in einem Rechenschritt ermitteln.

**BEISPIEL 1**

**Berechnung der Handelsspanne:** (vgl. S. 400 f.)

Die Kern KG kalkuliert mit folgenden Einzelzuschlägen: 73,84 % Handlungskosten, 10 % Gewinn, 2 % Kundenskonto, 6 % Vertriebsprovision, 10 % Kundenrabatt. Aus Konkurrenzgründen soll eine Doppelrolle Küchenpapier zum Angebotspreis von 2,40 € verkauft werden.

Wie viel Prozent beträgt die Handelsspanne?

| | | |
|---|---|---|
| | **Einstandspreis** | **1,04 €** |
| (+) | **73,84 % Handlungskosten** | **0,77 €** |
| = | **Selbstkostenpreis** | **1,81 €** |
| (+) | **10 % Gewinn** | **0,18 €** |
| = | **Barverkaufspreis** | **1,99 €** |
| (+) | **2 % Kundenskonto** | **0,04 €** |
| (+) | **6 % Vertriebsprovision** | **0,13 €** |
| = | **Zielverkaufspreis** | **2,16 €** |
| (+) | **10 % Kundenrabatt** | **0,24 €** |
| = | **Angebotspreis** | **2,40 €** |

$$\textbf{Handelsspanne} = \frac{\textbf{(Angebotspreis – Einstandspreis)} \cdot \textbf{100 \%}}{\textbf{Angebotspreis}}$$

$$= \frac{(2{,}40\text{ €} - 1{,}04\text{ €}) \cdot 100\ \%}{2{,}40\text{ €}} = 0{,}567 = 56{,}7\ \%$$

Die Handelsspanne kann auch aus dem Kalkulationszuschlag und dem Kalkulationsfaktor berechnet werden (vgl. S. 397 f.):

$$\textbf{Handelsspanne} = \frac{\textbf{Kalkulationszuschlag}}{\textbf{Kalkulationsfaktor}} = \frac{131\ \%}{2{,}31} = \mathbf{56{,}7\ \%}$$

**BEISPIEL 2** Die Kern KG bietet dem Einzelhandel Küchenrollen zum Angebotspreis von 2,40 € an. Sie kalkuliert mit einer Handelsspanne von 56,7 %.

Wie hoch darf der Einstandspreis sein?

| | | |
|---|---|---|
| | **Einstandspreis** | **1,04 €** |
| (+) | **56,7 % Handelsspanne** | **1,36 €** |
| = | **Angebotspreis** | **2,40 €** |

$$\textbf{Handelsspanne in €} = \frac{2{,}40\text{ €} \cdot 56{,}7\ \%}{100\ \%} = 2{,}40\text{ €} \cdot 0{,}567 = \mathbf{1{,}36\ €}$$

**MERKE** **Die Handelsspanne ist die Differenz zwischen dem Angebotspreis und dem Einstandspreis, ausgedrückt in Prozenten des Angebotspreises. Mithilfe der Handelsspanne lässt sich die Rückwärtskalkulation vereinfachen. Sie dient darüber hinaus durch Vergleich mit branchenüblichen Handelsspannen zur Kontrolle der Leistungsfähigkeit des Unternehmens.**

**AUFGABE 428**

| Kalkulationszuschlag in % | Handelsspanne in % |
|---|---|
| 20 | ? |
| 25 | ? |
| ? | 25 |
| 50 | ? |
| ? | 50 |

G

1. Vervollständigen Sie die Übersicht.
2. Welcher Zusammenhang besteht zwischen Kalkulationszuschlag und Handelsspanne?

**AUFGABE 429**

Ein Großhändler kalkuliert mit folgenden Einzelzuschlägen:

35 % Handlungskosten, 18 % Gewinn, 2 % Kundenskonto, 4 % Vertriebsprovision, 5 % Kundenrabatt.

Welchen Kalkulationszuschlag und welche Handelsspanne müsste er in Ansatz bringen?

**AUFGABE 430**

Der Bezugspreis einer Ware beträgt 819,00 €, der kalkulierte Angebotspreis 1.260,00 €.

1. Mit welcher Handelsspanne rechnet der Großhändler?
2. Wie hoch ist der Kalkulationszuschlag?

**AUFGABE 431**

In der Warengruppe „Haushaltsporzellan" kalkulierte ein Großhändler bisher mit einer Handelsspanne von 50 %.

Aufgrund verschärfter Konkurrenz sollen die Angebotspreise dieser Warengruppe um 10 % gesenkt werden.

Mit welcher Handelsspanne ist nunmehr zu kalkulieren?

**AUFGABE 432**

Ein Großhändler kalkuliert mit einem Kalkulationsfaktor von 1,85. Der Angebotspreis einer Ware wird aus Konkurrenzgründen auf 407,00 € festgesetzt.

1. Zu welchem Einstandspreis muss die Ware eingekauft werden?
2. Mit welcher Handelsspanne kalkuliert der Großhändler?

**AUFGABE 433**

Die Warengruppe A wird in einer Großhandlung mit einer Handelsspanne von 60 % kalkuliert. Nach Erhöhung der Einstandspreise in dieser Warengruppe um 10 % soll die Handelsspanne bei unverändertem Angebotspreis der neuen Situation angepasst werden.

1. Mit welcher Handelsspanne ist nach der Erhöhung der Einstandspreise zu kalkulieren?
2. Nach Erhöhung der Einstandspreise um 10 % setzt der Großhändler die Angebotspreise um 5 % herauf. Welche Auswirkung hat diese Maßnahme auf die Handelsspanne?

**AUFGABE 434**

Ein Textilgroßhändler kalkuliert in der Warengruppe „Herrenoberbekleidung" mit einem Kalkulationszuschlag von 80 %. Er bietet dem Einzelhändler Anzüge zum Preis von 240,00 € an. Die Erhöhung der Einstandspreise um 8 % will der Großhändler auf den Einzelhändler abwälzen.

Mit welchem Kalkulationsfaktor und mit welcher Handelsspanne muss er nach der Preiserhöhung kalkulieren?

G

### 3.2.9 Differenzkalkulation

**Kalkulation auf der Basis vorgegebener Einkaufs- und Verkaufspreise**

Die Kalkulationsfreiheit des Händlers wird durch die gleichzeitige Vorgabe des Einkaufs- und des Verkaufspreises noch weitgehender eingeschränkt, als dies bei der Vorgabe des Verkaufspreises bereits der Fall ist. In der Praxis liegen vor der Aufnahme einer Ware in das Sortiment mehrere Angebote mit bestimmten Listenpreisen vor; zugleich wird der Verkaufspreis nur in geringem Umfang beeinflussbar sein.

**Tatsächlich erzielbarer Gewinn**

In dieser Situation obliegt es der **Beschaffungsabteilung,** auf der Basis der Einstandspreise das **günstigste Angebot** zu ermitteln. Aufgabe der **Kalkulationsabteilung** ist es, den **tatsächlich erzielbaren** Gewinn zu bestimmen. Hierzu wird zunächst im Schema der Zuschlagskalkulation der Selbstkostenpreis berechnet und danach – ausgehend vom Angebotspreis – durch Rückwärtskalkulation der Barverkaufspreis ermittelt. Die Differenz zwischen dem Selbstkostenpreis und dem Barverkaufspreis ergibt den **Gewinn (Barverkaufspreis > Selbstkostenpreis)** oder den **Verlust (Barverkaufspreis < Selbstkostenpreis)** beim Verkauf einer Wareneinheit. Die Geschäftsleitung hat zu entscheiden, ob ein errechneter Gewinn angemessen ist, sodass die Ware in das Sortiment aufgenommen werden kann.

**BEISPIEL** Die Kern KG bezieht Küchenrollen von der Zendermühle AG zu den auf der Seite 127 f. genannten Bedingungen. Ein Kunde der Kern KG ist bereit, eine größere Menge an Küchenrollen zu einem Angebotspreis von **2,20 € je Doppelrolle** abzunehmen.

Mithilfe der Differenzkalkulation soll festgestellt werden, ob sich die Annahme des Auftrags lohnt, wenn alle Kalkulationszuschläge berücksichtigt werden.

| | | € | | | |
|---|---|---|---|---|---|
| **Listenpreis** | | **1,25** | ≙ 100 % | | |
| – **Lieferantenrabatt** | 20,0 % | **0,25** | ≙ 20 % | | |
| = **Zieleinkaufspreis** | | **1,00** | ≙ 80 % ↓ | ≙ 100,0 % | |
| – **Lieferantenskonto** | 2,5 % | **0,03** | | ≙ 2,5 % | |
| = **Bareinkaufspreis** | | **0,97** | | ≙ 97,5 % ↓ | |
| + **Bezugskosten** | | **0,07** | (700,00 € : 10 000 Rollen = 0,07 €) | | |
| = **Einstandspreis** | | **1,04** | | | 100,00 % |
| + **Handlungskosten** | 73,84 % | **0,77** | | | ≙ 73,84 % |
| = **Selbstkostenpreis** | | **1,81** | | | ≙ 173,84 % ↓ |
| + Gewinn | | 0,01 | | | |
| = **Barverkaufspreis** | | **1,82** | | | ≙ 92 % ↑ |
| – **Kundenskonto** | 2,0 % | **0,04** | | | } ≙ 8 % |
| – **Vertriebsprovision** | 6,0 % | **0,12** | | | |
| = **Zielverkaufspreis** | | **1,98** | | ≙ 90 % ↑ | ≙ 100 % |
| – **Kundenrabatt** | 10,0 % | **0,22** | | ≙ 10 % | |
| = **Angebotspreis** | | **2,20** | | ≙ 100 % | |

Die Annahme des Auftrags empfiehlt sich, obwohl nur ein Gewinn von 0,01 € je Doppelrolle eintritt. Entscheidend hierbei ist, dass der Auftrag **alle Kosten** – einschließlich der kalkulatorischen Kosten – deckt. Darüber hinaus wird noch ein Gewinn zur Abdeckung des allgemeinen Unternehmerrisikos erzielt (vgl. S. 394).

**MERKE** **Liegen bei einer Ware der Einkaufs- und der Verkaufspreis fest, so wird mithilfe der Differenzkalkulation der erzielbare Gewinn berechnet. Grundsätzlich lohnt sich die Annahme eines Auftrags, wenn durch ihn alle Kosten gedeckt werden.**

**AUFGABE 435** Überprüfen Sie, ob das folgende Angebot für den Großhändler Gewinn bringend ist:

420,00 € Listenpreis, 10 % Lieferantenrabatt, 2 % Lieferantenskonto, 10,60 € Bezugskosten. Aus Konkurrenzgründen muss die Ware zu einem Angebotspreis von 680,00 € an den Einzelhandel abgegeben werden.

Der Großhändler kalkuliert mit einer Handelsspanne von 45 %.

**AUFGABE 436** Der Angebotspreis eines Taschenrechners liegt mit 42,00 € fest. Auf diesen Preis gewährt der Hersteller dem Großhändler einen Wiederverkäuferrabatt von 55 %.

Berechnen Sie den erzielbaren Gewinn in € und Prozent je Taschenrechner, wenn 2 % Lieferantenskonto abgerechnet werden, Bezugskosten in Höhe von 0,80 € je Taschenrechner anfallen und der Händler mit 35 % Handlungskosten, 2 % Kundenskonto sowie 30 % Kundenrabatt kalkuliert.

**AUFGABE 437**

Für eine Digitalkamera legt der Hersteller einen unverbindlichen Richtpreis von 120,00 € fest. Beim Verkauf an den Großhändler gewährt der Hersteller auf den Richtpreis 50 % Rabatt mit der Maßgabe, dem Einzelhändler einen Wiederverkäuferrabatt in Höhe von 25 % (des Richtpreises) einzuräumen.

Der Großhändler kalkuliert mit 2,50 € Bezugskosten je Gerät, 40 % Handlungskosten und 3 % Kundenskonto. Er ist bereit, dieses Gerät in das Sortiment aufzunehmen, wenn er mindestens 5 % Gewinn erzielt.

Lohnt sich für den Großhändler die Aufnahme dieses Gerätes in das Sortiment?

**AUFGABE 438**

Zur Abrundung seines Sortiments will ein Großhändler einen zusätzlichen Gerätetyp auf Lager nehmen. Ihm liegen die Angebote von drei Herstellern vor:

| | Angebot A | Angebot B | Angebot C |
|---|---|---|---|
| Unverbindlicher Richtpreis | 1.250,00 € | 1.180,00 € | 1.310,00 € |
| Wiederverkäuferrabatt | 40 % | 35 % | 45 % |
| Lieferantenskonto | 1 % | – | 2 % |
| Bezugskosten | 15,00 € je Gerät | 2 % auf Bareinkaufspreis | 18,00 € je Gerät |
| Handlungskosten | | 30 % | |
| Kundenskonto | | 2 % | |
| Kundenrabatt | | 20 % | |

1. Wählen Sie das Angebot mit dem niedrigsten Einstandspreis je Gerät aus.
2. Berechnen Sie den bei diesem Angebot erzielbaren Stückgewinn in Euro und Prozent.
3. Zu welchem Angebotspreis könnte der Händler das Gerät an den Einzelhandel weitergeben, wenn er seiner Kalkulation einen Gewinn von 5 % zugrunde legt?

**AUFGABE 439**

Ein Großhändler kalkuliert mit folgenden innerbetrieblichen Zuschlägen: 38 % Handlungskosten, 16 % Gewinn, 2 % Kundenskonto.

Einen Artikel, den er zum Listenpreis von 235,00 € mit 6 % Lieferantenrabatt, 1,5 % Lieferantenskonto und 3,40 € Bezugskosten vom Hersteller beziehen kann, will er zum Zielverkaufspreis von 350,00 € an den Einzelhandel weitergeben.

Wie hoch ist der tatsächlich erzielbare Gewinn in Euro und Prozent?

## 3.3 Abhängigkeit des Handlungskostensatzes von der Beschäftigung

**Vorkalkulation**

In den bisherigen Betrachtungen wurde der Handlungskostensatz aus den **vergangenheitsbezogenen Zahlen** der Ergebnistabelle bestimmt und den Kalkulationen zugrunde gelegt. Bei Kundenanfragen ist es jedoch erforderlich, dass der Großhändler **im Voraus** Kalkulationen erstellt, um Preisangaben machen zu können. Für diese **Vorkalkulationen** werden Handlungskostensätze benötigt, die sich auf die erwartete oder geplante Beschäftigung des Großhandelsbetriebes beziehen. Es soll im Folgenden untersucht werden, ob eine Beschäftigungsänderung – wegen der teilweisen Abhängigkeit der Kosten von der Beschäftigung (vgl. S. 380 f.) – Einfluss auf die Höhe des Handlungskostensatzes hat.

**Beschäftigung**

Unter Beschäftigung ist die **tatsächliche Ausnutzung des Leistungsvermögens je Zeiteinheit** (z. B. je Monat oder pro Jahr) zu verstehen, die ein Großhandelsbetrieb aufgrund des Personal- und Betriebsmittelbestandes (= Maximalkapazität) hat. Die Beschäftigung wird durch den Wareneinsatz ausgedrückt. Jeder Großhandelsbetrieb verfügt über eine **Normalbeschäftigung,** bei der das Leistungsvermögen **wirtschaftlich ausgeschöpft** ist (= unter wirtschaftlichem Gesichtspunkt höchstmöglicher Wareneinsatz).

**Beschäftigungsgrad**

Das prozentuale Verhältnis aus tatsächlicher Beschäftigung (= nachgewiesene Warenaufwendungen einer Abrechnungsperiode) und der Normalbeschäftigung wird als **Beschäftigungsgrad** bezeichnet:

$$\textbf{Beschäftigungsgrad} = \frac{\textbf{tatsächliche Beschäftigung}}{\textbf{Normalbeschäftigung}}$$

**BEISPIEL 1**

Die Kern KG verzeichnete im Vormonat einen Wareneinsatz in Höhe von 1.296.000,00 € (vgl. S. 374). Die Normalbeschäftigung soll mit 1.525.000,00 € Wareneinsatz ermittelt worden sein.

Wie hoch ist der Beschäftigungsgrad des Unternehmens?

$$\textbf{Beschäftigungsgrad} = \frac{\textbf{1.296.000,00 €}}{\textbf{1.525.000,00 €}} = 0{,}85 = \textbf{85 \%}$$

G

**Einfluss des Beschäftigungsgrades auf den Handlungskostensatz**

In der oben dargestellten Situation wird der Großhandelsbetrieb bestrebt sein, den Beschäftigungsgrad zu erhöhen, z. B. auf 90 % ≙ 1.372.500,00 € Wareneinsatz. Dies wäre nur mit höheren Handlungskosten als 957.000,00 € (vgl. S. 390) zu erreichen. Ob die veränderte Situation auch zu einem anderen Handlungskostensatz als 73,84 % (vgl. S. 390) führt, hängt davon ab, wie sich die Handlungskosten bei der geplanten Beschäftigungsänderung verhalten; sie können fix oder variabel sein (vgl. S. 380 f.).

**BEISPIEL 2**

Die Kern KG hat aufgrund einer Kostenuntersuchung festgestellt, dass die Handlungskosten zu 50 % fix und zu 50 % variabel sind und dass sich die variablen Kosten proportional zur Beschäftigung ändern.

Wie hoch sind aufgrund des Beispiels von Seite 390 die zu erwartenden Handlungskosten bei einem Beschäftigungsgrad von 90 %?

Die Erhöhung des Beschäftigungsgrades von 85 % auf 90 % entspricht einer prozentualen Erhöhung um **5,88 %** (= 5 %-Punkte Erhöhung : 85 % = 5,88 %)**.** Die fixen Kosten verändern sich hierdurch nicht, die variablen steigen um 5,88 %.

| | Beschäftigungsgrad | |
|---|---|---|
| | 85 % | 90 % |
| **variable Kosten** (50 % von 957.000,00 €)<br>**fixe Kosten** (50 % von 957.000,00 €) | 478.500,00 €<br>478.500,00 € | 506.636,00 €<br>478.500,00 € |
| **Handlungskosten insgesamt** | 957.000,00 € | 985.136,00 € |
| **Wareneinsatz** | 1.296.000,00 € | 1.372.500,00 € |
| **Handlungskostensatz** | **73,84 %** | **71,78 %** |

**Auswertung:** Die Erhöhung des Beschäftigungsgrades würde unter den aufgestellten Bedingungen zu einer Erhöhung der variablen Kosten um (5,88 % von 478.500,00 € =) 28.136,00 € führen. Die fixen Kosten bleiben von der Beschäftigungsänderung unberührt. Das hat zur Folge, dass sich die fixen Kosten nunmehr auf eine größere Absatzmenge verteilen. Auf die einzelne Wareneinheit umgerechnet, ergäbe sich eine **geringere Fixkostenbelastung** bei 90 % Beschäftigungsgrad gegenüber der früheren 85 %-igen Beschäftigung. Da sich die variablen Kosten proportional verändern, werden die Durchschnittskosten (= variable und fixe Kosten je Wareneinheit) bei der höheren Beschäftigung ebenfalls **niedriger** ausfallen.

---

**BEISPIEL 3**

Die Kern KG kalkuliert den Selbstkostenpreis für eine Doppelrolle (Einstandspreis 1,04 €) bei unterschiedlichen Beschäftigungsgraden.

| | Beschäftigungsgrad | | | |
|---|---|---|---|---|
| | 85 % | | 90 % | |
| **Einstandspreis** | | 1,04 € | | 1,04 € |
| + **Handlungskosten** | 73,84 % | 0,77 € | 71,78 % | 0,75 € |
| = **Selbstkostenpreis** | | **1,81 €** | | **1,79 €** |

---

Würde nach dem obigen Beispiel verfahren, so ergäben sich nicht marktgerechte Handlungsweisen des Unternehmers:

- In Zeiten der Vollbeschäftigung mit hohen Beschäftigungsgraden aufgrund einer guten Auftragslage müsste der Großhändler Preissenkungen vornehmen, obwohl Preiserhöhungen angezeigt wären, um die Marktchancen zu nutzen und die überschäumende Absatzlage zu dämpfen.
- In Zeiten schwächerer Auftragslagen mit entsprechend geringeren Beschäftigungsgraden müsste der Großhändler nach Aussage seiner Kalkulation Preiserhöhungen vornehmen, obwohl zur Stabilisierung des Absatzes Preissenkungen notwendig wären.

Die Unsinnigkeit einer solchen Kalkulation, die **alle Kosten** einrechnet (= Vollkostenkalkulation), rührt daher, dass sich die auf eine Wareneinheit umgerechneten fixen Kosten mit **steigender Beschäftigung verringern** (weil ein fester Kostenbetrag dann auf eine größere Menge verteilt wird) und mit **sinkender Beschäftigung erhöhen** (weil ein fester Kostenbetrag dann auf eine kleinere Menge verteilt wird).

G

Denn es ist zu bedenken, dass die Kosten nach der Abhängigkeit von Beschäftigungsänderungen in fixe und in variable Kosten unterteilt werden (vgl. auch S. 380 f.). Fixe Kosten sind in ihrer Höhe unabhängig, variable Kosten sind in ihrer Höhe abhängig von Beschäftigungsänderungen. Infolgedessen sind die gesamten Fixkosten unabhängig von der Beschäftigungsmenge immer gleich hoch. Je höher die Beschäftigungsmenge, desto geringer der Anteil der Fixkosten an den Gesamtkosten und desto geringer der je Wareneinheit zu tragende Fixkostenanteil (Fixkostendegression, vgl. S. 381 f.). Die nachfolgende Grafik veranschaulicht diesen Zusammenhang.

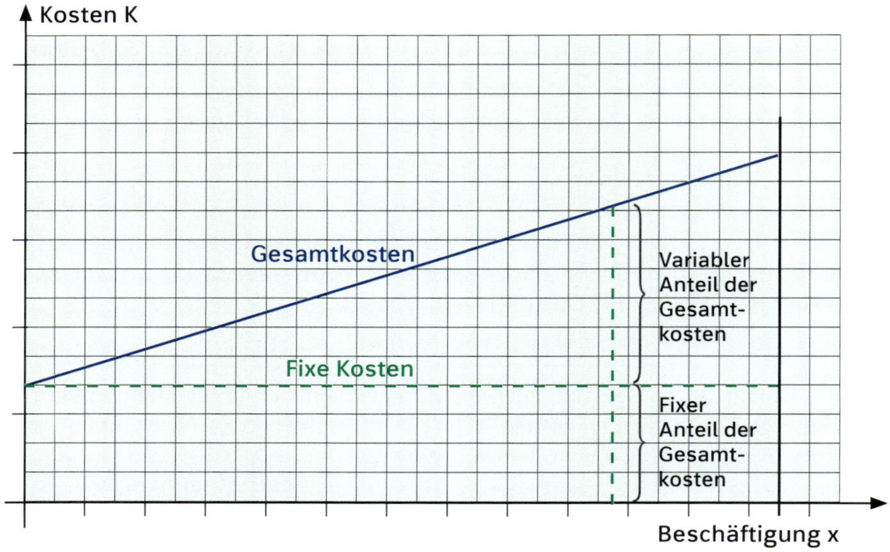


Bei der Preisgestaltung auf der Grundlage der Vollkostenkalkulation muss die Abhängigkeit der Kosten von Beschäftigungsschwankungen beachtet werden, um zu vernünftigen Ergebnissen zu gelangen. Marktgerechtere Entscheidungen sind auf der Basis der Deckungsbeitragsrechnung möglich (vgl. S. 427 f.).

**MERKE**

- **Maßzahl für die Kapazität ist im Großhandelsbetrieb der Wareneinsatz.**
- **Die Vollkostenkalkulation führt bei unterschiedlichen Beschäftigungsgraden zu nicht marktgerechten Preisempfehlungen.**

G

**AUFGABE 440**

Ein Großhandelsbetrieb geht pro Monat von einer Normalbeschäftigung in Höhe von 5.750.000,00 € aus. Im Vormonat betrugen der Wareneinsatz 4.600.000,00 € und die Handlungskosten 3.220.000,00 €. Die Handlungskosten sind zu 60 % fix und zu 40 % variabel. Der Einstandspreis der Ware beträgt 50,00 € pro Stück.

1. Ermitteln Sie den Beschäftigungsgrad und den Handlungskostensatz im Vormonat.
2. Berechnen Sie die Höhe der Handlungskosten und des Wareneinsatzes, wenn der Beschäftigungsgrad 85 % beträgt.
3. Ermitteln Sie den jeweiligen Selbstkostenpreis je Stück für die in Aufgabenteil 1 und 2 ermittelten bzw. angegebenen Beschäftigungsgrade.
4. Begründen Sie, warum die Vollkostenkalkulation bei unterschiedlichen Beschäftigungsgraden zu nicht marktgerechten Preisempfehlungen führt.

# 4 Kalkulation auf der Grundlage der Kostenstellenrechnung

## 4.1 Grundlagen

In Großhandelsbetrieben mit einem breiten und/oder tiefen Sortiment aus mehreren Warengruppen ergeben sich für die Kostenrechnung folgende Probleme:

**Handlungskostenzuschlag je Warengruppe (= Kostenträger, vgl. S. 422)**

Jede Warengruppe darf aus Gründen einer „gerechten" Preisermittlung nur mit den durch sie verursachten Kosten belastet werden. Dies kann nicht durch einen einheitlichen Zuschlagssatz für Handlungskosten (vgl. Kapitel 3) erreicht werden, sondern nur durch die für jede Warengruppe gesondert ermittelten Zuschlagssätze.

**Kostenkontrolle**

Die Kosten bedürfen hinsichtlich ihrer Verursachung und ihrer Höhe einer eingehenden Kontrolle. Dies kann nur begrenzt über die Erfassung nach Kostenarten in der Ergebnistabelle geschehen. Aussagefähiger ist die Erfassung der Kosten an den Stellen (= Abteilungen, Warengruppen), an denen sie entstanden sind.

Zur Lösung dieser Probleme bietet sich folgendes Vorgehen an:

**Übersicht über den Zusammenhang zwischen Kostenarten, Kostenstellen und Kostenträgern**

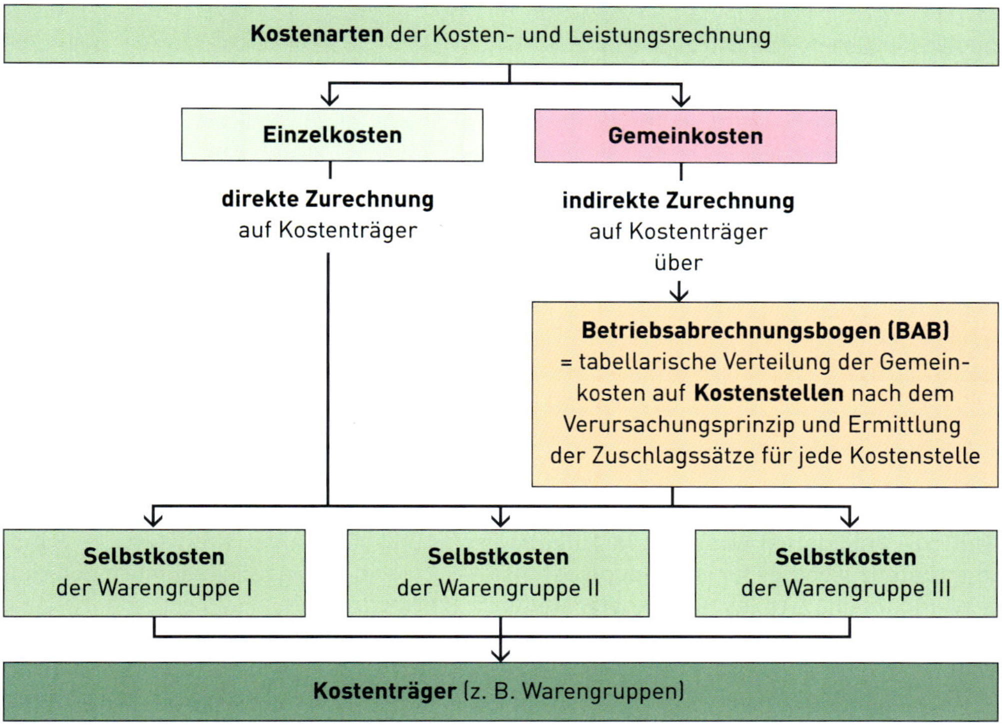


**Einzelkosten**

Einzelkosten (vgl. S. 379) – insbesondere die Wareneinsätze – sind für einzelne Waren oder Warengruppen unmittelbar feststellbar und diesen zurechenbar.

**Gemeinkosten**

Gemeinkosten (vgl. S. 379) fallen für alle Waren, Warengruppen, Abteilungen oder für das Unternehmen insgesamt an (z. B. Abschreibungen auf die betrieblich genutzten Gebäude) und lassen sich daher nicht für einzelne Waren oder Warengruppen unmittelbar erfassen. Sie können nur indirekt – auf dem Umweg über Kostenstellen (z. B. nach Warengruppen geordnete Verkaufsabteilungen) – den Warengruppen (= Kostenträgern) zugerechnet werden, um so die Selbstkosten für jeden Kostenträger zu bestimmen.

**Kostenstellen nach Funktionen**

Um die Gemeinkosten – zur Kostenkontrolle und zur Verteilung auf die Kostenträger – an den Orten, an denen sie entstanden sind, zu erfassen, ist es zweckmäßig, Betriebsabteilungen, die aufgrund einheitlicher Tätigkeit oder Funktion eine organisatorische Einheit bilden, zu Kostenstellen zusammenzufassen. Die Gliederung des Großhandelsbetriebes in Kostenstellen ist nach folgenden Gesichtspunkten möglich:

**Kostenstellen im Großhandelsbetrieb**

| Verursachungsbereiche | Kostenstellen | Bezeichnung |
|---|---|---|
| **Verkaufsabteilungen** | nach Warengruppen geordnete Verkaufsabteilungen | **Hauptkostenstellen** |
| **Betriebliche Teilbereiche** | Einkauf, Vertrieb, Lager, Verwaltung u. a. | **Hilfskostenstellen** |
| **Allgemeine Bereiche** | Geschäftsführung, Fuhrpark, Sozialeinrichtungen, EDV u. a. | **Allgemeine Kostenstellen** |

**Kostenträger als Hauptkostenstellen**

Da für jeden Kostenträger (vgl. S. 422) ein eigener Handlungskostenzuschlag ermittelt werden soll, ist es sinnvoll, die Hauptkostenstellen nach den Kostenträgern (z. B. Warengruppen) auszurichten und die Handlungskosten sowie die Zuschlagssätze für jede Hauptkostenstelle zu ermitteln (vgl. Beispiel S. 415 f.).

**Hilfskostenstellen**

Die Hilfskostenstellen stimmen in der Regel mit den Betriebsabteilungen überein, die den Hauptkostenstellen Hilfsdienste leisten.

**Allgemeine Kostenstellen**

Die Allgemeinen Kostenstellen üben Funktionen für den Gesamtbetrieb aus. Die hier anfallenden Kosten lassen sich keiner zuvor genannten Kostenstelle ausschließlich zuordnen.

**Betriebsabrechnungsbogen (BAB)**

Der Betriebsabrechnungsbogen (BAB, vgl. Beispiel S. 415) ist das tabellarische Hilfsmittel zur Durchführung der Kostenstellenrechnung. Mit dem Einsatz des BAB kann die Kostenstellenrechnung folgende Aufgaben erfüllen:

**Aufgaben der Kostenstellenrechnung (BAB)**

- **Verteilung der Gemeinkosten** der Ergebnistabelle nach dem Verursachungsprinzip auf die Kostenstellen (vgl. Beispiel S. 415 f.),
- **Umlegung der** in den Allgemeinen Kostenstellen und in den Hilfskostenstellen **erfassten Gemeinkosten** auf die Hauptkostenstellen (vgl. Beispiel S. 415 f.),
- **Ermittlung des Handlungskostenzuschlags** für jede **Hauptkostenstelle** (S. 415 f.),
- **Überwachung der Kosten** in den einzelnen Betriebsabteilungen (= Kostenkontrolle).

Die für die **Kalkulation wesentliche Aufgabe** des BAB besteht in der Ermittlung des **Handlungskostenzuschlags für jede Hauptkostenstelle.** Durch die Einrichtung **räumlich getrennter Warenabteilungen als Hauptkostenstellen** sind mithilfe dieser Handlungskostenzuschläge **differenzierte Kalkulationen** möglich.

**MERKE**

- **Kostenstellen sind Verkaufs- und Betriebsabteilungen, die Gemeinkosten verursachen.**
- **Es lassen sich Hauptkostenstellen, Hilfskostenstellen und Allgemeine Kostenstellen unterscheiden.**
- **Hauptkostenstellen werden in der Regel nach Kostenträgern ausgerichtet.**

G

**Betriebsabrechnungsbogen**

der Papiergroßhandlung Kern KG, Köln, für den Abrechnungsmonat September ..

| **Kostenarten** (Einzel- und Gemeinkosten) | **Zahlen der Ergebnis-tabelle** | **Verteilungs-schlüssel** | **Allgem. Kosten-stelle: Fuhrpark** | **Hilfskostenstellen** | | | | **Hauptkostenstellen (= Kostenträger)** | | | | **Summe** |
|---|---|---|---|---|---|---|---|---|---|---|---|---|
| | | | | **Einkauf** | **Vertrieb** | **Lager** | **Verwal-tung** | **Spezial-papiere** | **Hygiene-papiere** | **Verp.-Folien** | **Einschl.-Papiere** | |
| **Einzelkosten:** | | | | | | | | | | | | |
| WG Spezialpapiere | 300.000,00 | | | | | | | 300.000,00 | – | – | – | |
| WG Hygienepapiere | 401.000,00 | | | | | | | – | 401.000,00 | – | – | |
| WG Verpackungsfolien | 300.000,00 | | | | | | | – | – | 300.000,00 | – | |
| WG Einschlagpapiere | 295.000,00 | | | | | | | – | – | – | 295.000,00 | |
| **Summe Einzelkosten** | **1.296.000,00** | | | | | | | **300.000,00** | **401.000,00** | **300.000,00** | **295.000,00** | **1.296.000,00** |
| **Gemeinkosten:** | | | | | | | | | | | | |
| Frachten | 80.000,00 | Rechnungen | 2.000,00 | 8.000,00 | 66.000,00 | 3.000,00 | 1.000,00 | – | – | – | – | |
| Provisionen | 20.000,00 | Rechnungen | – | – | 20.000,00 | – | – | – | – | – | – | |
| Instandhaltung | 60.000,00 | Rechnungen | 60.000,00 | – | – | – | – | – | – | – | – | |
| Personalkosten | 480.000,00 | Lohn-/Gehaltslisten | 30.000,00 | 45.000,00 | 40.000,00 | 25.000,00 | 140.000,00 | 50.000,00 | 90.000,00 | 30.000,00 | 30.000,00 | |
| Soziale Aufwendg. | 50.000,00 | Lohn-/Gehaltslisten | – | – | – | – | – | 15.000,00 | 10.000,00 | 20.000,00 | 5.000,00 | |
| Mieten/Pachten | 60.000,00 | Raumgröße | 4.000,00 | 3.000,00 | 4.000,00 | 10.000,00 | 3.000,00 | 10.000,00 | 10.000,00 | 11.000,00 | 5.000,00 | |
| Werbe-/Reisekosten | 40.000,00 | Rechnungen | – | – | 20.000,00 | – | – | 5.000,00 | 4.000,00 | 5.000,00 | 6.000,00 | |
| Steuern/Versicherung. | 57.000,00 | Schlüssel | 4.000,00 | 4.000,00 | 8.000,00 | 4.000,00 | 16.000,00 | 4.000,00 | 8.000,00 | 5.000,00 | 4.000,00 | |
| Kalkulatorische Kosten | 110.000,00 | 2 : 1 : 1 : 1 : 2 : 1 : 1 : 1 : 1 | 20.000,00 | 10.000,00 | 10.000,00 | 10.000,00 | 20.000,00 | 10.000,00 | 10.000,00 | 10.000,00 | 10.000,00 | |
| **Summe Gemeinkosten** | **957.000,00** | | **120.000,00** | **70.000,00** | **168.000,00** | **52.000,00** | **180.000,00** | **94.000,00** | **132.000,00** | **81.000,00** | **60.000,00** | |
| **Umlage:** Fuhrpark | | 1 : 4 : 1 : 5 : 1 : 1 : 1 : 1 | → | 8.000,00 | 32.000,00 | 8.000,00 | 40.000,00 | 8.000,00 | 8.000,00 | 8.000,00 | 8.000,00 | |
| Zwischensumme | | | | 78.000,00 | 200.000,00 | 60.000,00 | 220.000,00 | 102.000,00 | 140.000,00 | 89.000,00 | 68.000,00 | |
| **Umlage:** Einkauf | | 1 : 2 : 2 : 1 | | | | | | 13.000,00 | 26.000,00 | 26.000,00 | 13.000,00 | |
| **Umlage:** Vertrieb | | 1 : 3 : 2 : 2 | | | | | | 25.000,00 | 75.000,00 | 50.000,00 | 50.000,00 | |
| **Umlage:** Lager | | 1 : 4 : 3 : 2 | | | | | | 6.000,00 | 24.000,00 | 18.000,00 | 12.000,00 | |
| **Umlage:** Verwaltung | | 2 : 3 : 3 : 3 | | | | | | 40.000,00 | 60.000,00 | 60.000,00 | 60.000,00 | |
| **Summe der Handlungskosten** | | | | | | | | **186.000,00** | **325.000,00** | **243.000,00** | **203.000,00** | **957.000,00** |
| **Handlungskostenzuschlag** je Kostenträger (vgl. S. 390) | | | | | | | | 62 % | 81,05 % | 81 % | 68,8 % | |

**Beachten Sie:** Gegenüber dem für alle Warengruppen gemeinsamen (durchschnittlichen) Zuschlagssatz für die Handlungskosten von **73,84 %** (vgl. S. 390) weisen die für jede Warengruppe getrennt berechneten Handlungskostenzuschläge im obigen BAB deutliche Abweichungen auf. Auf der Grundlage dieser Zuschlagssätze sind differenziertere Kalkulationen, die die Kostenverursachung berücksichtigen, möglich.

## 4.2 Betriebsabrechnungsbogen

**BEISPIEL** Der vorstehende Betriebsabrechnungsbogen ist aus folgenden Angaben erstellt worden:

Die Papiergroßhandlung Kern KG, Köln, führt in ihrer Kostenrechnung die Warengruppen (= Abteilungen) „Spezialpapiere“, „Hygienepapiere“, „Verpackungsfolien“ und „Einschlagpapiere“. Diese Warengruppen bilden zugleich die **Hauptkostenstellen** im BAB. Zusätzlich sind folgende Abteilungen als **Hilfskostenstellen** eingerichtet: Einkauf, Vertrieb, Lager, Verwaltung. Die Abteilung „Fuhrpark“ ist **Allgemeine Kostenstelle.**

Im Monat September .. sind nach den Aufzeichnungen in der Ergebnistabelle (vgl. S. 374) folgende Wareneinsätze und Handlungskosten angefallen:

| | | | |
|---|---|---|---|
| **Wareneinsätze** (= Einzelkosten): | | | |
| 30 | Warengruppe Spezialpapiere | 300.000,00 | |
| 31 | Warengruppe Hygienepapiere | 401.000,00 | |
| 32 | Warengruppe Verpackungsfolien | 300.000,00 | |
| 33 | Warengruppe Einschlagpapiere | 295.000,00 | 1.296.000,00 |

| | | |
|---|---|---|
| Handlungskosten (= Gemeinkosten): | | |
| Frachten | 80.000,00 | |
| Provisionen | 20.000,00 | |
| Instandhaltung | 60.000,00 | |
| Personalkosten (Löhne, Gehälter) | 480.000,00 | |
| Soziale Aufwendungen | 50.000,00 | |
| Mieten, Pachten | 60.000,00 | |
| Werbe- und Reisekosten | 40.000,00 | |
| Steuern/Versicherungen | 57.000,00 | |
| Kalkulatorische Kosten insges. | 110.000,00 | 957.000,00 |

Die **Nettoumsatzerlöse** für die einzelnen Warengruppen betrugen im Monat September ..:

| | | | |
|---|---|---|---|
| 80 | Warengruppe Spezialpapiere | 558.000,00 | |
| 81 | Warengruppe Hygienepapiere | 796.000,00 | |
| 82 | Warengruppe Verpackungsfolien | 638.000,00 | |
| 83 | Warengruppe Einschlagpapiere | 498.000,00 | 2.490.000,00 |

**Der Betriebsabrechnungsbogen (BAB)** stellt eine Kontrollrechnung dar. Er wird gewöhnlich **monatlich nachträglich** aus den Zahlen der Ergebnistabelle aufgestellt und ist senkrecht nach Kostenarten und waagerecht nach Kostenstellen gegliedert. Am Ende eines Monats übernimmt er in den linken Spalten die Kostenarten und Kostenbeträge aus der Betriebsergebnisrechnung der Ergebnistabelle und verteilt die Gemeinkosten in waagerechter Anordnung auf die Kostenstellen, in denen sie entstanden sind.

**Die Verteilung der Gemeinkosten** auf die einzelnen Kostenstellen geschieht meist **direkt aufgrund von Belegen,** z. B. Lohnlisten, Gehaltslisten, Eingangsrechnungen, Reisekostenabrechnungen u. a. Die Belege weisen nicht nur die **Beträge,** sondern auch **die zu belastenden Kostenstellen** aus.

Andere Gemeinkostenarten lassen sich nicht – oder nur auf sehr unwirtschaftliche Weise – direkt für die Kostenstellen erfassen und verrechnen. Sie können nur **indirekt mithilfe von bestimmten Schlüsseln** auf die Kostenstellen umgelegt werden. So lassen sich z. B. die Kosten für **Miete,** Reinigung und Heizung nach der **beanspruchten Raumfläche,** die **freiwilligen sozialen Aufwendungen** nach der **Zahl der Beschäftigten,** die **Abschreibungen** nach den **Anlagewerten** verteilen. In der richtigen Ermittlung dieser Verteilungsschlüssel liegt die Schwierigkeit der Kostenstellenrechnung.

**Ergebnis der Kostenstellenrechnung**

Im Beispiel (S. 415) wird **zunächst** die **direkte und indirekte Verteilung der Gemeinkosten auf die Kostenstellen** gezeigt. In jeder Kostenstelle ergibt sich nach der Verteilung ein bestimmter Kostenbetrag (= Stellengemeinkosten), der einem Vergleich mit den Abrechnungen der vorhergehenden Monate unterzogen wird (= Kostenkontrolle).

In einem **weiteren Schritt** sind die **Kosten der Allgemeinen Kostenstelle und der Hilfskostenstellen auf die Hauptkostenstellen umzulegen,** da nur für die Hauptkostenstellen Handlungskostenzuschläge ermittelt werden. Die Umlage geschieht mithilfe von **Verteilungsschlüsseln,** die angeben, in welchem Verhältnis die abgebende Kostenstelle Leistungen für die anderen Kostenstellen erbracht hat. Im Beispiel wird angenommen, dass die **Allgemeine Kostenstelle** „Fuhrpark" von allen anderen Kostenstellen in Anspruch genommen wurde, und zwar im Verhältnis 1 : 4 : 1 : 5 : 1 : 1 : 1 : 1. Nach diesem Schlüssel ist der Kostenbetrag von 120.000,00 € aufzuteilen und umzulegen. Werden in einem Betrieb weitere Allgemeine Kostenstellen geführt, so sind deren Kosten entsprechend abzuwälzen.

Erst nachdem die Kosten aller Allgemeinen Kostenstellen an die nachgeordneten Kostenstellen abgegeben worden sind, können die **Kostenbeträge der Hilfskostenstellen auf die Hauptkostenstellen umgelegt werden.**

Somit weist der BAB nach der Umlage aller Kosten aus der Allgemeinen Kostenstelle und den Hilfskostenstellen auf die Hauptkostenstellen die **gesamten Handlungskosten eines jeden Kostenträgers** aus. **Aus den Handlungskosten** und den im BAB verzeichneten **Wareneinsätzen** lassen sich mithilfe der bereits bekannten Rechnung (vgl. S. 390) die **Ist-Handlungskostenzuschläge** für die Warengruppen bestimmen. Im Beispiel betragen die Handlungskostenzuschläge:

| | |
|---|---|
| 62 | **% für die Warengruppe „Spezialpapiere",** |
| 81,05 | **% für die Warengruppe „Hygienepapiere",** |
| 81 | **% für die Warengruppe „Verpackungsfolien",** |
| 68,8 | **% für die Warengruppe „Einschlagpapiere".** |

Auf der Grundlage dieser Zuschlagssätze sind **differenzierte Kalkulationen** möglich.



**MERKE**

- **Die tabellarische Kostenstellenrechnung heißt Betriebsabrechnungsbogen (BAB). Der BAB wird in der Regel monatlich aufgestellt. Er ist eine nachträgliche Kostenkontrollrechnung.**
- **Die Einzelkosten werden direkt den Kostenträgern zugerechnet. Die Gemeinkosten bedürfen einer Aufteilung auf die Kostenstellen, in denen sie verursacht wurden.**
- **Im BAB werden zunächst die Gemeinkosten auf die Kostenstellen verteilt.**
- **Die Kosten der Allgemeinen Kostenstellen sind sodann auf die übrigen Kostenstellen zu verteilen, danach die Kosten der Hilfskostenstellen auf die Hauptkostenstellen.**
- **Der BAB weist nach der Kostenumlage die Handlungskosten für jeden Kostenträger aus.**
- **Aus den Handlungskosten und den Wareneinsätzen wird für jeden Kostenträger ein gesonderter Handlungskostenzuschlag berechnet.**

**AUFGABE 441**

1. Welche Aufgaben hat die Kostenstellenrechnung?
2. Unterscheiden Sie: Allgemeine Kostenstellen – Hilfskostenstellen – Hauptkostenstellen.
3. Nennen Sie Beispiele für Allgemeine Kostenstellen, Hilfskostenstellen und Hauptkostenstellen
   a) in einer Textilgroßhandlung,
   b) in einer Möbelgroßhandlung,
   c) in einer Lebensmittelgroßhandlung.
4. Unterscheiden Sie Einzel- und Gemeinkosten voneinander.
5. Wie geschieht im Betriebsabrechnungsbogen die Umlage der Kosten aus den Allgemeinen Kostenstellen und aus den Hilfskostenstellen auf die Hauptkostenstellen?
6. Warum ist es in einem Großhandelsbetrieb üblich, die nach Warengruppen geordneten Abteilungen als Hauptkostenstellen auszuweisen?
7. Nennen Sie Beispiele für Gemeinkosten,
   a) die sich direkt auf die Kostenstellen verteilen lassen,
   b) die nur indirekt auf die Kostenstellen verteilt werden können.
8. Wie ist der Betriebsabrechnungsbogen aufgebaut?
9. Wie werden die Handlungskostenzuschläge für einzelne Kostenträger berechnet?
10. Wie erfolgt die Zurechnung der Einzel- und Gemeinkosten auf die Kostenträger?
11. Was ist unter Kostenstellen zu verstehen?
12. Welche Abhängigkeit besteht zwischen Handlungskostensatz und Beschäftigungsgrad?
13. Bei einem Beschäftigungsgrad von 80 % ermittelt ein Großhändler den Wareneinsatz mit 845.000,00 €, die variablen Handlungskosten mit 320.000,00 € und die fixen Handlungskosten mit 360.000,00 €.
   a) Berechnen Sie die Handlungskostenzuschläge bei 80 %, 90 % und 100 % Beschäftigungsgrad.
   b) Begründen Sie die Abweichungen.

**AUFGABE 442**

Im Betriebsabrechnungsbogen (BAB) wurden für den Monat Juli bereits verteilt.

| Kostenarten | Zahlen Ergebnistabelle | Hilfskostenstellen | | Hauptkostenstellen | | |
|---|---|---|---|---|---|---|
| | | Lager | Verwaltung | W.-Gruppe 1 | W.-Gruppe 2 | W.-Gruppe 3 |
| Löhne | 8.000,00 | 1.000,00 | 4.200,00 | 1.000,00 | 1.000,00 | 800,00 |
| Gehälter | 35.000,00 | 4.000,00 | 20.000,00 | 4.000,00 | 4.000,00 | 3.000,00 |
| Werbung | 6.000,00 | – | 6.000,00 | – | – | – |
| AVK | 45.000,00 | 4.000,00 | 20.000,00 | 9.000,00 | 6.000,00 | 6.000,00 |

Die übrigen Gemeinkosten (Mieten: 12.000,00 und kalkulatorische Abschreibungen: 10.000,00) müssen aufgrund nachfolgender Daten im BAB verteilt werden.

| Kostenarten | Verteilungsgrundlage | Hilfskostenstellen | | Hauptkostenstellen | | |
|---|---|---|---|---|---|---|
| | | Lager | Verwaltung | W.-Gruppe 1 | W.-Gruppe 2 | W.-Gruppe 3 |
| Mieten | Raumgröße | 450 m² | 300 m² | 300 m² | 450 m² | 300 m² |
| Kalk. Abschr. | Anlagenwerte | 450.000 | 300.000 | 150.000 | 300.000 | 300.000 |
| HKS Lager | Schlüssel | | | 2 | 2 | 1 |
| HKS Verwalt. | Schlüssel | | | 4 | 2 | 2 |

Die Wareneinsätze betrugen WG 1 = 104.375,00 €, WG 2 = 79.000,00 €, WG 3 = 60.700,00 €.

Ermitteln Sie im BAB die Handlungskosten und die Handlungskostenzuschläge für jede Warengruppe.

G

**AUFGABE 443**

Zur Aufstellung des BAB liegen in einem Möbelhaus folgende Zahlen der Ergebnistabelle vor:

| Kostenarten | Eurobetrag | Verteilungsgrundlage |
|---|---|---|
| Löhne | 40.000,00 | Lohnlisten |
| Gehälter | 170.000,00 | Gehaltslisten |
| Soz. Aufwendungen | 35.000,00 | Lohn-/Gehaltslisten |
| Mietaufwendungen | 15.000,00 | Raumgröße |
| Steuern/Versicherungen | 24.000,00 | Beschäftigtenzahl |
| Werbung/Reise | 56.000,00 | Artikelgruppen |
| Betriebskosten | 12.000,00 | Artikelgruppen |
| Allgemeine Verwaltungskosten | 88.000,00 | Rechnungen |
| Kalk. Abschreibungen | 75.000,00 | Anlagewerte |
| | 515.000,00 | |

Der Betrieb hat nachstehende Kostenstellen eingerichtet:

| Allgemeine Kostenstellen | Hilfskostenstelle | Hauptkostenstellen |
|---|---|---|
| I Fuhrpark | III Einkauf | VII Küchenmöbel |
| II Geschäftsleitung | IV Lager | VIII Wohnmöbel |
| | V Allg. Verwaltung | IX Schlafzimmer |
| | VI Verkauf | X Kleinmöbel |

Folgende Gemeinkostenarten wurden im Betriebsabrechnungsbogen bereits verteilt:

| GK | Kostenstellen | | | | | | | | | |
|---|---|---|---|---|---|---|---|---|---|---|
| | I | II | III | IV | V | VI | VII | VIII | IX | X |
| Löhne | 10.000 | – | – | 25.000 | 5.000 | – | – | – | – | – |
| Gehälter | 5.000 | 60.000 | 20.000 | 10.000 | 45.000 | 11.000 | 4.000 | 5.000 | 5.000 | 5.000 |
| Soz. Auf. | – | 6.000 | 5.000 | 5.000 | 19.000 | – | – | – | – | – |
| Mietaufw. | 3.000 | 1.500 | – | 3.000 | 1.000 | – | 1.500 | 3.000 | 1.500 | 500 |
| Werbung | – | – | – | – | – | 40.000 | 4.000 | 6.000 | 4.000 | 2.000 |
| Betriebsk. | 12.000 | – | – | – | – | – | – | – | – | – |

Folgende Gemeinkostenarten müssen aufgrund nachfolgender Angaben noch verteilt werden

| GK | Kostenstellen | | | | | | | | | |
|---|---|---|---|---|---|---|---|---|---|---|
| | I | II | III | IV | V | VI | VII | VIII | IX | X |
| Steuern | 2 : | 1 : | 1 : | 2 : | 3 : | 1 : | 3 : | 5 : | 4 : | 2 |
| Allg. Verw. | | 3 : | 1 : | 1 : | 4 : | 2 : | 1 : | 2 : | 1 : | 1 |
| Kalk. Abschr. | 100.000 | 50.000 | 50.000 | 150.000 | 50.000 | 50.000 | 50.000 | 100.000 | 100.000 | 50.000 |

1. Stellen Sie den BAB für die 10 Kostenstellen aufgrund obiger Angaben auf.
2. Legen Sie die Gemeinkosten der Allg. Kostenstelle „Fuhrpark" auf die anderen Kostenstellen im Verhältnis 1 : 2 : 3 : 2 : 2 : 3 : 4 : 3 : 1 um.
   Legen Sie danach die Gemeinkosten der Allg. Kostenstelle „Geschäftsleitung" auf die anderen Kostenstellen im Verhältnis 4 : 2 : 5 : 2 : 3 : 3 : 2 : 2 um.

3. Die Gemeinkosten der Hilfskostenstellen sind nach folgenden Schlüsseln auf die Hauptkostenstellen umzulegen: Umlage Einkauf: 2 : 3 : 2 : 1, Umlage Allg. Verwaltung: 3 : 2 : 2 : 1, Umlage Lager: 3 : 3 : 3 : 1, Umlage Verkauf: 4 : 3 : 2 : 1.
4. Die Wareneinsätze betrugen im Abrechnungsmonat: Küchenmöbel: 350.000,00 €, Wohnmöbel: 400.000,00 €, Schlafzimmer: 430.000,00 €, Kleinmöbel: 137.000,00 €.
5. Errechnen Sie für jede Hauptkostenstelle die Handlungskosten und die Handlungskostenzuschlagssätze.

## 4.3 Normalgemeinkosten

**Istkostenrechnung**

In der Regel werden die mithilfe der Stellengemeinkosten und der Zuschlagsgrundlagen im BAB **errechneten Ist-Zuschlagssätze von Periode zu Periode schwanken,** da sich durch Preisänderungen bei den Waren, durch Lohn- und Gehaltserhöhungen oder aufgrund unterschiedlicher Auftragslagen **(Preis-, Beschäftigungs- und/oder Verbrauchsabweichungen)** auch die Stellengemeinkosten und die Zuschlagsgrundlagen ändern. Die **Vorkalkulation** (Angebotskalkulation) würde durch dieses ständige Schwanken ihre feste Grundlage verlieren. Für die **Nachkalkulation** (Kostenkontrolle) hat die Ist-Kostenrechnung ihre Bedeutung.

**Normalkostenrechnung**

Für die **zukunftsorientierte** und **über einen längeren Zeitabschnitt konstante Angebotskalkulation** (vgl. auch S. 127 f.) werden sog. **Normalkosten** verwendet. Normalkosten sind **Durchschnittskosten,** die aus den Istkosten oder den Istkostenzuschlagssätzen der Vergangenheit errechnet werden.

**Festlegung der Normalzuschlagssätze**

In der Normalkostenrechnung wird **für jede Hauptkostenstelle ein Normalzuschlagssatz** für die Handlungskosten festgelegt. In der Regel wird hierbei aus den Ist-Zuschlägen mehrerer Betriebsabrechnungsbögen das arithmetische Mittel als Normalzuschlag gebildet.

**BEISPIEL**

Die Kern KG legt folgende **Normalzuschlagssätze** unter Beachtung der Tendenz und unter dem Vorbehalt der späteren Korrektur für die Handlungskosten (Vorkalkulation) fest:

| | |
|---|---|
| **Hauptkostenstelle „Spezialpapiere“** | **60 %** |
| **Hauptkostenstelle „Hygienepapiere“** | **80 %** |
| **Hauptkostenstelle „Verpackungsfolien“** | **82 %** |
| **Hauptkostenstelle „Einschlagpapiere“** | **70 %** |

**Vorkalkulation**

Auf der Grundlage der obigen Normalzuschlagssätze lässt sich nunmehr eine **differenzierte Selbstkostenkalkulation (= Vorkalkulation)** durchführen.

**BEISPIEL**

Die Kern KG kalkuliert den Selbstkostenpreis für eine Doppelrolle Küchenpapier (vgl. auch S. 390) mithilfe des **Normal**zuschlagssatzes von 80 %.

| | |
|---|---|
| Einstandspreis je Doppelrolle | 1,04 € |
| + **80 %** Handlungskosten | 0,83 € |
| = **Selbstkostenpreis** je Doppelrolle | **1,87 €** |

Gegenüber der Kalkulation mit einheitlichem Zuschlagssatz (vgl. S. 391) ergibt sich eine Abweichung um 0,06 €.

MERKE

- **Die Ist-Kostenrechnung eignet sich nicht für Angebotskalkulationen, weil sie mit Vergangenheitswerten und mit schwankenden Zuschlägen arbeitet.**
- **Die Ist-Kostenrechnung ist die Grundlage für die Nachkalkulation.**
- **Normalzuschlagssätze werden aus den Ist-Zuschlagssätzen der Vergangenheit als Mittelwert errechnet. Sie sind die Grundlage der Vorkalkulation (= Angebotskalkulation).**

## 4.4 Kostenüberdeckung und Kostenunterdeckung

BEISPIEL

Für das Unternehmen Kern KG ist es wichtig festzustellen, ob die durch die Umsatzprozesse tatsächlich entstandenen Kosten von den in die Preise eingerechneten (vorkalkulierten) Normalkosten mindestens gedeckt werden und wie hoch die Über- oder Unterdeckung der Kosten ausgefallen ist. Zu diesem Zweck wird der BAB (vgl. S. 415) um die Normalgemeinkosten ergänzt.

**Auszug aus dem Betriebsabrechnungsbogen mit Normalgemeinkosten**

| **Gemeinkostenarten** | **HKSt. I** Spezial-papiere | **HKSt. II** Hygiene-papiere | **HKSt. III** Verpack.-Folien | **HKSt. IV** Einschlag-papiere | **Summe** |
|---|---|---|---|---|---|
| Wareneinsätze | 300.000,00 | 401.000,00 | 300.000,00 | 295.000,00 | 1.296.000,00 |
| Handlungskosten **(Ist)** | 186.000,00 | 325.000,00 | 243.000,00 | 203.000,00 | 957.000,00 |
| Handlungskostenzuschlag **(Ist)** | 62 % | 81,05 % | 81 % | 68,8 % | |
| Handlungskostenzuschlag **(Normal)** | 60 % | 80 % | 82 % | 70 % | |
| Handlungskosten **(Normal)** | 180.000,00 | 320.800,00 | 246.000,00 | 206.500,00 | 953.300,00 |
| **Kostenüber-/-unterdeckung** | – 6.000,00 | – 4.200,00 | + 3.000,00 | + 3.500,00 | **– 3.700,00** |

Im vorstehenden BAB werden in den Hauptkostenstellen I „Spezialpapiere" und II „Hygienepapiere" Kostenunterdeckungen in Höhe von – 6.000,00 € bzw. – 4.200,00 € ausgewiesen. In diesen Kostenstellen decken die vorkalkulierten Normalkosten nicht die tatsächlich angefallenen Handlungskosten. Dafür zeigen sich in den Hauptkostenstellen III „Verpackungsfolien" und IV „Einschlagpapiere" Kostenüberdeckungen von + 3.000,00 € bzw. + 3.500,00 €. Insgesamt ergibt sich eine Kostenunterdeckung von – 3.700,00 €. Die Kern KG hätte in dieser Situation noch keinen Anlass, die Normalzuschlagssätze zu ändern, müsste aber die Entwicklung in den Hauptkostenstellen I und II sorgfältig im Auge behalten.

**„Verdiente" Kosten**

Die Angebotskalkulationen werden auf Normalkostenbasis erstellt. **Somit werden dem Unternehmen über die Umsatzerlöse Normalkosten erstattet.**

**Kostenüber- und -unterdeckung**

Selbstverständlich muss am Ende des Monats festgestellt werden, ob die verrechneten Normalgemeinkosten die tatsächlich entstandenen Gemeinkosten decken. Da Normal- und Istkosten nur selten übereinstimmen, ergibt sich in der Regel eine Über- oder Unterdeckung.

**Bei einer Überdeckung** liegen die **verrechneten Normalkosten über den Istkosten.** Die Normal-Selbstkosten sind **höher** als die tatsächlichen Selbstkosten.

**Bei einer Unterdeckung** liegen die **verrechneten Normalkosten unter den Istkosten.** Die tat-

G

sächlich angefallenen Kosten sind **höher** als die Normalkosten.

**Es ist zweckmäßig, die Über- oder Unterdeckung im BAB auszuweisen.** Die verrechneten Normalgemeinkosten werden in den BAB eingetragen, und zwar unterhalb der in den einzelnen Stellen ermittelten Istgemeinkosten. Die Über- oder Unterdeckung ergibt sich dann durch Saldierung.

MERKE

- **Normalkosten > Istkosten = Überdeckung**
- **Normalkosten < Istkosten = Unterdeckung**

## 4.5 Kostenträgerrechnung

Kostenträger

Die in einer Abrechnungsperiode **abgesetzten Waren** (je Warengruppe) sind im Großhandelsbetrieb in der Regel die **Kostenträger.** Sie übernehmen sowohl die unmittelbar in den Verkaufsabteilungen als auch die in den übrigen Betriebsabteilungen angefallenen Einzel- und Gemeinkosten einer Abrechnungsperiode. Die Kostenträger können auch nach **Absatzgebieten** oder nach **Kundengruppen** geordnet werden.

Aufgaben der Kostenträgerrechnung

In enger Verbindung und Ergänzung zur Kostenstellenrechnung werden in der Kostenträgerrechnung der **Betriebserfolg ermittelt** (= **Kostenträgerzeitrechnung**) und die **Kalkulationen durchgeführt** (= **Kostenträgerstückrechnung**). Die Kostenträgerrechnung hat folgende Aufgaben:

- **Ermittlung der Selbstkosten** insgesamt und für jede Warengruppe. Sie ist damit die Grundlage für die **Kontrolle der Wirtschaftlichkeit** der einzelnen Warengruppen.
- **Ermittlung des betrieblichen Erfolges** einer Abrechnungsperiode durch Gegenüberstellung der Selbstkosten und der Umsatzerlöse insgesamt und für jede Warengruppe. Sie ist damit die Grundlage einer **kurzfristigen Erfolgsrechnung.**
- **Berechnung des Zuschlagssatzes** für den **Betriebsgewinn.** In der Nachkalkulation ist eine Kontrolle und ggf. Korrektur des verwendeten Zuschlagssatzes möglich.
- **Bestimmung des Selbstkosten- und Verkaufspreises** für einzelne Waren.

G

### 4.5.1 Kostenträgerzeitrechnung

BEISPIEL

Auf der Grundlage der im Unternehmen Kern KG festgelegten Normalzuschlagssätze für die Handlungskosten (vgl. S. 420), der angefallenen Wareneinsätze, der für jeden Kostenträger ausgewiesenen Umsatzerlöse (vgl. S. 416) sowie der im BAB auf Seite 421 ausgewiesenen Kostenunterdeckung, wird das nachfolgende Kostenträgerblatt **auf Normalkostenbasis** zur Ermittlung der Selbstkosten und des Betriebsgewinnes aufgestellt.

| Kostenträgerblatt auf Normalkostenbasis | | | | | |
|---|---|---|---|---|---|
| Kalkulationsschema | Warengruppe Spezialpapier | Warengruppe Hygiene-papier | Warengruppe Verp.-Folien | Warengruppe Einschlag-papier | Kostenträger insgesamt |
| Wareneinsätze<br>+ Handlg.-Kosten (Normal) | 300.000,00 €<br>60 %<br>180.000,00 € | 401.000,00 €<br>80 %<br>320.800,00 € | 300.000,00 €<br>82 %<br>246.000,00 € | 295.000,00 €<br>70 %<br>206.500,00 € | 1.296.000,00 €<br><br>953.300,00 € |
| = Selbstkosten der Periode | 480.000,00 € | 721.800,00 € | 546.000,00 € | 501.500,00 € | 2.249.300,00 € |
| Umsatzerlöse | 558.000,00 € | 796.000,00 € | 638.000,00 € | 498.000,00 € | 2.490.000,00 € |
| Umsatzergebnis<br>– Kostenunter-deckung (BAB) | 78.000,00 € | 74.200,00 € | 92.000,00 € | – 3.500,00 € | 240.700,00 €<br><br>– 3.700,00 € |
| = **Betriebsgewinn** | | | | | **237.000,00 €** |
| Gewinnzuschläge in % (vgl. S. 394) | **16,25 %** | **10,28 %** | **16,85 %** | **(– 0,7 %)** | **10,5 %** |

MERKE

**Mithilfe der Kostenträgerzeitrechnung können ermittelt werden:**
- **die Selbstkosten der einzelnen Warengruppen (= Kostenträger),**
- **der Anteil der einzelnen Kostenträger am Umsatzergebnis,**
- **das monatliche Betriebsergebnis (= kurzfristige Erfolgsrechnung),**
- **die Gewinnzuschläge für jeden Kostenträger. Bei einem Verlust ist nach den Ursachen zu forschen (z. B. Markteinführung, Nachfragerückgang).**

### 4.5.2 Kostenträgerstückrechnung

**Die Kostenträgerstückrechnung** im Großhandel basiert auf der Zuschlagskalkulation (vgl. S. 385 f.). Sie dient vor allem

- **der Berechnung der Selbstkosten und Angebotspreise** für **einzelne** Kostenträger,
- **der Kostenkontrolle,**
- **der Entscheidung über die Annahme von Aufträgen** zu festen Marktpreisen.

**Vorkalkulation**

Die im Unternehmen festgelegten Normalzuschlagssätze für die Handlungskosten und für den Gewinn bilden die Grundlage für die Angebotskalkulationen nach dem im Kapitel 3 „Kalkulation mit einheitlichem Handlungskostensatz“ dargelegten Verfahren.

**Nachkalkulation**

Die zur Angebotsabgabe aufgestellten Vorkalkulationen müssen nach Ablauf der Abrechnungsperiode (z. B. monatlich) auf der Basis der tatsächlich erzielten Ergebnisse überprüft werden.

G

Hierzu dienen die Nachkalkulationen, die – auf den im BAB ermittelten Ist-Zuschlagssätzen für die Handlungskosten aufbauend – den Vorkalkulationen gegenübergestellt werden.

**BEISPIEL** Die Kern KG kalkuliert den Angebotspreis für eine Doppelrolle Küchenpapier aufgrund folgender Angaben:

| | |
|---|---|
| Einstandspreis je Doppelrolle | 1,04 € (vgl. S. 127 f.), |
| Normalzuschlag für Handlungskosten | 80 % (vgl. S. 420), |
| Gewinnzuschlag lt. BAB | 10 % (abgerundet, vgl. S. 394). |

In der Nachkalkulation sind folgende Änderungen zu berücksichtigen:

Wegen des nicht ausgenutzten Skontoabzugs beim Einkauf erhöhte sich der Einstandspreis auf 1,07 € je Doppelrolle.
Der tatsächliche Handlungskostenzuschlag lt. BAB beträgt 81,05 % (vgl. S. 415).
Der Barverkaufspreis ist dem Kunden verbindlich zugesagt worden und muss deshalb der Nachkalkulation zugrunde gelegt werden.

Wie hoch ist der tatsächlich erzielte Gewinn (in € und %) je Doppelrolle?

| Kalkulationsschema | Vorkalkulation | | Nachkalkulation | |
|---|---|---|---|---|
| Einstandspreis | | 1,04 € | | 1,07 € |
| + Handlungskosten | 80,0 % | 0,83 € | 81,05 % | 0,87 € |
| = Selbstkostenpreis | | 1,87 € | | 1,94 € |
| + Gewinn | 10,0 % | 0,19 € | 6,2 % | 0,12 € |
| = Barverkaufspreis | | **2,06 €** | → | 2,06 € |

Das Beispiel zeigt, dass aufgrund der nicht eingehaltenen Vorgaben, der tatsächliche Gewinn um 0,07 € niedriger ausfällt als der vorkalkulierte Gewinn, was sich auch in einem Absinken des Gewinnzuschlags von 10 % auf 6,2 % ausdrückt.

G

**MERKE**

- **Rechnerische Grundlage der Kostenträgerstückrechnung ist die mehrstufige Zuschlagskalkulation.**
- **Vorkalkulationen werden aufgrund der Normalzuschlagssätze durchgeführt. Sie dienen der Berechnung des Angebotspreises.**
- **Nachkalkulationen sind Kontrollrechnungen, mit denen überprüft wird, ob die in den Vorkalkulationen eingesetzten Normalzuschläge eingehalten werden konnten. Mit ihrer Hilfe werden insbesondere die tatsächlich erzielten Stückgewinne ermittelt.**

**AUFGABE 444**

Auf der Grundlage des Betriebsabrechnungsbogens von Aufgabe 442, Seite 418, sowie der angegebenen Nettoumsatzerlöse sind folgende Aufgaben zu lösen:

| Warengruppe | Nettoumsatzerlöse |
|---|---|
| WG 1 | 185.370,00 € |
| WG 2 | 142.042,00 € |
| WG 3 | 103.797,00 € |

1. Die Normalzuschlagssätze für die Handlungskosten betragen 50 %, 45 % und 45 %. Stellen Sie im BAB die Kostenüber- und Kostenunterdeckung fest.
2. Berechnen Sie die Normal-Selbstkosten des Abrechnungsmonats für jede Warengruppe und insgesamt.
3. Bestimmen Sie den Betriebsgewinn für jede Warengruppe und insgesamt sowie die Gewinnzuschlagssätze für jede Warengruppe.
4. Ermitteln Sie die Normal-Kalkulationszuschläge für die drei Warengruppen, wenn der Großhändler in allen Warengruppen mit 2 % Kundenskonto und 5 % Kundenrabatt kalkuliert.
5. a) Kalkulieren Sie mit den Normal-Zuschlagssätzen den Barverkaufspreis für einen Artikel der Warengruppe 1, den der Großhändler zum Einstandspreis von 34,00 € gekauft hat.
   b) Stellen Sie eine Nachkalkulation zur Ermittlung des tatsächlichen Gewinns unter folgenden Bedingungen auf:
   Der Einstandspreis konnte aufgrund günstigerer Konditionen auf 33,85 € gesenkt werden.
   Der Ist-Zuschlag für Handlungskosten ist dem BAB zu entnehmen.

**AUFGABE 445**

Auf der Grundlage des Betriebsabrechnungsbogens von Aufgabe 443, Seite 419, sowie der angegebenen Nettoumsatzerlöse sind folgende Aufgaben zu lösen:

| Warengruppe | | Nettoumsatzerlöse |
|---|---|---|
| I | Küchenmöbel | 598.850,00 € |
| II | Wohnmöbel | 672.000,00 € |
| III | Schlafzimmer | 642.850,00 € |
| IV | Kleinmöbel | 246.600,00 € |

1. Die Vorkalkulationen werden aufgrund folgender Normalzuschlagssätze für die Handlungskosten durchgeführt: I 40 %, II 40 %, III 35 %, IV 50 %.
   Stellen Sie die Kostenüber- und Kostenunterdeckung im BAB fest.
2. Ermitteln Sie den Betriebsgewinn für jede Warengruppe und insgesamt.
3. Bestimmen Sie die Gewinnzuschlagssätze.
4. Ermitteln Sie die Normal-Kalkulationszuschläge für die vier Warengruppen, wenn der Großhändler einheitlich mit 1,5 % Kundenskonto und 6 % Kundenrabatt kalkuliert.
5. Kalkulieren Sie mit den Normalzuschlagssätzen den Angebotspreis für ein Schlafzimmer, das der Großhändler zum Einstandspreis von 4.250,00 € beziehen kann.
6. Eine Einbauküche kann vom Großhändler zum Einstandspreis von 3.500,00 € bezogen werden. Aus Konkurrenzgründen wird diese Küche zum Barverkaufspreis von 6.000,00 € an den Einzelhandel veräußert.
   Prüfen Sie, ob die im BAB ermittelten Zuschlagssätze eingehalten wurden.

**AUFGABE 446** Eine Textilgroßhandlung führt in ihrer Kostenrechnung die nach Warengruppen gegliederten Abteilungen „Herrenoberbekleidung“ (HOB), „Damenoberbekleidung“ (DOB) und „Kinderbekleidung“ (KB) als Hauptkostenstellen. Zusätzlich sind die Abteilungen Einkauf, Lager und Verwaltung als Hilfskostenstellen eingerichtet. Die Abteilung Fuhrpark ist Allgemeine Kostenstelle. Für den Monat Mai liegen folgende Zahlen vor:

**Wareneinsätze:** HOB = 329.600,00 €, DOB = 466.000,00 €, KB = 220.000,00 €

Die Handlungskosten sind im BAB bereits zum Teil verteilt:

| Kostenarten | Zahlen der Ergebnistab. | Fuhrpark | Hilfskostenstellen | | | Hauptkostenstellen | | |
|---|---|---|---|---|---|---|---|---|
| | | | Einkauf | Lager | Verwtg. | HOB | DOB | KB |
| Frachten | 25.000,00 | – | 2.000 | 12.000 | 8.000 | 1.000 | 1.000 | 1.000 |
| Personalkosten | 240.000,00 | 20.000 | 30.000 | 20.000 | 110.000 | 20.000 | 30.000 | 10.000 |
| Werbung | 40.000,00 | – | – | – | 40.000 | – | – | – |
| Steuern/Vers. | 88.000,00 | 14.000 | 12.500 | 4.000 | 46.000 | 3.500 | 5.500 | 2.500 |
| Betr.-Kosten | 12.000,00 | 12.000 | – | – | – | – | – | – |
| Kalk. Zinsen | 15.000,00 | 3.000 | 1.000 | 6.000 | 2.000 | 1.000 | 1.000 | 1.000 |

Die übrigen Gemeinkosten (Instandhaltung: 40.000,00, Mieten: 30.000,00 und kalkulatorische Abschreibungen: 70.000,00) sowie die Allgemeine Kostenstelle und die Hilfkostenstellen müssen aufgrund nachfolgender Daten im BAB verteilt werden.

| Kostenarten | Verteilungsgrundlage | Fuhrpark | Hilfskostenstellen | | | Hauptkostenstellen | | |
|---|---|---|---|---|---|---|---|---|
| | | | Einkauf | Lager | Verwalt. | HOB | DOB | KB |
| Instandhaltung | Schlüssel | 2 | 3 | 2 | 6 | 1 | 1 | 1 |
| Mieten | Raumgröße | 450 m² | 150 m² | 600 m² | 300 m² | 300 m² | 300 m² | 150 m² |
| Kalk. Abschr. | Anlagenwerte | 200.000 | 50.000 | 150.000 | 100.000 | 50.000 | 100.000 | 50.000 |
| Allg. K.-stelle | Schlüssel | | 4 | 4 | 5 | 1 | 1 | 1 |
| Einkauf | Schlüssel | | | | | 3 | 3 | 2 |
| Lager | Schlüssel | | | | | 3 | 4 | 2 |
| Verwaltung | Schlüssel | | | | | 2 | 2 | 1 |

Die **Nettoumsatzerlöse** betrugen im Abrechnungszeitraum:

| | Herrenoberbekleidung | Damenoberbekleidung | Kinderbekleidung |
|---|---|---|---|
| Nettoumsatzerlöse | 602.550,00 | 838.800,00 | 426.250,00 |

1. Ermitteln Sie im BAB die Ist-Handlungskosten für jede Warengruppe und die zugehörigen Handlungskostenzuschläge in Prozent.
2. Das Unternehmen kalkuliert mit folgenden Normalzuschlagssätzen für Handlungskosten: HOB 60 %, DOB 52 %, KB 55 %. Berechnen Sie die Normal-Handlungskosten für jede Warengruppe und insgesamt sowie die Kostenüber-/-unterdeckung.
3. Stellen Sie die Kostenträgerzeitrechnung auf und bestimmen Sie den Betriebsgewinn für jede Warengruppe und insgesamt sowie die Gewinnzuschlagssätze für jede Warengruppe.
4. Führen Sie für den Artikel „Herrenoberhemd“ eine Vor- und Nachkalkulation mit den im BAB ermittelten Zuschlagssätzen durch: Einstandspreis für ein Hemd: 12,50 €.
5. Führen Sie eine Angebotskalkulation für ein Damenkleid durch, das vom Hersteller zum Einstandspreis von 98,00 € angeboten wird. Beim Großhändler fallen zusätzlich 2 % Kundenskonto und 10 % Kundenrabatt an.

G

# 5 Deckungsbeitragsrechnung

**Nachteile der Vollkostenrechnung**

Die zuvor dargestellte Vollkostenrechnung hat ihre Aufgaben in der Ermittlung des Betriebsergebnisses, in der innerbetrieblichen Kostenkontrolle und in der Kalkulation von Verkaufspreisen. Sobald jedoch **kurzfristig** Entscheidungen im Rahmen der **Preispolitik** (Preissenkung, Preisuntergrenze) oder der **Sortimentpolitik** (Einengung, Umgruppierung, Vergrößerung des Sortimentes) zur Anpassung an veränderte Marktpositionen getroffen werden müssen, kann die Vollkostenrechnung **keine zuverlässigen** Informationen liefern. Das hat folgende **Gründe:**

- Sowohl in der Kostenstellenrechnung als auch in der Kostenträgerrechnung werden die **Gemeinkosten,** die **zumeist fixe Kosten** darstellen, mithilfe fester Verteilungsschlüssel auf die Kostenstellen und Kostenträger verteilt. Das Kostenrechnungssystem wird hierdurch starr und **verhindert die Anpassung an veränderte Marktlagen.**
- Da die **Handlungskosten überwiegend fix** und somit **absatzunabhängig** sind, führt die Vollkostenrechnung bei Absatzveränderungen zu unsinnigen Ergebnissen: Bei sinkenden Absatzzahlen verteilen sich die in unveränderter Höhe anfallenden Kosten auf eine geringere Menge und erhöhen dadurch die Selbstkostenpreise der Waren, während in einer solchen Situation Preissenkungen angezeigt wären (vgl. S. 410 f.).

Es kommt hinzu, dass sich die Märkte von Verkäufermärkten hin zu Käufermärkten entwickelt haben:

| Verkäufermarkt (Angebotsmenge < Nachfragemenge) | Käufermarkt (Angebotsmenge > Nachfragemenge) |
|---|---|
| Verkäufer können gegenüber dem Käufer hohe Preise durchsetzen. Die Kosten sind Grundlage der Kalkulation; sie bestimmen den Preis. | Käufer erzwingen unter den Verkäufern einen Preiswettbewerb. Die Kosten müssen marktfähig sein. Der Marktpreis ist Grundlage der Kalkulation. |
| **System der Vollkostenrechnung** | **System der Teilkostenrechnung** |

**Teilkostenrechnung**

Die Teilkostenrechnung verzichtet darauf, **alle** Kosten auf die betrieblichen Leistungen (= Kostenträger) zu verrechnen. **Sie beschränkt sich auf die Verrechnung der variablen Kosten** (Einzelkosten und variable Gemeinkosten, vgl. S. 380 f.), stellt diese variablen Kosten den tatsächlich erzielten Umsatzerlösen gegenüber und prüft, ob die verbleibende Differenz **(= Deckungsbeitrag)** zur Deckung der nicht zurechenbaren Kosten (≙ fixe Kosten) und zur Erzielung eines angemessenen Gewinnes ausreicht. Der Name „Teilkostenrechnung" rührt also daher, dass **nur ein Teil** der gesamten Handlungskosten auf die Kostenträger umgelegt wird.

**Das Grundschema der Deckungsbeitragsrechnung** in einem Großhandelsbetrieb mit mehreren Warengruppen sieht folgendermaßen aus:

| Kalkulationsschema | Warengruppe I | Warengruppe II | Warengruppe III | Summe |
|---|---|---|---|---|
| Nettoumsatzerlöse<br>– Wareneinsätze (Einzelkosten) | | | | |
| = Warenrohgewinn<br>– variable Gemeinkosten | | | | |
| = Deckungsbeitrag<br>– fixe Kosten | | | | |
| = Betriebserfolg | | | | |

G

**Erläuterungen**

Die Nettoumsatzerlöse ergeben sich aus der Summe aller Einzelumsätze jeder Warengruppe. Sie können den Konten der Kontengruppen 80, 81, 82 usw. entnommen werden.

Vermindert man die Nettoumsatzerlöse um die beim Einkauf der Waren angefallenen Wareneinsätze (= Warenaufwendungen), so erhält man den Warenrohgewinn, auch **Bruttoerfolg** genannt, jeder Warengruppe und insgesamt.

Vom Warenrohgewinn sind die den Warengruppen direkt zurechenbaren (= variablen) Handlungskosten zu subtrahieren, um die Deckungsbeiträge jeder Warengruppe zu erhalten. Die Deckungsbeiträge geben an, mit wie viel Euro jede Warengruppe zur Deckung der fixen Kosten und zur Erzielung von Gewinn beiträgt.

Das Unternehmen erzielt einen **Betriebsgewinn,** wenn die Summe der Deckungsbeiträge größer ist als die Summe der nicht direkt zurechenbaren (= fixen) Handlungskosten. Im umgekehrten Fall entsteht ein **Betriebsverlust.**

**Kostenauflösung in variable und fixe Kosten** **(vgl. S. 380 f.)**

Voraussetzung zur Anwendung der hier vorgestellten Form der Deckungsbeitragsrechnung ist die möglichst genaue Aufteilung der Handlungskosten in variable und fixe Kosten.

Die **variablen Kosten** lassen sich **direkt** den einzelnen Waren oder Warengruppen zurechnen. Sie verändern sich mit der Veränderung des Absatzes. Die **fixen Kosten** sind in der Regel **Kosten der Betriebsbereitschaft** und damit teils der Warengruppe, teils dem Sortiment und teilweise nur dem Betrieb zurechenbar. Sie fallen auch bei Absatzveränderungen in unveränderter Höhe an.

Da nun aber die in der Ergebnistabelle erfassten Gemeinkosten nicht einfach in variable und fixe Kosten unterschieden werden können – das trifft nur in Ausnahmefällen zu –, müssten die Kosten einer jeden Gemeinkostenart in einen variablen und einen fixen Kostenbestandteil aufgelöst werden. In dieser Kostenauflösung liegen die Schwierigkeiten bei der Handhabung der Deckungsbeitragsrechnung. Zufriedenstellend kann diese Schwierigkeit nur in einer **Kostenplanung** gelöst werden. In den folgenden Beispielen wird jeweils von **vorgegebenen variablen und fixen Kosten** ausgegangen.

**Variable und fixe Kosten im Großhandelsbetrieb**

Neben den Wareneinsätzen gelten folgende Handlungskosten als **variable Kosten:** Provisionen, Ausgangsfrachten, Abschreibungen auf Forderungen.

Als **fix** können folgende Handlungskosten angesehen werden: Gehälter, Mieten, Abgaben und Pflichtbeiträge, Abschreibungen auf Sachanlagen.

Darüber hinaus gibt es eine Reihe von Kostenarten, in denen teilweise fixe und variable Kostenteile enthalten sind, z. B. Steuern, Löhne, Wartungskosten, Büromaterial, Werbe- und Reisekosten, Betriebskosten.

G

**MERKE**

- **Für kurzfristig zu treffende marktorientierte Entscheidungen liefert die Vollkostenrechnung keine geeigneten Unterlagen.**
- **Langfristig ist die Vollkostenrechnung die notwendige Grundlage für die Kostenkontrolle und die Betriebsergebnisrechnung.**
- **Voraussetzung für die Anwendung der Deckungsbeitragsrechnung ist die Aufteilung der Handlungskosten in variable und fixe Kostenbestandteile.**
- **Summe der Deckungsbeiträge > fixe Kosten = Betriebsgewinn**<br>**Summe der Deckungsbeiträge < fixe Kosten = Betriebsverlust**

## 5.1 Deckungsbeitragsrechnung als Kostenträgerstückrechnung

Die folgenden Ausführungen beruhen auf der Annahme, dass der Großhändler den **Deckungsbeitrag je Verkaufseinheit** (z. B. Stück) eines bestimmten Artikels ermitteln will, um daraus **preispolitische Entscheidungen** ableiten zu können.

BEISPIEL

Aus Konkurrenzgründen sieht sich die Kern KG gezwungen, den Listenverkaufspreis einer Großrolle Spezialpapier auf 1.500,00 € festzusetzen. Sie gewährt ihren Kunden 20 % Kundenrabatt und 2 % Kundenskonto. Beim Einkauf der Rolle waren zu berücksichtigen: 600,00 € Listeneinkaufspreis, 10 % Lieferantenrabatt, 1 % Lieferantenskonto, anteilige Bahnfracht und Verpackung 25,40 €. Die auf eine Rolle zurechenbaren Handlungskosten (= variable Stückkosten, vgl. S. 380) für Provision, Anlieferung, Löhne u. a. betragen 166,00 €.

Der Deckungsbeitrag ist zu ermitteln.

| | | | |
|---|---|---|---|
| **Listenverkaufspreis** | | | **1.500,00 €** |
| **– 20 % Kundenrabatt** | | | **300,00 €** |
| **= Zielverkaufspreis** | | | **1.200,00 €** |
| **– 2 % Kundenskonto** | | | **24,00 €** |
| **= Barverkaufspreis** | | | **1.176,00 €** |
| **– Wareneinsatz:** | Listenpreis | 600,00 € | |
| | – 10 % Lieferantenrabatt | 60,00 € | |
| | = Zieleinkaufspreis | 540,00 € | |
| | – 1 % Lieferantenskonto | 5,40 € | |
| | = Bareinkaufspreis | 534,60 € | |
| | + Bezugskosten | 25,40 € | |
| | = Einstandspreis | 560,00 € | → **560,00 €** |
| **= Warenrohgewinn** | | | **616,00 €** |
| **– variable Stückkosten** | | | **166,00 €** |
| **= Deckungsbeitrag je Rolle** | | | **450,00 €** |

G

**Preisuntergrenze**

Aus dem obigen Beispiel ergibt sich, dass jede verkaufte Großrolle einen Beitrag von 450,00 € zur Deckung der fixen Kosten und zur Erzielung von Gewinn leistet. Geht man davon aus, dass die fixen Kosten auch dann in unveränderter Höhe anfallen, wenn sich die Auftragslage verschlechtert, so bedeutet ein **positiver Deckungsbeitrag** eine wenigstens teilweise Deckung der ohnehin anfallenden fixen Kosten. Der Großhändler könnte also – **vorübergehend** – den Verkaufspreis der Rolle so weit senken, dass der Umsatzerlös gerade die Warenaufwendungen und die variablen Stückkosten deckt. Im obigen Beispiel entspricht das einem Preis von 726,00 € (= 560,00 € + 166,00 €). Gegenüber dem vorherigen Barverkaufspreis in Höhe von 1.176,00 € wäre das eine Preissenkung um (1.176,00 € – 726,00 € =) 450,00 €. Mit anderen Worten: Der Preis der Rolle kann so weit gesenkt werden, bis der **Deckungsbeitrag je Stück gleich null** ist. In dieser Situation ist die **absolute Preisuntergrenze** erreicht. Es ist jedoch zu beachten, dass der Betrieb **langfristig alle Kosten** über den Preis abdecken muss.

MERKE

- **Deckungsbeitrag je Stück > 0 ⇒ Verbesserung des Betriebserfolgs**
- **Deckungsbeitrag je Stück = 0 ⇒ Preisuntergrenze**
- **Deckungsbeitrag je Stück < 0 ⇒ Verschlechterung des Betriebserfolgs**

**Preissenkung zur Umsatzsteigerung und zur Verbesserung des Betriebserfolgs**

Die Preissenkung bei einem Artikel kann Auslöser für eine so große Absatzsteigerung dieses Artikels sein, dass hierdurch erhöhte Umsätze und größere Gewinne erzielt werden.

Dies ist jedoch nur der Fall, wenn die mit der Absatzsteigerung zusätzlich erzielten Umsätze die durch die Preissenkung verlorenen Umsätze je Artikel übersteigen.

**BEISPIEL**

Die Kern KG senkt den Deckungsbeitrag für die Großrolle Spezialpapier von 450,00 € auf 200,00 € je Rolle. Sie rechnet mit einer so großen Absatzsteigerung, dass es nicht zu einer Umsatzeinbuße kommt.

Wie hoch muss die Absatzsteigerung mindestens ausfallen, damit der Erfolg nicht geschmälert wird?

Um das gleiche Ergebnis wie zuvor jetzt mit dem neuen Deckungsbeitrag zu erreichen, ist eine **Vervielfachung des Absatzes** erforderlich:

$$x \cdot 200{,}00\ € = 450{,}00\ € \Leftrightarrow \mathbf{x} = \frac{450{,}00\ €}{200{,}00\ €} = \mathbf{2{,}25}$$

Die Absatzsteigerung muss mindestens das **2,25-Fache des früheren Absatzes** erreichen. Das entspricht einer **prozentualen Zunahme des Absatzes** um:

$$\frac{(450{,}00\ € - 200{,}00\ €)}{200{,}00\ €} = 0{,}125 = \mathbf{125\ \%\ Absatzsteigerung}$$

**MERKE**

- **Die Preissenkung bei einem bestimmten Artikel kann über eine entsprechend größere Absatzmenge dieses Artikels zur Verbesserung des Betriebsergebnisses beitragen.**
- **Aus der Rechnung $\frac{\text{früherer Deckungsbeitrag/Stück}}{\text{jetziger Deckungsbeitrag/Stück}}$ ergibt sich die erforderliche Vervielfachung des Absatzes.**
- **Die prozentuale Absatzsteigerung errechnet sich aus: $\frac{\text{(früherer Deckungsbeitrag – neuer Deckungsbeitrag)}}{\text{neuer Deckungsbeitrag}}$**

**AUFGABE 447**

Ein Großhändler bietet exklusive Badewannenarmaturen zum Preis von 85,00 € je Stück an. Er gewährt dem Einzelhändler 15 % Kundenrabatt.

Beim Einkauf sind zu berücksichtigen:

45,00 € Listeneinkaufspreis je Stück, 10 % Lieferantenrabatt, 2 % Lieferantenskonto, Bezugskosten je Stück 0,31 €. Die direkt zurechenbaren Handlungskosten betragen 18,00 €.

1. Berechnen Sie den Deckungsbeitrag je Stück.
2. Um wie viel Prozent ließe sich der Barverkaufspreis senken, sodass gerade noch die variablen Handlungskosten gedeckt werden?
3. Der Großhändler plant zur Steigerung des Absatzes eine Senkung des Preises um 8,00 € je Stück. Wir groß muss die Absatzsteigerung sein, um das gleiche Ergebnis wie zuvor zu erreichen?
4. Der Großhändler setzt zur Verbesserung der Absatzlage den Deckungsbeitrag auf 12,00 € je Stück fest. Er rechnet dadurch mit einer Absatzsteigerung von 60 Stück auf 85 Stück je Monat. Um wie viel Euro erhöht sich dadurch der gesamte Deckungsbeitrag dieser Armatur?

**AUFGABE 448**

Ein Großhändler kann eine Ledertasche zu folgenden Bedingungen einkaufen: Listeneinkaufspreis 54,00 € je Stück, Lieferantenrabatt 20 %, Lieferantenskonto 2,5 %, Bezugskosten je Stück 0,88 €.

Der Großhändler gewährt seinen Kunden auf den Listenverkaufspreis (= 90,00 €) 10 % Kundenrabatt und 2 % Kundenskonto. Die variablen Stückkosten betragen 13,00 €.

1. Bestimmen Sie den Deckungsbeitrag je Stück.
2. Um wie viel Prozent kann der Barverkaufspreis gesenkt werden, wenn vorübergehend der Preis in Höhe der absoluten Preisuntergrenze festgesetzt werden soll?
3. Durch eine Preissenkung auf den Barverkaufspreis von 65,00 € erwartet der Händler eine so große Absatzsteigerung, dass das Betriebsergebnis insgesamt nicht verändert wird. Um wie viel Prozent müsste sich der Absatz steigern?
4. Es wurden vor der Preissenkung monatlich zehn Ledertaschen verkauft. Wie viel Stück müssten nach der Preissenkung abgesetzt werden?

**AUFGABE 449**

Ein Maschinengroßhändler führt u. a. in der Warengruppe „Handwerkerbedarf" Bohrmaschinen, Bohrständer und Zubehör. In der folgenden Übersicht sind die Deckungsbeiträge und Absatzmengen für zwei aufeinander folgende Monate dargestellt:

| | Januar | | Februar | |
|---|---|---|---|---|
| | **Deckungsbeitrag je Stück** | **Absatzmenge** | **Deckungsbeitrag je Stück** | **Absatzmenge** |
| Handbohrmaschinen | 44,00 | 50 | 20,00 | 90 |
| Bohrständer | 22,00 | 20 | 22,00 | 40 |
| Zubehör | 8,00 | 40 | 8,00 | 70 |

Die fixen Kosten betragen in beiden Monaten je 1.400,00 €.

1. Berechnen Sie den Deckungsbeitrag für jede Ware in beiden Monaten.
2. Worauf führen Sie die Verbesserung des Betriebsergebnisses zurück?
3. Wie viel Prozent und wie viel Stück hätte die Absatzsteigerung beim Artikel „Handbohrmaschinen" betragen müssen, wenn die Erfolgssituation hätte gleich bleiben sollen?

**AUFGABE 450**

1. Was versteht man unter „absoluter Preisuntergrenze"?
2. Wie kann trotz Preissenkung bei einem Artikel eine Verbesserung des Betriebserfolgs erreicht werden?
3. Ein Großhändler senkt den Deckungsbeitrag einer Ware von 34,00 € auf 26,00 € und rechnet dadurch mit einer Absatzsteigerung von 120 Stück auf 210 Stück. Reicht diese Absatzsteigerung aus, um den gleichen Warengewinn zu erzielen wie zuvor?
4. Wie wird der Deckungsbeitrag je Stück berechnet?
5. Welche Auswirkung auf den Betriebserfolg ergibt sich,
   a) wenn der Deckungsbeitrag je Stück größer als null ist,
   b) wenn der Deckungsbeitrag je Stück kleiner als null ist?
6. Durch eine Senkung des Deckungsbeitrags um $33\frac{1}{3}$ % soll eine Vergrößerung des Absatzes erreicht werden. Um wie viel Prozent muss der Absatz mindestens steigen, um den Betriebserfolg zu verbessern?
7. Zur Steigerung des Absatzes senkt ein Großhändler den Deckungsbeitrag einer Ware von 16,50 € je Stück auf 11,00 € je Stück. Wie groß muss die Vervielfachung des Absatzes sein, um den Betriebserfolg zu halten?

G

## 5.2 Deckungsbeitragsrechnung als Kostenträgerzeitrechnung zur Sortimentgestaltung

Die Deckungsbeitragsrechnung wenden Großhandelsbetriebe mit einem breiten Sortiment an. In diesen Bereichen kann sie gezielt Informationen für Sortiment- oder Preisentscheidungen bei einzelnen Waren oder Warengruppen liefern.

### 5.2.1 Sortimententscheidung bei einstufiger Deckungsbeitragsrechnung

Die Pflege des Sortimentes ist im Großhandelsbetrieb von entscheidender Bedeutung für den Betriebserfolg. Die Deckungsbeitragsrechnung hat das Zahlenmaterial zur Verfügung zu stellen, aus dem ersichtlich wird, welche Artikel im Sortiment verstärkt angeboten und welche aus dem Sortiment herausgenommen werden sollen.

Im Beispiel auf Seite 423 ergab sich für die Artikelgruppe „Einschlagpapiere" ein Verlust von –3.500,00 €. Diese Situation könnte bei vordergründiger Betrachtung zur Herausnahme dieser Artikelgruppe aus dem Sortiment führen: Man hätte dadurch einen um 3.500,00 € höheren Betriebsgewinn erzielt!

**Diese Schlussfolgerung ist falsch,** weil sie davon ausgeht, dass **alle** Handlungskosten der Hauptkostenstelle „Einschlagpapiere" **in vollem Umfang** abgebaut werden können. Dies trifft nur auf die variablen Kosten, nicht aber auf die fixen Kosten zu.

**BEISPIEL** Die Angaben auf Seite 416 sollen unter folgenden vereinfachten Annahmen auf die Deckungsbeitragsrechnung umgestellt werden:

1. Die Einzelkosten sind in vollem Umfang variabel.
2. Unter den Gemeinkostenarten sind die Provisionen und die Frachten variable Kostenarten.
3. Die Personalkosten sollen zu 8 % und die Instandhaltungskosten zu 8,5 % variabel sein.
4. Die übrigen Gemeinkosten sind in vollem Umfang fixe Kosten.

**An variablen Gemeinkosten** sind somit angefallen:

| | |
|---|---|
| **Provisionen** | **20.000,00 €** |
| **Frachten** | **80.000,00 €** |
| **8,0 % der Personalkosten** | **38.400,00 €** |
| **8,5 % der Instandhaltung** | **5.100,00 €** |
| **Summe der variablen Gemeinkosten** | **143.500,00 €**[1] |

Der Prozentanteil der variablen Gemeinkosten an den gesamten Gemeinkosten beträgt:

$$\frac{143.500,00\ €}{957.000,00\ €} = 0,1499 = 14,99\ \% \approx \mathbf{15\ \%}$$

Es soll angenommen werden, dass die auf die Hauptkostenstellen (= Kostenträger) umgelegten Handlungskosten jeweils zu **15 % variabel** sind (vgl. BAB, S. 415).

Variable Kosten der Kostenträger

| Hauptkostenstellen | | | | |
|---|---|---|---|---|
| **Spezialpapiere** | **Hygienepapiere** | **Verpack.-Folien** | **Einschlagpapiere** | **Summe** |
| 15 % von 186.000,00 = **27.900,00** | 15 % von 325.000,00 = **48.750,00** | 15 % von 243.000,00 = **36.450,00** | 15 % von 203.000,00 = **30.450,00** | 15 % von 957.000,00 = **143.550,00**[1] |

1 Die Differenz von 50,00 € ergibt sich aus dem aufgerundeten Zuschlagssatz.

An **fixen Gemeinkosten** verbleiben also:

| | |
|---|---|
| **Gemeinkosten insgesamt** | **957.000,00 €** |
| **– variable Gemeinkosten** | **143.550,00 €** |
| **= fixe Gemeinkosten** | **813.450,00 €** |

Die fixen Gemeinkosten sollen nicht weiter auf ihre Zurechenbarkeit zu den Artikelgruppen untersucht werden.

**Ergebnisrechnung bei Herausnahme der Artikelgruppe „Einschlagpapiere“ aus dem Sortiment**

| Ergebnisrechnung | Artikelgruppen | | | | Summe |
|---|---|---|---|---|---|
| | Spezial-papiere | Hygiene-papiere | Verpack.-Folien | Einschlag-papiere | |
| Nettoumsatzerlöse | 558.000,00 | 796.000,00 | 638.000,00 | | 1.992.000,00 |
| – variable Kosten: | | | | | |
| Einzelkosten | 300.000,00 | 401.000,00 | 300.000,00 | | 1.001.000,00 |
| variable Gemeinkosten | 27.900,00 | 48.750,00 | 36.450,00 | | 113.100,00 |
| = Deckungsbeiträge | 230.100,00 | 346.250,00 | 301.550,00 | | 877.900,00 |
| – fixe Kosten | | | | | 813.450,00 |
| = Betriebsgewinn | | | | | **64.450,00** |

Die Gesamtkosten der Abrechnungsperiode können also nur um die variablen Kosten der Artikelgruppe „Einschlagpapiere“ (= 295.000,00 € Einzelkosten + 30.450,00 € variable Gemeinkosten, vgl. S. 423/432) verringert werden. Die fixen Kosten in Höhe von 813.450,00 € bleiben auch beim Ausscheiden der Artikelgruppe „Einschlagpapiere“ **in voller Höhe** bestehen. Die im Sortiment verbleibenden Artikelgruppen haben allein die fixen Gesamtkosten zu tragen. Der Gewinn sinkt deutlich auf 64.450,00 €.

**Ergebnisrechnung bei Weiterführung der Artikelgruppe „Einschlagpapiere“**

| Ergebnisrechnung | Artikelgruppen | | | | Summe |
|---|---|---|---|---|---|
| | Spezial-papiere | Hygiene-papiere | Verpack.-Folien | Einschlag-papiere | |
| Nettoumsatzerlöse | 558.000,00 | 796.000,00 | 638.000,00 | 498.000,00 | 2.490.000,00 |
| – variable Kosten: | | | | | |
| Einzelkosten | 300.000,00 | 401.000,00 | 300.000,00 | 295.000,00 | 1.296.000,00 |
| variable Gemeinkosten | 27.900,00 | 48.750,00 | 36.450,00 | 30.450,00 | 143.550,00 |
| = Deckungsbeiträge | 230.100,00 | 346.250,00 | 301.550,00 | 172.550,00 | 1.050.450,00 |
| – fixe Kosten | | | | | 813.450,00 |
| = Betriebsgewinn | | | | | **237.000,00** |

Die Umsatzerlöse der Artikelgruppe „Einschlagpapiere“ liegen um 172.550,00 € über den variablen Kosten. Dieser Deckungsbeitrag kann zur Deckung der fixen Kosten und zur Verbesserung des Betriebserfolges herangezogen werden.

G

MERKE

- **Ohne Kenntnis der in den Handlungskosten enthaltenen variablen und fixen Kostenanteile ist eine Entscheidung über Sortimentsveränderungen nicht möglich.**
- **Solange eine Artikelgruppe einen positiven Deckungsbeitrag erzielt, trägt sie zur Deckung der fixen Kosten und zur zur Verbesserung des Betriebserfolges bei und bleibt grundsätzlich im Sortiment.**

### 5.2.2 Sortimententscheidung bei mehrstufiger Deckungsbeitragsrechnung

In der mehrstufigen Deckungsbeitragsrechnung werden die fixen Kosten so genau wie möglich

- den **Artikelgruppen** als **artikelgruppenfixe** Kosten,
- den **Sortimentgruppen** als **sortimentgruppenfixe** Kosten,
- dem **Unternehmen** als **unternehmensfixe** (unverteilbare) Kosten

zugerechnet.

Man gelangt auf diese Weise zu einer **verfeinerten und damit aussagefähigeren Deckungsbeitragsrechnung.**

**Deckungsbeitrag I**

Die um die variablen Kosten verminderten Umsatzerlöse einer jeden Artikelgruppe heißen Deckungsbeiträge I.

**Deckungsbeitrag II**

In der Regel lässt sich ein Teil der fixen Kosten auf die einzelnen Artikelgruppen **verursachungsgerecht** umlegen, so z. B. Teile der Personalkosten, der Miete, der Werbe- und Reisekosten, der Wagniskosten. Dieser Teil der fixen Kosten heißt **artikelgruppenfixe Kosten.** Subtrahiert man die artikelgruppenfixen Kosten von den Deckungsbeiträgen I, so erhält man die Deckungsbeiträge II. Sie geben an, in welcher Höhe die einzelnen Artikelgruppen zur Deckung der restlichen fixen Kosten beitragen.

**Deckungsbeitrag III**

Sofern fixe Kosten nicht für eine bestimmte Artikelgruppe, sondern für mehrere Artikelgruppen zugleich innerhalb eines Sortimentes angefallen sind, lassen sich diese fixen Kosten nur dem Sortiment (oder der Sortimentgruppe) zurechnen. Man spricht dann von **sortimentgruppenfixen Kosten.** Beispiele für sortimentgruppenfixe Kosten können sein: Teile der Personalkosten, der Miete, der Abschreibungen, der Betriebskosten. Vermindert man die Deckungsbeiträge II um die sortimentgruppenfixen Kosten, so erhält man die Deckungsbeiträge III. Sie geben an, mit welchen Beträgen bestimmte Sortimentgruppen zur Deckung der noch verbleibenden fixen Kosten (= unternehmensfixe Kosten) und zur Erzielung von Gewinn beitragen.

**Unternehmensfixe Kosten** sind die **nicht weiter aufteilbaren fixen Kosten,** die für das Unternehmen insgesamt anfallen (z. B. Kosten der Geschäftsführung und der Gebäudeverwaltung) und die als **Block** von der Summe der Deckungsbeiträge III subtrahiert werden. Die Differenz ist das **Betriebsergebnis der Rechnungsperiode.**

G

BEISPIEL

Die fixen Kosten in Höhe von 813.450,00 € (vgl. S. 433) sollen wie folgt aufteilbar sein:

| | Spezial-papiere | Hygiene-papiere | Verpack.-Folien | Einschlag-papiere | Summe |
|---|---|---|---|---|---|
| artikelgruppenfixe Kosten | 80.000,00 | 132.000,00 | 145.000,00 | 93.000,00 | 450.000,00 |
| unternehmensfixe Kosten | | | | | 363.450,00 |

Es werden keine sortimentgruppenfixen Kosten gebildet.

**Ergebnisrechnung mit stufenweiser Fixkostendeckung (vgl. S. 433)**

| | Spezial-papiere | Hygiene-papiere | Verpack.-Folien | Einschlag-papiere | Summe |
|---|---|---|---|---|---|
| Umsatzerlöse | 558.000,00 | 796.000,00 | 638.000,00 | 498.000,00 | 2.490.000,00 |
| – variable Kosten | 327.900,00 | 449.750,00 | 336.450,00 | 325.450,00 | 1.439.550,00 |
| = Deckungsbeiträge I | 230.100,00 | 346.250,00 | 301.550,00 | 172.550,00 | 1.050.450,00 |
| – artikelgruppenfixe Kosten | 80.000,00 | 132.000,00 | 145.000,00 | 93.000,00 | 450.000,00 |
| = Deckungsbeiträge II | 150.100,00 | 214.250,00 | 156.550,00 | 79.550,00 | 600.450,00 |
| – unternehmensfixe Kosten | | | | | 363.450,00 |
| = Betriebsgewinn der Rechnungsperiode | | | | | **237.000,00** |

Die Ergebnisrechnung zeigt, dass die Artikelgruppe „Einschlagpapiere“ den geringsten Deckungsbeitrag II, die Artikelgruppe „Hygienepapiere“ den höchsten Deckungsbeitrag II erwirtschaftet hat. Für die Unternehmensleitung ergibt sich hieraus die Überlegung, ob die Artikelgruppe „Einschlagpapiere“ nicht zugunsten eines höheren Absatzes bei anderen Gruppen aus dem Sortiment herausgenommen werden soll. Der höhere Absatz – insbesondere in der Artikelgruppe „Hygienepapiere“ – müsste dann allerdings einen Zuwachs der Deckungsbeiträge um mindestens 79.550,00 € erbringen.

MERKE

- **Die Deckungsbeitragsrechnung mit stufenweiser Fixkostendeckung zeigt im Deckungsbeitrag II und Deckungsbeitrag III, in welcher Höhe die Umsatzerlöse der einzelnen Artikelgruppen oder einzelner Sortimentgruppen über den von ihnen verursachten variablen und fixen Kosten liegen.**
- **Die Deckungsbeiträge II und III sind für Sortimententscheidungen von großer Bedeutung, da sie Einblick in die abbaubaren fixen Kosten geben.**

G

AUFGABE 451

In einer Großhandlung werden die drei Warengruppen A, B und C geführt. Im Monat Juni wurden folgende Umsatzerlöse und Kosten ermittelt:

| | Warengruppen | | |
|---|---|---|---|
| | A | B | C |
| Nettoumsatzerlöse | 124.000,00 | 165.000,00 | 84.000,00 |
| Wareneinsätze | 77.500,00 | 110.000,00 | 60.000,00 |
| variable Gemeinkosten | 15.500,00 | 16.500,00 | 15.000,00 |
| fixe Gemeinkosten insgesamt | 28.000,00 | | |

Bestimmen Sie die Deckungsbeiträge jeder Warengruppe und insgesamt sowie das Betriebsergebnis.

**AUFGABE 452** In einer Großhandlung mit vier Warengruppen wurden im Monat August folgende Erlöse und Kosten ermittelt. Bestimmen Sie die Deckungsbeiträge I und II sowie das Betriebsergebnis.

| | WG I | WG II | WG III | WG IV |
|---|---|---|---|---|
| Nettoumsatzerlöse | 210.000,00 | 184.000,00 | 244.000,00 | 112.000,00 |
| Wareneinsätze | 130.000,00 | 118.000,00 | 168.000,00 | 81.000,00 |
| variable Gemeinkosten | 28.000,00 | 16.500,00 | 34.000,00 | 12.000,00 |
| artikelgruppenfixe Kosten | 4.000,00 | 8.500,00 | 6.000,00 | 7.500,00 |
| unternehmensfixe Kosten | 41.400,00 | | | |

### 5.2.3 Optimale Sortimentgestaltung

Unter optimaler Sortimentgestaltung versteht man die Ausrichtung des gesamten Warenangebotes auf die **ertragskräftigsten Artikelgruppen,** wobei sich die Rangfolge, in der die Artikelgruppen langfristig im Sortiment vertreten sind, nach der **Höhe der Deckungsbeiträge** richtet.

**BEISPIEL** Im vorhergehenden Beispiel (vgl. S. 434 f.) waren folgende Deckungsbeiträge II ermittelt worden:

| | Spezial-papiere | Hygiene-papiere | Verpack.-Folien | Einschlag-papiere |
|---|---|---|---|---|
| **Deckungsbeiträge II** | 150.100,00 | 214.250,00 | 156.550,00 | 79.550,00 |

Aus diesen Angaben sollen die Artikelgruppen nach ihrer Ertragskraft geordnet werden.

**Sortimentgestaltung nach absoluten Deckungsbeiträgen**

Die Sortimentgestaltung nach absoluten Deckungsbeiträgen hat danach die folgende Rangordnung aufzustellen:

**1. Rang:** Artikelgruppe „Hygienepapiere“ mit ............ 214.250,00 €,
**2. Rang:** Artikelgruppe „Verpackungsfolien“ mit ............ 156.550,00 €,
**3. Rang:** Artikelgruppe „Spezialpapiere“ mit ............ 150.100,00 €,
**4. Rang:** Artikelgruppe „Einschlagpapiere“ mit ............ 79.550,00 €.

Die Absatzmengen der in den vorderen Rängen stehenden Artikelgruppen sind zu erhöhen; die ertragsschwächeren Artikelgruppen verbleiben nur zur Abrundung im Sortiment.

Diese Entscheidung ist aber **unsicher,** da in der Festlegung der Rangfolge **die Absatzmengen** nicht berücksichtigt wurden (sie wären in diesem Beispiel auch nur bedingt vergleichbar). Es könnte durchaus sein, dass der Deckungsbeitrag in Artikelgruppe „Einschlagpapiere“ mit einer erheblich geringeren Absatzmenge erzielt wurde als derjenige in der Artikelgruppe „Hygienepapiere“. Genauere Ergebnisse liefern also die **Deckungsbeiträge je Mengeneinheit.**

**Sortimentgestaltung nach relativen Deckungsbeiträgen**

Wegen der Schwierigkeit, **vergleichbare Mengen** bei der Festlegung des optimalen Sortimentes zu berücksichtigen, legt man die **Rangfolge nach Deckungsbeitragsprozentsätzen** fest. Hierbei werden für jede Artikelgruppe **aus den Deckungsbeiträgen II und den Umsätzen Prozentzahlen** ermittelt, die die Ertragskraft der Artikelgruppen vergleichbar machen.

G

BEISPIEL

| | Spezial-papiere | Hygiene-papiere | Verpack.-Folien | Einschlag-papiere |
|---|---|---|---|---|
| **Deckungsbeitrag II**<br>**Umsatz (vgl. S. 386)** | 150.100,00<br>558.000,00 | 214.250,00<br>796.000,00 | 156.550,00<br>638.000,00 | 79.550,00<br>498.000,00 |
| **Deckungsbeiträge in % des Umsatzes** | $\frac{150.100}{558.000}$<br>= 0,269<br>= 26,90 % | $\frac{214.250}{796.000}$<br>= 0,2692<br>**= 26,92 %** | $\frac{156.550}{638.000}$<br>= 0,2454<br>= 24,54 % | $\frac{79.550}{498.000}$<br>= 0,1597<br>= 15,97 % |

Die auf einen möglichst hohen Ertrag ausgerichtete Sortimentgestaltung hätte nach relativen Deckungsbeiträgen die folgenden Ränge zu berücksichtigen:

**1. Rang:** Artikelgruppe „Hygienepapiere“ mit ........ **26,92 %**
**2. Rang:** Artikelgruppe „Spezialpapiere“ mit ........ **26,90 %**
**3. Rang:** Artikelgruppe „Verpackungsfolien“ mit ........ **24,54 %**
**4. Rang:** Artikelgruppe „Einschlagpapiere“ mit ........ **15,97 %**

Gegenüber der Sortimentgestaltung nach absoluten Deckungsbeiträgen ergibt sich eine Verschiebung im 2. und 3. Rang.

MERKE

- **Deckungsbeiträge eignen sich zur Feststellung des optimalen Sortiments.**
- **Maßstab für Sortimententscheidungen sind relative Deckungsbeiträge.**
- **Relativer Deckungsbeitrag in %** $= \frac{\text{Deckungsbeitrag II} \cdot 100\,\%}{\text{Umsatz}}$

AUFGABE 453

1. Worin besteht der Vorteil der Deckungsbeitragsrechnung gegenüber der Vollkostenrechnung?
2. Was versteht man unter „Deckungsbeitrag“?
3. Unterscheiden Sie variable Kosten und fixe Kosten voneinander.
4. Nennen Sie Beispiele für variable und fixe Handlungskosten.
5. Warum ist es grundsätzlich vorteilhaft, einen Artikel nicht aus dem Sortiment herauszunehmen, wenn er einen positiven Deckungsbeitrag erzielt?
6. Unterscheiden Sie „Deckungsbeitrag I“ und „Deckungsbeitrag II“ voneinander.
7. Was versteht man unter „Sortimentgestaltung nach relativen Deckungsbeiträgen“?
8. Wann ist ein Sortiment „optimal“ gestaltet?

AUFGABE 454

Geben Sie zu den Aufgaben 451 auf Seite 435 und 452 auf Seite 436 die optimale Sortimentgestaltung

a) nach absoluten Deckungsbeiträgen,
b) nach relativen Deckungsbeiträgen an.

G

**AUFGABE 455** Der Betriebserfolg wird in einem Großhandelsbetrieb für zwei Warengruppen I und II innerhalb eines Sortiments nach der Deckungsbeitragsrechnung ermittelt. Folgende Erlös- und Kostensituation liegt vor:

| | Warengruppe I | | Warengruppe II | | |
|---|---|---|---|---|---|
| | Ware A | Ware B | Ware C | Ware D | Ware E |
| Umsatzerlöse | 86.000,00 | 74.000,00 | 56.500,00 | 68.400,00 | 44.200,00 |
| Erlösberichtigungen | 4.500,00 | – | 2.100,00 | – | 6.800,00 |
| Wareneinsätze | 61.400,00 | 46.250,00 | 37.200,00 | 49.500,00 | 31.500,00 |
| variable Handlungskosten | 6.300,00 | 8.750,00 | 3.700,00 | 6.400,00 | 7.400,00 |
| artikelgruppenfixe Kosten | 7.800,00 | | 8.600,00 | | |
| sortimentfixe Kosten | 9.500,00 | | | | |

1. Berechnen Sie den Deckungsbeitrag I für jede Ware und insgesamt.
2. Bestimmen Sie die Deckungsbeiträge II und III (= Betriebserfolg).
3. Machen Sie einen Vorschlag zur Verbesserung der Erfolgslage.
4. Geben Sie die Rangordnung des optimalen Sortiments nach relativen Deckungsbeiträgen an.

**AUFGABE 456** Eine Textilgroßhandlung hat aufgrund ihrer Vollkostenrechnung für den Monat April in den drei Warengruppen Herrenoberbekleidung, Damenoberbekleidung und Kinderbekleidung folgende Erlöse und Kosten festgestellt:

| | Herrenober-bekleidung | Damenober-bekleidung | Kinder-bekleidung | insgesamt |
|---|---|---|---|---|
| Nettoumsatzerlöse | 602.550,00 | 838.800,00 | 426.250,00 | 1.867.600,00 |
| Wareneinsätze | 329.600,00 | 466.000,00 | 220.000,00 | 1.015.600,00 |
| Handlungskosten | 180.000,00 | 280.000,00 | 100.000,00 | 560.000,00 |

Aufgrund einer Kostenanalyse ist festgestellt worden, dass 20 % der Handlungskosten variable Gemeinkosten sind. Die restlichen Gemeinkosten gelten als unternehmensfixe Kosten.

1. Berechnen Sie den Deckungsbeitrag für jede Warengruppe und insgesamt.
2. Bestimmen Sie den Betriebsgewinn.
3. Legen Sie die optimale Sortimentgestaltung nach relativen Deckungsbeiträgen fest.

G

**AUFGABE 457** In einer Großhandlung mit den drei Warengruppen I, II und III wurden für den Monat November .. folgende Erlöse und Kosten ermittelt:

**Wareneinsätze:**

30 Warengruppe I ........ 220.000,00
31 Warengruppe II ........ 340.000,00
32 Warengruppe III ........ 180.000,00

**Umsatzerlöse:**

80 Warengruppe I ........ 365.000,00
81 Warengruppe II ........ 510.000,00
82 Warengruppe III ........ 250.000,00

Die Handlungskosten betrugen im Monat November insgesamt 350.000,00 €. Sie verteilen sich aufgrund der durchgeführten Kostenstellenrechnung wie folgt auf die einzelnen Warengruppen:

| | Warengruppe I | Warengruppe II | Warengruppe III |
|---|---|---|---|
| Handlungskosten | 100.000,00 | 160.000,00 | 90.000,00 |

25 % der Handlungskosten gelten als variable Gemeinkosten.

30 % der Handlungskosten gelten als artikelfixe Kosten.

Der Rest der Handlungskosten ist unternehmensfix.

1. Ermitteln Sie die Deckungsbeiträge I und II für jede Warengruppe und insgesamt sowie das Betriebsergebnis.
2. Berechnen Sie die relativen Deckungsbeiträge für jede Artikelgruppe und geben Sie die optimale Sortimentgestaltung an.

**AUFGABE 458**

Zur Untersuchung der Kosten- und Ertragssituation ist aus drei Warengruppen je eine Ware repräsentativ ausgewählt worden. Für diese Waren wurden folgende Angaben ermittelt:

| | Ware A | Ware B | Ware C |
|---|---|---|---|
| Einstandspreis je Stück | 36,00 | 46,50 | 26,00 |
| Variable Handlungskosten je Stück | 21,00 | 26,00 | 12,00 |
| Barverkaufspreis je Stück | 63,00 | 75,00 | 42,00 |
| Artikelgruppenfixe Kosten | 4.200,00 | 2.400,00 | 1.840,00 |
| Unternehmensfixe Kosten | 4.100,00 | | |

1. Bestimmen Sie den Deckungsbeitrag je Stück für jede Ware.
2. Wie viel Stück sind von jeder Ware zu verkaufen, damit die artikelfixen Kosten durch die Deckungsbeiträge gedeckt werden?
3. Von der Ware A können monatlich 1 250 Stück und von der Ware C 1 480 Stück abgesetzt werden.
   Wie viel Stück müssten von der Ware B verkauft werden, damit auch die unternehmensfixen Kosten gedeckt werden und noch ein Gewinn von 10.000,00 € erzielt wird?

**AUFGABE 459**

Ein Hobby- und Baumarkt führt eine selbstständige Abteilung mit den Warengruppen „Gartengeräte" und „Gartenmöbel". Für den abgelaufenen Monat liegen aus der Buchführung und der Kostenrechnung folgende Zahlen vor:

| | Warengruppe Gartengeräte | Warengruppe Gartenmöbel |
|---|---|---|
| Umsatzerlöse | 70.000,00 | 48.000,00 |
| Erlösberichtigungen | 2.500,00 | 1.200,00 |
| Frachten (Einzelkosten) | 600,00 | 300,00 |
| Wareneinsätze | 38.100,00 | 25.600,00 |
| variable Handlungskosten | 8.500,00 | 5.100,00 |
| artikelgruppenfixe Kosten | 10.400,00 | 5.600,00 |
| abteilungsfixe Kosten | 6.600,00 | |

1. Berechnen Sie die Deckungsbeiträge I, II und III für jede Warengruppe und insgesamt.
2. Wegen des nicht zufrieden stellenden Verkaufs bei dem Artikel „Gartenmöbel" sollen die abteilungsfixen Kosten in voller Höhe durch die Deckungsbeiträge der Warengruppe „Gartengeräte" gedeckt und die Verkaufspreise für Gartenmöbel so weit gesenkt werden, dass die Umsatzerlöse gerade noch zur Deckung der artikelgruppenfixen Kosten ausreichen.
   Um wie viel Prozent könnten die Preise gesenkt werden?

3. Zur Steigerung des Absatzes sollen die Preise für Gartenmöbel so weit gesenkt werden, dass die Umsatzerlöse nur noch die variablen Einzel- und Gemeinkosten decken.
Wie hoch müssten dann die Umsatzerlöse sein? Wie viel Prozent beträgt in diesem Fall die Preissenkung?

**AUFGABE 460** In einer Großhandlung wird der monatliche Betriebserfolg für vier Warengruppen mithilfe der Deckungsbeitragsrechnung ermittelt. Für den Monat September liegen folgende Zahlen vor:

| | Warengruppe A | Warengruppe B | Warengruppe C | Warengruppe D |
|---|---|---|---|---|
| Einstandspreis/Stück | 80,00 | 64,00 | 124,00 | 48,00 |
| Barverkaufspreis/Stück | 144,00 | 105,00 | 190,00 | 84,00 |
| Absatz in Stück | 240 | 320 | 180 | 460 |

Die Handlungskosten betragen nach den Aufzeichnungen in der Ergebnistabelle insgesamt 33.000,00 €. 40 % der Handlungskosten sind als variable Handlungskosten anzusetzen. Der Rest der Handlungskosten ist unternehmensfix.

1. Berechnen Sie den Deckungsbeitrag für jede Warengruppe und insgesamt.
2. Auf wie viel Euro kann der Barverkaufspreis für Warengruppe C gesenkt werden, wenn der Deckungsbeitrag nur zur Deckung der variablen Kosten ausreichen soll?

### 5.2.4 Deckungsbeitragsrechnung als Kostenträgerzeitrechnung im Einproduktunternehmen

Um den Betriebserfolg im Einproduktunternehmen zu ermitteln, werden die fixen Kosten einer Rechnungsperiode **in einer Summe** vom gesamten Deckungsbeitrag subtrahiert.

**BEISPIEL** Es soll angenommen werden, die Kern KG verkauft in der Geschäftsstelle Duisburg nur Großrollen Spezialpapiere. Maximal können 500 Rollen je Monat verkauft werden. Die fixen Kosten betragen 100.000,00 € je Abrechnungsperiode. Die variablen Kosten (Wareneinsatz) belaufen sich auf 1.000,00 € je Rolle. Diese Rolle wird zum Barverkaufspreis von 1.500,00 € je Stück abgesetzt. Im vergangenen Monat betrug der Absatz 450 Rollen.

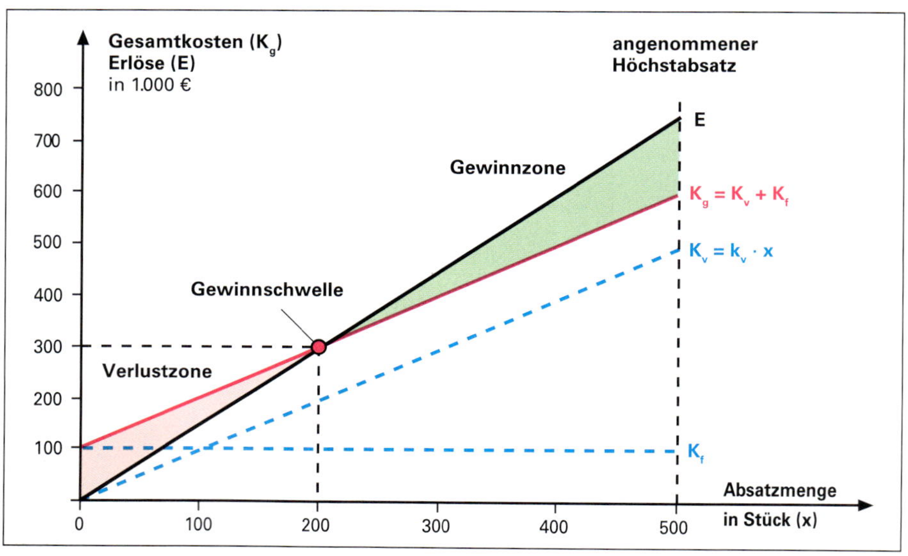

**Erläuterung zur Grafik:**

**Die variablen Kosten der Abrechnungsperiode (Kv)** werden durch Multiplikation der variablen Stückkosten (kv) mit der Absatzmenge (x) errechnet.

**Variable Gesamtkosten ($K_v$) = variable Stückkosten ($k_v$) · Menge (x)**

Da für jede zusätzlich verkaufte Rolle der Kostenzuwachs im Beispiel 1.000,00 € beträgt, ergibt sich die Abhängigkeit der variablen Gesamtkosten von der Absatzmenge nach der Funktionsgleichung:

**$K_v = 1.000\ x$**

Der Graph dieser Funktion verläuft linear – vom Ursprung des Koordinatennetzes ausgehend – mit dem Anstieg m = 1.000.

**Die Gesamtkosten der Abrechnungsperiode (Kg)** ergeben sich aus der Summe von variablen Kosten und fixen Kosten.

**Gesamtkosten ($K_g$) = variable Kosten ($K_v$) + fixe Kosten ($K_f$)**

Unabhängig von der Absatzmenge werden im Beispiel die variablen Kosten um jeweils 100.000,00 € fixe Kosten (Kf) erhöht. In der Grafik sind die Gesamtkosten parallel zu den variablen Kosten im Abstand der fixen Kosten zu zeichnen.

**$K_g = 1.000\ x + 100.000$**

**Die Erlösgerade (E)** verdeutlicht die bei einer bestimmten Absatzmenge erzielbaren Nettoumsatzerlöse. Sie sagt aus, dass für jedes abgesetzte Stück 1.500,00 € Erlöse entstehen. Bei einem Absatz von 100 Stück sind das 100 · 1.500,00 € = 150.000,00 €, bei dem Absatz von 200 Stück entsprechend 200 · 1.500,00 € = 300.000,00 € Erlöse usw.; also:

**E = 1.500 x**

Der Graph dieser Funktion verläuft linear – vom Ursprung des Koordinatennetzes ausgehend – mit dem Anstieg m = 1.500.

**Auswertung:**

**Deckungsbeitrag und Betriebsergebnis der Abrechnungsperiode**

| | | |
|---|---|---|
| Erlöse der Abrechnungsperiode (E) | = 450 · 1.500,00 (p) | = 675.000,00 € |
| – variable Kosten der Periode (Kv) | = 450 · 1.000,00 (kv) | = 450.000,00 € |
| **= Deckungsbeitrag der Periode (DB)** | = 450 · 1.500,00 (db) | = 225.000,00 € |
| – fixe Kosten der Periode (Kf) | | = 100.000,00 € |
| **= Betriebsgewinn der Abrechnungsperiode** | | **= 125.000,00 €** |

**Gewinnschwelle (Break-even-Point)**

Die Gewinnschwelle kennzeichnet die Absatzmenge, bei der die Summe der erwirtschafteten Stückdeckungsbeiträge (db) gerade ausreicht, um die fixen Kosten zu decken.

$$\textbf{Gewinnschwellenmenge } x = \frac{\textbf{fixe Kosten (Kf)}}{\textbf{Stückdeckungsbeitrag (db)}}$$

G

**BEISPIEL** Der Stückdeckungsbeitrag beläuft sich auf 500,00 € (= 1.500,00 € – 1.000,00 €), die fixen Kosten betragen 100.000,00 €; also:

$$db \cdot x = Kf$$
$$500 \cdot x = 100.000$$
$$\mathbf{x} = \frac{100.000}{500} = \textbf{200 Stück (Gewinnschwellenmenge)}$$

Grafisch wird die Gewinnschwellenmenge im **Schnittpunkt** von Erlösgerade und Gesamtkostengerade erreicht. Bei dieser Menge sind Erlöse und Gesamtkosten gleich hoch (**Erlöse = Kosten**).

**Gewinnzone** Setzt das Unternehmen **mehr als 200 Stück** ab, so arbeitet es mit Gewinn (**Erlöse > Kosten**).

**Verlustzone** Setzt das Unternehmen **weniger als 200 Stück** ab, so gerät es in die Verlustzone (**Erlöse < Kosten**).

**MERKE**
- **Deckungsbeitrag > fixe Kosten ⇒ Betriebsgewinn,**
- **Deckungsbeitrag < fixe Kosten ⇒ Betriebsverlust.**

**AUFGABE 461** Verdeutlichen Sie die Auswirkungen von Kostensenkungen im Bereich der fixen und variablen Kosten sowie die Auswirkungen von Preissenkungen auf die Gewinnschwellenmenge an selbst gewählten Beispielen.

**AUFGABE 462** Bei einem Absatz von 3 000 Stück, Gesamtkosten in Höhe von 75.000,00 €, darunter fixe Kosten in Höhe von 30.000,00 €, ergab sich in einem Unternehmen ein Verlust von 12.000,00 €.

Ermitteln Sie rechnerisch und grafisch die Gewinnschwelle.

**AUFGABE 463** Aus den Zahlen der Kostenrechnung ergibt sich, dass für den Absatz des Tischrechners „Minitron" fixe Kosten in Höhe von 400.000,00 € je Rechnungsperiode anfallen und die variablen Kosten nach folgender Abhängigkeit von der Beschäftigung verlaufen.

| Absatz in Stück | variable Kosten in € |
|---|---|
| 5 000 | 125.000,00 |
| 6 000 | 150.000,00 |
| 7 000 | 175.000,00 |
| 8 000 | 200.000,00 |
| 9 000 | 225.000,00 |
| 10 000 | 250.000,00 |

1. Errechnen Sie die Gesamt- und Stückkosten für die einzelnen Absatzmengen.
2. Bestimmen Sie den Deckungsbeitrag und den Betriebserfolg für die unterschiedlichen Absatzmengen bei einem Barverkaufspreis von 80,00 € je Stück.
3. Berechnen Sie die Gewinnschwellenmenge.
4. Stellen Sie die Gesamtkosten und die Umsatzerlöse in einem grafischen Bild dar.
5. Welche Auswirkung hat eine Preissenkung um 5,00 € je Stück auf die Gewinnschwellenmenge?

G

**AUFGABE 464**

Die Kosten- und Leistungsrechnung eines Großhandelsunternehmens weist folgende Zahlen aus:

| Rechnungs-periode | Absatz in Stück | Gesamtkosten | variable Stückkosten | Barverkaufs-preis |
|---|---|---|---|---|
| Oktober | 20 000 | 700.000,00 | 25,00 | 40,00 |
| November | 24 000 | 800.000,00 | 25,00 | 40,00 |

1. Berechnen Sie die variablen Gesamtkosten, die fixen Gesamtkosten und die fixen Stückkosten für die Monate Oktober und November.
2. Ermitteln Sie den Betriebserfolg für die Monate Oktober und November.
3. Bestimmen Sie rechnerisch und grafisch die Gewinnschwelle.
4. Welche Auswirkung auf die Gewinnschwellenmenge hat eine Erhöhung der variablen Stückkosten auf 30,00 €?
5. Eine geplante Erweiterungsinvestition verursacht zusätzliche fixe Kosten in Höhe von 40.000,00 €.
   Wie viele Artikel müssen zusätzlich abgesetzt werden, um bei 25,00 € variablen Stückkosten das Betriebsergebnis des Monats November zu halten?

**AUFGABE 465**

Ein Großhandelsbetrieb handelt mit Bürostühlen. Im zurückliegenden Geschäftsjahr wurden 6500 Stühle zum Stückpreis von 450,00 € verkauft. Die fixen Kosten beliefen sich auf 550.000,00 € und der Betriebsgewinn auf 425.000,00 € in der Periode.

1. Berechnen Sie die variablen Kosten insgesamt und je Stuhl.
2. Ermitteln Sie rechnerisch, bei welcher Menge die Gewinnschwelle erreicht wird.
3. Um sich gegen Konkurrenzprodukte behaupten zu können, soll der Verkaufspreis um 10 % gesenkt werden. Das Unternehmen rechnet aufgrund dieser Maßnahme mit einer Zunahme der Absatzmenge auf 7 000 Stühle.
   Welche Auswirkungen ergeben sich hieraus für das Betriebsergebnis?

**AUFGABE 466**

Das Unternehmen „Wohnideal AG" handelt in einer Niederlassung mit Holzregalen. Die Kapazität beträgt 1 200 Regale je Monat. Die fixen Kosten belaufen sich auf monatlich 64.000,00 €, die variablen Kosten wurden mit 110,00 € je Stück ermittelt. Zurzeit wird für jedes Regal ein Nettoverkaufspreis von 180,00 € erzielt.

1. Bei welcher Monatsproduktion erreicht das Unternehmen die Gewinnschwelle?
2. Welchem Beschäftigungsgrad entspricht die Gewinnschwellenmenge?
3. Ermitteln Sie das Betriebsergebnis des Unternehmens, wenn bei einem Beschäftigungsgrad von 85 % gearbeitet wird.

# H Statistik im Großhandelsbetrieb

Im vorliegenden Lehrbuch **werden sachlich zusammengehörende Themen** geschlossen behandelt. Aus diesem Grunde wurden wesentliche Gebiete der Betriebsstatistik bereits in den vorhergehenden Kapiteln dargestellt. So finden sich z. B. die Kennzahlen zur Rentabilität und Wirtschaftlichkeit im Kapitel „G, 2 Kostenartenrechnung“ auf Seite 353 f. Die Aufbereitung und Auswertung von Bilanzen sowie Gewinn- und Verlustrechnungen sind im Kapitel „F Auswertung des Jahresabschlusses“, Seite 319 f., enthalten. Die Grundzüge der Kostenstatistik sind in das Kapitel „G Kosten- und Leistungsrechnung“, Seite 345 f., eingearbeitet.

In den folgenden Abschnitten werden **Aufgaben, Grundlagen** und **Sachgebiete** der Betriebsstatistik kurz dargestellt.

## 1 Grundlagen der Statistik

**Aufgaben der Statistik**

Die Statistik im Großhandelsbetrieb befasst sich mit dem **Sammeln, Aufbereiten** und **Auswerten von Größen** (= benannten Zahlen), die für die **Überwachung des Betriebsgeschehens** sowie für die **Vorbereitung unternehmerischer Entscheidungen** wichtig sind.

Hierzu

- stellt die Statistik aus den Istzahlen der Vergangenheit Ergebnisse fest und wertet sie aus. Sie ist damit die **Grundlage für Dispositionen.**
- vergleicht die Statistik die ermittelten Istzahlen mit vorgegebenen Soll- oder Planzahlen. Sie ist damit die **Grundlage der Betriebskontrolle.**

**Grundlagen der Statistik** sind innerbetrieblich und außerbetrieblich anfallende Größen, die aufgrund einer vorgegebenen Zielsetzung nach bestimmten Merkmalen geordnet und mithilfe statistischer Methoden aufbereitet werden. Gegenstand statistischer Betrachtungen sind nicht Einzelerscheinungen, sondern **häufig wiederkehrende Ereignisse,** die sich entweder auf einen bestimmten Zeitpunkt oder einen bestimmten Zeitraum beziehen:

| Zeitpunktbezogene Statistik (Bestandsrechnung) | Zeitraumbezogene Statistik (Bewegungsrechnung) |
|---|---|
| ▪ Bilanzanalyse<br>▪ Analyse der GuV-Rechnung<br>▪ Lagerstatistik | ▪ Beschaffungsstatistik<br>▪ Absatzstatistik<br>▪ Kostenstatistik<br>▪ Umsatzstatistik |

**Die wesentlichen Sachgebiete der Statistik** sind in der obigen Aufstellung genannt. Sie können je nach der Zielsetzung auf andere Bereiche ausgedehnt werden, z. B. Personalstatistik, Werbeanalyse, Investitionsanalyse u. a.

H

MERKE

- **Die Betriebsstatistik ist eine Vergleichsrechnung. Sie stellt Zahlenwerte des Rechnungswesens für die Überwachung des Betriebsgeschehens und für die Vorbereitung unternehmerischer Entscheidungen zur Verfügung.**
- **Die Statistik geht von innerbetrieblich und außerbetrieblich anfallenden Größen aus. Sie fasst gleichartige Größen zusammen und ordnet sie nach bestimmten Merkmalen.**

**Die Vorgehensweise der Statistik** wird in folgender Übersicht verdeutlicht:

### ❶ Sammeln und Ordnen der Größen

**aus innerbetrieblichen Quellen**

| Interne Erhebung | Aufbereitung vorhandener Zahlen |
|---|---|
| Ausnahmsweise können betriebsinterne Erhebungen durch Beobachtung und Befragung für statistische Zwecke durchgeführt werden. | In der Regel werden die für andere Zwecke gesammelten Größen der Betriebsstatistik zugeführt.<br>Quellen sind:<br>– Finanzbuchhaltung,<br>– Kosten- und Leistungsrechnung,<br>– Betriebsabteilungen. |

**aus außerbetrieblichen Quellen**

| Betriebswirtschaftliche Statistik | Volkswirtschaftliche Statistik |
|---|---|
| Das für überbetriebliche Statistiken erstellte Material wird für Betriebszwecke verwendet:<br>– Statistik der Fachverbände,<br>– Statistik der IHK,<br>– Statistik der Fachzeitungen. | Volkswirtschaftliche Statistiken werden für betriebsinterne Vergleiche herangezogen:<br>– Statistische Jahrbücher,<br>– Monatsberichte der Deutschen Bundesbank,<br>– Statistische Beihefte der Deutschen Bundesbank. |

### ❷ Aufbereiten der Größen

**durch Mittelwerte** (= repräsentativer Wert einer Zahlenreihe)

| Arithmetisches Mittel | Gewogenes arithmetisches Mittel |
|---|---|
| Einfacher Durchschnitt<br>Beispiele:<br>– durchschnittl. Kapital,<br>– durchschnittl. Lagerbestand. | Gewogener Durchschnitt<br>Beispiele:<br>– Verteilung der Handlungskosten im BAB,<br>– Verrechnungspreise. |

**durch Verhältniszahlen** (= Beziehung zwischen zwei Größen)

| Gliederungszahlen | Beziehungszahlen | Indexzahlen |
|---|---|---|
| = Verhältnis einer Teilgröße zur Gesamtgröße.<br>Beispiele:<br>– Kennzahlen zur Finanzierung,<br>– Kennzahlen zum Vermögensaufbau. | = Verhältnis zwischen unterschiedlichen Größen.<br>Beispiele:<br>– Kennzahlen zur Investierung, Liquidität, Rentabilität,<br>– Zuschlagssätze für Handlungskosten und Gewinn. | = Verhältnis zwischen gleichen Größen im Zeitablauf.<br>Beispiele:<br>– Kennzahlen zur Preis- und Absatzentwicklung. |

**durch Trend** (= dynamischer Mittelwert)

Positive oder negative Entwicklungsrichtung von Zahlenreihen im Zeitablauf.
Beispiel:
– Umsatzentwicklung

### ❸ Veranschaulichen der Größen

**tabellarisch**

**Statistische Tabelle**
(z. B. BAB, Bilanz)

**grafisch**

| Kurvendiagramm | Histogramm | Sonstige Diagramme: |
|---|---|---|
| (vgl. Kostenverläufe) | = Darstellung in Balkenform | Block-, Kreisdiagramm |

### ❹ Auswerten der Größen

**durch zeitpunktbezogene Analyse** (= inner- und zwischenbetrieblicher Vergleich)

– Bilanzanalyse
– Analyse der Gewinn- und Verlustrechnung

**durch zeitraumbezogene Analyse** (= Vergleich der Größen im Zeitablauf)

– Bewegungsbilanz
– Absatzanalyse
– Umsatzanalyse
– Kostenanalyse
– Personalanalyse

## 2 Statistische Tabellen

**Sammeln und Ordnen statistischer Zahlen**

Die Finanzbuchhaltung sowie die Kosten- und Leistungsrechnung stellen die wichtigsten innerbetrieblichen Quellen dar, aus denen die Betriebsstatistik ihre Zahlen gewinnt. Die dort erfassten Größen, z. B. die in der Kontenklasse 8 gebuchten Einzelumsätze, eignen sich in der Regel nicht für Auswertungen zur Betriebskontrolle und zur Vorbereitung unternehmerischer Entscheidungen, da sie in **großer Häufigkeit** auftreten und deswegen **unübersichtlich** sind. Typische und markante Erscheinungen lassen sich erst durch **Zusammenfassung gleichartiger Größen** (z. B. Umsätze je Monat) und durch **Ordnung nach bestimmten Merkmalen** (z. B. Umsätze nach Artikelgruppen) erkennen. Das Ergebnis der so zusammengefassten und geordneten Zahlen ist die **statistische Tabelle.**

**BEISPIEL**

Die Papiergroßhandlung Kern KG, Köln (vgl. S. 416), hat im Jahr .. in den einzelnen Artikelgruppen folgende auf 1.000,00 € gerundete Monatsumsätze erzielt.
Umsätze nach Artikelgruppen und Monaten für das Jahr ..

| Monate | Artikelgruppen | | | | Summe |
|---|---|---|---|---|---|
| | Spezial-papiere | Hygiene-papiere | Verpack.-Folien | Ein-schlag-papiere | |
| Januar | 640.000 | 430.000 | 642.000 | 710.000 | 2.422.000 |
| Februar | 560.000 | 415.000 | 636.000 | 740.000 | 2.351.000 |
| März | 530.000 | 440.000 | 612.000 | 635.000 | 2.217.000 |
| April | 510.000 | 480.000 | 603.000 | 648.000 | 2.241.000 |
| Mai | 475.000 | 545.000 | 584.000 | 630.000 | 2.234.000 |
| Juni | 460.000 | 624.000 | 618.000 | 680.000 | 2.382.000 |
| Juli | 480.000 | 650.000 | 615.000 | 620.000 | 2.365.000 |
| August | 510.000 | 683.000 | 590.000 | 570.000 | 2.353.000 |
| September | 558.000 | 796.000 | 638.000 | 498.000 | 2.490.000 |
| Oktober | 540.000 | 648.000 | 645.000 | 610.000 | 2.443.000 |
| November | 580.000 | 535.000 | 683.000 | 633.000 | 2.431.000 |
| Dezember | 620.000 | 490.000 | 714.000 | 785.000 | 2.609.000 |
| **Summe je Artikelgruppe** | **6.463.000** | **6.736.000** | **7.580.000** | **7.759.000** | **28.538.000** |

**Statistische Tabellen**

Eine statistische Tabelle ist durch die Zahlenanordnung in Spalten und Zeilen gekennzeichnet. Der Inhalt der Spalten (im Beispiel: Umsätze der einzelnen Artikelgruppen in den jeweiligen Monaten) wird durch den sog. **Tabellenkopf** erläutert. Der Inhalt der Zeilen (im Beispiel: monatliche Umsätze der einzelnen Artikelgruppen) wird durch die sog. **Vorspalte** benannt. Der Platz, der für die einzelne Tabelleneintragung (im Beispiel: Monatsumsatz) vorgesehen ist, heißt **Tabellenfach** oder **Tabellenfeld.**

**Überschrift**

| **Kopf zur Vorspalte** | | **Tabellenkopf** | | | | |
|---|---|---|---|---|---|---|
| | | 1 | 2 | 3 | 4 | ← |
| **Vorspalte** | 1 | **Tabellenfeld** | | | | ← |
| | 2 | | | | | ← **Zeilen** |
| | 3 | | | | | ← |
| | 4 | | | | | ← |
| | | ↑ | ↑ | ↑ **Spalte** | ↑ | |

**H**

**Anforderungen an statistische Tabellen**

Ihre Aufgabe erfüllen Tabellen nur dann, wenn bei ihrer Erstellung die folgenden wesentlichen Gesichtspunkte beachtet werden:

- **klare Überschriften** im Tabellenkopf und in der Vorspalte,
- möglichst **wenige Einteilungsmerkmale,** damit die Übersichtlichkeit gewahrt bleibt,
- **zweckmäßiger Aufbau,** damit das Lesen der Tabelle erleichtert wird.

**Auswertung statistischer Tabellen**

Anhand der Tabelle im vorstehenden Beispiel lassen sich zwei grundsätzliche Auswertungen vornehmen:

**Dynamische Betrachtung (zeitraumbezogen)**

Hierbei wird die Umsatzentwicklung der einzelnen Warengruppen im Ablauf der Monate Januar bis Dezember analysiert.

**BEISPIEL**

Bei der Artikelgruppe „Spezialpapiere" ist der Umsatz in den Sommermonaten rückläufig und in den Wintermonaten ansteigend. Dies kann – sofern Vergleichszahlen aus den Vorjahren herangezogen werden – auf eine saisonale Schwankung hindeuten.

**Statische Betrachtung (zeitpunktbezogen)**

Hierbei steht der Umsatzvergleich einzelner Warengruppen in bestimmten Monaten im Vordergrund.

**BEISPIEL**

Im Monat Januar ist die Umsatzhöhe der einzelnen Artikelgruppen im Vergleich zueinander sehr verschieden von der Umsatzhöhe im Monat Juli, obwohl der Gesamtumsatz nahezu gleich hoch ist. Der Anteil eines Artikels am Gesamtumsatz ist u. a. ein Hinweis auf seine Bedeutung für das Sortiment.

**MERKE**

- **Grundlage statistischen Arbeitens bildet das sog. Urmaterial, das zunächst nach bestimmten Gesichtspunkten zusammengefasst, geordnet und zu einer statistischen Tabelle verdichtet wird.**
- **Statistische Tabellen sind nach Tabellenkopf und Vorspalte übersichtlich gestaltet.**

**AUFGABE 467**

Der mengenmäßige Lagerumschlag für fünf Warengruppen belief sich in einer Baustoffgroßhandlung in zwei aufeinander folgenden Jahren auf:

| | Vorjahr | Berichtsjahr |
|---|---|---|
| Zement | 38 000 kg | 50 500 kg |
| Kalk | 22 200 kg | 18 700 kg |
| Fertigputz | 14 500 kg | 20 400 kg |
| Fertigmörtel | 9 700 kg | 12 300 kg |
| Fugenmörtel | 3 600 kg | 4 600 kg |

1. Stellen Sie eine Tabelle mit den Umschlagszahlen der beiden Jahre und den Abweichungen bei den einzelnen Warengruppen auf.
2. Erläutern Sie die Veränderungen bei den einzelnen Warengruppen.

H

# 3 Statistische Zahlen

**Aufbereitung statistischer Größen**

Statistische Tabellen geben das Urmaterial in verdichteter Form wieder. Sie schaffen Ordnung und Übersicht, lassen aber keine gezielte und vertiefte Auswertung zu. Erst durch die Verknüpfung statistischer Größen gewinnt man aussagefähige Zahlen.

BEISPIEL

1. Der Betriebsabrechnungsbogen (vgl. S. 415) gibt zunächst nur die auf die einzelnen Kostenstellen verteilten Gemeinkosten an. Die für die Kalkulation wichtigen Zuschlagssätze sind statistische Zahlen, die aus der Verknüpfung von jeweils zwei unterschiedlichen statistischen Größen berechnet werden.
2. Der Unternehmer ist nicht nur an einer Umsatzstatistik (vgl. S. 446) interessiert. Er möchte auch etwas über die durchschnittlichen Umsätze, die Prozentanteile der einzelnen Artikelgruppen am Gesamtumsatz, die Umsatzentwicklung u. Ä. wissen.
   Diese Zusatzinformationen gewinnt man aus statistischen Zahlen.

MERKE

**Statistische Zahlen ergeben sich aus der mathematischen Verknüpfung geeigneter statistischer Größen. Sie sind die Grundlage für Auswertungen.**

## 3.1 Mittelwerte

Eine wichtige Gruppe statistischer Zahlen stellen die Mittelwerte dar. Mittelwerte werden als **charakteristische Stellvertreter** für viele gleiche Einzelerscheinungen verwendet.

BEISPIEL

Soll eine Aussage über die monatliche Umsatzhöhe getroffen werden, so ist es in der Regel nicht erforderlich, die einzelnen Monatsumsätze aufzuzählen. Es genügt, stellvertretend für zwölf Einzelumsätze den „mittleren“ Umsatz zu bestimmen.

MERKE

**Mittelwerte sind charakteristische Stellvertreter für mehrere gleichartige statistische Größen.**

### 3.1.1 Arithmetisches Mittel (Einfacher Durchschnitt)

BEISPIEL

Um den Lagerumschlag der Warenbestände beurteilen zu können, benötigt man u. a. den durchschnittlichen Lagerbestand. Die Lagerbuchführung weist folgende Warenbestände an Hygienepapieren aus:

| Datum | Warenbestand in € | Datum | Warenbestand in € |
|---|---|---|---|
| 1. Januar .. | 194.000,00 | 30. Juni .. | 171.000,00 |
| 31. Januar | 205.000,00 | 31. Juli | 138.000,00 |
| 28. Februar | 203.000,00 | 31. August | 145.000,00 |
| 31. März | 196.000,00 | 30. September | 152.000,00 |
| 30. April | 185.000,00 | 31. Oktober | 128.000,00 |
| 31. Mai | 162.000,00 | 30. November | 149.000,00 |
| | | 31. Dezember | 130.000,00 |

1. Ein Mittelwert, der die Schwankungen des Warenbestandes während des ganzen Jahres berücksichtigt, ergibt sich, wenn der Inventurbestand vom 1. Januar und die zwölf Monatsendbestände addiert und durch die Anzahl der Posten (= 13) dividiert werden:

H

**durchschnittlicher Lagerbestand** $\bar{x} = \dfrac{194.000{,}00\ € + 205.000{,}00\ € + \ldots + 130.000{,}00\ €}{13}$

$\bar{x} = \dfrac{2.158.000{,}00\ €}{13} = \mathbf{166.000{,}00\ €}$

2. Sofern nur die Inventurwerte am 1. Januar und am 31. Dezember vorliegen, lässt sich der durchschnittliche Lagerbestand vereinfacht so berechnen:

**durchschnittlicher Lagerbestand** $\bar{x} = \dfrac{194.000{,}00 + 130.000{,}00}{2} = \dfrac{324.000{,}00\ €}{2}$

$\bar{x} = \mathbf{162.000{,}00\ €}$

In diesem Mittelwert sind die während des Jahres auftretenden Schwankungen der Lagerbestände nicht berücksichtigt. Er weicht deshalb vom zuvor berechneten Wert ab.

MERKE

**Das arithmetische Mittel (einfacher Durchschnitt) ergibt sich aus der Gleichung:**

$$\bar{x} = \frac{\text{Summe der Einzelgrößen}}{\text{Anzahl der Einzelgrößen}} \quad \text{oder} \quad \bar{x} = \frac{a_1 + a_2 + a_3 + \ldots + a_n}{n}$$

### 3.1.2 Gewogenes arithmetisches Mittel (Gewogener Durchschnitt)

BEISPIEL

Der Lagerbestand an Doppelrollen Küchenpapier beträgt am 1. Januar .. 5 000 Stück zu 1,04 € je Stück (Einstandspreis). Am 15. März .. werden 12 000 Stück zum Einstandspreis von 1,07 € je Stück auf Lager genommen.

Für die Kalkulation ist der durchschnittliche Einstandspreis der gelagerten Doppelrollen zu berechnen.

| Bestand in Stück | | Wert in € |
|---|---|---|
| 15 000 Stück zu je 1,04 € | | 15.200,00 |
| + 12 000 Stück zu je 1,07 € | | 12.840,00 |
| 17 000 Stück | ≙ | 18.040,00 |
| 1 Stück | ≙ | $\dfrac{18.040{,}00}{17\,000\ \text{Stück}}$ = **1,06 €/Doppelrolle** |

MERKE

**Das gewogene arithmetische Mittel (gewogener Durchschnitt) ergibt sich aus der Gleichung**

$$\bar{x} = \frac{\text{gewogene Summe der Einzelgrößen}}{\text{Anzahl der Einzelgrößen}} \quad \text{oder}$$

$$\bar{x} = \frac{a_1 \cdot b_1 + a_2 \cdot b_2 + \ldots + a_n \cdot b_n}{a_1 + a_2 + \ldots + a_n}$$

H

**AUFGABE 468**

1. Welche Anforderungen werden an eine statistische Tabelle gestellt?
2. Nennen Sie die wichtigsten Aufgaben der Betriebsstatistik.
3. Unterscheiden Sie Gliederungszahlen, Beziehungszahlen und Indexzahlen voneinander.

**AUFGABE 469**

Ein Großhandelsunternehmen hat in den ersten sechs Monaten des vergangenen Jahres folgenden Personalbestand in den Bereichen Verwaltung, Verkauf und Lager gehabt:

| | Verwaltung | Verkauf | Lager |
|---|---|---|---|
| Januar | 12 | 40 | 8 |
| Februar | 12 | 38 | 8 |
| März | 10 | 35 | 7 |
| April | 10 | 36 | 7 |
| Mai | 14 | 41 | 8 |
| Juni | 14 | 44 | 10 |

1. Erstellen Sie eine aussagefähige Tabelle.
2. Berechnen Sie, wie viel Arbeitnehmer durchschnittlich in den einzelnen Abteilungen und insgesamt beschäftigt waren.

**AUFGABE 470**

Nachstehend sind die durchschnittlichen Bruttomonatsverdienste von Arbeitnehmern in ausgewählten Wirtschaftsbereichen dargestellt:

| Wirtschaftsbereiche | Durchschnittlicher Bruttoverdienst |
|---|---|
| Energiewirtschaft | 2.041,00 € |
| Bergbau | 2.033,00 € |
| Produktionsgüterindustrie | 2.004,00 € |
| Baugewerbe | 1.830,00 € |
| Banken/Versicherungen | 1.755,00 € |
| Handel | 1.554,00 € |
| Land- und Forstwirtschaft | 1.379,00 € |

1. Berechnen Sie den Durchschnittsverdienst der Arbeitnehmer.
2. Wie viel Prozent liegt der Verdienst im Handel unter dem Durchschnitt?

**AUFGABE 471**

Eine Textilgroßhandlung will ihren Kunden folgende Restposten zu einem einheitlichen Preis anbieten:

250 Damenblusen, bisheriger Verkaufspreis 22,00 € je Bluse,
300 Damenblusen, bisheriger Verkaufspreis 26,00 € je Bluse,
180 Damenblusen, bisheriger Verkaufspreis 28,00 € je Bluse,
120 Damenblusen, bisheriger Verkaufspreis 32,00 € je Bluse.

Berechnen Sie den einheitlichen Verkaufspreis.

**AUFGABE 472**

Eine Baustoffgroßhandlung erteilte im 2. Quartal .. für eine Ware folgende Bestellungen:

3. April: 3 500 kg zu 4,80 €/kg,
2. Mai: 3 800 kg zu 4,90 €/kg,
28. Mai: 4 200 kg zu 4,60 €/kg,
17. Juni: 3 200 kg zu 4,75 €/kg.

Berechnen Sie den durchschnittlichen Einkaufspreis je kg.

## 3.2 Verhältniszahlen

Verhältniszahlen entstehen, wenn zwei gleiche oder ungleiche Größen zu Quotienten verbunden werden. Vielfach drückt man die Quotienten als **Prozentzahlen** aus. Durch dieses Vorgehen werden statistische Größen **vergleichbar** gemacht. Sie lassen somit **Entwicklungen erkennen** und **ermöglichen Beurteilungen.**

BEISPIEL

1. Die auf den Seiten 321 f. dargestellten **Bilanzkennzahlen** sind Verhältniszahlen, durch die die Struktur der Bilanz verdeutlicht wird (= **Gliederungszahlen**).
2. Auf der Seite 375 f. werden **Kennzahlen zur Rentabilität und Wirtschaftlichkeit** aufgeführt. Durch sie lässt sich der Betriebsprozess kontrollieren. Sie entstehen aus dem Verhältnis von jeweils zwei unterschiedlichen Größen (= **Beziehungszahlen**).
3. Soll die **Umsatzentwicklung** über mehrere Jahre verdeutlicht werden, so bildet man Verhältniszahlen aus den Umsätzen der einzelnen Jahre in Bezug auf den Umsatz des ersten Jahres (= **Indexzahlen,** vgl. S. 454).

MERKE

- **Durch Verhältniszahlen werden statistische Größen aufgegliedert, zueinander in Beziehung gesetzt oder in ihrer Entwicklung durchschaubar gemacht.**
- **Die in der Analyse und Kritik des Jahresabschlusses verwendeten Kennzahlen sind üblicherweise Verhältniszahlen.**

### 3.2.1 Gliederungszahlen

Gliederungszahlen sind **Bruchzahlen aus gleichartigen Größen.** Die Aufteilung einer Gesamtgröße in mehrere Teilgrößen ist in der Regel wenig aussagekräftig. Erst durch die Berechnung der Brüche, die die Teilgrößen mit der Gesamtgröße bilden, werden die Größen vergleichbar. Es ist üblich, die Gliederungszahlen als **Prozentzahlen** anzugeben.

BEISPIEL

Aus den Zahlen der Tabelle (vgl. S. 446) soll berechnet werden, mit wie viel Prozent die Umsätze der einzelnen Artikelgruppen am gesamten Jahresumsatz (= 100 %) beteiligt sind.

| Artikelgruppe | Prozentanteil am Jahresumsatz |
|---|---|
| **Spezialpapiere** | $\frac{6.463.000}{8.538.000} = 0{,}226 =$ **22,6 %** |
| **Hygienepapiere** | $\frac{6.736.000}{28.538.000} = 0{,}236 =$ **23,6 %** |
| **Verpackungsfolien** | $\frac{7.580.000}{28.538.000} = 0{,}266 =$ **26,6 %** |
| **Einschlagpapiere** | $\frac{7.759.000}{28.538.000} = 0{,}272 =$ **27,2 %** |

**Statische Betrachtung**

Die ermittelten Prozentzahlen zeigen, dass zum Jahresende die Umsatzanteile der einzelnen Artikelgruppen in einem bestimmten Umfang voneinander abweichen. So liegen z. B. zwischen der umsatzschwächsten und der umsatzstärksten Artikelgruppe 4,6 Prozentpunkte Unterschied.

**Prozentanteile in dynamischer Betrachtung**

Aus der Tabelle (S. 446) lässt sich zusätzlich zu der vorherigen statischen Betrachtung der Umsatzanteile einzelner Artikelgruppen am Gesamtumsatz auch eine dynamische Betrachtung ableiten, wenn man die **Umsatzanteile einzelner Monate am Jahresumsatz** berechnet. Dies

H

kann sowohl für einzelne Artikelgruppen als auch für den Gesamtumsatz geschehen. Weiterhin lassen sich die **Prozentanteile von Monat zu Monat „fortschreiben“,** d. h., man kumuliert (von lat. cumulus = Anhäufung) die Prozentanteile von Monat zu Monat.

**BEISPIEL** Für die beiden Artikelgruppen „Spezialpapiere“ und „Hygienepapiere“ werden die Prozentanteile der Monatsumsätze am jeweiligen Jahresumsatz und die kumulierten Prozentanteile berechnet:

**Prozentanteile der Monatsumsätze am Jahresumsatz bei „Spezialpapiere“**

| | Jan. | Febr. | März | April | Mai | Juni | Juli | Aug. | Sept. | Okt. | Nov. | Dez. | Summe |
|---|---|---|---|---|---|---|---|---|---|---|---|---|---|
| %-Anteile | 9,9 | 8,7 | 8,2 | 7,9 | 7,3 | 7,1 | 7,4 | 7,9 | 8,6 | 8,4 | 9,0 | 9,6 | 100 |
| Kumulierte %-Anteile | 9,9 | 18,6 | 26,8 | 34,7 | 42,0 | 49,1 | 56,5 | 64,4 | 73,0 | 81,4 | 90,4 | 100 | – |

**Prozentanteile der Monatsumsätze am Jahresumsatz bei „Hygienepapiere“**

| | Jan. | Febr. | März | April | Mai | Juni | Juli | Aug. | Sept. | Okt. | Nov. | Dez. | Summe |
|---|---|---|---|---|---|---|---|---|---|---|---|---|---|
| %-Anteile | 6,4 | 6,2 | 6,5 | 7,1 | 8,1 | 9,3 | 9,7 | 10,1 | 11,8 | 9,6 | 7,9 | 7,3 | 100 |
| Kumulierte %-Anteile | 6,4 | 12,6 | 19,1 | 26,2 | 34,3 | 43,6 | 53,3 | 63,4 | 75,2 | 84,8 | 92,7 | 100 | – |

**Auswertung:** Die dynamische Betrachtung zeigt, wie stark sich die Umsatzanteile von Monat zu Monat verändern. Sie weist auf umsatzstarke und umsatzschwache Monate hin. Die kumulierten Prozentanteile lassen erkennen, ob z. B. bereits innerhalb der ersten sechs Monate die Hälfte (= 50 %) des Jahresumsatzes erzielt wird. Die Artikelgruppe „Hygienepapiere“ ist in den ersten drei Monaten mit 19,1 % und in den ersten sechs Monaten mit 43,6 % recht umsatzschwach, hat aber innerhalb der ersten neun Monate mit 75,2 % genau $\frac{3}{4}$ des Jahresumsatzes erreicht.

**MERKE** **Gliederungszahlen sind Bruchzahlen. Sie geben die Anteile mehrerer Teilgrößen an einer Gesamtgröße an und werden vielfach als Prozentzahlen geschrieben.**

$$\text{Gliederungszahl} = \frac{\text{Teilgröße}}{\text{Gesamtgröße}} \quad \text{oder} \quad \text{Prozentzahl} = \frac{\text{Teilgröße} \cdot 100\,\%}{\text{Gesamtgröße}}$$

H

**AUFGABE 473**

| Aktiva | Aufbereitete Bilanz | | | | Passiva |
|---|---|---|---|---|---|
| Anlagevermögen<br>Umlaufvermögen | 24.500.000,00<br>39.400.000,00 | ? %<br>? % | Eigenkapital<br>Fremdkapital | 29.200.000,00<br>34.700.000,00 | ? %<br>? % |
| Gesamtvermögen | 63.900.000,00 | 100 % | Gesamtkapital | 63.900.000,00 | 100 % |

1. Wie hoch sind die prozentualen Anteile des Anlage- und Umlaufvermögens am Gesamtvermögen und des Eigen- und Fremdkapitals am Gesamtkapital?
2. Welche Schlussfolgerungen ziehen Sie daraus?

### 3.2.2 Beziehungszahlen

Beziehungszahlen sind **Bruchzahlen,** die aus der **sinnvollen Verknüpfung unterschiedlicher Größen** entstehen. Beziehungszahlen helfen Betriebsabläufe und Arbeitsweisen zu kontrollieren und die Ergebnisse betrieblicher Tätigkeiten zu vergleichen. Typische Beispiele für Beziehungszahlen sind Kennzahlen zur Wirtschaftlichkeit und Produktivität sowie die Kalkulationszuschlagssätze.

**BEISPIEL**

In der Kern KG wird über mehrere Jahre die Produktivität der Mitarbeiter anhand folgender Zahlen kontrolliert:

| | 1. Jahr | 2. Jahr | 3. Jahr | 4. Jahr |
|---|---|---|---|---|
| **Warenumsatz in T€** | 28.538 | 30.120 | 30.810 | 32.460 |
| **Anzahl der Mitarbeiter** | 45 | 45 | 42 | 50 |

| | 1. Jahr | 2. Jahr | 3. Jahr | 4. Jahr |
|---|---|---|---|---|
| **Produktivität in € je Mitarbeiter:** | $\frac{28.538.000}{45}$ **= 634.178,00** | $\frac{30.120.000}{45}$ **= 669.333,00** | $\frac{30.810.000}{42}$ **= 733.571,00** | $\frac{32.460.000}{50}$ **= 649.200,00** |

**Auswertung:** Die Produktivität nimmt in den ersten drei Jahren stetig zu. Es gelingt dem Unternehmen sogar, im 3. Jahr bei verringertem Personalbestand den Umsatz zu erhöhen. Im 4. Jahr wird die Einstellung von acht weiteren Mitarbeitern erforderlich, was im Vergleich mit dem 3. Jahr zu einem Rückgang der Produktivität führt. Verglichen mit dem 1. Jahr ist dennoch eine Steigerung der Produktivität feststellbar.

**MERKE**

- **Beziehungszahlen sind Bruchzahlen, die aus der sinnvollen Verknüpfung unterschiedlicher wirtschaftlicher Größen entstehen.**
- **Beziehungszahlen finden insbesondere als betriebliche Kennzahlen Verwendung.**

**AUFGABE 474**

In einer Großhandlung werden für drei Warengruppen folgende Zahlen ermittelt:

| | Warengruppe I | Warengruppe II | Warengruppe III | gesamt |
|---|---|---|---|---|
| Wareneinsätze in € | 2.400.000,00 | 3.550.000,00 | 1.600.000,00 | ? |
| Handlungskosten in € | 1.020.000,00 | 1.633.000,00 | 816.000,00 | ? |
| Umsatzerlöse in € | 3.847.500,00 | 5.908.620,00 | 2.319.360,00 | ? |
| Personalbestand | – | – | – | 45 |

1. Bestimmen Sie folgende Kennzahlen: Handlungskostenzuschläge, Gewinnzuschläge, Umsatzrentabilität der einzelnen Warengruppen und insgesamt, Wirtschaftlichkeit der einzelnen Warengruppen und insgesamt sowie die Produktivität.
2. Erläutern Sie die Ergebnisse.

H

**AUFGABE 475** In einer Großhandlung wird die Wirtschaftlichkeit von Kleinaufträgen unter 500,00 € untersucht. Folgende Zahlen liegen vor:

| | 1. Quartal | 2. Quartal | 3. Quartal | 4. Quartal | gesamt |
|---|---|---|---|---|---|
| Selbstkosten | 420.000,00 | 445.000,00 | 470.000,00 | 430.000,00 | ? |
| Umsatzerlöse | 430.500,00 | 456.125,00 | 441.800,00 | 421.400,00 | ? |

1. Berechnen Sie die Wirtschaftlichkeit in den einzelnen Quartalen und insgesamt.
2. Erläutern Sie die Ergebnisse.

### 3.2.3 Indexzahlen

**Vergangenheitsorientierte Entwicklung**

Die Veränderung einer Größe im Verlauf mehrerer Monate oder Jahre wird durch Indexzahlen ausgedrückt.

Eine Möglichkeit, die Entwicklung einer Größe zu veranschaulichen, geht von der Überlegung aus, **das erste Jahr als Basisjahr** (≙ 100 %) **zu setzen** und die Größen der folgenden Jahre auf das Basisjahr zu beziehen.

Indexzahlen erleichtern die **Interpretation,** z. B. der Umsatzentwicklung: Ein Index **größer als 100 %** bedeutet immer eine **Umsatzsteigerung,** ein Index **kleiner als 100 %** einen **Umsatzrückgang** – jeweils bezogen auf das Basisjahr. Zudem gibt der Index eine vergleichbare Zahl für die Umsatzsteigerung oder den Umsatzrückgang an. Der Index **150 % nach sieben Jahren** (vgl. Beispiel) lässt auf eine **Umsatzsteigerung um 50 % innerhalb von sieben Jahren** schließen.

Indexzahlen finden in **volkswirtschaftlichen Statistiken** sehr häufig Anwendung, so z. B. als Index der Lebenshaltungskosten, als Index der industriellen Erzeugerpreise, der Großhandelsverkaufspreise, als Index der Wertpapierkurse u. a.

**BEISPIEL** Aus den nachfolgenden Umsatzzahlen der Kern KG ist die Entwicklung des Gesamtumsatzes über sieben Jahre mithilfe von Indexzahlen darzustellen.

Indexzahlen zur Umsatzentwicklung für die Jahre .. bis ..

| Jahr | Jahresumsatz in € | Indexzahlen (1. Jahr = Basisjahr) | Berechnung der Indexzahlen |
|---|---|---|---|
| 1. | 19.020.000,00 | 100,0 % | |
| 2. | 18.790.000,00 | 98,8 % | |
| 3. | 20.020.000,00 | 105,3 % | |
| 4. | 22.260.000,00 | 117,0 % | $\frac{\text{Umsatz des jeweiligen Jahres} \cdot 100\,\%}{\text{Umsatz des Basisjahres}}$ |
| 5. | 24.450.000,00 | 128,5 % | |
| 6. | 26.415.000,00 | 138,9 % | |
| 7. | 28.538.000,00 | 150,0 % | |

**Auswertung:** Gegenüber dem Basisjahr zeigt sich nach anfänglicher Schwankung eine von Jahr zu Jahr recht gleichmäßige Umsatzzunahme.

Beachten Sie, dass die hier gezeigte Indexberechnung stark vereinfacht wurde; sie berücksichtigt keine Preis- und Mengenänderungen.

**MERKE** **Indexzahlen geben die Entwicklung von Preisen, Mengen, Umsätzen u. a. im Zeitablauf bezüglich eines Basisjahres an.**

H

**AUFGABE 476**

Stellen Sie für vier Geschäftsjahre die Indexzahlen der Umsatzentwicklung in den drei Filialen fest (Basisjahr 01; auf volle Zahlen runden).

**Umsätze der Filialen in €**

| Jahr | Köln | Bonn | Düsseldorf |
|---|---|---|---|
| 01 | 3.400.000,00 | 3.200.000,00 | 1.900.000,00 |
| 02 | 3.600.000,00 | 2.900.000,00 | 2.100.000,00 |
| 03 | 3.900.000,00 | 3.000.000,00 | 2.300.000,00 |
| 04 | 3.750.000,00 | 3.050.000,00 | 2.420.000,00 |

## 3.3 Trend

**Zukunftsorientierte Entwicklung**

Für unternehmerische Planungen und Prognosen ist es wichtig zu wissen, ob die zu planenden Größen in den zurückliegenden Jahren eine bestimmte **Entwicklungsrichtung** gezeigt haben. Aus der vorhergehenden Darstellung der Indexzahlen wird eine solche Entwicklungsrichtung deutlich (= positive und gleichmäßige Umsatzentwicklung bezüglich des Basisjahres); allerdings ist diese Aussage zu stark vergangenheitsbezogen. Mithilfe des Trends soll eine in Schwankungen ablaufende Entwicklung durch **gleitende Durchschnitte** ersetzt werden, um Aussagen für **zukünftige Entwicklungen** zu gewinnen.

**Gleitender Durchschnitt**

Die hier gezeigte Trendberechnung basiert auf den gleitenden Durchschnitten. Hierbei bestimmt man in der Regel aus jeweils drei aufeinander folgenden Größen den Durchschnitt dieser drei Größen und setzt ihn an die Stelle der mittleren Größe. Die Durchschnittswerte werden so gebildet, dass die ursprünglichen Größen ineinandergreifen.

**BEISPIEL**

Aus den Umsatzzahlen von sieben Jahren sollen die gleitenden Durchschnitte so gebildet werden, dass jeweils drei Umsatzzahlen ineinandergreifend einen Durchschnittswert ergeben (vgl. S. 454).

Berechnung der gleitenden Durchschnittsumsätze

| Jahr | Jahresumsätze in € | Durchschnittsberechnung | Gleitender Durchschnittsumsatz in € |
|---|---|---|---|
| **1.** | 19.020.000,00 | | |
| **2.** | 18.790.000,00 | **57.830.000,00 : 3 =** | 19.276.667,00 |
| **3.** | 20.020.000,00 | | |
| **4.** | 22.260.000,00 | 66.730.000,00 : 3 = | 22.243.333,00 |
| **5.** | 24.450.000,00 | | |
| **6.** | 26.415.000,00 | 79.403.000,00 : 3 = | 26.467.667,00 |
| **7.** | 28.538.000,00 | | |

**Auswertung:** Die gleitenden Durchschnitte zeigen eine Zunahme des Umsatzes mit steigender Tendenz an. Unter Beachtung des Trends ist für die nächsten Jahre mit einem Durchschnittsumsatz von ca. 31.000.000,00 € zu rechnen.

**MERKE**

**Der Trend gibt die Entwicklungsrichtung von statistischen Größen im Zeitablauf an. Er wird aus gleitenden Durchschnittsgrößen bestimmt.**

H

**AUFGABE 477**

Die Personalzusatzkosten (Sozialversicherungsbeiträge der Arbeitgeber, bezahlte Feiertage, Lohnfortzahlung im Krankheitsfall, Sonderzahlungen, Vermögensbildung, betriebliche Altersversorgung u. a.) haben sich in sechs ausgewählten Jahren wie folgt entwickelt:

| | 1. Jahr | 2. Jahr | 3. Jahr | 4. Jahr | 5. Jahr | 6. Jahr |
|---|---|---|---|---|---|---|
| Personalzusatzkosten für je 100,00 € Lohn | 43,40 | 54,60 | 62,80 | 73,10 | 75,20 | 79,40 |

1. Berechnen Sie die Veränderung der Personalzusatzkosten in Prozent von Jahr zu Jahr.
2. Berechnen Sie die Indexzahlen zur Personalzusatzkostenentwicklung auf der Grundlage des 1. Jahres.
3. Aus den Zahlen der zurückliegenden Jahre soll ein Trend als gleitender Durchschnitt aus jeweils drei aufeinander folgenden Jahren gebildet werden.
   Errechnen Sie die gleitenden Durchschnitte und geben Sie eine Prognose für die Zukunft.

# 4 Darstellungsformen für statistische Zahlen

Statistische Größen und Zahlen lassen sich darstellen in

- statistischen **Tabellen** (vgl. S. 446),
- statistischen **Diagrammen.**

**Statistisches Diagramm**

Das statistische Diagramm hat gegenüber der statistischen Tabelle den Vorteil, anschaulich und schnell zu informieren. Der Nachteil gegenüber der Tabelle besteht darin, dass die genauen Daten nicht abgelesen werden können.

**Diagrammformen**

Unter den verschiedenen Diagrammformen kommen in der Statistik häufig vor:

- das **Kurvendiagramm,**
- das **Balkendiagramm** (Histogramm),
- das **Kreisdiagramm.**

MERKE

**Statistische Diagramme dienen der anschaulichen und schnellen Information.**

## 4.1 Kurvendiagramm

BEISPIEL

Die Umsatzentwicklung für die Artikelgruppe „Spezialpapiere" und die Artikelgruppe „Hygienepapiere" soll in je einem Kurvendiagramm dargestellt werden. Aus den Zahlen der Tabelle (S. 446) ergibt sich das folgende Bild:

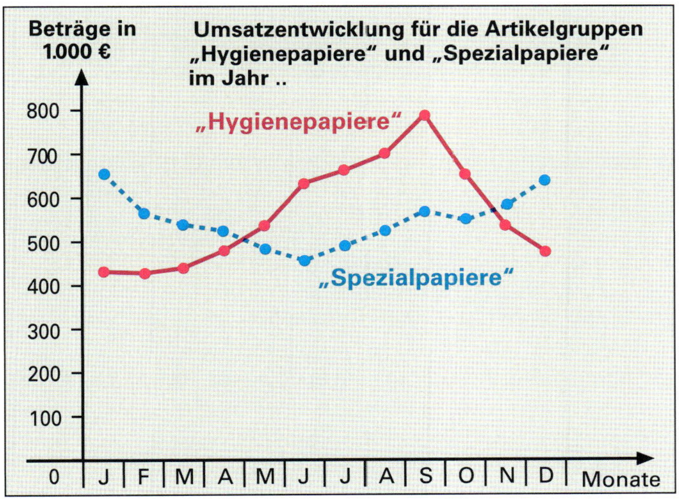


**Kurvendiagramme** werden aus zwei senkrecht zueinander stehenden Achsen (= Koordinatensystem) entwickelt. Üblicherweise teilt man die waagerechte Achse in Zeitabschnitte ein (hier: Monate des Jahres), die senkrechte Achse in passende Mengen- oder Werteinheiten (hier: Umsätze in Euro). In den Schnittpunkten der senkrecht verlängerten Zeitabstände mit den jeweils zugehörigen waagerecht verlängerten Werteinheiten liegen die Punkte der zu entwickelnden Kurve. Bei der Festlegung der Punkte ist zu beachten, dass die Monatsumsätze jeweils **über die Mitte der ihnen zugeordneten Zeitintervalle** zu zeichnen sind: Der Januarumsatz bei Artikelgruppe „Spezialpapiere" in Höhe von 640.000,00 € ist also in die Mitte des für den Monat Januar festgelegten Abschnittes bei „640.000" zu zeichnen. Im Kurvendiagramm ist es üblich, die einzelnen Punkte geradlinig zu verbinden.

H

Die jahreszeitliche Umsatzschwankung wird im Kurvendiagramm besonders deutlich.

Bewegen sich die auf der senkrechten Achse abzutragenden Zahlen auf einem hohen Niveau und/oder in einer begrenzten Streuungsbreite, so kann die senkrechte Achse in ihrem **unteren Bereich verkürzt** werden.

**BEISPIEL** Die auf Seite 455 berechneten gleitenden Durchschnittsumsätze sind in einer Trendkurve darzustellen.

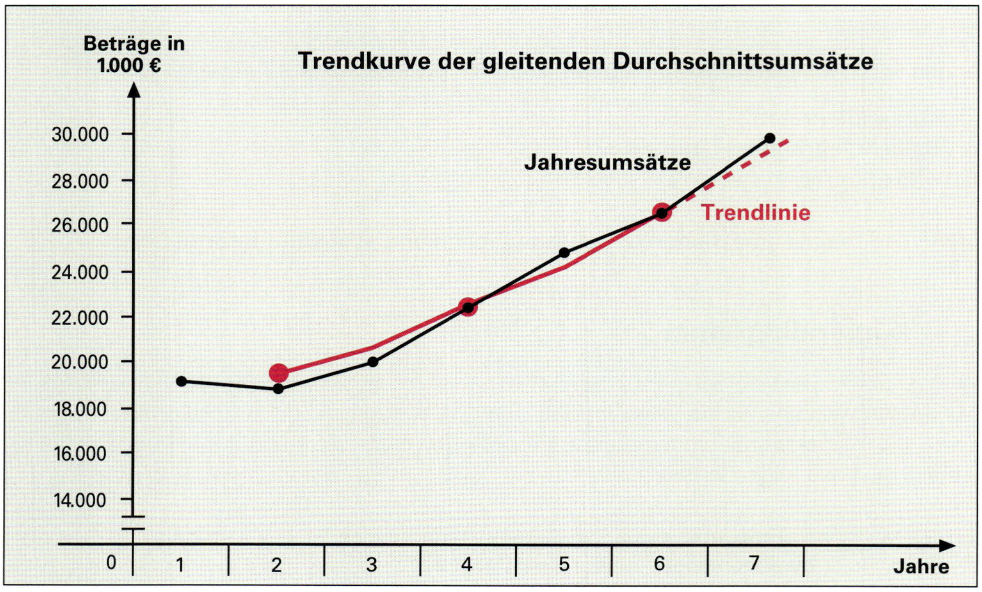


**AUFGABE 478** In den vergangenen sechs Jahren konnten von einer Ware folgende Mengen abgesetzt werden:

| Jahr | 01 | 02 | 03 | 04 | 05 | 06 |
|---|---|---|---|---|---|---|
| Stück | 5 000 | 10 000 | 22 000 | 20 000 | 15 000 | 12 000 |

Die Entwicklung des Absatzes ist in einem Kurvendiagramm darzustellen.

**AUFGABE 479** Für die einzelnen Monate des abgelaufenen Geschäftsjahres liegen folgende Umsätze in € vor:

| | | |
|---|---|---|
| Januar ............ 1.100.000,00 | Mai ................ 1.160.000,00 | September ...... 1.110.000,00 |
| Februar ............. 980.000,00 | Juni ................ 1.180.000,00 | Oktober ............. 890.000,00 |
| März ............... 1.120.000,00 | Juli .................. 1.150.000,00 | November .......... 870.000,00 |
| April ................ 1.140.000,00 | August ............ 1.150.000,00 | Dezember .......... 980.000,00 |

Stellen Sie ein Kurvendiagramm auf, aus dem der Umsatzverlauf deutlich wird.

H

## 4.2 Balkendiagramm (Histogramm)

BEISPIEL

Die Umsatzentwicklung für die Artikelgruppe „Spezialpapiere" soll in einem Balkendiagramm (Histogramm) dargestellt werden. Grundlage hierfür sind die Umsatzzahlen aus der Tabelle von Seite 446.

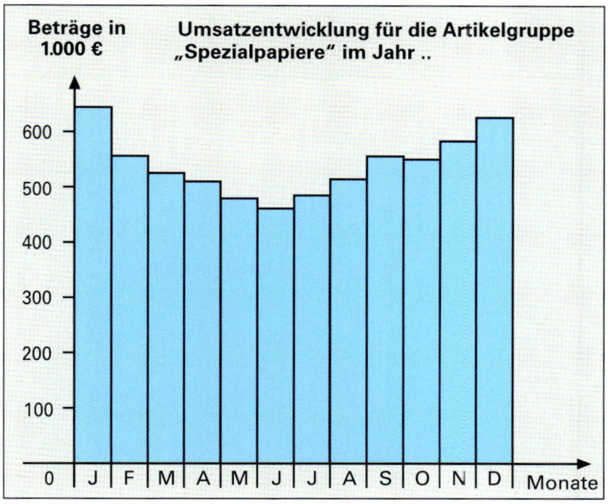


**Balkendiagramm**

Die Umsatzentwicklung lässt sich außer im Kurvendiagramm auch in einem aus Rechtecken gebildeten Balkendiagramm darstellen. Ein Balkendiagramm wird **Histogramm** genannt, wenn die einzelnen Rechtecke **unmittelbar aneinander** anschließen und die Rechteckflächen **proportional** zu den darzustellenden Größen (hier: Monatsumsätze in Euro) stehen. Hierzu wird die Balkenbreite gleich 1 gesetzt. Die Balkenhöhe entspricht der darzustellenden Größe.

**AUFGABE 480**

1. Erstellen Sie ein Balkendiagramm für die Umsatzentwicklung der Artikelgruppe „Hygienepapiere" aus der Tabelle von Seite 398.
2. Stellen Sie die Monatsumsätze der Artikelgruppen „Verpackungsfolien" und „Einschlagpapiere" für das Jahr .. jeweils in Balkendiagrammen dar und interpretieren Sie die Umsatzentwicklung (vgl. Tabelle S. 398).

**AUFGABE 481**

Aus der Buchhaltung einer Großhandlung sind für das zweite Halbjahr .. der Wareneinsatz und die Nettoumsatzerlöse für eine Warengruppe entnommen worden:

| | Wareneinsatz | Nettoumsatzerlöse |
|---|---|---|
| Juli | 150.000,00 | 240.000,00 |
| August | 165.000,00 | 254.000,00 |
| September | 150.000,00 | 225.000,00 |
| Oktober | 170.000,00 | 238.000,00 |
| November | 175.000,00 | 280.000,00 |
| Dezember | 160.000,00 | 248.000,00 |

1. Stellen Sie den Wareneinsatz und die Umsatzerlöse in einem gemeinsamen Balkendiagramm dar und interpretieren Sie die Ergebnisse.
2. Errechnen Sie die prozentualen Veränderungen des Wareneinsatzes und der Umsatzerlöse und stellen Sie beide Zahlenreihen in getrennten Balkendiagrammen dar.
3. Berechnen Sie die Wirtschaftlichkeitskennzahlen.

H

## 4.3 Kreisdiagramm

Das Kreisdiagramm wird zur Darstellung von **Gliederungszahlen** eingesetzt. Jede Teilgröße wird durch einen Kreissektor (Kreisausschnitt) dargestellt. Die Größe des Sektors wird über den Umfangswinkel bestimmt. Der Vollkreis (≙ 360°) entspricht der Gesamtgröße. Für die Teilgrößen sind über die Umfangswinkel die entsprechenden Kreissektoren zu ermitteln. Grundsätzlich werden die statistischen Zahlen in die jeweiligen Sektoren eingetragen.

**BEISPIEL** Die Kern KG hat folgende Kundenstruktur:

| | |
|---|---|
| Einzelhandel | 1 000 Kunden, |
| Industrie | 500 Kunden, |
| Handwerk | 300 Kunden, |
| Sonstige | 200 Kunden. |

Das Kreisdiagramm ist zu erstellen.

**Berechnung der Umfangswinkel:**

| | | | | | | |
|---|---|---|---|---|---|---|
| 2 000 Kunden | ≙ | 360° | | | | |
| 1 Kunde | ≙ | 360° | : | 2 000 | = | 0,18° |
| 1 000 Kunden | ≙ | 0,18° | · | 1 000 | = | 180° |
| 500 Kunden | ≙ | 0,18° | · | 500 | = | 90° |
| 300 Kunden | ≙ | 0,18° | · | 300 | = | 54° |
| 200 Kunden | ≙ | 0,18° | · | 200 | = | 36° |

Kundenstruktur

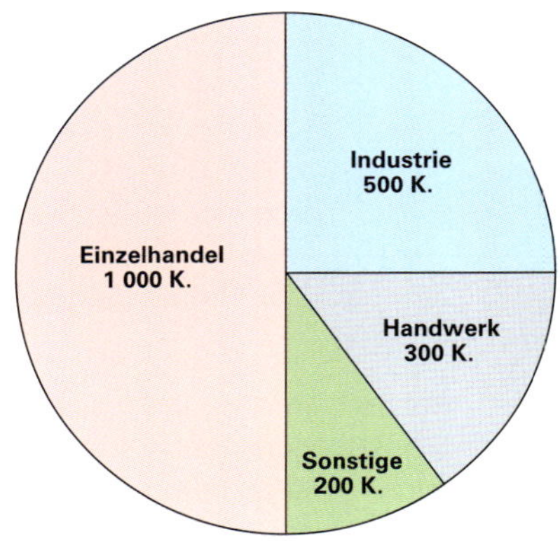


**AUFGABE 482** Der Gesamtumsatz von 20 Mio. € setzte sich im letzten Geschäftsjahr wie folgt zusammen: Artikelgruppe I: 4 Mio. €, Artikelgruppe II: 6 Mio. €, Artikelgruppe III: 3 Mio. €, Artikelgruppe IV: 7 Mio. €.

Stellen Sie das Kreisdiagramm auf.

**AUFGABE 483** Im Monat Dezember hat eine Großhandlung in den fünf Warengruppen A bis E folgende Umsatzerlöse erzielt:

| | |
|---|---|
| Warengruppe A | 144.000,00 € |
| Warengruppe B | 108.000,00 € |
| Warengruppe C | 216.000,00 € |
| Warengruppe D | 90.000,00 € |
| Warengruppe E | 162.000,00 € |
| insgesamt | 720.000,00 € |

1. Rechnen Sie die Umsatzzahlen in Prozentzahlen um (Gesamtumsatz ≙ 100 %).
2. Erstellen Sie mithilfe der Prozentzahlen ein Kreisdiagramm. (Es gilt die Beziehung 360° ≙ 100 %.)
3. Stellen Sie die Umsätze in einem Histogramm dar. (Maßstab für die senkrechte Achse: 1 cm ≙ 10.000,00 €.)
4. Erläutern Sie, warum das Kreisdiagramm in diesem Fall eine höhere Aussagekraft besitzt als das Histogramm.

H

**AUFGABE 484**

In einem Großhandelsbetrieb werden für mehrere Jahre die Handlungskosten und die Umsatzerlöse ermittelt und statistisch ausgewertet:

| | Handlungskosten | Umsatzerlöse |
|---|---|---|
| 1. Jahr | 265.000,00 | 1.060.000,00 |
| 2. Jahr | 290.000,00 | 1.020.000,00 |
| 3. Jahr | 275.000,00 | 990.000,00 |
| 4. Jahr | 310.000,00 | 1.170.000,00 |
| 5. Jahr | 340.000,00 | 1.105.000,00 |
| 6. Jahr | 325.000,00 | 1.170.000,00 |
| 7. Jahr | 360.000,00 | 1.400.000,00 |

1. Stellen Sie die Handlungskosten und die Umsatzerlöse in einem gemeinsamen Kurvendiagramm dar und interpretieren Sie den Verlauf der Kurven.
2. Errechnen Sie die prozentualen Veränderungen der Handlungskosten und der Umsatzerlöse und stellen Sie beide Zahlenreihen in getrennten Kurvendiagrammen dar.
3. Berechnen Sie die Trendzahlen für die Handlungskosten und die Umsatzerlöse als gleitende Durchschnitte aus jeweils drei aufeinander folgenden Größen.
4. Berechnen Sie die Wirtschaftlichkeitskennzahlen (vgl. S. 332) und stellen Sie diese in einem Kurvendiagramm dar. Lässt sich aus den Wirtschaftlichkeitskennzahlen ein Trend herauslesen?

**AUFGABE 485**

In einer Großhandlung haben sich die Wareneinsätze und die Warenumsätze in den vergangenen Jahren wie folgt entwickelt:

| | Warengruppe A | | Warengruppe B | | insgesamt | |
|---|---|---|---|---|---|---|
| | Wareneinsätze | Warenumsatz | Wareneinsätze | Warenumsatz | Wareneinsätze | Warenumsatz |
| 1. Jahr | 360.000,00 | 575.000,00 | 140.000,00 | 210.000,00 | 500.000,00 | 785.000,00 |
| 2. Jahr | 380.000,00 | 570.000,00 | 160.000,00 | 240.000,00 | 540.000,00 | 810.000,00 |
| 3. Jahr | 340.000,00 | 525.000,00 | 110.000,00 | 175.000,00 | 450.000,00 | 700.000,00 |
| 4. Jahr | 290.000,00 | 465.000,00 | 90.000,00 | 140.000,00 | 380.000,00 | 605.000,00 |
| 5. Jahr | 350.000,00 | 595.000,00 | 150.000,00 | 210.000,00 | 500.000,00 | 805.000,00 |
| 6. Jahr | 380.000,00 | 625.000,00 | 170.000,00 | 270.000,00 | 550.000,00 | 895.000,00 |
| 7. Jahr | 400.000,00 | 700.000,00 | 200.000,00 | 290.000,00 | 600.000,00 | 990.000,00 |
| 8. Jahr | 375.000,00 | 650.000,00 | 225.000,00 | 320.000,00 | 600.000,00 | 970.000,00 |

1. Stellen Sie die Wareneinsätze und die Warenumsätze jeder Warengruppe in Histogrammen dar.
2. Errechnen Sie die Prozentveränderungen der Wareneinsätze und der Warenumsätze und stellen Sie diese Zahlenreihen in Kurvendiagrammen dar.
3. Berechnen Sie die Indexzahlen zur Entwicklung der Wareneinsätze und der Warenumsätze und stellen Sie diese Zahlenreihen in Kurvendiagrammen dar.
4. Berechnen Sie die gleitenden Durchschnittsumsätze aus jeweils drei aufeinander folgenden Umsätzen und stellen Sie die Trendkurve dar. Interpretieren Sie diese Darstellung.

**AUFGABE 486**

1. Was versteht man unter Indexzahlen?
2. Welche Bedeutung haben Indexzahlen für die Beurteilung einer Zahlenreihe?
3. Worin liegt die Bedeutung von Trendzahlen?
4. Wie werden Trendzahlen berechnet?

# I Controlling als Führungsinstrument im Großhandelsbetrieb

Die vielfältigen Planungs- und Kontrollaufgaben des Rechnungswesens werden zunehmend durch das Controlling wahrgenommen. Controlling ist dabei keineswegs mit Kontrolle gleichzusetzen. Der Begriff „**Controlling**" leitet sich aus dem Englischen „to control" ab, das mit „steuern" übersetzt werden kann. Controller nutzen das Wertgerüst und das Instrumentarium des internen, aber auch des externen Rechnungswesens, um der Unternehmensleitung ein umfassendes, **internes Informationssystem** zur Überwachung des Betriebsgeschehens und der Gewinnung von Unterlagen zur Unternehmenssteuerung bereitzustellen. Durch das Controlling wird das Rechnungswesen so zu einem Führungs- und Kontrollinstrument.

**Internes Informationssystem**

Controller sind für die Führung von Unternehmen wichtig geworden. Es lohnt sich daher, die Hauptanliegen des Controllings näher zu untersuchen. Die Fülle an Konzepten und individuellen Unternehmenslösungen erfordert eine Reduktion auf das Wesentliche. Daher werden in diesem Kapitel allgemein die Ziele und die Hauptaufgaben anhand der **Budgetierung** in verschiedenen Unternehmensbereichen erklärt sowie der **Soll-Ist-Vergleich** als Grundlage von Controllingmaßnahmen dargestellt.

## 1 Ziele und Aufgaben des Controllings

**AUSGANGSSITUATION**

In der Papiergroßhandlung Kern KG wurde aufgrund der wachsenden Konkurrenz eine vorausschauende Unternehmensplanung und Unternehmenskontrolle immer bedeutender. Die Leitung hat sich dabei nicht nur auf ihre Intuition verlassen, sondern den Controller mit der Analyse von Daten aus dem Rechnungswesen beauftragt, auf deren Grundlage Entscheidungen getroffen werden. Die Aufgaben des Controllers wurden dabei in folgender Stellenbeschreibung dokumentiert:

| | |
|---|---|
| **Name:** | NN |
| **Stellenbezeichnung:** | Kaufmännische Leitung/Finanzbereich und Controlling |
| **Zeichnungsberechtigung:** | Prokura |
| **Einordnung in die Unternehmensorganisation:** | Linienstelle, die der Geschäftsleitung direkt untersteht. Finanzbereich, Betriebliches Rechnungswesen, Controlling im engeren Sinn sind dieser Stelle unmittelbar untergeordnet. |
| **Zielsetzung:** | Der Stelleninhaber plant, kontrolliert und regt Änderungen der kurz-/langfristigen wirtschaftlichen, sozialen und ökologischen Unternehmensziele an. |
| **Aufgaben:** | Mitwirkung bei der Formulierung lang- und kurzfristiger Unternehmensziele. Aufbau eines aussagefähigen Informations- und Berichtssystems, um der Geschäftsführung eine zielorientierte Unternehmenssteuerung zu ermöglichen. Aufstellung und Koordination von Einzelplänen (Umsatz-, Kosten-, Gewinn-, Liquiditäts-, Finanzbudgets). Beratung und Überwachung der nachgeordneten Abteilungen.<br>Erstellung von Plan-Ist-Vergleichen und von Abweichungsanalysen.<br>Ausarbeitung von Vorschlägen zur Gegensteuerung bei Planabweichungen im Hinblick auf Ziele, Plan- und Istdaten. |

| | |
|---|---|
| | Unverzügliche Berichterstattung an die Geschäftsleitung bei gravierenden Abweichungen und Besprechung mit der Geschäftsleitung über zu treffenden Entscheidungen. Einführung innovativer Techniken und Programme. Erfahrungsaustausch mit internen und externen Stellen. |
| **Entscheidungsbefugnis:** | Der Stelleninhaber entscheidet über Zeitraum und Umfang der Informationen an die Geschäftsführung sowie an die gleich geordneten Linienabteilungen und über Maßnahmen zur Plankorrektur in seinem Arbeitsbereich. Er hat das Recht zur Mitentscheidung bei allen Planänderungen. |
| **Fachliche und persönliche Anforderungen:** | Abgeschlossene Berufsausbildung, Fachhochschulstudium mit dem Schwerpunkt Rechnungswesen/Finanzen/Controlling, gute DV-Kenntnisse, mehrjährige Berufserfahrung im Controlling, Entscheidungsfreudigkeit, Flexibilität, Kreativität, Durchsetzungsvermögen, Fähigkeit zur Mitarbeiterführung. |

**Controller**

Der **Controller** liefert im Hinblick auf langfristige Unternehmensziele (z. B. Gewinnmaximierung) der Geschäftsführung das gesamte Instrumentarium an abgestimmten Plänen, Budgets, Abweichungsanalysen und -interpretationen sowie Vorschläge zur Korrektur, damit die Geschäftsführung in die Lage versetzt ist, die zuvor festgelegten Ziele ohne größere Störungen anzusteuern.

**Controlling**

**Controlling** ist somit ein funktionsübergreifendes Steuerungskonzept, das Planung, Kontrolle und Analyse grundlegender Werteströme des Unternehmens umfasst und durch Informationsversorgung der Unternehmensführung (Geschäftsführung, Managementebene) das Erreichen der Unternehmensziele unterstützt.

**Ziel**

**Ziel des Controllings** ist demzufolge, erforderliche Informationen für die Unternehmensführung und weitere Entscheidungsträger bereitzustellen, damit die Unternehmensziele (z. B. Gewinnmaximierung) und folglich die Wettbewerbsfähigkeit gesichert werden können. Hierzu muss das Controlling vor allem auf Basis der Daten aus dem Rechnungswesen (Kosten- und Leistungsrechnung, Finanzbuchhaltung) und geeigneter DV-Systeme bzw. Software (Datenbanken, Tabellenkalkulationsprogramme usw.) Instrumente entwickeln und einsetzen bzw. die Umsetzung überwachen.

Die ermittelten Informationen sind Entscheidungsgrundlage für die Unternehmensführung, im Controlling selbst werden keine Entscheidungen getroffen. Das Controlling begleitet den Entscheidungsprozess der Führungskräfte durch das Entwickeln und Empfehlen von geeigneten einzuleitenden Maßnahmen und überwacht deren Umsetzung.

**Aufgaben**

Sinnbildlich lassen sich die Aufgaben eines Controllers wie folgt beschreiben:

> „Stellen wir uns die Unternehmung als ein Schiff vor, das wirtschaftlichen Erfolg anpeilt. Dann versteht sich der Controller als Navigator, der den Steuermann (= Führung) hierbei unterstützt. Der Navigator verfügt über Instrumente (z. B. Kosten- und Leistungsrechnung, Wirtschaftlichkeitsrechnung), mit deren Hilfe er dem Steuermann Informationen liefert, welche Richtung eingeschlagen werden muss, um das Erfolgsziel zu erreichen. Dies setzt voraus, dass der Navigator die richtigen Instrumente hat.“
>
> Horváth & Partners, Das Controllingkonzept. Die Gestaltung eines wirkungsvollen Controllingsystems, 4. Auflage, München: © dtv Verlagsgesellschaft, 2000, S. 8

Das Controlling stellt demnach ein Informationssystem dar, dessen Instrumente in der Regel unter Einsatz des Management-Regelkreislaufes auf Basis von Vergangenheitswerten relevante Informationen für zukünftige Entscheidungen aufbereiten.

**Management-Regelkreis**

Der **Management-Regelkreislauf** ist ein Hilfsmittel zur Festlegung und Überprüfung von Zielen. Die Phasen des Regelkreislaufes sind immer gleich. Sie sind je nach Komplexität des Problems unterschiedlich umfangreich. Der Regelkreislauf lässt sich für beliebige Ziele nutzen. Generell lassen sich drei Phasen unterscheiden, die durch eine vierte Phase zu einem nie endenden Regelkreislauf werden.

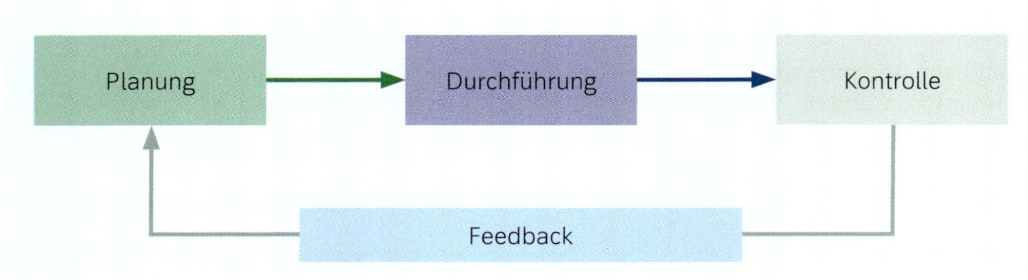


| Phase | Beschreibung | Beispiel |
|---|---|---|
| Planung | Die Sollgröße für eine Zielsetzung wird festgelegt | In der Lagerlogistik soll bei der Warenkontrolle eine Null-Fehler-Quote erreicht werden. |
| Durchführung | Es werden Maßnahmen durchgeführt, die das Ziel (Sollgröße) erreichen sollen. | Nach jedem Arbeitsschritt werden Kontrollen durchgeführt. |
| Kontrolle | Die ermittelten Istzustände werden mit den Sollgrößen verglichen; ggf. ist eine Abweichungsanalyse durchzuführen. | Die Fehlerquote (FQ) wird ermittelt. Entspricht die Fehlerquote dem Sollwert (FQ = 0 %), sind keine weiteren Maßnahmen erforderlich. Wird eine Abweichung festgestellt, sind die Ursachen hierfür zu ermitteln. |
| Feedback/ Rückkopplung | Der Planungsabteilung wird eine Rückmeldung über den Soll-Ist-Vergleich gegeben; ggf. werden Anpassungsmaßnahmen vorgeschlagen. | Wird z. B. eine Fehlerquote von 2 % bei der Warenannahme festgestellt, die auf lückenhafte Kontrollen zurückzuführen ist, so sind die Kontrollen zu verstärken. |

Die Instrumente des Controllings haben die Eigenschaft, dass durch sie Planwerte (Sollwerte) für zukünftige Ereignisse festgelegt werden können und mit ihrer Hilfe auch das Eintreten in der Realität (Istwerte) späterhin überwacht und kontrolliert werden kann (Soll-Ist-Vergleich). Die betreffenden Adressaten erhalten Informationen für ihr Handeln im Vorhinein („So wird es werden" – Sollwerte) und im Nachhinein („So war es" – Istwerte), sowie Empfehlungen (Feedback) aufgrund der Abweichungsanalysen, die aus den Soll-Ist-Vergleichen hervorgehen.



**BEISPIEL** Der Controller der Kern KG analysiert die Geschäftsentwicklung des Berichtsjahres für ausgewählte Warengruppen, indem er die Soll-Umsätze mit den Ist-Umsätzen vergleicht (Soll-Ist-Vergleich):

| Ergebnisrechnung | Druckerpapier | Kopierpapier | Umschlagkarton |
|---|---|---|---|
| Umsatzerlöse (Ist) | 7.525.000,00 | 4.944.900,00 | 2.211.600,00 |
| Umsatzerlöse (Plan) | 7.560.000,00 | 4.840.000,00 | 2.340.000,00 |
| Abweichung (Ist – Plan) | – 35.000,00 | + 104.900,00 | – 128.400,00 |

Die Abweichungen zeigen, dass die geplanten Umsätze beim Druckerpapier und beim Umschlagkarton verfehlt und beim Kopierpapier übertroffen wurden.

Der Controller wird Ursachen suchen, die diese Abweichungen erklären helfen (Abweichungsanalyse). Anschließend wird er sein Ergebnis der Geschäftsführung mitteilen und neue Sollwerte für die Folgeperiode vorschlagen, die die Ursachen der Ergebnisverfehlung aus der vergangenen Periode angemessen berücksichtigen.

**Controllinginstrumente**

Controllinginstrumente liefern Informationen bezüglich

- der Zielerreichung,
- der Ursachen für die Zielverfehlung aufgrund einer Abweichungsanalyse,
- möglicher Lösungsansätze für eine künftig bessere Zielerreichung durch Empfehlungen über geeignete Korrekturmaßnahmen,
- der Wirksamkeit realisierter Korrekturmaßnahmen des Managements.

**Strategisches und operatives Controlling**

Controlling lässt sich nach dem zeitlichen Horizont (kurz-, mittel- und langfristig) betrachten und nach strategischem und operativem Controlling unterscheiden:

| Strategisches Controlling | Operatives Controlling |
|---|---|
| ▪ Langfristige Betrachtung der Unternehmensentwicklung (mindestens 5 Jahre)<br>▪ Quantitative und qualitative Messgrößen | ▪ Kurzfristige bis mittelfristige Betrachtung der Unternehmensentwicklung (1 bis 3 Jahre)<br>▪ Quantitative Messgrößen |
| Unter Berücksichtigung externer Einflussgrößen (z. B. Markt, Umwelt, Gesetze, Krisen) und interner Einflussgrößen (z. B. Unternehmensziele, Warenart, Kostenstruktur, Mitarbeiter) werden aus heutiger Sicht die Chancen und die Risiken der Wettbewerbsfähigkeit des Unternehmens vorausgeplant, um so frühzeitig geeignete Maßnahmen einleiten zu können (z. B. Umstellung auf neue Waren). | Unter Berücksichtigung mengen- und wertmäßiger Unternehmensdaten der Vergangenheit, Gegenwart und Zukunft werden **Kennzahlen** zur kurz und mittelfristigen Unternehmenssteuerung ermittelt und analysiert. |
| Beispiele für Instumente | Beispiele für Instumente |
| – Stärken-Schwächen-Analyse<br>– Portfolioanalyse<br>– Balanced Scorecard[1]<br>– Benchmarking | – Kennzahlen (z. B. Produktivität, Wirtschaftlichkeit, Liquidität, Cashflow, Rentabilität)<br>– ABC-Analyse<br>– Break-even-Analyse<br>– Deckungsbeitragsrechnung<br>– Soll-Ist-Vergleiche etwa von Umsatz, Kosten, Gewinn<br>– Budgetierung<br>– Berichtswesen |

1 Die Balanced Scorecard ist ein Konzept zur strategischen Unternehmensführung, bei dem Ziele für die Finanz-, Kunden-, Prozess- und Lern-/Entwicklungsperspektive formuliert und überprüft werden (siehe www.schmolke-deitermann.de/Beiträge/Download).

I

Neben dieser Systematisierung des Controllings nach dem zeitlichen Horizont kann auch nach organisatorischen Gesichtspunkten eine **Systematisierung nach Aufgabenbereichen** erfolgen. So erstreckt sich das Controlling auf fast alle Funktionsbereiche im Unternehmen, z. B. auf die Bereiche Beschaffung, Marketing, Logistik, Personal, Vertrieb, Finanzen. Der folgende Auszug liefert einen Eindruck:

| Beschaffungscontrolling | Marketingcontrolling | Personalcontrolling |
|---|---|---|
| Das Beschaffungscontrolling erstellt Informationen über sämtliche Beschaffungsprozesse. Schwerpunkte bilden hierbei die zu beschaffenden Waren (z. B. Analyse der Einstandspreise) und der konkrete Beschaffungsprozess (z. B. ABC-Analyse, Bestellabwicklungskosten usw.) | Das Marketingcontrolling erstellt wesentliche Informationen über Aktivitäten des Unternehmens auf den Absatzmärkten. Schwerpunkte bilden die Effektivität und Effizienz des Einsatzes der Marketinginstrumente (Werbung, Warenpolitik .. im Marketingmix). | Das Personalcontrolling erstellt wesentliche Informationen über die Belegschaft (z. B. Mitarbeiterzahlen, Personalkostenstruktur). Unverzichtbare Basis für jedes Personalcontrolling ist die Verfügbarkeit über einen geeigneten Personaldatenbestand, auf dessen Grundlage aussagefähige Personalstatistiken erstellt werden können. |

**AUFGABE 487** Erklären Sie, was unter Controlling verstanden wird und welche Ziele und Aufgaben das Controlling im Unternehmen verfolgt.

**AUFGABE 488** Bei der Entwicklung und Anwendung von Controlling-Instrumenten hat der Management-Regelkreislauf eine überragende Bedeutung.

Erläutern Sie dieses Prinzip und dessen Bedeutung für das Controlling.

**AUFGABE 489** Controlling wird unter zeitlichen und organisatorischen Gesichtspunkten unterschiedlich systematisiert.

Unterscheiden Sie kurz zwischen strategischem und operativem Controlling.

**AUFGABE 490** Frau Schremser leitet die Controlling-Abteilung der BFM GmbH (Fahrradgroßhandel). Derzeit stellt sie den Bericht über die übliche Geschäftstätigkeit für das dritte Quartal für die Unternehmensleitung zusammen. Dabei hat sie die erforderlichen Verkaufszahlen bereits zusammengetragen:

| Absatzmenge | | | | | | | | |
|---|---|---|---|---|---|---|---|---|
| in Stück | I. Quartal | | II. Quartal | | III. Quartal | | IV. Quartal | |
| | PLAN | IST | PLAN | IST | PLAN | IST | PLAN | IST |
| City | 5.000 | 4.900 | 32.300 | 20.000 | 32.300 | 22.000 | 20.000 | ? |
| Trekking | 2.000 | 2.200 | 25.000 | 32.000 | 20.000 | 30.000 | 5.000 | ? |
| MTB | 1.500 | 1.400 | 17.500 | 17.600 | 14.000 | 8.000 | 2.500 | ? |
| Rennräder | 200 | 250 | 4.000 | 3.900 | 4.000 | 3.000 | 2.000 | ? |
| E-Bikes | 100 | 120 | 1.000 | 1.700 | 2.000 | 3.000 | 1.000 | ? |
| Kinder | 500 | 350 | 12.000 | 12.200 | 14.000 | 12.900 | 5.000 | ? |

I

| Durchschnittlicher Verkaufspreis pro Stück in Euro | | | | | | | | |
|---|---|---|---|---|---|---|---|---|
| | I. Quartal | | II. Quartal | | III. Quartal | | IV. Quartal | |
| | PLAN | IST | PLAN | IST | PLAN | IST | PLAN | IST |
| City | 120,00 | 120,00 | 120,00 | 110,00 | 115,00 | 120,00 | 120,00 | ? |
| Trekking | 150,00 | 150,00 | 150,00 | 140,00 | 150,00 | 150,00 | 150,00 | ? |
| MTB | 250,00 | 250,00 | 250,00 | 250,00 | 250,00 | 250,00 | 250,00 | ? |
| Rennräder | 650,00 | 650,00 | 650,00 | 650,00 | 650,00 | 650,00 | 650,00 | ? |
| E-Bikes | 1.100,00 | 1.100,00 | 1.100,00 | 900,00 | 1.100,00 | 1.100,00 | 1.100,00 | ? |
| Kinder | 80,00 | 80,00 | 80,00 | 80,00 | 80,00 | 80,00 | 80,00 | ? |

1. In dem Bericht werden Plan- und Istwerte miteinander verglichen. Istwerte sind die tatsächlich eingetretenen Verkaufszahlen; Planwerte sind die im Voraus auf Basis von vergangenen Istwerten erwarteten Verkaufszahlen.
   Welche Konsequenzen haben aktuelle Abweichungen zwischen Plan- und Istwerten für die Festlegung zukünftiger Planwerte?
2. Beschreiben Sie die Umsatzentwicklung der einzelnen Warengruppen der BFM GmbH und führen Sie jeweils mögliche Ursachen für die Entwicklung an.

## 2 Operatives Controlling am Beispiel der Budgetierung

Im operativen Controlling nimmt neben der Planung die Budgetierung eine herausragende Stellung ein. Sie ist die Basis für die nachgegliederten Kernbereiche des Controllings: des Soll-Ist-Vergleichs, der Berechnung und Analyse von Kennzahlen.

**Plan**

Unter einem Plan wird jede auf ein bestimmtes Ziel gerichtete gedankliche Tätigkeit verstanden. Betriebliche Pläne sind in der Regel operative Pläne, d. h. durchführende, eingreifende Pläne (Einkaufs-, Umsatz-, Absatz-, Personalkosten-, Lagerpläne). Sie gehen von bestimmten Mengen-, Geld- oder Prozentvorgaben aus, die erreicht werden sollen, und sie zeigen die Methoden und Verzweigungen auf, wie das angestrebte Ziel erreicht werden kann.

**Budget**

Unter einem Budget ist ein Plan zu verstehen, dessen Ziel- und Verfahrensgrößen in Geldbeträgen ausgedrückt sind. Er wird von der Geschäftsführung vorgegeben und erhält dadurch für die betreffende Abteilung **Vorgabe- und Verbindlichkeitscharakter**. Für die einzelnen Unternehmensbereiche werden aufeinander abgestimmte Budgets erstellt (Beschaffungsbudget, Umsatzbudget, Personalkostenbudget usw.). Mithilfe der fortlaufenden Überwachung der Budgets wird ein wichtiger Beitrag zur Leistungs- und Kostenkontrolle geliefert.

Unter **Budgetierung** ist der Prozess zu verstehen, unter dem ein Budget erstellt wird, also die für den folgenden Zeitabschnitt (Monat, Quartal, Jahr) zur Verfügung stehenden, finanziellen Mittel geplant werden.



**Kennzahlen**

Kennzahlen sind systematisch aufbereitete Informationen in quantitativen Größen, die durch die Kombination sinnvoller Größen entstehen und die häufig zueinander in Abhängigkeit stehen. Sie geben in kurzer Form Auskunft über komplexe Sachverhalte und werden mithilfe von Soll-Ist-Vergleichen, im Branchen- und Zeitvergleich analysiert.

**Soll-Ist-Vergleiche**

Für relevante Mengen- und Wertgrößen aus den Unternehmensbereichen werden zu festgelegten Zeitpunkten Soll-Ist-Vergleiche angestrebt, bei denen die Sollwerte mit den Istwerten verglichen und die Abweichungen einer Abweichungsanalyse unterzogen werden.

**Berichte (Reporting)** Die gesammelten Informationen in Form von Kennzahlen, Soll-Ist-Vergleichen, Abweichungsanalysen usw. werden für die Unternehmensführung systematisch aufbereitet, um dieser als Entscheidungsgrundlage zu dienen. Das Berichtswesen wird in der Praxis inzwischen häufig wöchentlich, sonst immer monatlich erstellt. Der Fokus liegt dabei auf der Interpretation der Informationen im Hinblick auf das Ergebnisziel.

## 2.1 Budgetierungsprozess

Der Budgetierungsprozess verläuft in folgenden Schritten:

- Der Controller geht bei den Einzelbudgets von strategischen Vorgaben der Geschäftsführung aus, z. B. von einer 12%igen Eigenkapitalverzinsung, einer Umsatzrendite von 3,5 % oder einer Kostensenkung um 10 %.
- Auf dieser Grundlage sowie den vorliegenden Istzahlen der Vergangenheit und den Prognosen für die Zukunft erstellt der Controller die folgenden Einzelbudgets, wobei er bewusst das Umsatzbudget an den Anfang stellt, da eine Gewinn- oder Rentabilitätssteuerung nur möglich ist, wenn zu Beginn der Planungsarbeit über die Höhe der zufließenden Erlöse Klarheit besteht:

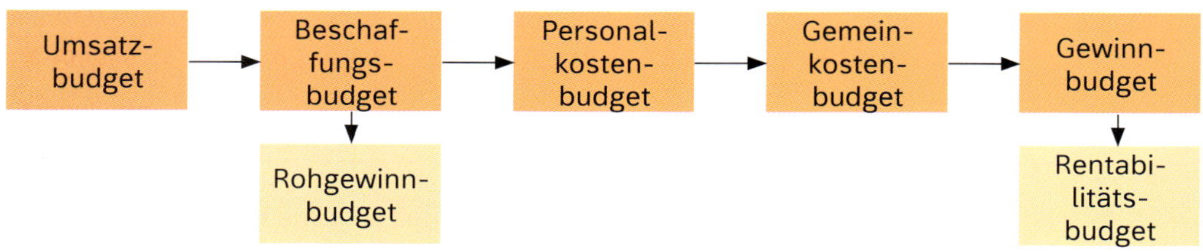


- Die einzelnen Budgets sind auf der Grundlage der oben genannten strategischen Vorgaben aufeinander abzustimmen.
- Mit der Budgetrealisierung beginnt die Soll-Ist-Abweichungsanalyse.
- Über Budgetierung und Soll-Ist-Abweichungsanalyse berichtet der Controller regelmäßig an die Geschäftsführung.

## 2.2 Erstellung des Umsatzbudgets

Zu Beginn der Budgetierung steht in der Regel die Erstellung des **Umsatzbudget**, weil von den erwarteten Umsätzen das Beschaffungsbudget – und damit auch der erwartete Rohgewinn – direkt abhängen. Das Umsatzbudget basiert auf den Artikelumsätzen des laufenden Jahres und auf den Wachstumsprognosen für das kommende Jahr, wobei die Basisgröße „Umsatz“ auch nach dem arithmetischen Mittelwert mehrerer Jahre festgelegt werden kann. Diese Vorgehensweise ist dann angezeigt, wenn die Umsatzentwicklung nicht einem bestimmten Wachstumstrend folgt, sondern jährliche Umsatzschwankungen die Regel sind. Im folgenden Beispiel wird vereinfacht von den Istumsätzen des vergangenen Jahres ausgegangen.

**BEISPIEL** Der Controller stellt die Größen „Umsatz“ und „Wachstumsprognose“ in einer Übersicht zusammen. Die Artikel werden jeweils in Paletten zum vorgegebenen Nettoverkaufspreis an die Kunden abgegeben. Die Umsätze errechnen sich aus der Multiplikation von Palettenzahl mal Nettoverkaufspreis. Bei der Festlegung der Wachstumsprognosen wird der Controller von der Marketingabteilung unterstützt:

I

| Istumsätze nach Artikelgruppen für das Berichtsjahr in Euro | | | |
|---|---|---|---|
| | **Druckerpapier** | **Kopierpapier** | **Umschlagkarton** |
| Paletten in Stück | 4 000 Paletten | 2 750 Paletten | 1 300 Paletten |
| Nettoverkaufspreis je Pal. | 1.800,00 € | 1.600,00 € | 2.000,00 € |
| Umsatz im Berichtsjahr | 7.200.000,00 € | 4.400.000,00 € | 2.600.000,00 € |
| Prognose für Planungsjahr | Wachstum 5 % | Wachstum 10 % | Rückgang 10 % |

Für jede Artikelgruppe berechnet er den Budgetumsatz für das kommende Jahr. Preissteigerungen oder Preissenkungen sind in den Prognosen berücksichtigt:

$$\text{Budgetumsatz Druckerpapier} = \frac{7.200.000{,}00\ € \cdot (100\ \% + 5\ \%)}{100\ \%} = 7.560.000{,}00\ €$$

Aus den Berechnungen ergibt sich das folgende Umsatzbudget:

| Budgetumsätze nach Artikelgruppen und insgesamt in Euro | | | | |
|---|---|---|---|---|
| | **Druckerpapier** | **Kopierpapier** | **Umschlagkarton** | **Budgetumsatz insges.** |
| **Budget** | 7.560.000,00 | 4.840.000,00 | 2.340.000,00 | **14.740.000,00** |
| **Palette** | 4 200 Paletten | 3 025 Paletten | 1 170 Paletten | 8 395 Paletten |

**AUFGABE 491**

Das Umsatzbudget für Bodenbeläge ist aufgrund der Istumsätze des Vorjahres und aus der Wachstumsprognose zu erstellen:

| | Teppich-fliesen | Auslege-ware | Parkett-dielen | Parkett-riemchen | Laminat-boden |
|---|---|---|---|---|---|
| Umsätze | 850.000,00 | 3.240.000,00 | 5.900.000,00 | 2.300.000,00 | 580.000,00 |
| Wachstum | (–) 10 % | (–) 4 % | (+) 5 % | (–) 6 % | (+) 20 % |

## 2.3 Erstellung des Beschaffungsbudgets

Beschaffungsbudgets sind für verschiedene Zwecke zu erstellen. Neben dem hier dargestellten **Beschaffungsbudget** für Artikelgruppen hat der Controller auch die zu ersetzenden Betriebsmittel zu budgetieren.

Im Warenbeschaffungsbudget sind die folgenden Größen zu berücksichtigen:

- durchschnittlicher Lagerbestand, der als Sicherheitsreserve erforderlich ist und so klein wie möglich gehalten werden soll,
- geplante Lagerumschlagshäufigkeit, die zur Einsparung von Kapital so groß wie möglich ausfallen soll,
- geplante Absatzmenge, die sich aus dem Umsatzbudget ergibt,
- Bezugspreis je Mengeneinheit.

**BEISPIEL**

Aus den vorliegenden Zahlen des Beschaffungslagers, den Wachstumsprognosen des Absatzes und den prognostizierten Bezugspreisen der einzelnen Artikel erstellt der Controller das folgende Beschaffungsbudget:

| Artikel | Durchschnittl. Lagerbestand | Geplanter Lagerumschlag | Geplante Absatzmenge | Bezugspreise je Palette | Beschaffungsbudget in Euro |
|---|---|---|---|---|---|
| Druckerpapier | 350 Pal. | 12 | 4 200 Pal. | 1.000,00 € | 4.200.000,00 |
| Kopierpapier | 275 Pal. | 11 | 3 025 Pal. | 800,00 € | 2.420.000,00 |
| Umschlagkarton | 130 Pal. | 9 | 1 170 Pal. | 1.200,00 € | 1.404.000,00 |
| gesamt | | | | | **8.024.000,00** |

Aus der Zusammenschau von Umsatzbudget und Beschaffungsbudget lassen sich folgende Schlussfolgerungen ziehen:

- Anhand der geplanten Absatzmenge wird deutlich, dass sich die Beschaffung am geplanten Umsatz orientiert.

**Kalkulationszuschlag**

- Aus der Beziehung zwischen Umsatzbudget (= geplante Erlöse) und Beschaffungsbudget (= geplante Warenkosten) lassen sich die budgetierten **Kalkulationszuschläge** berechnen und ggf. mit den Istzuschlägen abgleichen:

| Berechnung | Druckerpapier |
|---|---|
| $\frac{\text{Umsatzbudget} - \text{Beschaffungsbudget}}{\text{Beschaffungsbudget}}$ | $\frac{7.560.000,00 - 4.200.000,00}{4.200.000,00} = \mathbf{80\ \%}$ |
| | **Kopierpapier** |
| $\frac{\text{Umsatzbudget} - \text{Beschaffungsbudget}}{\text{Beschaffungsbudget}}$ | $\frac{4.840.000,00 - 2.420.000,00}{2.420.000,00} = \mathbf{100\ \%}$ |
| | **Umschlagkarton** |
| $\frac{\text{Umsatzbudget} - \text{Beschaffungsbudget}}{\text{Beschaffungsbudget}}$ | $\frac{2.340.000,00 - 1.404.000,00}{1.404.000,00} = \mathbf{66,7\ \%}$ |

**Rohgewinnbudget**

- Aus dem Umsatzbudget und dem Warenbeschaffungsbudget lässt sich das **Rohgewinnbudget** ableiten. Der Rohgewinn oder Warengewinn ergibt sich, wenn die Umsätze um die Warenbezugswerte vermindert werden:

| Berechnung | Druckerpapier | Kopierpapier | Umschlagkarton | insgesamt |
|---|---|---|---|---|
| **Umsatzbudget** | 7.560.000,00 | 4.840.000,00 | 2.340.000,00 | 14.740.000,00 |
| **Beschaffungsbudget** | 4.200.000,00 | 2.420.000,00 | 1.404.000,00 | 8.024.000,00 |
| **Rohgewinnbudget** | 3.360.000,00 | 2.420.000,00 | 936.000,00 | 6.716.000,00 |

Die in der Aufstellung ausgewiesenen Rohgewinne dienen zur Deckung der anfallenden Einzel- und Gemeinkosten – vor allem der Personalkosten, der Raumkosten und der sonstigen Handlungskosten – und zur Erwirtschaftung eines angemessenen Gewinns, mit dem die vorgegebenen Ziele von 12 % Eigenkapitalverzinsung und 3,5 % Umsatzrendite (vgl. Seite 419) erreicht werden können.

I

Die Beschaffungsbudgets für Bodenbeläge (vgl. Aufgabe 483) sind nach folgenden Angaben zu erstellen:

**AUFGABE 492**

| Artikel | Anfangsbestände | Endbestände | Lagerumschlag | Bezugspreis je Einheit |
|---|---|---|---|---|
| Teppichfliese | 3 320 $m^2$ | 3 240 $m^2$ | 6 | 27,00 €/$m^2$ |
| Auslegeware | 6 960 $m^2$ | 6 880 $m^2$ | 8 | 32,50 €/$m^2$ |
| Parkettdiele | 5 530 $m^2$ | 5 390 $m^2$ | 10 | 60,00 €/$m^2$ |
| Parkett-Riem. | 2 910 $m^2$ | 3 010 $m^2$ | 12 | 36,00 €/$m^2$ |
| Laminat | 1 740 $m^2$ | 1 440 $m^2$ | 9 | 22,50 €/$m^2$ |

1. Erstellen Sie das Beschaffungsbudget je Artikelgruppe und insgesamt.
2. Ermitteln Sie aus Umsatzbudget und Beschaffungsbudget die geplanten Kalkulationszuschläge je Artikelgruppe.
3. Erstellen Sie das Rohgewinnbudget in Euro und Prozent für jede Artikelgruppe und insgesamt. In der Großhandlung ist im laufenden Jahr mit einem durchschnittlichen Rohgewinnzuschlag von 75 % kalkuliert worden. Vergleichen Sie diesen Istzuschlagssatz mit den budgetierten Zuschlagssätzen.

## 2.4 Erstellung des Kostenbudgets

Erst anhand der **Kostenbudgets** kann der Controller prüfen, ob das ausgewiesene Rohgewinnbudget hinsichtlich der Zielvorgaben angemessen ist oder nicht. Art und Anzahl der zu erstellenden Kostenbudgets richten sich nach der im jeweiligen Unternehmen vorliegenden **Kostenstruktur**. In der Regel sind im Großhandelsbetrieb die folgenden Kostenblöcke für die Budgetierung relevant:

- Personalkosten
- Raum-/Gebäudekosten
- Sonstige Handlungskosten.

**BEISPIEL**

**Kurzfassung des Kostenbudgets der Kern KG**

| Kostenart | Budget |
|---|---|
| Personalkosten | 2.844.000,00 € |
| Raum-/Gebäudekosten | 934.000,00 € |
| Sonstige Handlungskosten | 2.201.000,00 € |
| Handlungskostenbudget insgesamt | 5.979.000,00 € |

Unter den Handlungskosten nehmen die Personalkosten einen herausragenden Platz ein. In der Praxis wird sich der Controller nicht mit einer so groben Budgetierung zufriedengeben, sondern eine Aufschlüsselung nach Artikelgruppen, Kostenarten, Abteilungen und Kostenstellen vornehmen. Hier ist es wichtig, dass ein Vergleichsmaßstab für die Personalkosten herangezogen wird. Dies kann ein am Umsatz orientierter Prozentzuschlag für die Personalkosten sein:

$$\text{Anteil der Personalkosten am Umsatz} = \frac{2.844.000{,}00\ €}{14.740.000{,}00\ €} = 0{,}1929 = \mathbf{19{,}3}\ \%$$

I

Im Vergleich mehrerer Planungsperioden zeigt sich, welche Veränderungen im Verhältnis zwischen Personalkosten und Umsatz eingetreten sind. Den Ursachen dieser Veränderungen ist nachzugehen.

## 2.5 Erstellen des Gewinnbudgets

Der eingangs gestellten Frage nach der vorgegebenen Eigenkapitalverzinsung und der Umsatzrendite kann mithilfe des Gewinnbudgets nachgegangen werden. Das **Gewinnbudget** wird auf der Basis der bisherigen Budgets wie folgt aufgestellt:

BEISPIEL

| Gewinnbudget der Kern KG für das Planungsjahr | | | | |
|---|---|---|---|---|
| | **Druckerpapier** | **Kopierpapier** | **Umschlagkarton** | **insgesamt** |
| **Umsatzbudget** | 7.560.000,00 | 4.840.000,00 | 2.340.000,00 | 14.740.000,00 |
| **Warenbeschaffungsbudget** | 4.200.000,00 | 2.420.000,00 | 1.404.000,00 | 8.024.000,00 |
| **Rohgewinnbudget** | 3.360.000,00 | 2.420.000,00 | 936.000,00 | 6.716.000,00 |
| **Handlungskostenbudget** | -- | -- | -- | 5.979.000,00 |
| **Gewinnbudget** | -- | -- | -- | **737.000,00** |

Aus dem Gewinnbudget lassen sich die geplante Eigenkapitalverzinsung und die geplante Umsatzrentabilität berechnen:

| | |
|---|---|
| **Eigenkapitalverzinsung** bei einem durchschnittlichen Eigenkapital von angenommen 6.000.000,00 € | $\frac{737.000,00\ €}{6.000.000,00\ €} = 12,3\ \%$ |
| **Umsatzrentabilität** | $\frac{737.000,00\ €}{14.740.000,00\ €} = 5\ \%$ |

Bei einem angenommenen Eigenkapital von 6.000.000,00 € wird die vorgegebene Verzinsung von 12 % mit budgetierten 12,3 % erreicht. In der Umsatzrentabilität wird das geforderte Ziel von 3,5 % weit übertroffen. Der Controller hat unter diesen Bedingungen keinen Anlass zur Budgetrevision.

**AUFGABE 493** In der Großhandlung für Bodenbeläge sind lt. Ergebnistabelle im vergangenen Jahr folgende Kosten angefallen, die zur Erstellung des Kostenbudgets herangezogen werden sollen:

| Istkosten des abgelaufenen Jahres | | |
|---|---|---|
| Personalkosten | 2.206.400,00 € | |
| Raum-/Gebäudekosten | 302.000,00 € | |
| Sonstige Handlungskosten | 1.741.000,00 € | |
| Handlungskosten insgesamt | | 4.249.400,00 € |

Der Controller rechnet mit folgenden Kostenveränderungen im Planjahr:

| | | |
|---|---|---|
| Personalkosten – 2,5 % | Raumkosten + 4,0 % | Sonst. Handlungskosten + 4,5 % |

I

1. Erstellen Sie das Kosten- und das Gewinnbudget.
2. Bestimmen Sie den Prozentanteil der Personalkosten am Budgetumsatz.
3. Berechnen Sie die geplante Umsatzrentabilität.

# 3 Soll-Ist-Vergleich als Budgetkontrolle

Der **Soll-Ist-Vergleich** zwischen den Budgetzahlen und den im **Folgejahr** tatsächlich eingetretenen Istzahlen stellt den Kern der Budgetierung dar. Hierzu werden die zum Jahresende erstellten Budgetzahlen im kommenden Geschäftsjahr für einen ständigen – mindestens monatlichen – Abgleich mit den tatsächlich eingetretenen Istzahlen herangezogen. Bei Abweichungen zwischen den Budgetzahlen und den Istzahlen sind die Ursachen zu erforschen und ggf. Steuerungsmaßnahmen vorzuschlagen. Grundsätzlich unterliegt jedes Budget einer **Abweichungsanalyse**. In den Abweichungsanalyen ist herauszuarbeiten, wie hoch die **Preis- und Mengenabweichungen** sind. Preisabweichungen haben die Abteilungsleiter nicht zu verantworten. Bei Mengenabweichungen sind die jeweiligen Ursachen zu erforschen; das trifft insbesondere dann zu, wenn die tatsächlichen Absatzmengen unterhalb der budgetierten Mengen liegen bzw. die Beschaffungsmengen oberhalb der budgetierten Mengen.

BEISPIEL

Für die Artikelgruppe „Druckerpapier" soll im Folgenden eine Umsatzabweichungsanalyse und eine Beschaffungsabweichungsanalyse erstellt werden. Hierzu müssen folgende Angaben vorliegen: Budgetmengen und Budgetpreise als Planungsgrößen für das Folgejahr (siehe oben) sowie Istmengen und Istpreise aus dem Folgejahr (im Beispiel als angenommene Größen).

| Soll-Ist-Vergleich für die Artikelgruppe „Druckerpapier" | | |
|---|---|---|
| | **Umsatzanalyse** | **Beschaffungsanalyse** |
| **Budgetwerte** | -- | -- |
| Menge | 4 200 Paletten | 4 200 Paletten |
| Preis | 1.800,00 €/Palette | 1.000,00 €/Palette |
| Umsatzwert | 7.560.000,00 € | --- |
| Beschaffungswert | -- | 4.200.000,00 € |
| **Istwerte** (angenommen) | -- | -- |
| Menge | 4 300 Paletten | 4 250 Paletten |
| Preis | 1.750,00 €/Palette | 1.020,00 €/Palette |
| Umsatzwert | 7.525.000,00 € | -- |
| Beschaffungswert | -- | 4.335.000,00 € |
| **Abweichungen** (IST – Plan) | -- | – |
| Menge | + 100 Paletten | + 50 Paletten |
| Preis | - 50,00 €/Palette | + 20,00 €/Palette |
| Umsatzwert | - 35.000,00 € | -- |
| Beschaffungswert | -- | + 135.000,00 € |
| **Preisabweichung** | - 215.000,00 € | + 85.000,00 € |
| **Mengenabweichung** | + 180.000,00 € | + 50.000,00 € |

I

**Umsatzanalyse** Der geplante Verkaufspreis von 1.800,00 €/Palette konnte mit durchschnittlich 1.750,00 € nicht ganz eingehalten werden, dafür konnten statt der geplanten 4 200 Paletten tatsächlich 4 300 Paletten verkauft werden. Preissenkung und Absatzmengensteigerung führten insgesamt zu einem Rückgang des Istumsatzes gegenüber dem Budgetumsatz von (7.525.000,00 € – 7.560.000,00 € =) – 35.000,00 €.

Der Vergleich budgetierter und realisierter Preise, Mengen und Umsätze sagt noch nichts darüber aus, wie groß jeweils der Einfluss veränderter Preise und Mengen auf die Gesamtabweichung von – 35.000,00 € gewesen ist. Für eine wirksame Kontrolle ist aber die Kenntnis der Mengen- und Preisabweichungen bedeutsam. Insbesondere bei der Mengenabweichung muss nach den Ursachen geforscht werden.

**Preisabweichung** Die Preisabweichung untersucht, in welcher Höhe der gesunkene Preis an der Gesamtabweichung von – 35.000,00 € beteiligt ist. Hierzu wird die Preisdifferenz von – 50,00 €/Palette mit der Istmenge von 4 300 Paletten multipliziert:

**Preisabweichung** = Preisdifferenz · Istmenge = – 50,00 € · 4 300 = **– 215.000,00 €**

Kann die Preisdifferenz von 50,00 € nicht bestimmt werden, weil die durchschnittlichen Istpreise nicht vorliegen oder ihre Berechnung zu umständlich ist, lässt sich die Preisabweichung auch ermitteln, indem der Istumsatz um die mit dem Budgetpreis bewertete Istmenge vermindert wird:

**Preisabweichung** = Istumsatz – (Istmenge · Budgetpreis)

**Preisabweichung** = 7.525.000,00 € – (4 300 P · 1.800,00 €) = **– 215.000,00 €**

Der tatsächliche Absatz von 4 300 Paletten hätte zu einem Umsatz von (4300 Paletten · 1.800,00 € =) 7.740.000,00 € führen sollen. Es sind aber nur Umsatzerlöse von 7.525.000,00 € erzielt worden, also 215.000,00 € weniger als budgetiert. Dieser Minderumsatz geht zulasten des Preises.

**Mengenabweichung** Die in der Gesamtabweichung von – 35.000,00 € enthaltene Mengenabweichung wird durch Multiplikation des Budgetpreises mit der Mengendifferenz berechnet:

**Mengenabweichung** = 1.800,00 € · (+100 Paletten) = **+ 180.000,00 €**

Das gleiche Ergebnis ergibt folgende Rechnung:

**Mengenabweichung** = (Istmenge · Budgetpreis) – Budgetumsatz

**Mengenabweichung** = (4 300 Pal · 1.800,00 €) – 7.560.000,00 € = **+ 180.00,00 €.**

Aufgrund des Umsatzbudgets hätte ein Umsatz von 7.560.000,00 € erzielt werden sollen. Tatsächlich wurde ein Umsatz zum Budgetpreis von (4 300 P · 1.800,00 € =) 7.740.000,00 € erreicht. Der erzielte Umsatz übersteigt den Budgetumsatz um 180.000,00 €. Dies wäre – ohne Beachtung der negativen Preisabweichung – eine positive Entwicklung.

I

**Beschaffungsanalyse** Der geplante Einkaufspreis von 1.000,00 €/Palette konnte mit 1.020.00 € je Palette nicht eingehalten werden. Statt der geplanten 4 200 Paletten wurden tatsächlich 4 250 Paletten eingekauft. Die Erhöhung der Beschaffungsmenge führte bei gleichzeitig höherem Preis zu einem tatsächlichen Beschaffungswert von 4.335.000,00 €.

Auch hier ist die Gesamtabweichung (+ 135.000,00 €) auf Preis- und Mengenabweichungen zu untersuchen.

# J Aufgaben zur Wiederholung und Vertiefung

**AUFGABE 496**

Welcher der folgenden Geschäftsfälle führt zu 1. einem Aktivtausch, 2. einem Passivtausch, 3. einer Aktiv-Passivmehrung, 4. einer Aktiv-Passivminderung?

a) Wareneinkauf auf Ziel
b) Warenverkauf auf Ziel
c) Banküberweisung an Lieferanten zum Rechnungsausgleich
d) Ein Kunde überweist fällige Rechnung durch Banküberweisung.
e) Banküberweisung der Gehälter
f) Zinsgutschrift der Bank
g) Kauf eines Pkw-Anhängers gegen Banküberweisung
h) Kapitaleinlage des Geschäftsinhabers durch Bankeinzahlung
i) Abschreibung auf Betriebs- und Geschäftsausstattung
j) Banküberweisung der Umsatzsteuerzahllast
k) Umwandlung einer Lieferantenschuld in eine Darlehensschuld

**AUFGABE 497**

Welcher der in der vorstehenden Aufgabe genannten Geschäftsfälle bewirkt

1. eine Erhöhung der Bilanzsumme,
2. eine Verminderung der Bilanzsumme,
3. keine Veränderung der Bilanzsumme?

**AUFGABE 498**

Was bedeutet der Buchungssatz „Warenbestand an Wareneingang"?

1. Zum Jahresschluss ergibt sich ein Minderbestand an Waren.
2. Zum Jahresschluss ergibt sich ein Mehrbestand an Waren.
3. Zum Jahresschluss liegt keine Bestandsveränderung an Waren vor.

**AUFGABE 499**

Wie wirkt sich eine Warenbestandsminderung auf den Jahreserfolg aus?

1. Sie erhöht den Jahresgewinn.
2. Sie vermindert den Jahresgewinn.
3. Sie erhöht den Jahresverlust.
4. Sie vermindert den Jahresverlust.
5. Sie hat keine Auswirkungen auf den Jahreserfolg.

**AUFGABE 500**

Die Möbelgroßhandlung Peter Schreiner e. K. hat am 5. Januar .. beim Autohaus Tiborius KG einen Lkw gekauft und folgende Rechnung (verkürzt) erhalten:

| | | |
|---|---|---|
| **ER 306:** | Lkw S 404 | 82.500,00 € |
| | + Werbeaufschrift | 3.720,00 € |
| | + Zulassungskosten | 180,00 € |
| | | 86.400,00 € |
| | + 19 % Umsatzsteuer | 16.416,00 € |
| | | 102.816,00 € |

Der Stammdatensatz des o. g. Lkw ist zu ergänzen:

| **Konto-Nr.:** 0340/23 | | **Bezeichnung der Anlage:** Lkw S 404 | | **Standort:** Fuhrpark |
|---|---|---|---|---|
| **Lieferant:** Autohaus Tiborius KG | | **Anschaffungskosten:** ? | | |
| **Nutzungsdauer:** 8 Jahre | | **AfA-Satz:** ? **AfA-Methode:** linear | | |
| **Datum** | **Beleg** | **Zugang in €** | **AfA/Abgang in €** | **Bestand in €** |
| . .-01-05 | ER 306 | ? | ? | ? |
| | | | | |

1. Ermitteln Sie
   a) die Anschaffungskosten des Lkw,
   b) den Abschreibungsbetrag für das Anlagenverzeichnis,
   c) den Buchwert am Ende des ersten Nutzungsjahres.
2. Bilden Sie die Buchungssätze
   a) zur Erfassung der Eingangsrechnung ER 306,
   b) zur Erfassung der Abschreibung,
   c) zum Abschluss des Kontos Abschreibungen auf Sachanlagen,
   d) zum Abschluss des Kontos Fuhrpark.

**AUFGABE 501**

Ergänzen Sie:
   a) Erträge > Aufwendungen = ?
   b) Vorsteuer > Umsatzsteuer = ?
   c) Warenverkaufserlöse > Wareneinsatz = ?
   d) Aufwendungen > Erträge = ?
   e) Umsatzsteuer > Vorsteuer = ?
   f) Wareneinsatz > Warenverkaufserlöse = ?
   g) Warenanfangsbestand > Warenschlussbestand = Gewinnauswirkung: + oder –?
   h) Warenanfangsbestand < Warenschlussbestand = Gewinnauswirkung: + oder –?

**AUFGABE 502**

Bei den nachstehenden Geschäftsfällen ist zu prüfen, ob sie

1. den Jahresgewinn erhöhen.
2. den Jahresgewinn vermindern.
3. den Jahresverlust erhöhen.
4. den Jahresverlust vermindern.
5. keinen Einfluss auf das Jahresergebnis haben.
6. eine Bilanzverkürzung bewirken.
7. eine Bilanzverlängerung bewirken.

Beachten Sie: Es können mehrere Ergebnisse zutreffen.
   a) Kauf einer Verpackungsmaschine auf Ziel
   b) Zahlung der Darlehenszinsen
   c) Abschreibung auf Betriebs- und Geschäftsausstattung
   d) Banküberweisung an den Lieferanten abzüglich Skonto
   e) Aufnahme eines Darlehens bei der Bank
   f) Lastschrift der Bank für Zinsen
   g) Zinsgutschrift der Bank
   h) Barentnahme aus der Geschäftskasse für Privatzwecke

**AUFGABE 503**

Der Möbelgroßhändler Peter Schreiner e. K. hat von einer Geschäftsreise folgende Belege zu buchen:

HOTEL HUBERTUS
Landhotel
Beleg-Nr. *167*

26160 Bad Zwischenahn-Dreibergen
Tel. 04403 8376
Fax 04403 8377
Steuer-Nr. 065 113 22869

**Rechnung 1 205** Datum: ..-06-28

| | |
|---|---|
| 4 Übernachtungen je 90,00 € | 360,00 € |
| + 7 % Umsatzsteuer | 25,20 € |
| Rechnungsbetrag | 385,20 € |

Betrag durch Kreditkarte dankend erhalten.

TANK-STATION ILKA PETZOLD E. K.
RAIFFEISENSTR. 52, 26180 RASTEDE
TEL. 04402 82545
Steuer-Nr. 065 234 66257

*Beleg Nr. 168*

| | |
|---|---|
| *SUPER E5 | 100,15 EUR * |
| * ZP 2 | 77,0 l * |
| ZWISCHENSUMME | 100,15 |
| UST-BRUTTOUMS. | 100,15 |
| 19,00 % UST | |
| BAR | 100,15 |

| BON | DATUM | BED | KASS |
|---|---|---|---|
| 0282 | ..-06-29 | 0002 | 0001 |

Nennen Sie die erforderlichen Buchungen.

**AUFGABE 504**

Die Umsatzsteuerkonten der Möbelgroßhandlung Peter Schreiner e. K. weisen zum Abschlussstichtag 31. Dezember folgende Summen aus:

| Auszug aus der Summenbilanz | Soll | Haben |
|---|---|---|
| 1410 Vorsteuer | 120.500,00 | 88.300,00 |
| 1810 Umsatzsteuer | 143.450,00 | 163.400,00 |
| 9400 Schlussbilanzkonto | – | – |

1. Übertragen Sie die Summen auf die entsprechenden Konten.
2. Führen Sie den kontenmäßigen Abschluss der Steuerkonten durch.
3. Bilden Sie den Abschlussbuchungssatz.

**AUFGABE 505**

Woraus setzt sich der Jahresabschluss der Einzelunternehmen und Personengesellschaften zusammen? Welche Aussagen sind

a) falsch und
b) richtig?

1. Der Jahresabschluss umfasst das Inventar, die Schlussbilanz und die Gewinn- und Verlustrechnung.
2. Die Schlussbilanz bildet den Jahresabschluss.
3. Der Jahresabschluss besteht aus Eröffnungsbilanz, Schlussbilanz und GuV-Rechnung.
4. Schlussbilanz und GuV-Rechnung bilden den Jahresabschluss.

**AUFGABE 506**

In der Möbelgroßhandlung Peter Schreiner e. K. befinden sich zum Abschlussstichtag 31. Dezember noch 100 Tische am Lager, die für je 200,00 € angeschafft wurden. Zum Abschlussstichtag beträgt der Tagespreis 240,00 € je Tisch.

Mit welchem Wert sind die Tische in Inventar und Schlussbilanz einzusetzen?

1. Zum jetzigen Tageswert von 24.000,00 €.
2. In Höhe der Anschaffungskosten von 20.000,00 €.
3. Zum Durchschnittspreis von 22.000,00 €.
4. Zum Anschaffungswert von 20.000,00 € abzüglich einer üblichen Abschreibung.

**AUFGABE 507** Der folgende Kontoauszug der Möbelgroßhandlung Peter Schreiner e. K. ist auszuwerten:

**Kontoauszug** **Nürnberger Kreditbank KGaA**

| Konto-Nr. | Datum | Ausz.-Nr. | Blatt | Buchungstag | PN-Nr. | Wert | Umsatz |
|---|---|---|---|---|---|---|---|
| 119 233 815 | ..-12-30 | 68 | 1 | | | | |
| GUTSCHRIFT | | | | 12-30 | 8744 | 12-30 | 9.621,15 H |

MÖBELEINKAUFSCENTER NÜRNBERG
RE 4 541 VOM 22. DEZ. .. - 2 % SKONTO
(KONTO 10 004)

PETER SCHREINER E. K.
MÖBELGROSSHANDEL
HERZOGSTRASSE 56
90451 NÜRNBERG

Alter Saldo: H 258.549,40 EUR

Neuer Saldo: H 268.170,55 EUR

1. a) Ermitteln Sie aus dem Überweisungsbetrag den Rechnungsbetrag der Ausgangsrechnung sowie den Warenwert und die Umsatzsteuer.
   b) Bilden Sie den Buchungssatz zur Erfassung der Ausgangsrechnung.
   c) Ermitteln Sie die Steuerkorrektur aufgrund der Skontoausnutzung.
   d) Buchen Sie die Bankgutschrift bei Nettobuchung des Skontos.
2. Nennen Sie die entsprechenden Buchungen in der Finanzbuchhaltung des Möbeleinkaufscenters Nürnberg.

**AUFGABE 508** Die Zahlungsbedingungen in der Ausgangsrechnung an das Möbeleinkaufscenter Nürnberg (siehe vorhergehende Aufgabe) lauteten: „Zahlbar innerhalb von zehn Tagen mit 2 % Skonto oder nach spätestens 30 Tagen ohne Abzug."

Ermitteln Sie den Jahreszinssatz, der dem gewährten Skonto entspricht.

**AUFGABE 509** Auf welchen Konten werden die folgenden Geschäftsfälle im Haben gebucht?

a) Zielverkauf von Waren.
b) Kunde erhält Preisnachlass wegen Mängelrüge.
c) Überweisung eines Umsatzbonus an Kunden.
d) Lastschrift eines Lieferanten wegen unberechtigten Skontoabzugs.
e) Unentgeltliche Entnahme von Waren.
f) Wareneinkauf auf Ziel.
g) Zum Abschlussstichtag 31. Dezember ergibt sich ein Vorsteuerüberhang.
h) Lieferant gewährt Preisnachlass wegen Mängelrüge.
i) Provision geht durch Banküberweisung ein.
j) Zum Abschlussstichtag 31. Dezember ergibt sich eine Umsatzsteuer-Zahllast.

**AUFGABE 510** Man unterscheidet Ausgaben, Aufwendungen und Kosten.

Nennen Sie je ein Beispiel für

a) Kosten, die kein Aufwand sind,
b) Ausgaben, die keine Kosten sind,
c) Ausgaben, die sowohl Aufwendungen als auch Kosten sind.

**AUFGABE 511** Die Finanzbuchhaltung der Großhandlung P. Zechner OHG weist für das 1. Quartal .. folgende Aufwendungen und Erträge aus:

| | | |
|---|---|---|
| 2080 | Anlagenabgänge | 2.200,00 |
| 2520 | Erträge aus Wertpapieren | 8.200,00 |
| 2610 | Zinserträge | 7.800,00 |
| 2700 | Erlöse aus Anlagenabgängen | 24.800,00 |

J

| | | |
|---|---|---|
| 2760 | Erträge aus der Auflösung von Rückstellungen | 22.500,00 |
| 2771 | Erträge aus Versicherungsentschädigungen | 30.000,00 |
| 2780 | Entnahme von sonstigen Gegenständen und Leistungen | 5.200,00 |
| 3010 | Wareneingang, Warengruppe 1 | 225.000,00 |
| 3110 | Wareneingang, Warengruppe 2 | 168.500,00 |
| 4010 | Löhne | 335.000,00 |
| 4020 | Gehälter | 310.000,00 |
| 4040 | Gesetzliche soziale Aufwendungen | 165.000,00 |
| 4050 | Freiwillige soziale Aufwendungen | 13.200,00 |
| 4060 | Aufwendungen für Altersversorgung | 28.400,00 |
| 4100 | Mietaufwendungen | 21.200,00 |
| 4210 | Gewerbesteuer | 33.900,00 |
| 4220 | Kfz-Steuer (Betrieb) | 8.400,00 |
| 4400 | Werbe- und Reisekosten | 36.100,00 |
| 4710 | Instandhaltung | 39.600,00 |
| 4910 | Abschreibungen auf Sachanlagen | 42.800,00 |
| 8010 | Umsatzerlöse (Warenverkauf), Warengruppe 1 | 981.500,00 |
| 8110 | Umsatzerlöse (Warenverkauf), Warengruppe 2 | 414.200,00 |

Es sind keine Bestandsveränderungen bei Waren zu berücksichtigen.

1. Erstellen Sie die Ergebnistabelle.
2. Beurteilen Sie die Erfolgssituation des Unternehmens.

**AUFGABE 512**

Die Gehaltsliste der Möbelgroßhandlung Peter Schreiner e. K. weist für Januar folgende Summen aus:

| Bruttogehälter | Steuerabzüge | Sozialversicherung | Verrechnete Vorschüsse | Auszahlung (Bank) | Arbeitgeberanteil zur SV |
|---|---|---|---|---|---|
| 17.897,00 | 2.467,89 | 3.245,67 | 800,00 | 11.383,44 | 3.216,46 |

Das Konto „1160 Forderungen an Mitarbeiter" weist einen Bestand von 4.800,00 € aus.

1. Bilden Sie die Buchungssätze
   a) für den SV-Bankeinzug durch die gesetzliche Krankenkasse,
   b) für die Zahlung der Gehälter durch Banküberweisung,
   c) für die Erfassung des Arbeitgeberanteils zur Sozialversicherung.
2. Ermitteln Sie die gesamten Personalkosten des Monats Januar.
3. Buchen Sie aufgrund des folgenden Belegs die Überweisung der einbehaltenen Lohnsteuer und der Kirchensteuer.

**Kontoauszug** — **Nürnberger Kreditbank KGaA**

| Konto-Nr. | Datum | Ausz.-Nr. | Blatt | Buchungstag | PN-Nr. | Wert | Umsatz |
|---|---|---|---|---|---|---|---|
| 119 233 815 | ..-02-12 | 9 | 1 | | | | |

FA NÜRNBERG,
STEUER-NR. 065 136 34887 — 02-12 — 8744 — 02-12 — 2.467,89 S
LT. LST-ANMELDUNG JANUAR ..

Alter Saldo: H 214.966,40 EUR

Neuer Saldo: H 212.498,51 EUR

PETER SCHREINER E. K.
MÖBELGROSSHANDEL
HERZOGSTRASSE 56
90451 NÜRNBERG

J

**AUFGABE 513** Man unterscheidet Einnahmen, Erträge und Leistungen.

Nennen Sie je ein Beispiel für

a) Einnahmen, die sowohl Erträge als auch Leistungen darstellen,
b) Einnahmen, die weder Erträge noch Leistungen sind,
c) Erträge, die keine Leistungen darstellen.

**AUFGABE 514** Wie wirkt sich eine „Passive Rechnungsabgrenzung" auf den Erfolg des Abschlussjahres aus?

a) Der Jahresgewinn erhöht sich.
b) Der Jahresgewinn wird vermindert.
c) Der Jahresverlust erhöht sich.
d) Der Jahresverlust wird vermindert.

**AUFGABE 515** Welche Aussage kennzeichnet zutreffend die Folge einer nicht durchgeführten zeitlichen Abgrenzung in Form der „Aktiven Rechnungsabgrenzung"?

a) Die Erträge im alten Jahr sind zu niedrig.
b) Die Aufwendungen im alten Jahr sind zu niedrig.
c) Die Erträge im alten Jahr sind zu hoch.
d) Die Aufwendungen im alten Jahr sind zu hoch.

**AUFGABE 516** Welche der folgenden Aussagen über die „Abschreibungen auf Sachanlagen" sind richtig und welche sind falsch?

1. Die Bilanzsumme verringert sich.
2. Der Jahresgewinn wird beeinflusst.
3. Die Anschaffungskosten werden über die Nutzungsjahre verteilt.
4. Die Abschreibung bewirkt eine Aktiv-Passivminderung.
5. Stille Reserven werden aufgelöst.
6. Die Bilanzsumme erhöht sich.
7. Die Vermögenswerte in der Bilanz werden berichtigt.

**AUFGABE 517**

1. Erläutern Sie den Begriff „Rückstellungen".
2. Was haben Rückstellungen und Sonstige Verbindlichkeiten gemeinsam?
3. Worin unterscheiden sich Rückstellungen von Sonstigen Verbindlichkeiten?
4. Für welche Zwecke müssen nach § 249 [1] HGB zum Abschlussstichtag Rückstellungen gebildet werden (sog. Passivierungspflicht für Rückstellungen)?
5. Werden durch die Bildung von Rückstellungen der Gewinn und die Steuern beeinflusst?
6. Hat die Bildung von Rückstellungen Einfluss auf die Liquidität des Unternehmens?
7. Inwiefern können Rückstellungen „stille" Reserven enthalten? Begründen Sie.

**AUFGABE 518** Bilden Sie die Buchungssätze für folgende Belege:

1. Eingangsrechnung:

| | | |
|---|---|---|
| Warenwert | 50.000,00 € | |
| – 10 % Mengenrabatt | 5.000,00 € | |
| + Fracht | 850,00 € | |
| + Verpackung | 450,00 € | 46.300,00 € |
| + 19 % Umsatzsteuer | | 8.797,00 € |
| | | 55.097,00 € |

2. Ausgangsrechnung:

| | | |
|---|---|---|
| Warenwert | 28.000,00 € | |
| – 5 % Mengenrabatt | 1.400,00 € | |
| + verauslagte Frachtkosten | 2.450,00 € | 29.050,00 € |
| + 19 % Umsatzsteuer | | 5.519,50 € |
| | | 34.569,50 € |

3. Briefbeleg: Gutschrift des Lieferanten (Fall 1)
für Rücksendung beschädigter Waren, netto ........................ 1.200,00 €
+ 19 % Umsatzsteuer ........................ 228,00 € 1.428,00 €
4. Eingangsrechnung des Spediteurs:
Warentransport an verschiedene Kunden ........................ 1.880,00 €
+ 19 % Umsatzsteuer ........................ 357,20 € 2.237,20 €
5. Briefbeleg: 5 % Preisnachlass an Kunden (Fall 2)
wegen Mängelrüge, netto ........................ 1.330,00 €
+ 19 % Umsatzsteuer ........................ 252,70 € 1.582,70 €

**AUFGABE 519**

Ein Großhandelsunternehmen setzte im Januar 52 000 Stück eines Artikels zum Preis von 6,50 € ab. Die variablen Kosten betrugen 119.600,00 €, die fixen Kosten 130.000,00 €.

Ermitteln Sie
1. den Deckungsbeitrag je Stück,
2. den Erfolg aus dem Verkauf dieses Artikels im Januar,
3. die Absatzmenge, bei der die Gewinnschwelle erreicht wird,
4. die Kosten an der Gewinnschwelle.

**AUFGABE 520**

Das nachstehende Gewinn- und Verlustkonto einer Werkzeuggroßhandlung ist abzuschließen und auszuwerten.

| Soll | **Gewinn- und Verlustkonto (in T€)** | | Haben |
|---|---|---|---|
| Wareneingang | 13.400 | Warenverkauf | 29.560 |
| Personalkosten | 6.200 | Zinserträge | 110 |
| Raumkosten | 1.800 | | |
| Betriebliche Steuern | 1.150 | | |
| Versicherungen | 250 | | |
| Werbe- und Reisekosten | 1.350 | | |
| Kosten der Warenabgabe | 120 | | |
| Allgem. Verwaltungskosten | 130 | | |
| Abschreibungen | 280 | | |
| Sonstige betriebliche Aufwendungen | 40 | | |

1. Ermitteln Sie
   a) den Rohgewinn,
   b) das neutrale Ergebnis,
   c) das Betriebsergebnis,
   d) das Gesamtergebnis (Jahreserfolg),
   e) den durchschnittlichen Kalkulationszuschlagssatz,
   f) das Eigenkapital zum Jahresschluss,
   g) die Rentabilität des durchschnittlichen Eigenkapitals (Durchschn. EK = 12.000 T€).
2. Bilden Sie die Buchungssätze für den Abschluss der Konten
   a) Gewinn und Verlust,
   b) Eigenkapital.

**AUFGABE 521**

Ergänzen Sie:
1. Deckungsbeitrag je Stück > 0 = ?
2. Deckungsbeitrag je Stück = 0 = ?
3. Deckungsbeitrag je Stück < 0 = ?
4. Summe der Deckungsbeiträge > fixe Kosten = ?
5. Summe der Deckungsbeiträge < fixe Kosten = ?

**AUFGABE 522** Ein Unternehmen hat aufgrund der angespannten Wirtschaftslage im abgelaufenen Jahr seine Waren unter Selbstkosten verkauft. Folgende Angaben aus der Finanzbuchhaltung und der Kosten- und Leistungsrechnung liegen vor:

| | |
|---|---|
| Umsatzerlöse (Warenverkauf) | 949.800,00 |
| Kosten (ohne Abschreibungen und Zinsen) | 864.700,00 |
| Bilanzmäßige Abschreibungen | 27.600,00 |
| Gezahlte Fremdkapitalzinsen | 32.700,00 |
| Kalkulatorische Abschreibungen | 75.000,00 |
| Kalkulatorische Zinsen | 46.800,00 |

1. Erstellen Sie die Ergebnistabelle.
2. Begründen Sie, warum trotz eines Betriebsverlusts ein Unternehmensgewinn entsteht.

**AUFGABE 523** Bilden Sie die Buchungssätze für die Umbuchungen/Vorbereitenden Abschlussbuchungen zum Jahresschluss aufgrund der folgenden Buchungsanweisung.

| **Buchungsanweisung** Datum: ..-12-31 Beleg-Nr.: 4932 | | | | |
|---|---|---|---|---|
| Betreff: Umbuchungen/Vorbereitende Abschlussbuchungen | Gebucht: Datum: | | | |
| **Buchungstext** | Soll | | Haben | |
| | Konto | Betrag | Konto | Betrag |
| 1410 Vorsteuerübertragung..... | | | | |
| 1610 Privatentnahmen.......... | | | | |
| 3060 Nachlässe von Lieferanten | | | | |
| 3080 Lieferantenskonti........ | | | | |
| 3910 Warenmehrbestand......... | | | | |
| 8060 Nachlässe an Kunden...... | | | | |
| 8080 Kundenskonti............ | | | | |

**AUFGABE 524** Die Möbelgroßhandlung Peter Schreiner e. K. hat von der Möbelfabrik Heider OHG folgendes Angebot erhalten:

Esszimmertisch, rund, Ø 1,20 m, Eichefurnier. Listenpreis 710,00 €. 10 % Mengenrabatt bei Abnahme von 40 Stück. Lieferpauschale 400,00 €. 2 % Liefarantenskonto bei Zahlung innerhalb von 14 Tagen.

1. Ermitteln Sie für den Möbelgroßhandel Peter Schreiner e. K.
   a) den Bezugspreis für einen Tisch,
   b) den Listenverkaufspreis bei 50 % Handlungskosten,
      20 % Gewinn,
      2 % Kundenskonto,
      10 % Einführungsrabatt.
2. Ermitteln Sie aus den obigen Angaben
   a) den Kalkulationszuschlag,
   b) den Kalkulationsfaktor.

**AUFGABE 525** Die Möbelgroßhandlung Wacker OHG verkaufte in einem Geschäftsjahr 16 900 Beistelltische Modell BT 404 zum Stückpreis von 127,00 €. Die variablen Stückkosten betragen 82,00 €. Die fixen Kosten im Geschäftsjahr betrugen 558.900,00 €.

Ermitteln Sie
a) den Stückdeckungsbeitrag,
b) die Gewinnschwellenmenge,
c) den Gewinn aus dem Verkauf der Tische insgesamt,
d) die absolute Preisuntergrenze.

**AUFGABE 526**

| Auszug aus der Summenbilanz | Soll | Haben |
|---|---|---|
| 3910 Warenbestände | 980.000,00 | – |
| 3010 Wareneingang | 15.200.000,00 | 350.000,00 |
| 3020 Warenbezugskosten | 780.000,00 | – |
| 3060 Nachlässe von Lieferanten | – | 430.000,00 |
| 8010 Warenverkauf | 210.000,00 | 22.800.000,00 |
| 8060 Nachlässe an Kunden | 112.000,00 | – |

Der Warenschlussbestand lt. Inventur beträgt 540.000,00 €.

1. Bilden Sie die Buchungssätze
   a) zum Abschluss der Konten
      aa) 3020 Warenbezugskosten,
      ab) 3060 Nachlässe von Lieferanten,
      ac) 8060 Nachlässe an Kunden;
   b) zur Erfassung der Warenbestandsveränderung;
   c) zum Abschluss der Konten
      ca) 3010 Wareneingang,
      cb) 8010 Warenverkauf.
2. Ermitteln Sie
   a) den Wareneinsatz,
   b) die Nettoumsatzerlöse,
   c) den Rohgewinn,
   d) den durchschnittlichen Lagerbestand,
   e) die Umschlagshäufigkeit,
   f) die durchschnittliche Lagerdauer,
   g) die Rentabilität des Eigenkapitals, wenn der Unternehmerlohn 120.000,00 €, der Unternehmungsgewinn 780.000,00 € und das durchschn. Eigenkapital 3.500.000,00 € betragen.

**AUFGABE 527**

| **Buchungsanweisung** | Datum: ..-12-31 | | Beleg-Nr.: 4933 | |
|---|---|---|---|---|
| Betreff: Zeitliche Abgrenzungen | | | Gebucht: Datum: | |
| **Buchungstext** | Soll | | Haben | |
| | Konto | Betrag | Konto | Betrag |
| 1. Geschätzte Kosten einer im Januar n. J. notwendigen Gebäudereparatur 56.000,00 €. | | | | |
| 2. Unsere bereits für Januar n. J. gezahlte Lagermiete beträgt 7.500,00 €. | | | | |
| 3. Für das dem Kunden Hax GmbH gewährte Darlehen von 20.000,00 € werden die Zinsen (8 %) jeweils halbjährlich am 31. März und 30. September im Voraus gezahlt. | | | | |
| 4. Der Bonus eines Lieferers für das letzte Quartal steht noch aus: 5.800,00 €. | | | | |

J

## A



## B

## Bildquellenverzeichnis

|Hild, Claudia, Angelburg: 43.2, 88.5, 186.1, 187.1, 187.2, 234.1, 234.2, 308.3, 310.1, 310.2, 311.1, 312.2, 313.1, 315.2, 480.1. |Ringhut, Daniela, Dreieich: 40.1, 42.1, 43.1, 75.1, 75.2, 75.3, 85.1, 88.1, 88.2, 88.3, 88.4, 98.1, 112.1, 113.1, 114.1, 114.2, 115.1, 115.2, 116.1, 116.2, 117.1, 117.2, 118.1, 118.2, 119.1, 119.2, 120.1, 121.1, 122.1, 122.2, 122.3, 129.1, 136.1, 139.1, 146.1, 307.1, 307.2, 308.1, 308.2, 309.1, 309.2, 309.3, 311.2, 312.1, 313.2, 314.1, 314.2, 315.1, 316.1, 316.2, 317.1, 317.2, 318.1, 318.2, 365.1, 381.1, 381.2, 382.1, 382.2, 413.1, 440.1, 457.1, 458.1, 459.1, 460.1, 479.1, 479.2, 481.1, 484.1, 485.1. |stock.adobe.com, Dublin: rod5150 1.1.

Wir arbeiten sehr sorgfältig daran, für alle verwendeten Abbildungen die Rechteinhaberinnen und Rechteinhaber zu ermitteln. Sollte uns dies im Einzelfall nicht vollständig gelungen sein, werden berechtigte Ansprüche selbstverständlich im Rahmen der üblichen Vereinbarungen abgegolten.

## Steuerbuchungen (Überblick)

**Die buchhalterische Behandlung der Steuern** richtet sich zum einen danach, ob das **Unternehmen oder** der **Unternehmer** persönlich durch die betreffende Steuerart belastet wird, und zum anderen danach, ob die Steuer **abzugsfähig** oder **nicht abzugsfähig** ist. Deshalb werden unterschieden:

| | Konten |
|---|---|
| → **Abzugsfähige Steuern**, die den **Gewinn** des Unternehmens **mindern**, da sie in der Buchhaltung als Aufwand erfasst werden und steuerlich als **Betriebsausgabe** absetzbar sind. Dazu zählen vor allem: | |
| – die **Kraftfahrzeugsteuer** für alle Kraftfahrzeuge, die zum Betriebsvermögen gehören, | 4220 Kfz-Steuer |
| – die **Grundsteuer** für bebaute und unbebaute betrieblich genutzte Grundstücke und | 4230 Grundsteuer |
| – **sonstige Betriebsteuern** wie Verbrauchsteuern auf bestimmte verbrauchsteuerpflichtige Waren. | 4240 Sonstige Betriebsteuern |
| → **Nichtabzugsfähige Steuern**, die **keine Betriebsausgabe** darstellen und somit den **steuerpflichtigen Gewinn nicht mindern** dürfen. Sie werden vom Gewinn vor Steuern oder vom Vermögen berechnet und sind vom Unternehmen oder vom Unternehmer **persönlich** zu tragen, und zwar | |
| – **Steuern vom Einkommen und vom Ertrag**, die zunächst auf Aufwandskonten erfasst werden. Dazu gehören | |
| • die **Gewerbesteuer** auf den Gewerbeertrag von Gewerbebetrieben, wie gewerblich tätigen Einzelunternehmen, Personengesellschaften, Kapitalgesellschaften, Genossenschaften, | 4210 Gewerbesteuer |
| • die **Körperschaftsteuer** mit Solidaritätszuschlag auf den zu versteuernden Gewinn von juristischen Personen wie Kapitalgesellschaften, Genossenschaften, Vereine, | 2210 Körperschaftsteuer |
| • die **Kapitalertragsteuer** (25%) mit Solidaritätszuschlag auf Erträge aus betrieblichen Kapitalanlagen, | 2230 Kapitalertragsteuer |
| – **Privatsteuern** bei Einzelunternehmern und Gesellschaftern von Personengesellschaften (OHG, KG), die als Privatentnahme über das Privatkonto gebucht werden. Darunter fallen | 1610 Privatentnahmen |
| • die **Einkommensteuer ggf. mit Solidaritätszuschlag und Kirchensteuer** auf das Einkommen natürlicher Personen, | |
| • **die Abgeltungsteuer** (25%) mit Solidaritätszuschlag auf Erträge aus privaten Kapitalanlagen und | |
| • **die Erbschaft- und Schenkungsteuer** auf Vermögensübergänge von Todes wegen oder unter Lebenden. | |
| → **Aktivierungspflichtige Steuern und Abgaben**, die als **Anschaffungsnebenkosten** dem Anschaffungspreis hinzuzurechnen sind und deshalb auf dem entsprechenden Aktivkonto zu buchen (aktivieren) sind. Dazu zählen | 0210 Grundstücke<br>0230 Gebäude<br>Diverse Aktivkonten |
| – die **Grunderwerbsteuer**, die beim Erwerb von inländischen Grundstücken und Gebäuden zu entrichten ist, und | |
| – **Zölle** bei der Einfuhr von Waren aus Nicht-EU-Staaten. | |
| → **Durchlaufende Steuern**, die das Unternehmen aufgrund gesetzlicher Vorschriften einziehen bzw. einbehalten und an das Finanzamt abführen muss: **Umsatzsteuer, Lohnsteuer sowie ggf. Kirchensteuer und Solidaritätszuschlag** der Arbeitnehmer. | 1410 Vorsteuer<br>1810 Umsatzsteuer<br>1910 Verbindlichkeiten aus Steuern |

## Gliederung der Gewinn- und Verlustrechnung[1]

**nach § 275 Handelsgesetzbuch mit Kontenzuordnung[2]**

(1) Die Gewinn- und Verlustrechnung ist in Staffelform nach dem Gesamtkostenverfahren oder dem Umsatzkostenverfahren aufzustellen. Dabei sind die in Absatz 2 oder 3 bezeichneten Posten in der angegebenen Reihenfolge gesondert auszuweisen.

(2) Bei Anwendung des **Gesamtkostenverfahrens** sind auszuweisen:

1. Umsatzerlöse (8010, 8710, 8720, 8810, 8820, 2401)
2. Erhöhung oder Verminderung des Bestands an fertigen und unfertigen Erzeugnissen
3. andere aktivierte Eigenleistungen
4. sonstige betriebliche Erträge (2420, 2430, 2460, 2650, 2700, 2720, 2730, 2740, 2750, 2760, 2770, 2780)
5. Materialaufwand:
   a) Aufwendungen für Roh-, Hilfs- und Betriebsstoffe und für bezogene Waren (3010, 3710, 3810)
   b) Aufwendungen für bezogene Leistungen
6. Personalaufwand:
   a) Löhne und Gehälter (4010, 4020, 4030, 4070)
   b) soziale Abgaben und Aufwendungen für Altersversorgung und für Unterstützung, davon für Altersversorgung (4040, 4050, 4060)
7. Abschreibungen:
   a) auf immaterielle Vermögensgegenstände des Anlagevermögens und Sachanlagen (4910 , 4920)
   b) auf Vermögensgegenstände des Umlaufvermögens, soweit diese die in der Kapitalgesellschaft üblichen Abschreibungen überschreiten (2320)
8. sonstige betriebliche Aufwendungen (2020, 2030, 2040, 2050, 2060, 2070, 2080, 2150, 2310, 2320, 2330, 2340, 4100, 4260, 4270, 4280, 4300, 4400, 4500, 4610, 4620, 4630, 4710, 4730, 4810, 4820, 4830, 4840, 4850, 4860, 4890)
9. Erträge aus Beteiligungen (2510)
   – davon aus verbundenen Unternehmen
10. Erträge aus anderen Wertpapieren und Ausleihungen des Finanzanlagevermögens (2520)
    – davon aus verbundenen Unternehmen
11. sonstige Zinsen und ähnliche Erträge (2610, 2630, 2640)
    – davon aus verbundenen Unternehmen
12. Abschreibungen auf Finanzanlagen und auf Wertpapiere des Umlaufvermögens (4930, 4940)
13. Zinsen und ähnliche Aufwendungen (2110, 2130, 2140)
    – davon an verbundene Unternehmen
14. Steuern vom Einkommen und vom Ertrag (2210, 2230, 2250, 4210)
15. **Ergebnis nach Steuern (Saldo)**
16. sonstige Steuern (4220, 4230, 4240 , 4250)
17. **Jahresüberschuss/Jahresfehlbetrag (Saldo)**

(3) Bei Anwendung des **Umsatzkostenverfahrens** sind auszuweisen:

1. Umsatzerlöse
2. Herstellungskosten der zur Erzielung der Umsatzerlöse erbrachten Leistungen
3. Bruttoergebnis vom Umsatz
4. Vertriebskosten
5. allgemeine Verwaltungskosten
6. sonstige betriebliche Erträge
7. sonstige betriebliche Aufwendungen
8. Erträge aus Beteiligungen,
   – davon aus verbundenen Unternehmen
9. Erträge aus anderen Wertpapieren und Ausleihungen des Finanzanlagevermögens,
   – davon aus verbundenen Unternehmen
10. sonstige Zinsen und ähnliche Erträge,
    – davon aus verbundenen Unternehmen
11. Abschreibungen auf Finanzanlagen und auf Wertpapiere des Umlaufvermögens
12. Zinsen und ähnliche Aufwendungen,
    – davon an verbundene Unternehmen
13. Steuern vom Einkommen und vom Ertrag
14. **Ergebnis nach Steuern**
15. sonstige Steuern
16. **Jahresüberschuss/Jahresfehlbetrag**

1 **§ 275 [5] HGB**: Kleinstkapitalgesellschaften (§ 267a HGB) dürfen eine verkürzte GuV-Rechnung aufstellen, die nur die Posten Umsatzerlöse, sonstige Erträge, Materialaufwand, Personalaufwand, Abschreibungen, sonstige Aufwendungen, Steuern und Jahresüberschuss/Jahresfehlbetrag enthält. **§ 276 HGB**: Kleine und mittelgroße Kapitalgesellschaften (§ 267 HGB) dürfen die Posten § 275 Abs. 2 Nr. 1 bis 5 oder Abs. 3 Nr. 1 bis 3 und 6 zu einem Posten **„Rohergebnis"** zusammenfassen. Die Erleichterungen nach Satz 1 gelten nicht für Kleinstkapitalgesellschaften (§ 267a), die von der Regelung des § 275 Absatz 5 Gebrauch machen.

2 nach dem Kontenrahmen für den Groß- und Außenhandel

| | Abschreibungen | | | | | | Restbuchwerte | |
|---|---|---|---|---|---|---|---|---|
| …mul. …hreib. | Abschreib. Gj. | Zuschreibungen | Zugänge (ohne Abschreib. Gj.) | Abgänge | Umbuchungen | Kum. Abschreib. 31.12. | Buchwert 31.12. Gj. | Buchwert 31.12. Vj. |
| | | | | | | | | |

7646/7650/220325

## Anmerkungen zum Jahresabschluss der Kapitalgesellschaften

1. Der **Jahresabschluss einer Kapitalgesellschaft** besteht nach § 264 [1] HGB aus der **Bilanz** (§ 266 H der **Gewinn- und Verlustrechnung** (§ 275 HGB) und dem **Anhang** als Erläuterungsbericht (§ 284f. H Ergänzend zum Jahresabschluss ist ein **Lagebericht** (§ 289 HGB) aufzustellen, der Auskunft über Entwicklung und Risiken des Unternehmens geben soll.

2. Kapitalgesellschaften unterliegen der **Prüfungs- und Offenlegungspflicht.** Jahresabschluss und bericht sowie die Buchführung sind von unabhängigen **Abschlussprüfern** zu prüfen (§ 316 HGB im elektronischen **Bundesanzeiger** zu veröffentlichen (§ 325 HGB).

3. Die **Größe der Kapitalgesellschaft bestimmt den Umfang der Aufstellung, Prüfung und Offenle** des Jahresabschlusses und des Lageberichts. Nach § 267 und 267a HGB unterscheidet man **Kle kleine, mittelgroße** und **große** Kapitalgesellschaften. Für die Zuordnung müssen jeweils zwei de **Schwellenwerte** (Bilanzsumme, Umsatz, Beschäftigtenzahl) überschritten werden. Die folgende Ü sicht ermöglicht die entsprechende Zuordnung und macht den Umfang der Offenlegung und Prü deutlich:

| **Kapital-gesellschaften** | **Schwellenwerte** | | | **Offenlegung** | | | | **Prüfun** |
|---|---|---|---|---|---|---|---|---|
| Größe | Bilanzsumme in Mio. € | Umsatz in Mio. € | Beschäftigte | Bilanz | GuV | An-hang | Lage-bericht | Buchführu Jahresabsc Lageberic |
| **Kleinst** | bis 0,035 | bis 0,700 | bis 10 | X | – | – | – | – |
| **kleine** | bis 6 | bis 12 | bis 50 | X | – | X | – | – |
| **mittelgroße** | bis 20 | bis 40 | bis 250 | X | X | X | X | X |
| **große** | über 20 | über 40 | über 250 | X | X | X | X | X |

**Beachten Sie**: Kapitalgesellschaften gelten stets als große Gesellschaften, wenn die von ihnen a gebenen Wertpapiere (z. B. Aktien, Anleihen) an der Börse gehandelt werden (kapitalmarktorien Kapitalgesellschaften; § 267 [3] HGB).

4. **Besondere Vorschriften:**

   - Beachten Sie die **Fußnoten** zu der nebenstehenden Bilanz (§ 266 HGB) und der Gewinn- Verlustrechnung (§ 275 HGB).
   - Zu jedem Posten der zu veröffentlichenden Bilanz und GuV-Rechnung ist auch der **Vorjahr trag** anzugeben (§ 265 [2] HGB).
   - **Forderungen** mit einer **Restlaufzeit** von über einem Jahr und **Verbindlichkeiten** mit einer laufzeit bis zu einem Jahr sowie über einem Jahr sind betragsmäßig gesondert zu verm (§ 268 [4, 5] HGB).
   - **Besondere Haftungsverhältnisse** nach § 251 HGB (z. B. aus Gewährleistungsverträgen, schaften) sind im Anhang auszuweisen (§ 268 [7] HGB).
   - Im Anhang von mittelgroßen und großen Kapitalgesellschaften ist die **Entwicklung** der P des Anlagevermögens in einem **Anlagenspiegel** darzustellen (§ 284 [3] HGB):

| | **Ursprüngliche Anschaffungs-/ Herstellungskosten (AK/HK)** | | | | | | |
|---|---|---|---|---|---|---|---|
| Posten des AV | AK/HK 1.1 | Zugänge | davon FK-Zinsen | Abgänge | Umbuchungen | AK/HK 31.12. | K Ab |
| | | | | | | | |

# Gliederung der Jahresbilanz

**mittelgroßer und großer Kapitalgesellschaften[1]**

**nach § 266 Abs. 2 und 3 Handelsgesetzbuch mit Kontenzuordnung[2]**

## Aktiva

**A. Anlagevermögen**

I. Immaterielle Vermögensgegenstände (01)
1. Selbstgeschaffene gewerbliche Schutzrechte und ähnliche Rechte und Werte;
2. entgeltlich erworbene Konzessionen, gewerbliche Schutzrechte und ähnliche Rechte und Werte sowie Lizenzen an solchen Rechten und Werten
3. Geschäfts- oder Firmenwert
4. geleistete Anzahlungen

II. Sachanlagen (02–03)
1. Grundstücke, grundstücksgleiche Rechte und Bauten einschließlich der Bauten auf fremden Grundstücken (0210, 0230)
2. technische Anlagen und Maschinen (0310)
3. andere Anlagen, Betriebs- und Geschäftsausstattung (0330, 0340, 0370, 0371)
4. geleistete Anzahlungen und Anlagen im Bau (0350, 0360)

III. Finanzanlagen (04)
1. Anteile an verbundenen Unternehmen
2. Ausleihungen an verbundene Unternehmen
3. Beteiligungen (0430)
4. Ausleihungen an Unternehmen, mit denen ein Beteiligungsverhältnis besteht
5. Wertpapiere des Anlagevermögens (0450)
6. sonstige Ausleihungen (0460)

**B. Umlaufvermögen**

I. Vorräte
1. Roh-, Hilfs- und Betriebsstoffe
2. unfertige Erzeugnisse
3. fertige Erzeugnisse und Waren (39)
4. geleistete Anzahlungen (1140)

II. Forderungen und sonstige Vermögensgegenstände
1. Forderungen aus Lieferungen und Leistungen (1010, 1020, 1030, 1530)
2. Forderungen gegen verbundene Unternehmen
3. Forderungen gegen Unternehmen, mit denen ein Beteiligungsverhältnis besteht
4. sonstige Vermögensgegenstände (1130–1170)

III. Wertpapiere (12)
1. Anteile an verbundenen Unternehmen
2. sonstige Wertpapiere

IV. Kassenbestand, Bundesbankguthaben, Guthaben bei Kreditinstituten und Schecks (1310, 1320, 1510)

**C. Rechnungsabgrenzungsposten** (0910, 0920)

**D. Aktive latente Steuern**

**E. Aktiver Unterschiedsbetrag aus der Vermögensverrechnung**

## Passiva

**A. Eigenkapital**

I. Gezeichnetes Kapital (0610)

II. Kapitalrücklage (0620)

III. Gewinnrücklagen
1. gesetzliche Rücklage (0631)
2. Rücklage für Anteile an einem herrschenden oder mehrheitlich beteiligten Unternehmen
3. satzungsmäßige Rücklagen (0633)
4. andere Gewinnrücklagen (0634)

IV. Gewinnvortrag/Verlustvortrag[3] (0640)

V. Jahresüberschuss/Jahresfehlbetrag[3] (0650, 0660)

**B. Rückstellungen** (0720)
1. Rückstellungen für Pensionen und ähnliche Verpflichtungen (0721)
2. Steuerrückstellungen (0722)
3. sonstige Rückstellungen (0724)

**C. Verbindlichkeiten**
1. Anleihen davon konvertibel
2. Verbindlichkeiten gegenüber Kreditinstituten (0820)
3. erhaltene Anzahlungen auf Bestellungen (1750)
4. Verbindlichkeiten aus Lieferungen und Leistungen (1710)
5. Verbindlichkeiten aus der Annahme gezogener Wechsel und der Ausstellung eigener Wechsel (1760)
6. Verbindlichkeiten gegenüber verbundenen Unternehmen
7. Verbindlichkeiten gegenüber Unternehmen, mit denen ein Beteiligungsverhältnis besteht
8. sonstige Verbindlichkeiten (1930, 1940, 1950, 1980)
   - davon aus Steuern (18, 1910)
   - davon im Rahmen der sozialen Sicherheit

**D. Rechnungsabgrenzungsposten** (0930)

**E. Passive latente Steuern**

---

1 **§ 266 (1) HGB**: Kleine Kapitalgesellschaften (§ 267[1] HGB) brauchen nur eine verkürzte Bilanz aus den mit Buchstaben und römischen Zahlen bestehenden Posten aufzustellen. Kleinstkapitalgesellschaften (§ 267a HGB) dürfen ebenfalls eine verkürzte Bilanz aufstellen, die nur die mit Buchstaben bezeichneten Posten enthalten muss.

2 nach dem Kontenrahmen für den Groß- und Außenhandel

3 **§ 268 (1) HGB**: Die Bilanz darf auch nach vollständiger oder teilweiser Verwendung des Jahresergebnisses aufgestellt werden. Wird die Bilanz nach teilweiser Verwendung des Jahresergebnisses aufgestellt, so tritt an die Stelle der Posten „Jahresüberschuss/Jahresfehlbetrag" und „Gewinnvortrag/Verlustvortrag" der Posten **„Bilanzgewinn/Bilanzverlust"**; ein vorhandener Gewinn- oder Verlustvortrag ist in den Posten „Bilanzgewinn/Bilanzverlust" einzubeziehen und in der Bilanz oder im Anhang gesondert anzugeben.